근대 중국의 문화적 전환에 대한 연구

≪中华社会科学基金≫ 资助
이 도서는 중화학술번역사업(15WZS016)에 선정돼
중국사회과학기금(Chinese Fund for the Humanities and Social Sciences)의
지원을 받아 번역 출판되었습니다.

근대 중국의

문화적 전환에
대한 연구

경윈쯔 耿雲志 지음

이호 李浩 옮김

近代中國文化轉型研究導論

역락

목차

내용 요약

　　이 책은 근대 중국문화 전환 문제의 이론과 방법에 대한 연구로써 이전에 중국학자들이 언급하지 않았던 많은 중요한 문제를 제기하였다. 예를 들어 저자는 근대 중국문화 전환의 본질은 옛날 대일통大一統적인 중앙 집권적 군주전제 제도에 부합된, 유교만을 숭상하고 개인의 개성을 억압한 문화로부터 국민자치적 민주제도에 적합한 자유를 숭상하며 개성을 존중하는 근대 시기 신문화로의 전환이라고 말한다. 이러한 문화적 전환 과정에 대한 연구는 주로 그 전환의 궤적을 객관적으로 서술하면서 아울러 그 전환의 외부 조건과 내재적 메커니즘을 밝혀야 한다. 또한 저자는 다년간의 연구를 통해 근대 중국의 사상적·문화적 변화는 주로 세계화와 개성주의화로 나타난다고 주장하였다. 중국사람들이 이상적으로 생각하는 과학과 민주는 이 두 가지가 어느 정도 성숙한 후에 나타나는 결과이다. 그러므로 중국 문화의 현대적 전환은 최종적으로 중국의 세계화가 개성의 해방 및 개인의 혁신을 이루어낼 수 있도록 하는 정도에 달린 것이다.

　　근대 중국은 백 년이 넘는 시간 동안 중국과 서양의 문화, 과거와 현재의 문화, 신구 문화 사이의 충돌과 어려움에 빠져 혼란한 상황에서 오랫동안 벗어나지 못하였다. 이러한 혼란과 어려움에서 벗어나 또다시 문화적 자신감을 회복하려면 예전처럼 세계화와 개성주의의 발전에 기댈 수밖에 없다. 이것이야말로 민족 문화와 세계 문화 간의 긍정적 상호작용에 기반한 자신감을 다시 확립할 수 있는 길이다.

서론

1. 본 연구의 취지 및 구상

중국은 세계에서 4,000~5,000년의 유구한 문명 발전사를 가진 몇 안 되는 나라로써 중국의 오랫동안 축적된 다양한 문화와 오랫동안 내려온 전통적 가치관념은 세계 문명사에서도 매우 보기 드물다. 중국의 유구한 문명 발전사에 획을 그은 중요한 전환이 두 차례 있었는데 하나는 열국병립列國並立의 선진先秦 시기로부터 진한秦漢 대통일의 중앙 집권적 군주제 시대로의 전환, 또 다른 하나는 청나라 말기에 시작된 대통일의 중앙 집권적 군주제로부터 인민 자치自治를 기반으로 한 민주적인 현대사회로의 전환을 꼽을 수 있다. 이러한 대전환은 사회 형태의 전환이자 문화 형태의 전환이다. 이 책은 근대 중국 문화의 전환 연구, 즉 중세시대의 대통일을 이룬 중앙 집권적 군주제에 맞추어진 문화에서 지금도 계속되고 있는 근현대 시기 인민 자치를 기반으로 하는 민주제에 맞추어진 현대문화인 청말 이후부터 지금까지 계속되고 있는 중국 문화를 연구하고자 한다. 이런 전환 과정은 선진 시기에서 진한 시기로 전환되는 과정과는 큰 차이가 있는데 그것은 바로 중국 사회 내부의 여러 가지 변화가 축적되어 만들어진 동력이 촉발시킨 것이다.

그러나 청나라 말기부터 시작된 이러한 변화는 거대한 외부 압력에 의해 나타나기 시작한 것이다. 문화 전환의 차원에서 살펴볼 때 전자의 전환은 중국 문화 내부의 가치 전환인 반면 후자의 전환은 어떠한 외래 가치관이 중국 고유의 가치관을 대체하고, 어떠한 외래문화가 중국 고유의 문화를 대체한 것처럼 보인다. (물론 외형적으로 볼 때는 이렇게 보인다). 따라서 많은 사람들은 이런 전환에 적응하지 못한다. 보수적인 성향을 가진 사람들은 이런 전환은 서양에 의존하여 중국을 변혁시키는 것以夷變夏으로 조상에게 큰 금기를 범한 것으로 여기고, 또 이런 전환이 전통적인 생활보다 훨씬 자유롭지 못하게 만들었다고 생각하는 사람들도 있었다. 많은 일반 사람들도 외부에서 들어온 변화에 적응하지 못하여 외래문화가 더 깊어지고 지속되는 것에 대한 곤혹스러움을 느끼는데 이것은 첫째, 중국 문화와 서양 문화의 대립과 풀리지 않는 모순, 둘째, 이로 인해 더욱 더 괴리감이 느껴지는 옛 문화와 현재 문화의 모순, 그리고 물질문화와 정신문화의 관계에 대한 곤혹스러움이다.

지난 100여 년 동안 나라가 가난하고 쇠약하여 갖은 수모와 치욕을 당하고 이로 인해 치열한 내외부적 모순과 충돌 과정에서 위에서 기술한 곤혹스러움을 해결하고 이성적이며 건전한 문화 이데올로기를 바로 세우기는 매우 어려웠다. 그렇다면 21세기에 들어선 지금, 중국은 과거와 달리 나라가 부유하고 강대하여 전 세계적으로 자국의 위상을 떨치며 누구도 무시할 수 없는 영향력을 과시하는데 이러한 상황에서 중국인들은 이성적으로 자신을 돌아보고 세계를 알아가며 문화 속에 나타나는 다양한 문제점을 침착하게 해결할 수도 있을 것이다. 필자는 과거 100여 년의 경험과 교훈을 바탕으로 심사숙고하고 지혜를 모아 과거의 여러 가지 어려움을 해결하여 건전한 문화 이데올로기를 확립하는 것이 현실적으로 가능하다고 생각한다.

위에서 설명한 내용을 토대로 근대 중국 문화 전환의 연구 과제를 제시하고 진행하는 것은 매우 필요하며, 이는 중요한 이론적 가치와 현실적 의미를 지닌다.

비록 지금까지 근대 중국 문화 전환에 대해 전문적이고 체계적으로 연구한 저술은 부재하나 이 문제와 관련한 연구 성과는 매우 많다. 여기서 이들의 연구 성과를 일일이 나열하기는 어려우므로 국내외 관련 연구의 기본 상황을 개괄적으로 소개하고자 한다.

중국 국내의 경우, 중화민국 시기(1912~1949) 양계초(梁啓超, 1873~1929), 호적(胡適, 1891~1862) 등 유명 학자들이 근대 중국 문화의 전환 문제를 다룬 저술에서 시사성이 있는 견해를 내놓았으나 오랜 시간의 전쟁과 기타 원인으로 인하여 관련 후속 작업이 계속 이어지지 못하였다. 1949년 이후, 주지하는 원인(정치적인 원인)으로 인해 문화에 대한 연구 작업이 수십 년 동안 중단되었고, 1980년대부터 중국 국내에서 문화에 관련된 문제에 관한 연구가 활발하게 지속되었다. 처음에는 중국과 서양의 문화관을 위주로 근대 이데올로기의 문화적 논쟁, 전통문화와 현대화의 관계 등의 문제에 관해 논의하였다. 이와 동시에 문화사 관련 저술이 속속 등장하였다. 1990년대 이후, 관련 연구가 더욱 심도 있게 진행되면서 다음 몇 개 분야에서 우수한 성과를 냈다.

가) 근대 중국 이데올로기 문화 분야에서 큰 영향력을 미친 사상가와 학자에 대한 개별 연구.
나) 근대 이후 몇 차례의 사상적·문화적 논쟁에 대한 개괄적 전문 연구.
다) 근대 학술 문화 분야별 학문에 대한 전문적인 연구, 특히 각종 학술사의 연구는 상당한 진보가 있었다.
라) 중국 근대 문화에 대한 서양 문화와 일본 문화의 영향과 관련한 구체적이고 심도 있는 연구 저술.

마) 중국 문화 자체의 내부적 변동은 학자들의 많은 관심을 받았고 새로운 연구 성과를 도출하였다.

이런 연구 성과는 유익한 학술적인 축적으로 현재와 미래에 근대 중국 문화 전환 문제를 깊이 연구하는데 꼭 필요한 내용이다.

해외 학자들은 비교적 일찍부터 이 문제에 대해 논의하기 시작하였다. 우리가 잘 아는 바와 같이 서양학자들은 중국 문제를 연구할 때 시사성이 있는 특별한 연구 모델을 제시하는데 뛰어나다. 예를 들면 지금 논의하는 문제에 있어 '충격-반응' 모델과 '중국 중심' 모델 두 가지 연구모델이 있는데 그 의미는 서로 다르다. 전자는 서양 문화의 자극 역할을 극대화하여 중국 근대의 문화 전환을 서양 문화 자극에 대한 중국 고유문화의 소극적인 반응으로만 보는 것이다. 심지어 이런 복잡한 문화 변화 과정을 서양 문화를 이용해 중국 고유문화를 점차 대체해 나가는 과정으로까지 보는 경우도 있다. 이들은 중국 고유문화를 '박물관의 전시품'으로 간주하였다. 후자는 문화 전환의 주요 동력은 중국 문화 내부에 있다고 주장한다. 따라서 이들은 중국 문화의 내부에서 새로운 요소를 발굴하는데 힘을 모았고, 자신들의 관점을 증명하기 위해 전통문화 내부의 일부 변동 정도와 의미를 지나치게 높게 평가하기도 한다. 물론 두 가지 모델 모두 편파성이 있다. 서양 학자들은 서로 다른 사회와 문화 환경에서 생활하기 때문에 중국 문제를 관찰하고 연구할 때 문헌의 소유, 문헌에 대한 이해, 문헌 간의 내부 연결에 대한 인식 등의 부분에서 "장벽"을 피할 수 없는데 이런 점에 대해 이상하게 생각할 필요가 전혀 없다. 중국학자가 외국 문제를 연구할 때 이런 "장벽"이 더 클 수도 있다.

해외 화교 학자는 아주 중요한 학술 단체이다. 그들은 자신들의 직업과 생존 환경으로 인해 중국 문화 연구에 몰두해 왔다. 그중 일부 철학을 전공하는 학자들은 전통문화에 대한 현대적인 해석과 설명에 무게를 두는데 이들의 연구는 고대 경전의 의미 전환에 큰 역할을 하는 것은 분명하지만 때로 주관적인 측면을 피할 수 없다. 사학을 전공하는 학자들은 전통문화 자체에 발생한 새로운 요소의 발굴과 고찰에 힘을 쏟는데 이들의 연구는 참고할 만한 가치가 있다. 필자 개인적인 견해로는 해외 전문가들의 연구는 전반적으로 중국 문화 자체의 현대적인 전환을 강조하는데 치우치고, '충격-반응'모델에 대해서는 비판적인 입장을 취하는 것으로 생각된다.

필자 개인적으로 근대 중국 문화의 전환 문제에서 외부 문화의 충격 작용을 편파적으로 강조하거나 중국 전통문화 자체의 현대 전환을 편파적으로 강조하는 것은 모두 실제에 부합하지 않는 것으로 생각한다. 이 책은 연구와 기술에서 실질적인 문제를 구체적으로 분석하는데 최선을 다하고자 한다.

근대 문화 전환을 연구할 때 첫째, 문화 전환의 기본적인 발자취를 정확하게 설명해야 하고, 둘째, 문화 전환의 외재적 조건과 내재적 메커니즘을 제시해야 한다. 이 두 가지 중 한 가지도 제대로 해내기가 쉽지 않지만 이러한 목표를 제시해야만 우리들의 노력이 비로소 의미가 있게 된다. 물론 이런 목표를 어느 정도까지 실현할 수 있는지에 대해 예측하기 쉽지 않다.

앞에서도 언급했듯이 근대 중국의 문화 전환이 아직 완성된 것은 아니다. 그래서 이 책의 연구와 기술의 측면에서 볼 때 시기 선택을 어떻게 해야 하는지의 문제가 생긴다. 전체적으로 아편전쟁 후부터 신문화 운동까지를 기본적인 연구 시기로 정하였다. 아편전쟁을 기점으로 한 것은 굳이 설명할 필요가 없지만 신문화 운동까지로 시간을 국한한 것에 대해서는 설명이 필요하다. 근대 문화 전환은 아직 미완성 과정으로 다른 근대사 연구처럼 1949년까지로 잡을 수 없다. 필자가 신문화 운동을 종점으로 잡은 것은 신문화 운동이 근대 중국 문화 전환의 허브이기 때문에 비교적 설득력이 있다. 신문화 운동은 아편전쟁 이후 중국 사회에서 자생한 모든 새로운 문화 요소들이 함께 모여 발생한 혁명적인 폭발이다. 표면적으로 볼 때 고유의 전통문화를 전복하려는 것으로 보이지만 사실상 전통문화에 대한 전면적인 '체질검사'를 요구한다. 건전하고 시대의 변화에 적응할 수 있는 것은 무난히 통과될 수 있지만 진부하고 부패한 것은 도태될 수밖에 없다. 병변이 있음에도 불구하고 구제할 수 있는 것은 올바른 대책을 강구해 구제에 힘써야 한다. 신문화 운동을 근대 문화 전환의 허브로 간주하는 또 다른 이유는 신문화 운동이 과학이나 민주에 관한 이데올로기, 세계화와 개성주의에 관한 이데올로기 등 중국 근대 신문화의 기본 관념을 제시했고, 중국 근대 신문화 발전의 기본 방향을 제시했기 때문이다. 이는 가장 기본적인 근대 문화의 새로운 이데올로기이자 중국의 근대 새로운 문화 발전의 기본 방향이기도 하다. 신문화 운동 이후, 100여 년에 가까운 중국 역사를 살펴볼 때 중국 문화는 전쟁과 동란 등의 원인으로 인하여 이런 발전 과정에 많은 굴곡이 있거나 걸림돌이 있기는 하였지만 신문화 운동의 방향에 따라 발전하였음을 알 수 있다.

위에서 기술한 바와 같이 아편전쟁에서부터 신문화 운동 시기까지를 근대 중국의 문화적 전환 과정 중 상대적으로 완전한 하나의 단락으로 볼 수 있다. 따라서 이 단락을 근대 중국의 문화적 전환을 연구하는 대표적인 시기로 설정하는 것이 타당하다.

2. 명·청 시기 중국 전통문화 내부의 움직임

사학계, 특히 사상 사학계에는 중국 사회의 근대화가 명나라 말기부터 시작되었다고 보는 학자가 줄곧 있어왔다. 최근 몇십 년 동안은 대체적으로 청나라 말기 아편전쟁부터 시작된 것으로 보는 경향이 있는데 개인적으로는 후자의 의견에 동의한다. 하지만 명·청 시기에 중국 사회와 중국 문화는 많은 변화들이 있었고 비록 청 통치자들에 의해 그 변화가 중단되긴 했으나 청나라 말기 근대의 흐름을 이끈 선각자들은 명말청초明末淸初 새로운 성향을 띤 학자와 사상가들을 자신의 선배로 여긴다. 이에 본고에서 명·청 시기부터 아편전쟁 전까지 중국 전통문화에 일어난 변화에 대해 간략하게 서술할 필요가 있다.

명나라 말기 사회의 기본 형태는 한漢·당唐·송宋나라 때와 거의 유사하였고 서로 다른 점은 이 시기의 사회 모체母體 내부에는 일부 새로운 사회 요소와 문화 요소가 나타나기 시작하였다는 것이다.

송나라 때부터 중국의 전통적인 제도 체제는 이미 성숙 단계에 접어들었고 문화도 함께 고도로 성숙하였다. 원나라, 명나라 때는 거의 송나라를 답습하여 전반적으로는 혁신적인 발전이 없었으며 명나라 말기에 이르러 정치 부패가 극에 달하였다. 주원장朱元璋은 중원을 통일하고 명나라를 세운 후, 반대파 세력을 숙청하여 자신의 왕국을 지켜냈고 그 후계자들도 효과적인 방어 측면에서 자신의 통치지위를 어떻게 지켜야 할지 고려할 만한 건전한 체제를 가지고 있지 않았다. 그들은 반대파 세

　　　　　　　　　　　　　근대 중국의 문화적 전환에 대한 연구

력을 몰아낸 후 천하가 태평성세인줄 알고 향락에 빠져 조정 일을 돌보지 않았다. 만력제(萬曆帝, 1398~1435)는 31년간 조정에서 집무를 보지 않은 황제로 역사에 기록됐다. 따라서 정상적인 정사政事 관리 절차(대신들이 황제에게 말씀을 올리면 조정에서 논의를 거쳐 황제가 결재하고 조서를 내려 실행에 옮김)가 폐기되고 환관들이 권력을 잡게 되었는데 환관들은 자신의 세력을 키우기 위해 곳곳에 측근을 심어 특무特務 정치의 분위기를 만들어 냈다. 황제 이하 관료들은 중앙에서 지방까지 모두 부패하여 무능하기 짝이 없었다. 더 심각한 것은 황실의 부패가 황실 경비가 대폭 늘어나는 결과를 초래하였다는 점이다. 처음에는 국고에 손을 대다가 국고가 텅텅 비어 무절제한 지출을 만족시키지 못하자 환관 앞잡이들을 광감(礦監, 채광 징세 담당 관리), 징세 담당관으로 파견하여 지방에서 각종 세금을 직접 징수하였다. 이로써 황실과 나라, 황실과 지방관, 황실과 백성들이 서로 이익 다툼을 하는 꼴이 되었으며 황제를 위시한 최고 통치자들이 백성들과 대립되는 상황이 벌어졌다. 역대 왕조를 보면, 일반적으로 백성들이 관리들과 모순과 충돌이 생겨 탐관들을 비난하는 일은 자주 발생하였지만 그래도 백성들은 이런 탐관 외에 청렴한 관리들도 있다고 믿었고 청렴한 관리 위에는 천자가 있다고 믿었다. 명나라 후기에 와서 황제와 황가의 탐욕이 백성들 앞에 고스란히 드러나게 되어 백성들이 이전에는 탐관들만 비난하였지만 이때부터 무능한 황제를 대놓고 비난하기 시작하였다. 이는 역사적으로 드문 일이다. 물론, 황제를 비난하는 내용을 문자 형식으로 문헌에 기록하는 것은 자연히 사대부들의 몫이었다. 공과工科 급사중给事中 왕덕헌王德憲은 신종(神宗, 1563~1620) 황제에게 올린 상소문上疏文에서 "(황제께서는) 재부의 많고 적음에만 관심을 가지고 백성들의 생사에 대해서는 아예 묻지도 않았다. 백성들이 어찌 이런 임금을 믿을 수 있겠는가? 게다가 주지육림에 빠진 정도가 극도에 이르렀다."[1]라며 황제를 노골적으로 비난하였다. 일부 대신들도 "황제는 눈앞의 이익에만 급급하고 폭정을 일삼으니 사람이 사람을 잡아먹는 참혹한 상황까지 나타나고 백성들이 나무껍질을 먹거나 칼로 살을 도려내었으며 피난을 갔거나 파탄된 가정이 수두룩하고 많은 사람이 죽어나갔다. 무덤을 파고 관을 꺼내어 임금의 사리사욕을 채우기에 급급하여 황제가 나라를 위하여 하나도 보태지 않고 정사를 돌보지 않았다."[2]고 비난하였다. 대리사大理寺 소경少卿 이삼재(李三才, 1552~1623)는 광산세의 단점에 대해 "폐하가 금은보화를 좋아하는 것과 같이 백성들도 의식이 충족한 생활을 바라며 폐하가 자손을 사랑하는 것과 같이 백성들도 처자식을 사랑합니다. 그런데 폐하는 먹을 근심 없이 걱정 없는 나날을 즐겨보려는 백성들은 아랑곳하지 않고 일신의 재산만을 높이 쌓아 올리며 만년에 금과 비단에 둘러싸여 있을 욕심만 부리고 있습니다. 자고로 조정의 정치가 오늘같이 이렇게 형편없지는 않았습니다. 그런데 다행히도 난을 일으키는 자는 없습니다."라고 상소上疏를 올렸다. 그리고 "일단 나라가 붕괴되면 백성들은 모두 적이 될 것입니다."[3]라고 경고하였다. 이러한 비판적인 문헌에서 백성들의 황제와 황실에

---

1   "(皇上) 祇知財利之多寡, 不問黎元之死生. 民何負於君? 而魚肉蠱食至於此極耶."『明神宗實錄』卷349.

2   "(皇上嗜利心滋, 布滿虎狼, 飛而食人, 使百姓剝膚吸髓, 剜肉刺骨, 亡家喪身, 掘冢剖棺, 抵充皇上私藏, 而未曾錙銖佐國)." 文秉:『定陵注略』卷5, 北京圖書出版社, 1984.

3   "(陛下愛珠玉, 民亦慕溫飽, 陛下愛子孫, 民亦戀妻孥. 奈何陛下欲崇聚財賄, 而不使小民享升鬥之需. 欲綿祚萬年, 而不使小民適朝夕之樂. 自古未有朝廷之政, 令天下之情形一至於斯, 而可幸無亂者. 一旦眾畔土崩, 小民皆為敵國)."『明史·李三才傳』, 中華書局, 1974.

대한 원망을 고스란히 반영하였다. 만력시대 수보首輔 심일관(沈一貫, 1531~1615)은 『청수명정사수십인심請修明政事收拾人心』에서 1598년 당시 사회상황에 대해 "이전에 사사로이 조정을 논의하는 자들은 거리와 골목에서 귀엣말로 속삭이는 정도에 불과했을 뿐이었다. 그런데 지금은 도시 한복판에서 연극하거나 야담을 하는 사람들이 공공연히 가사와 곡을 만들어 노래를 부르고 막힘없이 이야기하는 것을 조금도 망설이지 않는다. 부르고 말하는 것 모두가 조정의 실패인데 사람들은 이를 즐겨 듣는다."[4]라고 설명하였다. 형부사랑刑部侍郎 여군(呂坤, 1536~1618)은 "요즘은 성안에 군주가 있는 것을 좋아하지 않는다. 천하의 백성들은 살아있는 것을 즐거워하지 않는다. 원한이 하늘을 찌를 정도로 듣기조차 민망하다."[5]는 상소를 올렸다. 이는 민간에서 이미 보편적인 비군非君 관념이 생성되었음을 의미한다. 군주를 천자로 여기며 군주가 하늘을 대신하여 백성을 다스린다고 믿었던 관념에서 '비군非君' 관념으로 바뀐 것은 매우 큰 의미가 있다.

중요한 점은 명말청초 몇몇 유명한 사상가들의 군주제에 대한 의심과 군주에 대한 비난은 상술한 '비군' 관념에 상응한다는 것이다. 예를 들면 황종희(黃宗羲, 1610~1695)는 "이 세상은 백성이 주인이고, 임금은 손님이다天下爲主, 君爲客"를 제기하면서 임금을 세우는 것은 천하를 다스리기 위한 것이라고 주장하였다. 따라서 신하는 군자의 소유가 아니고 "천하를 위해서이지 임금을 위해서가 아니고, 만백성을 위해서이

---

4   "(往時私議朝政者不過街頭巷尾, 口喃耳語而已. 今則通衢闤市唱詞說書之輩, 公然編成套數, 抵掌劇談, 略無顧忌. 所言皆朝廷種種失政, 人無不樂聽者)." 沈一貫, 『敬事草』卷3.

5   "(今禁城之內, 不樂有君. 天下之民, 不樂有生. 怨讟愁嘆, 難堪入聽)." 『明史·呂坤傳』, 中華書局, 1974.

지 어느 한 성씨를 위해서가 아니다."[6] 하지만 후세의 군주는 "천하의
이로움은 모두 자기한테 돌리고 해로움은 모두 다른 사람 탓으로 돌렸
다." 그래서 "천하를 해치는 자는 임금일 뿐이다."[7]라고 하였다. 황종희
보다 늦게 나온 사상가 당견(唐甄, 1630~1704)은 군주제에 대해 의혹을 제
기하고 공격하였다. 그는 "천자의 존귀함을 가진 군왕은 허무한 하늘의
신이 아니라 백성들과 같은 일반인이다."[8]라며 자고로 "십여 개 조대朝
代에서 2~3명의 현명한 임금이 나타났을 뿐이다. 나머지 임금들은 난폭
하지 않으면 우둔하고 우둔하지 않으면 괴팍했고 괴팍하지 않으면 나
약하였다. 나약한 임금은 난을 키웠고 괴팍한 임금은 난을 불러왔으며
폭군은 난을 격발시켰다"라고 지적하였다. 그러므로 천하가 도탄에 빠
지는 것은 임금의 잘못이다. 당견은 또 독재자들을 모두 도적이라고 비
난하였다. 그는 "한 사람을 죽이고 그 사람의 천 한 필, 쌀 한 말을 가져
가면 도적이라고 한다. 그렇다면 세상 사람들을 다 죽이고 또 세상 사람
들의 천과 곡식과 같은 재부를 몽땅 빼앗아간 사람은 도적이 아니라는
말인가?"라고 하였다. 그는 "진秦나라 이후 무릇 제왕이 된 자들은 모두
도적이었다."[9]라고 결론을 지었다. 특히 당견은 독재 군주는 너무 존귀
하여 자폐自蔽를 초래한다는 도리에 대해서도 분석하였다. 그는 "신분
이 높은 자는 쉽게 교만해지고 지위가 낮은 자는 쉽게 아첨한다. 군왕의

---

6   "(為天下, 非為君也; 為萬民, 非為一姓也)." 黃宗羲: 『明夷待訪錄·原君』.

7   "(以天下之利盡歸於己, 以天下之害盡歸於人. 為天下之害者, 君而已矣)." 黃宗羲, 『明
     夷待訪錄·原君』.

8   "(天子之尊, 非天帝大神也, 皆人也)." 唐甄: 『潛書·抑尊』.

9   "(殺一人而取其匹布鬥粟, 猶謂之賊, 殺天下之人而盡有其布粟之富, 乃反不謂之賊乎.
     自秦以來, 凡爲帝王者皆賊也)." 唐甄: 『潛書·抑尊)』.

근대 중국의 문화적 전환에 대한 연구

지위는 점점 더 높아지고 신하의 지위는 점점 낮아진다(爲上易驕, 爲下易諛; 君日益尊, 臣日益卑)."라고 하였다. 그는 "임금의 존귀함은 하늘과 같으며 하나님과 동체이다. 공경대부公卿大夫들도 쉽게 볼 수 있는 것이 아니다. 군왕의 안색이 변하면 대신들은 고개도 함부로 들지 못하고 엎드려 말을 올리며 가풍이 엄격한 하인보다 대우가 좋은 것이 없다. 이에, 간언을 잘 올리는 신하도 천자 앞에서는 묻지를 못하고 통찰력이 우수한 사람도 제대로 살펴볼 수 없다. 그리하여 대신과 백성들을 점점 더 멀리 하고 지혜도 점점 막혀버린다. 이윤(伊尹, BC1649-BC1549), 부열(傅說, BC1250-BC1192)과 같은 사람을 가르칠 수 없게 되었고 용봉(龍逢, BC1713-BC1620), 비간(比干BC1110-BC1047)과 같은 사람들은 간언할 수 없게 되니 나라가 망하고 말았다. …… 어찌 사람들의 이목을 막아버릴 수 있단 말인가? 권력이 존귀하다 보니 스스로 막힌 것이다."[10]라고 하였다. 그의 이런 주장은 이론적으로 군주제가 필연적으로 말로를 걷게 될 것임을 폭로하는 것에 가깝다. 이런 면에서 이는 매우 중요하다.

중앙 집권적 군주제도가 점차 말로를 걷게 되면서 이 제도를 위해 기반을 마련했던 이데올로기인 유학도 주목할 만한 변화가 나타났다.

중국은 한나라(BC202~AD220) 때부터 공자와 유학의 독존적 지위를 확립하였다. 그 후, 유학은 군주제의 제도적 수요에 적응하기 위해 노력하였다. 수당(隋唐, 581~970) 이후, 최고 통치자는 과거제도를 통해 정치 통치와 사상 통치를 긴밀하게 연결시켰는데 이는 당시 군주가 전국의

---

10 "(人君之尊, 如在天上, 與帝同體. 公卿大臣罕得進見, 變色失容, 不敢仰視; 跪拜應對, 不得比於嚴家之仆隷. 於斯之時, 雖有善鳴者, 不得聞於九天. 雖有善燭者, 不得照於九淵. 臣日益疏, 智日益蔽. 伊尹, 傅說不能誨, 龍逢, 比幹不能諫, 而國亡矣. …… 豈人之能蔽其耳目哉? 勢尊自蔽也)."『潛書·抑尊』, 中華書局, 1955.

행정관원 임명 권한을 장악한 동시에 과거제도를 통해 관리를 선발하는 권한이 있었기 때문이다. 관리의 시험내용은 유가 교의 내용으로 구성됐다. 유학은 종교가 아니지만 중국의 특수한 사회 조건하에 종교 대체 역할을 하였으므로 당시 고대 중국은 실질적으로 특수한 정교政教일치체제였다.

송대(960~1279)에 이르러 유학은 이학理學으로 발전하였다. 송대의 대사상가들은 불교가 번성하는 것을 달가워하지 않았지만 불교를 극복하려면 불교의 장점을 따라 배워야 하였다. 북송(北宋, 960~1127)시기 정이(程頤, 1033~1107)와 정호(程顥, 1032~1085)의 정씨 형제를 비롯한 사상가들은 불교의 일부 사상을 흡수하여 이학을 창립하였고, 남송(南宋, 1127~1279)시기 대사상가 주희(朱熹, 1130~1200)는 정씨 형제부터 시작된 이학을 집대성하여 '정주이학程朱理學'이라는 완전하면서도 심오한 이학 학설을 세웠다. 이 학설은 천리天理가 모든 것을 지배하기에 천리로 인욕人欲을 극복해야 한다는 것을 핵심 사상으로 내세웠다. 이러한 사상은 통치자들의 요구에 정확하게 부합하면서 송·원·명나라의 군주들은 이학 학설을 유학의 정통으로 삼았다.

명나라 초기는 정주이학의 전성기로 명태조(太祖, 1328~1398)와 성조(成祖, 1360~1424)는 주자학설을 적극적으로 받아들여 "말이 주자의 학설에 맞지 않으면 바로 병사를 인솔하여 공격한다."라고 할 정도로 독단적인 사상을 감행하는 국면을 맞이하였다.[11] 명나라 중반 이후, 왕양명(王陽明, 1472~1529)이 창시한 왕학王學이 흥행하기 시작하였다. 초기에는 왕양명도 정주이학을 신봉하였으나 후에 격물格物의 도리는 사

---

11   "(言不合朱子, 率鳴鼓而攻之)." 朱彝尊, 『道傳錄序』.

물에 있는 것이 아니라 마음에 있다는 것을 깨달은 후, 육상산(陸象山, 1139~1193)의 '심즉리心卽理' 학설로 전향하였다. 육상산은 남송 시기의 유명한 이학가로 주희와 아호鵝湖에서 만나 '도문학道問學'과 '존덕성尊德性'에 관련된 변론을 진행하면서 심학心學파를 형성하였다. 주희가 이학의 정통으로 받아들여진 후, 심학은 점차 사라졌는데 왕양명은 냉대를 받았던 육상산의 심학을 발굴하고 유학·불교·도교의 심성이론을 통합하여 내 마음으로 옳고 그름과 선악을 판단하는 심학체계를 재정립하였으니 역사적으로 이를 육왕심학陸王心學이라 한다. 왕명양의 주요 성과는 '치양지致良知' 학설을 제창한 것이다. 소위 "양지良知란 것은 맹자가 말한 이른바 모든 사람들이 다 가지고 있는 시비지심是非之心이다. 시비지심은 사고를 할 필요 없이 알게 되며 배울 필요가 없이 이루어진다. 그래서 양지라고 부른다."[12] 그는 양지良知는 모든 사람의 마음 속에 있어 외부에서 구할 필요가 없으며 고금古今이나 지혜로운 사람과 어리석은 사람에 관계없이 모든 사람에게 있는 내재적 본성이라고 지적하였다.

육왕심학의 본의는 정주학설과 마찬가지로 '이성으로 욕망을 자제한다'는 것이다. 하지만 육왕심학은 정주이학이 지나치게 격물에 얽매어 모든 사물에서 이성을 찾고 이성 또한 실현되지 않는 높은 곳에 있으면서 사람의 마음을 억압하여 마음의 수양을 소홀히 하는 것에 불만이 있었다. 왕양명은 천리는 곧 양지이며, 양지는 사람들의 마음 속에 있기에 천리는 사람의 마음 속에 있다고 하였다. 왕양명은 본체론과 도덕론의 근본적인 문제를 사람의 사물에 대한 깨달음과 이해인 영각靈覺에 귀납

---

12 "(良知者, 孟子所謂'是非之心, 人皆有之'者也. 是非之心, 不待慮而知, 不待學而成, 是故謂之良知)." 『王文成公全書』卷26「大學問」, 商務印書館, 1934.

하였다. 이에 "천리는 인심에 있다天理在人心", "마음이 곧 이치다心即理也", "이 마음에 사욕의 폐단이 없으면 곧 천리이다."[13]라고 말하였다. 왕양명은 사람들의 외부 현실 세계에 대한 추구는 내면 세계의 연마를 인도하고 연마는 사욕에 의해 가려짐이 없는 것, 즉 인생의 다양한 욕망을 소멸시키는 데 있다고 역설하였다.

이 학설은 육상산의 주관유심주의를 극단으로 추진해 마음 외에 사물이 없고 천리가 없다고 인식한다. 사람마다 양지가 있고 양지를 가지게 되면 천리를 이해할 수 있어서 사람들은 모두 내심의 노력을 통해 천리를 알아갈 수 있다. 즉 모든 사람은 성인이나 현자가 될 수 있다고 주장한다. 이는 객관적으로 전통 우상에 충격을 가하는 결과를 초래하지 않을 수 없었고 성인현자에 대한 사람들의 신앙을 동요시켰다. 이로써 오랫동안 유학과 이학에 얽매어 있던 사람들의 마음은 일종의 해방을 맞이하게 된다.

사람들이 어떠한 학설을 기꺼이 받아들이는 것은 첫째는 이런 학설이 자체 현실적인 수요를 반영하기 때문이고, 둘째는 미래 세계에 대한 이상과 추구를 의탁할 수 있기 때문이다. 따라서 그들은 자신의 바람에 근거하여 이러한 학설을 해석하는데 이것의 가장 대표적인 예가 왕학王學 말류末流의 태주泰州학파이다. 태주학파의 창시자인 왕간(王艮, 1483~1541)은 태주의 조정(灶丁, 주방 잡부)출신으로 사회 가장 밑바닥에서 출세한 사람이었다. 왕간은 총명하고 슬기로우며 호방하고 구속받는 것을 싫어하는 성격의 소유자로 자신을 선지자나 선각자로 자처하였다. 왕간은 제자의 예를 갖추어 왕양명을 찾아간 적이 있었는데 왕학에

---

13   "(此心無私欲之蔽, 即是天理)."『陽明全書. 傳習錄中』, 上海古籍出版社 , 1992.

대한 자신의 최대 공헌은 백성들이 따르는 일상생활의 학설인 일용지학日用之學으로 치양지致良知학설을 해석한 것이다. 왕간의 일용지학은 별도의 학파를 형성할 정도로 천리에 대해 새로운 해석을 하였다. 그는 "천리란 자연적으로 형성된 도리이다. 사람의 욕망에 따라 안배하는 것은 바로 인욕人欲이다."[14]라고 주장하였다. 그는 이론적으로 "사람은 모두 이러한 욕망이 있다."며 이는 곧 '자연법칙'이라고 제시하였다. 이는 "천리를 존재하게 하고 인욕을 소멸시킨다."는 설교를 반대하고 천리와 사람의 욕망은 동시에 받아들일 수 있다고 강조한다. 다시 말해 천리로 인간 욕망의 합리성을 논증하였다. 이는 이학의 방향을 바꾸었음을 의미한다.

왕간은 사람의 욕망을 긍정하면서 "몸身과 도道는 원래 일체一體인 것이니, 지극히 존귀한 사물이 도요 지극히 존귀한 것이 몸이다. 몸을 중시하면서 도를 중시하지 않으면 몸을 받든다 할 수 없고, 도를 중시하면서 몸을 중시하지 않으면 도를 중시한다고 할 수 없다. 몸과 도를 다같이 중시하는 것이 지극한 선이다."라는 '존신尊身'사상을 제창하였다. 그는 존신으로부터 '보신保身'을 제시하고 몸을 보호해야만 가정을 보호하고 나라를 보호하며 천하를 보호할 수 있다고 하면서 "자신의 몸을 보호해야만 천하를 보호할 수 있다."[15]고 주장하였다. 여기에서 그가 개인의 몸을 작은 집합체에서 큰 집합체인 가정, 나라, 천하에서 분리하

---

14   "(天理者, 天然自有之理也. 才欲安排如何, 便是人欲)." 王艮, 『語錄』, 『王心齋全集』, 江蘇教育出版社, 2001.

15   "(身与道原是一体, 至尊者此道, 至尊者此身. 尊身不尊道, 不謂之尊身; 尊道不尊身, 不謂之尊身. 須道尊身尊才是至善. 吾身保, 然後能保天下矣)." 王艮, 『語錄』, 『王心齋全集』, 江蘇教育出版社, 2001.

여 '개인 발견'의 사상적 맹아萌芽를 나타냈다는 점에서 더욱 더 고귀하다. 유학은 집단과 전체를 중요시하고 개체를 경시한다. 중국의 인문 계몽도 개인의 의미를 발견하는 것으로부터 시작되었는데 왕간의 최대 공적은 개인 혹은 자아의 가치를 제시한 것에 있다.

왕간이 개인의 몸을 중요시하고 개체의 가치를 중요시한 것은 이학에서 사람의 욕망을 소멸시키고자 하는 취지와 어긋난다. 이로써 왕간은 왕학을 붕괴시킨 파괴자가 되었다. 왕학은 이지(李贄, 1527~1602), 안산농(顔山農, 1504~1596), 하심은(何心隱, 1517~1579)까지 발전하여 인생의 합리적인 욕망에 대해 더 충분한 논증을 진행하였다. 이지는 "옷을 입고 배불리 먹는 것이 인륜이고 물리이다."[16]라고 주장하였고 또 철학적인 측면에서 논증하여 "사욕은 사람의 마음이다. 사람마다 사욕이 있기에 진실한 마음을 볼 수 있다. 사욕이 없다면 사람의 마음도 없는 것이다."[17]라고 주장하였다. 하심은은 군신, 부자, 형제, 부부의 의를 포기하고 친구의 윤리만 남겼다. (무술유신戊戌維新 시기 담사동(譚嗣同, 1865~1898)은 이렇게 입론하였다) 그는 오륜의 가르침을 공개적으로 배반하고 혈연관계가 없는 스승과 벗을 인륜의 으뜸 관계로 꼽았는데 이는 전통적인 종법 관계에 대한 큰 도전이었다.

왕양명은 사람의 욕망을 소멸시키는 양지설로 도를 전파하고 학업을 전수하였으나 그의 제자들은 이익과 욕망은 사람의 본성으로 이를 추구하는 것은 정당하다고 주장하였다. 황종희는 『태주학안泰州學案』에서 "양명선생의 학설은 태주 왕간, 용계龍谿 왕기(王畿, 1498~1583)에

---

16   "(穿衣吃飯, 即是人倫物理)." 李贄, 「焚書」卷1「答鄧石陽」, 北京燕山出版社, 1959.

17   "(夫私者, 人之心也. 人必有私, 而後其心乃見; 若無私, 則無心矣)." 李贄, 『藏書·德業儒臣後論』, 中華書局, 1959.

게 전해진 다음에 점차 전해지지 않게 되었다. …… 태주 이후 많은 사람들은 맨손으로 용뱀을 잡을 수도 있다. 안산농, 하심은 일파에게 전해지면서 점차 유교의 구속에서 벗어나게 되었다."[18]라고 결론지었다.

　　명나라 사상사를 훑어보면 정주이학이 학계를 독차지했으나 명나라 중반부터 점차 자리를 잃어갔다. 육왕심학의 발전으로 정주이학의 위신이 점차 떨어지고 두 파의 논쟁이 격화되면서 일부는 왕학으로 정주파를 공격하고, 일부는 정주학으로 비非왕학파를 공격하였다. 이 틈을 타 등장한 이단 학설은 일부는 불학과 가깝고 일부는 도학과 가까웠으며 일부는 경세치용의 실학에 힘을 모으기도 했고, 또 일부는 기독교에서 세상을 구하는 해결책을 구하기도 하는 등 다양한 학설이 병존하였다. 이때, 백성일용지학(百姓日用之學, 백성들이 날마다 사용하는 것이 도라는 학설)이 갑자기 새로운 세력으로 등장하여 유가 경전의 교리를 전수하기도 하고 이익과 욕망을 널리 선양하는 새로운 학설도 받아들여 전통적인 정주육왕, 불교, 유교의 속박을 타파하는 한편 비성무법(非聖無法, 성인을 부정하고 법을 무시함)적이고 천고千古의 시비를 뒤집어 놓은 '위언사설危言邪說'이 끊임없이 나타냈다. 이단으로 자칭하는 사람들은 진부한 학설을 반대하고 "낡은 것을 싫어하고 새로운 것을 좋아하며 기이한 것을 사모하고 좋아한다(厭常喜新, 慕奇好異)", "육경의 가르침을 진부한 말로 간주하고 최대한으로 없애버리려고 한다."[19]고 하였다. 문학에서는

18　"陽明先生之學有泰州, 龍谿而漸失其傳. …… 泰州之後, 其人多能以赤手搏龍蛇; 傳至顔山農, 何心隱一派, 逐非名教之所能羈絡矣."『明儒學案·泰州學案三』,『黃宗羲全集』第8卷, 浙江古籍出版社, 2003.

19　"六經之訓, 目為陳言, 刊落芟夷, 唯恐不力." 于慎行,『谷山筆麈』卷8, 中華書局,『元明史料筆記叢刊』.

서정적으로 진심을 들어내면서 재래적인 격식에 구속받지 않은 공안파公安派의 명언이 인심을 얻었다. 풍몽룡(馮夢龍, 1574~1646)은 "하늘은 스스로 일깨우지 않고 사람은 스스로 일깨운다. 세상의 권리를 일깨워서 사람에게 부여하고 사람의 권리를 일깨워서 말로 옮긴다."[20]라고 하였다. 이때 성령설性靈說, 성세설醒世說, 시도지교설市道之交說, 동심설童心說, 정교설情敎說, 그리고 다양한 전신론錢神論에 부화뇌동하는 자들이 열광적으로 따랐다. 도학자들이 경시했던 시정문학市井文學과 예술이 시민들 사이에서 흥행하여 술집이나 찻집에서 "수많은 다양한 곡조와 소리가 서서히 퍼지면서 나라가 퇴폐하고 발전하지 않았다. 더 심각한 것은 간드러진 소리들이 외딴 시골에도 넘쳐 흘렀고 별명이 거지들에게까지 전해졌다."[21]. 음란하고 욕망을 자극하는 저속한 곡조들이 민간에서 풍미했고, 평화評話, 전기傳奇, 희곡에서 방탕한 주인공, 순정을 추구하는 스토리가 인구에 회자되었다. 학술사상에서부터 일상생활까지, 관원 사대부에서 평민 백성까지 유가 경전의 주장이나 도통道統을 준수하지 않고 새로운 것을 추구하는 것이 유행하였다. 이런 문화 변이 현상은 사회가 위기에 직면하였다는 징조이기도 하다.

명나라 말기에는 박학다식한 과학자들이 많이 등장하였다. 이시진(李時珍, 1518~1593)의 『본초강목本草綱目』, 판계순(潘季馴, 1521~1595)의 『하방일람河防一覽』, 주재육(朱載堉, 1536~1611)의 『율려정의律呂精義』, 서광계(徐光啟, 1562~1633)의 『농정전서農政全書』, 송응성(宋應星, 1587~1666)의 『천공개물天工開物』 및 『서하객유기徐霞客遊記』 등은 당시 세계적인

---

20   "天不自醒人醒之, 以醒天之權與人, 而以醒人之權與言." 馮夢龍, 『醒世恒言序』, 人民文學出版社, 1999.

21   "多異調新聲, 泊泊浸淫, 靡焉勿振, 甚至嬌聲充溢於鄉曲, 別號下延於乞丐."『博平縣誌』卷4

수준의 작품이었다. 고염무(顧炎武, 1613~1682)는 "선비들이 실학을 배우려면 무릇 천문, 지리, 군사, 농사, 수화水火 및 한 시대의 전장典章에 이르기까지 깊이 연구하지 않으면 안 된다."[22]라고 말하였다. 사대부는 '수신修身, 제가齊家, 치국治國, 평천하平天下' 등 공허한 정치 논리 학설에서 경세치용의 실학으로 전환하였다. 좋은 일을 하고자 하는 큰 포부와 뜻을 품은 많은 사람들은 과학기술 연구에 열정을 쏟아 부었다. 이로써 당시 중국의 농학, 의학, 음율학, 지리학, 공법제조학 등 분야에서의 성과는 산업혁명 이전의 유럽에 결코 뒤지지 않았다.

이때 사대부들은 강한 단체결사團體結社 의식이 있었다. 확실하게 증명 가능한 민간단체만 170여 개에 달해[23] 연해지역에서 내륙지역까지 장쑤江蘇와 저장浙江, 푸젠福建, 허난河南, 후난湖南과 후베이湖北, 광둥廣東과 광서廣西, 쓰촨四川 일대에 퍼지고 회원수가 많은 경우 1,000명 이상에 달하였다. 숭정 2년(1629)에는 윤산대회尹山大會, 숭정 3년(1630)에는 금령대회金陵大會, 숭정 6년(1633)에는 호구대회虎丘大會가 있었는데 이러한 집회는 조직 수준이 높았다. 그 당시 사람은 "300년 동안 이런 적은 처음이었다."[24]고 감탄하였다.

이러한 상황은 중국 전통 사회가 중대 변화의 시기에 직면하였음을 느끼게 하였다. 그렇지만 전통 사회에서 발전한 새로운 사회적 역량은 매우 부족한 상태였고 새로운 사상, 새로운 관념의 발전은 기본적으로 사대부와 도시 주민에게만 제한되어 있었으며 농촌은 여전히 자연

---

22   "士當求實學, 凡天文, 地理, 兵農, 水火, 及一代典章之故, 不可不熟究."『亭林余集·三朝紀事闕文序』, 商務印書館, 1931.

23   郭紹虞,『照隅室古典文學論集』p.519 참고, 上海古籍出版社, 1983.

24   眉史氏,『復社紀略』卷2,『明代野史叢書』, 北京古籍出版社, 2002.

경제의 망망대해였다. 농촌의 생산관계와 사회 구성은 군주제도, '삼강 오륜과 유교(綱常名敎)'의 가장 기본적인 사회 기반이었다. 또한, 도시 상인들은 권력에 빌붙어 관청과 결탁하거나 돈을 들여 공명을 사거나 하여 독립적인 사회 역량으로 발전할 수 없었다. 상인들의 자본은 자연 경제 구조의 제한을 받아 산업자본으로 전환되기 힘들었으므로 밭을 사거나 관직을 사거나 하여 토지에 자본을 유입하는 방법으로 진부한 생산관계를 유지하였다. 따라서 명청 시대의 초기 계몽은 개성 해방과 인격 독립의 사회적 기반이 미비하였다. 즉, 황종희 등 학자들의 군주제에 대한 비난은 고대 민본주의 사상의 범주를 벗어나지 못하였다. 이는 당시의 계몽 사상이 성숙할 수도, 결과를 낼 수도 없도록 만들었다. 어떤 사람들은 중국 사회를 근대 발전의 궤도로 이끄는 힘이 부족함을 의미하는 것이라고도 하였다.

계몽사조의 파멸을 초래한 직접적인 원인은 청 왕조가 재건한 군주제 통치이다. 청나라 초기에 나라를 세우고 도읍을 정한 후, 통치자는 정주이학을 다시 강조하고 왕학을 폄하하였으며 문화 전제주의(專制主義)를 시행하였다. 우선, 책을 출판하고 인쇄하는 것을 시작으로 일련의 금지령을 발표하여 문서 전파의 원천을 아예 차단해 버렸다. 순치 9년(1952)에는 "책방 주인들은 이학정치 및 생계에 유익한 책을 간행하는 것만 허가한다. 음란한 말로 자질구레하게 묘사된 책 및 마구 펴낸 예술사의 원고 등을 일체 엄하게 단속한다. 이를 어기는 자는 엄격하게 추궁하여 처벌한다."[25]라고 규정하였다. 강희 2년(1663)에는 이 금지령을 재

---

25   "坊間書賈, 止許刊行理學政治有益計業諸書; 其他瑣語淫詞, 及一切濫刻窗藝社稿, 通
      行嚴禁. 違者從重究治." 素爾訥 等, 『欽定學政全書』卷7, 『書坊禁例』, 『續修四庫全書』.

차 강조하고 민간 가곡, 가요를 일률적으로 통제하였다. 강희 2년(1683) 대만을 수복하고 전국을 통일한 후, 한족이 청나라를 반대하는 종족 의식을 아예 없애고 문자옥文字獄을 크게 일으켰다. 청나라의 명예를 훼손하는 혐의가 있는 글들은 모두 대역죄로 처벌하였으며 율법을 정하여 전국에 발표하였다. 강희제(1654~1722)는 예부禮部에 명령을 내려 "짐(황제의 자칭)은 인심과 풍속을 근본으로 삼아 나라를 다스리고 인심을 바로잡고자 하니 풍속을 잘 지키려면 반드시 경학을 숭상해야 한다. 하지만 성인의 저서가 아닌 것은 엄히 근절해야 한다. 이는 변하지 않는 이치다."[26]라고 하였다. 건륭(乾隆, 1736~1795)연간에는 『수호전』까지도 훼판毁板 당하는 액운을 당하였다. 명나라 말기 야사野史 중에서 『작중지酌中志』, 『남천록南遷錄』, 『노하기문潞河紀聞』, 『일본걸사기日本乞師記』, 『예역경략豫亦經略』, 『초사연의樵史演義』 등을 모두 소각하였고 만약 은닉할 경우 대역죄로 사형에 처하였다. 이 금지령에 연루되어 많은 사람들이 비명횡사하였다. 이러한 가혹한 핍박 속의 명나라 말기 사회에서 활발하게 활동했던 새로운 것을 추구하는 사상들은 모두 안개 속으로 사라졌고, 유가 경전의 주장이나 도통을 준수하지 않는 계몽 사상들도 빛을 보지도 못한 채 좌절하였다.

---

26   "朕治天下以人心風俗為本, 欲正人心, 厚風俗, 必崇尚經學, 而嚴絕非聖之書, 此不易之理也."『清聖祖實錄』卷258.

3. 아편전쟁 전 청나라 사상, 학술 및 문화적 변화

청나라는 명나라를 대체한 왕조로 이러한 중대한 변화는 중국 사상과 학술, 문화의 큰 변화를 초래하였다. 학자들은 명나라 멸망의 아픔을 반성하지 않을 수 없었다. 그들 대다수가 명나라의 멸망은 이학理學이 허적虛寂함을 도입하여 스스로 벗어나지 못하였기 때문이라고 생각하였다. 이에, 청나라 초기 청학淸學을 개척한 대가부터 치학治學의 취지를 허虛를 피하고 실實을 챙기는 것으로 정하면서 실증을 추구하는 것이 점차 청학의 특징으로 자리잡았다. 명나라가 망하고 청나라가 흥성하면서 '민족'적인 감정을 동반하여 청학을 개척한 대가들은 '민족의 아픔'으로 인하여 민족 문화를 보존, 정리, 총정리하는데 주력하였다. 그리하여 청학은 실증 정신으로 가득찼고 깊고 넓은 기상을 다시 한번 나타내게 되었다. 중국 민족이 더 큰 민족의 위기에 직면했을 때 청학이 이미 쇠퇴했음에도 불구하고 민족 문화의 부흥을 위해 일부 내재적인 요소를 저장해 두었다.

청학을 개척한 최초의 대가는 고염무(顧炎武, 1613~1682)이다. 고염무는 이학을 반대하고 이학가들이 "육예六藝의 글을 배우지 않고 임금들의 전적을 참고하지 않으며 눈앞에 일을 처리하지 않고, …… 마음을 맑고 깨끗하게 하여 자기의 본성本性을 발견한다明心見性는 빈 말로 수기치인修己治人의 실학을 대신한다."[27]라고 신랄하게 비판하였다. "나라의 곤궁困窮한 상황에 대해서는 묻지도 않고 하루 종일 위기감危, 소소

---

27 "不習六藝之文, 不考百王之典, 不綜當代之務, …… 以明心見性之空言, 代修己治人之實學." 『日知錄』卷7, 『夫子之言性与天道』, 『日知錄集釋』 p.240, 岳麓書社, 1994.

함微, 정밀함精, 한 가지一 이야기만 한다."[28]라고 비난하였다. 그는 경학經學, 즉 이학은 경학을 버리고 이학만 말해 사설邪說이 일어나게 하였다고 여겼다. 또한, 근거 없는 말을 함부로 하며 실속이 없고 허만 가득찬 송나라와 명나라 이학을 지양하고 직접적으로 고대 경전에서 진상을 추구해야 한다고 주장하였다. 고염무는 문자, 음율, 역사, 지리 등 측면에서 혁신적인 기여를 하는 등 박학다식하였다. 청학은 고증학으로 발달하였는데 고염무가 그것의 선구자였다. 고염무는 왕조의 성쇠 및 '민족의 아픔'에 기인하여 고금에 나라를 다스리는 득실에 대해 특별히 많은 관심을 가지고 『일지록日知錄』을 집필하였는데 이는 후세에 큰 영향을 끼쳤다. 북방의 여러 지역을 다니면서 지리 형세, 역사, 민족의 정서를 두루 살펴 『천하군국이병서天下郡國利病書』라는 책도 펴냈다. 고염무의 치학과 저서들을 보면 그가 학술과 사상적인 면에서 청학의 규모와 풍조를 열었을 뿐만 아니라 정치적으로도 후세에 중요한 유산을 남겼음을 알 수 있다. 다만 시대적 환경의 요인으로 인하여 고염무의 치도治道 관련 사상은 후계자에 전승되지 못했으며 그의 고증학풍만 그 시대에 큰 영향을 주었을 뿐이다. 염약거(閻若璩, 1638~1704)의 『고문상서소증古文尚書疏證』, 호위(胡渭, 1633~1714)의 『역도명변易圖明辨』 등은 모두 고증학을 기반으로 선인들의 교훈을 밝혀서 후학을 일깨웠다. 고증학은 건륭·가칭(乾嘉, 1760~1820)시기에 크게 성행하여 혜동(惠棟, 1697~1758), 대진(戴震, 1724~1777), 왕명성(王鳴盛, 1722~1798), 전대흔(錢大昕, 1728~1804), 단옥재(段玉裁, 1735~1815), 왕념손(王念孫, 1744~1832), 왕중(汪中, 1745~1794),

---

28   "置四海之困窮不言, 而終日講危, 微, 精, 一之說."『與友人論學書』,『顧亭林詩文集』 p.40, 中華書局, 1983年 第2版.

손성연(孫星衍, 1753~1818), 능정감(凌廷堪, 1755~1809), 초순(焦循, 1763~1820), 왕인지(王引之, 1766~1834) 등 학자들이 대거 나타나 고증학에 많은 기여를 하였다.

또 다른 대가는 황종희이다. 황종희의 치학治學은 이학理學을 반대하는 것에서 출발하여 명나라 유학을 "어록의 찌꺼기를 답습하면서 육경六經을 근저로 삼지 않으며 책은 한쪽에 밀어놓고 유세만 한다."[29]고 비난하였다. 황종희는 아버지와 스승의 영향을 받아 사학 연구에 몰두하여 역대 정치의 연혁과 득실을 검토하여 『명이대방록明夷待訪錄』을 집필하였다. 이 책은 중국 고대 정치를 연구한 최고의 저서로 선진先秦 이래 민본주의 사상을 최정상으로 끌어올렸다. 애석하게도 이 책은 집필이 끝났지만 시대적 환경의 요인으로 인해 바로 발간되지 못하였고 청 말기에 출판되자마자 세상에 큰 영향을 주었다. 황종희는 청학 중 사학에 가장 큰 영향을 주었다. 그는 사적史籍에 대한 연구, 역사방법 및 사서史書의 체례體例 등의 측면에서 독보적인 기여를 하였다. 그가 저작한 『명유학안明儒學案』과 『송원학안宋元學案』은 중국 학술사의 효시로 꼽힌다. 그의 사학은 제자인 만사대(萬斯大, 1633~1683), 만사동(萬斯同, 1638~1702) 형제에 의하여 더 발양되었는데 특히 만사동은 『명사明史』에 가장 많은 기여를 하였다. 이외에 황종희는 염약거閻若璩가 『고문상서소증古文尙書疏證』을 저술하는데 직접적인 영향을 주었는데 이로써 그도 고증학의 기풍을 선도한 인물임을 알 수 있다.

세 번째 대가는 왕부지(王夫之, 1619~1692)로 그는 철학과 사학 분야

29　 "襲語錄之糟粕, 不以六經為根柢, 束書而從事於遊談." 全祖望, 『梨洲先生神道碑文』, 『(鮚埼亭集)』卷11, p.9 참조.

에서 가장 창조적인 공헌을 하였다. 중년 이후 왕부지는 산 속에 칩거하면서 책을 읽고 저술하였다. 그는 많은 저작을 남겼는데 철학 분야의 저서로는 『주역외전周易外傳』, 『장자정몽주張子正蒙註』, 『노자연老子衍』, 『장자통莊子通』 등이 있고, 사학 분야의 저서로는 『독통감론讀通鑑論』, 『송론宋論』 등이 있다. 왕부지의 철학은 중국 고대의 유물주의 철학을 집대성하였다고 할 수 있다. 더욱 체계적이고 깊이 있는 '기일원론氣一元論' 외에도 이理와 욕慾에 대한 변론은 새로운 기상을 펼쳤다. 그는 "천리가 널리 가득차서 사람의 욕망人慾과 대립된 것이 아니다."[30]라고 하였다. 이에 "욕망을 떠나서 이치를 말할 수 없다.", 이치는 욕망 안에 있고 "어디서나 사람의 욕심을 볼 수 있다는 것은 어디서나 천리를 발견할 수 있는 것이다."[31]라고 하였다. 왕부지의 이욕理欲은 후에 대진戴震에 의해 더욱 발양되었다. 왕부지의 사학은 깊은 철학적 토대를 가지고 있기에 역사관을 구축하는 측면에서 다채로운 논술이 많다. 그는 선인들의 역사 순환론을 비평하는 것을 바탕으로 더욱 더 진화된 역사관을 제창하였다. 또한 역사책을 편찬하는 방법에 대해서도 많은 논술이 있다. 그는 '전신사傳信史'를 강조하고 역사를 기본으로 나라를 다스려야 한다고 하였으며 그의 『독통감론讀通鑑論』, 『송론宋論』 등은 후세들의 추앙을 많이 받았다.

네 번째 대가는 안원(顔元, 1635~1704)이다. 공부한 것을 실행에 옮기는 철학을 제창한 것이 안원의 가장 큰 특징이다. 이러한 철학은 인성에 대한 유물주의적 이해를 바탕으로 형성됐다. 그는 송나라 유학의 이

---

30   "天理充周, 原不與人欲相爲對壘." 『讀四書大全說』卷6.
31   "(隨處見人欲, 即隨處見天理)." 同上書, 卷8.

선기악설善氣惡說을 비평하고 이리理와 기기氣는 통일된다고 주장하였고 여기서 더 나아가 그는 사람의 기질과 심성도 통일된 것이라고 지적하였다. 그는 "기질이 아니면 본성이 될 수 없고 기질이 아니면 본성을 볼 수 없다."[32]라고 강조하였다. 그러므로 사람의 존양存養, 발육, 통달은 시문 등을 읽고 깨달은 것에 있는 것이 아니라 몸소 배우고 익히는 데(身實學之, 身實習之) 있다."[33] 익히고 행동習行하는 것을 중시하였기에 사회 및 인생에서 실제로 의미가 있는 일과 실물에 관심을 가지며 병兵, 농農, 전錢, 곡穀, 수水, 화火, 공工, 우虞, 천문, 지리 등을 모두 학문이라고 여긴다. 그러므로 공리功利의 정당성을 인정할 수밖에 없다. 그는 동중서(董仲舒, BC179~BC104)부터 도道, 의誼 등을 공론하고 공리를 언급하지 않는 유가 정신을 반대하고 "우정을 바로잡고 이익을 꾀하며 도리를 밝히고 그 공을 헤아린다."[34]라고 명확하게 지적하였다. 안원의 철학은 청나라 말기 사인士人들이 세상에 쓰이는 실용적인 학문(用世, 속칭 경세치용)의 정신을 적극적으로 고양하는 데 큰 영향을 미쳤다.

명나라 말기, 청나라 초기 대가 중 안원만 나이가 어렸던 것을 제외하고 다른 대가들은 직접 왕조가 바뀌고 나라가 멸망하는 시기를 겪었고 청나라와 맞서 싸우기도 하였다. 이들은 청에 대한 항거가 실패한 후에 학문에만 전념하며, 송나라, 명나라에서 내려온 탁상공론만 하는 이학을 반대하고 실사구시實事求是의 학풍을 제창하였다. 이러한 학풍은 학술에 활용되어 고증학의 성행과 사학의 진보를 이끌었다. 세상 일

---

32 『存性編』卷1.

33 "非氣質無以爲性, 非氣質無以見性."『存學編·上太倉陸桴亭先生書』.

34 "(正其誼以謀其利, 明其道而計其功)."『四書正誤』卷1.

에 이용되면서 고금 이래 마음을 다스리고 습행習行을 제창하는 학풍이 생겼고, 인륜에 이용되면서 욕망을 따라서 감정을 표출하는 수욕달정遂欲達情이 성인의 도聖道라는 논의를 불러일으키면서 '인간의 해방'이라는 방향으로 나아갔다. 청학은 민족문화의 의식적인 보존과 정리, 그리고 비평적인 총정리라고 볼 수 있다. 따라서 청학은 넓고 심오한 기상을 보일 뿐만 아니라 훗날 발생한 근대 문화 전환에도 필요한 조건을 마련하였다.

　　청나라 고증학에 대해 선인들은 이미 많은 연구를 하였다. 양계초는 『청대학술개론淸代學術槪論』과 『중국 근 300년 학술사中國近三百年學術史』에서 청대 고증학의 발달 원인, 고증학의 성과 및 그 정신과 방법에 대해 논술한 바 있다. 그는 고증학 발달의 배경을 논할 때 다음과 같이 지적하였다. 첫째, 청나라가 안정된 후, 학문은 점차 직업적인 성향을 띠게 되었다. 예를 들면, 부잣집이나 권문세가의 자녀를 가르친 것, 서원이나 학관에서 가르친 것, 학식이 있는 고관의 참모가 된 것, 성省·부府·주州·현縣의 역사를 기록한 것, 장서藏書나 각서刻書를 감수 혹은 교감校勘한 것, 명문대가의 족보를 편찬한 것 등이 있다. 이러한 일들은 적지 않은 보수를 받을 수 있기에 직업적인 성향이 높아지면서 점점 더 많은 학자들이 이 분야에 뛰어들었다. 둘째, 정부에서 제창하고 상을 주었다. 사고관四庫館을 개설하여 대규모로 책을 편찬한 것이 가장 대표적이다. 이로 인해 내외의 높은 관리들이 그 학풍을 이어받아 학자들을 대거 장려하였다. 민간의 부잣집이나 권문세가, 염상鹽商, 도서 출판업자들도 이를 추진하는 데에 긍정적인 역할을 하였다.[35] 이러한 여러 가지

35　　『飮氷室合集·專集之34』pp.47~48 참조.

가 모두 고증학이 발달되게 된 원인이다. 청대 학술은 고증학이 가장 발달하였다. 양계초는 "고증학이 없으면 청학도 없다."[36]라고 말할 정도였다. 물론 이는 과장된 면이 없진 않으나 고증학이 청학에서 가장 큰 성과를 낸 분야임은 틀림없으며, 이는 청학의 가장 뚜렷한 특징이기도 하다. 앞에서 청학은 민족 문화를 보존, 정리하고 총정리하는 것을 취지로 삼았다고 하였는데 이 점은 고증학의 성과를 검증하는 것에서 잘 알 수 있다. 중국 고대 학술, 문화와 관련 분야, 그리고 주요 전적典籍에 대해 일류의 전문가와 학자들이 전문적인 고증 연구를 진행하였다. 첫째는 위서僞書를 판별하는 것으로 한나라부터 이어 내려온 고서들에 대해 의문이 있는 부분을 검토하여 진실된 내용을 남기고 거짓된 부분을 제거하였다. 다음으로 그들이 진서眞書라고 여기는 책에 대해서는 음율학, 문자학 및 교정학 등 차원에서 최대한 노력하여 고서를 읽기 쉽고 이해하기 쉽게 만들었다. 이는 청나라 고증학의 가장 핵심적인 부분으로 가장 많은 노력을 기울인 부분이기도 하다. 셋째는 일서逸書를 편집한 것으로 고서 중에서 유실된 책 혹은 관련 문자를 수집하고 부족한 부분을 보완하고 복구하였다. 『사고전서四庫全書』의 편찬도 객관적인 측면에서 대규모의 일서 집록輯錄 작업으로 볼 수 있다. 학자들은 이전 왕조의 『영락대전永樂大典』에서 많은 중요한 고전을 집록하였다. 이외에도 역대 고서에서도 일부 일서를 편집하거나 불완전한 문자를 보완하였다. 청대 고증학자들의 전적 연구에 대한 기여는 매우 중요하다. 이들의 작업이 없었더라면 전통문화의 정리와 혁신은 논할 수 없었을 것이다.

고증학의 발달은 사학, 지리학, 역산학의 중대한 발전을 이끌었다.

---

36   『淸代學術槪論』,「飮冰室合集·專集之34」, p.23.

일류 학자들이 고증학에 힘을 쏟았으나 이들의 천부적인 재능은 고증학에만 국한되지 않았다. 학자들이 서적을 정리하는 과정에서 사서의 발굴과 탐구, 정리는 사학의 발전과 진보를 이끌어냈다. 『명사明史』의 수정, 성·부·주·현 지방지의 편찬은 많은 우수한 학자들의 참여를 이끌어내어 높은 수준의 성과를 거두었다. 명문대성의 족보 편수, 가보家譜, 선인들의 연보年譜 수정 등은 족보학의 흥성으로 이어졌다. 또한, 개인적으로 역사 고증, 역사 보완, 역사 기술을 하는 학자들도 많았다. 전문 학술사의 저술과 사학이론 및 방법을 전문적으로 정리하고 개척한 사학대가들이 나타났다는 점은 주목할 만하다. 지리학의 발전도 사학과 마찬가지로 고증학의 발달에 의존하였다. 중국 고대의 지리학은 항상 역사학에 부속되어 있었는데 청나라부터 독립된 방향으로 발전하기 시작하였다. 천문학과 역산학은 서양 전도사의 영향을 받았지만 청나라 때에는 고증학 발달의 영향을 받기도 하였다.

건륭·가경제 시기 고증학의 가장 큰 성과는 학술의 진리를 찾는 정신과 방법을 개척하였다는 것이다.

큰 영향력을 가진 근대 학자 양계초와 호적은 거의 동시에 청대 고증학은 '과학의 정신'과 '과학의 방법'을 갖추었다고 주장하였다. 양계초는 "건륭·가경제 시기 학자들은 자기 나름대로 일종의 학풍을 이루었는데 근세 과학의 연구방법과 매우 비슷하다."라고 말하였고, 호적은 "청나라의 박학樸學은 과학의 정신을 담고 있다."라고 말하였다. 호적이 제창한 '대담하게 가설하고 조심스럽게 검증한다(大膽的假設, 小心地求證)'라는 치학治學방법은 바로 청대 학자들의 치학방법을 논술할 때

정리한 것이다.[37]

청나라 고증학자들은 치학 과정에서 '의례義例' 혹은 '유례類例'를 찾는 것에 특히 주의를 기울였다. 이것은 건륭·가경제 시기 학자들이 가장 보편적으로 이용한 방법인데 이러한 방법은 사실상 귀납법과 연역법을 병용한 것이다. 즉, 고서에서 동일한 예시를 발견한 후 이런 예시를 연결하여 설명하였는데 능정감(凌廷堪, 1755~1809)이 『예禮』를 연구하는 것이 좋은 범례라 할 수 있다. 능정감은 자신이 치학에서 터득한 것에 대해 진술하면서 "『의례儀禮』17편 중 예禮는 기본 경전이다. 그 문자가 위의威議적이고 엄숙하며 너무 세세하고 번잡하다. 처음 읽으면 마치 실을 풀려다가 마구 더 엉키게 한 것과 같다. 자세히 풀어가면 실마리를 찾아서 날실과 씨실을 구분할 수 있다. 처음에는 마치 산 속에서 길을 잃은 것 같은데 천천히 걸어가면 점차 경로를 찾아 오르게 된다. 그러므로 직물의 날과 씨, 등산의 경로를 찾지 못하면 아무리 비범한 인재라 할지라도 어려움을 겪게 된다. 만일 그것을 얻었다면 보통 재주를 가진 사람이라 해도 잘 할 수 있게 된다. 경도, 위도의 경로란 무엇을 말하는 것인가? 실례를 들었을 뿐이다."[38]라고 하였다. 능정감의 이 말은 당시 사람들에게 귀납법과 연역법에 대해 잘 설명한 좋은 예라 할 수 있다.

양한兩漢이후 학자들의 사서오경에 대한 연구는 해석과 설명에만 국한되어 연구가 많이 진척되지는 않았다. 송나라 이후 일부 학자들이

---

37 胡適, 『淸代學者的治學方法』, 『(胡適文存)』卷2, pp.220~221.

38 "(『儀禮』十七篇, 禮之本經也. 其節文威儀, 委曲繁重. 驟閱之, 如治絲而紛, 細繹之, 皆有經緯可分也. 乍覩之, 如入山而迷, 徐歷之, 皆有途徑可躋也. 是故不得其經緯途徑, 雖上哲亦苦其難. 苟其得之, 中材固可以勉而赴焉. 經緯途徑之何謂? 例而已矣)." 凌廷堪: 『禮經釋例序』, 『校禮堂文集』卷26, p.241, 中華書局 1998.

경서에 의문을 가졌지만 단지 의문을 가지는 것에 그쳤다. 청나라 초기 학자인 호위胡渭, 엄약거閻若璩는 『역易』, 『서書』의 거짓된 부분을 분별 하였다. 비록 10여 편 밖에 되지 않았지만 경서에 의문을 가지기 시작하 였다. 고증학자들은 모두 의문을 품는 정신을 가지고 있었는데 의문이 있어야 고증을 할 수 있기 때문이다. 이들은 실사구시를 하기 위해 많은 경서를 검색하여 한나라 유가 경서의 잘못을 논증하였다. 이로 인해 한 나라 유가 경설에 대한 신앙이 동요되기 시작하였다. 건륭 중기에 와서 존한尊漢학자들의 "주공과 공자의 원작이 틀리다고 할 수는 있어도, 정 현(鄭玄, 127~200)과 복건服虔의 해석이 틀리다고 하지는 않는다."라는 학 풍은 이미 더 이상 존재하지 않았다. 완원(阮元, 1764~1849)은 인仁을 논하 고 생명을 논하며 자사子思 이전의 자료로 학설을 세웠으며 유가 원시 경전인 『시경』과 『상서』를 매우 중요시하였다. 초순(焦循, 1763~1820)의 『역易』은 한나라 유학의 학설을 인용하였으나 경전 문자간의 상호 증 명을 더 중시하였다. 능정감의 『예禮』는 천년이상 경전으로 여겨진 『주 례』와 『예기』는 모두 믿을 수 있는 것이 아니라고 주장하였다. 이들의 치학은 사실상 의심을 가지는 태도에서 출발한 것이다. 초순은 또 학술 진화의 역사적 안목에서 학술을 세워 경의經義에 대한 이해가 시간에 따라 다를 수 있는 것은 매우 자연스러운 일이라고 주장하였다. 또한, "성령性靈이 없으면 경학을 말할 수 없다."라고 하면서 "자신의 뜻으로 경전을 해석할 수 있다."라고 하였다. 초순 후에 공양학公羊學이 발전하 였는데 이는 초순의 이러한 진화된 학술사관과 '자신의 뜻으로 경전을 해석한다'라는 주장과 연관이 있다.

고증학이 제창하는 의문을 갖는 정신은 건륭·가경 후기에 매우 보 편화되었다. 최술(崔述, 1739~1816)이 편찬한 『고신록考信錄』은 그가 고대 경전에 의문을 품는 정신을 충분하게 표현하였다. 이 시기에 사서오경에 의문을 품고, 고서에 의문을 가지는 것은 개별 학자 개인의 행동이 아니었다. 『허한일기許翰日記』에 따르면 회계會稽 출신인 도사陶思는 향시鄕試를 치기 전에 자신이 쓴 『시고고詩考考』, 『서의의書疑疑』 등 경학의 잘못을 변증하는 책을 시험관에게 올렸다고 한다.[39] 이는 고대를 의심하고 변증하는 것이 일반 사인士人들 사이에서도 성행하였음을 말한다. 당시, 지위와 명망이 높은 완원阮元, 도씨陶氏가 쓴 책을 보고 잘 썼다고 평가하였는데 여기서 당시의 학술 풍조를 엿볼 수 있다.

과학적인 의문을 품는 정신은 소극적인 회의주의와는 서로 다른 개념이다. 헤겔은 회의주의자는 전신 마비 환자들을 일어나게 할 수 없는 것처럼 구제할 방법이 없다고 하였다. 청나라 학자의 회의懷疑정신은 근거가 있는 의심으로 진실을 구하기 위해 의심을 가지는 것이다. 따라서 이들은 실증을 구하는 것에 가장 많은 관심을 가졌으며 충분한 증거를 가지고 널리 인용하여 논증하였다. 건륭·가경후기 학자들은 이러한 전통을 이어 경서를 고증하고 역사를 증명하는 것을 더욱 더 세밀하게 진행하였다. 그들은 모든 글자는 유래가 있고 모든 일은 근거가 있다고 강조하고 증명할 자료나 증거를 최대한으로 찾아내고, 부족한 부분이나 누락된 부분이 없이 자료를 충분히 가지고 있는 기초에서 조심스럽게 판단하여 결론을 내렸다.

과학적인 의심과 실증을 구하는 치학 태도는 필연적으로 이성을 존중하는 정신을 형성하게 된다. 초순은 "도는 반드시 그 이치를 고찰

39   『許翰日記』道光19年2月13日, 河北敎育出版社, 2001.

해야 하고 덕은 반드시 그 의미를 분별해야 한다."[40]라고 하였는데 이 말은 근대 이성주의적 가치 성향을 담고 있다. 초순은 자신의 저서를 통해 세계의 변화와 유동성을 강조하고 정체된 안목이나 고집적인 관념으로 문제를 보지 말아야 한다고 주장하였다. 사상 문화, 전장典章제도는 모두 시간과 장소에 따른 산물이다. 초순은 진화하는 역사관으로 모든 시대에는 그 시대에 맞는 학술 사상이 있고 개인의 성령이 충분하게 발휘되는 상황에서 후자는 전자를 능가하게 된다고 믿었다.

고증학자들은 많은 책을 찾아 증거를 구하며 선진 이래의 자부子部서적을 자주 연구할 수밖에 없다. 건륭·가경 후기, 일류 학자들이 자학子學으로 경서를 증명하여 학술 중심은 경학에서 점점 자학으로 바뀌었다. 왕중(汪中, 1744~1794) 후에 필원(畢沅, 1730~1797), 손성연(孫星衍, 1753~1818), 장혜언(張惠言, 1761~1802)은 『묵자墨子』, 손성연은 『안자춘추晏子春秋』, 왕념손(王念孫, 1744~1832), 왕인지(王引之, 1766~1834) 부자는 자학을 널리 확인하여 정정하는 데 전념했고, 전대흔(钱大昕, 1728~1804), 능정감, 초순 등은 제자에 대한 사적事迹과 사상에 관심을 가졌다. 건륭·가경후기에 이르러 학자들이 제자학 자체에 점점 더 관심을 가지게 되면서 자학 연구가 경학에서 벗어나 독립적인 분야로 발전하였다. 자학이 흥행하게 된 첫째 원인은 경학의 고증이 점점 더 번거롭고 복잡해지는 병폐가 있어서 학술 발전의 새로운 경지를 추구했기 때문이다. 둘째는 고증학자들이 민족문화를 정리 결산한 필연적 산물이다.

자학 연구의 성행을 통해 오랫동안 빛을 보지 못한 선진 시기 제자 및 그들의 학설이 다시 빛을 발하기 시작하였다. 노자, 장자, 묵자, 한

---

40   "(道必察乎其理, 而德必辨乎其義)." 『易話』卷上, 『焦氏遺書』光緒丙子 重刻本.

비자, 심지어 양자楊子의 책과 학설들이 일류 학자들에 의해 다시 정리되기 시작하여 이러한 서적과 학설이 널리 전해 내려올 수 있었고 이 학설의 핵심 내용이 학자들의 해석을 통하여 널리 발양하게 되었다. 이로써 유학이나 경학이 지배적인 국면을 완전히 바꿔놓게 되었다.

자학의 성행은 학술 환경이 더 자유로워질 수 있도록 하였는데 이는 자학의 성행이 일종의 사상과 학술의 해방임을 의미하기도 한다.

오랫동안 건륭·가경 시기 고증학자들은 고서만 죽어라 파고들어 세상사에 관심을 갖지 않는다는 비난을 받아왔다. 사실상, 학자들이 경서, 역사, 제자諸子를 탐구하는 것은 경서의 뜻과 성인의 도의 진리를 찾는데 있으며 이는 궁극적으로 사람과 인생의 문제로 귀납된다. 고증학 대가인 대진戴震은 환파皖派 고증학의 창시자로서 성운聲韻학, 훈고학, 천문학, 역산학, 사지史志학, 지리학, 명물제도 등 여러 학문 분야에서 훌륭한 성과를 냈다. 하지만, 그는 고증에 만족하지 않고 고증을 의리義理를 찾고 발휘하는 수단으로 삼았다. 대진은 "저의 평생 저술에서 가장 큰 저서는 『맹자자의소증 孟子字義疏證』이다."라고 하였다.[41] 이 책은 철학 이론에서 출발하여 이학의 잘못을 비판하고 사람의 감정, 욕망의 합리성을 선양하였다. 그는 『원선原善』 등 저서에서 이치와 욕망을 분별하여 논하고 천하의 중생들을 위하여 해명하여 감정에 따라 욕망을 만족하는 논리에 대해 역설하였다. 이는 청학의 최고로 손꼽힌다.

대진은 천도와 천리는 실체 실물 위에 있어야 하고, 사람의 본성은 인생의 일상적인 실사實事에서 나타난다고 주장하였다. 천도, 천리,

---

41   "(仆生平著述之大, 以『孟子字義疏證』為第一)." 「與段若膺書」, 『戴震全集』第1卷, 淸華大學出版社, 1991, p.228.

사람의 성性과 명命은 송나라 유학에서 거론한 것처럼 허무하고 추상적인 것이 아니라 실체와 실물에서 논할 수 있는 것이다. 그러므로 사람의 도리는 "인륜은 날마다 쓰는 것이며 몸으로 실천하는 것(人倫日用, 身之所行)"에 존재한다고 하였다.[42] 그는 이학가들이 사람의 성性을 기질의 성과 의리의 성으로 구분하는 것을 반대하고, 사람의 본성은 자연의 것을 계승한다고 주장하였다. 자연적인 사람의 본성은 식, 색, 재財, 이利의 욕망이 있을 뿐만 아니라 호好, 오惡, 희, 노, 애, 락의 감정이 있다고 하였다. 그렇기 때문에 사람의 욕망과 감정은 사람의 본성이고, 그 자체가 도道 혹은 이理와 서로 공존할 수 없는 것이 아니다. 사람의 지혜로 절제하여 그것을 적당히 유지해야 하는 것이다. 대진은 "이理라는 것은 감정을 잃지 않는 것이다. 정情을 얻지 않고 이理를 얻은 일은 없다. …… 나의 감정으로 다른 사람의 감정을 짐작하면 틀리지 않을 것이다."고 하였다. 정이 맞으면 천리天理에 부합될 것이다. 욕망, 즉 본성의 고유한 것으로 천리와 상호 공존한다. 또한, "무릇 욕망에서 나온 것은 단지 삶과 양육에 관한 일에 지나지 않는 것일 뿐이다."[43]라고 하였다. 그렇기 때문에 "천리라는 것은 욕망을 절도있게 하는 것이지 인욕을 없애버리는 것이 아니다. 그러므로 욕망은 없애버릴 수 있는 것이 아니며 있어서 안 되는 것이 아니다."[44]라고 하였다. "이理는 욕망에 존재하는 것이다."[45] 대진은 도, 이理와 사람의 감정, 욕망에 대한 이해에서 출발하여

42   同上書.

43   "(理者, 情之不爽失也, 未有情不得而理得者也. …… 以我之情, 絜人之情, 而无不得其平是也. 凡出於欲, 無非以生以養之事)." 同上書, p.160.

44   "(天理者, 節其欲而不窮人欲也. 是故欲不可窮, 非不可有)." 同上書, p.162.

45   "(理存乎欲者也)." 同上書, p.159.

'감정에 따른 욕망'이 성인의 도라는 설법을 제시하였다. 그는 "성인이 천하를 다스리고 백성들을 돌보고 백성들의 욕망을 만족시키면 나라의 도리도 완비된 것이다."[46]라고 주장하였다.

고증학 대가인 대진은 깊은 연구를 통해 자연과 사람, 사물에서 도와 이理, 감정과 욕망의 새로운 이론을 제시하였다. 그는 전통문화 내부에서 전통문화 자원을 활용하여 자신의 새로운 철학 체계를 구성하였다. 그의 이러한 사상학설은 청학의 최고봉이다. 호적은 『대동원의 철학戴東原的哲學』에서 대진의 후학들은 그의 고증을 전해 발양할 수만 있고 그의 철학은 전할 수 없음에 안타까워하였다. 대진 이후의 학자들을 살펴보면 대진의 철학을 신봉하는 사람도 있었으나 그럴만한 저작이 많지 않다. 홍방(洪榜, 1745~1780)은 대진의 행장行狀을 서술할 때, 대진의 철학적인 성과를 매우 중시하여 대진이 자기의 철학 사상을 요약한 『답팽진사윤초서答彭進士允初書』라는 긴 서신의 5,000자 전문을 기록하였다. 다른 사람들이 이에 대해 반대를 하자 그는 또 긴 서신으로 반박하였다. 대진과 동 시기에 살았던 학자인 장학성(章學誠, 1738~1801)은 대진의 철학을 높이 평가하였다. 그는 "대진의 저서 『논성論性』, 『원선原善』 등 여러 편의 저서들은 천天, 인人, 이理, 기氣에 대해 선인들이 말하지 못한 것들을 많이 언급하였다고 하였다. 당시의 많은 사람들은 대진이 의義와 이理를 공담만 하면서 아무런 작위가 없다고 하는 것은 그들이 본래 대진의 학문을 잘 모르고 있기 때문이다."[47]라고 하였다. 초순焦循은 "동원 대진의 책을 읽으면서 가장 탄복하는 것은 『맹자자의소증 孟子

---

46   "(聖人治天下, 體民之情, 遂民之欲, 而王道備)." 同上書 p.161.

47   "(時人則謂空說義理, 可以無作, 是固不知戴學者矣)." 「朱陸篇書後」, 『文史通義』卷2 『內篇2』, 遼寧教育出版社, 1998, p.53.

字義疏證』이다."[48]라고 하면서 이 책에서는 "이理, 도道, 천명天命 , 성정性情의 이름을 맑은 하늘의 태양처럼 밝게 들추어냈다."[49]라고 하였다. 대진의 사숙 제자라고 자칭한 고증학의 대가인 능정감凌廷堪은 사부의 철학에 대해 새로운 견해가 없지만 "의義와 이理는 선생께서 만년에 높은 경지에 이른 학문으로서 그의 경지에 도달하지 못하면 옳음과 그름을 잘 모를 것이다. 그의 저작이 다 있으니 후세들의 판단을 기다린다."[50]라고 하였다.

대진 및 그 후학의 정욕론情欲論은 '이학살인理學殺人'에 대한 격렬한 항의로 그 주요 의미는 선량善良 정치에 합리적인 사상적 기반을 마련한 것이다. '백성들을 돌보고 백성들의 욕망을 따르는 것'이 성인의 도라는 주장은 선량 정치를 이루려는 그의 사회적 이상을 집중적으로 표현하였다. 대진 및 그 후학의 감정과 욕망을 중심으로 하는 새로운 학설의 가장 큰 의미는 전통문화적 자원을 최대한 활용하여 중국 고대 인성人性에 대한 모든 합리적인 사상을 집중하여 그것을 최고봉에 달하도록 하고, 그것을 개인의 발견, 개인 해방의 가장자리에 이르게 한 데 있다.

과거, 학자들은 건륭·가경 연간의 학자와 후학들이 사회의 실제 상황에서 벗어나 현실을 도피하고 고적에만 파묻혀 산다고 비난하였다. 이런 비판이 모두 맞는 것은 아니다. 사실, 이들이 경사 연구에 몰두한 배경에는 사회의 현실과 백성들의 고달픔에 관심을 가지는 깊은 열

---

48   「寄朱休承學士書」,『雕菰樓集』卷13.

49   "(於理道天命性情之名揭而明之如天日)."『論語通釋自序』,『雕菰樓集』卷16.

50   "(義理固先生晚年極精之詣, 非造其境者, 亦無由知其是非也. 其書具在, 俟後人之定論云爾)."『戴東原先生事略狀』,『校禮堂文集』卷35, 中華書局, 1998, p.317.

정이 있는데 아쉽게도 후세 사람들은 이런 점을 중요시하지 않았다. 유명한 청학 대가 전대흔錢大昕은 "『역易』, 『서書』, 『시詩』, 『예禮』, 『춘추春秋』는 성인이 천하를 다스리는 이론이다. 위에서는 세상을 다스리고 그다음으로 몸을 다스리면 도道에 대해 통하지 않는 것이 없고 의義에 대해 완비하지 않은 것이 없다."[51]라고 하였다. 군주는 신하를 선하게 대해야 한다는 전대흔의 논의는 현실에 타깃을 맞춘 것이다. 이런 논의는 대진 및 건륭·가경후기 학자들의 정욕론情慾論 및 치도관治道觀과 밀접한 연관이 있다.

가경·도광嘉道 시기 고증학의 전성기가 지나가고 '한학漢學'을 비평하는 과정에서 금문경학今文經學이 나타났다. 장존여(莊存與, 1719~1788)와 그의 외손자 유봉록(劉逢祿, 1776~1829), 송상봉(宋翔鳳, 1779~1860)은 금문경학의 기치를 높이 받들고 성인의 '미언대의微言大儀'를 표방하면서 치도治道에 대해 후기 고증학 학자와 마찬가지로 군신관계 및 언론 개방의 문제에 관심을 가졌다.

건륭 말기부터 청나라는 내리막길을 걷기 시작하였다. 가경·도광 연간에 이미 쇠퇴하는 조짐이 나타나 학자들의 걱정이 날로 깊어갔다. 적극적으로 처세한 일부 학자들은 염정鹽政, 조정漕政, 관료 정치吏政 등 폐해가 많은 분야를 개혁하는 연구에 전념하였다. 학자들이 국정을 다스리는 것은 풍조가 되었고, 홍량길(洪亮吉, 1746~1809), 포세신(包世臣, 1775~1855), 위원(魏源, 1794~1857)을 비롯하여 경세실학으로 세상에 이름을 알리는 학자들이 많이 나타났다. 아편전쟁 발발 전에 위기의 조짐

---

51   "(『易』『書』『詩』『禮』『春秋』, 聖人所以經緯天地者也. 上之可以淑世, 次之可以治身, 於道無所不通, 於義無所不賅)." 錢大昕, 『抱經樓記』, 『潛研堂文集』 卷 21.

이 날로 심각해졌고 공자진(龔自珍, 1792~1841)와 같은 학자는 경고의 목소리를 높였다. 공자진은 명문세가 출신으로 학문이 깊었고, 한학과 금문학을 두루 갖추어 능력이 뛰어나고 기개가 높아 전통 학술의 최고 자격을 갖춘 자이다. 그는 금문경학에서 『춘추』 '장삼세張三世'학설을 흡수하여 당시 정치를 비평하는 이론적 무기인 자신의 진화주의 역사관을 만들어냈다. 그는 고증학파로부터 빈틈없이 엄격하게 논의하는 방법을 계승하였다. 그래서 그의 사회적 비판과 당시 정치에 대한 비난은 박진감이 있을 뿐만 아니라 설득력도 있다.

공자진은 당시 사회에 큰 위기가 숨겨져 있음을 예리하게 발견해냈다. 그는 "산속의 백성들이 큰소리를 터뜨리고 천지가 종이나 북을 쳐 주며 신선들도 파도를 일으킨다."[52]라고 하였다. 근대 사람인 허우와이루(侯外廬, 1903~1987)는 공자진의 이러한 표현은 민란이 일어날 것임을 은유적으로 표현하는 것이라고 말하였다. 이것은 통치자들에 대한 엄격한 경고이다. 공자진은 이러한 위기의 형세를 초래한 것은 고도화된 군주집권이라고 단정지었다. 그는 군권이 과도하게 집중되고 군주의 지위가 지나치게 높아서 군주가 천하를 독점하는 형세를 초래하였고 "사람들의 염치를 제거하여 호령을 빨리 통하게 하며, 자기의 신분을 숭고하게 한다(去人之廉, 以快號令; 去人之恥, 以嵩高其身)"라고 지적하였다. 그리하여 "한 사람이 제멋대로 하고 기타 모든 사람들은 순종해야만 한다.", 이에 천하의 염치는 모두 군권에 의해 박살나게 되었다.[53] 이로써 천하의 인재는 억눌려 존재하지 못하게 되었고 사회는 생기가 사

---

52   "('山中'之民, 有大聲音起, 天地為之鐘鼓, 神人為之波濤矣)." 『尊隱』, 『龔自珍全集』, 上海人民出版社, 1975, pp.87~88.

53   『古史鉤沈論壹』, 同上書, p.20.

라지고 희망이 없어졌다.

공자진은 비통해 하였으나 절망하지는 않았고 개혁만이 살 길이라고 호소하였다. 그는 "한 조상으로부터 내려온 법은 점점 쇠패할 수 있는데 대중들의 의론은 막을 수가 없다. 후발자에 의해 개혁을 강요받기보다는 자기 스스로 일어나 개혁하는 것이 낫지 않겠는가(一祖之法無不敝, 千夫之議無不靡. 與其贈來者以勅改革, 孰若自改革?)"라고 하였다. 이런 '자발적 개혁自改革'이란 주장은 큰 의미가 있다. 적극적으로 개혁하지 않으면 사회는 기필코 붕괴될 것이라고 지적하는 한편 자체 개혁을 하지 않으면 이를 대신하는 무엇인가가 나타날 것이라고 암시하였다. 당시, 공자진이 걱정한 것은 아마 산 속의 도적떼 정도일 것이다. 그 후, 서구 열강들이 중국을 위협했을 때, 강유위(康有爲, 1858~1927), 양계초 세대들이 공자진의 '자발적 개혁'을 이어받은 것은 이미 한 성씨의 왕조를 보존하는 것이 아니라 나라를 보존하고, 민족을 보존하고, 교육을 보존하는 큰 포부를 가진 것이었다.

주의해야 할 점은 공자진이 적극적으로 세상을 위하는 마음으로 세상을 구원하고 민생을 살리기 위하여, 이지李贄, 대진 등 우수한 사상가의 사상 유산을 계승하여 '사람마다 사심私心이 있다'라는 합리성을 선양하였다는 것이다. 그는 특히 『논사論私』라는 글에서 이런 사상을 설명하였다. 그는 고대 현인들은 사심의 합리성을 부인하지 않았고 후에 소위 유가의 '대공무사大公無私'는 실제로 황제의 독단적인 요구에 부합하기 위해 백성들의 욕망과 수요를 억누른 것이라고 주장하였다. 공자진은 사심의 합리성에서 출발하여 더 나아가 개인, 개성의 독립적인 가치를 역설하였다. 가장 주목 받은 글로는 『병매관기病梅館記』가 있다. 『병매관기』에서는 자기만의 기호로 매화나무를 기르는 사람들로 하여금 "바르게 자란 가지를 잘라 그 주변의 가지를 키우고, 빽빽한 것을 삭제하고 어린 가지를 제거한다. 곧게 자란 것을 없애 나무의 생기를 막아서 높은 가격을 받도록" 하는 것을 반대하였다. "자유롭게 하고, 따르게 하고, 회복하게 하고 완벽하도록(縱之, 順之, 復之, 全之)"[54]해야 한다고 주장하였다. 그의 이런 주장은 근대 인문주의의 개인과 개성의 독립성을 인정하는 가치관과 비슷하다.

상술한 것에서 공자진의 사상은 이미 근대적인 요소를 갖추었고 전통 학술과 문화로부터 근대 사회로 발전하는 과정임을 알 수 있다. 양계초는 "청나라 말기 사상의 해방에는 공자진의 공헌이 크다. 광서(光緒, 1875~1908) 연간 소위 신학자들은 거의 모두 공자진을 숭배하였고 『정암문집定庵文集』을 읽은 후 큰 감동을 받았다."[55]라고 하였는데 양계초의 이런 평가는 매우 공정한 것이다.

---

54   同上書, p.186.

55   "(晚清思想之解放, 自珍確與有功焉. 光緒間所謂新學家者, 大率人人皆經過崇拜龔氏之一時期, 初讀『定庵文集』, 若受電然)." 『淸代學術槪論)』, 『飮冰室合集·專集之三十四』 p.54.

제1장

아편전쟁 후 양무운동까지
중국의 사상문화적 변화

명나라 말기 및 청나라 초기 서양학문은 이미 중국의 상류층 사회에 전파되기 시작했으며 일부 사대부들의 사상 및 관념은 약간의 변화를 보이기 시작하였다. 통일된 중앙 집권적 군주전제가 너무 오래되어서 그 폐단도 아주 심각하였기 때문에 명나라 말기부터 중국 사회에서는 군주전제 및 종법윤리를 비판하는 경향이 나타나기 시작하였다. 청나라 초대 황제 시기에는 전통문화 내부에서도 변화의 조짐이 보이기 시작하였다. 그러나 사회 조건의 제한으로 이러한 변화들이 전통에 대항하여 근본적 도전을 하지는 못하였다. 아편전쟁의 발발 및 전쟁으로 나타난 결과는 전통사회 및 전통문화에 심각한 충격을 가져왔다. 중국인들은 사상 처음으로 자신들과 너무나 다른 외래민족과 부딪쳤고, 중국 문화도 어떻게 대응해야 할지 모르는 이문화의 도전에 직면하게 되었다. 수천 년 동안 형성된 "천조상국天朝上國"과 "유아독존惟我獨尊" 적인 태도는 중국인들이 서양인 및 서양의 풍습과 정치 종교 등에 대해 정확히 인식하는 것을 방해하였다. 이로 인하여 오랫동안 중국인과 서양인의 관계가 원활하지 못했기에 중·서 문화 간의 문제도 잘 처리할 수 없었고 중국 문화의 근대적 전환 문제도 제대로 해결하지 못하게 되었다. 이제부터 역사 시기 구분에 따라 아편전쟁에서부터 양무운동洋務運動[1]까지 기간(1840~1894년) 동안 중국인들의 사상문화적 관념과 문화심리적 변화과정을 논하고자 한다.

---

[1] 양무운동 시기는 일반적으로 1860년대부터 1890년대 전반기까지의 시기를 말한다. 이 시기의 역사를 일부 사학자들은 자강(自强)운동 시기라고도 하지만 오랫동안 중국의 사학계에서는 습관적으로 양무운동 시기라고 불렀다. 이 책은 이에 따른다.

1. 낯선 "만이蠻夷" 민족

영국을 비롯하여 선진 무기와 군함을 가지고 있었던 서양인들은 악의적인 아편무역을 핑계로 중국 침략 전쟁을 촉발시켜 중국이 굴욕적인 난징조약을 체결하도록 하고 심지어 국토분할과 물적 배상까지 요구하였다. 중국인은 이러한 침략자들을 적대시할 이유가 충분하였지만 미워하고 욕하는 것만으로는 아무 소용이 없다. 상대방을 알고 그들의 장점을 배워 단점을 보완하여야 굴욕을 씻고 국토와 주권을 되찾을 수 있다. 옛날 전략가는 '지기지피, 백전불태(知己知彼, 百戰不殆)', 즉 상대를 알고 나를 알면 백 번을 싸워도 위태롭지 않다고 하였다. 더구나 서양인은 중국인에게 아편을 퍼뜨리고 침략하고 약탈만 한 것이 아니라 많은 유용한 것들도 가져왔다. 그런데 당시 중국인들은 천조天朝 관념을 고집하고 정부의 무능에 분개하여 오랫동안 이 문제를 이성적으로 바라보지 못하였다. 그리하여 한 가지 이상한 현상이 나타났다. 즉, 공개적으로 서양의 문화를 배우고 서양인을 사귀는 중국인은 매국노로 간주되었고, 서양인을 두려워하고 아첨하며 남몰래 서양 문물을 즐기며 노는 사람은 잘난 척하고 우쭐해하였다.

아편전쟁 직후 20여 년 동안 대부분의 중국 관료 및 백성들은 서양인들을 인간으로 취급하지 않았다. 아영(阿英, 1900~1977)이 편저한 『아편전쟁문학집』에 이런 이야기가 많이 수록되어 있다. 예를 들어 「전월의사의민공격全粵義士義民公檄」에는 '영국인이란 남자인지 여자인지 구별하기 힘들며 품행이 짐승과도 같다. 그 흉악한 성격은 호랑이나 승냥

이와 같고 탐욕하는 마음은 독사毒蛇와도 같다'²라고 하였다. 기영(耆英, 1787~1858)이 황제께 올리는 상주서에서는 '백성들이 남녀노소를 불문하고 모두 서양사람을 인간으로 상대하기가 싫어서 번귀(番鬼, 외국귀신)라고 부른다'³라고 하였다. 그 때 중국인들은 외모도 완전히 다르고 말도 통하지 않으며 행동도 중국인과 많이 다른 서양인들을 야만인으로 생각하였다. 이와 유사한 이야기들이 상당히 많았기 때문에 일부 사대부 계층도 이런 소문을 믿고 서양인들이 도대체 어떤 종류의 인간인지 잘 모르는 상황이었다.

예를 들면 당시의 유명한 학자인 방동수(方東樹, 1772~1851)는 『병탑죄언病榻罪言』에서 섭종진葉鍾進의 말을 인용하여 '서양인들의 눈은 멀리보지 못해 목표를 명중시킬 수 없고 발에 힘이 없어 상륙하면 걸을 수 없다'⁴라고 하였다. 당시 서양인이 다리를 굽히지 못하고 발에 힘이 없어서 빨리 달릴 수 없다는 것은 아주 보편적으로 잘못된 생각이었다. 왕문대(汪文臺, 1796~1844)도 「홍모번영길리고략紅毛番英吉利考略」에서 '영국인들은 배에서는 날 듯이 달리고 상륙하면 빨리 못 간다. 다리와 발이 서로 뒤얽혀서 펴지 못하므로 쓰러지면 일어나지 못한다'⁵라고 기록하였다. 이러한 잘못된 정보들이 유행할 수 있었던 이유는 아마 영국사신

2   "(乃独英吉利者, 其主忽女忽男, 其人若禽若兽, 凶残之性, 甚于虎狼, 贪黩之心, 不殊蛇虺)." 阿英, 『鴉片戰爭文學集』(下), p.781, 古籍出版社, 1957.

3   "(民之于夷, 无论妇孺, 皆呼为番鬼, 不以齿于人类)." 『耆英等奏复奏曹履泰所奏广东人民滋事各节折』, 『籌办夷务始末』(道光朝)권 75, p.2994, 中華書局, 1964.

4   "(目不能远视, 故不能挽强命中, 脚又无力, 上岸至陆地则不能行)." 方东澍, 『仪卫轩文集』제4권, p.13.

5   "(走舟上若飞, 登岸则不能疾行, 腿足纠缠难屈伸, 一扑不得起……)." 『鴉片戰爭文學集』下, p.758.

이 처음 중국황제를 예방했을 때 무릎 꿇고 절하는 것을 거부하였기 때문으로 짐작된다. 당시 맹목적이고 오만했던 중국사람들이 영국을 비롯한 서양사람들은 다리를 굽히지 못하고 무릎을 꿇지 못한다고 부연 설명하였던 것이다. 다리를 굽히지 못하니 걷기도 편치 않을 것이다. 그러므로 서양사람은 해전海戰을 잘할 것 같고 육전陸戰은 못한다는 황당한 논리가 나왔을 것이다.

당시 서양사람에 대해 맹목적인 경멸감을 가지고 있었고 서양문명을 잘 이해하지 못했기 때문에 각종 주관적인 억측과 잘못된 정보들이 쏟아져 나왔다.

아편전쟁 이후 중국 관리들은 영국인과 10년 넘게 접촉했지만 정작 영국이 어디에 있는지 얼마나 큰지도 알지 못하였다. 위원은 처음으로 제대로 세상을 바라본 선구자라고 칭할만하다. 그는 『해국도지海國圖志』라는 책에서 영국을 가리켜 "영국이란 멀리 떨어진 세 개의 섬인데 불과 서해의 주먹돌 만하다. 크기는 민(閩, 푸젠성)의 대만臺灣이나 광(廣, 광둥성)의 경주瓊州 정도이다."[6]라고 하였다. 영국의 크기가 대만이나 해남에 불과하다는 것은 사실과 너무나 다르다. 하추도(何秋濤, 1824~1862)는 『삭방비승朔方備乘』이라는 책에서 "영국 본토와 두 개의 부속 섬은 중국 호광湖廣지역의 하나의 성省 크기에도 미치지 못한다."[7]라고 말하였고 또 풍계분(馮桂芬, 1809~1874)은 『교빈로항의校邠盧抗議』에서 "우리 중화는 러시아의 8배, 미국의 10배, 프랑스의 100배, 영국의 200배나 된

6   『海國圖志』卷52, 『魏源全集』卷6, p.2994, 岳麓書社, 2004.
7   『俄羅斯叢記』, 『朔方備乘』卷40, p.44.

다."[8]라고도 하였다. 이러한 잘못된 인식들은 한편으로는 오랫동안 계속된 폐쇄 정책으로 인해 세계 각국에 대한 지식이 너무 빈약하고 부족했기 때문이지만 다른 한편으로는 맹목적으로 스스로를 과대 평가하고 다른 것을 깊이 알아보려 하지 않았기 때문이기도 하다.

서구 열강에 대하여 제대로 바라보려고 하지 않고 무시한 것은 자존자대自尊自大의 심리가 도전을 받을까 두려웠기 때문이다. 아편전쟁 때 이리부(伊里布, 1772~1843) 휘하에서 일을 하던 장희張喜라는 사람은 여러 차례 사절로 정해定海에 가서 서양 사람과 교섭하였고 『탐이설첩探夷說帖』이라는 책을 지었다. 이 책에서는 영국인이 그에게 영국 선박을 보여준 일을 기록하였다. 당시 장희가 영국 조선 기술의 정교함을 크게 칭찬하자 영국 사람이 그에게 "중국도 이런 것을 만들 수 있느냐"고 물었다. 장희는 "이런 기술은 훌륭하긴 하지만 중국인은 이런 데에 마음 두지 않는다."라고 대답하였다. 그리고 영국인이 "중국인은 어디에 마음을 쓰느냐?"고 묻자 장희는 "우리나라는 글 공부에 마음을 둔다[9]"라고 하였다. 이는 당시 전형적인 중국 사대부들의 심리, 즉 '글 공부가 최고이며 나머지는 말할 게 못 된다'라는 생각을 보여준다.

서양의 종교에 대해서는 더더욱 아는 게 없었다. 위원이 지은 『해국도지海國圖志』에 「천주교고天主教考」라는 장절이 있는데 서양의 종교는 대개 석가모니 학설을 베끼고 유교를 덧붙인 것에 불과하다고 하였다. 또한 이 책에는 세간의 소문을 인용하여 서양 선교사들이 중국인이 종교를 믿게 만들려고 처음에는 약간의 돈을 주지만 이 사람이 죽으면

---

8 『校邠盧抗議·制洋器議』, 下, p.42, 光緖十年 刻本.

9 張喜, 「探夷說帖」, 「中國近代史資料叢刊」之「鴉片戰爭」(5), 上海人民出版社, 1957, p.337.

근대 중국의 문화적 전환에 대한 연구

그의 눈동자를 빼는데 중국인의 눈동자에 납을 넣으면 은銀이 되기 때문이라고 하였다. 또한 남녀가 한 집에서 같이 잔다는 등 황당하고 근거가 없는 얘기들도 있었다. 많은 사람들이 이러한 소문을 근거로 서양 종교에 대해 여러 가지로 비방하고 중상모략하였다. 하섭(夏燮, 1800~1875)이 지은 『중서기사中西紀事』에도 「천주교고」라는 장절이 있는데 그도 위원 책의 내용을 인용하면서 이를 완전한 사실로 믿고 논의하였다. 물론 서양 종교가 중국으로 전파된 초기에는 품행이 불량한 선교사의 비도덕적이고 불법적인 행위도 없지 않았지만 이 때문에 편파적으로 평가하거나 맹목적으로 소문을 진실로 믿는 태도는 옳지 못하다.

임칙서(林則徐, 1785~1850)와 위원은 당시 인물 중 가장 이성적이고 안목이 뛰어난 사람에 속한다. 임칙서가 『사주지四洲誌』를 편찬하고 위원이 이를 바탕으로 『해국도지』를 편찬한 것은 서양과 세계를 이해하려는 그들의 소망을 보여준 것이었다. 위원이 서양을 배우고 개혁을 하자고 제의한 것은 더욱 대단한 것이었다. "서양의 기술을 배워 그것으로 서양을 제압한다師夷長技以制夷"라는 그의 주장은 당시나 후세에 뜻이 있는 많은 중국인들이 공통으로 지향하는 목표가 되었다. 그러나 당시 절대다수의 사람들은 '천조상국'天朝上國의 미몽에 빠져 서양의 과학기술과 문물을 정당하지 못한 이단 및 사도邪道로 생각하고 무시하였다. 위원은 "서양을 이기려면 먼저 서양의 실정을 잘 알아야 하고, 서양을 잘 알려면 먼저 서양의 서적을 번역하는 기관을 세워야 한다."[10]라고 하였다. 서양의 '기기음교(奇技淫巧, 이상한 기교나 사악한 속임수)'를 무시하는 일반인들과 달리, 위원은 나아가 조선과 대포 공장을 세우자고 제창

---

10   「海國圖志」卷2, 「籌海篇三」, 「魏源全集」第4卷, p.27.

하였다. 서양의 공격에 대해 방어하기 위한 것뿐만 아니라 민생에 유익한 것들도 만들 수 있다[11]라고 하면서 "연해에 사는 상인과 백성들이 직접 사용하거나 판매할 목적으로 조선이나 기계 공장을 설립할 의향이 있으면 허가해 주어야 한다."[12]라고 주장하였는데 이런 주장은 근대 공업을 발전시키려는 그의 마음을 잘 보여준다. 다시 말하면 그에게는 이미 자본주의 근대화에 대한 초보적인 인식이 있었던 것이다. 1852년에 이르러 그는 100권으로 된 『해국도지』의 「후기」를 쓰면서 미국의 민주헌정에 대한 흠모를 표명하였다. 그는 "부락(연방제)으로 군주(군주제)를 대체한 아메리카의 제도는 후세에 전할 만큼 좋다."라고 하였다.

위원은 중국은 반드시 내부로부터 개혁하여야 하며 그렇지 않으면 '사이제이(師夷制夷, 서양의 기술을 배워 그것으로 서양을 제압하기)'는 불가능한 일이라고 인식하게 되었다. 그의 개혁 구상은 중국 사회의 근본적 폐단을 정확하게 지적한 것이었다. 즉, 하나는 '사람들의 어리석음을 깨우치는 것'이고 다른 하나는 '사람들의 허황된 망상을 깨뜨리는 것'이었다. 안타깝게도 위원의 이런 귀한 개혁 주장은 당시 혼돈스러운 정세 하에서 실행되지 못하였다. 그러나 아이러니하게도 그의 책은 일본에 전파되어 메이지 유신 추진에 중요한 역할을 하게 되었다.

아편전쟁 후 20년 간 임칙서, 위원 등 소수의 사람들은 서양 문물에 눈을 돌리고 이를 받아들여 국력을 발전시켜야 한다고 인식하기 시작하였으나 대부분의 사람들은 여전히 서양인이나 서양의 사회 및 종교 등에 대해 무시하며 제대로 바라보지 않아서 여러 가지 잘못된 인식

---

11   同上書, p.31.

12   同上書, p.33.

근대 중국의 문화적 전환에 대한 연구

을 가질 수밖에 없었고 이러한 생각은 중국인들의 올바른 관념 전환을 방해하였다. 이는 서양 열강의 야만적인 침략과 무관하지 않지만 다른 한편으로는 너무 오래된 폐쇄 정책으로 인해 장기간에 걸쳐 형성된 '천조상국'이라는 자기과시와 폐쇄적이고 교만한 심리 때문이었다는 것도 부인할 수 없다.

2. 사이장기師夷長技

아편전쟁이 발발한 후 20년 동안, 중국은 서양의 여러 나라들과 여러 차례 전쟁과 화해를 거듭하였는데 싸우면 지고 화해하면 굴욕을 당하였다. 특히 1856년부터 1860년 사이에 일어난 제2차 아편전쟁은 중국 정부나 민간에 더 큰 충격을 주었다. 이번에는 영국과 프랑스 연합군이 베이징을 점령하자 함풍(咸豊, 1831~1861) 황제는 수도를 버리고 열하熱河로 도망쳤다. 그 결과 조상의 종묘마저 짓밟혔고 백성들은 도탄에 빠졌으며 수많은 문화재를 약탈당하였다. 심지어, 세계적으로 유명한 황가원림皇家園林인 원명원圓明園과 그 안의 소중한 문화재들은 약탈당하였고 불에 타버렸다. '천조지국'이었던 중국은 유래 없는 큰 치욕을 당했고 군신들의 체면은 여지없이 무너졌다.

그때 당시 서양과의 협약을 책임지는 혁흔(奕訢, 1833~1898)은 다음과 같이 기술하였다. "도광(道光, 1821~1850) 20년 이후 서양과의 외교 업무는 날이 갈수록 엉망이 되었고 함풍咸豊10년에 이르러 싸울 능력도, 나라를 지킬 힘도 모두 없어졌다. 참으로 어쩔 수 없었으며 참으로 부득이한 것이다."[13] 이러한 기술은 그때 당시의 현실을 여지없이 표현하였다. 여기서 말하는 참으로 부득이한 것은 두 가지를 가리킨다. 하나는 황제가 황궁에서 탈출하여 열하까지 도망친 것이고 다른 하나는 영국 및 프랑스와 굴욕적인 조약을 맺은 것과 이 과정에서 러시아에게 중간 조정을 요청했을 때 또 다시 불평등한 조약을 맺어 모욕을 당한 것이다. 제2차 아편전쟁 및 체결된 조약들이 가져온 크나큰 충격은 청 정부 군신들이 가지고 있었던 '천조상국'이라는 관념을 완전히 깨뜨리게 되었다. 그 후부터 외국사신들이 베이징에 상주하는 것을 허용하였고 다른 나라와의 사무를 전문적으로 처리하는 기관도 설립하여 조금이나마 근대적인 외교사상이 형성되었다. 외국 사절을 조공사신이라 생각했던 종래의 사상은 서양에 관련된 일을 좀 안다는 인사들 사이에서는 더 이상 존재하지 않게 되었다.

제2차 아편전쟁이 끝날 무렵은 청 정부와 태평군太平軍간의 전쟁이 아주 치열한 시기이었다. 1860년 서양인이 많이 모여 사는 상하이에서 중국 상인들이 돈을 내고 서양의 용병군을 끌어들여 태평군에 대항하였는데 이 용병군의 장비가 뛰어났고 훈련도 엄격하여 태평군과의 싸움에서 자주 승리하였다. 1862년에는 청나라 정부에서도 이 용병을 인정하여 '상승군常勝軍'이라는 칭호를 수여해 주기까지 하였다. 외국인의 힘으로 중국인을 죽인 것은 역사상 매우 치욕스러운 또 하나의 사건이었는데 이렇게 큰 치욕은 많은 사람들을 경악하게 하고 큰 충격을 줄 수밖에 없었다. 청정부가 외국 용병의 힘으로 중국 사람을 제압하는 시

---

13   奕訢: 『同治六年九月乙丑总理各国事务恭亲王等奏』, 『筹办夷务始末』(同治朝)卷五十第25页.

기에 풍계분이라는 지식인이 있었다. 그는 병란을 피하기 위해 소주에서 상하이까지 피난을 갔는데 상하이로 피난 간 이유는 그곳이 그나마 좀 안정적인 곳이기에 생각하고 글을 쓸 수 여유가 있기 때문이었다. 그가 상하이에서 있으면서 서양인의 일을 직접 볼 수 있는 기회가 있었는데 그때 그는 개혁 사상을 품게 되었다. 그는 1861년 11월 상하이에서 『교분로항의校邠廬抗議』라는 책을 썼는데 이 책이 완성된 후에 그는 그 사본을 증국번(曾國藩, 1811~1872)에게 보내 서문을 써달라고 하였다. 이 책의 원고는 양무운동洋務運動을 하는 많은 고위층과 지식인이 베껴 쓰거나 읽었다. 이 책은 1876년에 뒤늦게 출판하게 되었지만 그 주요 사상은 이미 많은 관료들과 지식인들에게 깊은 영향을 미쳤다.

풍계분은 위원의 '사이장기'(師夷長技, 서양기술 배우기) 사상을 계승하였을 뿐만 아니라 여기에서 한발 더 나아갔다. 풍씨는 국가와 민족이 큰 치욕을 당하는 과정에서 깨우침을 얻었는데, 중국이 대국이라 칭할 만큼 '천시天時, 지리地利, 물산 모두가 세계 여러 나라 중에서 거의 최고'라고 할 수 있지만 현재 '다른 나라들에게 치욕을 당한 것은 천시天時, 지리地利, 물산 자원이 다른 나라보다 못하기 때문이 아니라 사람이 그들보다 못하기 때문'이라고 지적하였다. 그렇다면 중국 사람이 서양 사람보다 어디가 모자라는가? "천부적인 자질이 못한 것이 아니라 사람이 스스로 못한 것이다. 만약 타고난 자질이 못하다면 그것은 수치스러운 일이지만 어쩔 수가 없다. 그러나 사람들이 스스로 못하다면 그것은 부끄러운 일이지만 무엇인가 할 수 있다. 다시 말하면 수치스럽다고 생각한다면 그것을 벗어나기 위해 스스로 분발해야 한다."[14]

14   『校邠廬抗議·制洋器議』, 下篇, p.40, 光緒十年 刻本.

부끄러움을 알고 스스로 분발해야 한다는 것은 매우 중요한 인식이었다. 이전 20여 년 동안 조정이나 많은 관리, 지식인 모두 부끄러움을 몰랐고 자기들이 남보다 못하다는 것을 인정하지 않았다. 임칙서(林則徐, 1785~1850), 위원 같은 사람조차도 개방적인 시야로 서양 세계를 바라보려는 생각만 있을 뿐 부끄러움을 느끼지는 못하였다. 부끄러움을 알아야 분발하고 강해질 수 있다는 풍계분의 견해가 다른 사람보다 한 걸음 나아간 것이라고 할 수 있다. 그는 '남보다 모자람'을 알게 되면 '질투나 겉치레, 억지 등은 모두 소용이 없다'는 것을 알 수 있다고 지적하였다. 그러므로 중요한 것은 어찌하여 남들보다 못한지, 즉, 다른 나라가 작지만 어찌하여 실력이 강한지, 우리 나라가 크지만 어찌하여 힘이 약한지를 알고 다른 나라처럼 강대해지는 방법을 찾는 것이라고 말하였다. 그는 중국이 서양보다 못한 점을 네 가지로 귀납하였다. 바로 '사람의 재능 발휘 면에서 서양보다 못하고, 물산의 이용에 있어 서양보다 못하고, 군민君民의 관계가 서양보다 못하고, 명名과 실實이 상부함에 있어서 서양보다 못하다.'[15]는 것이다. 이 네 가지는 당시 중국의 단점과 외국의 장점을 아주 정확하게 요약한 것이었다. 중국의 제도와 체제는 인재를 양성하고 특히 인재의 능력을 발휘하는 데에는 도움이 되지 못하였다. 중국은 농업을 근본으로 삼아 국가도 이를 세금의 원천으로 생각하였고 백성들도 농업을 배부르게 먹을 수 있는 근본으로 삼았지만 지상이나 지하에 있는 자원을 개발해야 한다는 명확한 개념과 계획은 거의 없었다. 중국의 통치자와 정책결정권자는 높은 자리에 앉아

---

15 『校邠盧抗議·制洋器議』, 下篇, pp.40~41, 光緒十年 刻本.

현실을 잘 이해하지 못하여 민중과 괴리가 있어서 방대한 관료 시스템만을 이용하여 백성을 통치하였기 때문에 백성과 조정 및 황제는 구중천九重天처럼 분리되어 있었고 관리들은 위아래를 기만하여 온갖 폐단이 나타났다. 그래서 정책의 명분과 실상이 서로 맞지 않았는데 이것은 수천 년 내려온 학풍이 타락한 결과로서 지식인들은 과거시험을 위해 공부할 뿐이고 배운 지식은 대부분 실질적으로 쓸일 곳이 없었다. 풍계분의 이런 인식은 당시의 가장 근본적인 문제를 짚어 분석한 것으로 이 네 가지 분야의 철저한 개혁은 자강을 위한 필수적인 길이라고 하였다. 여기서 풍씨는 아주 중요한 사상을 주장하였는데 '중국의 삼강오륜 사상을 근본으로 삼고 외국의 선진 기술로 보완하자'[16]는 것이다. 이것은 바로 나중에 주류사상으로 받아들여지게 된 '중체서용론中體西用論'의 최초의 표현이라고 할 수 있다. 풍씨는 그밖에도 다양하고 구체적인 개혁 주장을 많이 제시하였다. 예를 들면 제조업 발전, 공장 설립, 광산 개발, 기계 사용, 과거시험 개혁, 실학 강화, 번역 인재와 외교 인재 양성, 서양 서적 번역, 관료의 부정부패 척결 등이 그것이다. 풍씨의 사상과 주장은 증국번, 이홍장(李鴻章, 1823~1901) 등에게 커다란 영향을 끼쳤을 뿐만 아니라 개혁을 주장하던 정관잉(鄭觀應, 1842~1922), 왕도(王韜, 1828~1897) 등 동시대 다른 사상가들에게도 큰 영향을 주었다. 풍씨 자신도 이런 주장들이 모두 실행될 수 있는 것이 아니라는 것을 분명히 알고 있었지만 "실행되지 못하는 것은 말하는 자의 잘못이 아니다."[17] 증국번도 그의 초고를 읽은 후 "실행에 어려움이 많다."고 지적하였다. 그러나

---

16   「校邠盧抗議·采西學議」, 下篇, p.39, 光緖十年 刻本.

17   『校邠盧抗議·自序』, p.4

훗날 이 시대의 역사를 연구한 대부분의 학자들은 풍계분의 사상이 실제로 양무운동을 이끄는 중요한 사상적 원천이었으며, 그의 다양하고 구체적인 주장도 양무파 관료들에 의해 어느 정도는 실행되었다는 것을 인정하고 있다. 뿐만 아니라 풍씨의 저술인 『항의抗議』는 무술유신운동戊戌維新運動의 계기가 되었다. 광서제光緒帝의 사부이었던 옹동화(翁同龢, 1839~1904)는 이 책의 일부 내용을 광서제에게 보게 하였으며 유신파 인사들도 이 책의 영향을 많이 받았다. 『상학보湘學報』에 따르면 『항의抗議』는 "30년 동안 변법變法의 맹아萌芽"[18]였다. 『항의抗議』에 드러난 사상은 양무운동 시기 중국지식인들의 서양 문화에 대한 총체적인 인식 수준을 드러냈다고 할 수 있다.

　풍계분은 위원이 서양 오랑캐의 힘을 빌려 오랑캐를 제압하거나 오랑캐의 방법으로 오랑캐를 대하자고 하는 것에 그리 동의하지 않으면서도 위씨가 '오랑캐의 기술을 배워 그것으로 오랑캐를 제압한다'는 것만은 옳다고 생각하였다. 위원의 이러한 견해는 1860년대에 이르러서야 점점 실행하게 되었다. 그때서야 사람들이 서양 문물과 기술을 배워야 한다는 것을 절박하게 인식하게 되었기 때문이다. 증국번은 1860년 12월 19일(함풍 10년 11월 8일)에 「러시아 병력을 빌려 남쪽을 토벌할 것을 아뢰는 글」에서 "지금은 이적夷狄의 힘을 빌려 토벌함으로써 당장의 어려움을 해소할 수 있지만, 장차 오랑캐의 지혜를 빌려 선박과 화포를 만들어야 장기적인 이익을 기대할 수 있다."[19]라고 말하였는데 학계에서는 이것을 양무사조洋務思潮의 기점으로 보고 있다. 이듬해에 증국

18　戴楊, 「馮桂芬與「校邠盧抗議」」 재인용, 中州古籍出版社에서 1998년 출판된 「校邠盧抗議」 p.58.

19　「曾國藩奏議復俄助剿及代運南漕折」, 「籌辦夷務始末」(咸豐朝) 卷71, p.2669.

번은 자신의 관할 하에 있는 안경군계소安慶軍械所에서 작은 기선을 제조해 보았는데 초기에는 서양 설비가 없이 서양의 설계도를 참고하여 기술자가 수공으로 제작하였다. 1863년에 드디어 "길이가 약 2장 8, 9척(약 9.5미터)"이 되는 작은 기계동력기선을 만들었다. 그 이듬해에는 증국번의 지시에 따라 또 확대하여 길이가 약 5여장(약 16.7미터), 무게가 25톤이나 되는 큰 기선을 제조한 후 그것을 "황곡"黃鵠호라고 명명하였는데 여기에는 "황곡지지"黃鵠之志라는 뜻이 담겨 있었다. 그렇지만 기술이 너무 낙후하여 실용적이지는 못하였다. 이어서 증국번은 중국 최초의 미국 유학생이었던 그의 부하 용굉(容閎, 1828~1912)을 미국에 보내 기계를 구입하도록 하였고 용굉은 1865년에 기계를 구입하여 상하이에 도착하였다. 증국번은 이홍장과 상의하여 원래의 상하이포국上海炮局, 소주포국蘇州炮局 및 새로 매입한 미국인의 한 철강공장을 합병하여 상하이에 강남기기제조총국(江南機器製造總局, 약칭 강남제조국)을 세웠다. 이 일은 증국번과 이홍장이 추진하고 있는 자강사업에 있어서 중요한 위치를 차지하는데 이곳에서 총, 대포, 탄약을 만들었을 뿐만 아니라 기선을 제조하여 중국 군대의 근대화에 많은 기여를 하였다. 더욱 의의가 있는 것은 1868년에 강남기기제조총국에 번역관을 설립하여 서양의 서적을 번역하여 출판한 일이었다. 존 프라이어(John Fryer, 1839~1928, 영국인), 와일리(Alexander Wylie, 1815~1887, 영국인), 맥고웬(Danniel Jerome Macgowan, 1814~1893, 미국인) 등은 통역을 하고 중국인 서수(徐壽, 1818~1884), 화형방(華蘅芳, 1833~1902), 서건인(徐建寅, 1845~1901) 등은 받아쓰고 정리하여 책으로 출판하였다. 과학기술과 관련된 서적뿐만 아니라 사회과학서적, 그 중에서도 역사, 지리, 법률 등과 관련된 서적을 많이 번역하였는데 40여 년 동안 선후先後로 160여 종의 책을 번역하였다. 이는 서양학문을 전파하고 서양문화를 받아들이는 데 큰 공헌을 하였다. 또 강남제조 국에서는 『서국근사회편西国近事匯編』을 편찬하였는데 이것은 신문미 디어의 역할을 하였다.

　　태평군을 진압하는 과정에서 주목을 받은 회군淮軍의 지도자인 이 홍장은 1862년에 상하이에 도착하여 직접 서양 각국 장비의 기능을 살 펴보고 증국번에게 다음과 같은 편지를 보냈다. "중국의 무기가 서양에 크게 미치지 못함을 부끄럽게 생각하여 늘 장병들에게 겸손하게 서양 인의 비법을 배워 자기의 실력을 강화하여 능히 싸울 수 있도록 훈계하 였다. …… 만약 상하이에 오랫동안 머물며 서양인의 기술을 배우지 못 한다면 많이 후회할 것이다."[20] 그 후 그는 서양의 총과 대포를 구입하여 자신의 군대를 무장시키고 훈련을 강화시켜 회군淮軍이 훗날 태평군을 진압하는 과정에서 큰 역할을 하였다. 그러므로 이홍장은 증국번에 이 어 양무운동의 지도자가 되었으며 청나라 조정이 가장 믿고 신뢰하는 인물이 되었다.

　　한가지 주목해야 할 것은 제2차 아편전쟁 이후 증국번, 이홍장 등 을 대표로 하여 "양무洋務"를 담론하는 현상이 빈번해졌다는 점이다. 이는 이전 20여 년 동안 전혀 없던 현상으로 양무는 곧 이무(夷務, 서양 오 랑캐와의 외무)를 말한다. 다만 "이夷"는 비속어이고 "양洋"은 상대적으로 중립어에 가깝다. 이무는 오랑캐와의 교섭에 한하여 사용되지만 양무 는 서양인과의 업무, 예를 들어 공장 설립, 기계 제조, 학교 설립 등을 포 괄하는 말이다.

　　양무운동에 대해서는 수십 년에 걸쳐 논쟁이 끊이지 않았는데 그

20　「李文忠公全書·朋僚函稿(二)」, p.47, 光緒乙巳年金陵刻本.

중에는 칭찬도 있고 비판도 있었다. 칭찬하는 사람들은 이것을 중국 근대화의 시발점으로 생각하지만 비판하는 사람들은 이것을 매국 행위라고 비판한다. 칭찬하는 사람들은 양무운동의 역사적, 객관적 역할을 중요시하는 반면 비판하는 사람들은 양무운동을 이끈 사람들의 주관적 동기를 중시한다. 개인적으로 어떤 역사적 인물의 구체적인 역사적 활동을 평가할 때는 그 동기와 효과를 같이 봐야 하며 여러 사람들이 참여하였고 중대한 영향을 주었던 역사적 운동을 평가할 때는 그 운동의 내용과 객관적 역할을 중시해야 한다고 생각한다. 사실 그중에서 역사적 인물의 주관적 동기는 그리 중요하지 않다. 헤겔은 악惡도 역사상 중요한 진보적 역할을 할 수도 있다고 지적했었다. 이에 대해 마르크스와 엥겔스도 긍정적으로 인정하였다. 양무운동을 놓고 볼 때 증국번과 이홍장을 비롯한 사람들이 어떤 생각으로 양무운동을 추진하였는지는 그들 개인에게 매우 중요하겠지만 이미 이루어진 역사 운동 그 자체에 있어서는 그리 중요하지 않을 수 있다. 우리는 그들이 무엇을 했는지, 그리고 그런 활동들이 당시나 그 후에 어떤 역사적 역할을 했는지에 대하여 더 큰 관심을 가지고 집중적으로 연구해 보고자 한다.

양무운동 과정에서 추진한 사업에 대해서는 많은 사람들이 잘 알고 있으니 여기서 구체적으로 서술하지 않기로 한다. 우리는 이런 사업들이 미친 영향, 특히 이로 인해 발생한 문화적 영향을 중점적으로 논의해 보기로 한다.

주지하는 바와 같이 양무운동은 군수軍需산업을 설립하는 것에서부터 시작하였는데 강남제조총국江南制造總局(1865), 마미선정국馬尾船政局(1866), 금릉기계국金陵機械局(1865), 텐진기계국天津機械局(1867), 산둥기계국山東機械局(1875), 난주기계국蘭州機械局(1872) 등을 그 예로 들 수 있다. 이들 제조국이나 공장의 창설은 우선적으로, 그리고 직접적으로 나라의 군수를 위한 것이었지만 동시에 기업으로서 제품을 생산하여 가치를 창출하기 위한 것이었다. 기록에 의하면 그들이 생산한 제품 중 일부는 국가의 조달에 사용되었고 또 일부는 각 지역의 군사조직에 판매되기도 하였으며 일반 기계제품은 상업적인 유통경로를 통해 민간기업에 들어간 것도 있었다. 그렇기 때문에 이런 군수산업들이 민간산업을 이끌어가는 역할을 하였다는 것은 사실이다. 실제로 이홍장, 좌종당(左宗棠, 1812~1885) 등은 군수산업을 창설했을 때 이미 그것이 민간산업을 이끄는 역할을 할 것으로 예상하였다. 이홍장은 다음과 같이 말하였다. "기계 제조는 오늘날 외국의 침략을 막는 밑천이며 스스로 강대하게 하는 근본이다. 서양 기계는 경작과 방직, 인쇄 등을 할 수 있으며 도자기 등 각종 그릇도 만들 수 있다. 기계는 무기와 탄약만을 만드는 것이 아니라 일상용품도 만들기 때문에 민생에 이롭다. 아마 수십 년 후에 중국의 부농과 상인들은 서양 기계를 모방하고 제작하여 자기의 이익을 추구할 것이며 정부 혹은 법으로는 이들을 구별하지 못할 것이다."[21]

좌종당左宗棠도 공장을 설립하여 선박을 만드는 것은 '엔진을 만드는 방법을 얻을 수 있어서 중국의 앞날에 이익이 될 뿐만 아니라 다른 사업을 창설하는 데에도 도움이 된다.'[22]라고 하였다. 양무운동을 위해 힘쓰던 중국 최초의 유학생 용굉容閎은 공장 설립 및 제조업 창설을 얘기하였을 때 증국번에게 다음과 같이 제안하였다. "중국에서 기계 공장을 설립하려면 특수 혹은 전문적인 용도보다는 일반적이고 기초적인

21   李鴻章: 『置瓣外國鐵廠機械折』(同治四年八月一日), 『李文忠公全書·奏稿』券九 p.34.
22   『洋務運動』(五)p.45.

것을 먼저 설립해야 한다. 일반적이고 기초적인 것을 설립해야 한다는 것은 다름이 아니라 이런 공장으로부터 분화되는 각종 공장을 육성하여 여기에 각종 특수 기계를 전문적으로 만들게 해야 한다는 것이다. 간단히 말하면 이들 공장에서는 기계를 만드는 기계를 제조하게 하여 모든 제조 공장의 기초를 구축해야 한다."는 것이다.[23] 용굉은 중국 민족산업의 발전을 미리 생각하고 있었던 것이 틀림없다. 이후의 여러 가지 사실도 용굉, 이홍장, 좌종당 등의 예상이 합리적이며 필연적인 발전 추세였다는 것을 입증하였다. 그러므로 양무운동이 중국 근대화의 갑문閘門을 열어주었다는 것은 의심할 바가 없는 사실이다.

　　근대적 공업의 흥성은 당연히 근대적 교육의 발생과 발전을 이끌었다. 옛날 중국의 교육은 실제 효용 면에서 말할 때, 크게는 벼슬과 금전을 추구하여 가문을 빛내고 후손을 복되게 하는 것이며, 작게는 서신, 문서 혹은 장부 등을 작성하는 것이었다. 근대적 공업으로 기술자에 대한 수요가 나타났을 때 기술자 양성에 과거의 교육은 적합하지 않았기 때문에 반드시 과학, 기술 등을 교육의 중요한 내용으로 하는 새로운 교육이 필요하였다. 그러나 과학 기술은 서양으로부터 배워야 하기 때문에 번역 인재의 양성이 절실해졌고 외국으로 유학을 갈 필요성도 생기게 되었다. 그리하여 동문관同文館이 설립되었고 유학생 파견에 관한 논의도 생겨나기 시작하였다.

　　1862년에 양무를 총괄하는 총리대신總理大臣인 혁흔이 베이징에 동문관을 설립하자는 상주문을 올렸다. 그 후 동문관을 설립하였는데 이곳에서는 영어, 프랑스어, 러시아어를 가르쳤고 한문도 함께 배웠는

23　　容閎: 『西學東漸記』, p.75, 湖南人民出版社, 1981.

데 학생은 주로 팔기八旗 자제들에서 뽑았다. 그 다음 해 이홍장은 상하이에 동문관의 학생을 팔기八旗 자제에서 선발한다는 제한을 없애고 나이 제한도 완화하였다. 1864년에 광저우廣州 동문관이 개관하였는데 초기에는 영문과만 설치하였다가 이어서 프랑스어과와 독일어과를 증설하였다.

동문관 설립 초기 혁흔은 외국과의 교섭만을 생각했으나 이홍장은 상하이에 동문관 설립했을 때 이미 서양의 서적을 번역하여 서양의 수학, 물리 및 각종 제조기술을 익히는 것까지 고려하였는데 그는 이것이 바로 자강지도自强之道와 밀접한 관련이 있다고 보았다. 상하이 동문관은 후에 강남제조국 산하의 번역관과 병합하여 번역센터가 되었다. 혁흔이 1866년에 베이징 동문관에 천문산학관天文算學館을 증설할 것을 상주하였는데 그 의도는 이홍장과 비슷하다. 그러나 이 사업은 보수파의 저지와 방해로 인하여 취소되지는 않았지만 실질적인 효과를 발휘하지는 못하였다.

수도 및 지방의 동문관 설립은 청나라 부정부패의 영향으로 큰 성과를 거두지는 못했지만 그래도 외국어를 구사할 줄 아는 인재들을 어느 정도 양성하였고 그들 중 일부는 후에 외교계에서 종사하며 중국 근대 외교 사업의 발전에 이바지하였다. 그 밖에도 번역가나 외국어 교육자가 된 사람들도 있었고 또 실업계에서 근무한 사람들도 많이 있었다. 그 분야나 부서가 어떤 것이든 실질적으로 그들 모두가 중국과 서양 간의 문화 교류와 소통에 큰 역할을 한 것은 틀림없다. 상하이제조국 산하의 번역관은 초기에 서양의 과학기술과 근대문명을 전파하는 데 중요한 역할을 하였고 훗날 유신운동維新運動 시기에 나타난 수많은 인재들은 대부분 강남제조국의 번역 서적을 통해 서양 학문의 대략적인 면모를 알게 되었다.

양무운동 과정에서 교육사업의 개척적인 사례는 1872년에 실시되기 시작한 어린 아이들의 미국 유학이다. 이 사업은 처음에 용굉容閎에 의해 제의되었고 그 후에 정일창(丁日昌, 1823~1882)의 적극적으로 추진하였으며 이홍장과 증국번에 의해 마침내 성사되었다. 당시에 이미 서양을 모방한 공장을 설립하여 제조업을 발전시키고 있었고 동문관을 설립하여 학생도 가르쳤는데 또 유학을 제의할 필요가 있었을까? 그 이유는 무엇이었을까? 증국번과 이홍장은 황제에게 올린 상주문에서 공장과 동문관을 설립하는 것은 나라 진흥의 기반을 닦는 것이고 멀리 외국에 가서 유학하는 것은 장래에 더 큰 효과를 위한 것이라고 하였다. 서양의 서적과 기계 같은 것들을 중국이 모두 다 구입할 수는 없기 때문에 외국에 가서 공부하지 않으면 서양 학문의 근본과 흐름을 통달할 수 없다는 것이다. 옛말에 제나라의 말을 제대로 배우려면 제나라의 위항까지 가야 한다("學齊語者, 須引而置之莊岳之間")고 하였다.

조정의 허락과 비준을 얻어 1872년부터 해마다 각 성省에서 선발된 30명의 총명한 어린 아이들을 미국으로 유학 보냈다. 4년 동안 모두 120명을 파견하였지만 그 후 많은 사람들의 반대로 중단되었다. 이들 120명의 아동들은 미국에서 여러 학교로 나누어 다녔고 미국인 가정에서 살면서 그 풍습을 몸으로 체험하며 그 문화 분위기 속에 융합되었다. 이들이 학업을 마치고 귀국한 다음 뛰어난 성과를 거둔 사람들이 적지 않았는데 그 중에서 가장 훌륭한 사람은 중국뿐만 아니라 세계에서도 잘 알려진 철도공학 전문가인 첨천우(詹天佑, 1861~1919), 정치가 당소의(唐紹儀, 1862~1938), 그리고 외교가 양돈언(梁敦彦, 1857~1924) 등이다. 그러나 한 가지 유의해야 할 것은 어린 아이들을 외국에 유학 보내고 직접 외국인 가정에서 살면서 공부하게 하는 것은 외국의 문화를 깊이있게 이해하는데 큰 도움이 되지만 그들의 중국 학문에 대한 기반이 얕기 때문에 중국과 서양문화를 융합하여 통달하기가 어렵다는 것이다.

공장 설립, 동문관 개설, 유학생 파견 등과 같은 것은 당시 중국 정부나 지식인 계층에서 일부나마 이미 중국의 자립自立과 자강自强의 길은 서양에게서 배우지 않으면 안 된다는 것을 확신하고 있다는 것을 보여주었다. 이는 1840~50년대의 사상과 비교하면 많이 달라진 것으로 서양을 깔보면서 이에 방비하자는 생각에서 서양보다 못한 것을 부끄럽게 생각하고 그 장점을 배우려는 생각으로 바뀐 것이다. 이것은 하나의 중대한 사상적 변화이다.

지식인과 마찬가지로 일반 백성들, 특히 도시 중산계층의 사고방식에도 큰 변화가 나타났다. 일부 서양 서적들이 번역되어 어느 정도 전파되었고 또한 서양인이 설립한 교회나 학교도 서양문화를 전파하는데 많은 기여를 하였다. 더욱 중요한 것은 서양 문물의 대량 유입이 중국 사람들, 특히 연해 지역 도시민들의 실제 생활을 바꾸었으며, 그들의 사고방식도 아울러 변화시키는데 매우 커다란 역할을 하였다는 것이다. 1860년대에 이르러 이미 서양의 많은 상품들이 중국 연해 지역 도시에 유입되었다. 예를 들면 옥양목천洋布, 성냥, 모직품, 담요, 바느질, 서양 종이, 서양의 문구류, 양산, 왜못(이런 물품의 중국어 이름에는 모두 양洋자를 붙였다), 유리, 시계 등이다. 그 외에 방적과 방직기계, 재봉기, 스팀엔진, 저울, 알코올램프, 가스램프, 현미경 등도 있다. 심지어 서양에서 나온 지 얼마 안 된 자전거도 상하이에 나타났다.[24] 이러한 물건들은 당시 중국

---

24   李長莉: 『近代中國社會文化變遷錄』第一卷, pp.257~260, 浙江人民出版, 1998.

인들의 눈에 우선 신기하게 보였고 사용이 아주 편리하며 원래 중국 것보다 훨씬 더 좋다고 느껴졌다. 이러한 신선하고 새로운 생활 경험은 서양인을 멸시하고 깔보던 중국인의 태도를 동요시켰다.

물론 당시에는 여전히 많은 사람들이 서양인에 대해 경멸하는 태도를 가지고 서양 문화를 단호하게 배척하고 있었는데 상류층에서의 가장 대표적인 인물은 대학사 왜인(倭仁, 1804~1871)이다. 그는 동문관에서 나라의 동량지재를 모집하여 천문학과 산수학을 가르치는 것을 반대하기 위하여 황제와의 항쟁도 마다하지 않았다. 다만 왜인은 중국인이 천문학과 수학을 배우는 것을 반대하는 것이 아니라 성인의 가르침을 배워야 할 나라의 동량지재들로 하여금 그것을 배우게 하는 것을 반대한 것이다. 그가 보기에 천문학과 수학은 필경 대경대법大經大法이 아니고 다만 일종의 기교밖에 안 되었기 때문이다. 그는 나라의 동량지재들은 성인의 가르침을 명심하고 예의로 나라를 다스리는 것을 근본으로 삼아야 한다고 주장하였다. 혁흔 등을 반대하는 상주문에서 그는 "천문과 수학은 큰 도움이 안 될 뿐만 아니라 나라의 동량지재들이 서양인을 따라 배우는 것은 큰 손해이다."라고 지적하였다. 왜냐하면 "입국立國의 길은 예의에 의한 것이지 계략計略에 의한 것이 아니고, 만사의 근본은 사람의 마음에 있지 기예技藝에 있는 것이 아니다.", "예나 지금이나 술수術數에 의거하여 쇠약함을 진흥시킨다는 것은 금시초문"이기 때문이다. 더구나 나라의 강성强盛과 무관한 천문과 수학을, 나라의 동량지재로 하여금 서양인을 따라 배우도록 하는 것은 "국가에서 양성하여 큰 일에 써야 할 인재들을 서양을 따르는 사람으로 만들 것이며 그들의 정기正氣를 펴지 못하게 하여 사악한 기풍이 날이 갈수록 거세어지면 결국 몇 년 후에는 중국인들이 모두 오랑캐가 되는 것을 막지 못할 것이다."[25]라고 지적하였다.

왜인은 연이어 세 차례나 상주문을 올려서 간곡히 강조하였지만 이치적으로 볼 때 논할 만한 것이 없다. 그렇지만 우리는 그 속에서 보수주의자의 마음가짐을 어느 정도 알아볼 수 있다. 즉, (1) 아직도 성인의 예의 공담을 근본으로 삼고 과학기술을 보잘것없는 일로 바라보는 시선, (2) 성인의 가르침에 대한 확신이 없어졌기 때문에 만약 나라의 동량지재들이 서양인을 따라 배우게 되면 그들마저 잃게 될 것이라고 걱정하는 것이다. 이것은 그 시대에 전통적인 대경대법이 이미 큰 역할을 하지 못하게 된다는 현실을 반영하고 있지만 대경대법을 대체할 수 있는 믿을 만한 것이 무엇인지를 사람들이 모르고 있다는 것을 보여준다. 왜인의 무기력한 반박은 당시 사대부 계층의 궁박窘迫함을 여실히 드러냈다. 왜인과 대립했던 혁흔을 비롯한 사람들도 나라를 강대하게 하는 근본적인 길이 어디에 있는지 확신하지 못했지만 그들이 왜인보다 현명한 것은 남보다 못하다면 배워야 한다고 생각하였다는 것이다. 혁흔은 다음과 같이 왜인을 비판하였다. "충신을 갑주甲胄로, 예의를 방패로 하여 적의 목숨을 거두어 이길 수 있다는 것을 나는 참으로 못 믿는다."[26] 실무적이고 남의 장점을 겸손하게 배운 것은 혁흔의 현명한 부분이지만 그렇다고 "수학과 격물치지格物致知의 이치, 과학연구의 방법 등을 잘 익혀서 그 오묘함을 끝까지 궁구하는 것이 중국을 스스로 강성

---

25 "(國家所培養而儲以有用者變而從夷, 正氣為之不伸, 邪氣因而彌熾, 數年以後, 不盡驅中國之眾鹹歸於夷不止)." 『大學士倭仁奏』, 『籌辦夷務始末』(同治朝)卷47第24, 25頁.

26 "(僅以忠信為甲胄, 禮義為干櫓等詞, 謂可折衝樽俎, 足以制敵之命, 臣等實未敢信)." 『同治六年丁卯三月丙辰總理各國事務恭親王等奏』, 『籌辦夷務始末』(同治朝)卷48, p.4.

근대 중국의 문화적 전환에 대한 연구

하게 하는 길"[27]이라고 한 것은 좀 지나치고 근거가 부족한 주장이다. 오히려 왜인의 "예나 지금이나 술수術數 같은 것에 의거하여 쇠약함을 진흥시킨 것은 금시초문"이라는 말은 타당성이 있다. 물론 성인聖人의 예의만으로 나라를 부강하게 한다는 왜인의 견해는 헛된 망상이다.

3. 태평천국의 문화

청나라가 서양의 막강한 타격을 받아서 자위自衛할 방법을 아직 찾아내지 못 했을 때 그 내부에서 공격하는 세력도 마구 솟구쳐 났다. 1851년에 홍수전(洪秀全, 1814~1864)이 이끌어가는 태평천국太平天國 봉기가 광서廣西 계평현桂平縣에서 발발하였다. 10여 년의 고생스러운 전쟁으로 당시 중국의 절반을 공략하고 난징에 서울을 정하여 청나라 정부의 심복지환心腹之患이 되었지만 농민 봉기로 취득한 이 정권은 마지막에 국내외 세력의 연합 공격으로 패배하였다.

태평천국 봉기는 중국 역사상 규모가 가장 큰 농민 봉기이자 중국 공산당이 나타나기 전까지의 마지막 농민 봉기였다. 태평천국은 과거의 수많은 농민 봉기들과 비교하면 완전히 다른 색깔을 지녔는데 이는 사상 및 문화 면에서 더욱 뚜렷하게 나타난다.

평등이나 하늘을 대신해서 정의正義를 행한다는 구호만으로 대중의 주목을 끌어왔던 중국 역대 농민 봉기들과 달리 태평천국의 지도자

27　"(舉凡推算學格致之理, 制器尚象之法, 鉤河摘洛之方, 倘能專精務實, 盡得其妙, 則中國自強之道在此矣)." 『庚申總理各國事務恭親王等奏』, 『籌辦夷務始末』(同治朝)卷46第4頁.

들은 서양의 기독교를 모방하여 '배상제회拜上帝會'라는 종교를 창설하였다. 황상제皇上帝 앞에서 모두가 평등하며 모두 자식들이 아버지를 모시는 것처럼 황상제를 경배한다. 모두가 형제 자매처럼 지내고 같이 논밭을 나누어 갈고 밥을 나누어 먹고 돈도 나누어 써서 어딜 가나 균등하고 누구나 배불리 먹고 따뜻하게 입는다. 여기서는 두 가지를 유의해야 한다. 첫째, 태평천국은 황상제를 하늘 아래 모든 사람들이 다 같이 믿고 모시는 유일한 신神으로 삼고 다른 신에 대한 신앙을 일체 반대하는데 이것은 기존의 중국 농민들의 다신多神 숭배 관습과 완전히 다르다. 이 점은 태평천국 봉기의 통일된 명령과 지휘, 그리고 엄격한 규율과 응집력의 강화에 도움이 되었다. 둘째, 태평천국은 황상제가 중국을 포함한 하늘 아래 모든 나라 사람들이 함께 숭배하는 유일한 신이라고 선전하고 있었다. 이것은 태평천국이 기존의 역대 농민 봉기를 뛰어넘은 중요한 특징으로 봉기의 지도자들에게 세계적인 의식이 어렴풋이 싹트기 시작한 것이라고 할 수 있다. 물론 이런 일은 아편전쟁 후에야 나타날 수 있는 현상이다. 태평천국의 지도자들은 봉기가 일어나기 전이나 난징을 천경(天京, 서울)으로 정한 뒤에도 전도사, 기자, 여행자와 같은 서양인들과 많은 접촉이 있었다. 그러므로 그들의 '세계 의식'이 당시의 일반 사대부보다도 더 명확하고 뚜렷하였다.

홍수전은 직접 만든 몇 가지 문헌 자료에서 이런 세계의식을 애써 표현하였다. 예를 들어 『원도구제가原道救濟歌』에서는 '개벽이래 진정한 신은 상제뿐, 귀천貴賤을 막론하여 공손하게, 모두가 천부天父 상제를 모시고, 온 하늘 아래 한집안이로다.'[28]라고 하였다. 또 『원도성세훈原

---

28   "(開闢眞神惟上帝, 無分貴賤拜宜虔, 天父上帝人人共, 天下一家自古傳)." 洪秀全: 『原道

道醒世訓』에서는 황상제는 하늘 아래 모든 백성들의 아버지로서 가깝게는 중국에서는 모든 것을 주장하고 교화하며 다스리고, 멀리로는 다른 나라에서도 마찬가지라고 하였다. 즉 중국이나 멀리 다른 나라에서는 황상제가 모든 것을 낳아주고 키워주며 지켜주고 있다고 한다. '천하의 남자들이 모두 형제이며 여자들은 모두 자매이니 어찌하여 강토疆土의 경계가 존재하는가? 어찌하여 서로가 서로를 병탄併吞할 마음이 생기는가?' 태평천국의 이상은 온 천하가 한 집안이고 모두 함께 평화롭게 한다는 것이다. 홍수전이 보기에는 사람의 안목과 마음은 좁아서는 안 되고 다른 나라들을 동일한 나라로 보는 넓은 도량度量이 있어야 한다.[29] 여기서 유의해야 할 것은 홍수전이 말한 '천하'는 옛 사람들이 흔히 말하는 중국 전체를 뜻하는 '천하'와 의미가 다르다는 점이다. 홍수전이 생각한 '천하'는 세상 만국의 천하이고, 또한 그가 말하는 '도량'은 세계 의식을 뜻하는 것이다.

태평천국의 배상제회拜上帝會는 홍수전을 비롯한 사람들이 일반 대중을 조직화 하고 봉기를 준비하기 위하여 창설된 것[30]이라고 할 수 있다. 그들이 대면하고 있는 민중은 배운 것이 없어서 서양의 기독교를 그대로 옮겨놓을 수 없고 그들 자신도 기독교를 그대로 받아들이지 못할 것이다. 당시 태평천국과 접촉이 있는 서양인이나 훗날 태평천국을

救世歌』, 見『中國近代史資料叢刊·太平天國』第1冊, 第87頁, 神州國光社1952年出版.

29　 "(量寬異國皆同國)." 同上書, 第92頁.

30　 이점에 대하여 다양한 의견이 있다. 어떤 학자는 홍인간(洪仁玕, 1822~1864)의 기술을 근거로 홍수전 등이 배상제회를 창립했을 때 봉기할 계획이 없었다고 주장했는데 정부가 그 회원들을 체포하여 죽였기 때문에 어쩔 수 없이 반항하게 되었다고 주장한다. 그러나 뤄얼강(羅爾綱, 1901~1997) 선생은 이에 동의하지 않고 홍수전이 배상제회를 창립한 것은 봉기를 하기 위한 것이라고 지적하였다. 필자는 뤄얼강 선생의 관점에 동의하는 바이다.

연구하는 중국학자들이 모두 이 점을 인정한다. 이를 통해 볼 수 있듯이 당시 중국에서 비교적 예민한 지식인들은 멸망의 위기에 처해 있는 중국을 부흥시키기 위해서는 순수 전통적인 자원만으로는 불가능하고 반드시 서양으로부터 본보기로 삼을 만한 것을 배워야 한다는 것을 깨달았다. 구체적으로 무엇을, 그리고 어떻게 배워야 하는지에 대해서는 장기적으로 모색하는 과정이 필요하였다. 태평천국의 지도자들도 그렇게 해야 했고, 후의 양무파洋務派들도 그러하였다.

홍수전 등은 서양의 기독교를 배우는 동시에 반전통적인 경향을 나타내기도 하였다. 이런 경향은 주로 공자孔子에 대한 태도에서 집중적으로 드러났다.

홍수전은 젊었을 때 과거시험을 여러 차례 보았는데 모두 떨어졌는데 이렇게 좌절을 겪었던 홍씨는 그 후 기독교에 관한 문헌을 접하면서 혁명 사상을 가지게 되었고 공자를 반대하는 경향을 가지게 되었다. 1843년 태평천국이 봉기하기 전에 홍수전은 이미 공자 위패位牌를 내버리는 행위를 한 일이 있다. 배상제회를 창설한 다음에 상황제를 유일한 신으로 믿어야 한다고 강조하기 위하여 홍수전은 각종 우상偶像을 배제하는 운동을 일으킨 적이 있었는데 그 중에는 나무조각상 혹은 흙조각상과 같은 실물 우상도 있었지만 사람 머리 속의 의식적인 우상을 없애는 것도 포함되었다. 사람 머리 속의 가장 중요한 우상은 주로 공자였다. 1848년에 홍수전이 봉기를 일으키기 전에 작성한『태평천일』은 신화 이야기의 형식을 빌려서 공자에게 대단한 모욕을 주었다. 그 이야기는 다음과 같다. 어느 날 천형天兄 기독은 여러 천사들을 천부天父 상황제 앞에 모이게 하였다. 천부는 책상에 놓여 있는 3가지 책을 가리키며 홍수전에게 타일렀다. "하나는 천부님께서 남겨주신 책인데 틀림이

근대 중국의 문화적 전환에 대한 연구

하나도 없다. 또 하나는 천형 기독님께서 전해 주신 책인데 역시 틀림이 없다. 마지막 한 가지는 공자가 남겨준 것인데 잘못된 것이나 틀린 것이 상당히 많다." 이어서 이야기의 클라이맥스 부분이 나왔다. "천부 상황 제께서는 공자에게 '너는 어떻게 사람들에게 짐朕을 모르게, 그리고 자기의 명성을 짐보다도 높게 잘못 가르쳤는가?' 공자가 처음에 변명하려고 하다가 가만히 생각하여 보니 할 말이 없었다. 천형 기독님도 공자를 나무랐다. '너는 왜 이런 책을 만들어 사람을 교육하였는가, 내 동생도 너의 책을 읽었다가 못 되게 되었다'. 여러 천사들도 함께 공자를 탓하였다. 마지막으로 천주님께서 공자에게 '너는 책을 만들어서 사람을 가르쳤는데 도대체 책을 만들 줄이나 아느냐'라고 질책하였다. 모두가 자기를 꾸짖어 공자가 악마 우두머리들과 함께 도망치려고 하자 천부 상황제께서는 천주님(홍수전)에게 공자를 쫓아가도록 명하였다. 공자를 묶어서 데려온 다음 천부 상황제께서 공자를 보고 크게 노하여 천사들에게 공자를 채찍질하라고 명령하였다. 공자가 천형 기독 앞에 무릎을 꿇고 거듭 애걸하였다. 나중에 천부 상황제께서는 공자의 과過보다 공功이 더 크다고 생각하여 공자에게 인간세상에 내려가지 말고 하늘에서 복을 누리라고 하였다."[31] 이 이야기는 과거에 여러 차례 낙방한 홍수전에게 분풀이가 되었지만 학리성學理性을 구비하지는 못하였다. 왜냐하면 공자의 학설이 어디가 잘못되었는지를 밝히지 않았기 때문이다. 이것은 이 문제에서 홍수전이 이성보다 감정(의분)에 더 치우쳤다는 것을 말해 주며, 홍수전의 사상과 의식이 아직도 공자 유교사상의 영향을 벗어나지 못하였다는 것을 알 수 있다. 또한 홍수전이 편찬한 모든 홍보

---

31   『太平天日』, 見『中國近代史資料叢刊·太平天國』第2冊, pp.635~636.

물은 주로 농민대중을 상대로 하기 때문에 깊은 학리가 필요없었다. 이를 통해 알 수 있는 것처럼 홍수전 등의 사상은 고도로 군사화된 내부에서는 높은 권위성을 가지고 있었지만 중국 사회의 주류 의식에는 영향을 끼치지 못하였다.

홍수전이 봉기하기 전에 편찬한 각종 문헌에는 공자와 맹자의 유교사상이 많이 섞여 있지만 천경天京으로 수도를 정한 뒤에『태평조서太平詔書』를 재판하면서 이런 내용들을 전부 삭제해 버렸다. 이와 동시에 태평천국은 엄격한 법령을 실시하여 공자, 맹자의 서적들을 불태워 없애고 사람들이 이러한 책을 읽거나 소장하는 것을 금지하였다. 개인적으로 홍수전의 이와 같은 행위들은 유교 학설에 대하여 깊은 비판적 인식을 가지고 취한 것이 아니라 이 시기에 그가 서양의 기독교 국가들에 접근하기 위해 취한 조치라고 생각한다.

태평천국의 지도자들은 사회 평등을 추구하는 이상 면에서 그들의 선배보다 더욱 더 충분히 표현하였다. "천하의 남자들이 모두 형제이고 여자들은 전부 자매이다." 이런 평등한 사회적 이상에 의하여 태평천국 내부에서 여성들의 지위는 비교적 존중을 받았다.『천조전무제도天朝田畝制度』에서는 남성과 여성이 균등하게 땅을 분배받을 수 있다고 명확히 규정되어 있었다. 그리고 예배일에 남녀가 같이 예배당에 가서 이치를 듣고 황상제께 제사를 지낸다. 이것은 여성이 사당에 들어갈 수 없다는 중국의 전통과 대조를 이룬다. 그 밖에 태평천국은 남녀의 결혼에 대해서 비교적 진보적인 규정을 제정하였다. 예를 들어 돈과 집안을 따지지 않고 자유혼인에 가까운 제도를 실시하였고 또 아주 중요한 한 가지는 여자들이 전족纏足을 하지 않도록 권유한 것이다. 이는 여성들에게 일종의 해방이 된 것이 틀림없는데 하지만 좀 더 객관적으로 분석해 보면 이것은 태평천국의 전쟁과 군사적 수요에 관련된 것 같다. 천경으로 도읍을 정한 후 홍수전을 비롯한 지도자들은 왕으로 봉해졌는데 수많은 처첩을 두어서 그가 주창한 여성존중 사상은 그 의미가 크게 퇴색하게 되었다.

태평천국의 사상 중에서 가장 눈에 띌 만한 것은 바로 홍인간(洪仁玕, 1822~1864)의『자정신편資政新編』이다. 이 책은 홍인간이 홍콩에 체류했을 때 서양 사람이나 서양 책을 많이 접하면서 서양 선진국의 경제, 정치 및 문화 발전의 역사와 상태를 대략적으로 이해하여 작성한 것이다. 그는 서양 각국이 발전할 수 있었던 가장 큰 이유는 법을 잘 만들었기 때문이라는 점을 알게 되었다. 1859년에 그는 우여곡절을 겪고 천경에 와서 홍수전에게 중용重用된 후, 서양의 법을 배워야 한다고 주장하는 그의 저작『자정신편』을 홍수전에게 바쳐서 채택되기를 바랐다. 그때 태평천국은 이미 내리막길을 걷고 있었다. 홍수전이 이 책을 읽은 후 몇 가지 건의사항 뒤에 "이 정책은 현재 실행해서는 안 되는 것", "악마를 죽이고 없앤 다음에 실시해도 될 것"이라 평한 몇 가지를 제외하고 대부분은 "맞다.", "이 정책으로 정한다." 등의 평어를 남겼다. 그러나 이것으로 홍수전이『자정신편』을 태평천국의 지도 원칙으로 받아들인 것은 아니다. 뤄얼강(羅爾綱, 1901~1997)에 의하면 홍수전이『자정신편』을 읽은 후 1861년에『천조전무제도天朝田畝制度』를 새롭게 반포한 사실은 『자정신편』으로『천조전무제도』를 대체하는 것에 동의하지 않는다는 것을 말해 준다.

주지하는 바와 같이 소농의식을 반영한『천조전무제도』는 자본주의를 발전시키자는『자정신편』과 병행할 수 없다.[32] 개인적으로 뤼얼강의 견해가 맞다고 생각한다.『자정신편』은 태평천국 지도자의 사상도 아니고 태평천국 혁명 실천의 산물도 아니기 때문이다. 이것은 홍수전 개인과는 어느 정도 관련이 있지만 태평천국 혁명 실천에 참여하지 않았던 홍인간이 외부에서 태평천국 지도자들에게 제출하는 제안서에 불과하다. 상기 자료를 통하여 우리는 당시 시세에 민감한 사람들이 거의 대부분 중국은 반드시 서양의 좋은 법을 배워야 강성해질 수 있다고 깨달았다는 것을 알 수 있다.

중국 근대역사상 태평천국의 가장 위대한 공헌은 무엇을 가져온 것이 아니라 청 왕조의 통치를 큰 타격으로 흔들리게 한 것이었다. 태평천국 혁명 후 청나라는 그 통치 역량을 회복하지 못했으며 사회질서가 혼란스러워지기 시작했는데 이런 과정이 일단 시작되면 다시는 되돌릴 수 없다. 바로 이런 혼란스러운 과정에서 각종 개혁과 혁명의 요소들이 점차적으로 응집되어 청 왕조를 무너뜨릴 준비가 되었다.

4. 근대 문화의 초석

19세기 70년대 중엽, 동치(同治, 1862~1874) 말기와 광서(光緒, 1875~1908) 초기에 사학자들이 흔히 말하는 "동치중흥同治中興"이 있었는데 동치중흥의 실질적인 내용이 곧 양무운동이다. 1860년대 초부터 1890년대 중기까지 30여 년 동안에 중국 사회에는 많은 변화가 있었다.

---

32   見羅爾綱:『太平天國史』第二冊, pp.859~865, 中華書局, 1991年出版.

우선 역사상 유례가 없는 근대공업이 나타났다. 앞에서 언급한 바와 같이 이홍장을 비롯한 사람들이 주로 군사 수요에 쓰이는 근대공업을 일으키려고 했을 때 이미 이러한 새로운 생산기술이 민용으로 보급될 것을 예측하였다. 그들이 예상하지 않았더라도 사물 발전의 논리와 추세에 따라 이렇게 될 수밖에 없었다. 1873년에 윤선초상국輪船招商局이라는 최초의 민간 근대 기업이 생겨났고 그 뒤 민간산업 관련 기업들이 연이어 나타났다. 1874~1876년에 대만과 푸젠성 사이에 전선電線과 전보電報가 설치되었는데 처음에는 주로 군사용이었지만 얼마 안 되어 상용 중심으로 전환되었다. 성선회(盛宣懷, 1944~1916)에 의하면 전보사업을 시작한 근본적인 목적은 민간과 상용을 위한 것이었다.[33] 1875년에 탄광개발 사업이 시작되었는데 처음에는 허베이성의 자주磁州의 석탄철광煤鐵鑛, 후베이성 광제廣濟의 흥국탄광興國煤鑛이 생겼고, 1876년에 대만 기륭탄광基隆煤鑛, 이어서 안후이, 광성, 산둥, 펑텐 등의 지역에서도 채탄採炭 공업이 시작되었다. 그 외 금속광산의 개발은 1881년에 시작하였다. 예를 들어 열하의 평천동광平泉銅鑛, 후베이湖北의 학봉동광鶴峰銅鑛, 산둥의 초원금광超遠金鑛, 귀주의 청계철광靑溪鐵鑛, 헤이룽장의 막하금광漠河金鑛, 후베이의 대야철광大冶鐵鑛 등이다.

철도를 부설하자는 제안은 일찍부터 서양인들이 여러 번 제출했는데 청나라 정부의 관리들은 대부분 이에 반대하였다. 그 이유 중 하나는 외국인이 이것을 중국 침략에 활용할 것을 두려워한 것이고, 또 하나는 전답과 묘지의 훼손, 인력 운송 시장에서의 배척 등으로 인하여 국민

---

33 『盛宣懷檔案』, 『電報局招商章程』光緒七年, 轉引自夏東元 『洋務運動史』 p.223, 華東師大出版社, 1992年出版.

들과 외국인 사이에 싸움이 일어날까 봐 두려워한 것이었다. 그 후 일부 관리들은 점차적으로 중국인의 손으로 철도를 부설해야 한다고 주장하였다. 1876년에 영국인이 제멋대로 상하이 철도를 부설했는데 나중에 중국 정부가 이것을 인수한 다음에 철거하였고, 같은 해 대만 기륭基隆에 간이철로를 부설하였다. 그리고 1880년에 당정추(唐廷樞, 1832~1892)가 석탄을 운송하기 위한 당서唐胥철도를 부설하였는데 1887년에 또 이것을 대고大沽, 텐진天津 및 통주通州까지 연장시켰다. 1894년의 갑오전쟁甲午戰爭, 즉 청일전쟁 전까지 동북 3성으로의 철로는 산해관山海關까지 이어졌다.

1880년대부터 민생과 관련된 근대 방직공업이 시작되었다. 예를 들어 난주직이국(蘭州織呢局, 1880), 상하이기계직포국(上海機器織布局, 1878년 설립, 1880년 재건, 1887년 다시 재건, 1889년 규모화 생산), 그리고 화성직포총창華盛織布總廠, 유원제사공장裕源絲廠, 화신華新, 대순大純, 유진裕晉 등 공장 및 후베이방직국湖北紡織局 등이 연이어 설립되었다.[34]

근대공업의 발전이 도시인구의 집중을 초래하여 대규모의 시민계층이 생겨났고 그래서 교통, 위생, 교육, 문화 및 오락산업 등의 공공사업들이 우후죽순처럼 생겨나 중국 근대 문화가 싹트고 발전하는 온상溫床을 이루었다.

중국은 근대공업이 발전하는 과정에서 서양인과 이익을 쟁탈전을 벌이면서도 서양인의 통제에서 벗어날 수 없었는데 이는 기술과 설비 등을 모두 서양인으로부터 수입해야 했기 때문이다. 이때 중국과 외

---

34 양무운동 시기의 민용공업의 발전에 대해 夏東元의 『洋務運動史』第9, 10, 11, 12, 15, 16장 참조.

국은 정치, 군사, 상업무역 등 여러 측면에서 밀접하게 관련되어 있었기 때문에 중국은 외국을 이해하는 것이 절실하게 필요하였다. 서방 열강들은 일찍부터 중국에게 외국사신을 받아들이고 외국에도 사신을 보내달라고 요구했지만 여러 차례 우여곡절을 겪으면서 오랫동안 결정하지 못 하다가 1875년에 이르러서야 중국이 최초로 유럽으로 사신을 보냈다. 당시 이를 반대하거나 풍자하는 소리가 끊이지 않았지만 그때부터 외국으로 파견되는 사신들이 갈수록 많아졌고 중국과 외국 간 교섭은 근대 국제관계의 정상 궤도 속으로 진입하기 시작하였다. 이전에 중국 관리들은 외국에 사신을 보내는 것이 곧 인질을 제공하는 것과 같다[35]고 생각했었다. 하지만 위와 같은 사실을 통하여 당시 외부 세계에 대한 중국인들의 인식이 점점 변화했으며 사고방식도 달라졌다는 것을 알 수 있다.

대외교류에 있어서 중국인들은 아무런 주도권을 가지지 못하여 대부분의 경우에 손해 보는 입장이 될 수밖에 없었다. 그러나 중앙정부에 대외 관계를 주관하는 전문적 기관을 두고 대신이 외국 방문하거나 외국에 사신을 파견한 것은 어쨌든 아주 큰 진보임에 틀림없다. 외국을 방문하는 대신과 사신들은 서방 각국의 상황을 직접 확인하여 시야를 넓히면서 외국에 대한 이해도 증진시켰다. 청나라 말기 수십 년 간 중국의 사회 진보를 이끌어낸 많은 사상과 견해들이 외국을 방문한 적이 있는 대신들이나 파견 사신들에게서 전해온다는 것은 아주 큰 의미를 가진다.

---

35 『甲辰江西巡撫劉坤一奏』에서 "分遣使臣往駐各國, 不得任其所指. 以柱石重臣棄之絶域, 令得挾以爲質"이라고 하였다. 『籌辦夷務始末』(同治朝)卷41, pp.43~44.

위원의 『해국도지海國圖志』, 서계여(徐繼畬, 1795~1873)의 『영환지략瀛環志略』, 그리고 양정남(梁廷楠, 1796~1861)의 『합성국설合省國說』 등의 책에서 사람들은 서방의 사회 정치에 대한 아주 간략한 소개만 읽을 수 있었고 그들의 조직과 제도가 운영되는 내밀한 상황을 알 수가 없었다. 곽숭도(郭嵩燾, 1818~1891)와 설복성(薛福成, 1838~1894)을 비롯한 사신들의 직접적인 관찰 및 기술을 통해서야 서양의 사회조직과 제도의 우수성, 그 유래를 구체적으로 알 수 있게 되어 점차 따라 배우려는 마음이 생기게 되었다.

사신으로 외국에 나간 사람들의 서구 세계에 대한 인식이 이전 사람들을 뛰어넘었음을 볼 수 있는 부분은 다음과 같다.

(1) 서구의 정치 및 교육제도가 우연히 생긴 것이 아니라 오랜 역사를 거쳐 발전해 온 것이라고 인식하게 되었다. 곽숭도는 그의 일기에서 영국의 천 년에 가까운 기간의 정치, 경제, 문화의 발전 맥락을 기술하고 그 성숙한 제도를 입증하면서 영국 사회 질서가 안정되어 있으며 국민이 부유하고 국가가 강성한 까닭을 밝혔다. 중국인들은 이를 통해 오늘의 영국이 있는 것은 중국 고대문화의 유업을 전수 받았기 때문이 아니라 자기 스스로의 근원과 경위가 있다는 것을 알게 되었다.[36]

(2) 서구 의회議會제도의 조직, 상원과 하원의 역할 분담, 의회와 정부간의 상호 견제, 그리고 정당과 의회제도 사이의 관계 등을 구체적으로 관찰하였다. 이것은 그들이 서구의 정치분권 원칙과 정당 정치에 대

---

36 見『郭嵩燾日記』光緒三年十一月十八日, 二十日.

근대 중국의 문화적 전환에 대한 연구

해서 어느 정도 이해하였다는 것을 보여준다.[37]

(3) 법의 역할을 강조하였다. 옛날 중국은 덕치德治를 최고로 여겼지만 군주君主들이 모두 덕이 있는 군주라는 보장이 없어서 국가가 강성하다가 쇠약해지고 안정적이지 못하였다. 서구의 정치는 천하(국가)가 자기 혼자의 것이 아니라 모든 국민들이 함께 공유하는 것이며 군주와 국민들이 모두 법의 구속을 받는다. 그러므로 군주가 감히 국민의 뜻을 어기지 못하고 국민도 감히 법을 어겨서 행동하지 못하기 때문에 법제와 질서가 있는 사회가 된 것이다.[38]

외국에 주재하는 사신들의 기록은 그 전파 범위가 매우 한정되어 있고 심지어 그 인쇄판이 훼손되기도 했지만 그것은 새로운 씨앗처럼 일단 중국에서 퍼지면 빠른 시간 내에 적합한 성장 조건을 찾아서 싹트고 자라나기 마련이다. 마치 험준한 산봉우리에서도 소나무가 굳세게 자라는 것과 같다. 훗날 유신운동維新運動 기간에 수많은 지식인들이 외국 주재 사신들의 기록을 통하여 사상 및 지식의 깨우침을 얻었다.

대외 교류 및 근대공업 발전의 수요로 인해 새로운 인재를 양성하는 것은 매우 절실한 임무가 되었다. 전통적인 교육으로 양성된 사람들은 성현의 경전經典을 외울 줄만 아는데 그들이 알고 있는 사서오경四書五經, 고서에 대한 해석 및 고증 등은 실용적이지 않아서 반드시 새로운 형식의 교육을 발전시켜 새로운 인재를 양성해야 한다.

중국이 최초로 직접 설립한 신식 학당은 동문관同文館이다. 당시

---

37   同上書, 光緒三年十二月十八日, 及張德彝『隨使英俄記』光緒三年一月八日.

38   見『郭嵩燾日記』光緒三年十二月十八日.

이 학당을 설립한 취지는 외국과 교섭하기 위한 외국어 인재를 양성하는 것이었다. 이것은 당시 상황으로 인해 하지 않을 수 없는 일이었다. 혁흔은 이 사업의 필요성에 관해 황제께 올린 상주서에서 다음과 같이 말하였다. "외국의 상황을 이해하려면 우선 그들의 언어와 문자를 알아야 비로소 속지 않을 것입니다(欲悉各國情形, 必先諳其言語文字, 方不受人欺蒙)."[39] 이홍장도 상하이 및 광둥 언어문자학관의 설립을 신청했을 때 더욱 더 명확하게 지적하였다. 시장을 개방한 지 20년 동안 우리나라 말과 글을 할 줄 아는 외국인은 적지 않고 그 중 우수한 사람은 우리 나라의 경전이나 역사, 법률, 규정, 관리, 사회 민정에 대해서도 잘 알고 설명할 수 있는데 우리나라 관리들 중에 외국의 말이나 글을 잘 아는 사람이 거의 없다. 그래서 외국과 교섭했을 때 모두 외국인 통역의 전술에 의존해야 하는데 편들거나 날조한 것이 없다고 보장할 수 없다. 중국에서 외국어를 아는 관리는 통사通事뿐인데 통사들의 출신은 장사꾼의 자제(후대)이거나 외국의 교회학교를 나온 사람들이다. 이런 사람들은 자질이 우둔하고 심술궂거나 돈과 가무여색밖에 모른다. 그들 중 외국말만 아는 사람은 80-90%, 외국 글자까지 아는 사람은 10-20%이고, 교류할 때도 어투의 경중완급에 대해 잘 파악하지 못해서 본래의 뜻과 떨어진 경우가 많다. 외국인의 힘을 빌려 시비를 부추겨서 자기의 이익을 도모할 줄만 아는 사람도 많다. 아주 중대한 교섭임에도 불구하고 통사가 끼여 서양인과 결탁하고 이익을 나누어 먹거나 우리가 외국어를 모르는 것을 얕보고 욕심을 부리거나 개인의 작은 혐오 때문에 큰 분쟁을 일으킨 일들이 종종 있었다. 외국과 교류하는 나라의 중대한 사업인 양무洋務를

---

39   『恭親王又奏』, 『籌辦夷務始末』(同治朝) 卷8, p.30, 湖南人民出版社, 1982年.

근대 중국의 문화적 전환에 대한 연구

이런 사람들에게 맡겼으니 자기 편인지 상대편인지도 모르고, 진위를 가리기 어렵고, 어떻게 해야 할지도 모르는 형편이 되었는데 이것은 결코 작은 일이 아니다.[40]

그러므로 외국어 인재를 양성하는 학관을 반드시 설립해야 한다. 1862에 베이징동문관이 설립되고 이어서 1863년 및 1864년에 상하이광방언관上海廣方言館, 관동방언관廣東方言館이 각각 설립되었다. 이홍장이 상하이광방언관의 설립을 신청했을 때 외국어 인재 양성뿐만 아니라 대외교류 및 서양 서적의 번역 등에 역할 수 있어서 "중국의 자강自强에 큰 도움이 될 것 같다(與中國自强之道, 似有裨助)[41]"라고 지적하였다. 그 후에 상하이광방언관은 강남제조국번역관과 합쳐서 중국 최초의 중요한 번역센터가 되어 서양문명의 전파에 중요한 역할을 하였다.

이 외에 유의해야 할 것은 대외 교섭의 가장 중요한 곳인 상하이에서 많은 민영 외국어학당(대부분 단기반)이 나타난 것이다. 통계에 의하면 1872~1875년 사이에 『신보申報』에서 학생 모집 광고를 낸 외국어학당이 무려 14곳이나 된다.[42]

동문관은 중국 최초의 근대 교육기관으로서 그 역할과 영향에 대하여 사람들의 평가가 서로 다르다. 심지어 옳은 것이 하나도 없다고[43] 말한 사람도 있는데 이것은 좀 지나친 이야기다. 객관적으로 말하면 처음으로 시작한 새로운 사업으로서 사람들이 반대하거나 비웃거나 멸시하는 가운데 애써서 운영한 것은 실로 쉬운 일이 아니다. 동문관은 중국

---

40   『李文忠公全書·奏稿』卷三, pp.11~12.

41   同前, p.13.

42   見李長莉『近代中國社會文化變遷錄』第1卷, p.301, 浙江人民出版社, 1998年版.

43   見『齊如山回憶錄』, pp.27~44, 寶文堂書店, 1989年出版.

최초의 외교관과 번역가를 많이 배출하였다. 예를 들어 육정상(陸征祥, 1871~1949), 양구(楊樞, 1847~1917), 당재복(唐在復, 1878~1962), 양조윤(楊兆鋆, 1854~?), 유경인(劉鏡人, 1866~?), 유식훈(劉式訓, 1869~1929) 등은 외국 주재 공사로 여러 차례 나간 적이 있고 육정상은 중화민국 시기의 외무총장을 맡은 적도 있다.

정부에서 신식교육을 실시하는 또 하나의 중요한 조치로는 외국에 유학생을 파견하는 사업이 있었다. 1872년에 30명의 어린 유학생들이 처음으로 미국으로 유학을 갔다. 모두 4번에 걸쳐 120명을 파견한 후 반대하는 사람이 있어서 중단하게 되었다. 이들 학생 중에도 유능한 인재들이 많이 배출되었으며 그들은 자신의 사업 분야에서 훌륭한 업적을 거두었다. 기록에 의하면 이들 중 미국에서 병사한 3명을 제외하고 정계에는 국무총리 1명, 외교부 장관 2명, 공사 2명, 기타 직급의 외교관 12명이 있고, 해군 원수 2명, 철도국장 3명, 철도 전문가 6명, 채광과 야금 전문가 6명 등이 있다. 이들이 미국에서 귀국했을 때 미국의 『뉴욕타임스』는 전문적으로 논평을 발표했는데 중국 학생들의 학습 능력을 극찬하면서 중국 유학 정책의 실시가 아주 효과적이라고 높이 평가하였다. 또한 "중국은 우리의 과학기술과 공업 물질 문명뿐만 아니라 정치 개혁의 요소도 가져갈 것"[44]이라고 말하였다. 1877년에 복주福州의 선정학당船政學堂에서 보낸 유럽 유학생들 대부분은 군사 관련 기술을 배웠으며 그들 중에 중국의 근대 해군을 세우는데 크게 이바지한 훌륭한 사람들이 많았다. 그들 중 특히 탁월한 사상가로는 엄복(嚴復, 1854~1921)이 있는데 그는 유럽의 가장 대표적인 경전 저서들을 중국어

---

44   見『傳記文學』第34卷6期.

로 번역하고 소개하여 중국 사람들이 서구의 사상 문화에 대해 좀더 깊이 있게 인식할 수 있도록 하였다.

양무운동 시기 각 지역에 전문 학당도 많이 창설되었다. 예를 들어 복주전보학당福州電報學堂(1877), 톈진전보학당天津電報學堂(1880), 광저우서학관廣州西學館(1880년대 초 水師學堂으로 개칭), 지린표정서원吉林表正書院(1883), 대만서학당臺灣西學堂(1887), 후베이자강학당湖北自強學堂(1893), 초상국가사학당招商局駕駛學堂(1894) 등이 있다. 그 외에 톈진북양수사학당天津北洋水師學堂(1880), 관동수륙사학당廣東水陸師學堂(1887), 난징수사학당南京水師學堂(1890), 위해수사학당威海水師學堂(1889)을 비롯한 군사학당도 있다. 이들 전문 학당은 직접적으로 각종 전문 사업의 수요를 위해 설립한 것이므로 양성된 인재들은 당연히 이러한 전문 사업 분야에 종사하였다. 그들은 중국 최초로 자신이 배운 전문 지식으로 사회에 봉사한 사람들이며 구식 교육에서 성현聖賢의 경전經典을 외워서 과거시험을 위해 공부한 선비들과는 완전히 다르다.

그리고 이 기간에 일부 구식 서원들도 신식 서원으로 개조되어 역사, 지리, 수학 및 자연과학 등을 가르쳤다. 비교적 유명한 곳으로는 상하이용문서원上海龍門書院(1864), 상하이격치서원上海格致書院(1876), 정몽서원正蒙書院(1878), 장쑤남청서원江蘇南菁書院(1883), 광저우광아서원廣州廣雅書院(1889), 무창양호서원武昌兩湖書院(1891) 등이 있다.

그 중에서 특별히 소개할 만한 것은 격치서원格致書院인데, 왜냐하면 이 곳은 이 시기에 신식 교육의 모범으로 그 교육 내용 및 교육 방법이 전통교육과 뚜렷한 대조를 이루었기 때문이다.

격치서원은 메드허스트(Walter Henry Medhurst, 1823~1885, 영국인)가 제의하고 중국의 여러 신사들이 참여하여 1876년에 설립되었으며 이것은 박물관과 과학기술학교를 합친 특별한 교육기관이었다. 박물관의 수장품은 유럽 각국에서 기증 받은 소형 기계, 계기, 공예품 등 상당히 다양하다. 서원은 외부에 개방되어 있어서 사람들 누구나 자유롭게 참관할 수 있었다. 또한 서양학을 잘 아는 전문가를 초청한 특강과 각종 과학기술에 대한 실연實演을 진행함으로써 많은 관람객의 좋은 반응을 이끌어 냈다. 그리고 시험을 칠 때는 정부의 고위층을 비롯한 중국 사회 각 계층의 유명 인사들을 초청하여 출제나 심사 및 평가를 부탁하였다. 이는 오늘날의 개방적인 사회 학교와 비슷하여 교육기관이 사회와 서로 긴밀히 연결되어 있었다. 이런 방식으로 학생들이 책에서 배운 지식을 사회 실천을 통하여 검증 받을 수 있었을 뿐만 아니라 사회도 신식 교육의 영향을 받을 수 있었다.

우리는 격치서원의 교과목 설치 및 시험 내용을 통해서 당시 각종 신지식을 전수하는 상황을 알아볼 수 있고 이러한 신지식을 접하게 된 사람들의 사상적 변화를 미루어 짐작할 수 있다.

예를 들어 이홍장이 출제한 시험문제는 다음과 같다.

"질문: 『대학』에서 나온 격물치지格物治知에 관한 학설은 정강성(鄭康成, 127~200) 이후 10여 가지가 있는데 그것들은 서양학과 일치하는 부분이 있는가? 서양학의 격치格致는 그리스의 아리스토텔레스로부터 시작하고 영국의 베이컨에 이르기까지 점차적으로 깊어졌고 그 후 다윈과 스펜서의 학설은 더욱 발전하였다. 그 근원과 흐름에 대해 구체적으로 논술하시오."[45]

이것은 서구 과학사에 관한 문제인데 여기서 언급한 인물들은 모

---

45   熊月之, 『西學東漸與滿淸社會』 p.374 참조, 上海人民出版社, 1994.

두 서양 과학사에서 핵심적인 역할을 했던 사람들이다. 이것으로 양무운동의 지도자들이 서양학에 대하여 얼마나 관심을 가지고 있었는지, 그리고 얼마만큼 알고 있었는지를 알 수 있을 것이다.

이홍장이 출제한 다른 문제들은 국제관계, 각 나라의 발전 동향, 국제무역, 물리, 화학, 수학, 지리뿐만 아니라 관자(管子, BC 723~BC 645), 양웅楊雄 등 중국고대의 학술적인 문제도 포함되어서 그 범위가 상당히 넓다.

다른 출제위원들의 제목을 예를 들어 설명하자. 설복성은 중국 해군의 창설, 실크와 중국차 무역에 관한 문제, 성선회盛宣懷는 기선, 전보의 설치 및 이권利權 회수에 관한 문제, 공조원(龔照瑗, 1835~1897)은 철도 설립의 장점과 단점, 수해와 한 해에 관한 문제, 과학기술 서적의 번역 문제, 오복자(吳福茨, 1851~1921)는 화폐 문제, 세수와 군대 예산 조달 문제, 화교의 국적 문제 등을 출제하여 그 내용이 아주 다양하다. 그리고 유곤일(劉坤一, 1830~1902)이 출제한 벼의 품종 문제, 정관잉이 출제한 중국에서 의원議院 설치 가능 여부에 관한 문제 등[46]은 주목할 만한 것이었다.

상기 사례를 통하여 우리는 당시 격치서원에서 실시한 교육의 다음과 같은 주요 특징을 알 수 있을 것이다. 첫째, 과학기술을 특별히 중요시하였다. 둘째, 중국과 외국의 정세를 많이 주목하였다. 셋째, 민생과 국가의 발전에 관심을 두었다. 넷째, 민감한 문제를 회피하지 않았다. 격치서원의 교육은 당시 중국에서 가장 앞서있었던 교육의 모범이라고 할 수 있다. 격치서원의 교사와 학생, 그리고 교육, 관리 및 평가 등에 참

---

[46] 격치서원의 상황에 대하여 熊月之의 저서인 『西學東浙與滿淸社會』(上海人民出版社, 1994) 제8장의 내용을 참조할 수 있다.

여한 사람들은 대부분 당시 중국에서 가장 진취적인 사상을 가진 사람들이다. 그러므로 격치서원 그리고 이와 유사한 다른 서원, 신식학당 등은 중국 근대화의 씨앗을 뿌리는 실험 논밭이라고 말할 수 있다.

신식교육을 말할 때 교회학교를 빼놓으면 안 되는데 교회학교(기록에 의하면 1890년까지 중국 교회학교의 학생 수는 16,800명에 이른다)는 규모에서 다른 신식교육을 넘었을 뿐만 아니라 시간적으로도 오래되어서 다른 신식교육 및 기타 사회사업에 시범적인 영향을 주었다. 이러한 교회학교에서는 용굉(容閎, 1828~1912), 마상백(馬相伯, 1840~1939), 오정방(伍廷芳, 1842~1922), 당정구(唐廷樞, 1832~1892)를 비롯한 수많은 우수 인재들을 배출하였다. 전도사들이 설립한 교회학교는 우선 종교를 전파하기 위한 것이지만 그들의 교육 내용은 종교에 국한되지 않았기 때문에 그 역할과 영향력은 종교의 범위를 훨씬 넘어섰다. 1940년대 영국 전도사가 설립한 교회학교에 다닌 한 학생이 중국과 영국의 교육을 비교하는 작문에서 다음과 같이 썼다.

"여기 오기 전에 나는 중국학교에 다닌 적이 있다. 그때 배운 것이 몇몇 사람의 이름밖에 없어서 4년간의 시간과 돈을 헛되이 낭비하였다. 그러나 여기 영국학교에 다닌 지 불과 2년 반이지만 여기서 배우고 얻은 것은 이전의 4년보다 천 배 만 배 더 많다. …… 왜냐하면 여기서는 천문, 기하, 대수학, 종교원리 등 아주 유용한 지식을 가르쳐 주었기 때문이다. 그러나 중국의 학교에서는 이런 것들을 전혀 가르쳐 주지 않았다."

그리고 이 학생은 중국과 영국 학교의 차이점을 좀더 깊이 있게 분석하였다.

"가장 중요한 차이는 중국의 책은 고대 지향적인데 반해 영국의 책은 진리를 발견하기 위해 현대와 미래를 지향하는 것이다. 또한 중국

　　　근대 중국의 문화적 전환에 대한 연구

의 책은 천편일률적인 반면 영국의 책은 계속 발전하는 것이다."[47]

이 논의는 그 객관성과 정확성 여부를 떠나서 한 학생의 진실한 소감이다. 즉 하나는 유용한 지식을 가르치는 교육이고 하나는 그렇지 않다. 하나는 고대를 지향하고 하나는 현대와 미래를 지향한다. 하나는 천편일률적인 것이고 하나는 끊임없이 진리를 탐구하고 발견한 것이다. 어느 것이 더 좋은지, 어느 교육이 유용한 인재를 잘 양성할 수 있는지가 아주 분명하다.

얼마 지나지 않아 많은 지식인들이 서양식 학교의 장점을 알게 되었다. 앞에서 언급한 바와 같이 1860년대부터 중국에서는 구식 서당을 개조하거나 신식 서원을 설립하고 신식 교재를 도입하고 사용하는 현상이 나타나기 시작하였다.

앞에서 언급한 바와 같이 근대 경제의 등장과 발전은 정보 획득에 대한 사람들의 욕구를 촉발시켰고 이에 따라 신문방송업이 나타나기 시작하였다. 중국 본토에서 처음으로 신문방송업을 운영한 곳은 역시 외국 교회였다. 중국어 신문이 최초로 발간된 곳은 중국 본토가 아니라 화교들이 집중적으로 모여 살던 남양(南洋, 동남아) 지역이었다. 기록된 자료에 의하면 최초의 중국어 신문은 말레이시아의 말라카Malacca에서 발간된 『찰세속매월통기전察世俗每月統紀傳』으로 전도를 위해 발간된 이 신문은 1815년에 창간되어 1921년에 폐간되었다. 그 후에 『특선찰요매월기전』(特選撮要每月紀傳, 1823~1826) 및 『천하신문』(天下新聞, 1828~1829)이 발간되었다.

---

47   원문 출처: GeorgeH.Danton: The Culture contancts of the United States and China, pp.64~
66, 鄭師渠의 『十九世紀40-60年代在華傳敎與西學傳播』(『中國近代文化問題』, 中華書
局, 1989, pp.99~100) 재인용.

중국 본토에서 처음으로 발간된 중국어 신문은 1833년 독일 선교사 귀츨라프(Karl Friedrich August Gützlaff, 1803~1851)가 광저우에서 발행한 『동서양고매월통기전東西洋考每月統紀傳』이다. 이 신문의 주요 특징 중 하나는 서양 문화를 소개하면서 서양인이 오랑캐가 아니라 배울 것이 많은 민족이라는 점을 중국인에게 알렸다는 것이다. 또 뉴스와 경제 정보가 상당히 많이 담겨 있어 본격적인 신문의 특징을 갖추었다고 할 수 있다. 이 신문은 1838년에 폐간되었다. 그리고 그 해에 선교사 메드허스트(Walter Henry Medhurst, 1823~1885, 영국인)가 광저우에서 『각국소식各國消息』을 창간하였지만 역시 얼마 지나지 않아 폐간되었다.

아편전쟁 후 서양인이 발행한 중국어 신문 중 비교적 영향력이 큰 것으로는 『하이관진』遐邇貫珍(1853~1856, 홍콩), 『육합총담』(六合叢談, 1857~1858, 상하이), 『홍콩중외신보』(香港中外新報, 약 1857)[48], 『중국교회신보』(中國敎會新報, 1868년 Young John Allen(중국 이름 林樂知), 1836-1907)에 의해 창간, 1872년 『교회신보敎會新報』로 이름 변경, 1874년 『만국공보 萬國公報』로 이름 변경)및 가장 널리 알려진 상하이 『신보』(申報, 1872)가 있었다.

중국인이 발행한 최초의 신문은 진애정(陳藹廷, ?~1905)이 만든 『홍콩화자일보』(香港華字日報, 1872)이고, 다음은 1874년 홍콩에서 왕도에 의해 발행된 『순환일보』循環日報이다. 그 외에 전문적으로 과학 지식을 소개하는 『격치휘편』(格致彙編, 1876)이 있었다. 이들 중에서 중국 본토에서 가장 영향력이 크고 잘 알려진 신문은 『만국공보』와 『신보』였다. 『신보』는 비록 미국인이 만든 것이었지만 주요 편집진과 집필자는 모두 중

---

48 『홍콩중문신보』의 창간 시간에 대해 사람들의 의견이 서로 다르나 근년에 중문신문사를 연구하는 신가폴 학자 탁남생의 고증에 의하여 1857년 1월 3일에 창간한 것이 맞는 것이다.

근대 중국의 문화적 전환에 대한 연구

국인이었으며 나중에는 중국인 소유가 되었다. 이 신문들은 비즈니스 정보를 제공하고 국내외의 주요 기사를 보도하며 자연과학과 사회과학 관련 지식 또는 기타 문화 소식을 소개하였다. 예컨대 『신보』는 수많은 비즈니스 정보와 국내외 기사, 현지 기사를 보도하는 것 외에도 다윈의 진화론, 번역 소설 시리즈 연재, 여자학교 설립 호소, 반전족협회反纏足 協會설립 호소, 심지어 의원제 도입에 관한 내용[49] 등을 보도하였다. 이 와 같이 현대적 의미가 담긴 내용들이 전파되면서 사회적인 영향력을 발휘하게 되었다.

이와 동시에 근대 출판업도 등장하고 발전하기 시작하였다. 최초 의 신식 출판업은 역시 외국인에 의해 먼저 시작되었다. 영국 선교사 메 드허스트가 1843년 12월 상하이에서 묵해서관墨海書館을 설립하였다. 그 후 미국 선교사 윌리엄 갬블(William Gamble, 중국 이름 姜別利, 1818~1866) 이 미화서관(美華書館, 1860), 정위량(丁韙良, William Alexander Parsons Martin, 1827~1916, 미국인) 등이 익지서회益智書會를, 위렴신(韋廉臣, Alexander Williamson, 1829~1890, 영국인)이 광학회(廣學會, 전신은 同文書會, 1887)를 만들 었다. 이런 출판 기구들은 초기에 주로 종교 서적의 번역·출판을 주업 무로 삼았지만 점차 자연과학 및 역사·지리류 서적의 번역과 출판도 하 기 시작하였다. 이 시기 중국 정부에서 공식적으로 설립한 출판 기구는 강남제조국번역관(江南製造局翻譯館, 1868)이었는데 이곳은 영향력이 가 장 큰 출판사로서 출판 도서량이 가장 많았다. 그 외에 각 지역의 기계 국이나 학당에서도 번역·출판을 겸업하였다. 이는 필요한 전문 지식을 충족시키기 위한 것이면서 사회의 요구가 반영된 것이었다.

---

49   見『申報』光緒十四年五月二十九日.

특히 눈여겨 볼 만한 것은 광저우廣州에서 의학 서적을 전문적으로 번역·출판하던 기관인 박제의국(博濟醫局, 1859)이 생겼다는 것이다. 박제의국은 병원으로 환자를 치료하는 것 외에도 의학 서적을 번역하여 출판하는 일도 하였다. 중국인들은 중의만을 믿어왔었기에 서양의학의 출현과 서양의학 서적의 발행은 중국인에게 새로운 지식의 세계를 열어준 것이었다.

서양 서적의 번역·출판은 청나라 말기 사회의 일대 사건이었을 뿐만 아니라 중국 근대 문화 전환 과정에도 중요한 영향을 미친 사건이었다. 문화를 전파하는 방식은 다양하다. 일상 물품을 통해 생활과 사고방식을 변화시켜 문화를 창조하고 향유하는 방식으로 변화하는 것도 하나이지만 직접적인 접촉을 통해 다른 사회의 언어, 행위, 사상 및 의식을 이해하는 것도 다른 하나이다. 이러한 과정에서 문화는 서로 영향을 주고 받으며 서로 수용되고 변화한다.

이밖에도 간접적으로 보이지만 실제로는 더욱 깊은 차원에서 문화의 정신과 내용의 변혁을 촉진시키는 방식이 있는데 외국의 경전 및 저서를 번역하는 것이 바로 그것이다. 서양 문화가 유입되기 전에 중국 문화에 큰 영향을 미친 것은 불교문화였다. 불교 문화가 전파되는 과정에서 불경의 번역이 막대한 역할을 하였다. 당나라 현장(玄奘, 602~664)스님이 멀리 인도에 가서 불경을 들여온 이야기가 중국에서 그토록 유명한 것은 결코 우연이 아니다. 청대 말기 서양 서적의 출판 및 번역 역시 중국 문화 변천에 큰 역할을 하였다.

초기의 번역은 보통 선교사가 구술하고 중국학자가 기술하는 방식으로 이루어졌다. 대량의 과학기술 서적과 사회과학 서적은 거의 다 이런 식으로 번역된 것이었다. 문학작품 역시 이러한 번역 단계를 거쳤다. 예를 들어 임금남(林琴南, 1852~1924)이 번역한 서양 소설들은 서양인이 구술하고 임씨가 이에 따라 기술하고 윤색한 것이었다. 이 방식은 정확성이 떨어진다는 단점이 있지만 서양 문화와의 접촉 초기에 통번역 인재가 지극히 부족한 상황에서는 채택할 수밖에 없는 유일한 방법이었다. 그들이 만든 서적은 서양과 교류하는 시작 단계에서 지대한 역할을 하였다.

당시의 주요 번역 및 출판 기구는 앞에서 언급한 바 있는데 그곳에서 번역 및 출판한 서적들에 대한 통계가 있다. 예를 들어 상하이 묵해서관墨海書館에서 1844년에서 1860년 사이에 총 171종류의 서적들을 번역 및 출판하였는데 이들 중에서 종교 서적이 대다수를 차지하고 (138건) 자연과학 및 사회과학 관련 서적은 소수(33건)를 차지하였다.[50] 그중 영향력이 큰 서적이 여러 권 있었는데, 예를 들어 『속기하원본』(續幾何原本, 유클리드 기하학 後9卷), 『중학重學』, 『담천談天』, 『지리전지地理全志』 및 재판 『전체신론』(全體新論, 생리학) 등은 중국 지식인들이 서양 학문을 이해하는 데 중요한 입문 서적이 되었다. 당시의 가장 큰 번역·출판 기구인 강남제조국번역관에서는 1899년까지 서양 서적 126건을 번역하였다는 통계가 있다. 여기서 번역한 책 중에 널리 전파되고 영향력이 큰 서적들이 많이 있었다. 수학, 물리, 화학, 천문, 의학 관련 과학 기술 서적이 그 중 상당 부분을 차지하였다. 사회과학 분야의 경우 『좌치추언佐治芻言』, 『열국세계정요列國歲計政要』, 『서국근사휘편西國近事彙編』등이 널리 읽혔는데 청대 말기의 선각자들에게 많은 영향을 주었다. 양계

---

50   熊月之, 『西學東漸與滿淸社會』 p.188, 上海人民出版社, 1994.

초는 이 서적들을 여러 번 언급하였다. 청대 말기 선각자들은 이러한 서적을 통해 서양의 정치 및 운영, 사상, 학설을 알게 되었고 이는 그들의 혁신 사상을 이루어내는 데에 큰 역할을 하였다.

양계초는 1879년 『강유위자편연보康有爲自編年譜』에서 "『서국근사휘편』 …… 그리고 여러 가지 서양 서적을 얻어 읽었다. …… 점점 서양 서적을 소장하게 되고 (이 책들은) 서양 학문을 터득하는 기반이 된다."라고 기술하였다. 또한 1882년에 "상하이를 경유해 …… 후일의 강학이나 연구를 대비하기 위해 서양 서적을 많이 구입하였다. …… 이로부터 서양 학문을 많이 강습하고 (서양 관련) 원래의 편견이 많이 해소되었다." 라고 말한다. 그 후 1883년에 "『만국공보』를 구독해 서양의 성학聲學, 광학光學, 화학, 전력학, 중력학을 공부하고 각국의 역사, 기행 관련 내용을 열람하였다."라고 기술하였다

강유위는 스스로 서양 학문으로부터 도움을 많이 받았다고 하면서 벗이었던 장지동(張之洞, 1838~1909)에게 다음과 같이 제안하였다. "중국에는 서양 서적의 수가 너무 적다. 존 프레이(John Fryer, 중국 이름 傅蘭雅, 1839~1928, 영국인)가 번역한 서양 서적은 병학이나 의학 등 쓸모가 별로 없는 학문이 많다. 중요한 것은 정치 관련 서적인데 서양의 정치 서적에는 중국에 없는 새로운 논리가 많이 들어 있으므로 번역 기관을 설치하여 번역하는 것이 가장 시급한 일이다."[51] 강씨의 논의는 서양 서적이 중국 지식인에게 막대한 영향을 미쳤다는 것과 함께 다른 한편으로는 당시 서양 서적의 번역 현황이 만족스럽지 못하고 특히 정치 관련 서적이

51　"(中國西書太少, 傅蘭雅所譯西書皆兵, 醫不切之學, 其政書甚要. 西學甚多新理, 皆中國所無, 宜開局譯之, 爲最要事)." 『康有爲自編年譜』見 『戊戌變法』(四)上海人民出版社, 1959, p.115,116,119.

가장 적어 번역이 필요했음을 보여주는 것이었다. 서양 학문에 이전 중국에 없던 새로운 논리가 많다는 강씨의 관점은 서양의 기술, 기예 등을 제외하고 정치, 교육, 논리 등의 분야가 중국보다 못하다는 1840~50년대의 주장과 비교할 때 많이 달라진 것임을 알 수 있다. 서양 서적의 번역, 출판, 전파가 중국 지식인의 사상을 크게 바꿔 놓았다고 할 수 있다.

양계초는 청대 말기, 서양 서적의 번역과 전파를 논의하면서 "해금(중국 상선의 해외 출항과 외국 상선의 중국 연해 진입을 금하는 법령)이 폐지된 후 외국의 침략과 억압이 날로 심각해지고 있다. 증국번이 강남에서 전문기구 및 제조국을 설립하였을 때 서양 서적의 번역을 급선무로 취급하였다. 수년 간에 걸쳐 번역서 백여 종을 펴냈다. 또한 동문관과 중국 교회의 선교사들도 잇따라 번역을 하였는데 지금까지 20여 년 동안 번역서 약 300종을 펴냈다."라고 그동안의 번역 실적을 언급하였다. 이어서 그는 "서양인의 성학聲學, 광학, 화학, 전력학, 농학, 광산학, 상공학 등은 중국의 고증, 시문 등 과거 학문과 비교했을 때 어느 것이 간략하고 어느 것이 복잡한지 말할 필요가 없다."라고 하였는데 이는 서양 학문을 중국의 구식 학문과 구별한 것이었다. 사실 이 말은 천박해 보인다. 하지만 그는 "나라를 진흥시키려면 서양 서적 번역을 기본으로 삼고 학자가 자립을 하려면 서양 학문을 많이 연마해야 한다."[52]라고 결론지었다. 그리하여 "오늘날 중국 진흥에 가장 중요한 것은 서양 서적을 번역하는 것이다[53]"라고 하였다. 또한 "책을 번역하는 일은 오늘날 가장 시급한 것이다.""오늘 서양 서적을 번역하는 일에 서두르지 않는다면 변혁이라

---

52   梁啓超: 『西學書目表序例』, 『飮冰室合集·文集之一』, 中華書局, 1989, p.122, 123.

53   梁啓超, 『讀日本書目志書後』, 『飮冰室合集·文集之二』, p.52.

는 것은 헛말이 될 것이다."[54]라고 하였다.

특히 그는 유신운동 초기 서양 서적 번역 상황에 대해 불만을 드러냈다. 그는 "서양 역서가 수백여 종인데 비해 정치 관련 서적은 손에 꼽을 정도이다."라고 하였다. 그는 지식인을 책망하면서 "모든 사람들은 중국이 서양보다 약한 원인이 낙후한 군대 무기, 선박대포 장비, 제조업 등에 있다고 생각했지만 서양인 입국立國의 근본 문제에 대해 발견하지 못하였다."[55]라고 하였다. 양계초의 이런 견해는 1870~80년대 이후 선각자들의 일치된 관점으로 정치 혁신을 맞이한 중국 지식인 계층의 보편적인 심리를 보여주었다.

5. 중체서용中體西用의 관념 프레임

1860년대 초기부터 90년대 중반까지 30여 년 간의 양무운동에 대해, 예전의 사학자들은 갑오전쟁의 패배로 인해 실패하였다는 결론을 내렸다. 정치적인 측면에서 봤을 때 이 의견은 틀리지 않지만 100여 년 간의 중국사상 문화의 흐름과 변모 양상의 측면에서 봤을 때 이 30년간의 역사를 간단히 "실패"라는 두 글자로 총괄할 수는 없다.

이 30여 년 동안 태평천국운동 같은 대사건을 제외하더라도 중국인들은 크게 세 가지 방면의 일을 하였다.

첫째는 근대 공업을 만들어내었다. 비록 규모는 크지 않지만 어쨌

---

54   梁啓超, 『大同譯書局敍例』, 『飮冰室合集·文集之二』, p.57.
55   梁啓超, 『西政叢書敍』, 『飮冰室合集·文集之二』, p.63.

든 불모지에서 싹을 틔우고 발전시켰다. 중국 속담에 "만사는 시작이 어렵다."고 하였다. 옛날부터 중국은 농업과 수공업만 있고 근대공업이 무엇인지 알지도 못하였다. 그러나 이제는 조선, 기계, 방직, 광산 개발, 철도 등 산업이 어느 정도 갖추어 졌다. 이것들은 새로운 생산력과 생산 방식을 대표하는 것인 만큼 일단 생겨난 이후에는 다시 되돌릴 수 없이 중국 사회를 새로운 길로 이끌어 나갔을 것이다.

둘째는 신식 교육을 확립한 것이다. 비록 절박한 수요에 대응하기 위해 시작한 외국어 교육 및 유학생 파견이었지만 그것은 신식 교육이 었고 그만큼 시범적인 역할을 수행하였다. 이어서 직업교육, 신식 학당, 신식 서원 등이 잇따라 생기기 시작하였다.

신식 교육의 탄생은 과거제도에 대한 의구심을 불러 일으켰다. 사실 과거제도를 개혁하자는 제안은 이미 양무운동 시기에 제기되었다. 과거제도는 교육과 관료 선발의 두 가지 기능을 가지고 있었기 때문에 과거제도의 동요와 변동은 중국사회에 막대한 영향을 끼쳤을 것이다.

셋째, 근대 외교의 발단이다. 양무운동의 시작은 청나라 정부와 서양 열강의 접촉 경로 및 방식의 변화와 직접적 관련이 있다. 제2차 아편 전쟁 중이던 1858년, 청나라는 영국의 강요로 『톈진조약』을 체결하여 외국 사절단의 베이징 입주를 허락하였다.(이 조항은 제2차 아편전쟁이 끝난 후에야 본격적으로 실행되기 시작하였다.) 1861년, 청 정부는 외국 사무를 총괄 하는 관아官衙를 설립하여 전문적으로 교섭을 다루도록 하였다. 그 후 열강들은 중국 외교사절의 외국 파견을 요구하였고 결국 1870년대 중반 청 정부는 외국 주재 공사를 파견하기로 결정하였다. 외교를 전문적으로 관리하는 기관이 생기고 사신 교류 제도가 이루어지면서 중국 외교는 점점 정상적인 궤도에 들어서기 시작하였는데 이는 세계를 향해 문호를 개방하는 나라에게는 상당히 중요한 사건이다. 그리고 중국의 첫 외국 주재 사신들을 통해 이루어진 서양 열강에 대한 직접적인 관찰과 이해는 중국인의 세계 인식을 증진시키고 그들의 개념을 변화시키는 데에 지대한 영향을 주었다.

근대 공업 진흥의 직접적인 결과는 바로 자산층 및 노동자라는 새로운 사회 계층을 탄생시킨 것이었다. 그들은 중국 사회에서 전례 없는 신흥 세력이었고 그 후에 일어난 일련의 변화들과 관련이 있다. 도시 공업의 발전은 농촌의 재산과 자금을 유치하는 동시에 많은 농민들을 도시로 끌어들였다. 도시 인구가 증가하자 다양한 수요가 생겼고 각종 서비스업과 유흥 산업이 나타났다. 게다가 도시 인구의 증가는 다양한 도시 공공 사업의 시작과 발전을 촉진하였다. 바다와 강 또는 철도 주변 지역의 성읍은 각지에서 몰려든 주민들이 집중적으로 모여 사는 곳이 되었고 이는 통일된 언어의 필요성을 촉진시켰다. 이후 나타난 관화官話의 발생과 관화 자모字母의 창제는 모두 중국 문화에 중요한 의의를 지니는 새로운 현상이었다.

도시 상공업의 발전은 근대 문화와 교육사업의 발전을 촉진시켰다. 신문업의 발전 덕분에 전에 없던 각종 정보 전파 방식이 나타났고 이는 새로운 지식인 계층이 출현하는데 도움을 주었는데 저널리스트나 프리랜서 작가가 이런 신흥자유직업에 해당된다. 그들은 신문출판업의 발전과 신지식, 신사상의 전파를 촉진하였다. 이런 전파는 서로 인식하지 못하는 사이에 점차 사회를 변화시켰고 수천 년간 계속되어 온 소위 사회 엘리트 계층과 일반대중 사이의 커다란 틈을 이어주는 가교 역할을 하였다. 문화의 대중화 경향이 점점 두드러지면서 그것은 사회변화에 크고 깊은 영향을 끼쳤다.

근대 중국의 문화적 전환에 대한 연구

주목해야 하는 또 다른 변화는 바로 서양 물품이 중국인의 생활 속에 유입된 것이었다. "양洋"자가 붙은 각종 생활용품은 질이 좋고 저렴하고 실용적이며 외관도 예뻤다. 비록 서양인을 크게 무시하고 그들에게 적대적인 태도를 품었다 하더라도 이런 물품의 유혹을 막을 순 없었다. 동남 연해지역이나 강변지역 및 철도 주변지역 등 교통이 편리한 곳, 크고 작은 성읍, 심지어 주민들이 많이 모여 사는 농촌에서도 상대적으로 부유하고 진보적인 사람들은 모두 서양 물건을 즐겨 쓰는 대열에 합류하였다. 이는 한편으로 서양인과 서양 관련 일에 대한 그들의 경멸과 배척 의식을 바꾸어 주었으며 동시에 그들의 삶의 방식을 바꾸고 삶의 질을 향상시키는 것이었다. 당연히 그들의 문화 개념의 변화에도 영향을 미치지 않을 수 없었다.

교회 학교 및 신식 학교에서 교육을 받은 학생들은 지식 구조가 많이 달라지게 되었다. 그들의 자연, 사회 및 생활 지식에 관한 지식은 점점 늘어나게 되었고 이것들은 모두 직접적이든 간접적이든 서양 문화와 관련이 있다. 따라서 그들의 마음 속에서는 서양문화를 배척하는 심리가 크게 약화되었음은 말할 필요도 없고, 심지어 정도의 차이는 있지만 서양 문화를 흠모하기까지 하였다.

앞에서 설명한 이러한 여러 가지 추세 때문에 점점 더 많은 사람들이 더 많이 그리고 더 적극적으로 서양문화의 전문지식과 사상, 일 처리 방식 등등을 접하고 수용하기 시작하였다.

서양 지식과 많이 접촉하면서 중국 사람들은 서양 문화의 장점을 더 이상 부인하지 못하게 되었다. 풍계분은 60년대 초에 이미 "사람의 능력 발휘가 외국보다 못하고 물산의 쓰임도 외국보다 못하며 군민君民의 관계도 외국보다 밀접하지 못하다. 명과 실의 부합함이 외국보다 못하다.”라고 결론지었다. 양무운동의 실천을 통하여 더욱 더 많은 진보적 지식인들이 나타났는데 그들은 모두 서양 문화의 장점을 깨닫고 높게 평가하고 있었다.

선각자들은 서양물품과 기술의 훌륭함을 인식하는 데에서 나아가 그 뒤에 숨어있는 선진적인 사상제도를 탐구할 만하다고 인식하게 되었다. 예를 들어 설복성이 서양열강의 교육이 발달하였음을 논하면서 남녀를 불문하고 유년기부터 성년에 이르기까지 소학, 중학, 대학을 나누어 수준에 맞춰 공부하여야 한다. “문文은 사학원士學院, 무武는 무학원武學院, 농학은 농정원農政院, 공학은 공예원工藝院, 상학은 통상원通商院이 설립되어 있다. 사인士人에게만 학문이 있는 것이 아니라 병학, 공업, 농업, 상업을 하는데에 모두 학문이 있다. …… 흥망성쇠를 논하려면 반드시 그 근본을 따져봐야 한다. 오늘과 같은 교육의 발달이 바로 서양이 강하게 된 근본이로구나!”[56]라고 하였다. 교육이 국가를 흥성하게 하고 강대하게 만드는 근본인지에 대해 사람마다 견해가 다를 수 있지만 분명한 것은 설씨가 물품의 정교함을 통해 더욱 심층적인 것을 발견하였다는 것이다.

또 정관잉은 “서양이 부강한 근본 원인은 전선과 대포의 견고함에 있는 것이 아니라 의원제도에 있다. 국민 모두가 한마음이며, 교육도 잘 이루어지고 있다. 학교와 서당이 널리 보급되어 있고 과학기술과 선발제도가 잘 갖추어져 있으므로 모든 사람이 제 역할을 발휘할 수 있다. 이러한 교육은 농학과 수리를 중요시하고 메마른 땅을 옥토로 만들고, 모든 물산이 제 효용을 발휘하게 한다. 철도를 건설하고 전력망을

---

56   『庸庵全集·出使英法義比四國日記』卷六, 第3頁, 光緒己醜刻本.

구축하며, 세금을 감면하고 상공업을 보호하여 물품유통을 통달하게 한다."[57]라고 말하였다. 그리고 마건충(馬建忠, 1845~1900)은 직접 서구에 가서 서구사회를 시찰한 후 다음과 같이 지적하였다. "서양열국의 부강함이 기술과 제조의 정교함, 군기의 엄격함에 있다는 것은 다만 표면적인 현상일 뿐이다. 사회제도와 문화교육을 살펴보아야 한다. 그들의 부富는 상업을 보호하는 것으로, 강强은 민심을 얻는 것으로써 이루어진 것이다. 그 외에 학교가 많이 설립되어서 지식인이 날로 많아지고 의원제도가 실행되었으므로 위아래가 소통할 수 있다. 이것이야말로 서양이 부강한 근본이다. 그들의 제조업이나 군사 및 해군 등은 모두 여기서 비롯된 것이다."[58]라고 지적하였다.

한 마디로 양무운동이 시작되고 수십 년 후 중국의 선각자들은 서양인이 오랑캐라는 선입견을 버렸을 뿐만 아니라 서양이 기술과 물품만 좋다는 식견을 뛰어넘어 서양 문화 전체에 기초적인 인식을 갖게 되어 사회제도와 체제의 측면에서 문제를 인식하기 시작하였다. 가장 기본적인 체제는 바로 국가와 백성, 군주와 민중의 관계다. 이런 관계를 가장 잘 드러낸 것이 바로 의원제議院制이다. 70년대 말기부터 90년대 초기에 많은 선각자들은 이에 대해 공감이 이루어졌다.

그런데 선각자들의 인식 수준이 어느 정도에 도달했는지도 문제지만 고유의 문화전통과 체제가 민중을 어느 정도로 지배하고 있는지가 또 다른 문제였다. 당시에 관료를 비롯한 대부분의 사대부나 일반 백성들은 여전히 서양인을 오랑캐로 보고 심지어 서양 물품조차 받아들

---

57   『盛世危言·自序』, 第5頁, 光緒丙申年上海書局石印本.
58   『上李伯相言出洋工課書』, 『適可齋記言』(上), 『自强學齋治平十議』本, 光緒丁酉文瑞樓
       石印本.

이지 못한 것이 사실이었다. 유명한 초기 외교가이자 증국번의 아들인 증기택(曾紀澤, 1839~1890)이 문상하러 고향에 내려갔을 때 서양의 기선汽船을 이용하는데 대하여 비난을 많이 받았다. 또한 곽숭도가 사신으로 유럽에 갔는데 도중에 보고 들은 것을 기록하고 자신의 소감을 붙여 총서總署에 견문록을 올린 적이 있었다. 후에 어떤 사람은 견문을 넓히려는 취지로 그 내용을 정리하고 『사서기정使西紀程』이라는 이름으로 간행하였는데 탄핵까지 받아 부득이하게 조정 명령에 따라 폐기되었다. 당시의 유명한 학자 이자명(李慈銘, 1830~1894)은 곽씨가 양무를 자주 이야기한다고 그를 멸시하였다. 그는 일기에서 "숭도嵩燾가 재작년에 푸젠福建에서 소환되었을 때 윈난雲南의 순무巡撫 잠육영(岑毓英, 1829~1889)을 심하게 비판하고 탄핵하는 상주문을 올렸는데 사대부들의 심한 불만과 비판을 받았다. 상경한 후에도 못된 행위로 많은 사람에게 심한 지적과 비판을 받아 차마 듣고도 알고도 싶지 않다. 작년에 서양 오랑캐들이 장사長沙에 쳐들어가 천주 교당을 짓고자 하였는데 사람들이 다 숭도嵩燾가 사주한 것으로 알고 그의 집을 불태우고자 하였다. 당시는 후난湖南 향시鄕試 때였는데 수험생들이 시험 거부까지 할 뻔하였다. 이 책(『使西紀程』)이 상인들에 의해 발행된 뒤 혈기 있는 사람이라면 경멸을 보내지 않을 수 없었다."[59]라고 하였다.

　　이는 당시에 서양 문물을 담론하고 흠모하는 태도를 보이면 아주 경멸을 받았다는 것을 말해 준다. 따라서 양무운동 초기에는 양무에 대해 얘기하고 흠모를 나타내는 것은 사람들이 꺼려하였다. 곽숭도가 탄핵을 받고 1년 후 귀국하였을 때 벗이 그에게 목숨을 지키기 위해서라

59　『越縵堂日記』, 光緒三年六月十八日 참조.

도 더 이상 양무를 담론하지 말라고 권하였다. 그러나 자신의 이익이 아니라 국가의 이익만을 생각하는 곽씨야말로 아주 훌륭한 인물이다.[60] 정관잉이『성세위언盛世危言』이라는 책을 지었는데 섣불리 발행하지 못하였다. 후일 그는『증정신편범례增訂新編凡例』에서 "이 책은 직설적인 내용이 많이 담겨 있어 금기를 범한 곳이 많다. 충성과 격분으로 작성한 책이었지만 오만방자한 듯한 내용이 담겨 죄를 면할 수 없을 것 같아 발행을 주저하였다."[61]라고 하였다. 외교 사절로 일본에 갔다온 왕봉조(汪鳳藻, 1851~1918)가 "요즈음 양무운동을 추종하는 사람은 책을 쓰는 일밖에는 할 수 없다. 막상 실천하려면 어려운 일이 많다."[62]라고 하였다. 설복성은 그의『주양추의자서籌洋芻議自序』에서 조심스럽게 "이는 개인의 일시적인 언론에 불과하다. 중요하고 실행할 가치가 있는 것은 십 분의 일에도 미치지 못할 것이다. 어찌 감히 공연히 발간하고 괜히 죄책을 살 수 있는가?"[63]라고 토로하였다. 이 말은 이런 내용을 공개적으로 발간하는 것은 화가 초래될 일이라는 것을 의미한다. 또 동문관에서 천문산학관 증설에 관한 논쟁은 모두 주지의 사실이었다. 당시에 높은 자리에 있고 큰 권력을 손에 쥐면서 양무운동을 선도한 이홍장까지 보수파들의 공격을 면하지 못하였다. 어떤 사람은 "이홍장과 정일창은 중국을 서양으로 바꾸지 않으면 멈추지 않을 것 같다."라고 직설적으로 비판하였고, 또 "오랑캐를 모시고 배우는 것은 염치 불구한 일이 아닌가? 수치스러운 일을 주도하면서 염치를 잊지 않고 예와 의를 지키겠다는 것은 불가

60   鐘叔和, 「走向世界─近代知識分子考察西方的歷史」 196 참조, 中華書局, 1985.
61   『盛世危言』 54 참조. 光緒 丙申年 上海書局 석인본.
62   羅森 외『早期日本遊記五種』 257 참조, 湖南人民出版社, 1983.
63   『籌洋芻議』 1 참조, 『自強學齋治平十議』本, 光緒丁酉文瑞樓石印.

능한 일이다."[64]라고 욕설을 하였다. 이 말은 꼭 이홍장 등 양무 관리들이 예의염치를 모르는 사람들이라고 하는 것이나 다름없었다. 바로 이런 배경 하에서 정관잉이 비분하게 "오늘의 정인군자正人君子라고 스스로 칭하는 사람은 양무를 입에 담지 않는 것이 현명하다고 본다. 서양학문을 공부하거나 발간하는 사람을 보면 꼭 전통 사상의 죄인이고 변절자."[65]라고 지적하였다. 여기서 지적할 만한 것은 청나라 조정은 기본적으로 양무파 편이라는 것이었다. 이는 통치자들은 확실하게 심각한 위기감을 느꼈기 때문이다. 특히 태평천국으로 인한 충격, 그리고 태평천국 탄압 과정에서 서양 총기나 대포 등 무기의 위력은 통치자들에게 깊은 인상을 남겼다. 기울어가는 청나라를 살리기 위해 그들은 양무파의 의견을 채택하여 개혁을 하지 않을 수 없게 되었다. 그렇지만 청나라 조정은 양무파와 완전하게 동일한 생각을 하고 있다고 말할 수는 없었다.

청 조정이 양무파 편이었는데 어찌하여 보수세력들은 감히 그토록 양무파를 공격하였는가? 이는 생각해볼만한 문제였다. 양무운동 전 과정에서 서양인과 서양 학문을 둘러싼 여러 차례의 논쟁에서 보수세력들이 이치적으로 한번도 우위를 차지한 적이 없었다. 그중 가장 치열했던 논쟁은 동문관 내 천문산학관天文算學館 개설과 정도正途 학생 모집과 교육에 관한 것이었다. 당시 보수세력의 대표자인 왜인은 아무런 반대 이유를 제시하지 못하면서도 그저 천문과 수학이 무슨 대단한 일이냐며 국내에도 정통한 사람이 있다고만 변명하였다. 양무파의 지지를 받은 동치同治 황제가 왜인에게 이런 인재를 추천하고 따로 개관하

---

64   『通政使于淩辰奏摺』,『洋務運動』(一) 121 참조.
65   『盛世危言·西學』1권, 7 참조, 光緒 丙申年 上海書局 석인본.

라고 명령을 내린 후 왜인은 대응할 방법이 없어 난감해 하였다. 이런 전형적인 사례는 보수파들이 이론면에서 완전히 불리한 입장에 처해 있다는 것을 보여주었다. 그런데 왜 천문학관이 학생 정원을 모집하지 못했을 만큼 왜인의 상주문이 그렇게 막대한 영향력을 발휘하였을까? 또 왜 일부 선각자들은 역시 양무운동에 대해 꺼리는 마음을 버리지 못하고 보수파들은 맹렬하게 양무운동을 공격할 수 있었는가? 필자는 이 현상은 고유의 왕조체제 때문이라고 생각한다.

이에 대해서 두 가지 측면에서 논의할 수 있다.

첫째, 황권 체제 때문이다. "군위신강君爲臣綱"이라는 논리는 옛날부터 중국인의 의식 속에서 굳어진 것이었다. 양무운동 시기에 서양의 민주공화사상, 민주체제를 접촉하면서 흠모하는 태도를 보인 소수의 사람들이 있었지만 2,000여 년의 뿌리깊은 군주제 개념은 중국인의 몸에 밴 것이었다. 따라서 대부분의 사람들은 감히 황제를 거스르지 못하였다. 무심코 거스른다 하더라도 황제의 기분이나 태도의 변화에 따라서 벌을 받을 수 있다. 곽숭도는 외교사절로 나가기 전에 매월 보고 들은 것을 총서總署에 보고하여 참고할 수 있도록 한다는 약속이 있었다. 그러나 그와 총서 관리들이 애초에 예상하지 못한 것은 처음으로 총서에 보낸 『사서기정使西紀程』이 바로 탄핵을 받고 폐기되었다는 것이었다. 이 일은 조정의 양무 정책에 변동이 생긴 것이 아니라 조정에서 자신의 권위를 지키기 위해 개혁파와 보수파의 싸움에 균형을 맞추어야 한다는 것을 보여주었다. 이 일의 객관적인 영향은 바로 일반 관리와 지식인이 만사에 조심하고 조금이라도 전통에 어긋나는 일이면 얘기하지도 수행하지도 못하게 만들었다는 것이다.

둘째, 과거제도 때문이다. 이 제도는 천년 동안 지식인들이 근본으로 여겨온 것이었다. 역사상 각 시대에 이 제도의 구애를 받지 않으려는 소수의 사람들이 있었지만 절대다수 사람들에게는 역시 깨뜨리지 못한 질곡이었다. 과거에 뽑힌 사람이라면 존경을 받고 그렇지 못하면 주류 사대부들에게 받아들여지기가 어려웠다. 곽숭도와 같이 사절로 유럽에 갔다 온 장덕이(張德彝, 1847~1918)의 말은 이 점을 입증할 수 있었다. 그는 "나라에서는 글 공부하는 일을 정도正途라고 본다. …… 나는 글 공부를 별로 하지 않아 정도에 들어가지 못하였다. 정도에 끼어 들기에도 창피하다."[66]라고 하였다. 장씨의 말은 전통 관념에서 과거 출신을 극히 중요시한다는 것을 보여주었다. 소위 정도와 비정도 사이의 경계선이 분명하고 넘나들기가 어려웠다. 따라서 왜인이 동문관에 천문산학관을 설립하고 정도 인원을 모집한다는 것을 몹시 반대하였다. 그는 "동문관에서 오랑캐들을 초빙하고 정도 인원을 가르치는 일은 위로는 국가의 체통이 상하고 아래로는 인심을 잃을 것이다."라고 하였다. 정도正途 사람은 "나라에서 키워서 앞으로 큰 일을 할 수 있는 동량지재棟樑之材들이다. 입국立國의 길은 예의에 의한 것이지 계략計略에 의한 것이 아니다. 만사의 근본은 사람의 마음에 의한 것이지 기예技藝에 의한 것이 아니다."[67] 따라서 국가차원에서 "예의 도리를 잘 알고 인심을 유지시킬 사람인 정도 인원들이 기예만 아는 서양인으로부터 학문을 배우면 서양인에게 이용될 위험이 있다고 하였다.

과거 시험을 통해 벼슬을 얻고 높은 자리에 올라가는 일은 그릇이 큰 사람에게는 군주를 요순堯舜과 같은 성군으로 보좌하는 것이고 그릇

---

66   『光祿大夫建威將軍張公集·遺跡』券4, p.1 참조.

67   "(同文館延聘夷人教習正途一事, 上虧國體, 下失人心. 立国之道, 尚礼义不尚权谋. 根本之图, 在人心不在技艺)." 『籌辦夷務始末』(同治)47권, p.24, 25 .

이 별로 크지 않은 사람에게는 조상을 빛내고 가문을 복되게 만드는 수단이었다. 이는 천년 동안 지식인들이 추구하는 최종 목표였고 과거제도가 폐지되지 않는 한 절대 다수의 지식인들은 이 길에서 벗어나려고 하지 않았다. 이 길에서 벗어나면 미래를 잃게 되기 때문이었다. 따라서 비록 왜인이 설득시킬 만한 도리를 제기하지 못했더라도 자신의 운명에 관한 중대한 일이기에 절대 다수의 과거 출신자들은 천문산학관 지원을 망설이고 발걸음을 멈추었다.

과거제도의 질곡 역할을 입증하는 다른 예도 있었다. 바로 서양식 학교 출신 지식인들도 애써 과거 시험을 통해 공명을 얻으려고 한 것이었다. 기록에 의하면 1896년 동문관 출신 10여 명이 과거 시험을 통해 거인擧人, 진사進士로 뽑혔다. 심지어 청나라 정부가 무너지기 직전까지 유학 갔다 온 사람들조차 중앙 정부의 특별시험에 지원해 격치과(格致科, 물리, 화학 등 자연 과학을 가리킴) 진사進士가 되기 위해 애썼다. 이런 사례를 통해 과거제도가 지식인들이 낡은 개념과 체제에서 해방되어 전문적이고 실용적 학문을 전공하는 데 방해가 되었다는 것을 알 수 있었다. 바로 이 과거제도가 사회와 문화 변모의 장벽이 되었다.

심한 제도적인 장벽 때문에 선각자들은 자신의 주장과 사상의 기반을 튼튼하게 닦기 위해 서양 학문을 배우는 것이 전통 관념과 심한 충돌을 일으키지 않도록 합리적인 해석을 찾으려고 노력하였다.

선각자들은 소수에 지나지 않기 때문에 그들은 다수 사신士紳이나 관리들의 생각과 사상을 무시할 수 없었다. 그렇지 않으면 자신의 사상 관점을 표현하는 기회조차 없어지게 된다. 곽숭도의 『사서기정使西紀程』 사건은 그들로 하여금 조심스레 행동하도록 하였다. 이러한 사회 현실 앞에 자아 보호를 위해서나 무겁고 깨뜨리기 어려운 전통문화의 부담 때문에 선각자들은 중국과 서양 문화의 문제를 다루는 데 있어 사람들에게 받아들여지기 쉬운 사상의 틀을 제시해야만 하였다.

　"서학중원西學中源"이라는 유명한 학설이 있었다. 이것은 선각자들에게도 널리 인정된 학설이었다. 예컨대 설복성이 "『요전堯典』의 역법, 『주비周髀』의 산수, 서양인들의 산수와 천문학은 바로 여기서 파생된 것이 아닌가? 국가나 민생의 유익한 다른 지식도 중국을 본받은 것이 아닌가?"라고 하고 "오늘날 서양인은 중국 성인들의 학문을 본받아 조금 덧붙이고 풍부하게 했을 뿐이었다. 그럼 중국은 그러한 학문을 되찾으면 안 된다는 도리가 어디 있는가?"[68]라고 하였다. 한편으로 정관잉은 "『대학大學』에서 「격치格致」편을 분실하고 『주례周禮』에서 「동관冬官」권을 유실한 다음 고인의 천문산학은 서양으로 유입되었다."라고 하면서 나아가서 서학의 여러 학문이 다 중국 학문에서 비롯된 것이라고 입증하려고 하였다. 다만 후일 중국은 정치와 교육에 소홀해서 "학자들은 헛것만 추구하고 실용적인 학문을 피한다. 겉으로만 화려하고 실속이 없는 팔고문八股文이나 서예에 골몰하고 시일을 허비하며 천하를 쓸모없는 데로 이끌었다. 따라서 중학은 점차 황폐해지고 서학은 중국 학문의 심오한 부분을 엿보지 못하게 되었다. 우리 고유의 것을 서양인이 본받아 실천하면서 정성과 끈기를 다하여 조예가 나날이 깊어지고 심오해지면서 그 정도를 헤아릴 수 없게 되었다."라고 하여 사실은 서학이 "중국 본연의 학문이다." 지금 서학을 배우는 것은 다만 "잃어버린 예제禮制를 세계 다른 나라에서 되찾는 것禮失而求諸野"일뿐이고

68　『出使英法義比四國日記』, p.133 참조, 嶽麓書社, 1985년.

"중국 본연의 학문이 다시 중국으로 되돌아온 것 뿐이다."[69]라고 하였다. 황준헌(黃遵憲, 1848~1905)도 『일본국지日本國志』에서 같은 뜻을 드러냈다. 그는 "서양 학문은 다 묵자墨子 학설에서 비롯된 것이다. 소위 사람마다 자주의 권리가 부여된다는 말은 묵자의 '상동尙同'설이고 소위 이웃을 자신처럼 사랑한다는 말은 묵자의 '겸애兼愛'설이다. 소위 하나님만 섬기고 영혼을 지킨다는 것은 묵자의 "천명귀天明鬼 숭배'설이었다. 정교한 기계 제조와 뛰어난 공수攻守 전략은 실은 묵자의 공격과 방어 전략이고 나무로 비행기를 만들어 하늘로 날린다는 발상에서 영감을 받은 것이었다. 한편으로 격치格致 학문은 모두 묵자경墨子經 상·하편에서 그 발단을 찾아볼 수 있다."라고 하면서 "법은 신불해(申不害, 전국 시기 법가의 대표 인물)와 한비자(韓非子, 전국 시기 법가의 대표 인물)의 주장과 유사하고 관리제도는 주례周禮와 유사하다. 행정류는 관자(管子, 춘추 시기 법가의 대표 인물 管仲을 가리킴)의 주장과 70~80% 유사한 것이다. 격치학格致學은 대개 주나라 진나라 시기의 여러 학자의 학설에서 그 발단을 찾아볼 수 있다."라고 하였다. 따라서 그는 "서양 학문은 우리 경전을 뛰어넘은 것이 없다."[70]라는 결론을 내렸다.

그리고 왕도가 그의 『원학原學』편에서 서학은 다 중학에서 비롯되었다는 것을 논증했는데 그의 결론은 "중국은 서양 문화·교육의 발단"[71]이라는 것이었다. 『위언危言』이라는 글을 쓴 저장浙江 명사 탕수잠(湯壽潛, 1856~1917)도 "서학중원"설을 극히 표방하였다. 그는 "모든 서양

---

69 『盛世危言·西學』1권, p.2, 9 , 光緒丙申年, 上海書局 석인본.

70 『日本國志·學術志(一)』, 『日本國志』 32권 p.1, 11, 上海圖書集成書局印, 光緒二十四年.

71 『弢園文錄外編』卷一 『原學』, p.3, 上海書店, 2002년.

법은 중국 법학 사상에서 비롯되지 않은 것이 없다."라고 하였다. 그는 "천문학, 물리학, 화학, 기체학, 광학, 전기학, 역학, 광산학, 병법, 법학, 수학, 음성학, 의학, 문자, 제조 등의 학문은 모두 중국의 고전에서 찾아볼 수 있다."[72]라고 하였다. 진규(陳虯, 1851~1904)라는 사람은 그의 『경세박의서經世博議序』에서 서양 사람은 "그들의 기술과 기예를 갖고 중국 문물과 겨루고자 하는데 그들이 갖고 있는 것을 따져보면 불과 육경六經이나 제자백가諸子百家 사상에서 발단된 것뿐이다."[73]라고 하였다.

　　이상 소위 '서학중원西學中源' 설은 사실적인 측면이나 이론적인 측면에서 볼 때 큰 허점이 있다. 오늘날 사람들이 이런 관점을 볼 때도 믿기가 어려울 것이다. 최근 인류 문명사 연구 및 고고학의 발견에 의하여 인류 문화의 역사가 다차원적이라는 것이 입증되었다. 서양 문화가 중국에서 비롯된 것이라는 학설은 이론적 근거가 없지만 그렇다고 전술한 학자들은 자신과 남을 속이기 위해 일부러 조작한 것이라고 판단하기는 어렵다. 그들은 학문 면에서도 도덕 면에서도 훌륭한 인물이고 각각 자신의 학문이나 경험에 의해 서로 다른 시간과 상황에서 심사숙고한 뒤에 내린 결론이었다. 소위 '영웅들의 견해는 비슷하다'라고 하는데 이들도 나름대로의 원인이 있었다는 것이다. 그들은 중국 경전을 잘 알고 특히 서양 학문과 관련된 내용들도 잘 알고 있기 때문에 서양 학문이 중국에서 발단된 것이라는 결론을 내리게 된 것이었다. 좀 잘못된 결론이지만 이런 연상聯想은 사실 인류문화의 통일성에서 비롯된 것이었다. 인간들이 처한 자연 환경은 각각 다를 수 있지만 자연 환경에서 나

---

72 湯壽潛『危言·中學』,『蕭山文史資料·湯壽潛史料專輯』225, 蕭山시 政協文史工作 委員會 편찬, 1993년.

73 『經世博議序』, p.1, 『自強學齋治平十議』본, 光緒 丁酉 文瑞樓 석인.

온 도전에 대처하는 방법은 대동소이하다. "식모천토食毛踐土"라는 말이 있는데 소위 "식모食毛"는 땅에서 나오는 동식물 등을 먹는다는 뜻이다. "천토踐土"는 상황에 따라 산을 만나면 도로를 뚫고 물을 만나면 다리를 만들며 육지에서 차로, 물에서 배로 다닌다는 뜻이다. 그 외에 수학이나 측량 또는 음향, 광학, 화학, 전기학 등 과학의 발생을 살펴보면 대개 사물과 사물의 연계를 통해 만사만물의 도리를 탐색하고 사고하면 언젠가는 학문이 된다는 것이다. 그 차이는 깊이나 정도의 차이뿐이다. 설복성의 "자연 만물을 활용해 백성들에게 혜택을 갖다 주는 것은 중국이나 외국이나 다름이 없다."라는 말은 바로 그 뜻이었다.

인류 문화의 이런 통일성은 명백한 사실이므로 각 나라와 민족은 문화가 서로 각양각색일 수 있지만 결국 서로 소통하고 관련 지을 수 있다는 것이다. 이와 같이 소통하고 관련된 부분을 통해 타민족의 문화를 인지할 수 있게 된다. 이는 마치 새로운 사물을 인지할 때마다 계속 기존의 지식 세계에서 관련될 수 있는 부분부터 찾아서 한 걸음 한걸음 파고드는 것과 같고, 만약 이 사물이 자신의 지식 경험과 아무런 관련을 지을 수 없다면 인지하지 못할 것이다. 이로써 중국 선각자들이 서양 학문을 중국의 경전이나 학문과의 비교를 통해 배우고 이용할 만한 것이라고 설명한다는 것은 필연적인 일이었다. 따라서 서학중원西學中源설은 인류 문화의 통일성 때문이기도 하지만 중국인이 서양학문을 접촉하고 인식하는 필연적 단계이기도 하였다.

양무운동 시기에 '서학중원西學中源' 설보다 더 많이 유행하고 문화사 연구자들의 더 큰 관심사가 되던 명제가 있는데 그것이 바로 '중체서용中體西用' 설이었다.

20~30년 전에 중체서용설은 항상 진보적인 개혁 운동의 대립면

이라고 비판적으로 취급되었다. 사실 중체서용설의 유래는 오래되었는데 적어도 양무운동 초기부터 이미 중체서용설이 제기되었다. 풍계분이 『교빈로항의校邠盧抗議』에서 "중국의 논리강상 및 유교는 근본으로 하고 서양 나라의 기술은 보조로 해야 한다."[74]라고 분명하게 얘기한 적이 있었다. 그 후 1890년대 초기까지 이 주장을 따른 사람이 많았다. 예를 들어 왕도가 "'기器'는 서양을 따라 배우고 '도道'는 스스로 갖추어야 한다."[75], "중국은 형이상形而上이고 논리사상으로 이기며, 서양은 형이하形而下이고 기술로 이긴다."[76]라고 하였다. 여기서의 "중도서기中道西器"는 중체서용의 다른 표현이었다. 또한 설복성이 그의 『주양추의籌洋芻議』에서 "오늘은 서양의 기술을 성심성의껏 따라 배움으로써 요堯·순舜·우禹·탕湯·주문왕周文王·주무왕周武王·주공周公·공자孔子 등 선현들의 '도(道, 사상)'를 지켜야 한다."[77]라고 하였다. 소작주(邵作舟, 1851~1898)의 『소씨위언邵氏危言』에서도 "중국의 '도'를 지키며 서양의 '기'를 활용해야 한다(以中國之道, 用泰西之器)"[78]라고 주장하였고 탕수잠湯壽潛은 "형이하의 서양 기술을 찾아서 형이상의 도를 지켜야 한다(求形下之器, 以衛形上之道)"[79]라고 하였다. 이런 논의들은 모두 중체서용의

---

74 『校邠盧抗議·采西學議』하, p.39, 光緖十年 각본.

75 "器則取諸西國, 道則備自當躬." 『杞憂生 『易言』跋』, 『弢園文錄外編』, p.266, 上海書店, 2002년.

76 "形而上者, 中國也, 以道勝; 形而下者, 西人也, 以器勝." 『弢園尺牘』, p.30, 中華書局 1959年 판.

77 "(今誠取西人器數之學, 以衛吾堯舜禹湯文武周孔之道)." 『籌洋芻議』, p.17, 『自強學齋治平十議』본, 光緖丁酉文瑞樓石印.

78 『邵氏危言·綱紀』, 『戊戌變法』(一), p.182, 上海人民出版社, 1957.

79 『危言』 1권 『中學第六』, 『蕭山文史資料選輯·湯壽潛史料專輯』, p.226.

다른 표현이었다. 정관잉은 양무운동 시기 사상 수준이 한층 높은 개혁 사상가로서 중체서용에 관하여 다른 사람과 다른 주장을 제기했지만 기본적으로는 역시 "중학은 근본이고 서학은 그 밑의 문제이며 중학을 근본으로 하고 서학을 보조로 한다."[80]라고 주장하였다.

"중학위체中學爲體, 서학위용西學爲用"이라는 설이 명확하게 제기 된 것은 1890년대 중반이었다. 1895년 『만국공보』에서 심수강(沈壽康, 1807~1907)의 「구시책救時策」이라는 글을 발표하였는데 그 중에서 "중학 이나 서학이나 각각 장단점이 있다. 중국인에게는 중학을 근본으로, 서 학을 효용으로 해야 한다."[81]라고 하였다. 이로부터 이 구호가 널리 유행 되기 시작하였다.

그러면 '중체서용'설이 제기된 역사적 배경 및 그 함의, 그리고 구 체적인 역할에 대하여 살펴보기로 하자.

우선 "중학위체, 서학위용"이라는 주장은 서학 배우기의 슬로건 으로, 그리고 근대화(서양화)의 길을 개척하기 위해 제기된 것이었다. 앞 에서 살펴본 바와 같이 서양 물품의 정교함과 실용성은 대부분 사람들 이 직접 눈으로 확인할 수 있는 사실이었다. 그렇지만 체제의 거리낌으 로 인해 소수의 사람을 제외하고 절대 다수의 사람에게는 공공연히 서 양 기술을 도입하고 따라 배우자고 고취하기에는 거리감이 있었다. '중 체서용'설은 바로 사람들의 거리감을 해소하기 위해 제기된 것이라고 할 수 있다. 즉 중국 고유의 논리사상을 지킨다는 전제 하에 서학을 배 우는 것은 유해무익하다는 것이었다. 보수파들의 핵심 논리는 서양의

---

80 『盛世危言·西學』, p.10, 光緒丙申年, 上海書局石印本.

81 『萬國公報』75호, 光緒二十一年三月.

것을 가지고 중국을 변화시키는 "용이변하用夷變夏"를 절대 용납할 수 없는 것, 즉 중국의 정치적, 학문적 근본을 동요시키면 안 된다는 것이었다. '중학위체中學爲體'설은 보수파들의 반대와 공격을 어느 정도 완화시킬 수 있었다. 그러므로 상당한 기간 동안 개혁파들은 "중학위체, 서학위용"설을 즐겨 이야기한 반면 보수파들은 이런 논의를 피하고 자주 언급하지 않았다.

사실 '중체서용'설은 절충된 구호이지만 당시의 사회 배경 하에 서학을 제창하는 데 유익한 것이었다. 중국 전통문화는 뿌리가 깊고 오랫동안 번성하였으며 상당히 긴 역사 과정 속에서도 심한 도전을 받은 적이 한 번도 없었다. 서학은 야만적인 침략과 해로운 아편을 따라 들어온 것이므로 중국 사람의 본능적인 반항을 받지 않을 수 없었다. 민족 정서가 크게 충격을 받은 배경에서 서양 선진 문화를 그의 죄악에서 분리시킨 것 자체가 쉽지 않았다. 하물며 그것을 배우고 도입하자면 그 저항이 클 수밖에 없었다. 따라서 대부분 민중들에게 받아들여지는 관념의 틀이 있어야 중국 문화에 수용될 수 있었을 것이고 "서학중원西學中源"설은 적용할 만한 틀이 될 수 있었다. 단, 서학은 서양 사람에 의해 만들어진 것인 만큼 받아들이면 중국 고유의 체제를 동요하거나 잠식할 위험이 있지 않은가 의심되지 않을 수 없었다. "중체서용"설은 바로 이러한 배경 하에 제기된 것이며 소수의 보수파를 제외하고 대부분의 사람들이 받아들일 수 있었다. 바로 설복성이 얘기한 바와 같이 서학으로 중국의 '도'를 지키는 것은 "요堯·순舜·우禹·탕湯·주문왕周文王·주무왕周武王·주공周公·공자孔子가 다시 태어나도 이렇게 할 것이다."[82]

---

82   "(堯舜禹湯文武周孔復生, 未始不有事乎此)." 『籌洋芻議·變法』, p.17, 『自強學齋治平十

"중체서용"의 함의가 아주 명확하고 확정된 것은 아니었다. 우선 "체"와 "용"이라는 범주는 중국 사상사에서 특유한 것인데 본래 모호성을 가진 개념이었다. "체"란 무엇이고 "용"이란 무엇인지, "체"와 "용"의 관계가 무엇인지는 줄곧 논쟁의 대상이었다. 또한 "중체서용"의 개념은 당시에 다른 표현들이 많았다. 예를 들어 "체體"와 "용用", "도道"와 "기器", "본本"과 "말末", "주主"와 "보輔"등이 그것이었다. "도"와 "기"라면 "허"와 "실", 정신과 물질의 대립 관계인 듯하다. 그런데 "주"와 "보"는 양자 모두가 "허"와 "실", "체"와 "용"의 이중성격이 함의된 개념이다. "본"과 "말"도 비슷하다. "본"은 뿌리와 근간, "말"은 가지와 잎, 둘다 "허"와 "실"의 함의를 갖는다. 따라서 "중체서용"설은 정확하게 정의하기가 어렵다. 심지어 불가능하다고 해야 할 것이다. 바로 이러한 원인으로 이 개념은 각 시기마다, 각 환경마다, 각 사람마다 서로 다른 의미를 갖는다. 따라서 40-50년 전이나 지금이나 이런 관념에 대한 논의가 끊이지 않고 있다.

　　"중체서용"설을 정리해 보면 "중체"란 대체로 다음과 같은 함의가 있다. 왕도는 "기器는 서양을 따라 배우고 도道는 스스로 갖추어야 한다(器則取諸西國, 道則備自當躬)"라고 하였다. 그에 의하면 "도"란 바로 중국의 '도', 즉 "공자의 도, 유도儒道, 또는 사람의 도"[83]라는 것이고 이 도는 변하지 말아야 한다. 그러면, 공자의 '도'는 무엇인가? 알다시피 공자 학설의 핵심 내용은 명분이다. 즉 군신과 부자의 논리다. '군신지강君臣之綱'은 군주제도이고 '부자지강父子之綱'은 가부장 제도의 논리다. 따라

議』본, 光緒 丁酉 文瑞樓石印.
83　　『杞憂生『易言』跋』,『弢園文錄外編』, p.266, 上海書店, 2002년.

서 공자의 도는 바로 중국 지식인들이 말하는 윤리강상, 즉 군주제도와 종법제도였다. 왕도가 말하는 "중체"는 바로 이런 뜻이다. 이는 바로 그가 말한 변하면 안 된다는 '본체'였다. 양무운동의 선도자인 풍계분이 주장한 "중국의 윤리강상 및 유교는 근본으로 하고, 나라를 부강시키는 기술은 보조로 한다."라는 논의는 중체가 바로 중국의 윤리강상 및 유교라고 명확하게 지적하였다. 또는 설복성이 얘기한 "중체"는 "요堯·순舜·우禹·탕湯·주문왕周文王·주무왕周武王·주공周公·공자孔子의 도"라는데 이 논의는 좀 애매모호하다. 요·순·우·탕·주문왕·주무왕·주공·공자의 주장에는 서로 다른 점이 많았다. 그런데 설씨의 주장도 공자의 유교로 정착된다는 것을 쉽게 짐작할 수 있었다. 소작주邵作舟가 중국의 '도'를 기본으로 하고 서양의 '기'를 사용하자고 하였는데 여기서 말한 "도"는 그 자신의 말에 의하면 "강기법도綱紀法度"를 가리킨 것이었다. 그가 말하기를 "오늘의 강기법도는 4~5천 년의 지혜가 쌓여 이루어진 것이다. 중국은 서양보다 못한 것이 기계 수학 및 공예밖에 없다'[84]라고 하였다. 그가 말한 '중체'는 중국의 강기법도綱紀法度를 가리킨 것이다. "강기"는 공자의 "도"이고 "법도"는 군신부자간의 기본 윤리 규범, 역시 공자의 "도"이다.

한 마디로 양무사상가들이 말하는 "중체"는 바로 중국의 삼강三綱, 오상五常 등 윤리규범, 구체적으로는 군주제도 및 종법제도를 가리킨 것이라고 할 수 있다.

흥미로운 것은 서양을 배우자고 강력하게 주장한 양무파 사람들 중에도 "중체서용"을 표방하는 대신에 현지 답사를 통해 서양이 강해

---

84 『邵氏危言·綱紀』, 『戊戌變法』(一), p.181, 上海人民出版社, 1957年.

진 진정한 근원을 파악하고 본받고자 한 사람이 있었다는 것이다. 곽숭도는 광서光緖 2년에 벌써 "서양이 입국立國한 지 2,000여 년이 되고 정치와 교화가 공명하고 본과 말(체계)이 모두 갖추어져 있다."[85]라고 인식하게 되었다. 이는 서양 물품을 도입하고 서양 기예를 따라 배우자는 다른 선각자보다 더 높은 차원의 식견이었다. 곽씨가 영국에 도착한 후 여러 곳을 탐방하고 깊이 관찰하며 서적과 신문을 연마하고 공부한 끝에 더 깊은 인식을 갖게 되었다. "영국 입국의 본말을 논하자면 나라가 건승하고 국력이 신장된 이유는 의정원議政院이 설치되어 국사를 처리하고 정당이 설립되어 민원을 따른 데에 있는 것이다. 그 둘이 서로 의지하고 군주와 민중이 서로 협력하여 수차례의 성쇠를 거쳐도 천 년 동안 나라가 무너지지 않았다. 인재 및 학문(제도)이 잘 운영되는 체제이다. 이는 바로 입국의 근본이다."[86]라고 하였다. 그는 또한 "중국 진나라, 한나라 이래의 2,000년은 정반대가 되었다."라고 하여 중국의 체제에는 문제가 있다고 암시하였다. 곽씨의 주장으로는 영국의 의원제도가 국가의 정사를 국민 모두에게 공개하도록 하고 정당 정치에서는 모든 문제를 변론을 통해서 규명하고 밝힌다. 그리고 성실하게 실천에 옮겨 날이 갈수록 좋은 풍습이 형성된다. 그리하여 정치와 교화가 청명하고 풍속이 아름다워진다. 이런 식견은 이미 중국의 윤리와 정치 교화가 서양보다 뛰어났다는 자부와 미신을 뛰어넘어 중체서용의 틀에 수용되기 어렵게 되었다.

물론 곽숭도는 다른 사람이 따라갈 수 없을 정도로 시대를 앞서

85　『郭嵩燾日記』3卷, p.124, 湖南人民出版社, 1982.

86　『郭嵩燾日記』3卷, p.373, 湖南人民出版社, 1982.

가는 사람이었다. 그를 통하여 당시 일부 선각자들은 중체서용의 틀 안에 많은 구속이 느껴진다는 것을 알 수 있었다. 그들에게 "중체"는 더 이상 그렇게 신성하고 흔들려서는 안 되는 것이 아니고, "서용"도 물품, 기교, 물질적 이익에만 한하는 것이 아니게 되었다. 그들은 이미 서양의 흥성은 "본"과 "말", "체"와 "용"이 겸비된다는 것을 알게 되었고 그들의 "말"만 배우고 "용"만 베끼는 것이 헛될 것이라고 인식하기 시작하였다. 정관잉이 "서양 부강의 근본은 튼튼한 선박과 힘센 대포에 있는 것이 아니라 의원議院에 있다."[87]라고 분명하게 지적하였다. 왕도도 "서양 여러 나라가 나날이 강해지고 재정과 물품이 풍성해지며 병력이 튼튼해지는 것은 군민 일심君民一心에 비롯되고 정치는 크고 작은 일이 다 의원議院에서 검토한 다음에 실행되기 때문이다." 하지만 "중국은 그렇게 하지 않았다."[88]라고 하였다. 마건충馬建忠도 "의원이 설치되면 민정이 (위로) 전달될 수 있다."라고 하며 이는 서양 정치의 핵심이라고 하였다. 진치(陳熾, ?~1900)도 서양이 "의원제도의 실행 때문에 …… 군민이 일심이 되고 상하가 일체로 된다."라고 탄복하고 이는 "영미 각 나라가 국력이 신장되고 병력이 강해지며 세계를 휩쓴 근원이다."[89]라고 여겼다. 주목할 만한 것은 당시의 양광총독兩廣總督인 장수성(張樹聲, 1824~1884)도 양무 사업이 "'용'만 추구하고 '체'를 무시하면 아무리 힘써 따르려고 해도 한계가 있다."라고 한 것이다. 군함이 떠다니고 철도가 곳곳에 미친다고 해도 과연 그들과 겨룰 수 있는가"[90]라고 분명하게 인식하게 되

---

87 『盛世危言·自序』, p.5, 光緒 丙申年, 上海書局 石印本.

88 『弢園文錄外編·達民情』3권, p.54, 上海書店, 2002.

89 『議院』, 『陳熾集』, p.107, 中華書局, 1997年.

90 『張靖達公奏議』8卷, p.33 참조.

었다.

　이런 자료들은 양무운동의 실천을 거쳐 중국의 일부 선각자들은 이미 "중체서용"에 대해 의문과 흔들림이 생겼다는 것을 보여준다. 그들의 사상은 "중체"에 충격을 가져오고 서양 정치제도를 도입한다는 의향을 드러냈다. 이는 정치 개혁을 중심으로 하는 문화의 전환기가 다가오는 것을 예시하고 있다.

제2장

사회문화적 흐름을 주도한
개혁과 혁명

아편전쟁 후, 20년에 걸친 심각한 반성을 거쳐 중국인들도 점차 세계의 추세를 인식하게 되었고 자신을 공격했던 적들에게서도 장점을 배워야 한다는 것을 깨달았다. 그리하여 30여 년 동안의 양무운동을 통해 사람들은 중체서용中體西用의 문화적 관념을 형성하게 되었다. 갑오전쟁 참패 이후 중국의 선각자들은 서양의 선박, 대포나 기계와 과학기술, 그리고 공예 등을 배우는 것만으로는 빈궁에서 벗어나 부강해지는 데 여전히 역부족이며, 중국의 정치제도를 개혁해야만 생사존망의 위기를 완전히 극복하고 독립적이고 부강한 국가에 도달할 수 있다는 점을 더욱 확실하게 인식하게 되었다. 그리하여 유신운동과 만주족滿族 반대 혁명이 나타나기 시작하였다. 이어서 신정新政이나 입헌운동도 생기고 이후 혁명 및 봉기도 끊임없이 활발하게 일어났다. 결과적으로 청나라 조정이 끝내 개혁을 착실하게 이행하지 않으려 했기 때문에 사람들은 크게 실망하였고 혁명파와 입헌파는 모두 청 정부의 무덤을 파 주는 사람이 되고 말았다.

1895년부터 1911년까지 약 17~8년 동안 중국의 인인지사仁人志士들은 모두 정치 개혁을 둘러싸고 폭력적인 혁명을 하든 평화적인 개혁을 하든 2000여 년간 계속된 군주전제君主專制제도를 서양식의 정치제도로 대체하여 국가와 민족을 구제하고 국가를 독립과 민주, 그리고 부강이라는 근대화의 길로 이끌고자 하였다. 이때는 정치 혁명을 중심으로 하는 대변혁의 시기로서 개혁 및 혁명이 번갈아 나타나던 시기였으며 당시의 모든 문화 현상도 정치 문제를 반영하고 있었다. 당시 중국의 모든 선각자들이 밤낮으로 심사숙고하던 문제가 바로 이 정치 문제였다. 실업 진흥도 교육 활성화도 과학기술 학습도 모두 국가를 구하기 위한 것인데 구국救國의 핵심은 군주제를 개혁하고 민권을 획득하는 것

근대 중국의 문화적 전환에 대한 연구

에 있었다. 군주 입헌제와 민주 공화제, 이는 당시에 선택 가능한 두 가지 길이었다.

종전의 각종 교과서나 관련 역사 저술들은 모두 무술유신戊戌维新과 신해혁명辛亥革命을 분명히 구분하여 전혀 상관없는 두 단계로 나누어 기술하였다. 이른바 무술유신은 다만 정치적 개량일 뿐이었는데 이 개량이 성공하지 못했기 때문에 신해혁명이 나타난 것이며 신해혁명이야말로 정치적 혁명이라고 볼 수 있다는 것이다. 이와 같은 논조는 아주 그럴 듯하게 보이지만 실은 이론적 근거도 없을 뿐만 아니라 역사적 사실에도 부합하지 않는다. 쑨중산(孫中山, 1866~1925)은 무술유신운동이 실패하고 나서 혁명을 시작한 것이 아니라, 1895년에 이미 혁명을 거행하기 시작했었다. 필자의 관점으로는 갑오전쟁 직후, 중국은 양무운동을 넘어 정치제도의 변혁(평화적인 개혁과 폭력적인 혁명을 모두 포함)을 중심으로 하는 역사적인 시기에 접어들었다. 따라서 이 시기의 사건들을 연관시켜 살펴보는 것이 더 합리적이다. 사상 문화의 변천 궤적만 제대로 살펴보더라도 이러한 방식의 사고가 더 논리적인 것으로 보인다.

이 시기는 시간적으로는 양무운동보다 짧지만 그 내용은 양무운동보다 훨씬 풍부하고 복잡하였다. 우리는 그 시기를 다음 세 절로 나누어서 기술하기로 한다.

1. 격렬한 도전에 직면한 '중체론中體論'

앞 절에서 우리는 양무운동의 실행 과정에서 관리나 사대부들이 점차 중체서용中體西用의 문화적 관념을 형성하게 되었다고 논의했었다. 동시에 양무운동 후기에 이르러 일부 선각자들은 '중체서용'의 큰 틀을 삼가 따르면 중국이 독립, 자강의 길로 나아가기 어렵다고 인식하였다는 것도 지적하였다. 중국 문화만으로는 스스로 나아가 중세를 넘어 시대에 발맞추어 발전하기에 역부족이라는 것이다. 유감스러운 것은 이런 선각자들이 아주 소수였다는 점이었고 게다가 그들의 주장이나 견해가 대부분 개인의 사적 저서 속에 흩어져 있어 여론을 형성하기에는 아직 어려운 상태였다는 점이다.

중일 갑오전쟁이 발발 후 중국은 패하였고 강화講和조약에 따라 영토를 할양하고 배상금을 물어주는 전에 없던 굴욕을 당하였다. 그 이전 서양열강의 도래는 중국인에게 전혀 예상치 못한 일이었고 이렇게 먼 이역에서 온 사람들을 중국인은 전혀 이해하지 못하였다. 그래서 전혀 이해하지 못했던 적에게 패배한 것은 용서할 수 있을 듯하였다. 그러나 갑오전쟁의 침략자는 동영东瀛이라는 작은 섬 세 개에 불과한 일본이었다. 게다가 일본인은 당唐나라 때부터 중국을 스승으로 모셔왔으며 같은 황색 인종이고 언어는 비록 통하지 않았지만 문자로 서로 소통할 수 있었다. 그런데 중국이 이렇게 작은 나라에 패배한 것, 그것도 그렇게 처참하게 패배한 것은 그 누구도 상상하지 못한 일이었다. 이 일이 중국인에게 준 충격은 실로 매우 컸다. 이런 고통과 치욕은 중국인들로 하여금 자신을 되돌아보고 반성하게 만들었다. 어째서 일본은 작은 데도 강하고 중국은 큰 데도 약한가? 큰 데도 약한 중국과 작은 데도 강한

근대 중국의 문화적 전환에 대한 연구

일본이 부딪치면 중국은 왜 꼭 지는 것인가? 중국이 치욕을 씻고 강해지려면 어디부터 시작해야 하는가? 이러한 것은 생사존망과 관련된 큰 문제였다. 이런 문제들이 한꺼번에 눈앞에 와 닿게 되자 마비되어 무감각한 사람이 아닌 이상, 모두들 심각하게 되돌아보고 반성하며 답을 찾게 되었다.

　　전에 이른바 서양을 배우고자 주장했던 사람을 포함한 조정의 중신들이나 많은 사대부들은 선박, 대포, 기계, 기예 등은 서양보다 못하지만 기본적으로 중국이 서양에 비해 낮다고 생각하였고 따라서 중국의 강상명교綱常名教는 서양에 비할 바 없이 월등하다고 생각하였다. 앞 절에서 우리가 분석한 것처럼, 소위 중국의 '강상명교綱常名教'란 주로 전제 군주제와 종법윤리제도를 말한다. 이홍장은 동치同治 4년에 황제에게 올리는 상주문에서 다음과 같이 말하였다. "중국의 문물제도는 서양 오랑캐들과 많이 다르므로 나라를 잘 지키려면 근본적인 기반을 튼튼하게 해야 한다. 근본이 파괴되지 않는 한 나라가 위급에서 벗어나 안전해질 수 있다. 나라가 빈약에서 벗어나 강성해지는 길이 서양의 기기를 모방하고 배우는 것뿐이라는 생각은 좁은 소견일 것이고 신하는 또한 그렇게 생각하지 않는다."[1] 여기서 이홍장은 확연하게 자신의 태도를 나타내고 있는데 근본적으로 정치를 잘하고 나라를 잘 다스리려면 중국 고유의 강상명교綱常名教에 의존해야 한다는 것이다. 하지만 이홍장은 이 문제에 대하여 그렇게 간단하게 생각하지만은 않은 것 같다.

　　『만국공보萬國公報』에 실린 이홍장의 영국 강연에는 다음과 같은 내용이 있다. "중국은 인구가 많으므로 한 세대 정도의 시간으로 서양

1　　『奏報置辦外國鐵廠機器』, 『李文忠公全書·奏稿九』, p.35, 光緒乙巳年金陵刻本.

처럼 강해질 수 있기를 바란다. 천하에 바보라도 오늘 말하고 내일 이룰 수 있다고 장담할 수 없다는 것을 안다. 하물며 모방하여 변통 없이 그대로 옮겨 쓴다면 더욱 안 될 것이다. 차가운 유리잔을 뜨거운 물에 던져 넣으면 깨지지 않을 리가 있는가? 중국인이 서양을 배우는 것도 혹한이 지나고 봄이 오듯이 천천히 인내하며 점차 깊어져야 한다. 내가 한마디 하고 싶은데 여러분 모두 의아해하지 말라. 서양에는 거침없고 평탄한 길이 있어서 모두가 차를 몰고 순조롭게 갈 수 있다. 중국인도 시야를 넓게 하여 근간을 돈독히 확립한다면 앞으로 반드시 순조롭고 편안한 이 길에 점차 들어설 수 있을 것이다. 느린 것처럼 보이지만 실은 그것이 가장 빠른 행동일 수 있다."[2] 여기서 이홍장은 중국의 개혁과 변혁의 속도가 너무 빠르면 안 된다고 강조하였다. 아울러, 그는 중국의 개혁과 변혁의 깊이, 넓이 및 전망에 대해서도 상당히 폭넓게 구상하고 있었는데 꽤 생각해볼 만한 것이다. 전반적으로 당시 중국에서 절대다수의 관리와 사대부들은 중국의 정치·교육제도의 타당성에 대해 전혀 의심하지 않고 있었다는 것이다.

갑오전쟁에서 패한 후 사람들은 자연스럽게 의문을 갖게 되었다. 30년 동안 서양을 배워 선박이나 대포를 구입하고 기계를 만들며 군대를 훈련하고 해군을 발전시키는 등 배워야 할 것을 거의 다 배웠는데도 어찌하여 작은 섬나라 일본의 침략에 여지없이 패배하였는가? 이것은 중국인으로 하여금 한층 더 깊이 생각하지 않을 수 없도록 만들었다. 양계초는 일찍이 "우리나라가 4천년 대국의 꿈에서 깨어난 것은 실은 갑오전쟁 때부터였다."라고 말한 바 있다. 갑오패전 후 중일화약中日和

---

2   『萬國公報』卷95, 總p.16546(1896年12月).

約을 체결할 즈음 전세계를 놀라게 한 '공거상서(公車上書, 강유위와 양계초 등 지식인들이 황제에게 올린 상주문으로 일본과의 화약을 반대하는 내용임-역자주)'라는 사건을 통해 우리는 양씨가 말한 것이 사실이었다는 것을 알 수 있다.

이번 공거상서에는 과거에 응시하려던 1,300여 명의 수험생의 사인이 있는데 비록 사건 발생 후 자기가 직접 서명한 것이 아니라는 사람이 있다 하더라도 천명 내외가 참여하였다는 것은 이 일의 정치적 영향력을 과소 평가할 수 없음을 보여준다. 이번 상주문은 강유위 자신에게는 두 번째 상주였지만 천여 명의 지식 청년들이 참여한 집단행동이었기 때문에 완전히 다른 의미가 있었다. 근대 중국의 정치 개혁을 위한 첫 출발이었던 것이다.

이번 상주문에는 네 가지의 내용이 있었는데 바로 화해 거부, 천도, 변법, 병사 훈련 등이었다. 이 중에서 가장 중요한 것은 바로 국회를 새로 설립하자는 실질적인 요구였다. 실질적인 것이란 상주문에 국회라는 글자는 겉으로 드러내지 않았지만 실제적인 내용은 국회를 새로 만들자는 것과 다를 바가 없었기 때문이다. 우리가 아는 바와 같이, 의회를 개설하고 국회를 새로 만들자는 주장은 일찍이 개인의 저서에 많이 보였으나 의원이나 국회를 어떻게 설립하는지는 아주 간략하게 소개할 뿐이었고 심지어 명목만 있고 구체적인 내용이 아무것도 없었다.

이에 비해서 강유위는 이번 상주문에서 국회 문제에 대해 상당히 자세하고 구체적으로 기술하였다. 상주문에 다음과 같은 글이 있었다. '국민들 중에 고금에 능통하고 국내외 모두 통달하며 정치를 잘 알고 현명하고 인품이 방정한 사람을 공개적으로 뽑아야 한다. 대략 각 부府, 각 현縣을 나누어서 약 10만 가구 중에서 한 명 정도 뽑고, 뽑힌 사람은 전에 관직이 있든지 없든지 간에 모두 피선거권이 있다. 한漢나라 때의 제도를 답습하여 뽑힌 사람은 의랑議郎이라는 중국식 이름으로 명명한다. 무영전武英殿을 개설하여 많은 도서를 내놓고 의랑은 교대로 근무하고 당직하게 하며 황제의 질의에 답하기 위해서 고문도 겸임할 수 있다. 그들은 황제의 조서詔書를 반박하기도 하고 백성의 뜻도 전달한다. 국내외 개혁을 하거나 군비를 조달하는 등 큰 일이 있을 때 모두 태화문太和門에서 회의를 진행하는데 회의에서 삼분의 이(3/2)가 통과되어야만 하급 기관이 실행할 수 있다. 의랑은 일 년에 한번씩 교체하고 국민들의 신뢰를 받고 추천받은 사람은 리더(의장)를 맡는다. 이런 것들은 관례로 정하여 온 세상에 알린다. 그러므로 황제가 앉아서 세상의 일을 모두 알 수 있으며 온 나라의 마음과 뜻을 모아 동고동락하고 공公과 사私를 잊는다. 황제가 이런 제조制詔와 행위를 실천하면 백성들은 크게 고무되어 능력 있는 사람이 최대한 능력을 발휘하고 부자가 돈을 아낌없이 기부한다. 그렇다면 나라가 부강해질 수 있으며 황제와 백성은 한결 같은 마음으로 서로 통하고 온 국민이 한 가족처럼 동고동락할 수 있다.'[3] 이 상주문에는 다음과 같은 중요한 몇 가지를 언급하였다. 첫째, 십만 가구 중에서 한 사람 추천할 수 있다. 이것은 선거 과정을 통해 의랑議郎을 뽑는 것이었다. 여기서 말하는 의랑은 실은 의원의 별칭이라고 볼 수 있다. 둘째, 평소에 의랑은 황제의 고문顧問 역할을 할 수 있다. 셋째, 큰 일이 발생하면 의랑들이 모여 회의를 하고 삼분의 이가 통과되면 결정안이 형성되고 하급기관은 이 결정안을 집행해야 한다. 넷째, 의랑은 매년 보궐 선거를 하여 임원을 교체할 수 있고 계속 유임되는 사람은 의랑의 리더를 맡을 수 있다. 다섯째, 상기한 것들을 모두 법률 규정으로 만들

---

3   『康有爲政論集』(上), p.135, 中華書局, 1981.

어 영구적으로 실시한다. 강유위가 만든 이런 의랑제도는 국회와 다를 바가 없다. 그럼 강유위는 당시 왜 국회라는 명칭을 쓰지 않고 기피했는가? 이는 아마 보수파들의 반대를 피하기 위해서 일부러 그 이름을 사용하지 않고 실질적인 효과를 도모한 것으로 이해할 수 있다. 황제에게 올리는 상주문은 일반적인 개인 저서와 다르고, 특히 집단적 명의로 올린 상주문은 단어와 문장을 구사하는 데 꽤나 신중하게 고심하지 않으면 안 되었다. 그리고 이후 강유위가 개인으로 황제에게 올리는 상주문에서 명확하게 '의원을 개설하여 백성의 의견을 수용하자'라는 말을 제의하고 또한 각 성省, 부府, 주州, 현縣 등을 각급 정부에서 모두 개설해야 한다고 주장하였다.[4]

　　아주 분명한 것은 강유위가 전제 군주제 체제를 개혁하려는 주장임에 틀림없다는 것이다.

　　강유위가 베이징에서 '공거상서公車上書' 운동을 벌여 절대로 침범해서는 안된다고 여겼던 중국의 전통 정치제도인 전제 군주제를 향해 도전장을 보냈을 때, 같은 시기에 중국 남부 홍콩과 광저우에서 쑨중산을 비롯한 혁명당 사람들은 폭력 의거를 서둘러 준비하고 있었고 그들의 의도와 목적은 훨씬 더 직접적이고 급진적이었다. 즉 '청 정부 만주족 오랑캐를 쫓아내고 중국을 복원하여 연합정부合衆政府를 수립하자'는 것이다. 그들의 목표는 직접적으로 전제 군주제를 겨냥한 것이었으며 한편 만주족을 반대하는 짙은 색깔도 지니고 있었다.

　　베이징의 공거상서 운동과 남부의 무장봉기는 중국이 전제 군주제의 정치제도를 변혁시키는 정치혁명 시기에 접어든 것을 보여주었다.

4　　『康有為政論集』(上), p.150, 158, 中華書局, 1981.

광저우 봉기가 실패하자 쑨중산은 해외로 망명하였다. 외국에서 서양 및 일본의 정부와 민간의 인사들을 많이 접촉하면서 서양 서적도 다수 섭렵하고 정치에 관한 지식을 크게 증진시켜 민주 정치에 대한 이해도 깊게 하였다. 마침내 '삼민주의三民主義'라는 정치 강령을 만들게 되었다. 이와 동시에, 쑨중산은 많은 영웅호걸을 사귀고 다른 당파와도 접촉하여 청 정부를 전복시키고자 하는 봉기 운동을 끊임없이 준비하고 있었다. 그때 중국 국내에서 개혁파의 세력이 형성되었는데 그들은 신문도 만들고 다수의 서적과 간행물도 인쇄였으며 학당을 개설하고 학회를 새로 만들었다. 한편, 정치체제를 개혁하는 사상을 홍보하면서 다른 한편으로 규모가 더 큰 정치 개혁 운동을 발기하고자 준비하기에 바빴다. 그들이 창간한 『시무보時務報』는 정치 개혁의 여론을 형성하는 데 뚜렷한 효과가 있었으며 언론계에서 중요한 위치를 차지하였다. 그중에 백성들에게 민권을 부여시키는 내용이 가장 주목을 받았다. 예를 들면 왕강년(汪康年, 1860~1911)이 발표한 「중국자강책中國自強策」(『시무보』 제4호에 등재) 및 「중국에서 민권 참여의 이익에 대하여論中國參用民權之利益」(『시무보』제9호에 등재) 등의 글에서는 모두 민권을 부흥하여 의원을 개설하면 중국이 빈약에서 벗어나 강성해지는데 이롭다고 역설하고 있다. 그들은 창간된 『상보湘報』에서 일문일답식으로 민주에 관한 문제를 많이 토론하였다. 담사동(譚嗣同, 1865~1898)은 댓글에서 이렇게 대답하였다. "우리의 모든 관심과 주목은 모두 백성에 기울여야 하고 즉 백성들을 어떻게 구하여 어떻게 하면 도리에 맞는 것인가 등등이다. 여기서 기술한 것은 하나 하나가 모두 사리에 통하고 들어맞는다."[5]라고 하였다.

---

5   『湘報類纂』丙集下, p.5; 又見『譚嗣同全集』, p.406, 中華書局, 1981.

여기서 "관심과 주목은 일반 백성에게 기울여야 한다."는 말 속에는 민주주의의 정수가 많이 담겨있다. 당시 담사동이 이러한 견해를 가진 것은 아주 선진적이고 뛰어나다. 양계초가 주최하는 시무학당時務學堂에서 전제 군주제를 배격하고 민권을 제안한 것은 더욱 주목을 받았다. 양씨는 이에 대해 다음과 같이 언급하였다. 평소 학당에서 스승과 제자간에 민주 정신을 논의할 때 별로 신기하게 여길 만큼 대단한 것은 아니었지만, 방학 동안 학생들이 각자 고향에 돌아가서 그들의 교과서 등을 지방의 명사들에게 보여주었을 때 그들은 모두 놀라움을 금치 못하였다. 그 중에 대표적인 언론으로 다음 몇 가지가 있다. "여태까지 중국 역사상 24개 왕조를 거쳐 공자처럼 '왕王' 칭호를 받을 만한 사람은 한 명도 없고 그 기간에 패주覇主 몇몇을 제외하여 나머지 사람들은 대부분 민적民賊일 뿐이었다." 또, '왕과 패주의 구별은 덕망에 있는 것이다. 바로 미국 워싱턴처럼 덕망이 있는 사람은 바람직한 왕이 될 수 있다'라는 말은 바로 미국식 민주제를 모범으로 간주하였다는 것이다. 또, "춘추 시기 '대동지학大同之學에 민권에 관한 논의가 많았다. '육경六經'에서 민권에 관한 논의를 취하여 책을 편집하면 그 책의 내용이 풍부하여 장관을 이루겠다."라는 말도 있었다. (말이 나온 김에 여기서 한마디를 덧붙이자면 양계초의 이 뜻은 수십 년 후에는 만주족을 반대하는 무정부주의자인 류스페이(劉師培, 1884~1919)에 의해 실천에 옮겨졌다. 유씨는 고서를 조사한 후 그 고서 중에 민본사상을 언급한 내용을 따로 정리하여 『중국민약정의中國民約精義』라는 책을 출판하였다. 이 책은 서양의 민권사상을 선전하는 데 어느 정도 역할을 하였다.) 또한 양계초는 중국이 생사존망의 위기에 처해 있는 상황에, '민권을 흥하게 할 수 있다면 나라가 결코 멸망할 리가 없다.'[6]라는 주장을 세웠다. 그의 뜻은 아주 명확하다. 바로 국가를 빈곤에서 구하려면 반드시 민권을 흥하도록 하여 전제 군주제를 폐지시키고 군주입헌을 실행해야 한다는 것이었다. 그리고 양계초는 「설군서說群序」라는 글에서 '나라를 잘 다스리려면 군주가 백성과 같이 한 무리 속의 한 사람이라는 것을 알아야 한다.'[7]라고 썼다. 여기서는 군주와 백성이 모두 '한 무리 속의 한 사람'으로 간주되어 군주도 민중의 한 구성원이며 일반 백성보다 능력이 탁월하기 때문에 사람들에게 추대를 받아서 군주가 된 것뿐이다. 이것은 분명히 민주주의의 사상을 고취하는 뜻이고 전제 군주제를 부정하는 사상이었다.

바야흐로 민권설이 많아지고 의원에 대한 논의도 많이 생겨났다. 그때 일부 보수적인 관료와 사대부들이 이 논설들은 삼강오륜에 어긋나고 사회질서에 분란을 일으키는 주범이라고 생각하여 잇따라 나서서 상주문이나 논설 등을 통하여 반박하고 질책하였다. 예를 들어 문제(文悌, ?~약 1900)는 상주문을 올려서 강유위를 탄핵하였다. "그(강유위)는 정치를 언급할 때 주로 서양의 것을 많이 주장하고 중국이 수천 년에 거쳐 물려온 삼강오륜과 같은 경전은 한꺼번에 완전히 없애버리고자 하였다. 시시각각 사사건건 모두 일본을 따라 배우자고 주장하였다."라고 말하였다. 또한 "근래의 「시무時務」와 「지신知新」 등의 신문에서 기술했듯이, 민권을 흥하게 하며 당파를 설립하고 체제를 변경하고 싶어한다. 심지어 무릎을 꿇고 절을 하는 예의를 취소시키며 만한滿漢의 문자도 폐지하고 군주와 신하 간에 존비尊卑를 없애며 남녀의 내외 구분도 바꾸

---

6   以上所引, 均見 『翼教叢編』卷五, p.7, 8, 9, 光緒二十四年八月武昌刻本.

7   『飲冰室合集·文集之二』, p.4.

려고 한다. 마치 중국은 변법을 거쳐 외국의 정치와 풍습을 본받아야 비로소 강해질 수 있는 듯하다."[8]라고 비판하였다.

그 외에 쩡롄(曾廉, 1856~1928)도 상주문을 올려 강유위와 양계초의 범행을 논하였다. 그도 특히 전제 군주제를 비판하는 부분 등을 찾아내어 그들이 대역무도라는 증거로 꼬집었다. 예를 들어 "'전제 군주제의 제도가 너무 오래되었다', '제도 법제를 바꾸는 것은 반드시 황제가 존엄성을 내려놓는 것부터 시작해야 한다'고 공언하였다. …… 본조(本朝, 청나라를 뜻함)에서 실행한 낮은 세금제도는 오랑캐[9]와 같다거나, 「양주십일기揚州十日記」에서 나타났듯이 청나라의 잔인함은 백성의 적과 다른 바 없다거나 이런 치가 떨리도록 하는 말들이 많다."[10] 이런 언행을 통해 보수파 대신들은 강유위와 양계초 등이 전제 군주제에 해롭다는 주장을 많이 하기 때문에 반역자로 간주되는 것을 알 수 있다.

다른 보수파의 대신들과 달리, 장지동(張之洞, 1839~1909)은 강유위와 양계초를 강력하게 직접적으로 공격하는 방법을 취하지 않았고, 중국의 변법 중에 변할 수 있는 부분이 있는 동시에 변할 수 없는 부분도 있다고 강조하면서 간접적으로 강유위와 양계초를 비판 공격하는 목적을 달성하려고 하였다. 그는 특별히 『권학편勸學篇』이라는 책을 통하여 중국이 서양한테서 배울 것이 있으나 일정한 범위 안에서 배워야 한다고 하면서 그것도 중국의 사상과 윤리를 근본으로 삼아야 한다고 강조하였다. 또한, 삼강오륜과 같은 중국 전통 사상에 결코 어긋나지 말아

---

8   見『翼教叢編』卷二, p.8.

9   역자주: 요순(堯舜)이 1/10의 세율을 규정했는데 북방민족(오랑캐)에서는 1/12~1/15의 낮은 세율을 실시한다.

10   曾廉,『附陳康有為梁啟超罪狀片』,『戊戌變法』(二), p.501.

야 한다고 하며 '성인은 성인이 되고 중국은 중국이 되는 근본은 바로 여기에 있다'고 지적하였다. 그리하여 "군신지강君臣之綱을 알면 민권이란 말이 통하지 않는다는 것을, 부자지강父子之綱을 알면 아버지와 아들이 같은 죄를 받고 장례나 제사를 폐지시켜서는 안 된다는 것을, 부부지강夫婦之綱을 알면 남녀평등이라는 사상은 실행할 수 없다는 것을 알 수 있다."[11]라고 지적하였다. 그리고 그는 덧붙여서 '민권이라는 말은 백해무익한 것이다'[12], '만약 사람마다 자주권을 가지고 있다면 집집마다 자기 것만 생각하고 지역마다 자기 지역의 이익만 챙기고 싶으며, 사대부들은 놀고먹고 농민들은 조세를 면제해 주기를 바라며, 상인들은 독점하고 공장은 고가高價를 원하며, 직업이 없는 가난뱅이들이나 도둑들은 절도만 할 것이다. 아들은 아버지의 말을 따르지 않고 제자는 스승을 존경하지 않으며 아내는 남편을 순종하지 않고 비천한 이가 고귀한 이에게 굴복하지 않아서 약육강식으로 발전하다 보면 인류는 마침내 멸망하고야 말 것이다'[13]라고 하였다. 그리하여 그는 '중국을 부강한 나라로 발전시키려면 중국 학문을 보존하는 동시에 서양 학문을 공부할 수도 있다. 하지만 중국 전통 사상과 학문으로 근본을 굳히고 인식과 사상을 바르게 하지 않으면 강자는 민란의 괴수가 되며 약자는 남의 노예가 되어 버릴 것이다. 이렇게 된다면 재난은 서양 학문을 배우지 않은 것보다 훨씬 더 심한 것이다'[14]라는 결론을 내렸다. 장씨는 본인의 저작인 「권학편」에 대해 "내편內篇은 근본을 공고히 하고 인심을 바로잡게 하기 위

---

11 『勸學篇·明綱』, 光緒二十四年七月刻本, p.17.

12 『勸學篇·正權』, 同上書, p.28.

13 同上書, pp.30~31.

14 『勸學篇·循序』, p.34.

한 것"이라며 상기 인용문은 모두 내편에서 나온 것이고 인심을 바로잡게 하는 것에 목적을 두었다고 하였다. 또한 "외편外篇은 새로운 사회 기풍을 열고 실무적인 것"이라고 하였다. 장타이옌(章太炎, 1869~1936)은 「권학편」을 읽고 나서 논평하기를 "상편(즉 내편) 중에 다수는 청나라에 효충效忠을 표하는 글이고 하편(즉 외편)은 구체적이고 자세한 글이다."라고 하여 내편에는 별로 동의하지 않는 것이 분명한 듯하였다. 하지만 장章씨가 장지동(張之洞, 1838~1909)이 청나라에 충성을 다하는 것에 불과하다고 하는 생각은 좀 편협한 면이 있다.

삼강오륜은 청나라가 세운 것이 아니고 2,000여 년을 거쳐 형성된 중국 정교政教제도의 핵심이다. 장씨가 지키려는 것은 중국의 전통적인 정교제도인데 청나라 왕조에 국한된 것이 아니었다. 이전에 증국번이 『토월비격討粵匪檄』이라는 책에서 표방한 것도 다만 청나라 한 왕조를 지켜주기 위한 것으로 이해하면 좀 편협하다. 청나라 말기에 중국이 직면한 문제는 이홍장이 말한 바와 같이 수천 년 동안 여태까지 없었던 대변혁이었고 수천 년 중국을 얽어맨 낡은 전통에서 벗어나 새로운 근대 사회에 접어들어가는 것으로 한 왕조를 바꾸는 것이 아니고 제도를 근본적으로 바꾸자는 것이었다. 낡은 제도는 전통적인 사대부들이 안신安身, 입명立命을 하는 근본인 만큼 그들이 낡은 제도와 체제에서 벗어나지 못하는 한, 이런 제도를 흔들리게 만드는 사상, 언론 및 행위 등을 받아들이기가 어려울 것이다.

장지동 본인은 총체적으로 긍정적인 평가를 받을 만한 사람이고 청대 말기의 비교적 개명한 대신이다. 그는 중국 근대의 교육 및 실업을 개척하여 발전시키는 데 의미 있는 일을 많이 하였다. 이런 사업들이 충분히 발전해 나가면 새로운 사회에 좋은 기반을 다질 수 있었을 것이지만, 유감스럽게도 사업을 개척하는 사람 그 자신도 자기가 하는 일의 심층적 의미와 지대한 영향을 완전히 이해하지 못할 수도 있다. 이것이 바로 냉혹한 역사의 한 부분이다.

장지동은 비교적 침착하고 차분한 대신이었다. 그는 개인적으로 강유위 등 유신파를 탄핵하거나 다른 동료들과 함께 공격하지 않았다. 다만 개인 저서의 형식으로 전통적인 정치, 교육, 제도 등이 결코 흔들리면 안 된다는 주장을 정면으로 밝혔을 뿐이고 강유위와 양계초 등을 심하게 비난하지 않았다. 그러나 유신운동이 가장 활발하게 진행되는 후난湖南에서 보수적인 지방세력은 "이것을 참을 수 있다면 더 이상 못 참을 것이 없다."는 마음으로 강유위와 양계초를 호되게 비판하였다. 소여(蘇興, 1874~1914)는 정치 변혁이 발생한 후, 보수적인 세력들이 강유위와 양계초를 공격하는 언론들을 수집하여 『익교총편翼敎叢編』이라는 책을 내놓았다. 이 책은 이름 그대로 '성교聖敎'를 지키기 위하여 내는 것이었다. 여기서 말하는 '성교聖敎'는 공자의 사상 및 윤리로, 공자 사상의 핵심은 바로 전제적인 군주제와 종법윤리제도 등이다. 이 책에서는 강유위와 양계초 등의 주장은 「신학위경고新學僞經考」와 「공자개제고孔子改制考」 등을 위주로 하고, 민권 평등 그리고 공자기년孔子紀年 등 황당한 논리 등을 보조로 한다고 지적하였다. 또한 "육서가 잘못이 있다고 하여 경전을 비판하고 없애려고 하고, 개혁에 가탁하여 군주입헌제를 혼란시키며, 평등을 제창하여 삼강오륜을 훼손시키고, 민권을 신장하여 군신과 위아래의 질서를 무시하게 하였다. 그리고 공자기년孔子紀年을 만들어 사람들로 하여금 이 청나라가 있는 줄도 모르게 한 것이었다."[15]

15　『翼敎叢編·序』, p.2.

『익교총편翼敎叢編』에는 주일신(朱一新, 1846~1894)과 홍량품(洪良品, 1827~1897) 등이 강유위와 양계초 등을 변박하는 편지와 허응규(許應騤, 1832~1903)와 문제文悌 등이 황제에게 올린 상주문, 장지동张之洞의 「권학편」의 관련 내용, 왕인준(王仁俊, 1866~1913), 예더후이(葉德輝, 1864~1927), 왕선겸(王先謙, 1842~1917) 등이 강유위와 양계초를 비판하는 문서 등, 그리고 후난 지방 향신들이 공개적으로 강유위와 양계초를 토벌한 글이나 상주문 등의 내용들이 많이 수집되어 있어, 이것은 당시에 강유위와 양계초를 가장 강력하게 비판하고 공격한 문헌이었다. 이 책에서 두 사람에 대한 공격은 매우 과격하고 맹렬하였으며 온 힘을 다하여 그들을 비판했다. 이런 비판은 바로 소여蘇輿가 말하는 '분명하게 규탄한 것'이었다. 그 주요 목적은 공자의 성교聖敎를 바로잡고 황권을 지키며 민권을 억제시키려는 것이었다.

문제文悌가 강유위와 양계초를 강력하게 비판한 상주문 등에 관한 것은 앞에서 이미 간략하게 기술하였다. 다음으로 다른 사람의 언론을 살펴보도록 한다. 왕인준은 자신의 『실학평의實學評議』에서 다음과 같이 말하였다. "폐단을 없애도 무슨 소용이 있겠는가? 실제로 여전히 경제지학經制之學으로 판단해야 한다. 만약 군신간에 예의를 저버린다면 민주는 절대로 실행할 수 없고 민권을 흥하게 할 수 없으며 의원은 절대로 설립할 수 없다. 그렇지 않으면 로마에서 당파를 집결하고 사적인 집회를 소집하는 것처럼, 프랑스에서 새로운 황제에게 반란을 일으키고 남미의 백성들이 일어서서 권리를 쟁탈한 것처럼, 중국도 10년내에 중국 23개의 성은 모두 도둑놈들의 소굴로 타락해 버릴 것이다."[16]라고 하

---

16   同上書, 卷三, p.16.

였다.

　예더후이葉德輝도 본인이 쓴 「유헌금어평輶軒今語評」에서 "강유위 부류는 백성들을 부추겨 민주제도를 세우고 정치제도를 바꾸고자 하는데 실은 증거 없는 공양학公羊學을 인용하여 당파를 집결하는 개인적 목적을 달성하려는 것이었다."[17]라고 말하였다. 그는 『정계편서正界篇序』에서 양계초가 민주 자치라는 주장을 내세워서 군주의 권력을 약화시키고 백성의 권력을 높여서 위와 아래 간에 경계가 없어진다[18]라고 비난하였다. 그리고 그는 그의 『장흥학기박의長興學記駁議』에서 양계초가 그의 스승을 모방하여 '민주의 언론으로 세상의 일을 평론한다'[19]라고 비난하였다. 또한 '강유위와 양계초 부류는 위경(僞經, 가짜 경전)으로 평등과 민권 따위의 이론을 만들고 육경六經의 절반 이상을 삭제하여 일년도 안 되어 모두 배울 수 있다. 백성들은 어리석든 총명하든 모두 자기의 권력을 펼 수 있어서 조정을 거스르고 반역을 일으킬 수도 있다.'라고 하였다. 그리하여 강유위와 양계초는 천하의 죄인이며 주범이다.[20] 예더후이는 그의 『독서학서법서후讀西學書法書後』라는 책에서 '성인의 삼강오륜을 변경할 수 없어서 그들은 평등이라는 핑계로 그것을 혼란스럽게 하고, 황제의 위엄을 건드릴 수 없어서 민권을 창의함으로써 그것을 빼앗았다는 것이다.'[21]라고 하였다. 예더후이는 그의 보수적인 입장에서 강유위와 양계초 등 유신파들이 수천 년간 이어온 전통적인 정

17　同上書, 卷四, p.6.

18　同上書, p.24.

19　『翼敎叢編』卷四, p.36.

20　同上書, p.39.

21　同上書, p.64.

교제도에 도전하고, 전제적인 군주제도와 종법제도를 위협한 것을 확연하게 알아볼 수 있었다.

이 점은 일반적인 보수 사대부들도 모두 뻔히 알고 있었다. 「빈봉양등 상왕익오원장서賓鳳陽等上王益吾院長書」라는 글에서 보수세력들은 시무학당의 수업내용과 답변한 글을 인용하여 양계초 등의 민권론을 집중적으로 공격하였다. 그 평어 중에 '민권을 부흥하자는 말은 실은 더 빠르게 나라를 혼란스럽게 만드니 어찌 국가가 멸망하지 않을 수가 있겠는가?', 또한 '석군통태장惜君統太長' 이 다섯 글자가 반역적이기 짝이 없으니 사람마다 모두 일어나서 반항하고 아무 때나 반란을 일으키면 아마 그들의 마음속이 후련해지겠다.'[22]라고 말하였다.

우리가 이상의 자료를 많이 인용하여 입증하려는 것은 유신운동부터 중국의 선각자들은 개혁 목표의 초점을 점차적으로 전제적인 군주제도에 맞추고 있었다는 것이다.

『익교총편』은 유신운동이 실패한 다음에 발간한 것으로 소여蘇輿 등은 넘어진 강유위와 양계초 등에게 발길질을 한 것 같다. 그러나 같은 시기에 하계(何啓, 1859~1914), 호예원(胡禮垣, 1847~1916) 등은 『권학편 후문』의 발간을 통해 장지동張之洞의 주장을 비판하고 변법과 정치 개혁을 변호해 주었다. 그들은 강유위와 양계초의 발언에 모두 찬성하지는 않았지만 정치 개혁의 큰 방향에 대하여 이의가 없었다. 하계와 호예원은 홍콩에 오랫동안 머물렀기 때문에 서양의 정교제도에 더 잘 적응한 편이었다. 『신정진전新政眞詮』이라는 책에서 그들은 명확하게 지적하였다. "태서(泰西, 서양을 가리킨 말)의 나라들은 조정의 정치, 명령들을 행할

---

22   同上書, 卷五, p.8.

수 있는지 모두 의원에서 결정하고 국회의 의원은 모두 민간에서 선발한다. 백성들의 소송이나 형벌의 옳고 그름은 모두 배심이나 판사가 결정할 수 있고 그들도 일반 백성에 의해 뽑힌 것이다. 위로부터 청렴결백한 법률제도가 있고 아래에는 공평한 민원처리 제도가 있으므로 이렇게 나라를 부강하게 만든 체제를 대대로 이어 나간다."[23] 그들의 주장은 중국 수천 년에 걸쳐 물려 내려온 군주제를 부정하고 서양과 같은 부강한 나라를 건설하기를 바라며 즉 황제와 백성이 함께 나라를 다스리는 군민君民입헌정치를 세우자는 것이 분명하다.

그들은 "군주와 백성이 하나가 되면 국세가 강성하고 번창하며 그렇지 않으면 국세가 쇠약해진다. 민권이란 한 나라의 군주와 백성들이 한 마음으로 합쳐진 것이다."[24] 민권을 부흥하려면 꼭 의원議院을 개설해야 한다. 즉 이른바 '민권을 흥성하게 만들고자 하면 우선 의원을 개설하고 의원議員을 뽑아야 한다[25]는 것이다. 그리고 그들은 중국의 백성들이 어리석고 개화되지 않은 탓으로 의원을 뽑을 수 없다는 잘못된 관점을 반박하였다. 그들은 "의원議員들이 알아야 할 것은 근본을 본받고 전국 위와 아래를 안정시키는 것, 그리고 어떻게 하면 좋은 사업을 추진하고 폐해를 없앨 수 있는가 하는 것이다. 또한 지방에 유리한 사업이 있다면 좋은 정책을 만들어 실행할 수 있도록 하고 백성에게 해로운 것이 있으면 잘못을 바로잡아야 한다는 것이다. 모든 일은 때와 상황에 따라 적당하게 처리할 줄 알아야 한다."[26]라고 지적하였다. 이런 것들에 어

---

23   『新政真詮』, p.270, 遼寧人民出版社, 1994.

24   同上書, p.397.

25   同上書, p.398.

26   同上書, p.398.

려운 것이 무엇이 있겠는가? 또한 의원들은 모두 국민들에 의해 뽑히고 "반드시 완전무결한 사람이어야 한다고 강요하지 않고 다만 그들은 일을 공평하게 처리하고 백성들에게 충성해야 하며 국민을 사랑하고 좋은 일을 보면 실행하도록 하고 정의로운 일을 보고 용감하게 뛰어들 줄 알아야 한다."[27] 중국의 국민들이 어리석고 개화되지 않은 이유로 군주제 및 입헌 개혁을 반대하는 것은 근대 중국 보수파들의 일관된 논조와 일맥상통한다. 하何씨와 호胡씨 두 사람은 가장 일찍이 이런 논조를 분명하고도 직접적으로 비판한 사람들인 셈이다.

두 사람은 이 책에서 장지동張之洞의 「권학편」의 내용을 한 편 한 편씩 비판하였고 특히 「명강明綱」과 「정권正權」 두 편에 대한 비판은 아주 상세하고 논리적이었다. 「명강」을 비판할때, 두 사람은 "삼강三綱이라는 말은 「예위禮緯」에서 나온 것인데 「백호통白虎通」이 인용했고 동중서(BC179~BC104)가 해석했으며 마융(馬融, AD79~166)이 집대성시키고 주자(1130~1200)가 다시 논술하였지만 모두 제대로 하지 못한 것 같다.

『예위禮緯』라는 책은 참위讖緯로 유가경전을 해석한 것인데 아무 근거가 없어서 옳은 것이 하나도 없다."[28]라고 지적하였다. 참위서를 믿을 수 없다는 것은 누구나 알고 있으며 장지동張之洞도 모를 리가 없다. 믿을 수 없다는 것을 알면서도 이것을 이용한 것은 집권자의 비위에 맞추기 위한 설교일 뿐이었다. 그리하여 하何씨와 호胡씨는 '군신간에 의義를 강구하지 않고 강綱만 언급하면 황제가 아무 죄책없이 대신을 죽일 수 있으므로 황제에게 감히 직언이나 간언하는 좋은 풍기가 끊

---

27   同上書, p.399.
28   同上書, p.349.

어지게 마련이다. 부자 간에 친親을 말하지 않고 강綱만 강조하면 역시
죄책감 없이 아들을 죽일 수 있으므로 효도를 하고 화목한 가풍이 끊어
질 수 있고, 부부간에 사랑을 말하지 않고 강綱만 강조한다면 남편은 아
무 이유없이 아내를 죽일 수 있어 정이 깊고 금슬 좋은 부부관계도 끊어
지게 마련이다. 이렇게 하면 백성이 죄를 짓지 않아도 관리는 국민을 죽
일 수 있고 형은 이유없이 아우를 죽일 수 있으며 어른이 마구 어린이를
죽일 수 있다면 용감한 사람도 다소 겁이 나게 되기 마련이다. 존귀한
것은 비천해지고 부자가 가난한 사람을 마구 괴롭힐 수 있다. 이 지경에
이르게 된 이유는 모두 삼강이론에서 비롯된 것이다. 삼강오륜은 중국
을 낙후된 오랑캐 부족으로 타락시킨 길이다.'[29]라고 말하였다. 이런 주
장은 당시 삼강이라는 말에 대한 가장 유력한 비판이면서도 장지동의
「권학편」에 대한 가장 강력한 반론이었다.

　　『신정진전新政眞詮』에서는 장지동의 「정권편正權篇」에 대한 비판
이 더욱 많고 훌륭하였다. 그 중에 장씨가 이른바 민권을 흥하게 만드는
것은 사회를 문란하게 만드는 길이라는 황당무계한 논리를 반박할 때,
이 책에 중국이 현재 혼란스러운 국면에 처해 있는 원인은 중국의 민중
들에게 민권이 없기 때문이라고 지적하였다. "국민이 민권이 있으면 외
국은 중국을 두려워하고 장병들도 용감하여 대신들이 법률을 알고 교
육도 흥성하고 상공업이 번창할 수 있다. 나라를 낙후하고 혼란스럽게
만들려고 해도 할 수 없을 것이다. 혼란을 막을 수 있는 방법은 바로 민
권에 있다."[30]라고 하였다. 그리하여 민권은 국가를 어지럽게 만들 수 없

29　　同上書, p.354.

30　　『新政眞詮』, p.396.

을 뿐만 아니라 오히려 국가를 안정시키고 부강하게 만드는 길이다. 이 책에서는 '민권의 도리가 명확하지 않으면 황제와 백성의 사이가 멀어지고 위와 아래의 마음도 떠날 것이다.'라고 지적하였다. 군신의 관계가 해체되고 국민들이 서로 뜻이 맞지 않으면 어떻게 나라를 부흥하게 만들 수 있는가? 어떻게 강한 나라가 될 수 있는가? 그리하여 "사람마다 민권이 부여된다면 나라가 반드시 흥하고 사람마다 인권이 없으면 나라가 쇠약해지게 마련이다. 이런 이치는 해와 달이 날마다 하늘에서 돌고, 강물이 땅에서 흘러가는 것처럼, 예나 지금이나 중국이나 서양이나 다를 바 없이 영구 불변한 것이다."[31]라고 지적하였다.

　　『익교총편翼教丛編』 중에 강유위와 양계초에 대해 맹렬히 공격한 글, 장지동이 「권학편」을 작성한 취지, 그리고 『신정진전新政眞詮』에서 보수파에 대한 강력한 반격과 정치 개혁을 위한 변호 등을 통해 당시 논쟁의 최전방에 있었던 사람들은 삼강三綱을 핵심으로 하는 중국사상의 본체론은 생사존망의 도전에 직면하고 있다는 것을 충분히 인식할 수 있었다. 이 점은 바로 유신운동부터 신해혁명까지 국가의 운명을 걱정하는 지식인들과 정치가들이 노심초사했던 것이었다. 바꿔 말하면 청나라 말기 10여 년 동안 중국 사상과 문화를 좌지우지했던 핵심 문제는 바로 전제적 군주제도에 대한 도전이나 응전이었다. 여타의 논쟁들은 비록 깊이와 너비, 경중과 완급이 좀 다르지만 모두 이 핵심 문제에 얽매였다. 옛날, 좌익 교조주의의 속박 때문에 모든 것을 혁명주의적 사고방식으로 바라보아서 폭력혁명파와 평화개혁파 간의 엇갈림을 지나치게 과장하게 되었기 때문에 오히려 상기한 가장 기본적인 문제에 대한

31　　同上書, p.412.

분석과 논술을 간과한 경향이 있었다. 주체를 소홀히 하고 주변을 에두른 것은 참으로 타당하지 않은 것이다.

무술변법戊戌變法 무렵에 강유위와 양계초 등 유신파들은 제도를 바꾸는 데 중점을 두었다. 즉 군주의 권력을 약화시키고 민권을 흥하게 만들기 위해 전제 군주제를 바꾸려고 하였다. 원래 민권을 살리는 핵심 문제는 의원議院을 설립하는 것이었는데 짧은 100년 동안의 유신운동은 개혁파와 보수파, 황제와 황태후, 신당과 구당이 치열하게 대치한 가운데 스쳐 지나갔기 때문에 의원문제를 떳떳하게 일정에 넣어 추진하지 못한 것은 참으로 유감스러운 일이 아닐 수 없다. 몇 년 간 강유위가 직접 작성한 국회를 개설하자는 상주문은 사후에 위조한 것이라는 고증이 있었는데 전혀 근거가 없는 것이 아닌 것 같다. 그렇다 하더라도 유신파의 근본적 목표가 입헌군주제를 추구하는 것임을 부인할 수 없다.

무술변법 후, 어떤 당파든 간에 중국문제를 관찰할 때 정치혁명에 초점을 두지 않을 수 없었다. 개혁파나 입헌파나 심지어 청 정부 내부의 보수파 대신들과 개혁파 대신들도 모두 제외할 수 없었다. 모든 정치사나 편년사, 심지어 온갖 테마역사, 인물전기 등도 모두 이 점을 입증할 수 있다. 이 단계 역사 운동의 중점과 핵심은 정치제도 등 핵심 문제를 해결하려는 것이었다. 혁명파는 이 봉건체제의 외부에서 청나라 전제 군주제를 분쇄하는 데에 힘을 쏟았고, 입헌파는 봉건체제 내부에서 전제 군주제를 와해시키기 위한 역량을 육성하고 모집하였다. 중국의 군주전제체제의 마지막 왕조인 청나라는 두 세력의 협공 하에 끝내 무너지고 말았다. 이 시기의 역사는 여기서 중복적으로 기술할 필요가 없다. 왜냐하면 지금까지 대부분의 사학자들은 이에 대해 별 이의가 없기 때문이다.[32] 그러나 위에서 밝힌 바와 같이 무술변법에 대해 좀 구체적으로 논술한 이유는 다음 두 가지가 있다. 하나는 무술변법 때부터 중국사회 및 중국 문화의 변천은 정치제도를 해결하기 위한 시기에 접어든다는 것을 사람들로 하여금 더 명확하게 이해시키기 위한 것이었다. 양계초가 말한 바와 같이, 그전의 변법은 다만 일을 바꾸는 것이고 법을 바꾸는 것이 아니었다. 무술변법은 정치혁명의 핵심문제를 분명하게 잘 짚어내었다고 말할 수 있다. 그리하여 이 시기의 역사(유신운동부터 신해혁명까지)는 완전한 한 단계로 간주하고 연관성 있게 고찰해야 한다. 그리고 다른 한 가지 이유는 무술변법의 실패로 인하여 이번 운동의 정치적 의미를 과소평가하고 그 사상계몽적 의미만 강조한 것이 다소 편파적이라고 설명하고자 한다. 사상계몽의 핵심문제는 인간 본성의 발견과 해방이고 정치혁명의 관심사는 국가 및 민족의 전반적 운명이며 사회의 근본적 제도 문제를 해결하고자 한 것이다. 무술변법 시기에 강유위, 양계초, 엄복, 담사동을 비롯한 선각자들의 논저에는 풍부한 계몽사상이 있다는 것을 부인하지 않지만 근본적으로 그들은 국가와 민족의 전반적 문제, 즉 정치제도의 문제에 주목하고 있었다는 것이다.

---

32   拙作: 『論淸末立憲派的國會請願運動』(『中國社會科學』 1980年第5期), 『論諮議局的性質與作用』(『近代史硏究』 1982年第2期)等文 참조. 1980년대에 입헌파(立憲派)를 혁명당과 같이 청나라의 통치를 종결시킨 세력으로 보는 견해가 그 때 당시 많이 받아들이 않았다. 그러나 만청 신정 및 입헌객혁을 연구하는 학자들이 많아짐에 따라 본인의 견해와 같거나 비슷한 한 사람들이 점점 많아졌다.

2. 문화 흐름에 대한 정치의 주도적 역할

앞에서 지적했듯이, 유신운동부터 중국 선각자들의 사상은 점차 같은 방향으로 집중되고 있었고 그건 바로 중국이 빈곤에서 벗어나 부유하고 강한 나라가 되기 위해 정치제도를 어떻게 개혁하여 바꿀 것인가 하는 것이었다. 그들은 정치, 제도 등의 문제를 해결하지 않는다면 다른 개혁은 별 소용이 없다고 생각하였다. 그들의 사상이 분명해졌으니 그들의 마음과 힘은 모두 이것에 집중되었다. 청대 말기의 10여 년간 국내외에 온갖 문제점이 드러나게 된 거대한 환경 속에서, 사회 각 계층의 활동은 그 정치문화 방면에서 주도적 역할을 하였는데 다음 몇 가지로 나누어 논의하기로 하자.

(1) 역서譯書와 저서 활동

무술변법 전에 양계초는 당시 번역과 저서는 주로 과학기술 분야 위주였고, 정치 분야의 책이 너무 적어서 매우 애석해하였는데 그때 상황이 사실 그러하였다. 강남제조국江南制造局에서 번역한 책을 예로 들면 1894년에 나온 책 중에서 정치, 법률 분야의 책은 4종뿐이었고 광학회廣學會에서 나온 책은 1900년까지 291종이 있었지만 정치나 법률류의 책은 불과 29종으로 9.9%에 그쳤다.[33]

상황의 변화는 유신운동에서부터 점차 시작되었다. 일본에서 중국 청대 말기의 역사를 연구하는 데 큰 공헌을 한 학자 오노가와 히데미(小野川秀美, 1909~1980)가 지적했듯이, 강유위가 변법론을 제기한 후에야

---

33 『近代譯書目』, pp.717~724, 北京圖書館出版社, 2003年影印版.

번역과 저서의 주된 방향은 나라를 부강하게 만드는 것에서 정치와 관련된 것으로 바뀌기 시작하였다.[34] 이에 따라 일본에서 유학한 학생들이 만든『유학역편遊學譯編』과『역서휘편譯書彙編』등은 모두 집중적으로 서양의 정치, 법률 같은 책들을 많이 번역하고 대부분 일본어를 번역한 것이었다. 그때, 상하이에 있는 신사新社, 국학사國學社, 광지서국廣智書局, 상무인서관商務印書館, 경금서국鏡今書局, 동대륙도서국東大陸圖書局 등은 서로 앞다투어 새로운 책을 번역하고 소개하였고 그 중 정치, 법률 서적이 아주 많은 비중을 차지하였다.[35] 구셰광(顧燮光, 1875~1949)이 편집한『역서경안록譯書經眼錄』에 수록한 1902~1904년의 번역저서 목록 중 정치 법률의 서적 71종에 역사, 철학, 평론에 관한 것들을 더하면 정치 관련 저서는 100여 종이 있으며 총 목록의 538종 중에서 18.6%를 차지한다.[36] 그러므로 당시의 상황은 확실히 많은 변화를 보였다. 중국 근대에 가장 유명한 번역가인 엄복이 번역한 책 중에 8대 명저가 있는데 그 중 정치법률에 관한 것은『군기권계론群己權界論』,『사회통전社會通詮』,『법의法意』의 세 가지이며 37%를 차지한다. 주목할 만한 것은 그 중에 어떤 책은 정치, 법률에 관한 책이 아니지만 번역되어 출판된 다음에 독자들에게 미친 영향은 아주 뚜렷한 정치적 역할을 했었다는 것이다. 예를 들어 그가 번역한『천연론天演論』이라는 책은 원래 생물진화론에 관한 책이었는데 책이 나오자마자 국민들에게 각성을 불러 일으켜 멸국, 멸종의 액운을 피하기 위해 우리는 스스로 분발해야 한다고 정치적으

---

34   小野川秀美,『晚淸政治思想硏究』中譯本, p.82, 臺北時報文化出版事業有限公司, 1982.

35   參見馮自由:『革命逸史』初集, p.115, 中華書局, 1981.

36   見『近代譯書目』, pp.407~615.

로 국민을 독려하는 책이 되었다. 그 후에 호적은 이 일을 회상할 때 이 점을 확실하게 입증해 주었다. 호적은 다음과 같이 말하였다. "『천연론』이 출판되고 나서 몇 년 만에 전 중국으로 널리 퍼져나가 홍행하여 심지어 중학생들의 독본까지 되었다. 이 책을 읽은 사람들은 올더스 헉슬리(Aldous Leonard Huxley, 1894~1963, 영국인)가 과학사 및 사상사에 한 공헌을 잘 모르지만 '우승열패優勝劣敗'라는 일반 법칙에 내포되어 있는 국제 정치적 의미를 확실히 알게 되었다.

당시 중국은 몇 차례의 패전을 겪고 경자庚子, 신축辛丑 등 큰 치욕을 당하고 나서 이 '우승열패, 적자생존'이라는 법칙이 중국 사람들에게 정면으로 방망이로 머리를 맞은 듯 많은 사람들에게 대단히 큰 충격을 주었다. 몇 년 간 이 사상은 들불이 벌판을 태우는 것처럼, 많은 청년들의 마음과 피를 태웠다."[37] 호적의 기억은 아주 정확하다. 확실히 중국이 멸망위기에 처해 있던 당시에 뜻이 있는 청년들은 『천연론』과 같은 책들을 읽고 정치적 깨달음을 얻고 각성하지 않을 수 없었다.

중국 근대에 가장 영향력이 있는 출판기관인 상무인서관商務印書館은 바로 무술변법 시기에 설립되었다. 이 출판사의 활동을 살펴보면 청나라 말기의 10여 년 동안 정치의 주도적인 역할을 알아볼 수 있다. 어느 통계에 따르면 1902년부터 1910년까지 상무인서관에서 출판된 책은 총 865종이 있었는데 그중 사회과학류는 279종이고 32%를 차지하였다. 매우 유감스러운 것은 정치법률 서적에 관한 통계가 없다는 점이다. 그렇지만 사회과학 분야가 주목 받은 것은 정치, 사상, 문화가 점

37   耿雲志, 李國彤編『胡適傳記作品集』第一卷(上), p.44, 上海東方出版中心, 1999.

차 중요시된 경향을 어느 정도 반영해 준다.[38] 청나라가 1906년에 군주입헌제를 선포한 다음 정치, 법률에 관한 번역서들은 정확한 통계가 없지만 그 수량이 급증하기 시작하였다. 그리고 더 주목할 만한 것은 중국인들이 현실에 맞추어 필요에 따라 직접 쓰거나 편집한 정치, 법률에 관한 서적들이 많이 나타났다는 것이다. 예를 들어 한 입헌단체인 예비입헌공회預備立憲公會의 핵심 인원들이 저술하고 출판한 서적만 해도 10여 종이 된다.[39] 그때, 주로 헌법문제, 국회문제, 경정警政 및 재정문제, 지방자치문제 등을 둘러싸고 집필하거나 번역된 책들이 유난히 많았다. 이것은 바로 정치제도 변혁과 가장 밀접하게 관련된 부분이기 때문이었다. 그때 지방자치에 관한 문제는 지방 유명 인사들이나 백성들이 모두 주목한 중요한 관심사였다. 우리가 찾아볼 수 있는 지방자치에 관한 저서들은 10여 종이 있었고 그때 중국 동남부 및 중부의 대부분의 성省에서는 자치연구소를 설립하거나 자치신문을 출판하였고, 헌정강습소, 법정강습소 등도 많이 있었다.

(2) 신문

또 다른 뚜렷한 현상은 청나라 말기 10여 년 동안에 정치성 신문이 우후죽순으로 쏟아져 나온 것이다. 팡한치(方漢奇, 1926~)가 책임 편집한 『중국신문사업편년사』에 부록으로 첨부된 「신문명칭색인」 중에 1895년부터 1911년까지 창간된 신문은 1,520여 종이 있었다. 그 중에 문화 예술 및 다른 전문 분야를 다룬 신문은 극소수이고 절대 다수는 당

---

38   見李家駒:『商務印書館與近代知識文化的傳播』, p.147, 商務印書館, 2005.

39   見李新主編『中華民國史』第一卷下冊, p.48, 中華書局, 1982.

시의 정치와 정세를 주로 논의한 것들이었다. 당시 가장 유명하고 영향력 있는 신문은 모두 정치 논평으로 사람들의 주목과 관심을 끌었다. 예를 들면 「강학보強學報」, 「시무보時務報」, 「지신보知新報」, 「상학보湘學報」, 「국문주보國聞週報」, 「청의보淸議報」, 「신민총보新民叢報」, 「민보民報」, 「장쑤江蘇」, 「소보蘇報」, 「저장조浙江潮」, 「정론政論」, 「신중국보新中國報」, 「시보時報」, 「대공보大公報」, 「동방잡지東方雜誌」, 「국풍보國風報」 등이었다. 심지어 당시의 상업 신문인 「신보申報」도 정치와 관련된 글을 자주 게재하기도 하였다.

그때, 아주 유명한 신문 주필인 천렁(陳冷, 1877~1965)은 날카로운 시사 단평으로 근대 신문 문체의 새로운 장르를 창조하였다. 딩서우허(丁守和, 1925~2008)가 책임 편집한 『신해혁명 시기 기간소개辛亥革命時期期刊介紹』라는 책에서 청나라 말기 10여 년 동안의 신문, 잡지 등 170여 가지를 소개하였다. 그중 정치 논평방면의 간행물은 절대 다수로 88% 정도를 차지하였다. 비록 정치 논평이 아닌 간행물이더라도, 예를 들어 『신소설新小說』에 실린 소설도 많든 적든 간에 뚜렷한 정치적 취지를 나타냈다. 또한 양계초는 『신소설』의 창간호에서 소설과 민주자치의 관계를 논의한 적이 있었다. 그리하여 당시의 신문과 간행물들의 여론이 주로 정치를 중심으로 전개된 것은 의심할 여지가 없는 사실임을 알 수 있다. 반만反滿혁명을 한다든가 입헌을 한다든가, 격렬한 태도를 취한다든가 온화한 태도를 취한다든가, 그 근본적인 초점은 어떤 형식의 근대식 민주제도로 원래의 군주전제제도를 대체해야 하는가에 집중되어 있었다.

그때 간행물이 많이 성행하고 정치적 역할을 하였다는 것은 당시 사람들이 분명히 보았다. 신해혁명을 친히 겪어왔고 혁명편년체 역사학자로 유명한 혁명파인 펑쯔유(馮自由, 1882~1958)는 그가 쓴 『혁명일사革命逸史』 제3집에서 「개국전 국내외 혁명간행물 일람」이라는 글을 통해 신문의 역할을 논술하였다. 펑쯔유가 나열한 혁명 신문은 67종, 잡지 50종, 단행본 소책자 115종이 있었고 그 중 입헌파의 신문도 그 안에 포함시켰다. 이것을 보면 그가 당파의 편견이 없다는 것을 알 수 있다. 또한, 당시 만주족을 반대하고 혁명을 선전하거나 군주입헌을 고취하는 일이 모두 전제 군주제를 분쇄하는 정치적 역할을 한 것을 알 수 있다. 펑쯔유는 "중화민국의 탄생은 신해혁명 전 혁명당의 창립과 선전 홍보 이 두 가지 덕분으로 돌려야 한다. 특히 글로 선전하는 일은 군사 무력보다도 더 힘있고 광범위하였다. 장관운(蔣觀雲, 1865~1929)은 다음과 같은 시를 썼다. '문자수공일, 전구혁명조(文字收功日, 全球革命潮)', 정말 그렇다."[40]라고 말하였다. 장관운의 시는 그때 지식인 청년들 사이에 많이 칭송되어 모르는 사람이 거의 없었다. 그리고 당시 언론계에서 주도권을 잡고 있었던 양계초도 이것을 증명할 수 있다. 신해혁명 후 그는 귀국하여 베이징 신문업계 환영회에서 다음과 같은 강연을 발표하였다.

　　"작년 가을에 우한武漢봉기 후 몇 달도 되지 않아 국가 정세가 크게 변화하였고 혁명이 성공하는 속도는 고금중외 유례가 없었던 것이다. 이렇게 빨리 성공을 거둘 수 있었던 것에는 신문과 간행물의 공로가 가장 크다고 말할 수 있다. 이것은 모두가 인정하는 사실이다. 어떤 사람은 중국이라는 큰 나라에서 수천 년에 거쳐 내려온 군주전제 정치를 바꾸었는데 피도 적게 흘리고 대가도 얼마 치르지 않은 것은 모두들

40　　馮自由, 『革命逸史』第三集, p.136.

의아할 수밖에 없었다고 하지만 이런 과정에 철학자들이나 정치가들은 신문과 간행물 등 언론에 얼마나 많은 심혈을 기울였는지 누가 헤아릴 수 있겠는가? 우리 중화민국의 수립은 빨간색 피로 혁명하는 것이 아니고 까만색 피의 혁명 덕분에 성공한 것이다."[41]라고 말하였다. 유명한 혁명파 수령인 황흥(黃興, 1874~1916)도 같은 견해를 가졌다. "이번 정치 개혁에서 민족이 같이 행동할 수 있게 된 것은 신문 및 언론계의 대대적인 독려 때문이었다."[42]라고 지적하였다. 청 정부에서 벼슬을 했던 타오샹(陶湘, 1871~1940)조차도 "청나라는 실은 신문 때문에 멸망한 것이었다."[43]라고 말하였다.

상기 역사의 산증인들의 말을 통하여 우리는 청나라 말기 신문 언론이 혁명과 개혁을 고취하고 전제를 비판하며 입헌 민주 등의 여론을 홍보하는 것에 얼마나 큰 역할을 발휘했는지 충분히 알 수 있다.

(3) 교육

청나라 말기 교육에 있어서 가장 큰 사건은 과거제도를 폐지하고 학당을 발전시킨 것이었다. 그때 관료와 사대부들이 과거제도의 폐지와 학당의 발전을 절박하게 요구한 것은 본질적으로 구국정책이라는 착안점에서 출발한 것이었다.

사실 과거제도가 폐지되기 전에 이미 신식교육이 나타났는데 사람들이 신교육을 추구하는 것은 신교육이 백성들을 일깨우는데 도움

---

41   梁啓超, 『鄙人對於言論界之過去及將來』, 『飮冰室合集·文集之二十九』, p.1.

42   『黃興在京出席報界歡迎會演說詞』, 『中華新報』(上海), 1912年9月20日.

43   陶湘致盛宣懷函, 『辛亥革命前後─盛宣懷檔案資料選輯之一』, p.340, 上海人民出版社, 1979.

이 되기 때문이다. 이는 바로 그 당시 사람들이 늘 말하던 백성의 지혜를 열어준다는 '개민지開民智'였는데 "개민지"는 먼저 정치적 지혜를 여는 것이다. 1896년에 양계초는 장지동張之洞에게 올리는 서한에서 신교육을 실시할 때 정치학원을 우선 설립해야 한다고 주장하였다. 그는 "서양의 학교는 종류가 다양하고 분류도 복잡하다. 그러나 유독 정치학원은 중국에서 가장 실시가 가능하고 제일 유용한 것이다."라고 하였다. 그는 일찍이 서학을 비판하였는데 "피상적인 것만을 답습하고 기예의 조그만 장점을 중시하며 근본적인 정치대법을 소홀히 하였다.", "오늘날 시급한 것은 정치학원의 뜻을 널리 알리는 것이다."[44]라고 하였다. 이로부터 알 수 있듯이 무술변법 전에 양계초는 이미 정치학교육을 교육의 선두에 놓았다. 1902년 즉 최초의 학당이 세워진 해, 양계초는「교육의 취지를 논함論敎育當定宗旨」이라는 글에서 "백성들이 인격을 갖게 하는 것(즉, 사람으로서의 자격인데 품행, 지식, 체력 등을 포함-원주)은 인권을 향유하여 꼭두각시가 아니라 자기 스스로, 괴뢰가 아니라 자주적으로, 야만적이지 않고 자치적으로, 남의 예속이 아닌 자립적인 인격체를 갖게 하는 것이다. 또한 백성들은 타국이 아닌 본국의 백성이 되고, 옛날이 아닌 현대의 백성이 되며, 시골이 아닌 세계의 백성이 되는 것이다. 이 점은 천하의 문명국의 교육 취지와 다를 바 없으니 우리나라도 이대로 해야 한다."[45]라고 하였다. 양씨는 그 당시 영향력 있는 정론가이었고 청년들에게 막대한 영향을 미치는 지식인이었다. 1903년 유학생이 창간한『후베이학생계湖北學生界』를 보면 교육의 취지 및 기능에 대한 관점

---

44   梁啓超,「上南皮張尙書書」,「飮氷室合集·文集之一」, pp.105~106.

45   梁啓超,「飮氷室合集·文集之十」, p.61.

이 거의 양계초의 주장과 일치한다는 점을 발견할 수 있다. 그 창간호에 「교육이 국가의 존망에 관계된다教育關係國家之存立說」라는 글이 실렸는데 그 중 한 단락의 내용은 이렇다. "교육은 참 대단하다. 형이상학적으로 정치, 법률, 경제, 군사 등은 모두 교육의 모태이다. 또한 구체적으로는 소리, 빛, 전기, 화학, 공학, 의학, 천체 등은 모두 교육에서 발생해 나온 학문이다. 지구상에서 한 나라가 자기 주권을 지키면서 경쟁의 풍조에 흔들리지 않았다면 이것은 다만 교육 때문일 것이다. 마찬가지로 한 나라에서 백성들이 자기의 권리를 지키고 침략을 당하지 않았다면 이것 또한 교육의 힘이다." "교육이 발전하면 백성들이 강해질 수 있고, 교육을 중요하게 생각하지 않으면 백성들은 힘이 없게 된다. 교육이 발달한 나라의 국민들은 지혜롭고, 교육이 없는 나라의 백성들은 우매하다. 또한 교육이 잘 된 나라는 백성들의 힘을 키워줄 수 있어서 국권을 해외까지 신장시킬 수 있고 교육이 낙후한 나라는 백성들의 힘도 약해져 다른 민족에게 저항하지 못한다."[46]

이로부터 알 수 있는 바 교육의 흥망은 정치적 판단에 기인한 것이고 정치 개혁과 정치적 혁명 풍조에 따라 발전한 것이었다.

유학생들과 국내 학당 학생들의 사상적 상황으로부터 정치사조와 정치적 기풍이 학생들의 생활을 둘러싸고 있었다는 분위기를 짐작할 수 있다.

앞 장에서 1872년에 미국에 유학간 아동들과 이 시기 유럽에 파견한 유학생들의 상황에 대하여 언급하였는데 당시는 정법政法을 공부하는 학생이 아주 적었다. 그러다가 무술변법이 일어난 후 일본으로 유학

---

46   張繼照, 「教育關係國家之存立說」, 「湖北學生界」, 第1期.

가는 붐이 일어났고 일본으로 유학 간 학생들 중에 군사를 배우는 학생들이 가장 많았다. 사범교육을 전공하는 학생들이 그 뒤를 따랐고 경영학을 배우는 학생들이 세 번째를 차지하였다. 기타 학과 중에서 정치와 법률을 배우는 학생들이 제일 많아 10.71%를 차지하였고, 나머지 학과들은 합쳐 5.4%를 차지하였다. 이는 정치가 문화를 주도하는 추세에 대한 반영이기도 하다. 하지만 필자는 교육계가 정치사조 혹은 정치풍조에 휩싸인 상황을 가장 잘 반영한 것은 학생 운동의 발발이라고 본다.

학생 운동이 일본 유학생과 상하이를 중심으로 한 동남 연해도시에서 가장 집중적으로 발생하였다. 최초로 발생하고 영향력이 비교적 큰 운동으로는 1901년 초여름 저장 항저우에서 일어난 구시求是서원의 "죄변문안罪辯文案"이었다. 당시 이 서원의 학생 동아리 여지사(勵志社, 절회浙會, 절학회浙學會라고도 함)의 멤버들은 쑨이중孫翼中으로부터 명제작문命題作文 쓰기를 배웠다. 그 결과 많은 학생들은 글에서 청나라의 상징인 변발辮髮에 대하여 격렬하게 비판하였다. 이 사건이 고발되고 당국에서는 추궁했는데 손씨는 부득이 일본으로 도피하였다. 이 사건은 동남 여론을 놀라게 한 반청反淸 정치사건이었다. 1902년 4월 일본에 있던 장타이옌(章太炎, 1869~1936)과 진역산(秦力山, 1877~1906) 등은 우에노 공원에서 '지나 망국 242주년 기념' 활동을 계획하였는데 많은 유학생들이 호응해 나섰다. 이 기념식은 일본 경찰에 의하여 저지되었지만 그 후 쑨중산은 요코하마에서 일부 학생들을 조직하여 다시 기념식을 거행하였다. 그리고 장씨가 쓴 만주족을 반대하는 『중하망국 242주년 기념회서中夏亡国242年紀念會書』는 이미 『신민초종보新民叢報』를 통해 보도되어 중요한 영향을 미쳤다. 7월에 일부 유학생들은 일본육군학당에 들어가 공부할 것을 요구하였는데 청나라 주일 공사 채균蔡钧이 이를 반대하였다. 그러자 많은 학생들이 공사관 앞에서 항의를 했고 청 정부에 상서하여 채균을 교체할 것을 요구하였다. 8월에 이 사건으로 인하여 학생들은 또 다시 대사관 앞에서 항의하였고 이에 채균은 일본 경찰을 동원하여 항의하는 학생들을 압송하여 귀국시켰다. 채균의 이러한 조치는 학생들을 크게 격분시켰다. 8월 22일에 국내의 학생들은 상하이 장원張園에서 집회를 열어 일본 유학생들을 성원하였다. 이렇게 국내외의 학생들이 서로 호응하는 상황이 이어졌다. 11월 16일, 상하이에서 당시 가장 영향력이 있는 남양공학南洋公學 학생들의 집단퇴학 사건이 일어났다. 이 사건은 사상이 보수적인 교사로부터 비롯되었는데, 그 교사는 사사로운 원한으로 학교 측에 한 학생을 퇴학시킬 것을 요구하였다. 이에 학생들이 항의했지만 학교 측은 사건을 해결한 것이 아니라 그 반 전체 학생들을 퇴학시켰고 결국 다른 반 학생들도 불만을 일으켜, 200여 명의 학생들이 단체로 퇴학하는 사건이 발생하게 되었다. 퇴학된 학생들은 채원배(蔡元培, 1868~1940) 등이 조직한 중국교육회中國敎育會의 도움을 받아 즉시 애국학사를 세워 학업을 유지하였다. 이번 사건으로 학생들의 사상은 더욱 격렬해졌고, 전제와 독재를 매우 증오하며 자유와 공화를 열망하는 마음이 더욱 절실해졌다. 그들은 『소보蘇報』로부터 경제적 지원을 받았기에 『소보』에 글을 투고하고 반청혁명을 선동하는 언론이 신문에 나타나기 시작하였다. 이 외에 그들은 상하이 장원張園에서 매주 한 번씩 강연을 하였다. 이로써 근대 애국혁명 학생 운동의 초기 형태가 갖추어졌다.

1903년 1월 1일, 도쿄의 중국 유학생들은 학생회관에서 집회를 열었는데 류청위(劉成禺, 1876~1952)와 마쥔우(馬君武, 1881~1940) 등이 반청혁명 연설을 하였다. 이 사건은 국내로 전해져 많은 청년들의 혁명

사상을 크게 고취시켰다. 4월에 광시廣西의 순무巡撫인 왕지춘(王之春, 1842~1906)은 프랑스에 군대를 요청하여 난을 평정하게 하였는데 그 대가는 프랑스에 광산개발권을 넘겨주는 것이었다. 이 소식이 알려지자 일본에 있는 중국유학생들은 프랑스 거부 운동을 벌였으며 전보로 왕지춘을 토벌하고 청 정부에 그의 직무를 박탈할 것을 요구하였다. 그 뒤로 또 대규모의 러시아 거부 운동이 발발하였다. 러시아 제국주의는 의화단을 진압한다는 핑계로 동북 3성에 군사를 파견하여 주둔하게 되었는데 1903년 철군 기일이 다가왔음에도 불구하고 계속 주둔하였고 심지어 더욱 침략적인 내용이 포함된 7가지 사항을 요구하였다. 이 사건이 유학생들에게 전해지자 비분을 참지 못한 그들은 러시아 거부 운동을 일으켰으며 항러의용대를 조직하였다. 중국 국내의 학계에서도 유학생들의 행위를 적극적으로 성원하였다. 비록 내부의 의견이 일치하지 않아 그 분위기가 금방 사그라들었지만 학생 반청혁명운동 발전의 중요한 일환으로 작용하였다. 바로 이때 남징의 육사학당陸師學堂에서는 30여 명의 학생들이 단체로 퇴학 당하는 사건이 또 일어났다. 퇴학생들은 상하이로 가서 상하이의 반청혁명 분위기를 더욱 짙게 만들었다. 이런 배경 하에 국내외를 놀라게 한 "소보蘇報사건"이 발생하였다. 소보사건의 주요 인물은 신문사의 주인 진범(陳範, 1860~1913)과 장타이옌章太炎 외에 난징육사학당의 퇴학생 장스자오(章士釗, 1881~1973), 일본에서 유학하고 귀국한 추용(鄒容, 1885~1905), 『소보』에 반청적인 글을 기재한 애국학사의 많은 구성원들이었다. 소보사건은 일련의 학생 운동의 결과이며 그 자체에도 학생 혁명 운동의 요소를 포함하고 있다.

    1903년 전후의 학생 운동은 뚜렷한 정치혁명적 성격을 지니고 있다. 일본 유학생들이 중국 학생 운동의 중심이 된 것은 무술변법 후 국내의 정치가들이 대다수 일본으로 망명하였기 때문이다. 쑨중산, 강유위, 양계초 등은 모두 일본에서 활동한 적이 있고 특히 양계초는 호주나 미국에서 잠깐 활동한 것을 제외하고 오랫동안 일본에 거주했었다. 쑨중산 역시 일본과 미국, 유럽을 자주 왕복하였다. 망명한 정치 지도자 주위에는 혈기왕성한 청년들이 늘 모여 있었는데, 그들은 구국 의지를 품고 언론이나 행동으로 나라 구하기에 앞장섰다. 어떤 사람은 중국 학생들을 가장 많이 받아들인 홍문弘文학원의 상황을 기술했는데 '학생들은 매일 밤 자습실에서 입헌과 혁명에 관한 문제를 토론한다.'[47]라고 하였다.

1905년 도쿄에서 중국 유학생들이 일본 정부의 "청나라와 한국 학생들을 금지하는 규칙"을 반대하는 집단 파학罷學 사건이 발생하였다. 이 사건은 학생들이 혁명에 참가하는 데 더욱 더 큰 영향을 미쳤다. 이렇게 퇴학당한 학생들 중에서 대부분은 귀국하여 사회 각계의 지원으로 상하이에 설립된 중국 공학公學에서 학업을 계속 이어갔다. 그러므로 중국 공학은 혁명적 분위기가 아주 짙은 학교가 되었다. 량징허(梁景和, 1956~)의 연구에 따르면 1905년 후 국내 여러 지방의 학생 운동은 거의 다 수업 거부의 형식으로 진행하였다. 예를 들면 1905년 말, 강녕성江寧省 각 학당의 소주 학생들은 정원 수 때문에 휴학하였다. 1907년 7월 안후이성 각 학당의 학생들은 휴교의 형식으로 안경부安慶府 관원들이 마음대로 대학당의 교사를 불러대는 것에 항의를 표하였다. 같은 해 11월 산시대학당 중등과 학생들은 휴학하는 방식으로 학부에서

---

47   李書城, 『辛亥前後黃克強先生的革命活動』, 『辛亥革命回憶錄』第一集, p.181.

졸업 시기를 늦추는 것에 대해 항의하였다.[48] 량징허의 통계에 따르면 1905년에서 1911년은 퇴학사건에 비하여 휴학사건이 계속 상승하는 추세를 보였다. 예를 들면 1905년 퇴학사건은 9건, 휴학사건은 4건이었는데, 1906년에는 퇴학사건은 5건, 휴학사건은 8건이었다. 그 뒤 매년 휴학사건의 수는 퇴학사건의 수를 넘어섰다.[49]

이러한 사건들은 대부분 아주 구체적인 사건으로 인하여 발생한 것이었다. 사건 자체는 학생들이 정부와 교육 당국의 독재주의를 반대하는 실정을 반영하였다. 정확히 말하면 청나라 말기의 신교육은 계속 형태를 바꾸어 반독재주의의 정치적 분위기 속에서 우여곡절을 겪어나갔다.

남양공학 학생들의 퇴학 풍조를 기술한 『교육계의 풍조敎育界之風潮』란 책의 저자는 청년학생들이 자극을 받으면 수시로 일어나려고 한 것은 『신민총보新民叢報』 등 여론에 실린 신사상 때문이라고 하였다. 청년학생들은 "20세기의 큰 무대에서 하늘도 땅도 새롭고 사상과 학문도 새롭다. 보고 듣고 느낀 것 모두 새로운 것이다. …… 모든 것이 새로운데 나만 옛 것을 고수한다면 수치스럽지 않은가? 모든 것이 새로운데 낡은 것을 강요한다면 통탄스럽지 아니한가? 나는 새로운 것을 갈망하는데 누군가에 의해 낡은 것을 강요당한다면 비통하지 않은가? 수치스럽고 통탄스러우며 비통한 사건들을 내 눈과 귀에 접하여 내가 이 수치와 통탄과 비통을 깨뜨리지 않으면 우국지사가 아닐 것이다. …… 아니, 사람도 아니다."라고 하였다. 이런 초조한 마음은 학생들로 하여금 "여러가지 정서를 지니게 하였고 우수에 젖게 하였다. 학생들은 들끓는 마

---

48   梁景和, 『清末國民意識與參政意識研究』, 湖南教育出版社, 1999, p.89.

49   梁景和, 『清末國民意識與參政意識研究』, 湖南教育出版社, 1999, p.90.

음을 발설할 출구를 찾지 못하였다."[50] 그리하여 사람을 격분하게 하는 사건에 부딪치면 필히 폭발할 것이다. "풍조가 학생들을 자극해 주고 보고 들은 것은 그들을 움직이게 한다. …… 그들의 사상도 큰 변화를 가져오기 마련이다."[51]

"현재 새로운 이론이 많이 유행하는데 학생들이 좋아하는 것은 자유요, 즐겨 이야기하는 것은 혁명이며, 미워하는 것은 전제요, 버린 것은 진부한 것이며 기쁘게 생각하는 것은 공화共和이다. 그러나 학생들이 좋아하는 것을 빼앗고 미워하는 것을 넣어주니 이것이 바로 학생들의 미움을 사는 원인이다.", "오늘날 군주전제의 질곡에서 벗어나지 못하면 내일은 다른 민족의 노예가 되는 비참한 상황에서 벗어날 수 없을 것이다. 만약 군주전제에서 벗어나고자 한다면 필히 먼저 학당 전제에서 벗어나야 한다."[52] 이 말은 당시 국내 학생 운동이 활발하게 일어나게 된 근원을 말해 주었다.

1903년 전후 학생 운동이 여러 측면에서 볼 때 혁명적 정서를 발산한 특징을 지니고 있었다면, 1905년 이후의 학생 운동은 구체적인 투쟁목표를 가지고 있었다. 예를 들면 1905년, 일본의 중국 유학생들이 일으킨 금지규칙반대운동은 제국주의 강권을 반대하는 성격을 띠었다. 이 운동에서 유명한 혁명가 진천화(陳天華, 1875~1905)가 희생되었는데 그는 유서에 두 가지 뜻을 표명하였다. 하나는 차별 대우와 압박을 참을 수 없다는 것이고, 다른 하나는 공화국민의 기반을 마련하기 위해 자신

---

50 '愛國青年'編, 『教育界之風潮』卷四, p.5.
51 『教育界之風潮』卷三, p.12.
52 『教育界之風潮』卷五, p.15.

의 각성과 자질을 제고해야 한다는 것이다.

그 후에 일어난 학생 운동은 기타 사회계층과 연합하는 성격을 지녔다. 미국의 중국인 노동자들의 금약禁約에 항의하기 위한 미국 상품 저지 운동이 그 예이다. 이번 투쟁에서 급진적인 학생들이 체포된 일이 벌어졌다(광둥에서), 또 다른 예로 권리회수운동이 있다. 특히 헌법제정을 준비하는 과정에서 정치에 관여하는 학생들의 활동이 날마다 늘어났다. 유명한 국회청원운동에서 청년 학생들은 선봉에 섰으며 그들은 청원시위휴업을 선전하는 주력이었다. 그들은 손가락이나 팔을 자르는 등 극단적인 행위로 전제를 반대하고 입헌 정치를 쟁취하는 정열을 잘 보여주었다. 이때 학생 운동의 범위는 유학생 혹은 동남 연해 일대의 학생에만 국한되지 않았고 중부 각 성 심지어 동북 3성에서도 대규모의 학생 운동이 발발하였다. 게다가 주목해야 할 것은 도시에서뿐만 아니라 시골에도 내려가서 선전하는 새로운 현상이 나타나기도 하였다는 것이다.

학생 운동이 잇달아 일어나고 또 여러 곳에서 보급된 것은 교육계가 정치 풍조와 밀접한 관련이 있다는 점을 말해준다. 교육계는 고도로 정치화되어 있었다.

(4) 실업보국과 권리회수운동

청나라 말기, 모든 사회 운동과 사회사업은 모두 정치적 색채를 띠었다. 양무운동 시기 관료들이 주목한 것은 강병強兵이었는데 이는 강병이 구국의 급선무라고 여겼기 때문이다. 그 당시 상공과 교육의 발전은 모두 이 중심 목표를 둘러싸고 진행되었다. 갑오전쟁에서 중국의 참패는 강병을 주요 목적으로 한 양무정책이 실패했음을 말해준다. 사람들은 강병하려면 우선 교육을 발전시켜야 한다는 점을 점점 인식하게 되었다. 그러나 백성들이 빈곤에서 벗어나고 나라의 실력이 강대해지는 것만이 교육과 강병의 절실한 기초였다. 장건(張謇, 1853~1926)이 말하기를 "농공상이 흥하면 교육이 보급되고, 교육이 보급되면 인민들이 나라를 사랑할 줄 알며 따라서 군사도 강해질 수 있다."[53] 실업구국운동이 발전함에 따라 특히 입헌운동이 일어난 후 사람들은 실업과 국가 민족의 운명이 밀접한 관계가 있음을 절실히 깨달았다. 예를 들면 어떤 사람은 "오늘날의 모든 문제는 빈궁이나 결핍과 관련되어 있다. 빈곤 때문에 농민들이 매일 한탄하고 백성들이 방황한다. 따라서 부자가 가난해지고 가난한 사람은 거지가 된다. 결국 굶주린 백성이 도처에 깔려있으며 도둑놈은 온 산에 가득하다. 온 천하가 가난하면 천록天祿이 영원히 끝난다. 그러므로 나라를 구하기 위하여 실업을 진흥시키는 것이 급선무이다. 실업이란 국민의 생존이나 생활이 의존하는 것이며 국가의 피와 영양분이다. 실업의 흥망성쇠는 국민의 생계와 국정의 청렴에도 직접 관계되어 국가의 운명을 좌우할 수 있다."[54]

청나라 말기, 실업구국은 강병구국, 과학구국, 교육구국 등의 사조와 같이 전국 지식인들이 주목하는 큰 흐름이 되었다. 뿐만 아니라 사람들의 마음 속에서 실업구국은 다른 구국사조보다 근본에 더 가까웠다. 때문에 많은 지식인들은 동분서주하면서 구호를 외쳤고 실업을 권했으며 일부 지식인들은 몸소 실천하였다. 예를 들면 장건은 장원 출신으로 관직에 뜻이 없었으며 대중들을 끌어 모아 공장을 세우고 창업하였다.

---

53 『勸通州商業合營儲蓄兼普通商業銀行說貼』,『張季子九錄 實業錄』卷二, p.9.

54 勝因,『實業救國之懸談』,『東方雜誌』第七年第6期.

장씨는 창업의 길로 나선 경험을 회상할 때 "청나라가 갑오전쟁에서 패배한 후 을미년에 시모노세키조약馬關條約을 체결함으로써 나라의 위상이 크게 손상되었고 국가가 모욕을 당한 뒤에야 교육을 보급시키는 일을 지속적으로 해야 한다고 알게 되었다. 교육을 보급시키는 근본은 사범에 있고 사범학교를 설립하는 데에 소요되는 경비는 적지 않다. 다른 나라의 경우 모두 나라 혹은 지방정부에서 투자하고 지원한 것이다. 사건(전쟁)이 발생했을 때 과거시험은 아직 중지시키지 않았고 민중이 아직 개화되지 않았으며 국가에서는 교육의 발전에 신경쓰지는 못하였다. 지방에서도 공공자금을 보유하고 있지만 교육에 투자하지 않는다. 그러므로 교육을 발전시키기 위하여 부득불 실업을 경영하지 않을 수 없다."[55]라고 하였다. 이는 장씨가 실업의 길에 들어선 동기와 사상적 과정이다. 개인이 이러한데 실업구국의 길에 들어선 대부분의 관료들도 마찬가지다. 구국을 위하여 백성들의 지혜를 키워줄 필요가 있고, 백성들의 지혜를 키워주려면 교육을 발전시켜야 하며, 교육을 발전시키려면 물질적 기반이 필요한데 그 경비는 어디에서 구할까? 오직 상공실업을 진흥시키는 길밖에 없다.

　　실업구국의 사조와 관련하여 이미 많은 논저들이 있기에 상세하게 서술하지 않겠다. 필자가 지적해야 할 점은 당시의 선각자들이 실업과 국가 정치 개혁의 중요한 관계를 특별히 강조하였다는 점이다. 양계초는 「국내 실업을 말하는 사람에게警告國中之談實業者」라는 글에서 실업을 발전시키려면 기본적인 정치조건, 예를 들어 법제를 건전하게 하고 관리자의 자질을 높이며 관련 부서와 상응한 제도를 완성시키는 것

55　　張謇, 『南通師範學校十年度支略序』, 『張季子九錄 教育錄』卷三, p.15.

등을 갖추어야 한다고 하였다. 그는 마지막으로 "중국이 실업을 발전시키고자 하는데 그 길은 어디에 있는가? 먼저, 입헌정치를 확정하고 법으로 나라를 다스려야 하며 국민들로 하여금 법률에 익숙하게 해야 한다. 다음으로, 교육방침을 세우고 국민들의 도덕을 양성하여야 하며 국민들로 하여금 책임감을 갖도록 해야 한다. 그 다음 기업발전을 필요로 하는 기관들을 골고루 갖추어야 한다. 마지막으로 여러 가지 수단으로 국민기업의 능력을 향상시켜야 한다. 네 가지는 모두 실업을 발전시키는 기본 요소로서 하나라도 모자라면 실업 진흥이란 다 실없는 허튼 소리다. 공공도덕의 양성, 관련 기관의 관리, 능력의 향상 이 세 가지는 모두 좋은 정치가 없으면 성공할 수 없다."고 역설하였다. 그는 한 걸음 더 나아가 논술하고 결론을 내렸다. "정치조직이 진정으로 개량되면 모든 것을 바로 잡을 수 있지만, 반대라면 폐단만 많아질 뿐이다. 그렇다면 소위 정치조직을 개량하자는 사람은 어떻게 할까? 국회나 내각에 책임이 있다고 할 뿐이다."[56]

실업구국 사조의 흥기는 구국의 정치적 동기에서 발단된 것이고, 그 목표의 실현은 입헌정치의 실현에 의해야 한다. 따라서 실업구국이 정치에 의해서 주도된 것은 부인할 수 없는 사실이다.

청나라 말기의 실업구국 문제를 담론할 때 반드시 거론해야 하는 부분은 권리회수운동이다. 양자는 불가분의 관계에 있으므로 실업구국과 정치의 밀접한 관계를 좀더 논의할 필요가 있다.

갑오전쟁이 실패한 다음에 체결한 시모노세키 조약은 청나라가 국권을 상실하게 만들었고 또 그 후 청나라는 일본이 중국에 공장을 설

---

56   『國風報』第一年第27期.

립하도록 허가하였다. 이로부터 열강들이 중국에서 권리를 다투는 데 여념이 없었다. 20세기 초기에 이르러 이러한 추세는 더욱 더 심각해졌는데 도로권과 광산개발권이 모두 외국인들에게 넘어갔다. 「외교보外交報」는 "오늘날에 이르러 중국은 한 치의 땅조차 모두 주인이 따로 있다. 사람도 모두 주인이 있다. 외국의 침략이 여기에서 멈추더라도 이미 나라라고 할 수 없다. 수년 후에는 더욱 그럴 것이다. 그러면 중국의 모든 일에 외국인이 끼어서 우리가 혼자서는 아무 일도 못할 것이다."[57]라고 논하였다. 이 신문의 다른 글에서도 "외국인이 중국의 땅을 조차租借하고 철길을 닦으며 광산을 개발하는 등 각종 이익과 권리를 수없이 빼앗았다. 그래도 열강들이 만족하지 않고 우리의 땅을 자기의 '세력범위'로 나누어서 식민지로 만들려고 한다. 아! 국권이 날로 쇠약해지고 외교는 점점 실패의 곤궁에 빠진다. 우리나라 국민들은 자기반성을 해야 할 것이다."[58]라고 하였다. 상인, 백성, 선비들은 모두 국권이 외국인에게 넘어가는 상황에 너무나 분개하였다. "날이 갈수록 외부세력의 침략이 심해진다. 갑이란 나라가 우리나라 땅을 호시탐탐하면 을이란 나라가 우리나라의 철도권을 빼앗고, 병이란 나라가 우리 나라의 광산개발권을 빼앗아 간다. …… 러시아가 우리나라의 서북을 노리는가 하면 일본은 우리나라의 동쪽, 영국과 프랑스는 남쪽을 노리면서 우리나라의 땅을 차지하고자 하였다."[59] 국가의 이익과 권리를 보호하고 나라의 멸망을 막기 위해서 국민들은 일어서야 하였다. 『시보』의 논평에 따르면 "외국

---

57 『論瓜分變相』, 『外交報』 第100期, 1904.12.

58 『論收回利權之宜有根本解決』, 『外交報』 第263~264期, 1909.12.

59 『廣東全省紳民請開民選議院折稿』, 『時報』 戊申年六月十五日.

열강들이 우리나라 땅을 호시탐탐 노리고 거대한 이익을 챙기고자 한 것은 우리나라의 중요한 철도, 유명한 광산의 개발권 등이다. 그러므로 오늘날 우리가 자기의 힘으로 철길을 닦고 광산을 개발한 것은 빈곤 구제뿐만 아니라 나아가 구국의 대책이기도 하다." 또한 "사람들이 애국심을 가지고 있다면 실업회사의 주식을 적극적으로 구입해야 한다. 우리가 그 주식을 많이 보유할수록 국가의 이익과 권리를 더 많이 되찾은 것이다."[60] 외국인들은 자기 모국의 침략 기세와 중국 외교의 무능과 양보를 이용하여 중국의 관리들과 결탁하여 거의 아무 대가도 치르지 않고 계약을 체결하고 철도 및 광산 개발권을 앗아갔다. 사실 그들은 대부분 자본과 실력이 없는 투기자들이었다. 그들은 개발권을 획득한 후 그냥 방치해 두었다가 기회를 노려 제3자에게 팔아 넘김으로써 본전이 없는 최대의 이익을 챙겨갔다. 한 나라 백성들의 목숨과 같은 땅과 재산을 이렇게 도둑놈과 같은 투기자들에 의해 빼앗기고 말하였다. 이러한 사실이 공개되니 국민들은 바로 각성하게 되었다. 『외교보』에서는 "갑진, 을미년의 사태를 본다면 처음에 광둥-우한 간 철도를 쟁탈한 사건이 있었고 그 다음에 저장, 안후이성 등 지역의 광산 사건들이 일어났다. 이어서 각 성에서는 철도, 광산 개발권을 되찾기 시작하였다. 만약 어떤 성省에서는 이런 일이 없으면 사람들이 수치스럽게 생각한다. 그 후 상하이-난징 간 철길이 개통되어 역시 그것을 되찾으려는 사건이 일어났다. …… 국민들이 우리의 이익과 권리를 지켜야 한다는 소문이 전국적으로 퍼져나갔고 사회 하층까지 미쳤다."[61] 이렇듯 국가의 이익과 권리

---

60   『路礦通論』, 『時報』, 乙巳年二月二十五日.

61   『論排外當有預備』, 『外交報』第131期, 1905.12.

회수운동은 반제국주의적 애국 운동으로서 강렬한 정치적 색채를 띠게 되었다.

　이익과 권리 되찾기 실천과정에서 각지의 지방 세도가들과 백성들은 외국에 대한 청 정부 및 기타 관료들의 무능함과 두려움, 그리고 백성들에 대한 무시를 직접 목격하였다. 지방의 세도가들이 외국 상인과 상담할 때 분쟁이 일어나면 중국의 관리들은 보통 외국인 편을 들고 세도가들과 백성들을 억압하였는데 그들이 외교 교섭을 두려워하였기 때문이었다. 중국은 외국과 외교교섭을 할 때마다 국권을 상실하는 결과를 초래하였다. 이익과 권리 되찾기와 관련된 많은 사례는 외국 상인이 약속을 어겨서 제때에 개발하지 않은 위약 때문이었다. 국제관례에 따르면 계약 위반 시 계약은 무효가 되어 관련 이익과 권리를 돌려 주고 위약한 측에 위약금을 부과해야 하는데 당시 외국인과 관련된 안건은 국제관례에 따라 처리되지 못하고　외국상인들은 거의 무대가로 권리를 탈취했으며 오히려 중국인이 거액의 보상금을 물어주어야 원래 자기 소유의 권리를 되찾을 수 있었다.

　권리를 회수하는 실천의 경험은 세도가들을 정치적으로 각성시켰다. 그들은 권리 회수가 국토를 침략한 외국 세력과의 투쟁을 의미할 뿐만 아니라 부패한 정부와 그 관리들과의 투쟁이기도 하다는 점을 깨달았다. 자기 나라의 이익과 권리를 진정으로 지키려면 반드시 정부로부터 정치적 권리를 찾아야 하고, 외국 세력에 대한 정부 관리들의 타협과 자국 인민들에 대한 관리들의 억압을 반대해야 한다. 백성들은 반드시 조직을 만들어 자신의 권리를 보호해야 하고 정부 관리들이 하라는 대로 해서는 안 된다. 『시보時報』는 쑤저우蘇州와 항저우杭州의 시민들이 도로세를 거부하고 도로를 지키려 하는 운동에 대하여 "오늘날 도로세를 거부하는 것은 군민君民이 다투는 기점이다. 앞으로 상황과 추세는 더욱 위험해질 것이다. …… 오늘날에 나중에 의지할 근거지를 미리 만들지 않고 공담만 일삼으면 기회를 놓칠 것이다. 앞으로 사태가 심각해지면 어떻게 해야 할지를 모르고 오늘의 실수를 후회할 것이다. 그러면 어떻게 해야 할까? 어제의 신문 사설에 따르면 전국의 상인들이 모여서 전국 철도 및 광산 총회를 설립하자는 것이다."[62]라고 하였다. 이 일은 성공하지 못했지만 당시 권리회수운동의 영향으로 중국 지방세력과 상공계 사람들의 권리 보호의식이 크게 향상되었음을 알 수 있다.

　　권리를 회수하는 실천과정에서 사람들은 정부의 부패, 그리고 관리들이 국가와 국민의 입장에 서서 외국인으로부터 우리의 권리를 수호하지 못한다는 것을 절실히 느꼈다. 관리들은 외국인과의 교섭을 두려워하기 때문에 외국인에게 타협하여 자국의 권리를 내놓거나 외국인의 위약에 대해서도 법으로 처벌하지 않고 오히려 거금을 물어야 원래 자기 소유의 권리를 찾을 수 있다는 현실을 절실히 깨달았다. 이러한 고통스런 경험 때문에 백성들은 정부에 대한 믿음을 상실했고 반드시 자신이 권리를 쟁취하고 정부를 감독해야만 국권을 지킬 수 있다는 점을 깨달았다. 지방 세도가들의 이런 권력 의식은 입헌운동을 추진하는 직접적인 원동력이 되었다. 『시보』의 한 사회 논평문에서는 "일개 백성이 정부를 감독할 수 있는 실권을 가지려면 쉽지 않을 텐데 반드시 공격과 수비를 할 수 있는 근거지가 있어야 한다. 철도와 광산을 자주적으로 개발하는 것이 바로 입헌정치제도를 세우는 데 의지할 수 있는 유일한 근

62　『擬鳩合國民開班全國礦路總會說』,『時報』光緖三十三年十月九日.

거지일 것이다."[63] 이 때문에 그 당시 입헌파의 지도자와 주요 인사들은 권리회수운동과 그 과정에서 지방 세도가들과 상인들의 동향에 대하여 매우 주목하였다. 그 당시 손지증孫志曾이라는 입헌파의 활동가가 양계초에게 보낸 편지에서 다음과 같이 말하였다. "본인이 가장 주목한 것은 국민철도광산협회입니다. …… 철도와 광산으로 백성들의 권리사상을 계발한다면 힘을 들이지 않고 쉽게 백성들을 깨우칠 수 있을 것입니다. 시간이 지나면 각종 상회와 은행이 여기저기 세워질 것이고 특별한 효과를 거두게 될 것입니다. 따라서 큰 재단의 세력을 빌어 전국의 재정권을 장악하고 정부를 좌우할 뿐만 아니라 변방 관리들의 위압적인 권한을 억제할 수도 있을 것입니다."[64]

『중국신보中國新報』는 이 운동을 국회의 설립 문제와 직접 연계시켰고 국회를 여는 이유에 대하여 다음과 같이 논하였다. "국권을 보전하려면 국회의 설립을 늦추면 안 된다. 수십 년 동안 중국 외교관들이 안일무사를 원했기에 자기도 모르게 백성들의 목숨과 재산을 외국열강들에게 빼앗기게 되었다. 최근 외국인들이 저장 쑤저우 사람들을 외채에 시달리게 하고 광둥 사람들에게 서강순찰체포권西江巡緝權을 포기하도록 강요하며 외국회사가 산시山西의 광산개발권을 빼앗는 사건들이 속출하였고 이를 위하여 동분서주하여 호소하는 사람들은 아주 많다. 그러나 다음에 비하여 이것들은 작은 일에 속한다. 큰 것을 말하자면 러시아가 몽고를, 일본은 만주를, 프랑스는 윈난을, 영국은 티베트를 차지한 것이다. 어느 하나 우리나라 백성들의 생사와 관련된 문제가 아닌 것

---

63 『論國民對於鐵路問題當用積極辦法』, 『時報』光緒三十四年五月二十一日.
64 孫志曾致梁啓超書, 『梁啓超年譜長編』, 上海人民出版社, 1983, p.459.

이 있겠는가? 그러나 우리 동포들은 작은 것만 보고 큰 것을 무시하고, 가까운 것만을 고집하고 먼 것을 포기하였다. 무능하고 부패한 정부에 의탁하면 이 모든 것을 적국에 간접적으로 넘겨준 것과 마찬가지다. 천하에 어찌 이보다 더 큰 수치가 있단 말인가? 강한 자에게 굴복하고 타인의 간섭에 뒷걸음질한다. 정부는 문을 열고 도둑을 환영하고 매국을 수치로 여기지 않으며, 백성은 남의 노예가 되기를 영광으로 여긴다. 조금이라도 양심이 있는 사람이면 마땅히 일어나 반대해야 한다. 국회야말로 온 나라의 여론을 동원하여 정부 외교의 후원으로 하고, 외세를 반대하는 정신으로 국민들을 단결시키고 평등한 권리로 외세와 항쟁할 수 있겠다. 외무대신이 나라를 욕보이게 하면 국민들은 법에 근거하여 상주문을 올려 탄핵시킬 수 있다. 세상의 모든 입헌국가들이 모두 이렇게 한다."[65]

이로부터 알 수 있듯이 실업구국은 실직적으로 정치구국이었다. 다시 말하면 실업구국의 귀결점은 정치 혁명과 긴밀히 연결된 것이었다.

(5) 소설을 대표로 한 문학정치화 경향

무술변법부터 시작된 정치 변혁(혁명과 개혁을 포함)은 당시 전체 사회의 주도적 경향이 되었다. 이렇게 정치가 사회 전체를 감싸안고 사회의 전체적 분위기를 좌우한 상황은 당연히 문화의 중요한 측면인 문학에서 표현된다.

문학은 소설, 시가, 희곡, 산문 등 여러 가지 형식을 포함하는데, 사

---

65 『請開國會之理由書』, 『中國新報』第9期, 1908.1.

회 각 계층과의 관계로 볼 때 소설과 희곡이 가장 영향력이 있는 중요한 형식이다. 특히 소설은 더 두드러지게 나타난다. 여기에서는 문학사를 서술하는 것이 아니기 때문에 이 시기 문학의 여러 영역의 발전과 변화 과정에 대하여 구체적으로 논술하지 않기로 한다. 다만 소설을 중심으로 문학의 정치화에 대하여 설명하고 정치가 문학의 발전을 주도하는 현상에 대하여 소개할 것이다.

　　청나라 말기 하나의 특별한 현상이 있었는데 바로 정치소설이 사람들의 관심을 끌게 된 것이다.

　　정치소설이라는 개념은 양계초가 최초로 사용한 것인데 학자들은 일반적으로 일본에서 수입한 것이라고 한다. 그러나 정치소설은 소설의 한 유파로서 유럽에서 최초로 생겨났다. 일본 메이지 유신 이후 정치 개혁과 민권 운동이 일어남에 따라 정치소설이 창작되기 시작하였다. 비교적 유명한 것은 『가인기우佳人奇遇』와 『경국미담經國美談』이다. 양씨는 정변 후 일본으로 망명한 지 얼마 안 되어 『청의보淸議報』를 창간하였는데 이 신문의 창간호에 그가 일본으로 도주 중 읽고 감동 받았던 일본 정치소설 『가인기우佳人奇遇』를 실었다. 이로부터 『청의보』에 정치소설 칼럼이 생겨났고 양씨는 특별히 『역인정치소설서譯印政治小說緒』라는 글을 써 주었다. 이 글에서 양씨는 자기의 스승인 강유위의 말을 인용하여 "글자만을 아는 자는 경서를 읽지 않을 수도 있지만 소설을 읽지 않는 자는 없다. 그러므로 육경은 가르칠 수 없지만 소설로 그것을 가르칠 수 있다. 정사는 입문할 수 없지만 소설로서 그것을 배울 수 있다. 어록으로 가르칠 수 없지만 소설로서 가르칠 수 있다. 법률로 다스릴 수 없지만 소설로서 다스릴 수 있다."라고 하였다. 또 "옛날 유럽 각국의 변혁의 시작은 뛰어난 학자들과 지식인이 직접 겪은 사건과 정치의 논쟁을 소설에 기탁하여 담아냄으로 시작되었다. 소설은 병정, 시민, 농민, 공장, 마부, 부녀, 아동에 이르기까지 다 읽을 수 있어서 매번 책이 출판될 때마다 전국의 여론이 변화하였다. 미국, 영국, 독일, 프랑스, 오스트레일리아, 이탈리아, 일본 각국의 정계 발전에서 정치소설의 공이 으뜸이다."[66]라고 하였다.

그 당시 양씨는 변법變法에 실패하였지만 중국 정치를 개혁하겠다는 의지는 사그라들지 않았다. 그는 여러 가지 방식으로 민중을 일깨우려 하였고 정치제도 개혁을 위하여 조건을 만들어내고 그 희망적인 방식으로 소설을 내세웠다. 그는 소설로 사람들의 사상과 취미를 전이시키는데 힘을 썼다. 1902년 그는 『신민총보新民叢報』를 창간한 후 또 『신소설』 잡지를 창간하였는데 소설이 "신민"의 도구라는 점을 제창하였다. 「백성들을 다스리는 제도와 소설의 관계를 논함論小說與群治之關系」이란 글에서 그는 더 나아가 소설의 사회적 기능에 대하여 논하였다. 그는 "소설은 불가사의한 힘으로 인간성을 지배한다."라고 하며 그러므로 "한 나라의 백성을 새롭게 하려면 한 나라의 소설을 창신할 필요가 있다. 그러므로 도덕을 새롭게 하려면 소설을 새롭게 하고 종교를 새롭게 하려면 소설을 필연적으로 새롭게 해야 한다. 또한 풍속을 새롭게 하려면 소설을 새롭게 하고 새로운 기예를 배우고자 한다면 소설을 새롭게 해야 한다. 심지어 사람의 마음과 인격을 새롭게 하려면 반드시 소설을 새롭게 해야 한다."[67]고 하였다. 그는 소설의 감화력, 침투력, 자극력, 사람의 정신을 승화시키는 기능을 지적하며 소설이 인심과 풍속, 정치

---

66   『飮冰室合集 文集3』, pp.34-35.

67   『飮冰室合集 文集10』, p.6.

와 도덕에 막대한 영향을 미친다고 하였다. 그는 중국 사람들의 장원재상狀元宰相, 재자가인才子佳人, 강호도둑江湖盜賊, 요괴 등의 사상적 관념은 소설에서 나온 것이라고 주장하였다. 따라서 사회 풍조의 양호도 소설에서 유래한다. 백성들을 다스리는 제도와 소설의 관계는 밀접하며 "오늘날 정치를 다스리고자 한다면 소설계에서 혁명을 시작해야 하며, 백성을 새롭게 다스리고자 한다면 반드시 소설을 창신해야 한다."[68]

물론 양씨가 소설의 사회적 기능을 강조한 것은 지나치게 과장된 면이 없지 않다. 이 점은 문학이론과 문학사를 연구하는 학자들도 인정한 것이다. 그러나 이 점은 그 당시 온 힘으로 정치 개혁을 시도하던 시대의 사람들의 마음 상태를 드러냈던 것이다. 이런 관점을 지닌 사람들은 양씨뿐만이 아니었다. 사실 변법이 일어나기 1년 전, 엄복 등은 텐진天津의 『국문보國聞報』가 소설을 싣기 시작하였을 때 바로 「국문보부인설부연기國聞報附印說部緣起」라는 글을 발표하였다. 그 글에서 "소설은 사람들의 마음 속 깊이 침투하며 경사經史보다도 힘이 강하여 천하의 인심 풍속은 소설에 좌우될 것이다."[69]라고 하였고, 이를 통하여 소설의 사회적 기능을 고도로 중요시한다는 점을 알 수 있다. 양계초가 『신소설』을 창간한 후 소설의 사회적 기능을 중요시해야 한다는 주장이 많이 생겨났다. 예를 들면 디추칭(狄楚靑, 1873~1941)은 『신소설』 제1권 제7호에 「문학에서 소설의 위치를 논함論文學上小說之位置」이란 글을 발표하여 "소설은 문학의 최상위에 존재한다."라고 하고 소설이 "인간성을 지배하고 정치를 좌지우지한다."라고 주장하였다. 따라서 그는 "소설

---

68   『飮冰室合集 文集10』, p.10.

69   天津, 『國聞報』, 1897.10.16~18.

은 조국의 사상언론을 비약적으로 발전시키는 데 소홀히 할 수 없는 존재이고 이 대업은 반드시 소설가에 의하여 완성될 것이다."[70]라고 논하였다. 쏭천(松岑, 1873~1947)이라는 저자는 소설이 동서양 문화 소통 면에서 하는 특수한 작용을 다음과 같이 강조하였는데 그에 따르면 "사람은 태어나면서부터 정감을 가진 자로서 이는 동서양 민족이 똑같다. 즉 정은 문학계 사람들에게 다 존재하는 감정인데 이는 동서양 민족이 일치하는 것이다. 소설의 힘과 정으로 동서양 사회를 통합시키는 것은 문학가들의 책임이다."[71] 톈루성天㑩生은 중국 역대의 소설을 분석하면서 작가의 창작동기를 세 가지로 분류하였다. "첫째는 정치적 제압에 분노한 것이요, 둘째는 사회의 부패와 혼란을 통탄한 것이며, 셋째는 혼인의 부자유를 슬퍼한 것 때문이다." 이로부터 당시 소설가들의 책임을 엿볼 수 있다. 그는 자술서에 "톈루성天㑩生은 평생 다른 것은 몰라도 문학만은 조금 아는 바, 죽지 않는 한 소설 창작에 힘을 다할 것이다. 그렇게 함으로써 국민들을 구할 것이다."라고 언급하였다. 그에 따르면 "나라를 구하고자 한다면 소설로 시작해야 하기에 소설을 개량하는 것부터 시작할 것이다."[72] 왜냐하면 "나라를 구하는 것은 한두 명의 재자才子만으로 할 수 있는 것이 아니다. 필히 애국사상을 많은 국민들에게 보급해야 하는데 그것을 하루빨리 백성들에게 보급할 수 있는 통로가 바로 소설이다."[73] 타오유쩡(陶佑曾, 1886~1927)이란 사람도 소설의 힘을 극찬하였는데 그는 "사랑스러운 것은 소설이다. 두려운 것도 또한 소설이다. 소

---

70   阿英,『晚淸文學叢鈔 小說戲曲硏究卷』, p.28, 30.

71   阿英,『晚淸文學叢鈔 小說戲曲硏究卷』, p.32.

72   阿英,『晚淸文學叢鈔 小說戲曲硏究卷』, p.35, 36, 37.

73   阿英,『晚淸文學叢鈔 小說戲曲硏究卷』, p.38, 39.

설에 의해 학술이 진보할 수 있고 사회도 개화할 수 있으며, 개인은 삶을 지킬 수 있고 나라도 발달할 수 있다.”라고 하였다. 또한 그는 “중국의 부패 현상을 혁신하고자 한다면 소설계에서 시작해야 될 것이다. 정법을 광범위하게 전파하고자 한다면 먼저 소설을 보급해야 하고, 교육을 제창하고자 한다면 먼저 소설을 제창해야 하며, 실업을 진흥시키고자 한다면 소설을 발전시켜야 한다. 군사를 조직하고자 한다면 필히 먼저 소설을 중요시해야 하며, 풍속을 개량하고자 한다면 필히 먼저 소설을 창신해야 한다.”[74]고 하였다. 그는 소설의 사회적 기능을 극도로 과장한 셈이다.

물론 당시 소설의 사회적 기능을 지나치게 과대평가한 언론에 대하여 비판하는 글도 있었다. 예를 들면『소설림小說林』을 창간한 서념자(徐念慈, 1875~1908)는「나의 소설관余之小說觀」이란 글에서 “소위 풍속을 개량하고 국민을 진화시킨답시고 전적으로 소설에 의존한다는 칭찬은 좀 지나치다.”[75]라고 지적하였다. 그러나 이러한 논평은 그 당시 큰 영향을 미치지 못하였다. 혁명과 개혁이 격양된 시대에 뜻이 있는 사람은 사회의 개혁과 민족의 부흥을 위하여 고민하였으며 이바지하고자 하였지만 책을 읽는 일반 서생은 권력도 재력도 없기 때문에 할 수 있는 일이라고는 군중들의 사상을 일깨우는 것밖에 없었다. 이를 하는 데 가장 편리한 도구는 바로 소설이었던 것이다. 이러한 분위기 속에서 정치의 암흑을 폭로하고 관리들의 부패와 백성을 짓밟는 관리들의 악행을 비판하는 소설들이 속출하였다. 그 중 인기 있는 소설로는『관장현형기官場

74   『論小說之勢力及其影響』,『遊戲世界』第10期, 1907.
75   『論小說之勢力及其影響』,『遊戲世界』第10期, 1907.

顯形記』, 『이십년목도지괴현상二十年目睹之怪現状』, 『얼해화孽海花』, 『노잔유기老殘游記』 등이 있고, 이외에 『문명소사文明小史』, 『구명기원九命奇冤』 등도 큰 영향을 미쳤다. 이러한 소설들은 모두 정치소설 범주에 속하며 사회현실을 비판하고 폭로하였다. 예를 들면 「관장현형기官場顯形記」(1903년부터 『세계번화보世界繁華報』에 게재)는 위로는 군기대신軍機大臣에서 아래로는 관아의 졸병에 이르기까지 200여 명의 관료들의 모습을 묘사하였으며 내정과 외교, 문신과 무신의 서로 다른 지위와 역할에 대한 내용도 다루었다. 그런데 200여 명의 관리들이 놀랍게도 일치하는 공통점이 있는데 그것이 바로 염치없는 탐욕과 저질적인 인품이었다. 이러한 책은 사람들로 하여금 통치계급을 혐오하게 하였고 개혁 심지어는 혁명의 욕망까지 품게 하였다.

「이십년목도지괴현상二十年目睹之怪現状」(1903년 『신소설』에 게재)은 더 많은 사회적 측면을 반영하였다. 이 소설은 관료사회, 상공업계, 외교계의 사회상을 보여주었으며, 수백 명의 인물, 수백 가지의 이야기는 사회의 여러 추악한 현상과 폐단을 폭로하였다. 작가의 말에 의하면 이 소설의 공간은 "귀신 및 악마의 세계"라고 하는데 이것은 사회 전체에 대한 냉정한 비판과 부정이다. 소설에서 긍정적인 이미지라고 할 만한 인물이 몇 명 있는데 그들의 결말은 모두 비극적이었다. 그러므로 소설 전체를 현실에 대한 부정이라고 할 수 있다.

「노잔유기老殘游記」(1903년 『수상소설绣像小說』에 게재)는 정치적 계시가 담긴 소설이다. 개혁의 이상을 품은 작가는 현실적인 중국을 보여주었는데 소설의 공간은 마치 나침판 없이 풍랑이 거센 바다 위에서 항해하는 낡은 배와 같다. 이 공간에서 승객은 안정감이 없기 때문에 일어나서 배의 주인, 조타장 등과 다투어 결국 어떤 이는 피살되고 어떤 이는 바다 속에 내던져진다. 어떤 사람은 외국의 나침판을 사용하자고 제의하지만 배에 있는 사람들에 의하여 거절 당한다. 이 소설에서 바다 위에서 항해하는 낡은 배는 앞길을 가늠할 수 없는 현실을 은유적으로 드러냈다.

『얼해화孼海花』(1905년 소설림출판사에서 출판)는 과거제도와 전제제도에 대하여 과감하게 비판한 소설로서 오늘날 읽어도 독자들의 마음을 통쾌하게 만든다. 아쉬운 점은 이 책은 미완성 작품이라는 것이다.

이상 네 가지의 소설은 "4대 견책소설譴責小說"(견책소설이란 개념은 루쉰魯迅으로부터 제기됨)로 불리었는데 당시 제일 영향력이 있던 정치소설이었다. 이 소설들은 당시 사람들의 정치현실에 대한 불만, 통치계급에 대한 분노를 충분히 반영하였다. 또한 개혁과 혁명을 호소하는 내용이 소설들의 기조를 이루며 객관적 의미가 있는 부분이기도 하다.

당시 소설을 실은 잡지들도 상당히 많았다. 예를 들면 『신소설新小說』(1902년), 『수상소설綉像小說』(1903년), 『신신소설新新小說』(1904년), 『월월소설月月小說』(1906년), 『신세계소설사보新世界小說社報』(1906년), 『소설7일보小說七日報』(1906년), 『소설림小說林』(1907년), 『중외소설림中外小說林』(1907년), 『경림사 소설월보競林社小說月報』(1907년), 『신소설총新小說叢』(1907년), 『양자강소설보揚子江小說報』(1909년), 『10일소설 十日小說』(1909년), 『소설시보小說時報』(1909년), 『소설월보小說月報』(1910년) 등이다. 통계에 따르면 1900년에서 1905년에 발표된 창작소설은 모두 120여 부에 달하고 1906년에서 1911년까지는 357부에 달한다.[76] 그 중 오락성을 지닌 작품도 없지 않으나 사회를 풍자하고 경고하는 의미를 지닌 정치적

---

76   朱文華, 『中國近代文學潮流』, 貴州教育出版社, 2004, p.150.

인 작품이 대부분을 차지하였고 사회적으로 광범위한 영향을 미쳤다.

우리가 여기서 정치소설의 역할을 강조한 것은 기타 문학형식인 시가, 희곡 등이 정치적 경향을 지니지 않았다는 것은 아니다. 사실은 청나라 말기 10여 년 동안의 중국 문단의 각 영역은 모두 개혁을 추구하고 혁명을 부르짖는 내용으로 채워졌다. 주지하는 바와 같이 청나라 말기 최대의 시인단체인 남사南社는 주로 반청혁명분자들로 이루어졌는데 그들의 시 창작은 대부분 반청혁명의 정서와 심경을 토로한 것이었다. 희극계는 당시 바로 신식 연극이 싹트는 시기여서 사람들은 정치에 대한 열정을 품고 희곡 혁신에 몰두하였다. 1904년 창간된 『20세기대무대二十世紀大舞臺』는 혁명적 경향을 가진 천취빙(陳去病, 1874~1933), 류야쯔(柳亞子, 1887~1958) 등에 의해 운영되었는데 그들은 모두 남사南社의 구성원이었다. 이는 우리나라에서 제일 먼저 희극 개혁을 제창한 간행물이다. 이 간행물은 반청 정치적 경향 때문에 금지되긴 했지만 청나라 말기 문예의 고도 정치화 현상을 잘 나타냈다. 그 당시 희극 개혁자들은 희극이 인심을 돌리고 사회를 개조하여 나라를 진흥시킬 수 있다고 확신하였다. 그들은 "연극은 한 나라의 풍속, 교화와 밀접한 관계가 있기에 소홀히 다룰 수 없다.", 또 "현재 국세가 위급하고 대륙의 풍기는 개화되지 못하였다."는 배경 하에 학교를 세우고 소설을 편찬하며 신문사를 창립하는 것은 유익하지만, "글자를 모르는 자를 개화할 수 없다."라고 하여 "유독 희곡은 잘 개량하면 전체 사회를 감동시킬 수 있다. 희곡은 귀가 들리지 않아도 볼 수 있고 눈이 멀어도 들을 수 있기에 사회를 정성껏 개조하는 둘도 없는 묘법이다."[77]라고 주장하였다. 톈루성天

---

77 阿英,『晚淸文學叢鈔 小說戲曲研究卷』, p.53, 55.

僚生은 이와 비슷한 견해를 갖고 있었는데 "남녀노소, 지위의 고하를 막론하고 사람마다 국가사상을 갖고 그것에 감동하는 자는 희극으로서 완성된다."[78]라고 하였다. 그리고 진패인(陳佩忍, 1874~1933)은 「희극의 유익함을 논함論喜劇之有益」이란 글에서 직접적으로 희극개혁을 통해 반청혁명에 기여해야 한다고 호소하였다.

위에서 서술한 바와 같이 청나라 말기 10여 년 동안 중국의 문학예술계는 실질적으로 정치 개혁과 정치혁명사조에 의하여 지배되었다.

---

78   阿英,『晚淸文學叢鈔 小說戱曲硏究卷』, p.57.

제3장

청말清末 사회
공공 문화 공간의 초보적 형성

중국 근현대사 저술 중 '사회 공공 공간'이라는 개념의 등장을 흔히 볼 수 있는데 이는 거의 서양학자들의 개념 자체를 본떠 온 것이다. 그 뜻은 정부와 개인 영역 외의 사회 공간을 가리키는 데 주로 사회학이나 정치학적 시각으로 보는 개념이다. 하지만 저자가 서술하고자 하는 "사회 공공 문화 공간"이라는 개념은 위의 서술과는 달리 주로 문화학 차원에서 사용되는 것이다. 이 개념은 사회적으로 형성된 문화 파급효과, 상호 교류, 집대성 및 혁신된 공간을 의미하는 것이다. 사회 공공 문화 공간은 근대 사회 교류가 활성화되면서 점차 형성된 것이다. 사회 공공 문화 공간의 형성은 근대 문화 변모기의 중요한 문제다. 옛 전통 중국 사회에서 문화는 기본적으로 두 가지 흐름으로 나누어질 수 있다. 하나는 정부가 주도한 문화 체계이다. 다시 말해 왕 군주에 대한 충성, 공자 유교에 대한 존경 등과 같이 주로 국가 통치 철학의 정서가 배어있다. 또 다른 하나는 민간 문화 체계로 주로 전통 신앙 및 풍속 등을 내포하고 있는데 이는 가정, 종족 종친, 농어촌 향촌, 이웃 간에 주도적인 역할을 하였다. 물론 이 두 가지 외에 공공 문화 공간이 전혀 존재하지 않았다고 단정할 수도 없다. 예를 들어 옛 도시의 찻집, 극장, 전통재래시장 등도 그 범주에 속하는 것이다. 또 시골 마을 농어촌에서 벌어지는 각종 시합 경기, 경축 행사 등이 있고 향시(鄕試, 성급의 과거 시험—역자주)나 회시(會試, 중앙급의 과거 시험—역자주) 동기생들 사이의 교류, 또는 특정 지역, 특정 범위 내의 지식인들 간의 교류 등이 있다. 그런데 그것은 사회 공공 문화 공간의 성격을 지니지 않았다. 여기에 참여한 구성원들은 그 어떤 구속력도 없어 단체의 응집력 한계를 여실히 드러내고 있었으며 명확하고 구체적인 목표, 형식 체제 따위도 제대로 갖추지 못하였다. 근대 사회 공공 문화 공간이라는 것은 구속력이 있는 단체로 구성되고 일

근대 중국의 문화적 전환에 대한 연구

치된 인식을 바탕으로 한 공동 목표가 있으며 각 단체 간에 서로 경쟁과 상호 보완의 역학관계를 유지하면서 형식 체제를 구축하고 있었다. 예를 들어 신문사, 학회, 각종 사회단체, 각종 공공 문화 시설 또는 문화 행사, 도서관, 열람실, 강연회, 공연 장소 등이다. 이런 공연 장소는 진정한 의미에서 사회화된 것이 특징인데 기존의 전통적인 공연과는 달리 주로 자택 내에서만 또는 임시로 개설한 장터 및 시범 장소에만 국한된 것이다. 물론 예외도 있는데 송대 이후 도시 내의 대중 문예의 일종인 '설서說書 강담講談' 공연 장소만은 상대적으로 고정되어 있었다. 이러한 사회 공공 문화 공간의 형성은 문화의 전파 확산, 상호 교류, 창조 혁신 그리고 모두의 고정 관념을 깨는데 일조하였다. 또 새로운 인식 새로운 마인드 개념 형성에 중요한 요소들로 등장하면서 최종적으로 사회 발전에 직간접적인 필수불가결한 기능으로 자리매김 하였다.

근대 사회 문화 공간의 형성은 우선적으로 근대 교육의 발전을 전제 조건으로 하고 사회조직에 의거해야 하며 또한 사회 홍보매체의 도움도 필요로 한다. 여기서 무술戊戌년간부터 신해辛亥년간까지의 중국 근대 교육의 발전, 그리고 사회 조직 및 각종 사회 대중매체(매스 미디어) 발전의 흐름을 살펴볼 것이다.

1. 무술戊戌·신해辛亥 시기 근대 교육의 발달

이 문제에 대한 고찰은 1) 무술변법戊戌變法 전후, 2) 청나라 정부에서 신식 학당 발전 방침을 확립하기부터 과거제 폐지 전까지(1902~1905), 3) 과거제 폐지부터 신해辛亥혁명 직전까지 세 단계로 나누어 진행하기로 하자.

(1) 무술변법

무술변법 이전에 중국의 신식 교육은 외국 선교사들에 의해 먼저 시작하였다. 양무운동을 시작한 후 양무운동의 수요에 따라 중국의 실세 관료들이 점차 학당 설립을 호소하기 시작하였다. 외교 인재나 외국어 인재를 양성하는 동문관同文館, 광방언관廣方言館 외의 다른 학당은 거의 다 군공軍工이나 실업 성격의 학당이어서 분야가 좁고 수량도 적은 편이었다. 무술유신운동이 시작된 후 각지에서 개혁의 수요에 따른 학당이 잇따라 설립되었다. 예를 들어 장사長沙의 시무학당時務學堂, 류양瀏陽의 산학관算學館, 상하이上海의 강남저재학당江南儲才學堂, 광저우廣州의 시민학당時敏學堂, 산시陝西의 삼원려학재三原勵學齋, 베이징에는 회문학당會文學堂, 통예학당通藝學堂, 팔기봉직소학당八旗奉直小學堂 등, 무창武昌에는 양호서원兩湖書院과 경심서원經心書院, 횡빈橫濱에는 대동학교大同學校 등이 있는데 역시 수는 많지 않았다. 이 시기에 과거제 개혁의 소리가 높아졌는데 주로 현실 수요와 거리가 먼 팔고시문八股時文, 첩괄帖括, 해법楷法 등을 실용적인 방향으로 개혁하자는 것이었다. 예를 들어 강유위康有爲가 개시책론改試策論을 제기하고, 엄수(嚴修, 1860~1929)가 경제전과經濟專科를 증설하자고 제안하였다.

무술유신 기간에 조정에서 "성회省會의 큰 서원書院은 고등학교, 군성郡城의 서원은 중등학교, 주현州縣의 서원은 소학교로", "제사 용이 아닌 민간의 사당은 …… 모두 학당으로 개조시켜라."[1]라고 명하였다. 이는 과거제 개혁을 도모하는 동시에 새로운 교육 사업을 창립하자는 행동이었다. 그러나 얼마 후 정변이 일어나 유신운동이 중단하게 되었고 신식 교육 진흥 정책은 실제로 거의 이행되지 않았다. 단 경사대학당京師大學堂만이 개혁의 결과로 남았다. 그 후 경자사변(慶子事變, 중국의 이화단 운동을 진압하는 핑계로 8국 연합군이 베이징을 침략하는 사건—역자주)을 겪고 청나라 정부는 심하게 충격을 받아 반성하기 시작하였다. 1901년에 다시 변법을 호소하는 동시에 다시 신식 학당 진흥을 제기하였다. 1902년에 장백희(張百熙, 1847~1907)가 각급 학당 정관 초안을 제시하였고 1903년에 수정을 거쳐 정식으로 공포 시행반포함으로서 비로소 진정한 신식 교육 진흥 사업이 점차 본격적으로 본 궤도에 진입하게 되었다.

(2) 1902년~1905년 과거제 폐지 전 신식 교육의 발전 양상

이 시기에는 정부의 신식 교육 진흥 방침이 정착되고 정관도 기본적으로 내세웠다. 그러나 과거시험이 여전히 사람들의 마음에 걸려 관료나 향신들이 신식학당을 설립하는데 여전히 주저하며, 과거를 준비하는 학생들도 대개 관망의 태도였다. 따라서 신식 학당 설립은 그리 만족스럽지 않았다. 이로 인해 1904년 초에 장지동(張之洞, 1838~1909)과 영경(榮慶, 1859~1917)이 과거시험을 점진적으로 감소시키자는 제안을 올렸다. 그들의 「청시판제감과거절請試辦遞減科擧折」에서 "조정의 명을 받아

---

1   光緒二十四年五月二十二日上諭, 見『戊戌變法』(二), p.34.

학당을 설립하는 일은 2년이 지났는데 각 성에서 아직까지 본격적으로 학당을 설립하지 못한 것은 경비조달 부족 때문이다."라고 하였다. "자금 조달이 미흡한 것은 과거를 폐지하지 않았고 사림계층에서도 조정의 뜻이 결코 학당만 중요시한 것이 아니라고 한다. 그만큼 과거를 감소시키지 않은 한 사람들은 계속 관망의 태도를 버리지 못할 것이니 필요한 자금 조달이 어찌 이루어질 수 있겠는가? 자금 조달이 미미한 상황에서 학당 설립 수가 많아질 리가 만무하다."라고 하였다. 상주문에서는 또한 과거가 폐지되지 않은 한 학당에 들어간 사람이라도 공부에 전념하지 못한 경우가 많다고 언급하였다. "과거시험은 표절되는 경우가 많고 학당 공부는 실용적인 내용에 편중된다. 과거시험은 단 한 번의 시험에 모든 것을 걸어야 하는 구조적인 문제점을 안고 있는 반면 학당 학문은 오랫동안 갈고 닦은 실력을 필요로 하는 것이다. 과거시험은 글과 문체만 보지만 개인의 품행을 평가하기 어렵다. 학당에는 (학문과) 행실을 같이 중요시하므로 품행을 같이 검정할 수 있다. 이렇게 비교하면 난이가 쉽게 가려진다. 어려운 것을 피하고 쉬운 것만 향하는 것은 인지상정이 아닌가?"라고 하고 "지금은 시세가 어려우니 사람 힘으로 어찌할 바가 없다. 학당 진흥 외에 인재를 양성하고 시세를 구하는 방법은 없다. 이렇게 허송세월하면 국세가 위급하고 더 이상 버티기가 어려워진다."라고 하였다. 따라서 병오년 과거시험부터 향시鄕試와 회시會試에서 해마다 선발 정원 1/3을 감소시키고 점차 향시와 회시를 폐지시키자는 제안을 하였다. 각 성에서도 이 방침에 따라 점차 인재를 모두 학당에서 선발하도록 하였다.[2]

2   『請試辦遞減科舉折』(光緖 29년 11월 26일), 『張之洞全集』 3권, pp.1596~1597, 河北省人

상주문에서 과거 선발 정원 수를 점차 감소시키자는 것은 과거제를 폐지시키기 위한 것이 명백하다. 이는 진보적인 계층 사이에서 큰 호응을 얻었다. 1년이 조금 지나 조정에서 3과를 하나씩 줄여 나간다는 것을 기다리지 못하고, 병오년부터 완전히 과거를 폐지시킨다는 조서를 내려 진정한 신식 교육 진흥의 결심을 보여주었다. 이 조서에는 제법 괜찮은 문구가 있었다. "학당 설립은 인재를 비축하기 위해서만이 아니라 주로 백성의 지성을 개발하기 위한 것이다. 교육을 보급시키고 백성으로 하여금 일반적인 지능을 갖추게 함으로써 위로는 나라에 충성하고 밑으로는 스스로 살림을 챙기게 한다. 재능이 많은 자는 나라 통치를 보좌하고 그렇지 못한 자라도 양민이 될 수 있다." 일반 교육의 가장 큰 과제는 바로 모범 국민을 양성시키는 것이다. 이것이야말로 근대 교육의 근본적인 취지이자 학당으로 과거제를 대체하는 가장 큰 의의였다.

과거제는 실행된 지 1,000여 년이 넘었는데 천백만 지식인들의 운명이 여기에 걸려있었다. 만약 과거제가 폐지되면 그들에게 막대한 영향과 충격을 가져오지 않을 수 없다. 그러나 청나라 말기의 모든 개혁은 유독 이것만이 성공적으로 이루어졌다고 할 수 있다. 심각한 혼란을 일으키지 않았으니 평화스러운 개혁의 범례라고 할 수 있다. 그 이유는 첫째, 이 개혁은 수십 년 동안 배태된 것이었다. 1870년대부터 벌써 과거제 개혁안이 제기되었다. 예를 들어 산학, 예학과藝學科, 경제과를 증설하고 책론策論으로 팔고문을 대체하는 것 등이 그것이었다. 게다가 내우외환의 충격으로 과거 인재 선발 제도에 불만을 품은 사람이 갈수록 많아졌다. 무술 변법, 경자지변庚子之變을 거쳐 사람들이 과거제 폐지에

民出版社, 1998년 출판.

점차 공감하게 되어 폐지도 자연스러운 일이 되었다. 둘째, 과거 폐지 전후에 일련의 조정과 대체 조치가 만들어졌다. 즉 과거에 의해 선발되고 공명을 얻은 자에게 진로를 제공하고 동시에 새로운 학당 출신자에게 본인이 원한다면 시험을 거쳐 공명을 부여한다. 이 조치는 신구 교체의 문제, 사회적 혼란을 줄이는 것에 매우 유익한 것이었다. 과거에 "좌경" 교조주의 영향으로 이러한 조정 조치에 대해 지나치게 부정적으로 비판하였는데 그런 태도는 좀 편파적이었으므로 바로잡아야 한다.

과거제 폐지와 학당 설립은 청나라 말기 개혁에서 가장 성공적인 사례로 들수 있는데 그 파급력은 입헌개혁立憲改革과 반만혁명反滿革命에 국한된 것이 아니며 더 나아가 사회적 동란을 빗겨갔다는 측면에서 가히 대서특필의 필요성을 느낄 수 있다. 그리고 이러한 성공적인 범례는 개혁에 뜻을 같이 하려는 모든 이들에게 본보기로 삼을 수 있다.

신식 교육은 과거 교육과 본질적으로 다르다. 첫째, 교육의 목표가 완전히 다르다. 과거제 시기에 관학官學은 조정에서 군주를 보좌하는 관리를 양성하기 위한 것이었다. 사교육(개인 사숙, 학관 등)은 부분적으로 과거 시험 수요에 따른 것이고 부분적으로 가문을 위한 것이었다. 신식 교육에서 일반 교육(중소학교)의 목표는 모범 국민을 육성시키는 것이고 전문학교, 고등학교의 교육목표는 전문 인재를 양성시키는 것이었다. 한마디로 사회를 상대로 한 것이며 전 사회를 위해 봉사하는 것이었다. 둘째, 교육의 내용이 다르다. 과거제 교육은 사서오경을 주 교재로 삼고 (소수의 천문, 역법 내용 포함), 천 년이 넘어도 그 내용이 변하지 않고 옛 것을 그대로 답습한 것이다. 신식 교육은 덕행, 지력, 체력을 모두 발전시키는 전인 교육이었다. 지식 교육에 있어서 일부 전통 내용을 보류시킨 동시에 많은 자연, 사회, 인문 지식을 덧붙였다. 셋째, 과거제 교육은 강

근대 중국의 문화적 전환에 대한 연구

한 폐쇄적인 성격으로 사회와의 접촉과 교류가 많지 않았다. 신식 교육의 교재 선택, 교원 채용은 어느 정도의 공공성을 띠고 있었다. 각 학교 간, 학교와 사회 간에 교류가 있었으며 개방적이고 사회적이었다. 넷째, 스승과 제자의 관계가 다르다. 옛 전통 사회의 핵심 가치관은 천지군친사天地君親師, 천지는 허虛한 것이지만 군친사는 실제적인 것이었다. 학교에서 스승은 절대적인 권위를 갖고 학생으로서 받아들여야만 했기 때문에 능동성을 발휘하는 기회가 전혀 없거나 극히 드물었다. 신식 학교에서 스승과 제자는 사제 관계 외에 벗이기도 하였다. 학생은 자체의 단체와 활동이 있었다. 다섯째, 앞서 언급한 몇 가지로 인해 신식 교육, 특히 고등 교육은 혁신 체제를 갖게 되었다. 이것들은 구식 교육과 비할 수 없는 장점이었다. 이런 성격 때문에 학교 자체가 사회 공공 문화 공간이 되고 지식을 집결하고 전파하고 확산하며 인간의 사상 관념을 바꾸는 장소가 되었다. 무엇보다도 중요한 것은 이곳은 끊임없이 사회에 필요한 인재를 양성하므로 문화 변모 및 혁신을 촉진하는데 막대한 역할을 하였다고 할 수 있다.

그럼 청나라 말기 신식 교육의 발전 모습이 어떻게 되고 사회에 얼마나 새로운 인재를 양성하였으며 또한 공공 문화 공간 구축 및 문화 변화 추진에 어떠한 역할을 발휘하였는가?

우옌인(吳硏因, 1886~1975), 웡즈다翁之達의 『35년의 소학교육 三十五年之小學教育』이란 책에서 1902년에서 1905년간의 통계자료를 다음과 같이 기록하였다.

1902년	초등학생 수	5000 - 6000명	각종 학당 재학생수	6,912명
1903년	초등학생 수	약 2만여 명	각종 학당 재학생수	31,428명
1904년	초등학생 수	약 8만여 명	각종 학당 재학생수	99,475명
1905년	초등학생 수	약 23만 명 [3]	각종 학당 재학생수	258,836명

1904년 초, 장지동(張之洞, 1838~1909) 등이 과거 체감 상주문을 올렸을 때 전국 총 학생 수는 3만여 명이 불과하였다. 과거가 폐지되기 1년 전까지 전국 각종 학당의 재학생 수는 25만여 명으로 1903년보다 무려 7배나 늘어났는데 그 증가 속도가 빨라지고 있음을 알 수 있다. 하지만 4억명 인구 규모의 중국으로 볼 때 역시 미미한 숫자였다.

1906년 과거제 폐지 후 1907년부터 1909년까지의 교육발전 모습은 다음과 같다.

학생수 \ 연도	초등학교		중학교		전문학교		고등학교		총계	
	학당	학생	학당	학생	학당	학생	학당	학생	학당	학생
1907	34,650	918,586	398	30,734	87	14,185	13	2,838	35,148	966,343
1908	41,739	1,192,921	420	25,006	115	43,323	19	4,492	42,293	1,265,742
1909	51,678	1,532,746	438	38,881	127	23,735	24	4,127	52,267	1,599,489

출처:『第1次中國敎育年鑑』

---

3 舒新城의『中國近代敎育史資料』(人民敎育出版社, 1962年)에 의하면 1902~1905년 공·사립 초등학교 학생수는 각각 859명, 22,866명, 85,213명, 173,847명이다.

설명해야 할 것은 이 통계 자료의 신뢰도가 좀 떨어지고 의심할 여지가 남아 있는 부분도 적지 않았다. 첫째. 자료의 출처가 불분명하다. 둘째, 1908년 중학생 수가 1907년보다 문득 5,000여 명이나 줄어든 것은 설명하기가 어렵다. 셋째, 1909년 전문 학당 수는 12군데가 늘었지만 학생수는 2만명 가까이 줄었다. 이것도 이해하기가 어렵다. 셋째, 이 자료는 사범 학당 및 직업 학당 관련 자료가 포함되지 않았다. 같은 책의 기록에 의하면 1909년 직업 학당 수는 254곳, 재학생 수는 16,649명였다. 진계천(陳啓天, 1893~1984)의 『근대중국교육사近代中國教育史』 기록에 의하면 1909년 사범 학당 수는 514곳, 재학생 수는 28,572명이었다. 이렇게 보면 1909년 전국 각종 학당 총수는 53,035곳으로 위 표보다 768곳이 더 많았다. 학생 총수는 1,644,690명으로 위의 표보다 45,221명 더 많았다. 넷째. 예비입헌공회預備立憲公會에서 발행하는 『헌지일간憲志日刊』 선통宣統 2년 10월 21일 보도에 의하면 교육 주관기관의 조사에 따르면 전국 각급 학교 총수는 35,198곳, 학생 총수는 875,760명이라고 하였다. 이 숫자도 역시 위의 표 1909년 자료와 많이 달랐다. 필자는 『헌지일간』의 보도가 근거 있다고 본다. 이 신문지를 발행한 예비입헌공회의 정신적 핵심 인물인 장건은 그 당시 전국의 교육 사무를 관장하는 기관 '학부'와 긴밀한 관계가 있는 사람이다. 장건이 교육 문제에 관심이 많으니만큼 이 보도도 근거가 있다고 추정할 수 있다. 정리하자면 각종 자료의 데이터를 있는대로 믿는 것이 아니지만 참고할 만하다. 각 자료를 비교함으로써 실제 사실에 가까운 데이터를 추정할 수 있다. 대략 청나라 말기 개혁 초절정기인 1909~1910년 간 전국 각종 학교 재학생 총수는 100만 명 정도였고 당시 신식 학당을 졸업한 학생수는 200-300만 명 정도라는 것을 짐작할 수 있다.

뿐만 아니라 청나라 말기에 서양 사람들이 중국 각지에 설립한 교회 학교도 재학생수가 수만 명 정도로 상당한 규모에 이르렀다. 이 시기에 해외 유학을 가는 중국 학생도 많아지고 있었는데 그중 일본으로 유학 가는 학생이 가장 많았다. 일본 주재 사신 양추楊樞의 상주문(光緒32년 3월)에 따르면 재일 유학생은 1903년에 약 1,000명 정도, 1906년 봄에는 약 8,000명에 이르렀다. 황옌페이(黃炎培, 1878~1965)는 신해혁명 직전까지 재일 유학생 규모는 약 2만 명에 이르렀다고 하였다. 재미 유학생 중에서 국비생(경자배상금)은 1909년에 47명, 이듬해 71명, 그 다음 해에 63명이 선발 파견되었고, 자비 유학생이 이보다 더 많았다. 『시보時報』宣統 3년 4월 27일 보도에 따르면 그 해 재미 유학생 598명이라고 하고 각 성의 인원 수를 상세하게 나열하였다. 이중 광둥성은 251명으로 가장 많고 장쑤성은 108명으로 2위를 차지하였는데 근거가 있는 숫자라고 본다. 유럽 유학생은 많지 않았다. 장위파張玉法은 『청나라의 입헌 단체 淸季的立宪团体』라는 책에서 1910년에 300명이라고 기록하였지만 그 출처를 밝히지 않았다. 1911년까지의 귀국 유학생 중 일본 귀국 유학생이 만 명 이상으로 가장 많았고(졸업자 및 미졸업자, 정규 학교나 각종 비정규 과정 출신자 포함) 미국이나 유럽 귀국 유학생은 수백 여 명에 불과하였다. 이렇게 보면 청나라 말기에 신식 교육을 받은 사람은 200-300만 명 정도였다.

그들은 정치권, 군대 및 실업에 종사하는 사람 외에 사회 공공 문화 사업에 종사하는 사람이 많았고 그 중 교육, 신문 출판, 문학 예술 등에 종사하는 사람이 많았다. 그들은 중국 근대 문화 변모에 중요한 역할을 하였다.

근대 중국의 문화적 전환에 대한 연구

2. 무술변법·신해혁명 시기 사회단체의 발전

청 말기 사회 공공 문화 공간의 형성 과정을 기술할 때, 사회단체라는 것을 충분히 인식하지 않으면 안 된다. 중국이 전통사회에서 현대 사회로 전환하는 과정에서 사회단체는 전제적 국가권력과 경직된 가족 중심의 고정된 사회구조 바깥에서 자라난 가장 중요하고 새로운 사회 요소이다. 중국의 전통은 황제의 권력으로 각 가족들을 모아서 하나로 응집되었다. 황제 한 사람이 통제한 국가는 각 가족으로 이루어진 최대의 가족체계이다. 이 구조는 철저한 일원화된 구조이다. 그리하여 2천여 년 동안 오직 새로운 군주가 이전 군주를 교체시키는 이른바 왕조의 혁명만이 있을 뿐, 새 사회구조가 낡은 사회구조를 교체시키는 진정한 사회변혁은 없었다.

19세기 후반, 청 정부는 국내의 정치와 대외 관계가 모두 곤경에 처해 서서히 붕괴되기 시작하던 시기였다. 그때, 경제 분야에서 뚜렷한 변화가 일어났고 신식 교육의 흥성은 사상 관념이 점차 변하고 있는 지식인들을 많이 양성하게 되었다. 그들은 자신들에게 새로운 발전 방향을 모색해주고 싶었다. 새로운 경제생활과 새로운 문화생활은 바로 그들에 의해 밀어나가야 하고 개척해야 하였다. 이 시기에 거듭되는 외부로부터의 강한 핍박에 저항했지만 결국 실패로 끝나고 개혁 또한 여러 차례 패배의 쓴 잔을 마셔야 되는 진통을 되풀이하였다. 이런 시행착오들을 통해 그들로 하여금 나라를 구하고 중국을 강하게 하려면 중국의 사회 정치제도를 반드시 개혁해야 한다는 것을 깨닫게 하였고 중국의 정치제도를 바꾸려면 전 사회에서 새로운 역량을 모두 집결해야 한다고 인식하게 만들었다. 이것은 바로 사회단체들이 탄생하는 기본적인 배경이고 사람들이 사회단체를 결성하려는 가장 큰 원동력이었다.

근대 사회단체 중 대부분은 어느 정도의 근대사상을 가지고 있는 인사들이고 국가 근대화 사업을 추진하기 위해 스스로 결합된 단체이다(그들이 추진하고 싶은 사업은 다음과 같은 것들이 있다. 정치 개혁을 추진하는 것, 근대 교육을 개척해 나가는 것, 근대 상공업, 근대 문화사업, 공공위생 및 기타 공익성 사업 등을 발전시키는 것, 사회풍속이나 풍조를 바꾸는 것 등이 있다). 근대 사회단체의 탄생과 발전은 사회 전반이 근대화 방향으로 나아가는 중요한 진보적 시스템이다. 그들은 사회 전환과 문화 전환의 과정에서 중요한 역할을 하였다.

중국 근대 사회단체의 출현은 무술변법의 운동과 밀접한 관련이 있다. 유신운동을 발기한 지도자들과 핵심인물들이 모두 학문을 연마하고 선진적 지식을 구비한 인사들이다. 그들은 변혁을 하려면 그들 자신의 힘을 반드시 모아야 한다고 생각하였고, 그들의 힘을 모으는 방법은 바로 사회단체를 구성하는 것이었다. 그들은 여러 학회부터 창립하였다. 1895년에 강유위康有爲는 경사강학회京師强学会를 먼저 설립하고 「경사강학회서京師强學會序」에서 '학문은 연구하고 계속 정진해야 잘 이룰 수 있고 인재는 끊임없는 연마과정을 거쳐 다른 사람보다 탁월해질 수 있다.'[4]라고 하였다. 중요한 뜻은 특히 개혁하고 싶은 포부를 가진 사람들이 모여서 개혁사업의 발전을 이루고자 한다는 것이다. 또, 「상하이강학회서上海强学会序」에서도 '대장부는 중국을 구하려면 인재를 양성해야 하며 인재를 양성하려면 학술에 중점을 두어야 하고 학술을 정

---

4   "(学业以讲求而成, 人才以磨砺而出)." 『康有為政論集』, p.166, 中華書局, 1981.

진하려면 인재를 집결해야 한다'.[5]라고 하였다. 그들의 결론은 '학술을 정진하고 힘을 집결하여 강대해질 수 있다'[6]는 것이다. 양계초는 「설군 서說群序」에서 본인은 강유위한테 천하를 다스리는 도리를 물어본 적이 있었는데 강씨는 "여러 단체를 구성하고 변혁을 통해 사회를 개혁해야 한다."[7]라고 대답해 주었다. 그리하여 강유위와 양계초 같은 사람들은 그 당시에도 사회의 단체나 조직을 통해 개혁사업을 추진하는 것이 유일하게 실현할 수 있는 방법이라는 것을 깨닫게 되었다.

무술변법 전후에 강유위와 양계초 등의 제창에 호응하여 개혁에 큰 뜻을 품은 사람들은 적극적으로 행동하여 베이징, 상하이, 후난 등에서 잇따라 많은 학술과 정치성을 띠는 단체나 조직을 만들었다. 왕얼민 (王爾敏, 1927~)의 통계에 따르면 이와 비슷한 조직은 63개[8]에 이르고 장위파(張玉法, 1936~)의 통계는 68개[9], 민제(閔傑, 1945~)은 조사를 통해 72개[10]가 있다는 결론을 내렸다. 이런 단체와 조직들은 강유위와 그의 제자들과 직접적인 관련이 있으며 대부분 정치적 성향을 띠고 있었고 정변이 발생한 후 이런 단체들은 모두 중단되고 뿔뿔이 흩어졌다.

무술변법 후 한참 동안 국내 분위기는 소강상태였다. 강유위나 양계초와 관련이 없거나 관련이 밀접하지 않은 소수의 순수한 학술 단체

---

5   "(夫挽世變在人才(成人才), 在學術, 講學術在合群)." 同上書, p.169.

6   同上書, p.172.

7   『飮冰室合集·文集之二』, p.3.

8   王爾敏: 『淸季學會匯表』, 『大陸雜誌』24卷2-3期.

9   張玉法: 『淸季的立憲團體』, pp.199~206, 臺北中央硏究院近代史硏究所專刊第28種, 1971.

10   閔傑: 『戊戌學會考』, 『近代史硏究』1995年3期.

만이 보전되어 왔다. 강유위와 양계초 및 그들의 학생들이 외국에서 다시 단체나 조직을 창립하였으나 별로 활발히 활동하지 않았다. 1901년까지, 청 정부는 의화단(청대淸代 '白蓮教'(백련교) 계통의 비밀결사)과 팔국연합군(청 광서光緖 26년 조직된 영국, 미국, 독일, 프랑스, 러시아, 일본, 이탈리아, 오스트리아 등 8개국 연합군)으로부터 심한 타격을 받았고 다시 변법의 주장을 내세웠다. 그 후, 사회 분위기는 다시 활발해지고 특히 1903년 이후 온갖 사회단체나 조직들은 빠른 속도로 성행하였다. 이 단계부터 신해혁명 때까지 한참 동안 중국사회단체와 조직들의 발전에 대해서 비교적 세밀한 통계와 기술을 하기는 아직 어렵다. 최초로 이 작업을 한 사람은 장위파張玉法을 꼽을 수 있다. 그는 저서 두 권이 있었는데 하나는『청말의 혁명조직들淸末的革命團體』이고 하나는『청말의 입헌단체淸末的立宪团体』이다. 장선생은『청말의 입헌단체』라는 책에서 직접 본 사회단체의 자료들을 하나의 리스트로 자세하게 작성하였고 그중에 정치류 85개, 외교류는 50개, 상업류 265개, 공업류 4개, 농업류 26개, 교육류 103개, 학술류 65개, 청년류 17개, 예술과 문화류 17개, 풍속류 26개, 자선단체류 4개, 종교류 6개 등 모두 668개 조직이 있다고 하였다.[11]

　　장선생의 책은 1971년에 출판되었고 그때부터 더 많은 학자들이 청대 말기의 역사에 관한 저서 중에 이 문제를 언급하기도 했고 사회단체나 조직에 대한 통계는 각각 다른 설이 있었다. 가장 중요한 것은 상회단체나 교육회단체 등인데 다른 사람들은 이들 단체의 숫자가 장씨가 제시한 것보다 더 많고 생각한다. 왕디王笛은 자신이 쓴 「청대 말기 상회통계에 대한 토의关于淸末商会统计的商権」라는 글에서 쉬딩신徐鼎

11　　見張玉法:『淸季的立憲團體』, pp.90~143.

新이 쓴 「구중국의 상회의 근본에 대한 탐구舊中國商會溯源」라는 글에 나타나는 잘못된 내용을 시정할 때 표 하나를 제시하였다. 그가 인용한 통계자료에 따르면 청대 말기의 사회조직은 1906년에 178개, 1910년에 651개, 1911년에 761개가 있는데[12] 그 중 1911년의 수치는 장위파이 통계한 수치보다 496개 더 많다. 쌍빙桑兵은 프랑스 학자의 저서를 인용하며 1990년까지 전국의 교육회 단체가 723개에 이른다고 지적했는데 이것은 장위파의 책에서 나열한 1911년까지 수보다 620개가 더 많다.[13] 또 주잉朱英의 연구에 의하면 1911년까지 농회 조직은 295개가 있는데 이것도 장위파의 통계보다 269개나 많다.[14]

실제로, 상회단체와 교육학회를 제외하고, 더 많은 기타 여러 사회단체나 조직은 장위파의 책에 기록이 없고 통계도 없다. 1905년에서 1911년 사이의 『시보時報』의 기록만으로 살펴보면 청대 말기 사회단체와 조직 중 장씨가 논의하지 않은 것은 정치류 31개, 대외 관계류 11개, 실업류 10개, 문화 예술류 20개, 청년류 3개, 부녀류 2개, 종교류 2개만 있었다.(상회및 교육류 조직은 통계에 포함되지 않았다. 앞에서 왕디王笛과 쌍빙桑兵 두 사람이 열거한 상회와 교육회의 통계수치는 그의 리스트에 포함되어 있지 않았고 그리하여 『시보時報』에서 나온 상술한 두 가지 단체나 조직은 이미 통계에 포함되었는지 알 수가 없다.) 중국 전역에서 출판된 신문 중 몇 가지 대표적인 것을 골라서 자세히 검색하면 더 많은 사회단체나 조직을 발견할 수 있다. 위에서 언급한 『시보』에서 기록한 자료를 통해서 청대 말기에 단체를 이루

12   見『中國近代經濟史研究資料』第7輯, 上海社科院出版社, 1987.

13   見桑兵: 『淸末新知識界的社團與活動』, p.274, 三聯書店, 1995.

14   見朱英: 『辛亥革命時期新式商人社團硏究』, p.253, 中國人民大學出版社, 1991.

거나 결사하는 풍조가 얼마나 흥성했는지 알 수 있다. 이런 단체 중 어떤 것은 정부측이 제창한 것으로 상회나 교육조직 등이었고 어떤 단체는 제창하지 않았지만 예비헌법의 명목 아래 금지할 수 없었다. 1908년 청 정부는 국회청원운동을 진압하기 위해 양계초가 창간한 정문사政聞社를 단속하는 명령을 내렸다. 이러한 경우는 다른 일부 단체도 당해본 적이 있었지만 전반적으로 청대 말기 결사, 단체나 조직의 흥성을 억제하지 못할 형편이었다. 상회, 교육회 등의 조직은 정부의 명문규정에 따라서 창립된 것이었기 때문에 지방 수준이 낮아 숫자만 채우고 있는 유명무실한 것들이 많이 있었으므로 통계수치가 과장된 부분이 없는 것은 아니다. 또한 반드시 알아두어야 하는 것은 청대 말기의 사회단체와 조직은 상당한 부분은 갑자기 흥하였다가 갑자기 쇠하는 폐단을 답습하였다. 우리 고찰한 단체나 조직은 사회 공공 문화 공간이 형성된 형편을 설명하였고 유명무실한 것들은 실제적으로 기능을 발휘하지 않았다. 그리하여 필자는 실제적으로 기능을 발휘한 사회단체들이 통계수치보다 매우 적은 편이라고 본다.

사회단체나 조직이 왜 사회 발전에 기여할 수 있고, 사상 문화 전환 시기에 어떻게 역할을 발휘하고 어떤 기능이 있는지 알고 싶으면, 먼저 그 단체들을 결집하는 취지나 실제로 종사하는 사업을 살펴보아야 한다. 정치류의 사회단체들은 그들의 정치태도가 급진적이거나 온건한 편이거나 최종 목적은 모두 어떤 형식의 근대민주주의로 군주전제제도를 대체시키는 것이다. 바꿔 말하면 입헌 군주제의 정치제도를 실현하고자 하는 것이며 이는 바로 사회정치제도의 전환을 실현하고 현대국가와 민족을 수립하는 데 가장 중요한 일환이다. 무술변법 시기에 생겨난 각종 학회도 이 목적을 달성하기 위해 만들어진 것이다. 신정 시기

근대 중국의 문화적 전환에 대한 연구

입헌군주제를 준비할 시기에 나타나는 사회정치단체나 조직은 모두 이 목적을 위한 것이다. 각종 사회단체나 조직들은 목표가 명확하기 때문에 모든 활동은 이 핵심 목표를 달성하기 위해 진행한다. 이런 정치조직들 중 어느 정도 실력이 있는 사람들은 신문이나 간행물을 창간하였다. 무술변법 시기의 『강학보強學報』, 『시무보時務報』, 『지신보知新報』, 『상보湘報』, 『상학보湘學報』 등이 그것이다. 예비입헌 시기에 예비입헌노동조합회는 『예비입헌공회보預備立憲公會報』(그 후에 『헌지일간(憲志日刊)』로 개칭되었음)를 만들었고 정문사政闻社는 『정론政論』이라는 잡지를, 헌정공회는 『중국신보中國新報』를, 헌정연구회宪政研究会는 『헌정신지憲政新志』 등을 만들었다. 또한, 그들은 같은 시기에 강습소, 연설회, 열람실 등을 만들어 사회단체나 조직의 홍보 효과를 확대하려고 하였다. 그들이 홍보하는 내용의 하나는 기본적인 입헌군주제 정치제도의 기본 지식으로 예를 들어 헌법, 국회 및 정부의 조직, 인민의 권리 등을 소개하기도 하고 다른 하나는 전제 군주제의 폐단이나 폐해들을 강력하게 비판하였다. 이러한 선전은 민주 관념을 널리 알리고 백성들을 각성시켜 전제 군주제를 반대하는 데 큰 역할을 하였다. 이는 1908년부터 1911년 초 중국 전역에서 펼쳐진 대규모 국회청원운동을 통해 대략적으로 알 수 있다. 청 정부가 독단적으로 청원 운동을 진압한 후 평화적으로 개혁하려는 대부분의 단체나 조직들은 혁명파들을 동정하거나 직접 지지하였고 이러한 행동들은 청 정부 전제 군주제의 와해를 가속화시켰다. 이 과정에서 선전활동들이 실제로 커다란 역할을 하였다. 이런 개혁을 추진하는 정치단체들의 실제 활동은 위에서 언급한 국회청원운동 외에, 지방의 자치 실현, 각 성에서 자의국谘议局의 설립과 운영을 추진하고 독촉하는데 중요한 역할을 발휘하였다. 당시 많은 단체는 지방자치 연구

기구 조직, 간행물 출판하였고, 자의국의 협찬회, 의안협찬회, 의안유지회, 의안조사회 등을 조직하여 이것은 고문관과 총독순무巡撫 등 청대 최고 지방관리들과 투쟁을 지탱하는 버팀목이 되었다. 이런 활동들은 민주역량의 훈련과 집결의 과정이기도 하고 사회변혁과 변형의 과정이기도 한다.

청대 말기의 사회단체 조직은 정치 조직일지라도 사회 공공 문화 공간을 구성하는 중요한 부분인데, 그 이유는 많은 경우 그들의 활동들은 새로운 정치사상이나 사회관념을 연구하고 토론하며 선전하는 것이기 때문이다. 이런 단체나 조직들에 의지하는 것이 이런 사상이나 관념을 전파하는 공간을 개척해나가는 데 도움이 된다.

대외 관계류의 사회단체는 대부분 구체적인 섭외 사건을 처리하는 문제에 있어 서양 열강의 침략압박과 약탈을 반대하고 그들과 투쟁하는 과정에서 설립되었다. 이들은 경계선의 감정문제에 대한 것, 불평등한 조약에 관한 것, 이익과 권리문제에 관한 것, 심지어 직접 외국인이 중국에서 위법사건을 저지르고 중국인을 압박하거나 살해하는 구체적인 사건들을 처리하는 단체들이었다. 이 모든 것들은 중국의 국가주권과 관련되어 있었으므로 이러한 애국주의적 행동은 직접적으로 참여자들에게 근대민족 국가개념을 주입하는데 큰 역할을 하였다고 볼 수 있다.

문화학문예술류의 조직들은 주로 신지식, 신사상, 신관념, 신도덕 등을 전파하는 중요한 경로이자 메커니즘이기도 하다. 어떤 학술단체나 조직은 종합적인 성격을 갖고 있으며 지식을 전파하고 학습과 실무를 제창하고 공동이익을 유지하는 데 목표를 둔다고 표방하였다. 어떤 것들은 상당한 전문성을 띠는 학회들인데 예를 들어 의학연구회, 위생회는 새로운 의학지식이나 위생지식을 제공하고 건강과 오래 사는 문제 등을 추구하고 홍보하는 것이 주요 내용이다. 또 산학회算學會, 화학회, 식물연구회 등이 있는데 이런 학회들은 자연과학을 강습하거나 보급하기 위해 개설되었고, 법학회나 법률정치연구회 등은 법률이나 정치를 연구하였으며, 여지학회興地學會, 지리학회 등은 지리학을 연구하였고, 사학회는 신사학新史學을 제창하였다. 이들은 모두 근대과학 지식을 직접 전파하고 새로운 과학관념과 새로운 이론방법을 연구하였는데 이는 중국 근대 문화 전환을 진행하는데 직접적인 동력이 되었다. 도덕을 연마한다고 표방하는 단체들은 국민의 공중도덕을 양성하고 국민들의 소질자질을 높이는 데 도움을 주었다.

실업계의 단체들은 자연히 서양 근대실업의 조직관리 지식과 경험을 거울삼아 중국 근대 실업의 발전을 촉진하였다.

물론 이러한 사회조직이나 단체들의 사회적 역할을 과대평가하는 것은 타당하지 않다. 앞에서 서술하였듯이, 중국사회의 구체적 역사특징이나 그 당시의 내우외환內憂外患의 큰 배경을 감안하면 이런 사회조직이나 단체들은 항상 든든한 실력이 뒷받침되지 않았기에 오래 지탱하지 못하였고 활동 범위나 추진력 또한 제한적일 수밖에 없어 그 한계를 여실히 드러냈다. 하지만 이러한 이유만으로 이러한 사회조직들과 단체의 사회적 기능을 절대로 소홀히 하거나 단번에 말살할 수 없다. 청대 말기와 민국 시기에 정치, 경제, 교육, 근대학술 무대 위에서 활약했던 진보성향의 서민들, 대중을 위해 몸 바치는 '인인지사仁人志士'들 대부분 이런 사회조직이나 단체들의 교육과 훈련을 받았고 각자 사업의 최고를 향해 나갈 수 있었다. 중국 근대 사회가 만들어낸 새로운 사회요소들, 각 분야의 현대화 원동력은 이런 사회조직이나 단체들의 행동과 직접적이거나 간접적인 관련이 있다. 이런 조직이나 단체들은 전제 군주제의 체계와 동떨어져 있어 약간의 독립성과 근대성을 띠고 있었으며 예전의 여러 사회조직과 달리, 완전히 새로운 사회공간이었다.

마지막으로 지적할 것은 이런 새로운 사회조직이나 단체들의 조직 형식, 조직 원칙, 활동 방식 역시 새로운 사회 요소들을 발전시키는 데 중요한 역할을 하였다는 것이다. 청대 말기의 사회단체들은 어떤 종류든지 이 조직을 창설한 사람의 초심과 조직을 설립할 때 만든 「정관규약章程」은 모두 민주의 정신과 원칙을 따라 조직하고 활동하였다. 그들의 업무기구들은 동사회董事會를 설립하거나, 이사회를 설립하거나, 평의부나 집행부 등을 설립하기도 하였다. 요약하면 그들의 업무를 결정하는 방식은 모두 민주적인 다수결의 원칙을 따른다는 것이다.

하지만 일부 조직은 재력이나 인력의 한계로 인해 정규적인 집회를 할 수 없었으며 민주주의 원칙을 고수할 수도 없었다. 청대 말기의 많은 단체들 중 상하이 '예비입헌공회'는 다른 조직보다 비교적 완벽했으며 활동 또한 비교적 규범적이고 민주원칙을 지키는 편이었다. 1906년 12월부터 신해혁명의 전날까지, 그들은 대체적으로 정기적인 재선거와 의사활동을 하였으며 분업협력을 하였고 그들이 창간한 간행물, 개설한 연구소나 강습소도 어느 정도 일정한 실적을 얻었다. 이 조직의 회장會章 규정에 따르면 해마다 9월에 이사회를 거행하며 매월 첫째 주와 셋째 주에 직원회의를 소집하고 회원들은 연간 회비 24위안元을 내며 급한 사정이 있거나 회의를 할 시간이 없으면 구성원들은 통신 투표하는 방식으로 중요한 사항을 결정하였다.[15]

---

15   該會『簡章』見『預備立憲公會會員題名表』, 載『預備立憲公會報』1909年第二冊.

예비입헌공회가 꾸준히 민주원칙을 따라 업무를 결정하고 진행한 것은 그 구성원들의 구체적 상황과 큰 관련이 있다. 이 입헌공회의 구성원은 극소수의 현역 관리 또는 직업 불명자 외에 50% 이상은 정년퇴직한 관리들이나 향신들이었고, 약 25% 정도는 재계인사들이었고, 7% 이상은 학계 인사들로, 그들은 모두 재력 있고 학식을 갖춘 사회적 지위가 안정된 사람들이었다. 이런 인사들은 지식이 풍부하고 사회적 위상이 높기 때문에 단체나 조직의 안정과 영구성을 보장해줄 수 있고 규정에 따라 업무를 처리할 수 있었다. 이러한 사실은 민주제도를 실행하려면 반드시 백성들은 생업과 지식이 있어야 함을 말해준다. 청대 말기에 출현한 민주원칙을 따라 조직되고 활동한 상당 수의 사회단체들을 살펴보면 당시 중국 사회가 이미 이처럼 민주를 지지하는 역량이 있었음을 잘 나타낸다고 할 수 있다. 이런 민주 조직들은 스스로 사회에서 시범적 역할을 할 수 있고 사회 신흥 세력을 응집하는데 도움을 주며, 민주개혁, 사회변혁과 문화 전환에 든든한 사회적 기반을 마련해주었다.

현재의 사회학자들은 사회사업을 어떻게 관리해야 하는가 하는 것이야말로 아주 중요한 문화 소프트파워의 구현이라는 점을 매우 강조하고 중시한다. 이런 소프트파워는 바로 사회의 공공公共 공간에서 육성되고 발전해 왔다. 청대 말기 사회단체의 흥성은 중국 근대 문화의 육성과 발전을 위해 중요한 역할을 하였다.

3. 근대 매스 미디어 시스템의 형성 및 기타

(1) 근대 신문출판 및 인쇄업의 발전과 그 사회적 역할

송서(宋恕, 1862~1910)는 "학교, 의원, 신문, 이 세 가지는 무량세계(역자주: 불교 용어, 한없이 크고 넓은 세계를 가리킴)에서 국가를 불운에서 행운으로 바꿔 주는 공통 요령이다."[16]라고 말하였다. 그에 의하면 이 세 가지 요령이 잘 갖춰지기만 하면 태평성세를 기대할 수 있다는 것이다. 그의 말이 과장될 수 있지만 학교와 신문사는 매우 중요하다. 근대 사회는 극히 소통이 필요하였다. 정보·지식·관념이 소통되어야 근대적 생산과 생활방식이 유지되고 제대로 움직일 수 있다. 이는 근대 신문업 발달의 근본적 원인이었다. 보통 원발적原發的인 근대 사회에서는 이러한 과정이 자연스러운 것이었겠지만 중국의 상황은 좀 달랐다. 중국의 신문, 잡지 등의 많은 간행물은 나라를 구하고 부강시키고자 하는 정치적 동기에서 탄생된 것이었다. 하지만 이런 독특한 배경에서 태어난 간행물업은 기본적으로 다른 나라의 신문업과 비슷하게 정보·지식·관념을 소통시키는 역할을 하였다.

초기에는 신문잡지 등 간행물의 수량이 제한적이었고 전국 규모의 매스 미디어 시스템이 갖추어지지 않았다. 20세기 초 신정개혁新政改革이 다시 제기된 후, 특히 혁명 및 입헌운동이 점차 고조기에 접어든 후 근대 신문잡지 등 간행물들이 전국적으로 우후죽순처럼 생겨나기 시작하였다. 팡한치(方漢奇, 1926-)의 『중국신문사업편년대사기中國新聞事業編

---

16   『宋恕集』(上), P137, 中華書局1993년.

年大事記』의 부록에 있는 신문잡지 목록에 의하면 1895년부터 1911년까지 발행된 신문은 1,520종에 이르렀다. 이 많은 신문잡지 등 간행물 중 일부 신문을 제외하고 거의 대부분은 오래가지 못하였다. 짧게는 한두 달이나 한두 주, 길게는 1-2년밖에 버티지 못하였다. 가령 각종 신문잡지 등 간행물의 평균수명이 1년이고 평균 발행량이 1,500부(많게는 만 4, 5천부, 적게는 몇 백부)라고 가정한다면 1895년부터 1911년까지 16년 동안 매년 발행된 신문잡지 등 간행물 수는 평균 141,250종이다. 가령 신문 잡지등 간행물을 도서열람실을 통해서 지인 중 평균 다섯 사람이 보게 된다면 매년 연인원 703,125명이 간행물을 읽게 된다. 이 숫자는 전국 인구규모에 비하면 적은 숫자에 불과하고 1906년 이후 이 숫자는 배로 늘어났을 것으로 전망하고 있지만 실제로 정확한 추산이 어렵다.

　　매스 미디어 시스템을 살피는 데에 출판 인쇄 관련 내부 조직을 언급하지 않을 수 없다. 보통 큰 신문잡지는 자신의 출판 인쇄 관련 업체를 소유하고 있지만 발행량이 많은 도서나 재력이 약한 신문잡지는 전문 출판인쇄 관련 업체에 맡겨야 하였다. 청나라 말기 10여 년 사이 출판인쇄업은 장족의 발전을 보였는데 수량의 증가 및 규모의 확대 이외에 더 중요한 것은 기술의 개선이었다. 석판 인쇄술은 조판 인쇄술보다 훨씬 나아졌고, 활자인쇄술은 석판 인쇄술보다 더 나아졌다. 신형 인쇄기의 사용으로 인쇄 속도가 크게 빨라졌고 출판 시간을 대대적으로 단축시켜 출판 사업을 크게 발전시켰다.

　　청나라 말기의 출판업 중에서 가장 영향력이 있는 민영 출판 업체로는 두 곳이 있었는데 하나는 상무인서관商務印書館이고 하나는 광지서국廣智書局이었다.

　　상무인서관商務印書館은 1897년 2월에 상하이에서 설립되고 1902

년에 주식회사로 개편되었는데 시간이 갈수록 점차 규모가 크고 신형 설비 및 현대 경영관리 시스템을 갖춘 근대 출판기업으로 발전하였다. 주업무 중 하나는 초등학교 교재 편찬으로 총 3종의 교재를 편찬·출판하였는데 모두 발행량이 컸다. 다른 업무는 서양 명작을 소개하고 번역·출판한 것이다. 예를 들어 다윈(Charles Robert Darwin, 1809~1882, 영국인), 스펜서(Herbert Spencer, 1820~1903, 영국인), 존 스튜어트 밀(John Stuart Mill, 1806~1873, 영국인)의 저서 등을 번역·출판하고 엄복의 역서를 많이 출판하였다. 또 다른 업무는 정기 간행물과 잡지를 편집·발행한 것이었다. 예를 들어,『동방잡지東方雜志』,『수상소설繡像小說』,『교육잡지 育雜志』,『소설월보小說月報』,『도서회보圖書彙報』,『법정잡지法政雜志』,『소년잡지少年雜志』등이 그것이다. 그외에『영화초계英華初階』와 같은 인기있는 학습용 참고서와 사전과 같은 학습용 도구서도 많이 출판하였다.

광지서국廣智書局은 1902년 음력 정월에 상하이에서 설립되었다. 이 서국은 유신운동의 리더격인 강유위(康有爲, 1858~1927)나 양계초와 밀접한 관계를 맺었다. 그곳에서 발행한 서적은 비전이 있고 품격이 있어 영향력이 컸는데 그들은 주로 사회주의 관련된 책을 많이 출판하였다. 예를 들어 이 서국에서 출판한 일본 학자가 쓴『근세사회주의近世社會主義』라는 책은 당시 내용이 가장 풍부하고 체계적으로 사회주의를 소개한 책이었다. 그 책의『공산당선언』결말 부분의 소개와 번역은 송교인(宋敎仁, 1882~1913)보다 3년이나 빨랐다. 상문인서관과 마찬가지로 이 서국도 서양 명작을 소개하고 번역하는데 힘썼다. 특히 입헌운동을 추진하기 위해 법학과 정치학 이론, 예를 들어 헌법이론, 헌법 문헌, 헌법 정치사 관련 서적, 그리고 법학 이론, 국제법 관련 서적, 또는 세계 정세 관련 서적을 많이 펴냈다. 이 서국의 특색으로 간주할 수 있는 것은 중국

근대 중국의 문화적 전환에 대한 연구

과 외국의 역사 관련 서적을 다양하게 펴낸 것이었다. 뿐만 아니라 초등학교, 중학교, 사범 학교 등에서 필요로 하는 교재, 그리고 인기 소설을 많이 출판하였다. 그 외에 강유위, 양계초와 깊은 연계가 있으므로 그들의 책을 많이 펴내기도 하였다.

당시 유명한 출판기관은 앞에서 언급한 두 곳 외에 상하이에는 문명서국文明書局, 개명서점開明書店, 유정서국有正書局이 더 있었고 기타 유명세를 타지 않은 출판기관은 약 30-40곳 정도 더 있었다. 그 외에 베이징北京, 광저우廣州, 텐진天津, 난징南京, 우창武昌, 창사長沙, 충칭重慶, 청두成都, 지난濟南, 양저우揚州, 산터우汕頭 등에도 각각 한 곳 또는 몇 곳의 출판기관이 있었다.

이 시기에는 중앙정부와 지방정부도 출판사 성격의 기관을 잇달아 세웠다. 예를 들어 중앙의 정치관보국政治官報局, 학부편역도서국學部編譯圖書局, 지방의 북양관보국北洋官報局, 남양관보국南洋官報局 등이다. 각 성省도 관보국을 설립하였다. 이런 기관은 주로 정부의 공식 입장을 대변하는 내용물을 출판 및 발행하였지만 예비입헌 수요에 따라 출판된 헌법 정치 관련 간행물은 새로운 지식이나 사상 또는 관념을 전파하는 역할을 하였다.[17]

출판기관은 지식·사상·관념을 한데 모아서 사회민중들이 받아들일 수 있는 특수 제품으로 가공·포장시키는 생산기지이자 지식·사상·관념을 전파하는 플랫폼이다. 작가와 독자를 연결시키고 고금 중외의 각종 사상 및 문화를 융합시키는 불가결의 연결고리이다. 따라서 근대

---

17   이 시기 국내 출판 기관 발전 개황에 관하여 예짜이성(葉再生)의 『中國近代現代出版通史』(중국 근현대 출판 통사) 5장과 7장 참조. 北京華文出版社 2002년 출판.

문화 전환 메카니즘의 중요한 일환이 되었다.

근대 매스 미디어 시스템에 있어서 발행 경로도 소홀히 할 수 없는 일환이었다. 우정국 및 대리점, 크고 작은 도시의 서점, 열람사 또는 도서실 등과 같은 시스템의 구축은 새로운 지식·사상·관념의 전파에 있어서 없어서 안 되는 것이었다.

근대 신문잡지의 가장 뚜렷한 기능은 정치적 역할이었다. 이어서 새로운 지식·사상·관념을 전파하는 과정에서 나타난 신문잡지의 다른 사회적 영향을 살펴볼 것이다.

새로운 지식을 소개하는 것은 근대 신문의 중요한 내용이다. 대부분 신문에는 각종 자연과학 지식을 소개하는 전문란이 있었다. 예를 들어 『저쟝조浙江潮』에는 "과학"이라는 특정기사를 싣는 칼럼이 있고 루쉰(魯迅, 1881~1936)은 거기에 「설일說」이라는 글을 게재하였다. 이 글은 퀴리부인이 라듐(radium)이라는 새로운 금속원소를 발견하였다는 것을 소개하였다. 다른 신문은 『잡조雜俎』, 『총담叢談』, 『격치格致』, 『이과理科』, 『과학총록科學叢錄』 등의 칼럼을 통해 예를 들어 지원설地圓說, 기초적 천문학, 기상학(바람, 비, 벼락 등), 지질학, 지리학 지식 등의 자연과학 관련 내용을 소개하였다. 중국 역사에도 실용적 과학기술이나 발명이 많이 있었는데 대개 장인들이 종사하는 분야여서 지식인들이 눈길을 돌릴 리도 없고 백성에게 보급하는 일도 없었다. 백성들은 자연현상에 관한 과학 지식이 없어 천 년 동안 미신에 의지할 수밖에 없었다. 근대의 신문과 잡지는 이와 같은 자연과학 지식을 소개함으로써 미신을 깨고 백성들의 자연 관념을 변화시켰다는 데 중요한 의의가 있었다. 그외에 백성들에게 지식을 보급하기 위하여 각국의 민생, 일용 및 공업 지식, 또는 신형 어뢰정, 신형 잠수 기뢰정 등과 같은 군사 발명, 그리고 기타 새로운 사회 현상을 소개하기도 하였다.

　　사회과학 지식도 신문잡지가 다루는 중요한 내용이었다. 법률, 정치, 실업, 재정 관련 지식, 교육학, 철학 관련 저서, 또는 유명한 철학가, 교육가, 정치가에 대한 소개 등이 많이 취급되었다. 1906년 예비입헌이 선포된 후 헌법 정치에 대한 소개, 지방 자치에 관한 논쟁, 각종 사회조사보고서 등의 보도는 풍부한 지식과 정보를 제공하여 백성에게 헌법 정치를 이해시키는데 일조하였다.

　　신문 잡지의 다른 주요 내용은 외국 사물 및 세계 정세에 대한 보고였다. 중국인은 예부터 중국을 천하로 알고 중국 이외에 아는 것도 별로 없고 관심도 없었다. 심지어 아편전쟁 후 서양 침략자들을 오랑캐로만 보는 시각이 강하였다. 양무운동 시기부터 일부 진보성향 인사들은 중국 외에 또 다른 세계가 있다는 것을 알게 되었지만 그 세계가 어떻게 돌아가고 있는지에 대해 아는 바가 별로 없었다. 유신운동 시기부터 중국인이 쓴 외국 사물이나 기행을 담은 책들이 퍼지기 시작하고 외국 명작을 번역한 역서도 늘어나기 시작하였다. 하지만 세계에서 매일 일어나는 큰 사건들을 제시간에 보도하는 일은 드물었다. 무술변법 후 해외로 망명하는 중국 정치인들이 많아지고 유학생도 급속히 늘어났다. 그들은 혁명이나 개혁을 위해 외국 사례를 참조하는 것이 필요하였다. 따라서 그들은 외국 사물을 소개하거나 세계 정세를 보도하는 글을 신문에 많이 게재하기 시작하였다.

　　많은 신문지면에 세계 정세를 보도하는 전문난欄이 개설되었다. 연말연시가 되면 외국의 큰 사건을 체계적으로 정리하고 편집하였다. 예를 들어 일본대사기(日本 大事記), 구미歐美大事記 등이 그것이다(『天津日日新聞』참조). 이와 같은 세계 정세, 중외 교섭에 관한 신문기사나 논평은 중국인의 시야를 넓혀 그들로 하여금 오만한 중국 중심 세계관을 타파하고 새로운 세계관을 심어주었다. 중국과 밀접하게 관련된 일이라면 더욱 다양하게 보도하였다. 예를 들어 철도·광산 개발권 되찾기 운동, 재미중국노동자제한조약 반대운동에 관한 보도나 논평 등이 있다. 이러한 보도는 제국주의가 중국을 침략하고 약탈하는 사실을 알려주고 민중들로 하여금 다양한 형식으로 제국주의 반대에 동참하도록 일깨웠다. 사실을 담은 보도로써 백성들의 애국사상을 깨우치는 것은 예전의 단순한 배외排外사상과 달리 중국인에게 근대 민족주의 사상을 심어주었다.

　　신문잡지의 또 다른 공헌은 바로 중요한 근대 권위 있는 철학과 사상 등을 심어주어 계몽 운동의 초석을 다진 것이다. 예를 들어 『역서회편譯書彙編』에서 중국 국내 최초로 장 자크 루소(Jean-Jacques Rousseau, 1712~1778, 프랑스인)의 『사회계약론』, 몽테스키외(Montesquieu, 1689~1755, 프랑스인)의 『법의 정신』, 스펜서(Herbert Spencer, 1820~1903, 영국인)의 『정치철학』 등을 번역하고 소개하였다. 그 후에 서양학자의 국가 학설, 정부 구조, 헌법사상 등도 신문지면에 많이 소개되었다. 마르크스 학설을 비롯한 서양 사회주의 학설도 이 시기에 소개되었다. 『만국공보萬國公報』, 『청의보淸議報』, 『역서회편』, 『민보民報』는 모두 사회주의와 마르크스 사상을 소개한 적이 있었다. 또 어떤 신문은 서양의 학설을 수용하고 중국인이 받아들이기 쉽게 근대 민권, 민주, 신형국가, 신형국민 등의 개념을 소개하였다. 예를 들어 『신민총보新民叢報』의 「신민설新民說」, 『국민보國民報』의 「설국민說國民」 등 많은 신문지면에는 국민의 권리 및 의무, 국민 도덕 관련 내용을 다양하게 설명하였다. 이것들은 국민의 수준을 높이는데 일조하였다.

신문잡지 등의 간행물은 새로운 지식, 사상, 관념의 전파를 통해 점차 사람들의 사상과 현실에 대한 태도 변화를 이끌어내어 그들로 하여금 개혁이나 혁명에 동참하게 하고, 나아가 공감대가 형성된 바탕에서 각종의 사회적 연합을 이루어냈다. 이는 사회개조의 중요한 요소이고 이런 요소들이 축적되면서 사회 전환과 문화 전환의 필요조건이 되었다.

(2) 기타 사회 공공 문화 시설의 설립

무술유신운동 시기부터 유신인사들은 이미 도서관 설립을 주장하였다. 강유위가 강학회強學會를 창설할 때 "대서장大書藏"과 박물관 설립을 호소하였다.[18] 송서宋恕가 그의 『육자과재비의六字課齋卑議』에서 "각 현에 한 군데 이상의 도서관을 설립하고, …… 베이징이나 각 상업 도시, 대도시에 큰 도서관을 설립하여 국민이 자유롭게 도서를 열람하도록 한다."라고 명확하게 제안하였다.[19] 후난성 유신인사들이 창립한 남학회南學會도 장서처를 설치하였는데 그곳에 중국이나 서양의 실용적 학문을 담은 장서들이 많았다. 1898년에 경사대학당京師大學堂을 창립할 때 도서관 설치에 대하여 명확하게 규정하였다. 1906년에 외국으로 정치 사찰을 다녀온 사신들의 입헌 관련 상주문에도 도서관 설립에 대한 제안이 있었다. 이와 같이 무술유신 시기부터 1901년 신정 제기 후, 이어서 예비입헌 시기까지 진보성향 인사 및 지식인들은 모두 공공 도서관의 중요성을 깨닫고 있었다.

---

18   『康有爲政論集』(上), P.174 참조.

19   『宋恕集』(上), P.147 참조.

이와 같은 강력한 호소 하에 1903년부터 도서관들이 잇따라 설립되기 시작하였다. 『근대중국사회문화변천록近代中國社會文化變遷錄』제2권의 작가 조사에 따르면 1898~1903년 사이 각 지역의 민간 투자로 설립한 소형 도서관(당시는 藏書樓, 公書局이나 公書社라고 함)은 20군데가 넘었다. 1903년~1910년 사이에 전국의 유명 도서관은 11군데가 있고 베이징北京, 광저우廣州, 후난湖南, 즈리直隸, 지린吉林, 산둥山東, 산시陝西, 윈난云南, 헤이룽강黑龍江, 허난河南, 장쑤江蘇 등 10개의 성과 도시에서 비교적 규모가 큰 공립도서관이 설립되었다.

신문 열람을 주요 기능으로 한 열람사는 더욱 많았다. 위 책의 작가에 의하면 베이징만 해도 1905년~1907년 사이 45곳의 열람사를 설립하였다고 하는데 실제 숫자는 이보다 많을 가능성도 있다. 같은 시기 톈진은 5곳, 즈리直隸는 10곳의 열람사가 있었다.[20] 이러한 열람사는 장서루나 도서관과 함께 근대의 중요한 문화 시설이고 그들은 매우 중요한 역할을 하였다.

사회 공공 문화 공간은 신문화를 배태하는 온상이고 신문화를 전파하는 네트워크이며 각종 문화가 서로 부딪치고 경쟁하는 무대였다. 한마디로 그것은 사회 문화 발전을 촉진시키고 전환시키는 필요조건이었다.

국수주의자 덩스(鄧實, 1877~1951)이 감탄한 바와 같이, 서양 학자와 사상가들이 새로운 학설을 내세우면 온 사회가 호응하고 추종하곤 한다. "우러러 바람과 구름을 휩쓴 것처럼 온 세상 사람들의 마음을 움직일 수 있다." 이에 반하여 중국은 "역대에서 석학 한두 명이 나오고 그들

---

20   『中國近代社會文化變遷錄』2권, pp.400~405.

은 학문을 깊이 닦아 각자의 종파를 만들기도 하였다. 그들의 학설이 체계가 없는 것은 아니지만 인적이 드문 쓸쓸한 산 속에서 나홀로 외침밖에 되지 않아 큰 호응을 얻지 못하고 고작 제자나 지인 몇 명만이 알뿐이다. 또한 세상 사람들이 존경할 줄도 모르고 후세도 표방할 줄도 모른다. 따라서 그들의 학설은 시간이 지나면 미약해지고 그들이 남긴 저서도 소실되거나 유실되어 더 이상 찾기가 어렵다. 어찌 애통하지 않을 수 있겠는가?"[21] 그의 견해는 옳은데 그 이유는 다른 것이 아니라 중국 사회에서 사회 공공 문화 공간이 형성되지 않았기 때문이다. 민국 초기에 도아천(杜亞泉, 1873~1933)도 비슷한 탄식을 한 바가 있다. 그는 중국에 훌륭한 인재가 없는 것이 아니지만 "땅이 넓고 교통이 불편하다. 언어와 풍속이 각각 달라 소통하기가 어렵다. 단체도 없고 신문도 없어 지식을 교환하고 감정을 소통하며 의사를 전달하는 길이 없다. 따라서 사회 정신의 전파성, 유행성, 모방성이 표현될 경로가 없다. 이는 중국 사회 심리가 유치하고 침묵한 이유기도 하다."[22]라고 하였다.

앞에서 살펴본 바와 같이 근대 중국사회는 공공 문화 공간의 필요성을 실감하게 되었다. 청나라 말기에 신교육의 출현과 발전, 사회단체의 흥성 및 공공 매스 미디어 시스템의 형성 덕분에 근대 사회 공공 문화 공간이 초보적으로 갖추어지게 되었고 이것은 근대 중국의 문화 전환을 크게 촉진하였다.

---

21   『國學無用辯』,『國粹學報』第3年 6期.
22   『杜亞泉文選』, 華東師範大出版社, 1993, p.71.

제4장

청나라 말기
사상문화적 변화 추이

청나라 말기 서양의 사상 문화가 사회 공공 문화 공간에 널리 전파됨에 따라 중국인들의 사상 관념에 큰 변화가 찾아오면서 중국 전통 정교체제는 큰 도전을 받게 되었다. 이중에서 가장 중요한 것은 존군尊君관념을 점점 지양하고 공자와 유학의 독존적 위상이 근본적으로 동요하기 시작하였다는 점이다. 사상 관념의 중대한 변화는 문화의 서민화와 사회풍속의 개혁을 추진하였다.

1. 사상 관념의 중대한 변화

(1) '천자강존天子降尊'에서 군권의 부정까지

중국은 은주殷周시대에 군권은 신이 부여한 것으로 천자가 존귀하다는 여일인予一人 관념이 있었다는 문자기록이 있다. 후에 많은 사상가들이 천자天子와 왕의 유래를 해석할 때 백성들이 최초에는 지식과 학문이 없어 이로운 일이 있어도 이롭게 하지 못했고 해로운 일이 있어도 없애지 못하기 때문에 하늘에서 군주를 보내어 군주를 본보기로 하여 백성들에게 의식주행衣食住行을 가르치고 백성들에게 유리한 일을 하고 천하를 해롭게 하는 일을 없애 백성들이 안정된 삶을 살아가게 되었다고 설명한다. 군주는 신의 사자使者로 천하 만백성의 은인이므로 반드시 감사히 여기고 떠받들고 복종해야 한다. 진시황(BC259~BC210)은 왕권을 최고의 위상으로 끌어 올려 "천하는 황제의 땅이고, 인적이 미치는 곳의 모든 백성들은 신하이다(六合之內, 皇帝之土; 人跡所至, 無不臣者)." 라고 했으며, 황皇과 제帝를 통일하고 제帝와 성聖을 통일하여 절대적 군권의 시대를 열었다. 이때부터 존군제도尊君制度가 확실하게 정립됐다. 당나라 한유(韓愈, 768~824)는 『원도原道』에서 이론적인 형식으로 존군尊君의 원리를 설명하였다. 그는 군주는 법령을 제정하는 자이고, 신하는 명령을 행하여 백성들을 관리하는 자이며, 백성은 곡식과 삼실[麻絲]을 만들고 그릇을 만들어 재물을 유통하므로 사실은 상위계층이라고 말하였다. 신하가 군주의 법령을 어기고 백성들을 관리하지 않거나 백성들이 곡식, 삼실, 세금을 납부하지 않으면 죽임을 당해야 한다. 군주는 지고지상한 존재로 하늘을 대신하여 백성을 관리한다. 군주는 절대적으로 틀리지 않다고 하면서 "천왕께서는 현명하시니, 신하의 죄는 죽어 마땅하옵나이다(天王聖明, 臣罪當誅)"라는 말까지 남겨 신성한 군권이 사람들의 마음 속에 깊숙이 뿌리 박혔다. 비록 일부 사람들의 지나친 존군 사상에 동의하지 않았으나 이는 개인적인 견해에 불과하여 사람들 마음 속에 뿌리 박힌 존군 관념에 아무런 영향을 주지 못하였다. 명나라 말, 청나라 초기 황종희는 『원군原君』에서 군주의 지위, 직분, 책임에 대하여 새로운 견해를 내놓았다. 황종희는 군주가 존재해야 한다는 것을 인정하지만 군주는 천하의 백성들을 위해 천하를 관리해야 하고 천하에 좋은 일을 해야 하며 천하에 해로운 일을 제거해야 한다고 강조하였다. 그래서 "군주가 부지런히 일하는 것은 천하의 백성들을 위한 것이어야 한다. 아버지를 사랑하듯이, 하늘의 신을 대하듯이(其勤勞必千萬於天下之人 比之如父, 擬之如天)." 천하 백성들의 사랑을 받아야 한다고 하였다. 하지만 후세의 군주들은 천하를 자신의 소유물로 간주하고 "천하의 이로움을 자신의 것으로 하고 천하의 해로움은 사람들에게 있다(天下之利盡歸於己, 天下之害盡歸於人)"라고 하였다. 이에, 천하를 소유하면 가장 이로운 것을 소유한 것과 같다. 천하를 소유하지 못하면 백성을 죽이고 백성들이 가족과 이별하는 것도 아랑곳하지 않고 소유하려고 한다. 군주들은 천하를 소유한 후, 백성을 잔혹하게 부리고 백성들이 자식과 이별하게 하여 자신의 욕망을 채웠다. 백성들은 이런 군주에 대해 당연히 분노할 것이고 원수로 간주할 것이다. 황종희는 원군에 대한 논의에서 무조건적이고 지나친 존군 관념에 대해 비판적인 견해를 내놓았는데 이는 매우 큰 발전적인 의미가 있다. 하지만 일부 학자들은 황종희의 이런 진보성을 과대 인정하고 심지어 그의 이런 견해는 민주주의 사상을 갖추었다고 보면서 근대 사상 범주에 접근하였다고 생각하였는데 이는 타당하지 않다. 황종희는 군권 자체를 부정하지도 않았고 군권을 제한한다는 관념을 내놓지도 않았다. 그는 군주가 백성들을 위해 세상을 관리해야 하고 세상에 좋은 일을 해야 하며 세상에 해로운 일을 제거해야 한다면서 이는 군주의 직책이라고 강조하였다. 이는 고대 민본주의의 범주를 벗어나지 못한 것이다. 하지만 황종희는 하늘에서 군권을 부여하였다는 점을 비교적 명확하게 부정했고 천하가 군주의 소유물임을 부정하였으며 세상의 백성들이 독점적인 군주를 증오하는 것은 일리가 있다는 것을 인정하고 군권이 영원토록 변함이 없어서는 안 된다고 주장하였다. 이런 관념의 발전적 의미를 무시해서도 안되지만 지나치게 과대평가할 필요도 없다. 청나라 말기, 무술유신운동이 일어난 후, 군권에 대한 중국인의 인식은 근대적인 성향으로 바뀌기 시작하였다. 강유위康有為가 무술변법 전에 쓴 『춘추동씨학春秋董氏學』에서 "대개 성인(이 글에서 군주로 해석함)도 백성이고 우연히 군주의 자리에 앉았지만 백성들을 위해 해로움을 제거해야지 자신의 이익만을 위해서는 안 된다. 이는 공자가 말한 것으로 후세 사람들은 이 이치를 이해하지 못하고 권력을 이용해 자신의 지위를 높이고 법으로 사람을 통제하려고 한다. 이로서 공과 사의 구분이 시작되었다."[1] 강유위의 발언은 물론 황종희보다 더 나아갔다. 군주도 같은 백성이다. 하늘 같은 군주인 천자를 하루아침에 지상의 평민으로 끌어내린 격으로 이것은 대단한 발전이다. 강유위의 제자들은 그의 사상을 더욱 더 발전시켰다. 양계초梁啓超는 "3대(하, 상, 주나라의 합칭) 이후 군권이 점점 더 존귀해지고 민권은 점점 더 쇠퇴하여 중국이 쇠약해지는 근원이 되었다."라고 하였다. 또, 이중에 가장 큰 죄인은 진시황, 원태조, 명태조라고 덧붙였다. 양계초는 3대(夏, 商, 周) 시기는 군주와 백성들 사이가 크게 벌어지지 않았고 군주는 민본주의로 백성을 다스렸으나 3대 후부터 전제 군주제는 "역대 제도는 모두 왕을 보전하기 위한 것이지 천하를 보전하기 위해 만들어진 것이 아니었으므로 공자와 맹자의 뜻과 크게 어긋난다!"라고 하였다.[2] 맹자는 "백성이 가장 귀하고 군주는 귀하지 않다(民為貴, 君為輕)"라고 하였다. 역대 군주들이 높은 자리에 앉아 백성들을 억압하는 것은 공자와 맹자의 뜻과 일치하지 않는다. 이러한 전제 군주제는 존경 받지 못할 뿐만 아니라 죄인으로 간주해야 한다. 후난시무학당湖南時務學堂의 과예비어課藝批語에서 양계초는 단도직입적으로 "24개 왕조 중 공자를 따를 만한 사람이 없었다. 그 중 패자覇者 몇 명만 있고 나머지는 모두 민적民賊이다(二十四朝, 其足當孔子至號者, 無人焉. 間有數霸者生於其間, 其余皆民賊也)"라고 하면서 "변법은 천자의 지위를 낮추는 것부터 시작해야 한다(今日欲求變法, 必自天子降尊始)"라고 주장하였고 "군주와 신하는 동일한 사람이다. 점포의 경우, 군주는 점포를 관리하는 사람이고 신하는 점포의 지배인

1   『春秋董氏學』卷6(下)『(王道)』,『康有爲全集』第2卷, p.863, 上海古籍出版, 1990.
2   『西學書目表後序』,『飮冰室合集·文集之一』, p.128.

과 같다."³라고 하였다. 양계초는 수 많은 백성들이 점포의 주주임을 명시하였다. 이는 군주를 백성들의 공복公仆으로 간주한 셈이다.

담사동은 스스로를 강유위의 사숙제자私塾弟子라고 불렀다. 그는 『인학仁學』에서 이론적으로 군주의 직분을 논술하였다. "백성은 처음에 군주나 신하의 구분 없이 모두 백성이었다. 백성들이 서로 다스릴 수 없고 또 다스릴 여가도 없었다. 그래서 모두가 함께 한 사람을 군주로 선발하였다. 무릇 모두가 함께 선거를 하였다는 것은 군주가 백성을 선택한 것이 아니라 백성들이 군주를 선택하였다는 것이다. 무릇 모두가 함께 선거를 하였다는 것은 백성들과의 거리가 너무 멀지 않으며 또 백성들 속에서 올라왔다는 것이다. 무릇 모두가 함께 선거를 하였다는 것은 백성들이 있기 때문에 군주가 있게 되었으며 군주는 말초이고 백성이 근본이라는 것이다. 천하에는 말초가 근본에 누를 끼친 적이 없는데 군주가 어찌 백성들에게 누를 끼칠 수 있겠는가? 모두가 군주를 추천할 수도 있고 폐위시킬 수도 있다. 군주는 백성을 위해 일하는 사람이다. 신하는 군주를 도와 만사를 처리하는 사람이다."⁴ 이는 고대 민본주의 사상의 흔적이 남아있기는 하나 근대 사상 관념을 어느 정도 표현하였다. 첫째, 선거 관념을 도입하였다. 군주는 백성들의 선거를 통해 선발되어야만 군주가 될 수 있고, 백성들은 군주를 선택할 수 있지만 군주는 백성을 선택할 수 없다. 둘째, 더 중요한 것은 군주는 선거를 통해 선발한 것으로 선거자는 피선거자를 파면할 수 있다. 이에, 당선된 군주는 백성들을 위해 일을 해야만 군주의 자리를 지킬 수 있다. 이러한 군주는

3   『戊戌變法』(2), p.549, 548, 550 참조.

4   『仁學』卷2, 『譚嗣同全集』, p.339 참조, 中華書局, 1981.

신성한 지위가 아닌 백성들을 위해 일을 하는 공복에 불과하다. 담사동의 사상은 그 시대 어느 누구보다도 뛰어났기에 양계초는 담사동을 '사상계의 혜성'이라고 불렀다.

무술변법 이후, 경자사변庚子事變 때 청나라 조정의 실권을 장악한 서태후와 실권이 없는 광서황제는 상갓집 개마냥 베이징北京에서 시안西安으로 도망쳤다. 나라가 주권을 잃고 치욕을 당하는 신축조약(辛丑條約 혹은 北京議定書, Peace Treaty, 1901)을 체결한 후, 베이징으로 돌아와 국내외 정세의 압력하에 어쩔 수 없이 새로운 정치를 시작하였다. 외국인이나 자국민 앞에서 조정의 존엄과 서태후, 광서황제의 존엄은 이미 바닥에 떨어진 상황이었다. 특히, 나라를 팔아먹고 목숨을 지킨 서태후를 열강列強들은 주범으로 처단하려고 했으나 백성들의 몇 억냥의 은화로 겨우 목숨을 지켰는데 이를 통해 사람들이 얼마나 서태후를 증오하였는지 알 수 있다. 그때 양계초는 변법은 천자의 지위를 낮추는 것으로부터 시작해야 한다고 제안하였다. 변법 여부를 떠나 그들은 이미 위신을 잃을 대로 잃었고 혁명 운동과 개혁 운동이 활발하게 이루어짐에 따라 군권의 위엄은 점점 더 약화되었다.

1901년 일본에서 유학한 급진주의 혁명 청년인 진역산(秦力山, 1877~1906)과 심상운(沈翔雲, 1888~1914) 등은 『국민보國民報』를 창간하였는데 신문 이름에서 벌써 민주주의 색채를 느낄 수 있다. 제2호에 「설국민說國民」이라는 글이 실렸는데 그 글에서 "한 나라에 군주가 없어도 되는가? 오늘 시험 삼아 이렇게 물으니 된다고 대답한다. 민주국가의 총통을 군주라고 부르지 않는다. 불러서 오라고 하면 오고 손을 저어 가라고 하면 가는 사람을 군주라고 할 수 없다(今试问, 一国之中, 可以无君乎? 曰可. 民主国之总统不得谓之君. 招之来则来. 挥之去则去. 是无所谓君也)"라고 하였다. 한 나라에 군주는 없어도 되지만 백성이 없으면 안된다. "나라는 백성들의 나라이며 천하의 나라들은 모두가 천하의 백성들의 나라이다. 실로 그렇다면 위로는 포악한 독재자와 민적民賊의 자취를 없앨 수 있고 아래로는 정권을 찬탈하려는 반역자들의 주장을 근절할 수 있게 된다. 한 나라의 백성들로 한 나라의 일을 다스리지 못할 것이 없다. 한 나라의 백성들로 한 나라의 정권을 향유하면 권력은 한도를 벗어나지 않는다. …… 천하에 지존지귀至尊至貴하여 침범할 수 없는 자는 당연히 백성들 밖에 없다."[5] 글쓴이가 볼 때 군주는 이미 무용지물이었다. 나라는 백성들의 나라이고 백성들이 나라를 다스려야 한다. 일국의 백성들이 일국의 권리를 행사하는 것은 불변의 진리로 많은 쓸데없는 것들을 멸할 수 있다. 진정한 "지고지상하고 침범할 수 없는 자"는 백성들이라고 하였는데 이는 군주의 지위를 철저하게 부정한 셈이다. 같은 해 양계초는 『청의보淸議報』에서 「국가사상 변천이동론國家思想變遷異同論」을 발표하였는데 그는 독일학자 카스파(Bluntchli Johann Caspar, 1808~1881)의 『국가론』 중 한 단락을 수록하여 국가 사상의 변천 발자취를 설명하였다. 먼저 유럽의 중세와 근대를 비교한 후, 중국의 구사상과 유럽의 신사상을 비교하였다. 중국의 구사상에 따르면 "나라와 백성들은 군주를 위해 존재하므로 군주는 나라의 주체이다."라고 밝혔다. 유럽의 신사상에 따르면 "국가는 백성들에 의해 세워지고 군주는 국가의 일부분으로 백성들에 의해 당선되고 교체되기에 백성이 나라의 주체이다."라고 밝혔다.하나는 군주를 주체로 하고 나라와 백성들은 군주에 의해 생성되며 군주의 말을 들어야 하는 것이고, 다른 하나는 백성들이 나라의 주체

5　　『辛亥革命前十年間時論選集』1卷 上, p.72 재인용.

　　　　　　　　　　　근대 중국의 문화적 전환에 대한 연구

이고 군주는 나라의 백성들의 의해 당선되며 백성들의 말을 들어야 한다. 이 두 가지는 상반되는 관점이다. 양계초는 서양학설의 이론을 통해 혁명청년들과 매우 비슷한 개념을 서술하였다.

1906년 혁명파 간행물 『복보復報』에 오혼吳魂의 「중 국존군지류상中國尊君之謬想」이란 기고문이 실렸다. 글쓴이는 부패하고 외세에 빌붙는 청나라 정부에 대해 천년 동안 이어져 내려온 존군사상에 속아 "군주는 백성들의 고혈을 빨아먹으면서 사복을 채운다. 그리고 타민족과의 전쟁을 도발하여 수백 만, 수백 조의 배상금을 바친다. 모두가 민간에서 거두어들인 것으로 적의 끝없는 요구에 만족시킨다. 또한 우리의 땅을 두 손으로 받들어 서양인들에게 바치면서 그것을 열강에 아첨하는 외교계책으로 삼는다. 이 모든 것에 대해 백성이 그냥 내버려 둘 수밖에 없다"라고 하였고 이는 존군의 잘못된 사상에 기인한 것으로 백성들이 무감각해져 죽을 지경에 이르러도 알지 못한다고 지적하였다. 또, 중국인들이 존군에 미혹된 것은 하나는 "성인숭배" 사상 때문이고, 다른 하나는 "군주가 성인 학설을 이용"하였기 때문이며 그 다음으로 "과거科擧제도" 때문이라고 꼬집었다.[6] 이 세 가지 이유로 인해 견고하여 제거하기 어려운 존군의 잘못된 사상이 만들어졌다. 이에, 사람들은 나라는 모르고 군주만 알고, 애국은 모르고 존군만 안다고 지적하였다. 나라가 곧 멸망해도 모르는 상황이니 존군 사상이 얼마나 잘못되었는지 참으로 심각하다.

1903년 장타이옌(章太炎, 1869~1936)이 쓴 『박강유위논혁명서駁康有爲論革命書』는 비록 사상 학문적으로는 큰 공헌이 없으나 청나라 반

---

6   『辛亥革命前10年間時論選集』第2卷(上), pp.543~545 참조.

대 사상에 대한 자극은 매우 컸다. 그중 현 조정의 황제를 '재첨(載湉, 광서제) 꼭두각시'라고 비난한 말은 국내외를 뒤흔든 '소보안蘇報案'이 발생한 원인 중 하나로 작용하였다. 비록 어떤 학문적 영향은 없으나 수천 년 동안 존군 전통이 이어져 내려온 중국에서 황제를 공개적으로 비난함으로써 그 영향은 매우 컸다. 다른 사람들은 학문적으로 군주도 같은 백성으로 특별히 존귀한 점이 없다고 논증하였다. 하지만 장타이옌은 황제를 일반 백성보다도 못한 콩과 보리도 구별할 줄 모르는 꼭두각시라고 비난하였다. 이것이 존군사상의 족쇄로부터 해방되는데 도움이 됐다는 것은 의심의 여지가 없다.

우즈후이(吳稚暉, 1865~1953) 등이 『민보』에서 나와 창간한 간행물 『신세기新世紀』는 1907년에 「삼강혁명三綱革命」을 발표하였다. 이 글에서 군주는 "강권으로 타인을 정복하는 사람이다."라고 지적하였다. 사실 "군주도 사람인데 왜 혼자만 특권을 누리는가? 그는 군주로 태어났기 때문에 천자인 것이다. 이는 미신적인 사상으로 과학에 어긋난다."라고 하였다. 또, "군주와 신하는 야만세계의 대표로 새로운 세기에는 군주와 신하를 없애야 사람과 사회가 있고 모든 사람이 평등하다."라고 하였다.[7] 이는 무정부주의자의 주장이다. 1908년 이 간행물에 "사무四無" 「무부무군무법무천無父無君無法無天」이라는 기고문이 실렸다. 이 글에서 "'군주'는 오직 강권의 설립자이므로 우선 먼저 뒤엎어야 한다."며 이는 무정부 시기까지 기다리지 않아도 실현할 수 있다고 덧붙였다. 공화국은 군주가 없는데 "입헌국에는 지존을 침범해서는 안 되는 겉치레 말이 있다. 그래서 짐은 국가이며 짐은 법률의 자격이라고 한다. 떨어지

---

7   『辛亥革命前10年間時論選集』第2卷(下), p.1016.

게 되면 헌법의 제한을 받을 것이다. 이것은 '법'이라는 것에 의거한다고 하지만 사실상 이미 소멸되고 말았다."라고 하였다.[8] 1911년 『극복학보克復學報』제2호에 실린 「논도덕論道德」에서는 원시시대에는 군주와 신하의 구분이 없었고 대동시대에도 군주와 신하의 구분이 없었다며 "사물이 발전하는 시말을 탐구해 보면 그러하다. 군주라는 인물은 수천 년의 역사상 아무런 가치도 없는 군더더기에 불과한 것이었다."라고 하였다[9]. 양계초는 그 후에 입헌국에서 군주는 "흙으로 빚은 인형"일 뿐이라고 하였다. 두 사람이 말하는 바가 동일하다.

결론적으로 무술변법에서 신해혁명이 발발하기 전까지 십여 년 동안 서양서적의 번역과 신학당의 설립, 새로운 교육을 받은 사람들이 많아진 것과 더불어 신문, 간행물에서 새로운 지식, 새로운 사상, 새로운 관념이 널리 전파되면서 사람들은 중국 정치의 새로운 출구를 찾는 한편, 수천 년 동안 이어져 내려온 신성한 군주의 사상은 이미 근본적으로 흔들리기 시작했고 심지어 군주를 쓸데없는 것으로 간주하여 빨리 없애야 한다는 목소리까지 나왔다. 혁명당 사람들은 만주족을 몰아내고 민국을 창립하려면 청나라 황제를 몰아내야 한다고 주장하였고, 입헌파는 입헌하려면 군주의 대권을 줄이고 군주의 이름만 남기고 실권을 없애 '꼭두각시'로 만들어야 한다고 주장하였다. 이상에서 전제 군주가 역사 무대에서 사라지는 것은 이미 돌이킬 수 없는 추세가 되었음을 알 수 있다.

청나라 말기에 군주, 황제에 대한 비판과 부정은 바로 전제제도에

8   『辛亥革命前10年間時論選集』第3卷, p.204.
9   『辛亥革命前10年間時論選集』第3卷, p.847.

대한 비판과 부정이다. (전제제도에 대한 비판은 이미 많은 서적에서 상세하게 언급되었다. 이 책의 중점은 문화 전환의 발자취를 밝히는 것이므로 더 이상 설명하지 않음) 하지만 이러한 비판 과정에서 일부 혁명당 사람들은 군주제도, 황권제도와 전제제도를 거의 동일한 것으로 간주하고 황제만 없애면 전제제도를 없앤 것과 마찬가지라고 생각하였다. (일부 혁명당 사람들은 만주족 황제만 반대하고 만주족 황제만 몰아내면 한족이 황제가 되어도 상관이 없다고 생각하였다. 이는 소수의 예외적인 경우이므로 논하지 않음). 이는 매우 단편적인 생각이다. 신해혁명 후, 수 년의 동란을 거쳐 깨달은 자들은 황제가 없어도 전제제도는 그대로 존재한다는 것을 알게 되었다. 입헌파 중에서 서양의 헌정이론을 연구한 사람들은 이런 부분에 대해 매우 깊은 생각을 가지고 있었다. 그들은 전제주의는 사람 때문에 존재하는 것이 아니라 제도 때문에 존재한다고 지적하였다. 황제든 총통이든 권력과 감독의 제한을 받지 않으면 전제이므로 군주와 총통의 권력을 제한하려면 헌정을 실시해야만 한다. 헌정을 실현할 수 있는지 여부는 한 나라의 군민이 헌정을 실행할 수 있는 능력이 있는지를 보아야 한다. 특히, 서민들 중에서 중견 부분, 즉 중등사회계층이 이런 능력이 있는지를 보아야 한다. 물론 그 당시 이런 문제에 대해 명확한 인식을 가지고 있는 사람은 중국에서 극소수에 불과하였다. 이런 상황으로 미루어 볼 때 당시 중국은 헌정을 지원하는 능력, 즉 국내 중등계층은 아직 성숙되지 않았음을 알 수 있다. 하지만 군주와 황권에 대한 비판과 부정은 사상 관념의 큰 변화이기에 언급하지 않을 수 없다.

(2) 공자와 유학의 독존獨尊적 지위 동요

공자는 중국 역사상 가장 위대한 사상가이자 교육가이다. 선진 시대에 공자와 그의 제자들이 만들어낸 유가학파儒家學派는 가장 영향력이 있는 학파 중 하나이다. 진시황이 6국을 통일한 후 일으킨 분서갱유焚書坑儒로 인해 유가학파는 큰 타격을 입기도 하였지만 한무제(漢武帝, BC156~BC87) 때 유가사상만 떠받들고 다른 사상들을 배척하기 시작하면서 공자와 유학은 독존적 지위를 차지하였다. 역대 중국의 통치자들은 공자에게 '대성지성선사문선왕大成至聖先師文宣王'이라는 최고의 존호를 부여하며 존경하였다. 중앙정부에서 지방정부에 이르기까지 모두 공묘를 세우고 제사를 지냈으며 지식인들은 맹목적으로 공자를 숭배하였다. 통치자들은 공자의 유학으로 나라를 다스렸고, 지식인들은 공자의 유학을 입신양명의 기초로 생각하였다. 과거제도가 생겨난 후, 유학은 더욱 격식화되어 뛰어넘을 수 없는 교조教條로 자리잡았다.

한편으로 공자와 유가학설은 영원히 지워버릴 수 없는 훌륭한 가치가 있다. 또 다른 한편으로 역대 통치자들이 유가사상을 떠받들었기에 유가사상과 군주전제 정치는 긴밀하게 연결되었다. 청나라 말기 군주전제제도가 현대사회의 발전을 가로막는 단점이 노출되면서 이는 점점 더 큰 도전에 직면하였다. 이런 상황에서 전제제도와 긴밀하게 연결된 공자의 유가사상 학설도 의심을 받기 시작하였으며 그 독존적 지위도 흔들리기 시작하였다.

서양 선교사가 중국으로 들어와 서학西學이 중국에 전해지면서 독존적 지위를 누리던 공자와 유학은 선교사와 서양의 유학자들로부터 의심과 비판을 받기 시작하였다. 물론 이들은 중국인이 기독교를 받아들이도록 하기 위해 공자와 유학을 비판하였기 때문에 그들의 비판 속에는 많은 편파적인 점과 잘못된 점이 있었다. 예를 들면, 공자의 유학은 "하느님을 논함에 있어서 그다지 분명하지 않다論上帝不甚淸晰.", "사람들로 하여금 하늘과 귀신을 숭배하게 하여 하느님을 숭배하는 것을 잊게 만든다. 하느님이 하늘의 주인이며 유일무이한 진정한 신이라는 것을 알지 못한다." 등이다.[10] 이런 주장들은 너무 많아 일일이 열거할 필요는 없지만 이들의 비판에도 정곡을 찌르는 부분이 많이 있다. 예를 들면 공자의 유학은 하늘天, 사람人, 사물物을 언급하는데 사람만 중요시하고 하늘과 사물을 등한시하는 것은 편파적이라고 지적하였다. 또한, 인人을 언급한 부분에도 많은 잘못된 부분이 있다. 가령 신하는 임금을 섬겨야 한다는 '군위신강君爲臣綱'으로 인하여 절대적인 전제제도를 초래하였고, 자식은 아버지를 섬겨야 한다는 '부위자강父爲子綱'으로 인하여 가정의 전제제도를 초래하였으며, 아내는 남편을 섬겨야 한다는 '부위부강夫爲婦綱'으로 인하여 남녀불평등을 초래하여 여성들이 비참한 지경에 내몰렸다. 또한, 공자의 유학은 마음을 다스리고 스스로를 억제하도록 하여 사람들이 나약한 마음만 갖고 강인한 기질을 갖지 못하도록 만들었다. 이들은 공자의 가르침은 사람의 마음과 몸을 속박하여 "중국에서는 공자의 가르침을 2천 년간 숭상해 왔다. 그래서 허약함과 빈궁함이 오늘까지 쌓여오게 되었는데 이것이 어찌 유교의 과실이 아니겠는가!"라는 지경에 이르게 하였다고 지적하였다.[11]

태평천국운동에서 지도자들은 공자와 그의 학설을 반대하는 입장이었는데 이것은 이들이 서양을 모방한 배상제교拜上帝敎를 이용하여 대중들을 모으고 호소하였기 때문이다. 하지만 이들의 공자 반대는

---

10   安保羅, 沈少坪, 『救世敎成全儒敎說』, 『萬國公報』第96冊, 1897年1月. 楊代春, 『萬國公報』與晚晴中西文化交流』재인용, 湖南人民出版社, 2002, p.188.

11   蓋樂惠著, 『論政敎之關系』, 『萬國公報』, 林樂知譯, 第170冊, 1903年3月, 楊代春, 『萬國公報』與晚晴中西文化交流』재인용, 湖南人民出版社, 2002, p.194.

주류 사상에 영향을 주지는 못했고 주류 사상의 변화는 아편전쟁 전후에 비로소 나타나기 시작하였다. 위원, 요영(姚瑩, 1785~1853) 등은 노자老子를 연구하기 시작하면서 다른 사상을 배척하고 공격하는 주류 사상의 태도를 바꾸었다. 증국번은 묵자墨子의 "사회와 대중을 위해 온 몸이 닳도록 수고하고 천하를 이롭게 한다(摩顶放踵, 以利天下)"라는 것을 목표로 하였으며 이를 떠받들겠다고 밝혔다. 일부 지식인들이 서학西學과 제자諸子의 학설이 서로 부합하는 점이 있다는 것을 발견하여 '서학중원西學中源'설이 나오게 되었고, 제자의 지위가 점차 상승하면서 유가와 같은 지위를 누리게 되었다. 제자의 책을 연구해 점차 유명한 학설이 되면서 많은 학술대가들이 심력心力에 치중하고 훈고 제자들은 유작遺作을 고증하였다. 『묵자간고墨子間詁』, 『노자주老子註』, 『장자집해莊子集解』, 『순자집해荀子集解』, 『관자교정管子校正』, 『한비자집해韓非子集解』 등은 대가의 손에서 집대성되어 불후의 명작으로 꼽혔다.[12] 제자학의 흥성은 공자와 유학의 독존적 지위가 흔들리기 시작했음을 의미한다. 무술 유신운동 이후, 강유위가 지지하는 군주입헌의 기본주장이 공자의 유학설에 부합되지는 않지만 중국 사대부의 공자를 존경하는 관념이 견고해 없애기 힘든 점을 감안하여 공자의 이름을 빌려 공자의 유학 사상을 재정립하는 방법으로 자신의 주장을 선전하였다. 공자의 유학 사상을 재정립하려면 유행하고 있는 공자 유학설을 배척해야만 하였다. 강유위는 『신학위증고新學偽經考』라는 책에서 한汉 학자인 유흠(劉歆, BC50~AD23) 이후의 고문 경학經學을 유학의 정통에서 제외하였다. 그는

12 　제자학이 활발하기 시작한 역사는 뤄젠추(羅檢秋)가 쓴 『근대 제자학과 문화 사조(近代諸子學與文化思潮)』를 참조할 수 있음, 中國社會科學出版社, 1998.

나라의 근본제도를 개선하려면 공자를 정치 개혁의 시조로 꼽고 공자의 저술을 '탁고개제托古改制'해야 한다고 주장하면서 사람들이 믿지 않을 것을 걱정하여 공자시대에 제자들도 옛 것에 의탁해서 제도를 개혁하는 '탁고개제'를 해야 한다고 하였다고 덧붙였다. 이렇게 되면 당시의 공자는 제자와 동일선상에서 개혁을 시도하는 하나의 종파에 불과하였다.

강유위의 제자인 양계초는 후에 이 시기의 역사를 회고하며 강유위의 『신학위증고』에 대해 "두 가지 영향이 있었다. 첫째는 청학 정통파의 근본이 흔들리기 시작하였고, 둘째는 모든 고적을 재평가해야 하였다. 이는 사상계의 큰 돌풍이었다."라고 하였다. 『공자개제고孔子改制考』에 대해 양계초는 "『공자개제고』는 공자의 탁고개제의 저작으로 수천년 동안 신성하고 침범할 수 없는 경전으로 꼽혔는데 이에 대해 의구심을 가지기 시작했고 학자들이 비판하기 시작하였다."라고 말하였다. 또한 강유위가 "비록 공자를 매우 추종하고 존중하였지만 이미 말한 것처럼 공자의 창학파와 제자들의 창학파는 같은 동기, 같은 목적, 같은 수단이었다. 그래서 공자를 낮추어 제자들의 대열에 놓게 되었다. 이른바 '흑백을 구분해 독존을 정한다'라는 관념에서 완전히 해방되어 비교 연구를 하도록 사람들을 인도해야 한다."라고 하였다.[13] 양계초의 이런 표현은 매우 정확하다. 그 후 강유위가 공자를 어떻게 제창하고 공자를 존경했는지에 상관없이 무술 시기 공자와 유학에 대한 재정립은 이미 공자와 유학의 독존적 지위를 흔들었다. 무술변법 이듬해 홍콩에 살던 하계(何啓, 1859~1914), 호례원(胡禮垣, 1847~1916)은 『권학편서후勸學篇書後』

---

13   梁啓超, 『淸代學術槪論』, 『飮冰室合集·全集34』, p.56, 58 참조.

를 발표하여 장지동(張之洞, 1837~1909)의 보수적인 성향을 비난하였다. 『종경편변宗經篇辯』에서 "유가는 9개 학파 가운데 한 학파에 지나지 않는다. 각 학파마다 정수가 있고 결점이 있다. 하나의 유파로 여러 유파들을 일률적으로 개괄할 수는 없다."라고 하면서 공자의 독존적 지위를 부정하였다.[14]

무술정변 이후, 강유위는 황제를 보존하고 유교를 보존하려고 공교회孔教會의 설립을 추진하였다. 양계초는 명확하게 스승과 선을 긋지는 않았지만 마음 속으로는 내키지 않았다. 1902년 양계초는 「보교비소이존공론保教非所以尊孔論」을 발표하여 종교는 사람이 보존할 수 있는 것이 아니며 공자는 종교가가 아니라고 주장하고, 공교를 제창하는 것은 사상자유를 막고 국민의 사상을 속박한다고 강조하였다. "한나라 이후 공자의 학설이 2천 년간 사랑을 받았다고 일컬어지고 있다. 모두가 그러한 관점을 지니고 어떠한 사람은 표창을 받아야 하고 어떠한 사람은 면직을 당해야 한다는 것을 일관적인 정신으로 인정하고 있다. 그래서 정학正學과 이단의 논쟁이 있고 오늘날의 학문과 옛 학문의 논쟁이 있다. 고증을 말하면 누구를 본보기로 삼을 것인가를 논쟁한다. 성리학性理學을 언급하면 도통道統을 논쟁한다. 모두 자기가 공자의 학설이고 다른 사람은 아니라면서 남을 배척해 왔다. 그래서 공자 학설의 범위는 갈수록 날로 줄어들고 날마다 좁아진다. 점차 공자는 동강도(董江都:董仲舒, BC179~BC104), 하소공(何邵公:何休, 129~182)으로 변하였다가 이어서 마계장(马季长:馬融, 79~166), 정강성(郑康成:鄭玄, 129~200)으로, 한창려(韓昌黎:韓愈, 768~824), 구양영숙(歐陽永叔:歐陽修, 1007~1072)으로, 정이천(程

---

14   『新政真詮』, p.362, 遼寧人民出版社, 1994.

伊川:程頤, 1033~1107), 주회암(朱晦庵:朱熹, 1130~1200)으로, 육상산(陸象山:陸九淵, 1139~1193), 왕양명(王陽明:王守仁, 1472~1529)으로, 기효람(紀曉嵐:紀昀, 1724~1805), 완운대(阮雲臺:阮元, 1764~1849)로 변하였다. 모두가 사상이 한 곳에만 묶여 있어 새로운 국면이나 형식을 만들어내지 못하였다. 마치 원숭이 무리에 과일 하나가 떨어지니 서로 뛰어들다 가로채는 것과도 같고 거지들 무리에 돈 한푼이 생기니 서로 욕하면서 빼앗는 것과도 같다. 실정이 이러하니 얼마나 가련한가! 무릇 천지는 넓고 학술계는 광대하다. 누가 그대들이 도달하려는 목표를 제한할 수 있겠는 가. 그대들은 무엇을 하려는 사람들인가? 다른 것이 아니다. 자만하고 득의양양해 하며 한 선생의 말만 따른다면 이 범위에서 약간만 벗어난 사람들은 감히 말할 수 없게 되고 사고할 수도 없게 된다. 이것이 2천년간 교당을 지켜온 무리들이 성취한 결과이다."라고 하였다.[15] 그는 고금 중외의 학술에 대해 독립적으로 사고하고 독립적으로 판단해야 한다면서 "맞으면 취하고 아니면 버려야 한다(可者取之, 否者弃之)."[16]고 주장하였다. 소위 "나는 공자를 사랑하고 진리를 더 사랑한다(吾愛孔子, 吾尤愛真理)."[17]라고 하면서 공자 유교의 독존적 지위를 반대하는 뜻이 명확하다. 그는 『신민설·논자유(新民說·論自由)』에서 여기에서 한발 더 나아가 공자에 대한 미신을 배격하였다.[18]

　　강유위와 같은 시기의 유명한 학자 장타이옌은 공자 유학에 대해 '비교 연구'를 시작하였다. 장타이옌은 1900년 즈음에 쓴 『유묵儒墨』,

15　『飮冰室合集·文集9』, p.55.

16　同上書, p.56.

17　同上書, p.59.

18　『飮冰室合集·全集4』, p.47, 48.

『유도儒道』, 『유법儒法』, 『유협儒俠』 등의 글에서 냉정하게 '비교 연구'하였고 공자의 독존적 사상을 배척하였다. 1906년 『국수학보國粹學報』에서 「제자학약설諸子學略說」을 발표하여 유가, 도가, 묵가, 음양, 종횡, 법, 명, 잡, 농, 소설을 예로 들어 그것의 장단점을 평가하였다. 그는 유학비판론에서 유학을 신랄하게 풍자하였다. 예를 들면 "유가의 단점은 부귀와 재산과 녹봉을 위한 것이다(儒家之病, 在以富貴利禄为心).", "공자의 가르침을 시대의 흐름에 따라 생각해야 한다. 그 인의를 행하는 것은 시대에 따라 변한다(孔子之教, 惟在趨时, 其行义从时而变.)" 등이다. "군주는 시대에 따라 굴신할 줄 알아야 한다. 그러므로 도덕과 이상은 반드시 유가의 기준으로 할 필요가 없고 오직 시대에 따라 행하면 된다. 유가의 도덕을 기준으로 하여 어려운 상황에서도 동요됨이 없이 분발하여 나아가려는 이가 한 명도 없고 모두가 명리를 위해 분별없이 경쟁한다. …… 유가의 이상을 기준으로 하여 그 취지가 대부분 옳고 그름可否 사이에 있게 되고 그 논의는 모호한 경지에서 멈추고 만다". 이에 "유가의 해로운 점은 사람의 사상을 혼란시키는 것이다(儒術之害, 則在淆亂人之思想)."라고 하였다. 장타이옌과 함께 국학대가로 불린 류스페이(劉師培, 1884~1919)는 공자의 교육자와 학자로서의 공헌만을 인정하고 나머지에 대해서는 비난하였다. 이를테면, 공자가 천명을 경외하는 것의 부당함, 문文만 중시하고 내실을 중시하지 않은 점, 평등을 제창하지 않은 점, 반대파를 배척한 점 등이다.[19] 장타이옌, 류스페이와 같이 체계적인 전통 교육을 받은 지식인들이 청나라 말기 현실의 자극과 서학의 영향을 받아 공자의 학설을 다시 짚어보고 공자의 지위를 독존적 지위에서 제자諸子와 동일시

---

19   劉師培, 『孔子真論』, 『國粹學報』第2年, 第5期.

한 것과 성학聖學을 믿는 것을 엄격하게 비판한 것은 공자 유학의 지위가 심각하게 흔들리고 있음을 의미한다.

『국수학보國粹學報』의 편집장 덩스鄧實은 「고학부흥론古學復興論」에서 "우리나라는 한나라 이후 유교를 존귀한 것으로 정하였는데 이것이 천여 년간 이어져왔다. 일단 어느 새로운 종족이 새로운 종교를 가지고 우리나라에 들어오면 처음에 아주 이상하게 생각했다. 그들이 받드는 종교를 오랫동안 관찰해 보면 그 나라에서 시행하여 나라를 다스리지 못하였다고 할 수 없을 뿐만 아니라 그 다스림이 우리나라를 뛰어넘었다고도 할 수 있다. 그래서 유교 외에 다른 종교가 있으며 육경六經 외에 또 제자들이 있음을 문득 깨닫게 되었다. 그래서 독존성이 무너지게 되었다."[20]라고 하였다.

위에서 열거한 내용은 공자와 유학에 대한 유명한 학자들의 인식의 변화를 설명한 것으로 독존적 지위에서 제자와 동일한 평등한 지위로 강등하고, 숭상하는 태도에서 비판하는 태도로 바뀌었다. 이러한 변화는 이미 명확하게 나타났다. 일반 사회 여론을 대표하는 신문, 간행물에서는 이런 변화를 어떻게 반영하였는지 살펴보자.

『만국공보萬國公報』는 미국 샌프란시스코에서 체류하던 지식인 황재재黃梓才의 「정교분권론政敎分權論」을 발표하였다. 그는 중국은 정권의 권한이 불분명하기 때문에 하류 사회만 종교의 자유가 있고, 상류 사회와 중류 사회 계층은 정권의 억압 때문에 신앙의 자유가 없다고 밝혔다. "오늘 중국의 관료들은 대개 관직에서 승진하게 되면 반드시 전례에 따라 어느 사당에 찾아가 분향하고 예배한다. 일 때문에 갈 겨를이

---

20   『國粹學報』第1年 第9期.

없는 총독이나 순무巡撫들은 아래 관리들에게 시켜 대신하게 한다. 정부는 그렇게 하지 않는 사람들을 전례를 어긴 자로 간주하고 순식간에 면직 풍파를 일으킨다. 선비들에게 종교의 자유를 주지 않는 것은 더욱 심각하다. 오늘 흠정된 여러 성의 학당들의 장정章程에는 매 학당마다 위패를 세울 것을 한정하고 학생들로 하여금 전문 형식만 갖춘 글을 가지고 위패 앞에 엎드려 신봉하게 하였다. 뿐만 아니라 그것에 존성교尊聖敎라는 미명을 붙였다. 그렇게 하지 않는 학생들이 있으면 교사는 전례를 위반한 것으로 보고 성상을 모욕한다고 질책하면서 순식간에 쫓아내는 풍운을 또 일으킨다. 무릇 분향하고 위패를 모시는 것과 같은 일들은 정치나 학술과는 무관한 것이다. 그런데 정부에서는 반드시 규칙을 세워 그렇게 하라고 강박하니 이것이야말로 난폭한 짓이 아닌가? …… 정교政敎가 권한을 나누지 않으면 사대부들은 결국 종교의 자유를 얻을 수 없다. 이것이 중국이 발전하는 데 가장 큰 방해물이며 정부가 동란을 초래하는 가장 큰 원인이다."[21]라고 하였다. 이 글에서 관리나 학생들이 숭상하는 사람은 모두 공자이다. 정부가 힘으로 사대부와 청년 학자들이 공자를 무작정 숭배하도록 강요하는 것에 찬성하지 않고, 종교 신앙의 자유와 사상의 자유를 희망하고 있다. 저자는 공자를 성인으로 보지 않았던 것이다.

혁명파의 영향을 받은 일본 유학생이 창간한 『대륙大陸』이라는 간행물에는 「논도란인종지사상급여타인종지이동論都蘭人種之思想及與他人種之異同」이라는 글이 실렸다. 글쓴이는 중국인을 '도란都蘭인종'의 대표로 삼았다. 도란인종의 사상은 바로 중국인의 사상을 의미한다. 서양학

---

21   『萬國公報』第196號.

자가 공자의 사상 학설에 대한 비판을 인용하여 공자의 사상은 보수적인 성향이 있고 이는 역대 제왕들이 공자를 숭배하는 이유라고 밝혔다. 또한 "공자는 삼강오상三綱五常을 교조로 하였는데 그 교조가 완고하기 이를 데 없다. 큰 단점은 정치를 하는 나라를 가족과 혼돈하여 가장주의를 정치에 적용하였다는 것이다. 이는 지나(支那, 중국) 제도의 기초로 공자학설의 중심이다."라고 하였다. 그는 글에서 공자가 부자 관계를 가장 중요한 것으로 삼아 효를 유교의 근본으로 강조하고, 한 나라를 한 집안으로 생각하고 신하는 군주에게 아버지처럼 복종해야 해서 평등하거나 독립적이지 않다고 지적하고 이런 사상의 영향은 "사실 중국인들에게 노예적 성격, 허풍을 떠는 성격, 나약하고 겁이 많은 성격을 키워주기에 족하였다."라고 밝혔다.[22]

또 다른 혁명성향의 간행물인 『동자세계童子世界』는 「법고法古」라는 글을 실었는데 우선 총체적인 원칙에서 법고(옛 것을 따르기)의 사상을 반대해 진화론 사상의 영향을 받았음이 드러났다. 공자와 역대 공자의 학도들은 요, 순, 우, 탕, 문, 무, 주공을 입에 달고 살았고 상고 3대를 숭상하였다. 후세의 유가는 공자와 공자의 학설을 신으로 모셨고 후세들은 규정에 따라야 했으며 그 선을 조금이라도 넘으면 안되었다. "공자는 주나라 시기에는 좋았으나 지금 시대에 비추어 볼 때는 좋지 않다. '지성至聖'이란 글자는 역대 독재자들이 공자에게 내린 칭호이다. 그들은 왜 공자를 숭상했을까? 공자는 백성들에게 군주에 복종하라고 하였는데 이런 말은 군주에 유익했기 때문이다. 이에, 독재자들은 공자를 사랑했고 백성들이 공자를 존경하도록 했으며 '지성'이라 불러 백성들이

---

22   『大陸』第1期.

공자를 존경하도록 했고 공자를 비난하는 자를 처벌하는 형법까지 만들어 백성들이 감히 공자의 나쁜 점을 이야기하지 못하도록 하였다. 시간이 지남에 따라 백성들은 이것이 익숙해졌고 독재자와 민적民賊의 속임에 넘어가 충군忠君을 의무로 여기고 옛 것을 따르는 법고法古를 가장 중요한 일로 여기게 되었다.”라고 지적하였다. 궁극적으로 모든 사람들을 공자의 노예로 만들었고 옛사람들의 노예로 만들었으며 통치자의 노예로 만들었다.[23] 이는 당시 공자의 유교를 비평하는 문장 중 비교적 이해하기 쉽고 명료하며 가장 적확한 글이다.

학문적으로 살펴볼 때 장타이옌의 「제자학약설弟子學略說」 외에 『하남河南』에 실린 「무성편無聖篇」이 가장 대표적이다. 이 글에서는 공자가 성인이라는 입장을 철저하게 부정하였다. 글의 첫머리부터 “진한秦漢 이후 역대로 불가사의한 괴물이 있는데, 그것은 성인이라고 부른다.(秦汉以降, 历世相传, 有不可思议之一怪物焉, 曰圣人)”라고 하였다. 사람들은 성인을 신처럼 생각했고 모든 것을 포용하고 모르는 것이 없다고 여겼다. 공자는 스스로를 “하늘에서 덕을 나에게 주었다.”, “하늘이 이 성인의 도를 없애지 않는다.”라고 하면서 “스스로 하느님의 총아라고 치부하며 하늘이 주는 명령과 중임을 받고 감히 어찌할 바를 모르고 세상을 현혹하면서 명예를 훔치는데 세상에서 말하는 진인이나 선인들과 비슷하다. 세인들을 미혹시켜 서로 다투고 쫓아다니게 한다. 대중들이 돌아다니며 서로 알린다. 명리를 취득하는 둘도 없는 법문이라고 여긴다.” 이로 인해 “화근이 오래 되어 강물이 되었다. 누가 이런 광란자를 막겠는가(禍水捐捐, 久成江河, 誰能挽其狂瀾者).” 어쩐지 일본학자 엔도 류키

---

23   『辛亥革命前10年間時論選集』第1卷(下), p.529, 532.

제4장 청나라 말기 사상문화적 변화 추이   245

치(遠藤 隆吉, えんどう りゅうきち, 1874~1946)가 "공자는 지나支那에서 왔고 지나의 화근이다."라고 말하였다. 저자는 이어서 '성학聖學'을 비판하였는데, 사실 '성학'은 학문이 아니라 공자가 요·순·우·탕·문·무·주공(堯·舜·禹·湯·文·武·周公)을 모방한 것에 불과하다며, 후세법을 만들어 이를 초월하지 못하게 한 것이라고 말하였다. 저자는 또 '성도聖道'를 비판하면서, '성도'는 실제 정의가 없고 사실상 반대파를 배척하고 사람의 마음을 농락하고 사람을 어리석게 만드는 것이라고 지적하였다. 가장 주목해야 할 점은 "성인을 배우지 않고 성인이라 부르는 사람이 있다不學聖而有聖可言者"고 하였다는 것이다. 즉, 학문의 최고 경지에 오른 사람을 모두 성인이라고 할 수 있으며 도가道家에는 도가의 성인이 있고, 묵가墨家에는 묵가의 성인이 있으며, 형명刑名의 성인에는 신불해(申不害, BC385~337), 한비자(韓非子, BC280~BC233)가 있고, 합종연횡에는 장의(張儀, ?~BC309)와 소진(蘇秦,?~ BC284)이 있으며, 두보(杜甫, 712~770)는 시성詩聖, 왕희지(王羲之, 303~361, 혹은 321~379)는 서성書聖이라고 하였다. 이들은 학문으로 이런 칭호를 받았고 명분과는 관계가 없다. 그러므로 성인을 따라 배우면 나름대로 창조적인 것이 별로 없고 그렇지 않으면 오히려 큰 업적을 이룬다. 글쓴이는 문장의 요지를 다음과 같이 요약하였다.

"(갑) 전제정치라는 악마를 무너뜨리자면 반드시 성인을 없애는 것에서 시작해야 한다. 작가는 "성왕聖王과 성인은 긴밀하게 연결되어 있다. 성왕은 성인이 없으면 자신의 정책을 시행할 수 없고 성인은 성왕에 의존하지 않으면 자신의 학설을 행할 수 없다. 서로 간에 연결된 뿌리와 싹을 끊어 없애버리지 않으면 신하와 백성들을 노예처럼 부리려는 성왕의 속마음은 끝까지 소화되어 햇빛을 보지 못하게 된다. 그 폐해

근대 중국의 문화적 전환에 대한 연구

는 성왕에게 미치지 않고 신하가 죄를 짓게 되어 이는 언제 햇빛을 볼 수 있겠는가?"라고 말하였다.

(을) 인류의 독립을 도모하려면 반드시 성인을 없애는 것에서 시작해야 한다. 작가는 "성인의 정의를 명시하지 않고 그것이 없다는 것을 증명하지 않으며 견문의 오류들을 제거하지 않고 이목의 무지를 떨치지 않는다면 인류는 원래의 지위를 회복하기가 영원히 어렵게 된다. 성왕의 노예가 되지 않아도 성인의 노예가 될 것인데 그 재앙은 인류가 멸종되지 않고서는 끝나지 않을 것이다."라고 말하였다.

(병) 학계의 장래를 확립하는 가장 큰 근본은 반드시 성인을 없애는 것에서 시작해야 한다. 작가는 "국학의 연원은 공자, 맹자 한 갈래에 그치지 않는다. 마음을 평온하게 하고 기를 고요하게 하는 데 다른 학설도 별 차이가 없다. 여러 학설들을 취하여 진리를 추구해야 하는데 나는 공자나 맹자의 것을 제외하여 기타 모두 취할 것이 없다고 말할 수 없다. 나에게 억지로 공자를 인정하게 하고 인생의 자유를 무너지게 하며 학술의 발달을 막아버리고 다시 제2의 한나라 무제 때가 되게 만들어 독존을 정하면 나는 양심을 잃은 것을 참지 못할 것이다."[24]라고 말하였다. 글쓴이는 『하남河南』제5호에서 「개통학술의開通學術議」를 발표하여 공자를 또 한번 비판하였다. 공자 유학설의 해로운 점은 상편에서 논술한 것 외에도 첫째, '군주의 개인주의'(군주는 독존적이고 나라를 사유물로 한다). 둘째, 노예의 위인爲仁 학설(옳고 그름에 관계없이 무조건 군주에 복종). 셋째, 생명에 대한 경솔한 해석(공자 맹자설에서 생명에 대한 말이 논리에 어긋나고 정확하게 설명하지 못함). 넷째, 미신적인 종교 잔여세력(하도河圖, 낙서, 천명,

---

24   『辛亥革命前10年間時論選集』第3卷, pp.261, 263, 264, 265~266, 267~268.

성인, 대인의 무서움 등등)²⁵에 주의해야 한다고 밝혔다.

『신세기新世紀』에 실린 「배공증언排孔徵言」이라는 글은 호소력 짙은 목소리를 내며 공자를 반대하는 운동을 일으켰다. 공자의 학설은 "정부가 그것을 이용하고 백성들이 그것을 맹목적으로 믿었다."라고 하면서 종교성이 없다고 할 수 없다고 설명하였다. 공자는 "전제정치 정부의 기반으로 우리 나라 동포를 2천 년 넘게 고통스럽게 만들었다(砌專制政府之基, 以荼毒吾同胞者二千余年矣)." "지나인이 행복해지려면 먼저 공자 혁명을 일으켜야 한다(欲支那人之進於幸福, 必先以孔丘之革命)." 어떻게 혁명할 것인가? 글쓴이는 "인체에 깊이 스며들어있는 공자의 독은 뼈를 깎거나 악성 종기를 잘라내는 기술을 쓰지 않고서는 갱생할 수 없다. (以孔毒入人之深, 非用刮骨破疽之术不能庆更生)" 천하의 인인지사仁人志士나 세상을 구원하려는 이들에게 호소하여 공자를 배척해야 한다고 하면서 공자 유학의 독존적 국면을 해소하고 사상과 학술의 자유를 지향해야 한다고 지적하였다.

상술한 주장은 청나라 말기 공자와 유학을 가장 적나라하게 비판한 것으로 매우 설득력이 있는 문장들이다. 비록 당시 대다수 지식인들이 공감하였다고는 할 수 없으나 당시 선각자들이 새로운 사상의 자극 속에서 전통문화의 폐단을 반성할 때 인지하게 된 가장 이성적인 인식이었다고 할 수 있다.

25 　『辛亥革命前10年間時論選集』第3卷, pp.345, 346, 347, 349.

2. 평민주의적 문화 추세

원시사회의 문화는 사람들이 함께 창조하고 함께 누리며 상하나 귀천의 차이가 없고 고상하거나 속된 구분이 없다. 계급사회에 들어서면서부터 사람을 귀천으로 나누고 글도 고상한 것과 속된 것으로 나누게 되었고 이로 인해 문화가 상하 두 계층으로 나뉘게 되었다. 상위계층은 지혜롭고 하위계층은 아둔하며 공자는 "최상의 지혜와 최하의 어리석음이 변하지 않는다唯上智与下愚不移"라고 하였다. 근대에 와서 문화의 상하계층이 연결되어 평민주의와 속세화 성향이 나타났는데 이는 중국이나 서양 나라들이나 모두 비슷하다.

중국의 근대화는 열강들의 침략에서 시작되었기 때문에 중국에서 근대화 평민주의 추세는 구국이나 강국에 대한 짙은 호소에서 시작되었다. 초기에는 상위계층 중 서양의 장점에 대해 어느 정도 알고 있는 사람들이 "서양의 선진기술을 배워 서양을 제압해야 한다师夷之长技以制夷"라고 했는데 이는 물론 관료와 세력가 사대부만의 '특권'으로 백성들과는 아무런 연관이 없었다. 후에 이 방법이 통하지 않고 자주 실패하자 선각자들은 백성들을 일깨워 국민이 책임을 지도록 하게 해야만 나라가 강대해지고 입지가 튼튼해짐을 깨닫게 된다. 이로 인해 평민주의 사상이 나타나기 시작하였다. 평민주의는 민주의식과 함께 나타나고 함께 발전한다. 민주의식이 나타나기 전에는 관리와 백성만이 있었고 이들은 자주독립적이지 않으며 군주의 부속물로 조정에 속해 있었다. 민주의식이 생겨난 후, 과거의 관리과 백성은 국민이 되었다. 나라는 국민의 것이고 국민은 나라의 백성이며 국민은 더 이상 군주나 조정의 사유물이 아니다. 이에 따라 국민의 개념이 유행하기 시작하였다. 량징허梁景和의 연구에 따르면 중국에서 처음으로 이 개념을 도입한 사람은 무술유신운동의 지도자인 강유위이다. 1898년 6~7월『청개학교절請開學校折』에서 국민이라는 단어를 이용하였다고 한다. 강유위가 "국민의 뜻 역시 덕德을 창도하는 것이다(国民之义, 亦倡于德)"[26]라고 한 것에서 강유위가 사용한 국민의 의미가 국가에 더 편중되었음을 알 수 있다. 이는 당시 독일에서 한창 국가주의가 성행했기 때문이다. 1899년 10월 양계초는『청의보淸議報』에「근세 국민경쟁의 대세 및 중국의 앞날論近世國民競爭之大勢及中國前途」이라는 글을 발표하였는데 이 글에서 처음으로 '국민'이라는 단어를 명확하게 정의하였다. 그는 "국민이란 나라를 인민들의 공동재산으로 삼는 것이다. 나라는 백성들이 모여 이루어진 것으로 백성을 버리면 나라가 있을 수 없다. 한 나라의 백성들로 한 나라를 다스리고 한 나라의 법을 정하며 한 나라의 이익을 도모하고 한 나라의 혼란을 막는데, 그 백성을 얻지 못하면 멸시 당하게 되고 그 나라를 얻지 못하면 망하게 된다. 이것을 국민이라고 한다."[27]라고 하였다. 이것은 링컨의 민유民有, 민치民治, 민향民享의 삼민주의를 포함하고 있다. 즉, 국가는 국민의 것이고 국가의 일은 국민이 다스리며 국가의 이익은 국민이 함께 향유하고 국가에 재난이 닥치면 국민이 함께 지켜야 한다. 이는 국민의 개념을 완벽하게 정의한 것이다. 이후부터 많은 신문과 간행물에서는 이중의 한 가지나 여러 가지 의미를 인용하여 선전하였다. 예를 들면『국민보國民報』의「설국민說國民」에서는 "나라는 국민의 것이고 천하의 것이며 천하는 국민들의 나라이다(國者, 民之國, 天下之

---

26   湯誌鈞,『康有為政論集』上冊, 中華書局, 1981, p.305, 306.
27   『飮冰室合集·문집4』, p.56.

國, 卽天下之民之國)", "한 나라의 국민이 나라 일을 다스려야 하고 이렇게 하면 다스리지 못할 것이 없다. 한 나라의 국민들이 나라의 권한을 향유해야 하고 이 권한을 초월할 수 없다."[28]라고 하였다. 『중국백화보中國白話報』 편집장 임해(林獬, 1874~1926)(즉, 임백수林白水, 백화도인白話道人으로 스스로 칭함)는 가장 통속적인 언어로 "천하는 우리 백성들의 천하이고 모든 일은 백성들의 일이다."라고 설명하면서 "우리가 백성이라면 모든 일이 우리들과 연관이 있다. 좋은 일이 있으면 우리 모두가 좋고 나쁜 일이 있으면 우리 모두가 나쁘다."라고 하였다.[29] 『중외일보中外日報』는 1904년 5월 19일에 「논중국민기지가용論中國民氣之可用」을 발표하여 "국가는 국민의 집합체이다. 국민이 강하면 국가도 강하고 국민이 약하면 국가도 약하다."[30]라고 지적하였다. 이는 양계초의 주장과도 호응된다.

국가가 국민의 것이면 국가의 운명은 국민의 손에 달려있다. 이에 따라 어떻게 하면 국민을 일깨워 국민이 자신의 책임을 지도록 만들 수 있는가 하는 것이 가장 중요한 문제로 대두되었다. 양계초는 "만일 새로운 국민이 있다면 어찌 새로운 제도가 없고 새로운 정부가 없으며 새로운 나라가 없겠는가."[31]라고 하였다.

『중국백화보中國白話報』의 임해林獬가 국민을 일깨워야 하는 문제를 다룰 때 중국의 지식인들은 희망이 없음을 특히 강조하였다는 점에 주의할 필요가 있다. 그들은 "희망은 농사짓는 사람, 수공예품을 만드는

---

28   『辛亥革命前十年間時論選集』第1卷 (上), 재인용, 三聯書店, 1977, p.72.

29   『做百姓的身份』, 『中國白話報』1호, 『辛亥革命前十年間時論選集』第1卷(下), p.607, 608.

30   『辛亥革命前十年間時論選集』第1卷(下), p.938 재인용.

31   『飮冰室合集·全集4』, p.2.

사람, 장사하는 사람, 군인, 10대 어린이, 소년, 소녀에게 있다"라고 하였다. "농사를 짓는 사람, 수공예품을 만드는 사람, 장사를 하는 사람, 군인, 어린이, 부녀자들이 지식을 배우고 견문을 넓히면 중국은 자강하게 되므로 희망이 있다."라고 하였다.[32] 이는 하층 평민에 눈길을 돌려야 함을 잘 알고 있는 것으로 소위 평민주의는 국민주의보다 더 진보해야 하고 하층 평민의 사상에 눈길을 돌려야 한다는 것이다. 이런 평민주의 사상은 한동안의 성숙단계를 거쳐 20세기 초에 뚜렷하게 생겨나기 시작하였다. 이는 백화문白話文, 즉 구어체로 문장을 쓰고 설교하여 하층 평민을 일깨우는 것에서 잘 드러났다. 1880년대 후기에 처음으로 이런 주장이 나왔다. 황준헌(黃遵憲, 1848~1905)은 1887년에 쓴 『일본국지·문학지(日本國誌·文學誌)』에서 중국은 언어와 문자가 분리되어 문장을 제대로 아는 사람이 적은 것이 큰 문제라고 지적하였다. "명령을 내려 농민, 공민, 상민, 부녀, 어린이가 모두 문자를 배워 사용하도록 해야 한다(欲令天下之農, 工, 商賈, 婦女, 幼稚, 皆能通文字之用)"라고 하면서, 그것의 간단한 방법으로 언어와 문자가 일치하도록 하게 해야 한다고 지적하였다. 그는 솔선수범하여 구어체에 가까운 문자로 시를 쓰고 문장을 썼다. 양계초가 『시무보時務報』의 편집장으로 있을 때에도 이런 문제점을 발견하였다. 그는 『논유학論幼學』에서 언어와 문자가 서로 다를 때의 단점을 짚으면서 "옛 사람들은 문자와 언어가 동일하였는데 오늘날에 와서는 문자와 언어가 서로 달라졌다. 그것의 문제점을 상세하게 설명해 보겠다. 오늘날 사람들이 말을 할 때는 지금의 언어를 이용하지만 글을 쓸 때는 고대의 방법을 모방하기에 부녀자, 어린이, 농민들이 책을 읽기 힘들어

---

32   『中國白話報發刊詞』,『辛亥革命前十年間時論選集』第1卷(下), p.605, 604 재인용.

한다."라고 하면서 "지금은 속어를 이용해 책을 써야 한다(今宜專用俚語, 廣著群書)"라고 제창했고 이렇게 해야만 백성들이 모두 읽을 수 있고 천하 일의 옳고 그름을 알 수 있다[33]고 주장하였다. 당시 이런 견해를 가진 선각자들이 적지 않았다. 천룽군(陳榮袞, 1862~1922)은 『속화설俗話說』에서 오늘의 고문古文은 과거의 속어라고 밝혔다. 언어는 고상한 것과 속된 것의 구분이 없는데 오늘날에 고상하다고 여기는 것은 과거에는 속된 것이라 여기고, 이곳에서는 고상한 것으로 여기나 다른 곳에서는 속된 것으로 여길 수 있다. "고상한 것과 속된 것이 정해지지 않았는데도 고상한 것을 중시하고 속된 것을 경시하는 것을 이해할 수 없다. 고상한 것을 추구하고 속된 것을 버리는데 그것은 더욱 이해하기 어렵다(雅俗既無定, 使必重雅輕俗, 不可解也. 使必求雅而棄俗, 尤不可解也)", "지금 사람들은 옛 속화俗話의 글자만 찾으면서 오늘 속화의 글자들을 잊고 있는데 그것은 잇따라 쓸모 없는 학문으로 되고 만다."[34] 섭란葉瀾은 『몽학보원기蒙學報緣起』에서 "중국의 문자와 언어가 분리된 것中國文字與語言離"에 대한 해로움을 지적하고 "쉽고 명확하고 정통하고 편리한 방법을 취해 확실하게 쉽게 배울 수 있는 책(取淺明通便之法, 切實易能之書)"으로 어린 이를 가르치면 2~3년이면 효과를 볼 수 있다고 하였다.[35].

1898년, 유신운동이 최고조에 달했을 때 구정량(裵廷梁, 1857~1943)은 『무석백화보無錫白話報』에 구어체 보급의 중요성을 논술한 「논백화위유신지본論白話爲維新之本」이라는 글을 발표하였다. 우선 "지혜로운

33 『飮冰室合集·文集1』, p.54.

34 『淸末白話文運動資料』, 『近代史資料』 1963年第 2期, p.116.

35 『淸末白話文運動資料』, 『近代史資料』 1963年第 2期, p.120.

백성들이 많은 나라는 새롭지 않은 학문이 없고 분발하지 않는 업종이 없으며 흥하지 않는 이익이 없다(智民多者, 靡学不新, 靡业不奋, 靡利不兴). 반면에 지혜로운 백성들이 적은 나라는 부패하지 않은 학문이 없으며 퇴폐하지 않은 업종이 없고 막히지 않는 이익이 없다(而智民少者, 靡学不腐, 靡业不颓, 靡利不湮)."라고 하였다. 또한 "문자가 있으면 나라가 지혜로워지고 문자가 없으면 나라가 아둔해진다. 글을 알면 국민이 지혜롭고 글을 모르면 아둔하다. 전세계 모든 나라가 마찬가지이다. 하지만 중국만이 문자가 있어도 나라가 지혜롭지 못하고 국민들이 글을 알아도 지혜롭지 않다. 왜일까? 이는 '문언文言의 해로운 점' 때문이다."[36]라고 하였다. 이어 문자는 전세계가 공용하는 축음기와 마찬가지로 문자의 시작은 구어체여야 한다고 지적하였다. 이는 고대를 보면 매우 잘 알 수 있는 분명한 일이다. "후세 사람들은 그 의미를 모르고 고인의 언어를 선택해 지금 사람들의 것과 비슷하지 않은 것을 모방한다. 그래서 문자와 언어가 둘로 되었다. 한 사람의 몸에 있는 손과 입이 갈라지게 된 것은 사실상 2천 년의 문자 역사에 일대 재앙이다(后人不明斯义, 必取古人言语与今人不相肖者而摹仿之. 于是, 文与言判然为二. 一人之身而手口异国, 实为二千年来文字一大厄)." 과거의 언어를 억지로 답습하여 문자가 지식을 추구하는 데 장애가 되었다. "고인들이 창조한 문자가 천하의 사람들을 편리하게 만드는가 아니면 천하의 사람들을 곤궁에 빠뜨리게 하는가? 인간이 문자로 소통하는 것은 나를 위해서 쓰려고 하는 것인가 아니면 사람들의 맥을 다 빼고 문자의 부림을 당하게 하여 인간을 문자의 노예가 되도록

---

36   同上書, p.120.

만드는 것인가?"[37] 그의 이런 힐문은 매우 힘이 있다. 그는 구어체는 8가지 장점이 있다고 하면서 시간을 아낄 수 있고 어려서부터 배우는데 편리하며 가난한 사람도 편리하게 배울 수 있다고 밝혔다. 그는 마지막에 "천하를 우매하게 만드는 도구로는 문언文言만 한 것이 없다. 천하를 지혜롭게 만드는 도구로는 백화白話만한 것이 없다. 가령 우리 중국을 지혜로운 나라로 만들고자 하지 않는다면 그것으로 그만이다. 만일 지혜롭게 하고 문언으로 천하를 세우고자 하면 내가 앞에서 언급한 8익 益이 있다. 반대로 추구하면 천하의 재능과 지혜를 지닌 백성들을 망친 것역시 매우 심각하다. 한마디로 요약하면 문언이 흥하면 그 후 실학이 폐지되고, 백화가 유행되면 그 후 실학이 흥한다. 실학이 흥하지 못하는 것은 백성들이 없다는 것을 말하는 것이다."[38]라고 결론지었다.

선각자들의 적극적인 추진력에 힘입어 구어체 신문이 점점 더 늘어나기 시작하였다. 천룽군陳榮袞은 「논보장이개용천설論報章宜改用淺說」에서 널리 선전하였다. 그는 중국과 일본을 비교하면서 일본인들이 신문을 보는 것은 흔한 일이지만 중국에서 신문을 보는 사람은 매우 드물다고 지적하면서 그 중요한 원인으로 "일본은 간단한 언어로 설명하나 중국 신문은 문언문을 많이 사용한다(日本報紙多用淺說, 而中國報紙多用文言)"라고 꼽았다. 또한 "현재 변법은 국민들을 지혜롭게 만드는 것에서 시작해야 한다. 국민들을 지혜롭게 하려면 문언을 개혁해야 한다. 문언을 개혁하지 않으면 4.99억 인구는 암흑세계에서 생활하게 되어 나라

37　『清末白話文運動資料』,『近代史資料』1963年第 2期, p.121.

38　『清末白話文運動資料』,『近代史資料』1963年第 2期, p.123.

가 망한다."[39]라고 주장하였다. 이와 유사하게 구어체를 제창하는 언론이 많았다. 선각자들의 적극적인 선전과 개혁, 혁명 운동 발전의 객관적인 수요로 인하여 구어체 신문이나 간행물이 빠르게 발전해갔다. 대략적인 통계에 의하면 1898년『무석백화보無錫白話報』의 창간에서 무창봉기武昌起義 전까지 나온 구어체 신문이나 간행물은 200여 종에 달하였다.[40] 하지만 이 시기 구어체를 제창하는 것은 정치계몽의 수요에 입각한 것이다. 개혁과 혁명을 추구하는 지식인들이 대중들을 동원해 그들에게 선전하기 위해서는 구어체를 쓸 수밖에 없었다. 이는 그 후에 신문화 운동 시기 구어체로 시를 쓰고 작문을 하며 모든 문학 활동을 진행할 것을 요구하였는데 사실 이는 구어체를 통일된 국어로 하자는 주장과는 구별된다.

구어체의 제창, 구어체 신문과 간행물의 성행은 정부 관료들에게도 어느 정도 영향을 미쳤다. 유신운동 전후부터 구어체로 통보를 하는 지방 관리들도 가끔씩 나타난 것으로 조사됐다. 1905년 보수적인 성향의 베이징, 톈진 등 지역에서도 많은 구어체 공고문이 나타났다. 또한, 지식인들이 모여 책을 읽는 열보사閱報社도 성행하기 시작하였다. 통계에 따르면 1907년 베이징에만 45곳의 열보사가 있었고 톈진에는 1905~1906년까지 6곳이 있었다.[41] 이에 따라 동남연해 도시와 교통이 편리한 내륙 도시에는 이미 많은 열보사가 설치된 것으로 보인다. 많은 하위계층 평민들이 열보사를 통해 구어체로 발행된 신문이나 간행물을

---

39   『淸末白話文運動資料』,『近代史資料』1963年 第2期, p.125.

40   方漢奇,『中國新聞事業編年史(下)』附錄『報刊名索引』, pp.2583~2826.

41   閔傑,『近代中國社會文化變遷錄』第2卷, 浙江人民出版社, 1998, p.458.

읽으면서 국내외 대사大事를 알 수 있고 새로운 지식을 접하고 새로운 관념을 받아들일 수 있었다. 이는 구어체 신문을 선전하고 평민주의를 제창하는 사람들이 원하던 목적을 이룬 것이다.

평민주의가 널리 흥성하게 된 된 또 다른 중요한 계기는 연설회演 說會의 성행이다.

연설의 흥성은 근대 개혁 운동과 밀접한 관계가 있다. 유신운동 이 최고조에 달했을 때 남학회南學會에서는 정기적인 연설활동이 있었 다. 베이징의 보국회保國會도 연설을 중요시하면서 『연설장정演說章程』 까지 정하였다. 무술정변으로 인해 이러한 새로운 활동들은 사라졌다 가 20세기초 연설활동이 다시 시작되었다. 텐진『대공보大公報』는 「논 연설論演說」을 발표하여 적극적으로 선전하였다. "천하에 매우 급한 일 은 그 기세가 느린 것 같고, 매우 무거운 물건은 그 짜임이 가벼운 것 같 다. 오직 선각자만이 그것을 볼 수 있고 일반사람들은 그것을 잘 살펴보 지 못하는데 연설하는 일이 바로 그렇다." 또한, 온 나라의 사기와 영혼 를 진작시키는데, 죽은 문자는 살아있는 말과 결코 필적할 수 없다. 앞 으로는 나라를 사랑하는 사람은 반드시 연설의 기교를 강구해야 한다.[42] 이와 비슷한 시기에 『항주백화보杭州白話報』에도 연설을 제창하는 글이 많이 실렸는데 첫 해 제24호에 항주연설당의 문장을 보도하면서 국민 들을 일깨우는 가장 좋은 방법은 연설이라고 지적하였다. 학당을 창설 하면 당연히 국민들을 지혜롭게 할 수는 있으나 학당 한 곳에서 수용하 는 인원수는 매우 제한적이어서 학당에 들어 가려면 공부를 해야 하고 공부하지 않으면 학당에 들어갈 수 없다. 이에 반해 연설회를 열면 많은

---

42   1902年11月5日 天津『大公報』참조.

사람들을 수용할 수 있고 공부를 하지 않거나 글을 모르는 사람도 연설을 들을 수 있고 이해할 수 있다. 그러므로 연설의 효과는 매우 크다.[43]

유명한 여성 혁명가 추근(秋瑾, 1875~1907)은 「연설의 좋은 점演說的好處」이라는 글에서 "사람의 지식을 트이게 하고 사람의 생각을 감동시키는 것으로 연설만한 것이 없다(開化人的知識, 感動人的心思, 非演說不可)"라고 하면서 연설이 신문보다 나은 점을 설명하였다. 그는 또 당시 신문을 보는 사람은 관료거나 장사를 하는 사람이거나 한가한 사람이거나 지식인이라고 하였다. 관료들은 신문을 별로 보지 않는데 신문을 본다고 해도 지식을 구하기 위한 것이 아니다. 장사를 하는 사람은 신문의 시장 상황만 관심을 가지고 본다. 한가한 사람들은 신문의 오락 뉴스에만 관심을 가지고 본다. 지식인들이 신문을 볼 때 어떤 사람은 새로운 의견을 즐겨보고 어떤 사람은 오래된 의견을 즐겨본다. 글을 모르는 사람, 신문을 볼 수 없는 사람만이 연설을 통해 지식을 얻는다. 그는 또 연설은 많은 장점이 있다고 강조하였다. 첫째, 장소에 구애 받지 않고 어디서나 연설할 수 있다. 둘째, 돈을 내지 않고도 누구든지 들을 수 있다. 셋째, 누구든지 알아들을 수 있고 여성, 어린이는 연설을 통해 지식을 쌓을 수 있다. 넷째, 많은 사람들을 동원할 필요도 없고 비용도 필요 없으며 말만 잘하면 된다. 다섯째, 연설을 통해 세상의 일을 알 수 있다. 그는 이렇게 좋은 점이 있기에 많은 나라들이 연설을 중요시하는 반면 중국만 연설을 가볍게 여긴다고 지적하였다.[44]

---

43   閔傑, 『近代中國社會文化變遷錄』 第2卷, p.255.

44   이 글은 최초에 동경에서 출판한 『백화(白話)』 잡지 제1기 상(1904년 9월)에 발표, 그 후
      『선주여보(神州女報)』 1호 (1907년 12월)에 수록. 본문은 『추근집(秋瑾集)』(中華書局, 1960) 참조.

선각자들의 대대적인 선전 속에서 더 나아가 객관적인 환경이 형성되고 개혁과 혁명 운동의 수요가 높아짐에 따라 각 지역에서 연설활동이 활발하게 이루어졌다. 일부 지역에서는 연설회를 조직하고 일부 지역에서는 연설교육을 실시하였으며 심지어 연설학당까지 설립한 곳도 있었다. 평소에 연설회는 일부 기풍을 개화하고 지식을 넓히는 연설을 조직한다. 국내외 사건사고가 발생할 경우 연설회는 대중적인 정치활동으로 탈바꿈한다. 프랑스 거부 운동, 러시아 거부 운동, 미국의 중국인 계약 금지 반대 운동, 지역별로 권리를 회수하는 운동 등, 주권을 유지하는 사건들 속에서 연설활동은 활발하게 이루어졌다. 특히, 대규모 국회청원운동에서 구어체白話 전단의 살포와 농촌에서의 연설활동 등은 평민주의 정치 운동이 고조되고 있음을 보여준다.[45] 역사적인 활동들이 점차 심화되어 가면서 점점 더 많은 일반 대중들이 운동에 참여하게 되었는데 이것은 사회적 규칙에 부합한 현상이다.

구어체白話 신문을 창간하고 연설을 제창하는 동시에 혹은 일부 선각자들은 하위 계층의 대중들에 대한 관심에서 출발하여 교육을 빨리 보급하기 위해 간체자와 한어병음漢語拼音을 대대적으로 홍보하였다.

무술유신운동 전에 이미 병음 문자에 대한 구상이 있었다. 서양문화의 영향을 받은 이들은 서양인의 병음문자는 교육을 보급하는데 유리하다고 생각하였다. 중국 문자는 언어와 분리되어 있고 문자 자체가 번잡하고 어려워서 교육을 보급하기 힘들었다. 이에, 문자 개혁에서 시작하여 교육의 보급에 적합한 조건을 마련하고자 하였다. 송서(宋恕,

---

45   拙作『論淸末立憲派的國會請願運動』참조,『中國社會科學』1980년 5호에 게재,『耿雲
      志文集』에도 수록, 上海辭書出版社, 2005, pp.1~34.

1862~1910)는 1892년 초에 『육자과재비의六字課齋卑議』(초안)에서 절음切音을 주장하였다. 1895년 노당장(盧戇章, 1854~1928)은 『절음신자切音新字』를 발표했고, 1896년 심학(沈學, 1873~1900)은 『성세원음盛世元音』을 발표했으며, 1897년 왕병요(王炳耀, 생졸미상)는 『병음자보拼音字譜』를 발표하였다. 이 시기에 우징헝(吳敬恒, 1865~1953)의 소위 '두아자모豆芽字母', 채석용蔡錫勇의 '전음쾌자(傳音快字, 1850~1896)' 등이 있었다.[46] 이는 당시 선각자들이 하위계층 대중들의 교육문제에 관심을 가졌다는 것을 보여주고 있는 대목이다. 이중에서 왕자오(王照, 1859~1933)와 노내선(勞乃宣, 1843~1921)의 공헌이 가장 컸다.

왕자오王照는 무술유신운동으로 유명해진 신당新黨의 지사志士이다. 정변 후, 일본으로 도망갔다가 1900년에 몰래 귀국하였다. 톈진에 숨어 지낼 때 15개 운모韻母와 50개 성모聲母로 '북방속어北方俗話'를 쓰는 『관화합성자모官話合聲字母』 방안을 만들어 교육을 보급하는 도구로 이용하였다. "프로이센 소학교 교원이 프랑스를 물리친다普魯士小學教員打敗法國"는 경고하는 말과 일본의 교육 보급률이 중국의 250배여서 중국과 같이 큰 나라를 침략할 수 있었다는 사실에 개탄하면서 교육의 보급을 적극적으로 추진하였다. 그는 "나라를 강하게 만드는 것은 자신의 분야에 정통하고 지식을 쌓고 각자의 지식을 국민과 나누어야 하는 것이지 소수의 영재 손에 있는 것은 아니다."라고 밝혔다.[47] 1903년 왕자오王照는 죄를 피하는 몸으로 베이징에서 몰래 '관화자모의숙官話字母義塾'을 열었고 『관화합성자모』를 재인쇄하여 운모를 12개로 줄였다. 그

---

46   周敏之, 『王照硏究』, 湖南人民出版社, 2003, p.92.

47   『官話合聲字母原序』, 『小航文存』 卷1, 庚午年刻本, p.29.

는 자모로 교재를 만드는 일을 시작했고 그 효과는 큰 관심을 불러 일으켜 짧은 시간에 베이징, 톈진, 즈리直隷 일대에 많은 모방자들이 나타나게 되어 왕자오가 베이징에 설립한 의숙도 24개 이상으로 늘어났다.[48]

라오나이쉬안(勞乃宣, 1843~1921)은 왕자오의『관화합성자모』를 높이 평가하면서 지원을 아끼지 않았다. 라오나이쉬안은 성운학자였는데 그는 왕자오의 허락을 받고 관화합성자모의 기초 위에 영음寧音과 오음吳音의 합성간자보合聲簡字譜 2개를 만들어 이를 각각「증정합성간자보增訂合聲簡字譜」와「복위합성간자보復位合聲簡字譜」라고 하였다. 그는 우선 먼저 양강총독兩江總督 저우푸(周馥, 1837~1921)의 지원을 받아 강녕江寧에 간체자 학당을 설립했으며 "방음方音을 계단으로 관음官音을 귀숙으로 하여 주명입안하였다(以方音為階梯, 以官音為歸宿, 奏明立案)." 이는 큰 영향을 미치게 되어 1908년 라오나이쉬안은 서태후의 접견을 받았으며 라오나이쉬안은 명을 받고 간자보를 올렸다.『진정간자보녹절進呈簡字譜錄折』에서 "중국을 구원하려면 교육을 보급해야 한다. 교육을 보급하려면 쉽게 알아보는 글자가 있어야 한다. 쉽게 알아보는 글자는 병음이 있어야 한다(今日欲救中國, 非教育普及不可. 欲教育普及, 非有易識之字不可. 欲為易識之字, 非用拼音之法不可)."라고 하였다. 상주문에서 "몇 년 전에 경사 병음 관화서보사는 관화 자모를 정했는데 성모 50개와 운모 12개를 4개 성조로 연결하여 2,000여 개의 음을 얻었으며 경사 언어를 포함한다. …… 식별하기 쉽고 이해하기 쉽다."라고 말하였다. 라오나이쉬안이 말한 것은 바로 왕자오의 관화합성자모였다. 조정에 이를 기반으로 "나라에서 통일된 전보를 만들어 이를 기반으로 알기 쉬운 교과서

---

48   周敏之,『王照研究』, pp.106~110.

를 만들며 천하에 알려야 한다(欽定通國統一全譜, 並以此字編定淺近教科書, 請旨頒行天下)."라고 요청하였다. 그는 이렇게 보급해 "나라에서 적극적으로 추진하면 몇 년 후에 모든 사람이 글자를 알고 읽을 수 있다. ……사람마다 책을 보고 읽을 수 있으며 인생의 도리를 알고 세상의 이치를 알게 된다. 피차가 하고 싶은 말을 하려면 모두가 붓으로 써서 주고받을 수 있다. 관부의 명령도 아무런 실수 없이 하달될 수 있게 되고 백성들의 의견도 아무런 막힘 없이 위에 진술할 수 있게 된다. 이를 명백하게 통달하면 온 누리가 대동하게 된다. 이로써 백성들의 덕을 육성하니 어찌 덕이 쌓이지 않으리오. 이로써 백성의 지혜를 쌓으니 어찌 지혜가 열리지 않으리오. 태평의 기초와 부강의 근본이라고 하는 것은 다 여기에 있다."[49]

왕자오와 라오나이쉬안 및 당시 기타 문자개혁을 추진한 사람들은 이 문제를 너무 간단하게 여겼다. 하지만 이들이 하위계층 평민에 눈길을 돌린 것은 당시 문화 평민화의 대추세를 반영하였다.

3. 낡은 풍속 습관을 고치는 근대 속세 문화

선각자들의 시각이 평민에게 집중된 후, 평민들의 자각과 소질을 높이는 방법을 고민할 때 어떻게 하면 일반 대중들이 불량하고 열악한 풍속 습관에서 벗어날 수 있는지의 문제에 부딪치게 되었다. 즉, 낡은 풍속 습관을 고치는 전쟁을 치러야 하였다.

---

49   勞乃宣,『政治官報』第 297號.

사실상, 유신운동 준비 기간 및 초창기에 이미 많은 선각자들이 낡은 풍습을 개혁해야 한다는 문제를 제기하였다. 진규(陳虬, 1851~1904)는 1892년에 쓴『경세박의經世博議』의「변법10變法十」에서 복잡하고 자세한 예절을 없애고 경조사 예절을 개혁해야 한다고 주장하였다. 같은 해 송서宋恕는『육자과재비의六字課齋卑議』에서 혼례의 예절을 개혁하여 자유롭게 혼인 상대를 선택해야 하고 '정녀貞女', '열녀烈女', '절부節婦', '열부烈婦' 등을 정표旌表하지 말아야 한다는 주장을 제기하였다. 정관잉은『성세위언盛世危言』(1893~1894년에 간행)에서 영신새회迎神賽會, 영불재승佞佛齋僧 등 낡은 풍속을 없애고 돈을 절약하여 빈곤층을 도와주는 등 사회에 유익한 선행을 해야 한다고 제기하고 대다수의 승려도 환속시켜야 한다고 주장하였다. 1896년 유신지사들은 중국인이 조직한 계전족회戒纏足會를 설립하였고 양계초는『계전족회서戒纏足會序』를 써서 많은 사람들을 감동시켰다. 이에 따라 전국 많은 지역에서 계전족戒纏足 운동을 시작하였다. 결론적으로 낡은 풍습을 적극적으로 개혁하는 것은 열혈 구국 유신지사들의 중요한 목표이기도 하였다.

1899년 양계초는『중국적약소원론中國積弱溯源論』을 발표하였는데 이중「적약지원어풍속자積弱之源於風俗者」절節에서 중국의 낡은 풍습의 해로운 점을 집중적으로 논하였다. "현재 중국의 이런 풍속으로는 매일 배와 대포를 구입하고 철도를 건설하고 광산을 개발하고 서양의 것을 배운다고 해도 더러운 담벽에 비단을 입힌 격이고 부패한 나무에 용을 조각한 격으로 성공하지 못할 뿐만 아니라 더욱 추해진다.[50] 양계초는 중국 풍습의 단점을 요약해 폭로하였다. 예를 들면, 하위계층을 노

---

50   『飮冰室合集·文集5』, p.18.

예 대하듯이 하고, 상위계층을 대할 때는 스스로를 노예로 생각하는 추태를 부리며, 어리석고 지식이 없으며 이기적이고 속임수를 쓰기 즐기며 나약하고 무예를 숭상하는 정신이 없고 가만히 있는 것을 좋아하고 움직이는 것을 싫어하는 등이 있다.

20세기 초반, 한동안의 준비와 여론의 선전을 통해 낡은 풍습을 바꾸는 붐이 일어났다. 사람들은 너도나도 할 것 없이 진보를 가로막는 풍습을 엄격하게 비판하면서 다양한 개혁 방안을 제시하였다.

중국의 풍습 중 가장 큰 비난을 받고 가장 잔혹하며 가장 비인도적인 것이 바로 여성의 전족纏足이다. 이 악습은 중국에서 천여 년 동안 이어져 내려왔고 만주인이 정권을 수립할 때 전족 금지령을 내린 적이 있다. 그 후, 순치, 강희 연간에도 금지령을 내렸으나 대다수 한족들에게 별로 영향을 주지 못하였다. 태평천국운동 기간 내부적으로 전족을 금지했으나 전국적으로는 영향을 주지 못하였다. 1870~1880년에 와서야 선각자들이 전족의 악습에 관심을 가지게 되었다. 정관잉은 『성세위언』의 「여교女敎」편에서 여성 전족은 "잔혹하고 잔인하며 사람의 도리가 아니다(此事酷虐殘忍, 殆無人理)."라고 하였고, "지구상에 5대주의 많은 나라 중 오직 중국뿐이다."[51]고 지적하였다. 양계초는 『계전족회서』에서 "중국의 전족은 그 고통이 경골을 끊는 것과 같다(中國纏足, 其刑若斷脛)", "이렇게 잔혹하고 경박하며 비천한 일이 전국에서 천 년 동안 이어져 내려왔다(以此殘忍酷烈輕薄猥賤之事, 乃至波靡四域, 流毒千年)."라고 하였다. "이러한 일은 인접한 나라에 알게 할 수 없을 뿐만 아니라 본심을 잃게 만든다. …… 중국의 4천만 인구의 절반을 범죄자들이 하는 비천한

---

51   『盛世危言』卷3, 光緒丙申年 上海書局 石印本, p.7.

일의 수림에 가두는 것이다."[52] 담사동은 "중국인이 망국의 원인을 반성하지 않고, 두려워서 전족의 악습을 바꾸지 않으면, …… 나라가 멸망할 뿐만 아니라 종족도 멸망한다."[53]라고 경고하였다. 강유위, 엄복, 쉬친(徐勤, 1873~1945) 등은 전족이 사람을 해치고 나라를 해치며 종족을 해친다고 서슴없이 질타하였다. 또 신문과 간행물에서 전족 악습을 징벌하는 것에 관한 내용이 자주 등장하였다. 『영파백화보寧波白話報』은 연속 3편의 가요체歌謠體 문장으로 전족의 고통을 통렬히 비판하고 전족의 악습을 없애야 한다고 지적하였다.[54] 『여자세계女子世界』는 「계전족시戒纏足詩」, 「방각가放腳歌」 등의 작품을 실어 전족은 '천년의 악습'이고 사람의 도리에 어긋나는 것이며 용납할 수 없기에 영원히 금지해야 한다고 지적하였다.[55] 또한, 『중국신여계中國新女界』, 『계몽통속보啓蒙通俗報』 등도 전족을 질책하는 문장을 실었다. 『경업순보競業旬報』에서는 시제민施濟民 여사의 연설을 「방족십론放足十論」이라는 글로 연재하면서 전족의 나쁜 점을 알리고 이미 전족을 푼 여성들에게는 더 이상 전족을 하지 말고 전족한 여성은 발을 풀어야 한다고 지적하였다. 이 신문의 편집자는 팔고문八股文, 아편, 전족은 중국의 3대 해악으로 나라가 부강해지려면 먼저 이들부터 없애야 한다고 밝혔다.[56]

여성들을 고통에서 해방시키고 전족의 악습을 없애기 위해 지식인들은 단체를 조직하여 계전족戒纏足과 방족放足 운동을 추진하였다.

---

52 『飲冰室合集·文集1』, pp.120~121.

53 『仁學』第10節, 『譚嗣同全集』(增訂本), 中華書局, 1998, p.303.

54 『辛亥革命時期期刊介紹』第1卷, 人民出版社 1982, p.439.

55 『辛亥革命時期期刊介紹』第1卷, 人民出版社 1982, pp.469~470.

56 同上書 第2卷, pp.292~293.

근대 중국에서 가장 먼저 계전족회를 설립한 것은 외국인이었다. 1876년 하문廈門에서 포교하던 런던회 전교사는 계전족회를 창립하고 "매년 2회 집회를 개최하면서 딸의 전족을 원하지 않는 사람들은 회의에서 약서를 쓰고 서명하며 손도장을 찍은 후 각각 한 반씩 보관하였다. 만약 위배할 경우 공동으로 질책하였다."[57] 1895년 4월, 영국인 리틀부인(alicia Bewicke 혹은 Mrs. Archibald Little, 1845~1926)은 상하이에서 천족회天足會를 설립하고 '일반인에게 전족하지 않을 것을 권고'하는 것을 취지로 많은 중국인이 이 천족회에 가입할 것을 희망하였다. 천족회에 가입한 중국인들은 우선 먼저 가족 중에 여성들이 방족할 것을 요구하고 가족 중 여성들의 전족을 영원히 반대하며 전족한 여성을 며느리로 받아들이지 않도록 하였다. 쑤저우蘇州, 우시無錫, 전장鎭江, 난징南京 등 지역에 분회를 설립하고 천족운동을 확대하였다.[58] 1896년, 광둥 사람인 라이비퉁賴弼彤, 천모안陳默庵이 룽산龍山에 계전족회를 설립하였다. 그 외 쓰촨四川 사람 2명도 계전족회를 설립하였다. 이는 중국인이 스스로 설립한 최초의 계전족회이다. 양계초는 광둥 룽산 계전족회의 서문을 써서 그의 영향력이 더 커졌다. 광둥 지역의 계전족회가 가장 활발하게 활동하면서 1897년 말까지 광둥에는 9개의 계전족회가 발족하였다. 1897년 6월 양계초 등은 상하이에서 불전족총회不纏足總會를 발족하였다. 총회는 시무보관時務報館 내에 설치됐다. 양계초가 초안한 「불전족회 간명장정不纏足會簡明章程」에서는 불전족총회에 가입한 사람의 딸은 전족하지 못하고, 아들은 전족한 여성을 결혼상대로 할 수 없으며, 태어난 딸이 이

57   『戒纏足論』, 『萬國公報』 1879年3月22日.
58   閔杰, 『近代中國社會文化變遷錄』 第2卷, p.6.

미 전족했으면 8세 이하의 경우 방족하고, 9세 이상이어서 방족 할 수 없을 경우 회원의 적會籍에 신고해야만 총회에 가입한 사람과 혼인할 수 있다고 규정하였다. 또한, 성소재지에 분회를 설립하고 도시별로 가입자가 많으면 그 하위조직을 설립할 수 있다고 규정하였다.[59] 『만국공보萬國公報』의 기록에 따르면 이 총회의 가입자수는 30만여 명이었다고 한다[60]. 유신운동이 고조되면서 허난河南, 광둥廣東, 후베이湖北, 푸젠福建, 쓰촨四川 등 지역에서도 불전족 운동이 활발하게 이루어졌다. 상대적으로 북방지역이 뒤쳐져 톈진에만 불전족회 조직이 있었다.

경자사변庚子事變 후, 청나라 통치자는 화를 일으킨 데 대해 후회한다고 마지 못해 밝혔다. 1901년 다시 변법에 관련된 화제話題를 제시했는데 이를 '신정新政'이라 한다. 1902년 초, 전족을 권계하는 조서를 발표하였는데 이 조서는 큰 영향력을 발휘하였다고 볼 수 있다. 첫째, 그전에 이미 몇 년 동안의 여론 준비와 활동기반이 마련되었다. 둘째, 조정 조서의 경우, 각급 관원에게는 일정한 독촉 역할을 한다. 셋째, 조서는 많은 세도가들의 고민을 해소할 수 있었다. 그 후, 조정의 추진에 힘입어 민간 사상의 저항력이 어느 정도 해소되었고 불전족 운동이 비교적 빠르게 발전되었다. 각 성의 독무督撫 중 많은 이들이 적극적으로 호응하였고 1904년까지 저장浙江, 푸젠福建과 산시陝西, 간쑤甘肅을 제외한 18개 지역의 독무들이 모두 전족을 금지할 것을 표하였다. 이중 즈리直隸총독 원세개(袁世凱, 1859~1916), 쓰촨 총독 천춘쉬안(岑春煊, 1862~1933)이 가장 적극적으로 나섰다. 원세개는 직접 글을 써서 전족

---

59   『戊戌變法』(4), pp.433~434 참조.
60   梁景和, 『近代中國陋俗文化嬗變硏究』, p.216 재인용, 首都師範大學出版社, 1998.

을 권계했으며 자신의 자녀와 친척들도 전족을 하지 말거나 방족하도록 하였다. 천춘쉬안은 5만권의 『불전족관화천설不纏足官話淺說』을 직접 발행하여 각 지역에 나누어 주었다. 일부 진보인사들은 솔선수범하여 혼인할 때 천족天足을 조건으로 내걸었다. 이는 장기간 작은 발을 숭상하고 여성의 천족을 멸시하는 병적인 심리에 큰 타격을 준 셈이다. 이 시기에 신문과 간행물에서 불전족 운동을 자주 보도하고 평가하였다. 일부 신문과 간행물은 방족 방법까지 선전하고 소개하였다.[61] 궁극적으로 이 시기의 불전족 운동은 주로 도시와 교통이 편리한 도시에만 제한되어 내륙의 시골 지역에는 거의 변화가 없었다. 하지만, 선각자들의 노력과 더불어 진보적인 관료의 추진하에 불전족 운동이 청나라 말기 십여 년 동안 실질적인 발전을 이루었고 민국 시기 때 중국에서 천여 년 동안 이어져 내려온 악습을 최종적으로 없애는데 기반을 마련하였다.

중국의 낡은 풍습 가운데 시급하게 개혁해야 할 또 다른 제도는 혼인제도였다.

중국의 낡은 혼인 풍습은 폐단이 많다. 첫째, 조혼이다. "심지어 30세에 손자를 보는 경우가 있다. 친척들은 이를 가족의 경사라고 여기며 사회적으로도 좋은 일이라고 생각하였다."[62] 오지나 빈곤하고 낙후된 지역에서는 조혼이 특히 많았다. 이는 혼인제도는 생활수준 그리고 교육수준과 연관이 크기 때문이다. 하지만 조혼은 이미 풍습이 되어 지역마다, 계층마다 존재해왔다. 1902년 양계초의 『신민의新民議』 첫 편은 「금조혼의禁早婚議」이다. 양계초는 조혼의 해로운 점으로 5가

---

61 梁景和, 『近代中國陋俗文化嬗變硏究』, pp.218~220.
62 『禁早婚议』, 原載 『新民從報』 第23號, 『飮冰室合集·文集7』에 수록, p.109.

지를 꼽았다.

(가) 건강에 해롭다. 소년 소녀는 몸이 성숙되지 않았고, 지적 수준도 높지 않으며 경험도 적어 성욕에 쉽게 빠져 스스로를 해쳐도 모른다.

(나) 대를 잇는데 해롭다. 양계초는 "사람이 물건보다 귀하고 문명인이 야만인보다 귀한 것은 번식을 잘하는 것이 아니라 좋은 생활환경을 제공하고 잘 키우기 때문이며 이것이야 말로 대를 잇는 데 중요한 것이다."고 하였다. 그래서 대를 잇는 사람은 "첫째, 부모의 자격을 갖출 수 있는 나이여야 한다. 둘째, 부모의 책임을 질 수 있는 능력이 있어야 한다." 그러므로 조혼은 대를 잇는데 불리하다. 양계초는 "중국인이 세계에서 인구가 가장 많은 것은 조혼 때문이고 중국 국민의 힘이 세계에서 가장 약한 것도 조혼 때문이다(中國民數所以獨冠於世界者, 曰惟早婚之賜, 中國民力所以獨弱於世界者, 曰惟早婚之報)"라고 개탄하였다.

(다) 수양을 쌓는데 해롭다. 가정교육은 국민교육의 중요한 부분이고 교육의 기초이다. "아이는 품안에 있을 때 그리고 무릎 위에서 놀 때 모방능력이 가장 뛰어나다." 이때 부모가 본보기를 보이는 것이 아이의 성장에 큰 영향을 준다. 조혼 부모는 10쌍에서 9쌍이 자녀에게 좋은 교육을 해주지 못한다. 이에 자녀를 망치고 앞으로 국민을 망치게 된다.

(라) 교육에 해롭다. 근대 완전한 교육을 받으려면 최소 15~16년 이상이 걸린다. 조혼 남녀는 한창 교육을 받아야 할 나이이다. 이런 귀한 시간인 "아름다운 청춘 시절에 노래만 부르고 침대의 일에만 관심을 가지면서(春花秋月, 纏綿歌泣, 綣戀床第之域)" 보내니 기를 상하고 시간을 낭비하게 되며 고등 소양의 성과를 이룰 수 없고 "국민의 자격이 점점 낮아지는데 이 모든 것은 이런 원인 때문이다(國民資格漸趨卑下, 皆此

之由)."

(마) 국가경제에 해롭다. 미성년 남녀가 결혼하여 아이를 낳고 자기 자신뿐만 아니라 그의 처자식도 부모에게 빌붙어 살아야 하는데 한 사람의 소득으로 여러 사람이 나누어 써야 된다. 이렇게 되면 전국적으로 생산을 하는 사람이 적고 이익을 나누어야 하는 사람이 많게 되는데 국민이 창조한 재부로 국민을 먹여 살리기 힘들어 결국 나라가 가난하고 쇠약해지게 된다. 양계초는 조혼의 해로운 점을 낱낱이 꼬집었다.[63] 『각민覺民』, 『유일여학회잡지留日女學會雜誌』, 『중국신여계中國新女界』, 『경업순보競業旬報』 등의 신문과 간행물에서도 조혼을 비판하였다. 일부는 결혼 적령기를 25세로 정해야 한다고 지적하였다.[64]

그 다음으로 혼인제도의 폐단이다. 『각민覺民』에서 발표한 「논혼례지폐論婚禮之弊」, 『중국신여계』에서 발표한 「중국혼속오대폐설中國婚俗五大弊說」, 『안후이속화보安徽俗話報』에서 발표한 「악속편惡俗篇」(이중혼인을 논한 것은 3편), 『경업순보競業旬報』에서 발표한 「혼인편婚姻篇」, 『천의보』에서 발표한 「여자해방문제女子解放問題」 등이 모두 유력한 문장이다. 그들은 낡은 혼인제도의 몇 가지 폐단을 지적하였다.

(가) 부모가 도맡아 진행하므로 자녀들은 피동적이고 강요당하는 위치이다.

(나) 중매자는 더 많은 수익을 얻기 위해 "장단점은 중매자의 말에

---

63   同上書, pp.108~112.

64   履夷, 『婚姻改良論』, 『留日女學會雜誌』第 1期, 梁景和, 『近代中國陋俗文化嬗變研究』, p.75 재인용.

달렸고 술수를 부린다(短長其言, 上下其手)."[65], 속이고 달래는 등 모든 방법을 동원하여 한 사람 일생의 행복을 망친다.

(다) 남녀는 결혼하기 전에 만나지 못한다. 연애는 더 말할 것도 없다. "남편이 아내에게 일편단심 하지 않고 첩을 둔다.", "아내는 남편에게 충정하지 않고 불륜을 저지른다."[66], 이에 가정 비극을 초래한다.

(라) 납폐와 혼수를 중요시한다. 남자 측은 여자의 혼수를 따지고 여자 측은 남자의 납폐를 따져 매매혼인이 생긴다.

(마) 번잡하고 불필요한 혼인의식. 의혼議婚에서부터 약혼까지 그리고 결혼식까지 중간 절차가 번잡하고 모든 절차에 많은 인력과 물력이 필요하여 나라에 해를 끼치고 주변 사람들에게도 해를 끼친다. 이에 많은 사람들은 혼례식을 간소화해야 한다고 주장했고 일부는 심지어 서양식 혼례식을 모방하였다.[67]

(바) 미신을 지키거나 의혼할 때 쌍방의 궁합을 보고 팔자를 보며 점괘까지 보는 경우가 있으며 현세의 혼인을 생전의 운명에 의해 결정된다고 생각하였다. 일부 문장에서는 낡은 혼인제도가 남자의 권리만 보호하고 여성의 권한에 대해서는 하나도 언급하지 않는다고 질타하면서 남편은 아내를 내쫓을 수 있는 7가지의 이유인 칠거지악이 있으나 여성은 파혼할 수 없다고 지적하였다. 남편이 죽으면 아내는 재혼할 수 없으나 아내가 죽으면 남편은 재혼할 수 있다. 또한, 민며느리, 지복혼指腹婚 등의 불합리적인 악습을 비난하였다.

65   陳王, 『論婚禮之弊』, 『覺民』第 1~5期 合本.

66   履夷, 『婚姻改良論』, 『留日女學會雜誌』第 1期.

67   閔杰, 『近代中國社會文化變遷錄』第2卷, pp.335~336, 437~446.

선각자들은 낡은 혼인제도를 비판하는 한편 개혁 구상도 제시하였다. 송서宋恕는『육자과재비의六字課齋卑議』에서 혼인은 부모가 결정하나 남녀 쌍방이 "결혼을 원한다는 친필 서명을 해야 한다於文據上親填願結"라고 하였고 "부모가 아닌 백숙형제 등이 강요하지 말아야 한다嚴禁非本生之母及伯叔兄弟等强擅訂配."라고 하였다. 또한 삼출오거三出五去 율법을 제시하였다. "삼출三出: 시부모와 화목하지 않거나 부부 사이에 화목하지 않거나 전처와 화목하지 않으면 집에서 내보낸다. 이 모든 것은 남편이 결정한다(三出者: 舅姑不合, 出. 夫不合, 出. 前妻妾之男女不合, 出. 皆由夫作主).", "오거五去: 3가지는 삼출과 동일하고 그 나머지 중 하나는 처첩과 화목하지 않는 것, 다른 하나는 부모를 봉양하는 것인데 이는 아내가 결정한다."[68] 호적(胡適, 1891~1862)은 그가 직접 관리하는『경업순보競業旬報』에서 낡은 혼인제도에 대해 "폐단을 해소하는 방법은 해외 혼인제도를 참조하여 중간 방법을 선택해야 한다. 첫째는 부모가 혼인을 주재해야 한다. 둘째는 자녀들도 간섭할 권리가 있다."라고 지적하면서 이런 방법은 "중국의 현재 상황에 부합된다就中國二字上因時制宜的."라고 하였다.[69] 그는 낡은 혼인제도를 반대하는 한편 자유혼인제도를 바로 실행하는 것도 반대하고 중국과 외국의 사례를 참조하여 절충안을 선택할 것을 주장하였다. 사실상 이는 현재 세계적으로 통용되고 있는 제도이기도 하다.

낡은 풍습에 대한 비판 중 또 다른 문제는 미신이다. 중국에는 통일된 국교가 없다. 유학은 종교적인 특징이 있으나 종교가 아니고, 불교

---

68   『宋恕集』(上), p.149, 中華書局, 1993.

69   胡適,『婚姻篇(續)』,『競業旬報』第25期.

근대 중국의 문화적 전환에 대한 연구

와 도교는 종교이지만 지나치게 세속화되어 민간에서는 미신으로 발전되었다. 신에 대한 숭배나 두려움은 모든 민족에게 동일하게 나타나서 독실한 신도들은 원죄와 감사의 마음으로 신을 대한다. 이는 마음을 정화하는 작용을 하기는 하지만 중국에서 절대다수의 신을 믿는 자들은 극단적으로 이기적인 심리가 있다. 공자를 숭배하는 것은 장원급제하기 위해서이고 보살을 숭상하는 것은 평안하기 위해서이고 조공趙公을 숭상하는 것은 더 많은 부를 쌓기 위해서이다. 욕망을 채우기 위해 신을 모신다. 이것이 미신의 가장 큰 근원이다. 일단 이미 미신이 되면 욕망을 채우기 위해 돈을 아끼지 않는다. 사람들이 미신활동에 이용하는 재물은 놀라울 정도였다. 뿐만 아니라 미신은 많은 사람들의 직업이 되었는데 이는 건전한 사회에는 필요한 것이 아니다. 청나라 말기 낡은 풍습을 고치는 분위기 속에서 미신을 반대한 것은 특히 주목할 만하다.

미신을 제거해야 한다는 주장은 예로부터 있어왔다. 하지만 근대 과학지식, 사상, 이론의 배경 속에서 19세기 말~20세기 초부터 미신에 대해 체계적이고 철저하게 비판하기 시작하였다. 유신운동이 일어나기 전에 개혁사상가의 의견에서 미신을 반대하는 주장을 엿볼 수 있다. 예를 들면, 정관잉은 『성세위언盛世危言』에서 영신새회迎新賽會가 성행하여 많은 돈을 낭비하는 것을 비판하고 많은 승려들의 환속을 주장하기도 하였다. 무술유신운동이 한창이던 시기 강유위가 「청존공성위국교입교부교회이공자기년이폐음기첩請尊孔聖為國教立教部教會以孔子紀年而廢淫祀折」(황장젠은 이 첩이 위조된 것이라고 함. 검증할 필요성이 있음)에서 유행하고 있는 미신을 비판하였다. 그는 "신도를 숭상하고 제사하는 것은 성인이 허락한 일이다(夫神道設教, 聖人所许)." 하지만 "향촌에는 묘가 반드시 있고 기도하여 지원을 받는다. 우신사귀牛神蛇鬼에게 향을 피우고 산과 나무의 정령에게 사당을 세우고 제사를 지내니 사람의 마음을 조금도 격려하는 바가 없고 민간에는 인도할 것이 없으며 요무妖巫가 속이고 미혹하게 하고 신비하고 괴상하여 사람을 놀라게 하고 제수를 차리는 돈만 헛되이 낭비한다. 서양 사람들은 이런 것을 미개한 것으로 본다. …… 대국의 치욕으로 사람들에게 좋은 점이 없다."[70]고 말하였다. 강유위가 공자 유교를 존경하는 입장에서 설명하긴 했으나 미신을 반대하는 입장은 아주 명확하고 단호하였다. 무술유신운동이 정치적으로는 실패하였으나 계몽 역할은 그 후의 역사 발전에 큰 영향을 미쳤다. 20세기 초부터 미신을 반대하는 목소리가 점점 더 높아졌다.

1902년 6월, 톈진에서 『대공보大公報』가 창간되었다. 후에 점점 더 큰 영향력을 발휘했던 이 신문은 처음부터 미신 반대를 기치로 내걸고 "국민을 일깨우고 민속을 개화해야 한다(以開我民智, 以化我民俗)"고 하였다. 창간한지 반달 만에 미신을 비판하는 문장을 여러 편 연속 게재하였다. 예를 들면, 「강망신풍수무익유해講妄信風水無益有害」, 「재강사설불가신再講邪說不可信」, 「강상면무익위학요긴講相面無益為學要緊」, 「부혐소독재공우언不嫌瑣瀆再貢愚言」, 「논중국민지폐색지원인論中國民智閉塞之原因」 등이 있다. 창간한지 얼마 안된 큰 신문에서 자주 동일한 내용의 글을 게재하여 미신을 반대하였는데 이를 통해 당시 미신을 반대하는 분위기가 이미 자리잡았음을 알 수 있다. 기타 신문이나 간행물에서도 이런 점을 반영하였다. 예를 들면 상하이『경업순보競業旬報』는 41호를 출판하였고 이중에서 24호에 모두 미신을 반대하고 과학을 제창해야 한다는 글을 실었다.

---

70   『康有為政論集』(上), pp.279~280, 中華書局, 1981.

당시 신문이나 간행물에서 미신을 반대하는 글을 보면 집중적으로 비판한 것은 다음 몇 가지 측면이다.

우선 토목土木 우상에 대한 숭배를 비판하였다. 1902년 8월 제국주의 열강들이 톈진의 관리권한을 반환한 후, 지방정부는 맨 먼저 전쟁기간 동안 교외에 숨겨놓은 성황묘城隍廟 이상泥像을 절에 다시 모셔왔다. 『대공보大公報』는 이에 대해 날카롭게 비판하였다.[71] 『안후이속화보』는 천두슈(陳獨秀, 1879~1942)의 「악속편惡俗篇」을 발표하였는데 이중에서 제4편은 보살에 대한 경배를 비판하는 것이었다. 그는 불상은 사람들이 만든 것으로 불경에는 불상의 모습이 없다고 했는데 사람들은 불상을 만들어서 제사를 지낸다고 하면서 이는 황당한 일이 아닐 수 없다고 지적하였다. 사람들은 토지, 성황, 약황藥皇, 화신火神, 관음보살, 송자送子보살 등의 우상을 숭배한다. 이렇게 많은 신들을 모시고 사찰에 가서 향을 사르고 참배하는 데 많은 돈을 쓴다. 이런 돈을 승려나 도사에게 바치는데 승려나 도사들은 이런 돈으로 마음껏 먹고 마시고, 아편하고 집창촌을 드나든다. 안경安慶의 성황보살이 입은 포포袍는 사찰을 지키는 사람의 아들이 가져가 돈으로 바꿔 아편을 하였다고 예를 들어 설명하였다. 성황城隍은 이를 어떻게 하지 못했는데 이로써 신령이 존재하지 않는다고 말할 수 있다.[72] 『경업순보競業旬報』는 「논훼제신불論毀除神佛」을 발표하여 신불은 나무로 조각한 조각상에 불과하며 이런 조각상에 신령이 있으면 이 조각상을 만든 목공이나 수공들이 더 영적이지 않느냐고 반문하였다. 작가는 신불은 신령이 없다고 지적하였다. 신령

---

71   閔杰, 『近代中國社會文化變遷錄』第2卷, p.233.
72   『安徽俗話報』第7期, 『陳獨秀文章選編』(上), pp.31~36, 三聯書店, 1984.

이 존재하지 않는 신불을 숭배하고 향을 피우고 제사를 지내는데 이는 돈을 낭비하는 것으로 이로움이 없이 해롭기만 하다. 하나는 돈을 낭비하고 둘째는 후대에 악영향을 주며 셋째는 사람들의 의존성, 노예성, 하늘에 의존하려는 심리만 키워 사회의 발전을 가로막는다. 넷째는 미신을 없애지 않으면 백성들이 개화되지 못한다. 다섯째는 스님이나 도사들이 이를 빌미로 백성들을 해친다. 이런 해로운 점이 있기에 신불을 없애야 하고神佛是一定要毁的, 승려와 도사도 없애야 한다僧道是一定要驅除的.[73]

　　그리고 귀신에 대한 미신을 비판하였다. 귀신을 믿는 것은 중국에서 가장 보편적인 미신으로 남녀노소나 귀천에 관계없이, 동서남북, 사농공상에 관계없이 곳곳에서 유행하였다. 귀신을 믿는 미신을 없애는 것이 시급했으나 그리 쉬운 일만은 아니었다. 남북조 시기의 범신(范縝, 450~515)이 '신멸론神滅論'을 제시하면서부터 명철한 사람들이 귀신에 대한 미신을 비판하였으나 민국 시기까지 귀신을 믿는 미신은 여전히 존재하였다. 이에, 청나라 말기 선각자들의 노력이 참으로 고귀함을 알 수 있다. 1903년 창간한 간행물인 『각민覺民』은 무귀론無鬼論을 선전하였다. 「무귀설無鬼說」에서 사람이 죽으면 몸이 굳고 피가 차가워지며 감각이 없고 죽은 세상에는 신령이 없다고 지적하였다. 소위 '귀화鬼火', '귀성鬼聲' 등의 소문은 근거 없는 말이다. 글쓴이는 자신이 아는 지식으로 '귀화'와 '귀성' 현상을 설명하였다. 『경업순보競業旬報』는 「무귀총화無鬼叢話」4편을 연속으로 실어 옛날 사람들의 의견을 예를 들면서 귀신에 대한 미신을 없앴으며 『봉신연의封神演義』, 『서유기』 작가가 귀신을 과

73　　鐵兒(胡適), 『論毀除神佛』, 『競業旬報』第28期.

장되게 묘사하고 민간에 악영향을 주었다고 비난하였다. 역대의 지식인들이 물리학을 설명하지 않고 과학사상으로 명확한 도리를 설명하지 못하여 미신이 유행된 것에 대해서도 비판하였다. 이 신문은 옛날 사람들이 무귀론 사상을 기반으로 간단한 문자와 통속적인 사례로 세상에는 귀신이 없다고 증명하였다. 글쓴이는 고향 안후이安徽은 사람이 죽으면 명나라 옷을 입혔고 장쑤江蘇와 저장浙江은 사람이 죽으면 만주 옷을 입혔다고 하였다. 하지만 사람들이 보고 들은 것은 귀신들이 평소에 입던 옷을 입었다고 지적하였다. 이에 "천지간에는 귀신이 없는 것이 명백하다天壤間果無所謂鬼也亦明矣."[74] 귀신을 믿는 미신의 가장 중요한 원인은 과학적인 지식이 부족한 점 때문이라고 이는 당시 절대다수의 선각자들이 공감하는 바이었다.

　　또 자연현상에 대한 미신을 비판하였다. 선각자들은 일식, 월식, 바람, 비, 번개 천둥 등 현상에 대한 공포심과 미신에 대해 자신이 알고 있는 지식으로 설명하였다.

　　뿐만 아니라 일부 관료들의 미신활동도 비난하였다. 『대공보大公報』는 톈진의 지방 관료가 성황묘城隍廟의 신상神像을 맞이한 사건을 비난하였다. 안후이安徽 순무巡撫가 성황에 칭호를 부여한 것과 쓰촨四川 총독이 승려에게 칭호를 부여한 것, 그리고 둥둥廣東 총독이 용모龍母에게 칭호를 부여한 것 등을 비난하였다. 관료들의 유도誘導도 미신이 성행한 중요한 원인이라고 지적하였다.[75] 『동방잡지東方雜誌』에 실린 글에서 "수천 년 동안 통치하면서 오랜 습관으로 전해져 견고하여 파괴될

74　適之, 『無鬼叢話』(4), 『競業旬報』第32期.

75　閔杰, 『近代中國社會文化變遷錄』第2卷, pp.434~436.

수 없다. 민간의 풍습은 신도설교神道設教에서 유래되어 전해와서 사람들의 미신도 견고하여 부수기 어렵다. 전제정치나 미신을 믿는 풍습은 하나가 되어 무감각한 세상을 만들었다."고 명확하게 지적하였다.[76]

당시 신문이나 간행물에서 미신을 비판한 글에는 많은 내용이 포함됐다. 영신새회迎神賽會, 타초打醮, 주재做齋 등 많은 인력을 동원해야 하고 많은 시간을 낭비하며 많은 재물을 이용해야 하는 미신활동을 서슴없이 비난하였다. 미신에 낭비하는 재물을 절약하여 교육과 사회 자선사업에 이용해야 한다고 주장하기도 하였다.

물론 낡은 풍습을 비판할 때 선각자들은 더 큰 해를 끼치는 도박, 싸움, 아편 등의 악습에 대해서도 등한시하지 않았다. 이런 악습들도 긴 시간을 거쳐 점차 없어졌다.

풍속이나 습관은 민족문화 역사 과정에서 형성된 매우 견고하고 안정적으로 형성된 것이다. 옛 사람들이 말한 "백성을 교화시켜 아름다운 풍속을 이루는 것化民成俗"은 바로 백성들이 교화된 내용을 받아들이도록 하여 대중들의 습관이 되도록 하는 것인데 이것이 바로 교화의 성공이다. 새로운 습관을 형성하려면 오랜 과정이 필요하다. 이로 인해 한가지 풍습과 습관을 없애려면 필연적으로 긴 시간이 필요하다. 일부 선각자들은 낡은 풍습을 비판할 때 낡은 풍습이 생긴 원인을 분석하고자 하였다. 이들은 이미 사회 정치, 경제, 문화에 대한 부족은 근본적인 원인이 있음을 조금씩 깨닫게 되었다. 이에 이런 낡은 풍습과 습관을 없애려면 근본적인 사회 정치, 경제, 교육 문화에 입각해 해결해야 한다.[77]

---

76 『東方雜誌』第2年 第1期.

77 『論革除迷信鬼神之法』(2卷4期), 『中外日報』, 『論中國社會之現象及其振興之要旨』(1卷12期).

4. 싹트기 시작하는 세계화와 개성주의 관념

　1840년대부터 중국은 서양의 침략을 받아 주권을 상실하고 땅을 잃었으며 돈을 배상하고 수모를 당하는 등 "수천 년 동안 없었던 비상 시국數千年未有之變局"에 직면하였다. 중국인들은 지난날의 고통이나 실패를 반성하고 수없이 고민하면서 구국의 방법을 모색하였다. 처음에는 서양의 기술을 배우고 군대를 훈련시키고 배를 만들고 기계를 만들면 서양에 맞서 자국을 보호하고 자강할 수 있다고 생각하였다. 청일전쟁 후, 군대가 큰 손실을 입었고 땅을 잃고 거액의 돈을 배상하였는데 이로써 부패한 전제제도를 바꾸지 않으면 서양을 따라 배우고 양무운동洋務運動을 해도 아무 소용이 없음을 깨닫게 되었다. 이에 따라 사람들은 정치 개혁을 요구하고 전제제도를 개혁할 것을 요구했으며 입헌하거나 청나라를 뒤엎어 군주제도를 공화제도로 바꿀 것을 요구하였다. 이 과정에서 서양책을 번역하고 학당을 설립하고 신문이나 간행물을 창간해 서양의 예술, 정치, 풍습 등 서양의 문화를 점차 알아가고 서양을 따라 배우면서 당시 '유럽화' 열풍이 매우 번지게 되었다. 하지만, 이런 과정은 단순하고 단편적이며 직선적으로 이루어진 것은 아니었다. 사람들이 서양 문화를 배우고 참고하며 받아들이는 한편 중국의 문화 자원을 돌이켜 보고 반성하였다. 구국을 목표로 하는 지사들은 당시 나라의 정세와 백성들의 풍습을 살펴보면서 서로 연결될 수 있기를 희망하였고 이런 과정에서 새로운 문화가 싹트기 시작하였다.

　청나라 말기 마지막 10년 동안 중국 사회에는 많은 새로운 문화 현상이 나타났다. 예를 들면, 구어체白話文, 구어체소설白話小說이 유행하기 시작했고 서양 소설을 번역했으며 촬영기술이 중국에 들어왔고 영화를 상영하기 시작했으며 서양음악과 축음기도 중국에 들어왔고 연극이 생겼고 근대 체육활동도 시작했으며 새로운 문화 오락인 댄스 등도 나타났다. 하지만 이런 것은 근대 문화의 본질적인 변화를 설명하기에는 부족하였다. 기본적인 문화 가치관이 보수적인 사람도 이런 사물을 배척하지는 않았다. 예를 들면, 서태후도 카메라를 무척 즐겼다. 그렇다면 문화의 근대적인 변화를 표현할 수 있는 것은 무엇인가? 필자가 10년 전에 중국 신문화의 기원과 발전, 추세를 논의할 때 중국 근대 신문화는 세계화와 개성주의 2가지 방향으로 발전하였다고 과감하게 지적한 바 있다.[78] 10여 년의 고민을 거친 후에도 이런 견해는 여전히 성립한다고 생각한다.

　　문화는 사회의 산물이며 사회를 떠나 완전하게 고립된 개인은 문화를 창조할 수 없다. 하지만 문화의 구체적인 창조과정도 절대 사람을 떠나서는 있을 수 없다. 그러므로 개인의 창조성 발휘는 문화의 발전을 이끄는 중요한 조건이다. 하지만 인류사회 초기에 대다수 사람들은 모든 정력을 생존에 필요한 물질적인 수요에 이용하였기에 개인의 창조성을 발휘할 기회가 없었다. 사회생산력이 높아지면 생존의 수요에 만족한 일부 사람들을 힘든 노동에서 해방시킬 수 있다. 근대에 들어서 과학기술이 발전하면서 절대다수의 근로자는 여가시간에 그들의 창조성을 발휘할 수 있었다. 모든 사람들의 개성을 해방시키는 것은 근대 인류의 공동 과제가 되었다.

　　인류 역사의 발전은 지역 간, 종족 간, 국가 간의 상호 교류가 문화의 발전을 촉진하는 중요한 계기였다는 진리를 보여주었다. 이는 지극

78　　耿雲志, 『中國新文化的源流及其趨向』, 『歷史研究』, 1994年第2期.

히 자연적인 것이다. 서로 다른 문화가 만나 비교되고, 비교되면서 장단점이 나타나고, 장점을 따라 배우고 단점을 보완하게 된다. 또한, 경쟁심에 의해 서로 간의 창조적 동력을 촉진한다. 그렇기 때문에 교류는 문화 발전의 중요한 조건이 된다. 만약 과거에 중국인들의 사고나 인식이 깊지 않았더라면 20여 년의 개혁개방을 거쳐 이에 대해 더 이상 어떤 의심도 하지 않았을 것이다.

세계화와 개성주의는 청나라 말기 이후 중국 문화 근대화의 두 가지 기본 추세이다. 시기별로 시대를 이끌어 간 인물들도 이러한 근거를 제공하였다.

우선 먼저 세계화를 보자. 중국은 수천 년 동안 획일적이며 상대적으로 폐쇄된 상태에서 아편전쟁에서 실패를 겪고 서양 강국들이 벌떼처럼 모여들어 협박하고, 강박하고 약탈하는 것을 수 차례 겪었다. 이는 중국인들에게 엄청난 자극이 되었고, 사람들이 반성하고 새로운 인식을 하게 되는 계기가 되었다.

아편전쟁 후 20년 동안 위원 등 극소수의 사람 외에 중국인은 멍청했으며 서양 열강들을 이적夷狄으로 간주하였고 지금이 어떤 시기이고 세계가 어떻게 돌아가는지를 몰랐다. 1860년대 서양인과 접촉하기 시작하면서 일부 진보적인 관료들은 위원이나 풍계분의 가르침을 받아 개혁을 시도하였는데 이를 '양무운동洋務運動'이라 한다. 양무운동 과정에서 일부 사람들은 점차 세계라는 인식이 생겨나게 되었다. 곽숭도 등 서양에 다녀온 사신 외에 이홍장이 가장 대표적이다. 이홍장은 아편전쟁 후, 중국은 "수천 년 동안 없었던 비상시국數千年未有之變局"에 직면했음을 깨달았다. 주의해야 할 점은 그는 서양이 부유하고 강대한 것은 "나라 간의 교류에 인한 것이다. 한 나라의 견식은 많지 않고 지혜도 제한되었기에 여러 나라들의 인재와 지혜를 모아 더 완벽함을 추구하고 더 강대함을 추구할 수 있다. 나라는 사람과 마찬가지다. 예를 들면 한 사람의 학문은 밖에 나가 사람을 만나고 좋은 점을 택하고 부족한 부분을 개선해야 학문이 더 발전할 수 있고 지식이 더 많아진다. 나라도 마찬가지이다. 격물格物의 새로운 이론, 제조의 새로운 방식은 한 나라의 비밀이었는데 서로 왕래하면서 서로 모방하고 배우게 된다. 이는 각 나라 간 교류의 장점이다."[79] 이는 세계화에 대한 기본적인 인식으로 볼 수 있다. 무술유신운동에서 신해혁명까지 중국인의 세계화에 대한 인식은 크게 발전하게 되었다.

　　무술유신운동의 핵심 지도자인 강유위는 광서황제光緖帝에게 올린 상주문에서 자신의 세계적인 의식을 여러 곳에서 반영하였다. 그는 이홍장과 마찬가지로 여러 나라가 서로 교류하는 것은 발전과 진보에 도움이 된다는 것을 알았다. 그는 "서양이 강대한 원인을 찾아보니 첫째는 천년 동안 여러 나라가 병립하였다. 정치가 부진하면 멸망할 것이 뻔하다. 이 때문에 상하로 정신을 분발하게 하고 밤낮으로 경계심을 가지고 지식인을 존중하며 백성들을 보호한다. …… 이 때문에 마음이 서로 통하고 각자의 능력을 최대한으로 발휘한다. 나라의 국민들은 이웃 나라에 주의를 기울이고 좋은 새로운 제도가 있으면 반드시 본받아 이기려고 한다. 모든 일에는 서로 경외심을 가지고 언제나 서로 견제하여 이기려는 뜻이 있으므로 법을 제정하고 정치의 도를 확립하여 더 나은 것을 추구한다. 후세에는 지키기만 하면 된다."[80] 그는 서로 경쟁하여

79　李鴻章,『李文忠公全書·譯署函稿』第 6卷, 商務印書館, 1921年, p.13.

80　康有爲,『上清帝第四書』(1895年 6月 30日),『康有爲政論集』(上), pp.149~150.

각자의 발전을 촉진하는 것을 강조하였다. 다른 상주문에서 "80만 리의 땅, 중국은 그 중에 있고. 열국은 50여 개이고 중국이 그 중에 있다. 명나라 말기부터 세상이 통하기 시작하였고 찻길이 가경제嘉慶帝, 도광제道光帝 때부터 성행했으며 이 모든 것은 100년 전후로 생긴 일로 4천년 동안 없었던 비상시국이었다."[81]라고 지적하였다. 그는 황제가 문제를 고려할 때 우선 먼저 이런 전제조건을 감안할 것을 요구하였다. 즉, 중국은 이제 더 이상 예전처럼 통일되고 독자적이며 모든 것이 준비된 나라가 아니므로 열국과 병립할 때는 모든 일에서 여러 나라와의 관계를 생각해야 한다는 것이다. 이에 "열국들과 경쟁하여 천하를 다스려야 하며 통일해서 되는대로 천하를 다스리는 것이 아니다(当以列国并争治天下, 不当以一统无为治天下)"[82]. 그는 서양 열강들의 선진적인 것을 배워야 한다고 강조하였다. "오늘의 천하는 여러 나라가 서로 경쟁하고 서양의 새로운 정치, 새로운 방법, 새로운 도구를 배우고 서양의 철도, 조선 기술을 배워 세상과 소통하여야만 보전할 수 있다."[83]라고 하였다. 이는 강유위가 이미 세계 인식이 있었음을 증명하고 그가 자신이 인도하는 개혁운동 자체가 세계화의 방향으로 가고 있다는 것을 이미 알고 있었다고 추론할 수 있다.

강유위의 제자 양계초는 무술유신운동 이후 스승을 대신하여 개혁 운동의 주요 대표자로 부상하였다. 1901년 12월 「청의보백권축사병론보관지책임및본관지경력清議報一百冊祝辭並論報館之責任及本館之經歷」

81   『上清帝第五書』(1898年1月),『康有爲政論集』(上), p.204.

82   『上清帝第五書』(1898年1月),『康有爲政論集』(上), p.152.

83   「進呈日本變政考序」,『康有爲政論集』(上), p.222.

이란 글에서 "지금의 세상은 과거와 달리 철도와 배가 여러 나라를 연결한다. 이웃과 같이 사는 것처럼 다른 나라 사람들이 같이 서 있다. 한 나라에 일이 생기면 다른 나라에 영향을 줄 수 있다. 그러므로 뜻이 있는 인사들은 나라 일을 자기 집안 일로 돌보아야 할 뿐만 아니라 세상의 일을 자기 나라의 일로 보아야 한다."[84]라고 말하였다. 미국과 필리핀 전쟁, 영국과 네덜란드 전쟁에 대해 양계초는 "100년 전 프랑스 혁명, 미국의 독립은 전 세계의 큰 일이었으나 중국인은 그것을 모르기 때문에 그 영향에 대해 아는 사람이 없다. 30년 전 프로이센-프랑스 전쟁, 러시아-투르크 전쟁은 유럽에서 매우 중요한 사건이다. 하지만 중국 선각자들이 이런 사건을 들어보기는 했지만 관심이 없다. 영향이 적기에 크게 신기하지는 않다. …… 선박, 철도, 전선이 이용됨에 따라 지구의 면적은 점점 더 작아진다. 인류의 관계도 점점 더 밀접해진다. 미국과 필리핀 전쟁, 영국과 트란스발 전쟁은 과거의 프랑스 혁명, 미국의 독립, 프로이센-프랑스 전쟁, 러시아-투르크 전쟁에 비해 영향력이 큰지 작은지는 구분할 필요가 없다. 비록 과거의 일은 중국과 별 관계가 없었지만 지금의 일은 중국과 큰 연관이 있다."[85] 양계초는 이 글에서 문화 문제를 직접 다루지 않았으나 중국인의 시선이 세계로 향했는지와 세계가 중국에 관심을 가졌는지에 대해 분석하였는데 이는 중국에 서로 다른 의미가 있다. 두 가지 상황을 보면 중국인이 세계화 인식이 있는지 없는지를 반영한다.

물론 양계초는 청나라 말기 세계화 인식을 가진 선각자 중 한 명

---

84   原載 『淸議報』第100卷, 『飮冰室合集·文集之六』, p.57.
85   『論美菲英杜之戰關系於中國』, 『飮冰室合集·文集之十一』, p.1.

이다. 그는 많은 노력을 들여 서양의 다양한 사상학설을 중국인에게 소개하였다. 그는 신민설新民說을 선전하면서 국민의 소양을 높이는데 힘쓰고 입헌을 적극적으로 추진하여 수 천년 동안 이어져 내려온 군주전제제도를 개혁하고자 하였다. 이 모든 것은 중국을 세계의 조류에 따라 함께 존재, 발전, 부유해지고, 중국인이 세계인과 마찬가지로 새로운 세기 인류 발전의 행복을 누리게 하기 위해서였다. 부패한 청나라 왕자오가 혁명과 개혁의 이중 타격에 끝내 붕괴된 후, 민국이 설립된 지 얼마 되지 않아 양계초는 「중국입국대방침中國立國大方針」이라는 선언식 글을 기안했는데 첫 장절의 표어가 '세계적 국가世界的國家'이었다. 그는 "오늘날 시대 추세의 변화는 달마다 다르고 해마다 달라 조금만 멈추다 움직여도 쇠퇴하게 된다. 그래서 나라와 집이 있는 사람들은 항상 조심스럽게 내부 및 대외의 정책으로 바깥 세상에 대응하면서 이에 미치지 못할까 근심한다. 그러면 오늘의 세계에서 어떻게 추세에 순응하며 우리나라는 지금 세계에서 어떤 위치에 있으며 앞으로 순응하면서 외국의 경쟁자들을 이기려면 어디로부터 어떤 경로를 거쳐야 하는가? 이것은 우리나라 국민들이 항상 눈여겨보고 있어야 하며 조금이라도 소홀하면 안되는 점이다."라고 하였다.[86] 중화민국이 들어선 후, 중국의 세계화 추세는 점점 더 뚜렷하게 나타났고 점점 더 가속화되었다.

중국인의 세계화 인식이 양무운동에서 싹트기 시작하였다고 한다면 근대 개성주의 의식의 발생은 더 늦게 나타났다. 중국인이 군주전제와 종법제도의 쇠사슬에 너무 오랫동안 묶여 있었기 때문에 이는 결코 이상한 일이 아니다.

---

86   原載 『庸言』第1卷 第1, 2, 4期, 『飮冰室合集·文集之二十八』, p.40.

엄복이 가장 먼저 이 문제를 제기하였다. 1895년 중일 갑오전쟁甲午戰爭이 끝나기 전에 중국의 패배가 이미 결정되었을 때 엄복은 텐진 『직보直報』에 중국과 서양의 제도 문화의 차이를 분석한 글을 게재하였다. 그는 중국과 서양의 가장 근본적인 차이는 "자유와 비자유이다自由與不自由異耳"라고 하였다. 그는 "중국 역대 성현들은 자유라는 말을 참으로 두려워하여 가르친 적이 한 번도 없었다. 서양인들은 다음과 같이 말한다. 하늘이 인간을 만들면서 각종 천부적인 것을 부여해 주었다. 자유를 얻는 사람은 모든 것을 얻게 된다. 그래서 사람마다 자유를 얻고 나라마다 자유를 얻어야 한다. 다만 서로 침범하여 손해를 보지 말아야 한다. …… 중국의 도리와 서양법 중 자유의 가장 비슷한 점이라면 관대함과 법도이다. 그러나 서로 비슷하다고 하면 되지만 똑같다고 해서는 절대 안 된다. 왜 그런가? 중국의 관대함과 법도는 전문적으로 사람과 사물을 말하는 것이지만 서양인의 자유는 사물 중에 자아를 보존하는 것이기 때문이다."[87]고 설명하였다. '존아存我'는 서양 자유주의를 정확하게 전달하였다. 첫째, 개성주의와 자유는 분리할 수 없는 것으로 서로 다른 것 같지만 사실은 동일하다. 둘째, 개성주의는 '대인과 급물待人與及物'에서 '존아'를 해야 하고 개인을 대인과 급물에서 없애지 말아야 한다. 다음해 양계초는 『시무보時務報』에 글을 실었는데 "서양은 사람마다 스스로 결정하는 권리가 있다. 스스로 결정하는 권리란 사람마다 응당히 해야 하는 일이고 사람마다 응당히 챙겨야 할 이익이다."[88]라고 지적하였다.

---

87   嚴復, 『論世變之亟)』, 原載 天津 『直報』 1895年 2月 4日~5日, 『嚴復集』第 1卷, pp.2~3, 中華書局, 1986.

88   『論中國積弱由於防弊』, 『飮冰室合集·文集1』, p.99.

근대 중국의 문화적 전환에 대한 연구

이 시기 양계초의 자유 혹은 개성주의에 대한 이해는 아직 제한적이다. 담사동이 『인학仁學』에서 오륜五倫 중 붕우朋友와 관련한 인륜을 설명할 때 개성과 자유에 대해 한층 더 깊이 이해한 것으로 보인다. "오륜 가운데서 인생이 가장 폐해를 입지 않고 이로움을 얻은 것이 오직 붕우朋友인데 벗들 사이에 그 어떤 작은 고통도 받지 않고, 온갖 이익 추구를 떠난 순수한 즐거움이 있다. 이렇게 말하는 이유는 무엇인가? 첫째는 평등, 둘째는 자유, 셋째는 자기의 뜻대로 적절히 하는 것節宣惟意이기 때문이다. 총괄적으로 말하면 자주권을 잃지 않는 것이다."[89] '절선유이節宣惟意'는 엄복의 '존아' 의미와 비슷하다. 홍콩에 머물던 개혁사상가 하계(何啓, 1859~1914), 호예원(胡禮垣, 1847~1916)은 장지동(張之洞, 1838~1909)이 쓴 『권학편勸學編』의 「정권正權」을 비평할 때 자유에 대한 의미에 대해서도 깊이 다루었다. "나라를 다스리는 길은 우선 사람에게 자주권이 있음을 알게 하는 것이다. 이것은 특별하게 다스리기 위한 대단한 법규는 아니지만 역시 천리天理를 위한 가장 타당한 방법이다. 자기가 옳다고 인정하는 대로 행동하는 것을 자주적이라고 한다. 자주권은 하늘이 부여해 준 것으로 군주가 보태준 것이 없으며 백성들은 손해를 보는 것이 없고 우매한 사람들도 부족할 것이 없으며 성현들에게도 남음이 없게 된다. 사람들이 나쁜 짓을 하지 않고 법을 어기지 않는 이상 이러한 권리를 빼앗을 이유가 없다."[90]

무술변법 이후, 특히 20세기 초반에 양계초는 가장 중요하고 가장 영향력이 있는 계몽사상가로 거듭났다. 그는 『청의보淸議報』, 『신민총

---

89   『譚嗣同全集』(增訂本) , pp.349~350, 中華書局, 1998.
90   『新政真詮』, p.419, 遼寧人民出版社, 1994.

보新民叢報』,『정론政論』,『국풍보國風報』 등 신문의 편집장을 잇달아 맡으면서 많은 글을 발표하였다. 이 중 대부분의 글들은 자유와 개성주의를 밝혀내는 것이었다. 중국인의 자유와 개성주의에 대한 인식이 점차 깊어지는 것과 양계초의 이런 문제에 대한 사상적인 기여를 알아보기 위해 몇 가지만 예로 들어 보자.

1901년 6월, 양계초는 『청의보淸議報』에서 「십종덕성상반상성의十種德性相反相成義」를 발표하였는데 그 가운데 자유주의에 대한 견해를 많이 피력하였다. "사람마다 자유가 있는데 다른 사람의 자유를 침범하지 않는 것을 경계로 한다. 제재하는 사람은 한계를 긋고 복종하는 자는 이에 복종한다.(自由之公例曰, 人人自由而以不侵人之自由为界. 制裁者, 制此界也, 服从者, 服此界也)." 양계초는 자유의 의미를 정확하게 파악하였다. 또한, 자유는 사람의 "정신적 생명精神界之生命"이라고 했고 "자신의 것으로 스스로 향유한다乃我自得之而自享之者也"고 했으며 "다른 사람이 주거나 뺏을 수 없다非他人所能予奪"라고 하였다. 이는 침범할 수 없는 개인의 신성한 권리로 이런 권리를 보호하는 것은 당연한 일이다. 그러므로 양계초는 "자신에 이롭다는 사상이 없는 자가 자신의 권리를 포기할 것이고 그 책임도 느슨하게 하여 결국에는 자립할 수 없다."라고 하였다. 양계초가 여기에서 2,000여 년 동안 배척당하고 비방당했던 선진先秦시기 사상가 양주(楊朱, 약BC395~약BC335)의 '위아爲我'론을 재조명하였다는 사실은 특히 눈 여겨 볼 만하다. 과거 중국 양주楊朱의 '내 몸의 터럭 하나를 뽑아서 세상을 구할 수 있다 하더라도 나는 뽑지 않겠다. 모든 사람은 천하가 아니라 자기만을 위하면 세상이 다스릴 수 있다'라는 그의 말에 나는 의심을 가질 뿐만 아니라 마음에 들지 않았다. 영국이나 독일 철학가들의 책을 보면서 그들이 표방하는 것이 양주의 주장과 부합한다는 것을 알았고 그들의 이론이 완벽하고 인류의 발전에 도움을 주며 국민의 문명을 높일 수 있다는 것을 알았다. 서양 각국의 정치적 기초는 국민의 권리에 있어 국민의 권리가 탄탄하고, 국민이 한 발자국도 양보하지 않고 경쟁할 권리가 있다. 즉, 내 몸의 터럭 하나로 온 세상을 구할 수 있다 할지라도 나는 뽑지 않다는 개인주의가 천하의 혼란을 다스리는데 유리하다. …… 그러므로 오늘에는 묵적(墨翟, 묵자)의 학설뿐만 아니라, 양주의 학설(이기주의)로도 중국을 구할 수 있다." 통치자들은 개인 자유와 개성주의를 용납하지 않았기 때문에 일반 사람들은 이 선을 넘지 못하였다. 그는 "중국이 독립된 나라가 안 되는 것을 걱정하지 않고 중국에 독립된 국민들이 없는 것이 특히 걱정스럽다. 이에 독립을 말한다면 개인의 독립부터 말하고 싶다." 이런 각오는 쉬운 일이 아니었다.

양계초의 계몽사상 중 가장 큰 영향력을 발휘한 것은 『신민설新民說』이다. 그는 『신민총보新民叢報』에서 총 20장절 10만여 글자를 연재하였다. 자유와 개성주의 문제를 여러 곳에서 논의했으나 「논자유論自由」 장절에서 가장 많이 언급하였다. 우선 먼저 "자유는 천하의 공리이고 인생의 가장 중요한 도구이며 어디에도 다 적용되는 것이다.(自由者, 天下之公理, 人生之要具, 无往而不适用者也)"를 분명히 하였다. 그는 자유에는 4가지 측면이 있다고 지적하였다. 첫째는 정치의 자유, 둘째는 종교의 자유, 셋째는 민족의 자유, 넷째는 생계의 자유가 그것이다. 그가 사상언론의 자유를 두드러지게 표현하지 않은 것은 정치자유에 포함시켰기 때문이다. 정치의 자유에 대해 그는 "오늘날 중국에서 가장 시급한 것은 참정의 문제와 민족건국의 문제"라고 밝혔다. 이 시기 양계초의 언론 저술을 살펴보면 민주건국民主建國과 민족건국民族建國의 문제에 대해 많이 고민했고 그 전에 서술한 가장 귀한 사상인 "우선 먼저 개인의 독립을 언급해야 한다当先言个人之独立"에 대해서는 그다지 중시하지 않았음을 알 수 있다. "자유설은 집단의 자유이지 개인의 자유가 아니다." 또한, 자유와 방임을 한데 섞어 설명했으며 "야만시대에 개인의 자유는 집단의 자유보다 높았다. 문명시대에는 집단의 자유를 강화하고 개인의 자유는 멸한다(野蠻時代, 個人之自由勝而團體之自由亡. 文明時代, 團體之自由強, 而個人之自由滅)"라고 하면서 개인의 자유와 집단의 자유를 대립시켰다. 양계초와 쑨중산은 자유에 대해 똑같이 오해했고 자유와 방임을 섞어서 설명하면서 중국인이 이미 많은 자유를 가지고 있다고 여겼다. 하지만, 학자이자 사상가였던 양계초의 사상은 매우 엄밀하였다. 그는 방임하는 자유는 "야만적인 자유野蠻的自由"라고 하면서 근대에 제창하는 자유와는 별개라고 지적하였다. 그는 이에 대해 다시 정정하면서 "하지만 자유의 의미는 개인에게 행해질 수 없단 말인가? 아니다. 왜냐하면 단체의 자유는 개인의 자유가 축적된 것이기 때문이다."라고 하였다. 이 구절은 개인의 자유가 없으면 집단의 자유도 없고, 단체가 침해당하고 능욕당해 와해되면 개인의 자유도 보장할 수 없다는 두 가지 의미가 있다. 하지만 양계초는 다시 반전하여 후자의 의미만 언급하고 개인은 자유를 절제해야 하고 심지어 자유를 희생하여 단체의 자유를 보장해야 한다고 강조하였다. 이런 모순된 현상은 당시 모순된 시대를 반영한 것으로 크게 이상하지 않다. 양계초는 자유의 의미를 구체적으로 설명할 때 많은 귀중한 사상 자료를 남겼다. 양계초가 자유의 이론을 논할 때 정치에 입각할 경우 자유의 의미를 구체적으로 논할 때는 사상의 자유를 가장 중요하게 생각하였다. 그는 자유로운 사람이 되려면 옛 사람의 노예가 되지 않고 세속의 노예가 되지 않으며 환경의 노예가 되지 않고 감정의 노예가 되지 말아야 한다고 강조하였다. 그 근본은 독립적인 사상과 독립적인 정신, 독립적인 패기와 독립적인 능력이고 독립적인 사상이 근본 중의 근본이다. 양계초는 "나는 눈과 귀가 있고 나는 객체이다. 나는 생각이 있어 끝까지 이치를 구한다. 그 생각은 높은 산 정상에 우뚝 서고 깊은 바다를 오간다."[91] 옛 사람을 위하지 않고 세속에서 벗어나며 정욕에 빠지지 않는 것이 진정한 대장부의 자유이다.

『신민설』의 영향을 받은 세대는 자유와 개성주의 사상을 받아들였다. 추용(鄒容, 1885~1905)의 『혁명군革命軍』에서는 "유아자존惟我自尊", "개인자치個人自治", "개인의 빼앗을 수 없는 권리는 하늘에서 준 것이다(個人不可奪之權利, 皆由天授)", "이익에 관련된 모든 일은 하늘에서 부여해 준 권리이다(生命自由及一切利益之事, 皆屬天賦之權利)", "언론, 사상, 출판 등 다른 사람의 자유를 침범하지 말아야 한다(不得侵人自由, 如言論, 思想, 出版等事)."[92]라고 대서특필하였다. 양독생(楊篤生, 1872~1911)은 『신호남新湖南』에서 '개인권리주의個人權利主義'를 제창하였다. 그는 "개인의 권리는 하늘에서 개인의 자유권을 부여해 준 것이다(個人權利者, 天賦個人之自由權是也)", "천부적인 권리는 인류의 공리이고 천하의 정도이다(天賦人權者, 生人之公理也, 天下之正義也)."[93]라고 말하였다. 자유를 제창하고 개성을 표현하는 것은 당시 열혈 젊은이들의 공통적인 염원이었다.

여기서 당시 일본으로 유학 갔던 루쉰(魯迅, 1881~1936)을 언급하지 않을 수 없다. 루쉰은 『하남河南』에 개성을 강력히 주장하는 「문화편지

91　『新民叢報』第7, 8號, 『飮冰室合集·全集4』, p.40, 44, 45, 46, 48.

92　『辛亥革命前十年間時論選集』第1卷(下), p.667, 675.

93　『辛亥革命前十年間時論選集』第1卷(下), p.631, 632, 633.

론文化偏至論」을 발표하였다. "지금 해야 할 일은 과거를 적당히 살피면서 미래를 계획하는 것이다. 물질을 격파해 정신을 넓히고 개인의 발전을 존중하고 대중에 따르지 말아야 한다. 사람의 개성이 선양하게 되어 나라가 흥성하게 될 것이다(誠若为今立计, 所当稽求既往, 相度方来, 掊物质而张灵明, 任个人而排众数, 人既发扬踔厉矣, 则邦国亦以兴起)." 그는 개인의 능동적인 정신을 충분히 발휘하여야만 흥국興國의 목적을 실현할 수 있다고 밝혔다. "프랑스 대혁명 후, 평등 자유는 가장 중요한 것이 되었다. 이미 일반교육과 국민교육이 보편화하였다. 장기간의 문화교육으로 점차 인류의 존엄을 알게 되었다. 자신을 알았으니 개성의 가치를 알게 된다. 과거의 관습이 땅에 떨어지고 과거에 숭상하고 믿었던 것도 동요하게 되었다. 자각적인 정신은 극단적인 자기 중심으로 변화되었다." 인류 문명의 역사가 이렇게 발전하면 개성주의는 필연코 흥행할 것이며 그 추세를 멈출 수 없다. "개성을 존중하는 것을 많이 강조해야 한다. 왜냐하면 이는 시비이해是非利害를 헤아리는 중요한 기준이기 때문이다. 이것은 복잡하게 거론하고 생각하지 않아도 알 수 있다(个性之尊, 所当张大, 盖揆之是非利害, 已不待繁言深虑而可知矣)." 또한, 만약 이를 역행해 개성을 배척하고 "천하의 사람들을 일률화하여 사회 안의 고귀함과 비천함을 일소하는 것이야말로 아주 이상적이고 아름다운 것이다. 그렇지만 개인들의 특수한 성격을 구분하지 않고 심지어 천시하거나 완전히 제거해 버리면 세상이 어두워지게 될 것이다. 그 피해는 사람의 정신을 갈수록 고루해지게 하고 쇠퇴되어 아무것도 남지 않게 될 것이다." 이에 나라마다 각축전을 펼쳐 "우선 인재를 육성해야 하고 인재가 육성되어야 만사를 처리할 수 있게 된다. 그 전략으로는 반드시 개성을 존중하여 정신

근대 중국의 문화적 전환에 대한 연구

을 발양하게 하는 것이다."[94] 당시 자유를 제창하고 개성을 존중하는 여론 가운데서 루쉰의 견해는 가장 날카로웠다. 하지만 루쉰魯迅은 이 글에서 마르크스(Karl Heinrich Marx, 1818~1883)가 농담으로 말한 '유일자'인 슈티르너(Johann Kaspar Schmidt, 1806~1856)의 유아주의唯我主義, 쇼펜하우어(Arthur Schopenhauer, 1788~1860)의 유의지론唯意志論과 헨리크 입센(Henrik Ibsen, 1828~1906)의 개성주의를 동일하게 취급했는데 이는 이 당시 루쉰魯迅과 대다수 사람들이 개성주의에 대한 이해가 깊지 않고 완벽하지 않았음을 의미한다.

개성주의는 '인간'의 발견이자 '개인'의 각성으로 인식되었다. 중국 고대의 성현聖賢들은 '인간'을 즐겨 언급했는데 이들이 말하는 '인간'은 추상적인 것으로 일반적인 '인간'이며 구체적이지 않고 개별적이지 않으며 독립적이지 않다. 즉, 진실되고 특별한 사상이 있으며 특별한 욕망과 좋고 나쁨이 있는 사람이 아니다. 전자는 일반적인 사람으로 일반 서민이며 백성이다. 후자는 개인이다. 량수밍(梁漱溟, 1893~1988)은 중국 고대 문화에서 '개인'을 발견하지 못하였다는 점을 가장 미비한 점으로 꼽았다. 급소를 찌른 셈이다. 청나라 말기 중국의 선각자들은 초보적으로 개인과 개성의 중요성을 인식하기 시작했고 이는 중국 근대 신문화가 용솟음치는 아침의 해처럼 서서히 솟아오르고 있음을 예시한다.

---

94   "(其首在立人, 人立而后凡事举; 若其道术, 乃必尊个性而张精神)." 原載『河南』第7期, 『辛亥革命前十年間時論選集』第3卷, p.354, 357, 359, 363.

제5장

중화민국 초기 정치질서의
혼란과 신구사상의 충돌

1912년 1월 1일, 난징에서 중화민국정부가 수립되고 쑨중산이 임시대통령으로 추대를 받아 임시정부를 세우고 관련 법률을 제정하면서 얼마 동안은 옛 것을 제거하고 새로운 것을 세우는 등 새 나라의 면모를 갖추는 듯하였다. 하지만 베이징의 만청滿清 조정은 역사의 무대에서 아직 물러나지 않은 상황이었다. 당시의 혁명정부는 중국 남부 지역의 성省 몇 개를 차지하긴 했으나 만청 정부를 뒤엎고 전국을 통일할 수 있는 역량까지는 갖추지 못하였다. 청나라 말기부터 세력이 급성장하기 시작한 원세개(袁世凱, 1859~1916)는 이 틈을 타 청나라의 실권을 장악하였다. 이로써 난징의 중화민국 정부와 베이징의 청나라 사이에 교섭이 이루어진 남북의화南北議和 협상이 있게 된다. 양측은 청나라 황제의 퇴위를 놓고 몇 차례 교섭을 거듭한 끝에 합의를 한다.

1912년 2월 12일, 청나라 황제는 퇴위를 선포한다. 하지만 퇴위 조서에 "원세개에게 임시정부를 조직할 권한을 전적으로 부여한다."고 밝혔다. 원세개는 이 조건을 최대한 이용하여 국가권력의 합법적인 계승자 신분으로 천하를 통치하였다. 당시, 대다수를 차지하는 중간세력은 하루 빨리 전국을 통일하고 평화를 찾기 위해 실력파 원세개에게 희망을 걸었다. 쑨중산도 무창봉기武昌起義 후, 원세개에게 자리를 양보하려는 뜻을 누차 내비쳤기 때문에 원세개만이 전국을 통일하고 안정적인 국면을 만들 수 있는 적임자라는 여론이 일었다. 쑨중산은 청나라 황제가 퇴위한 다음날 사직공문을 발표하면서 자신을 대신할 인물로 원세개를 추천하였다. 쑨중산과 혁명당원들은 원세개에게 정치적 견해를 선포하고 약법約法을 지키며 공화국을 옹호하고 반드시 난징에서 대총통직에 취임할 것을 요구하였다. 원세개는 겉으로는 요구사항을 받아들이는 것처럼 연기하면서 잔꾀를 부려 베이징병변兵變을 획책하며 북

근대 중국의 문화적 전환에 대한 연구

방 정세가 불안정하다는 것을 핑계로 난징까지 내려갈 수 없다고 하고서 3월 10일 베이징에서 중화민국 임시 대총통 취임선서를 하였다. 이후, 합법적인 명분과 실권으로 역량을 모아 반대파 세력을 제거하고 스스로를 황제라 칭하는 등 시대의 흐름에 역행하며 무질서한 정치판과 사회 혼란을 초래하였다.

하지만 청나라 말기부터 점차 생성되어 발전하기 시작한 새로운 사상과 새로운 이데올로기, 새로운 세력을 말살할 수는 없었다. 이에 따라 신구사상의 충돌이 불가피해졌다. 새로운 사상, 새로운 이데올로기, 새로운 문화도 이런 충돌 속에서 점차 발전하기 시작하면서 곧 다가올 신문화 운동을 위한 여건을 마련하였다.

1. 중화민국 초기의 무질서한 정치 상태

앞서 언급했듯이 남북 양측 세력의 반복된 교섭을 통해 협의를 달성한 후에 청나라 황제의 퇴위가 결정되었다. 혁명당 위주의 남방세력은 무력으로 청나라 정부를 뒤엎고 전국을 통일하는 북벌을 강행할 수 없을 정도로 단결력이 약하였다. 원세개袁世凱를 대표로 하는 북방 세력은 겉으로는 남방 세력보다 강해 보였다. 최소한 대다수 중간 계층이 보기에는 그랬다. 하지만, 원세개가 의존하는 청나라 정부는 민심을 잃은 지 이미 오래였다. 무창봉기 후, 대부분의 사람들은 비록 민주공화 등에 대해 잘 알지는 못했으나 청나라 정부에 대한 절망으로 공화국 쪽으로 치우친지 이미 오래였다. 정치적 견해가 조금이라도 있는 사람이라면 이런 뒤돌아선 민심을 알아챌 수 있었다. 원세개 역시 예외가 아니었다.

야심은 많지만 당시 미묘한 위치에 있던 원세개는 남방세력을 물리칠 자신감도 없거니와 여론의 질타를 받으면서까지 그릇된 일을 할 수는 없는 입장이었다. 이에 무창봉기 후의 정국은 정치적 중심 부재의 국면이 생겨났다. 쑨중산의 혁명당이나 원세개의 북방세력 모두 전국을 통제하기에는 역부족이었다. 이렇듯 정치적 중심의 부재로 정치가 궤도에 오를 수 없으니 정치적으로 무질서한 상태가 연출될 수밖에 없었다.

남북 대치 국면

난징임시정부가 수립되어 청나라 황제가 퇴위하기까지 40여 일간 중국에는 두 개의 정권이 병존하였다. 남방은 혁명당을 주도로 하는 중화민국 임시정부를 세워 기본적으로는 서양의 양식을 본따 민주정치체제를 구축하였다. 쑨중산은 혁명당원들과 원래 입헌파에 속했으나 각 성省의 반청독립에 참여한 일부 인사들과 공화국 임시정부 인사들을 이끌고 민주정신에 따라 새 나라의 규모를 만들고자 노력하였다. 한편 일부 혁명당 인사들은 북벌을 위해 군사 준비를 계속하였다. 북방의 경우, 겉으로 보기엔 청나라 정부가 통치하는 것 같았지만 실권은 원세개가 쥐고 있었다. 청나라 황실은 당황해서 어찌할 바를 몰랐다. 대세의 흐름을 읽지 못한 일부 왕족세력은 청 황실을 계속 유지하기 위해 소위 '종사당宗社黨'을 결성하여 사방으로 활동하였다. 원세개는 전국 통치권을 탈취하려고 한편으론 남방을 협박하여 청나라를 진압하는가 하면 다른 한편으론 청나라 정부와 베이징 외교단을 협박하여 남방을 진압하는 등 바쁘게 움직였다. 이런 상황을 살펴볼 때 당시의 중국 정국은 실제적으로 두 개의 정부가 병존했지만 두 정부 모두 전국을 통치할 힘이 부족했을 뿐만 아니라 자체 관할구역에서 조차도 큰 힘을 행사하지 못하였다. 심각한 재정난에 빠진 두 정부 모두 외국의 비위 맞추기에 급급해 외국이 과거에 중국에서 취득한 모든 특권과 이익을 승인하는 한편 주권 이익을 저당 잡히고 외국에서 돈을 빌릴 수 밖에 없었다. 청나라 황제가 퇴위한 후, 표면적으로는 금방 통일될 것 같으나 사실상 진정한 통일 국면은 마련되지 못하였다. 외국 침략 세력은 중국의 이런 혼란한 상황을 이용하여 중국으로 진격해 왔고, 일본, 영국, 독일, 러시아 등은 군대를 출동시켜 중국 영토를 점령하거나 일부 분열 세력을 부추겨 중국의 통일을 가로막았다.

임시 대총통 자리에 오른 원세개袁世凱는 자신의 통치권을 공고히하기 위해 갖은 방법을 다해 남방 혁명 세력과 민주역량에 대처하였다. 이간질, 핍박, 암살 등등 온갖 방법과 수단을 동원하였다. 본래의 혁명당, 즉 동맹회同盟會를 핵심으로 결성된 국민당은 당시 정치적 영향력이 꽤 컸다. 따라서 국민당은 원세개의 최대 정적이 되었다. 원세개는 자신의 당원에게 국민당의 주요 지도자이자 민주역량의 핵심인 송교인(宋教仁, 1882~1913)을 암살하라고 시킨다. 이 사건은 원세개 정부의 거액의 차관 사건과 함께 2차 혁명을 야기한다. 혁명이 진압되긴 하였으나 원세개 반대 투쟁은 계속됐다. 표면적인 승리에 도취한 원세개는 국회를 협박해 자신을 중화민국의 정식 대총통으로 임명하도록 강요하였다. 그는 자신을 대적할 사람이 없다고 생각하고 자신이 황제가 되기 위해 국민당과 국회를 해산시키고 먼저 제도적, 법률적 장애물을 제거하였다. 그 다음, 자신의 도당으로 구성된 어용御用기관을 설립하였고 여론을 부추겨 정식 등극을 권하는 활동까지 조직하였다. 1915년 12월 국내외의 반대에도 아랑곳하지 않고 복벽제제復辟帝制를 선포하였다. 시대를 거스르는 이런 행동은 혁명당원의 반대를 불러일으켰을 뿐만 아니라 본래의 입헌파, 심지어 원세개를 지지했던 세력들조차도 들고 일어나 반대하였다. 채악(蔡鍔, 1882~1916)이 가장 먼저 윈난云南 지역을 이끌어 봉기에 나섰다. 독립하여 나라를 보호한다는 슬로건에 많은 이들이 지지를 보냈다. 6개월 넘게 호국전쟁을 치르고 사면초가의 곤경에 빠진 원세개는 울분을 참지 못하고 죽었다. 하지만 원세개 사후에도 북방은 여전히 원세개 군벌의 수중에 있었고 일년 후, 장쉰(張勳, 1854~1923)이 또다시 복벽을 시도하였으나 12일 만에 실패로 막을 내렸다. 하지만 남북 대치 국면은 북벌전쟁에서 북양군벌을 물리칠 때까지 계속됐다.

국내에서는 변란, 외국에서는 협박 잇달아

나라는 통일되지 못하고 정치적 난국은 계속되었으며, 재정과 경제는 혼란과 병폐가 난무하였으며, 백성들은 돈이 없고 군사들은 군량이 없어 변란이 잇달았다. 잠정통계에 의하면 1912년부터 1914년까지 3년 동안만 베이징北京, 톈진天津, 허베이河北, 산둥山東, 펑톈奉天, 지린吉林, 헤이룽장黑龍江, 장쑤江蘇, 안후이安徽, 장시江西, 광둥廣東, 후베이湖北, 산시陝西, 쓰촨四川, 윈난云南 등 15개 지역에서 30여 건의 군사 반란 사건이 발생한 것으로 집계됐다. 쿠데타의 원인은 주로 군량 부족과 파별 투쟁이 많았으며 관병의 상급에 대한 불만으로 발발한 경우도 있었다. 물론 반동 통치집단에서 의도적으로 일으킨 경우도 있었다. 이 기간에 베이징北京, 상하이上海, 난징南京, 허베이河北, 산둥山東, 펑톈奉天, 허난河南, 산시陝西, 장쑤江蘇, 안후이安徽, 저장浙江, 푸젠福建, 후베이湖北, 윈난云南, 신장新疆 등 15개 지역에서도 20여 건의 민란이 발생

　　　　　　　　근대 중국의 문화적 전환에 대한 연구

한 것으로 잠정통계에서 나타났다.[1] 민란 발생은 주로 정부당국의 세금 정책과 토지의 상세측량 반대, 당국의 압박 반대 등이 원인으로 작용하였다. 이밖에도 상인들의 동맹 파업, 근로자 파업, 학생 파업 등의 사건도 빈번히 발생하였다.

국내에서는 변란이 끊이지 않았고, 제국주의 열강은 협박과 침탈의 수위를 높여갔다. 영국은 티베트 상층부 통치자와 결탁하여 이 지역의 독립을 선동하고 티베트 군인들을 부추겼다. 영국과 티베트西藏는 중국 정부 몰래 9만km에 달하는 토지를 인도에 편입시켰고 영국은 또 티베트 지역에 공공연히 군사를 파병하여 라사拉萨에 주둔시키는 동시에 편마片馬 지역에 가장 많을 때는 5~6천 명에 달하는 군사를 증병하기도 하였다. 러시아는 몽고 통치그룹과 결탁하여 러시아-몽고 협정俄蒙協議을 맺어 중국의 이익을 침범하였고 이에 그치지 않고 이리伊犁 지역에 군사를 파병해 침략을 일삼고, 하얼빈哈爾濱 지역도 침입하였다. 흉포하게 날뛰며 중국 영토 당노우량해唐努烏梁海를 침범해 삼켜버렸다. 프랑스는 윈난 지역에 군사를 파병하여 침략했고, 독일은 칭다오青島 지역에 군사를 파병하여 침략하였다. 일본 제국주의는 이때부터 중국을 침략하려는 야심을 노골적으로 드러내기 시작하였다. 동북 지역에서 남만(南滿, 요동반도)을 장악하는 외에 옌지延吉에 군사를 파병하였다. 제1차 세계대전이 발발한 후, 일본은 기회를 틈타 독일이 관할하고 있던 산둥 지역에서도 자신의 침략 이익을 탈취해 그 역량을 더 확대하려 꾀하였다. 이른바 일본은 일본과 독일 교전 지역을 내놓으라고 중국을 협박하

---

1   당시 兵變, 民變의 통계는 한신부(韓信夫), 강극부(姜克夫)가 편집한 『중화민국대사기(中華民國大事記)』제1권 1912년~1914년을 검색한 결과임. 해당 서적은 중국문사출판사(中國文史出版社)에서 1997년에 출판.

는가 하면 룽커우龍口, 라오산만嶗山灣에 군사를 파병하여 상륙한 후, 전체 교제膠濟철도 노선을 점령하고 칭다오까지 점령하였다. 가장 야만적인 군국주의자 일본은 핑두平度를 점령할 때 어느 마을에 일본의 침략에 방해가 되는 사람이 한 명이라도 있을 경우, 그 마을의 주민 모두를 참수한다는 규정이 포함된 '참율5조斬律五條'를 선포하였다. 일본의 끝없는 포악성과 잔인함을 잘 보여주는 대목이다. 일본은 산둥 지역에서 유리한 자리를 찬탈한 후 중국 전역을 통치하려는 음모를 꾸민다. 1914년 11월, 일본 내각은 대중국 교섭안, 즉 악명 높은'21개조 요구二十一條'를 통과시킨다. 이 교섭안은 12월 초에 일본 천황의 비준을 받아 이듬해 1월에 중국 정부와 협상에 들어간다. 황제의 꿈을 이루기 위해 복벽(復辟, 황제 체제로의 복귀)을 꾸미고 있던 원세개袁世凱는 나라와 민족의 이익은 뒤로한 채 일본의 협박 하에 1915년 5월 9일 일본의 요구사항을 받아들인다.[2]

나라에 정치적 중심의 부재로 정치판이 무질서해지자 국내에서는 변란이 잇달아 발생하고 외국의 침략 위협은 날로 심각해지는 국면이 초래됐다.

---

2   주: 일본에서 제시한 21조 내용은 5개 부분으로 나뉘며 각각 1, 2, 3, 4, 5호로 정함. 5호에서는 중국 정치, 재정, 군사 등 측면에서 일본 고문을 영입해야 한다; 중국과 일본은 협력하여 경찰행정과 무기공장을 설립한다; 일본은 중국 남쪽지방에서 철도 건설권을 누린다 등을 요구함. 이런 내용에 대해 일본은 다른 제국주의국가들이 절대 허용되지 않는다는 것을 알고 중국에서 받아들일 것이라는 생각보다 협박을 하기 위한 것임. 일본외무성 관원이 이에 대해 담당 교섭 인원에게 암시한 적이 있음. 따라서 원세개가 21조의 앞 4개 부분의 내용을 허용한 것은 일본의 모든 요구를 받아들인 것과 같음.

근대 중국의 문화적 전환에 대한 연구

'2차 혁명'

쑨중산은 원세개袁世凱에게 자리를 넘겨줄 때 3가지 조건을 내걸어 원세개가 민주공화국의 길을 선택하도록 압박하였다. 하나는 원세개에게 공개적으로 공화국을 옹호해 중국에 영원히 제제(帝制, 군주제)를 실행하지 않을 것임을 선포하도록 요구한 것이다. 다음으로는 원세개에게 구왕조와 개인 세력의 무리들을 멀리하고 난징에 내려와 임시대총통직을 맡을 것을 요구한 것이다. 마지막으로 '임시약법(臨時約法, 일종의 잠정적인 헌법)'을 수립하여 원세개를 제약하려고 하였다. 이는 정치적 경험이 부족한 혁명당원들의 일방적인 소망으로 지극히 순진한 발상이었다. 공화국을 옹호한다는 선언문 한 장 발표쯤이야 원세개에게는 식은 죽 먹기였다. 하지만 자신의 근거지를 떠나는 것은 자신이 원하는 바가 아니었다. 그는 자신의 도당에게 쿠데타를 일으키도록 시켜 혁명당원들을 속인 후 베이징에서 임시대총통직에 부임한다고 선포하였다. 임시약법은 그에게 한 장의 조문에 불과하였다. 동서고금을 막론하고 실제로 할 수 없는 일은 한 장의 조문으로 절대 해결할 수 없는 법이다.

임시대총통으로 취임한 후, 원세개는 겉으로는 남방 혁명당원, 특히 지도부에 예의를 갖추는 듯하였다. 그가 국사를 논의하고자 쑨중산을 베이징에 초청하자 쑨중산은 황흥(黃興, 1874~1916)과 동행하려고 했으나 황흥은 쑨중산의 제의를 거절하였다. 후에 쑨중산 혼자 베이징에 와서 원세개와 10여 차례 협상을 하고 "원세개에게 의심할 만 것이 아무것도 없다.", "2기 총통도 원세개가 맡아야 한다."는 결론을 내렸다. 쑨중산은 이런 결론을 내리고 전국에 10만 km의 철도를 부설하는 사업에만 매진했고 다른 일은 더 이상 묻지 않았다.

하지만 혁명당원들은 민주공화제도를 설립하려는 자신의 목표를 잊지 않았다. 송교인(宋敎仁, 1882~1913)을 대표로 하는 혁명당은 민주사상에 대한 이해가 깊고 확고한 신앙을 가지고 있었으며, 그때까지만 해도 분명한 입장을 견지하였다. 그들은 민주적인 정치체제가 설립되려면 아직도 갈 길이 멀었음을 알았고, 구왕조 출신의 군정실력을 가진 원세개가 전제주의에 따라 나랏일을 보고 있다는 것을 잘 알고 있었다. 예를 들면 군사를 통제하고 참의원을 협박하여 그가 정한 내각 명단을 통과시키도록 하였고 어떤 법적 절차도 거치지 않고 혁명 장군(장진무(張振武, 1877~1912), 방유안(方維, 1887~1912)을 살해하기도 하였다. 송교인 등은 민주적인 정치역량을 응집하고 확대해 국회의 대다수 자리를 차지하도록 하여 책임 내각제를 확립하고 총통의 권한을 제한하여 점차 민주적 정치제도를 설립하려고 하였다. 정치적 경험이 풍부한 원세개는 송교인이 치명적인 적이라는 것을 눈치챘다. 1913년 3월 20일 송교인은 상하이역에서 암살(중상을 입고 병원에 호송되었으나 22일에 사망)당하였다. 당시 사람들은 모두 원세개가 암살을 지시했음을 알고 있었다. 장쑤江蘇성 당국의 조사 결과 원세개의 측근이자 당시 국무 총리직을 맡고 있던 조병균(趙秉鈞, 1859~1914)과 내무부 비서직을 맡고 있던 홍술조(洪述祖, 1855~1919)가 가장 큰 혐의가 있다는 증거를 찾아냈다. 훗날, 두 사람과 살인범, 공범은 모두 비명횡사 한다. 송교인의 암살 사건을 통해 대다수 혁명당원들은 새삼 깨닫게 된다. 이와 동시에 원세개 정부는 국회의 동의없이 외국 은행과 거액의 차관을 빌리는 협의를 체결한다. 사람들은 이 사건을 '거액의 차관 사건'이라 부른다. '송교인 사건'과 '거액의 차관 사건'은 혁명당이 원세개를 반대하는 도화선이 되었다. 1913년 5월, 후난湖南, 장시江西, 안후이(안휘), 광둥廣東 등 4개 성의 도독都督은 송교인 사건과 차관 사건에 대해 공개 전보를 쳐 정부의 행위에 반대하였다.

원세개를 반대하는 여론이 전국에서 들끓었다. 송교인 사건을 두고 원세개와 조병균의 사직을 요구하는 여론도 있었고, 차관 사건으로 조병균과 저우쉐시(周學熙, 1866~1947, 당시 재정총괄)의 탄핵을 요구하는 여론도 있었다. 진정서와 공개 전보가 거의 매일 빗발쳤다. 신문에는 원세개를 반대하고 정부를 비판하는 글이 부지기수로 실렸다. 부끄럽고 분한 나머지 화가 난 원세개와 그 정부는 신문사를 폐쇄하고 편집자들을 살해하고 영향력이 있는 반대파 인물들을 암살했으며 군인들을 풀어 국회의원을 감시하도록 하는 등 살기를 드러냈다. 이뿐만 아니라 자신을 반대한 장시江西 도독都督인 리례쥔(李烈鈞, 1882~1946)과 안후이安徽 도독都督인 바이원웨이(柏文蔚, 1876~1947)의 직무를 해제하라는 명령을 내렸다. 원세개와 그 정부의 역사를 거스르는 행동은 결국 혁명당원의 무력 저항을 불러왔다.

1913년 7월 12일, 리례쥔李烈鈞이 후커우湖口에서 군사를 일으켜 장시江西 지역의 독립을 선포하면서 2차 혁명이 발발하였다. 7월 15일 장쑤江蘇가 독립을 선포했고, 17일에는 안후이安徽도 독립을 선포했으며, 18일에는 상하이上海도 독립을 선포했고, 같은 날 광둥廣東도 독립을 선포하였다. 19일에는 푸젠福建에서 독립을 선포했고, 같은 날 저장浙江 영파寧波도 독립을 선포하였고, 25일에는 후난湖南이 독립을 선포하였다. 원세개는 2차 혁명을 진압하려고 군대를 동원하는 한편 북방에 대한 통치의 고삐를 바짝 죄면서 불법조치를 강행하였다. 국회의원을 체포하고 정당과 성省 의회를 해산시키고 당원들을 제명하도록 국민당 본부를 협박했으며 원세개를 반대하는 당원들에게 현상금을 내걸어 암살하도록 하였다. 심지어는 비밀리에 쑨중산 암살을 위해 홍콩에 밀정을 파견하는 등 극악무도한 일을 서슴없이 저질렀다. 국민당은 당내 단합이 잘 이루어지지 않았고 의견 차이가 있는 데다가 자체 역량에도 한계가 있었다. 게다가 대다수 중간세력은 무력으로 원세개를 반대하는 데 동의하지 않았다. 이에 2차 혁명은 두 달 만에 실패로 끝났다. 표면적으로 승리한 원세개는 공화세력을 반대하고 민주주의를 반대하는 전제주의자의 본질과 제제의 야심을 드러냈고 나라는 더욱 도탄에 빠졌다.

유명무실한 국회

민주공화국이라고 알려진 나라의 국회는 이치대로라면 민의와 국가의 의지를 반영하고 나라의 법률을 수립하는 곳이어야 한다. 하지만, 중화민국의 국회는 정치세력들의 각축장이었다. 국회 회의를 시작하면 치열한 당파 전쟁이 계속되어 국회 양원 자체의 조직적인 건설과 법규 마련도 제대로 완수하기 힘든 상황이었다. 조직 자체의 불완전함과 끊임없는 계파 싸움으로 입법과 정부를 감독하는 역할을 발휘할 수 없었다. '거액의 차관' 문제에서 국회는 무력함을 그대로 드러내 명명백백한 불법 사안임에도 불구하고 효과적으로 제지하지 못한 채 관련 책임자를 처벌하거나 제재할 수 없었다. '중국-러시아의 몽골 약정'도 마찬가지였다. 러시아는 중국이 내부적으로 혼란하여 외부 사안을 처리할 역량이 없는 틈을 타 중국 정부 몰래 몽골 분열주의 세력과 결탁하여 중국 주권을 침범하는 '러시아-몽골 협약'을 맺었다. 중국이 이 협약에 대해 러시아와 협상할 때 러시아는 실질적으로 '러시아-몽골 협약'을 승인하는 '중국-러시아의 몽골 약정'에 합의하도록 원세개袁世凱 정부를 협박하였다. 중의원이 이 사안을 심의할 때 원세개 정부에 의해 강제로 통과되었다. 국민당 의원이 다수를 차지하는 참의원의 경우, 해당 사안을 부결하였으나 얼마 지나지 않아 국회는 협박에 못 이겨 정회를 결정하였다. 원세개 정부는 이 틈을 타 공문을 바꿔치기 하는 수법으로 사실상 '중국-러시아의 몽골 약정'의 내용을 인정하는 「중국-러시아 성명 문건」을 체결하였다. 원세개가 내각명단을 통과시키고 대총통을 선발할 때 군사역량을 동원하고, 심지어 민중'을 동원해 국회를 포위하고 협박하여 결국 자신이 원하는 결과를 얻어냈다.

설령 이렇게 국회가 무력하다 하더라도 원세개는 자신이 복벽하는 과정에서 이 국회는 반드시 제거해야 할 장애물이라고 생각하였다. 공식적인 대총통(1913년 10월 6일)으로 '선출' 된 후, 채 한 달도 안 된 11월 4일 국민당을 해산시키고 국민당 당원의 국회의원 자격을 취소하라는 명령을 내렸다. 이에 따라 국회의원 수가 법정인원 수에 미달되어 국회는 유명무실해졌다. 11월 12일에는 각 성省의 성의회 국민당 당원의 의원 자격을 취소하라고 지시하였다. 이는 민주공화의 정치적 체제가 허울만 남아있음을 의미한다. 두 달 후인 1914년 1월 10일, 원세개는 아예 국회까지 해산시켜 버리고, 2월 3일에는 또 지방자치기관 정지 명령을 내렸고, 2월 28일에는 각 성의 성의회까지 해산시켰다. 이때에 이르러서는 민주공화의 허울까지도 사라졌다.

복벽復闢 '해프닝'

원세개가 공화민주의 여러 제도와 시설을 하나씩 훼손하고 있을 때 군주전제 시대의 잔류 세력은 복벽해야 한다는 여론을 조성하여 복벽을 부추겼다. 그들은 개혁 전 청나라에서 정한 충군忠君, 존공尊孔 내용의 교육 취지를 반대하고 공자를 존경하고 논어를 읽어야 한다고 제창하고, 낡은 도덕을 제창하면서 공교회孔敎會, 공사孔社, 종성회宗聖會,

공도회孔道會 등을 설립하였다. 사회적으로 복고나 복벽의 불순한 공기가 자욱하였다. 분위기가 거의 만들어지자 원세개는 1914년 9월 25일에 전대의 사공祀孔 의식을 회복하는 '제공령祭孔令'을 내렸고, 9월 28일에 사공행사를 성대하게 거행하였다. 12월 20일에는 또 전대 황제의 제천祭天제도를 회복하라는 명령을 내렸고, 23일에는 황제처럼 직접 백관을 거느리고 천단에 가서 제천 행사를 거행하였다. 이런 움직임을 통해 전제제도의 복벽이 이미 코 앞에 닥쳤음을 알 수 있다.

하지만 원세개와 그의 추종자뿐만 아니라 이미 퇴위 당한 청황실과 그 후손들도 복벽을 원하고 있었다. 이중에는 청나라 말기 예비 입헌에 적극적으로 참여한 왕실 구성원도 있었다. 그들은 입헌을 성공적으로 마쳐야 계속 생존할 수 있을 뿐 아니라 청나라 군주제도를 계속 유지할 수 있을 것이라 생각하였다. 또 혁명당과 특히 원세개가 기회를 틈타 청나라의 통치권력을 찬탈한 것에 대한 통치세력들이 큰 불만을 품었다. 민정부民政部 상서尙書를 지낸 선기(善耆, 1866~1922)가 대표자였다. 다른 구왕조 왕족들은 고집불통이었다. 그들은 예비입헌도 반대하고 민주공화제도도 결사 반대했으며 원세개가 권력을 찬탈한 것에 대해 전전긍긍하였다. 대표적인 인물은 성윤(升允, 1858~1932) 등이다. 이들은 모두 황실 귀족으로 신해혁명 시기 종사당宗社黨을 결성해 청나라 황실을 보호하고 회복시키기 위해 노력하였고, 이들은 심지어 일본인과 결탁하여 무장 반란을 일으키기도 하였다. 이들은 청 황실 복벽의 핵심세력들이다. 또한, 장쉰張勳 등 구왕조의 무인들은 구사상의 영향으로 황제를 잊지 않았다. 그 다음으로 케케묵은 구식 사대부 세력들이다. 수많은 경서들을 읽었지만 머릿속에는 충군사상과 케케묵은 도덕으로 꽉 차 있는 이들은 새로운 제도, 새로운 이데올로기, 새로운 인물을 받아들이지 않았고 구왕조와 군주를 잊지 못하고 있었다. 대표인물로는 라오나이쉬안(勞乃宣, 1843~1921), 위스메이(于式枚, 1853~1916), 류팅선(劉廷琛, 1867~1932), 선쩡즈(沈曾植, 1850~1922), 정샤오쉬(鄭孝婿, 1860~1938) 등이다. 이들은 낡은 도덕과 사상을 견지하기에 새로운 조대朝代를 섬기려 하지 않았고 원세개에게 유혹되지도 않았다. 이에 이들의 복벽 주장은 잘못된 것이었지만 독립적으로 판단한 것이었다. 이들은 각자 다른 상황들로 인해 단합하지는 못하였지만 청나라 마지막 황제 부의溥仪의 복벽을 옹호한다는 점은 모두 의견이 같았다. 1914년 7월 류팅선劉廷琛은 정사당예제관政事堂禮制館 고문顧問직을 거절하는 사직서에서 원세개에게 "통치권을 청나라에 돌려주어야 한다."고 요구하였다. 라오나이쉬안勞乃宣은 민주공화제도를 반대하고 청나라 황실의 복벽을 주장하는 「공화정해共和正解」, 「속공화정해續共和正解」, 「군주민주평의君主民主平議」 등 3편의 장문을 모아 인쇄하여 발행해 쉬스창(徐世昌, 1855~1939) 등을 통해 원세개에게 전달할 것을 요청하였다. 이중에는 부의溥仪가 성년이 되면 원세개가 통치권을 돌려줘야 한다는 요구조건도 있었다. 복벽의 분위기는 원세개가 고의적으로 조성한 것이었다. 하지만 결과는 청나라 황실의 복벽을 원하는 자들에게 이용당하는 꼴이 되었다. 원세개는 이를 가만히 두고 볼 수 없었다. 11월 숙정사肅政使인 샤서우캉(夏壽康, 1886~1951)은 "잘못된 복벽설을 금지해야 한다."라고 요구하는 상소문을 제출하였다. 원세개는 이 기회를 이용하여 사건의 경위를 철저히 조사하라는 명령을 내렸다. 보군통령步軍統領은 복벽 언론言論의 국사관협수國史館協修직을 맡고 있던 쑹위런(宋育仁, 1857~1931)을 구속하여 일벌백계하였다. 사법부 등 관련 부서도 호응해 움직이는 한편 지방 문무장관들에게 복벽 주장자들을 검거해 법률에 따라 처벌하라고 지시하였

다. 본래부터 세력이 미미하고 담력과 용기가 부족했던 청나라 복벽파
들은 단번에 진압당하였다.

청나라 황실의 복벽 세력들을 진압한 후, 원세개가 연출한 자신의
'복벽극'이 시작됐다.

원세개는 오래 전부터 황제가 되려는 야심을 가지고 있었다. 청나
라 말기, 원세개가 출세하기 시작했을 때 이미 그의 야심을 눈치챈 사
람들이 있었다. 다만 소문이 퍼지지 않아 알고 있는 사람이 많지 않았을
뿐이었다. 신해혁명 때 원세개는 청나라와 서양인에 의지하여 남방 세
력을 압박하였고 남방세력에 의지하여 청나라 황실을 압박하는 등 전
국을 주름잡으며 권력 찬탈의 기회를 마련하였다. 이때부터 그의 야심
이 드러나기 시작하였다. 2차 혁명을 진압하고 민주공화제도나 법률과
관련된 시설들을 하나씩 없앤 후, 원세개의 황제가 되려는 야심은 만천
하에 드러났다. 1915년에 이르러 원세개의 심복들은 그의 뜻에 따라 움
직이기 시작하였다. 외부에는 이미 그의 이런 행보가 드러났지만 원세
개는 여전히 양복을 입고 공화제도를 준수하는 듯하였다. 그해 8월, 그
가 비밀리에 진행하던 계획들이 공개되었다. 원세개의 헌법고문인 미
국인 굿노우(Frank Johnson Goodnow, 1859~1939)는 「공화와 군주론共和與君主
論」을 발표해 "중국은 공화제보다 군주제가 더 적합하다."라고 밝혔다.
양두(楊度, 1875~1931)가 기획한 '주안회籌安會'가 결성됐다. 발기인은 양
두楊度를 비롯해 가장 먼저 중국 국내에 서양 학술 경전을 소개하고 중
서양의 학문을 두루 설렵한 대학자이자 경사대학당 총괄인을 지낸 엄
복, 박식한 국학지식으로 청나라 말기부터 세상에 이름을 알리며 혁명
당에 참가했던 류스페이(劉師培, 1884~1919), 혁명당의 골간이었다가 2차
혁명때 원세개 진영으로 옮긴 쑨위쥔(孙毓筠, 1869~1924), 리셰허(李燮和,

근대 중국의 문화적 전환에 대한 연구

1874~1927), 후잉(胡瑛, 1884~1933) 등이었다. 이 6명이 원세개의 복벽에 사기를 북돋우니[3] 어느 정도의 대표성과 영향력이 있었다. 주안회 및 주안회 선언의 발표는 중요한 신호탄이었다. 모든 민주주의자들이 각성하고 일어나 원세개 복벽을 반대하는 선언과 장문의 글을 잇달아 발표하였다. 이중에서 양계초의 「이상하다, 국체문제여異哉所謂國體問題者」의 영향력이 가장 컸다. 비록 일부 혁명당원의 선언보다 논조가 격렬하지는 않았으나 그 이유를 가장 분명하게 설명하였다. 글에서는 "입헌만 하면 국가의 정치가 군주제이든 공화제이든 가능하다. 입헌하지 않으면 군주제이든 공화제이든 불가능하다.",[4] "국가의 체제만 바꾸면 정치제도도 이에 따라서 모두 바꿀 수 있다. 이는 영웅이 사람을 기만하는 말이 아니면 서생이 시대에 뒤떨어진 논조이다."[5]라고 지적하였다. 원세개와 그의 추종자들은 이미 칼을 뺐으니 여론과 전망에 아랑곳하지 않고 앞으로 밀고갈 수밖에 없었다. 그들은 가능한 모든 역량을 동원해 지방, 부서, 업계, 단체 명의를 이용하여 원세개를 황제로 추대하라는 민의를 조성하고 이미 권력을 장악한 실력자에게 정식으로 등극할 것을 권하는 전보를 조작하였다. 이와 동시에 '선거'를 준비하면서 '국민대표'회를 소집하고 국체를 공결公決하였다. 소위 '국민대표'는 모두 원세개가 미리 내정한 사람들이었다. 공결 결과는 자연히 복벽 군주제를 만장일치로 찬성했고 원세개가 황제에 오르는 것을 만장일치로 옹호하였다. 원세개는 겉으로는 양보하는 척 하면서 자신의 심복에게 시켜 과거

---

3   많은 자료에서 엄복(嚴復)이 양두(楊度)에게 이용당한 것으로 증명됨. 그는 개인적으로 원세개를 대신해서 홍보하는 언론을 단독으로 발표한 적이 없음.

4   『飮冰室合集·專集 33』, p.88.

5   『飮冰室合集·專集 33』, p.90.

맹세한 공화의 구속을 해제한 후 태연하게 이들의 '옹호'를 받아 '제위식'을 준비하도록 지시하고 1916년을 '홍헌洪憲 원년'으로 선포하였다.

명석한 사람들은 복벽이 인심을 얻지 못할 것임을 잘 알고 있었다. 양계초와 채악蔡鍔이 윈난봉기雲南起義를 기획하여 호국전쟁을 일으키자 많은 지방에서도 동조하였다. 쑨중산과 혁명당원들도 각 지방에서 원세개 반대투쟁을 일으켰다. 전국적으로 원세개 반대의 목소리가 높아지는 가운데 원세개를 지지하는 진영 내부에서도 반란이 잇달았다. 원세개는 날로 고립되어 결국 사면초가에서 울분을 참지 못하고 죽었다.

하지만 복벽의 잔당은 여전히 남아있었고, 1년 후, 장쉰張勳이 청나라 황실을 옹호하며 복벽을 일으켰다가 12일만에 해프닝으로 막을 내렸다.

2차례 복벽의 발생은 신생 공화국에 탄탄한 기초가 없음을 설명하고, 2차례 복벽의 실패는 군주제로는 민심을 얻을 수 없다는 것을 말해 준다. 전제 통치를 이루려면 다른 수작을 부려야 한다.

2. 신구사상의 충돌

중화민국 초기 무질서한 정치 상태에서 사상계도 혼돈에 휩싸였다. 정치사회에 대한 비관으로 출구를 찾지 못한 사람들은 극도의 혼란에 빠졌다. 「최근 사회의 비관最近社會之悲觀」이라는 주제의 글에는 "외환으로 나라를 잃었으나 망국의 근본 원인은 내치內治에 있다. …… 내치를 돌아볼 때 입헌이 극치에 달하지 않으면 논의할 여지가 없다. 민간의 재물을 약탈하고 반대파를 제거해 전국이 파동에 휩싸였다. 개혁 전의 편안함을 추구하는 것도 불가능하다. 예법을 갖추고 벼슬을 올려주면서 태평성세를 포장하는 일에 바쁘다. 조금이라도 지식이 있는 사람들은 이러한 재난에 초조해하고 내치內治는 더 이상 희망이 없다는 것을 안다. 하지만 나라의 안위는 정치와 연관이 있고 정치의 근본은 사회와 연관이 있다. 사회에 입국 정신만 남아 있어도 나라가 망할 정도까지는 가지 않을 수 있다. 중국의 일반적인 사회를 둘러봐도 열강흥국의 왕성한 기상도 없을 뿐 아니라 중국 역사상 개국 시기의 고난과 고난을 이겨내는 전통 풍속도 까마득하다. 민심은 날로 흉흉해지고 풍속은 날로 경박해졌으며 사람들의 생존에 필요한 지식과 힘도 구제불능일 정도로 점차 고갈되어 없어졌다.”[6]라고 지적하였다. 이것이 당시의 가장 비관적인 주장이다. 하지만 낙관적이고 진취적인 사람이라 하더라도 혼돈 상황을 똑똑히 목격했기 때문에 방법이 없는 것에 분노하였다. 늘 스스로를 낙관적이라고 생각했던 양계초도 이 시절에 『상심지언傷心之言』을 썼다. 그는 서문에 “나는 독자 여러분에게 숨기지 않는다. 나는 감정이 풍부한 사람이다. 공부를 하기 시작하고부터 늘 걱정이었다. 최근 1~2년 사이에 분노와 슬픔의 감정이 북받치고 이런 감정이 축적되어 아직까지도 자신을 통제하지 못한다. 곰곰이 생각해도 어쩔 수 없어 두서없이 눈물만 난다. 친구들을 만나서 이야기해 봐도 어쩔 방법이 없다. 오오! 평생 의지해야 할 나라가 몰락해 어찌 할 수가 없다. 마치 아이가 병에 걸려 의사에게 진찰 받고 갖은 약을 써보았으나 아무 소용이 없고 죽

---

6   惟一, 『最近社會之批判』, 『正誼』1卷 7期, 1915年2月15日 出版.

음만 기다리는 것 같다. 어떻게 해야 하는가? 세상을 싫어하는 것이 나라 정치에 도움 안되는 것을 알고 다만 호언장담으로 죽어가는 국민들의 사기를 조금 살리고 싶다. 하지만 외부의 힘에 짓눌려 어떻게 하지 못하고 있다. 오호! 슬프다는 말밖에 더 할 말이 없다!"[7]고 심경을 토로하였다.

끊임없이 개혁을 추구하던 사상가이자 정치가였던 양계초의 글에서 그의 비통한 심정이 고스란히 드러난다. 혁명정신이 가장 투철한 천두슈(陳獨秀, 1879~1942)도 이와 비슷한 비관적인 언론을 발표한 적이 있다. 그는 「'갑인' 기자에게(致『甲寅』記者函)」에서 "국회가 해산된 후, 정치판이 못쓰게 되고 전국에는 실업자가 널렸으며 형법과 세법으로 농민과 상인들을 괴롭힌다. 전국민은 관리, 군인, 경찰 외에 설 자리가 없고 생존이 막막하다. 당원들만 이러한 것이 아니다."[8]라고 말하였다.

당시 유명한 기자 황원용(黃遠庸, 1885~1915)은 당시 정국과 사회에 대한 관찰을 글로 남겼다. "전국이 정치적 중심을 잃으니 나라는 이미 주체를 잃었다. 주체가 없으니 전국민이 의탁할 곳이 없다. 자신한테 이로운 세력에 의존해 노예가 되고, 파벌은 이익만 추구하는 것이 앞에서 이야기했던 것과 같다. 국민들이 의존하는 세력은 염치가 없고 비열하고 방종이 극에 달하였다. 정치적으로는 권력이 중심을 잃어 법규가 존재하지 않는다. 사회적으로는 도덕적인 권위가 없고 4대 기준이 폐기됐다. 이에 현자들은 소극적이고 생명의 낙을 잃었다. 세태를 비관하는 사람, 공리공담 하는 사람, 방종하는 사람들이 점점 더 많아졌다. 과거의

---

7   『飮冰室合集·專集 33』, pp.54~55.

8   『陳獨秀文章選編』(上), p.66, 三聯書店, 1984年 出版.

로마는 강대국으로 발전한 후, 국민 전체가 사치하고 놀음에 빠졌고, 궤변을 늘어놓아 나라가 파멸에 이르렀다. 오늘날 중화민국이 설립되어 개국의 흥성은 없고 로마 폐망의 슬픔만 찾아왔다. 위로는 도덕 규범이 없고 아래로는 법도가 없으며 방탕하고 편벽되며 부정을 저지르고 사치를 일삼으며 온갖 나쁜 짓을 다 저지른다."[9], 정말 망국의 징조다.

대표적인 인물만 간추려 중화민국 초기 중국 사회의 혼란한 상황과 우국지사의 비관적인 마음을 살펴보았다. 이러한 배경의 이해는 당시 혼잡했던 사상계를 더 깊이 분석하는데 도움이 된다.

공화제와 군주제의 대립

중화민국 초기, 소위 국체(國體, 국가의 정치체제)의 논쟁, 즉 공화제와 군주제의 대립은 가장 놀랍고 주목을 끄는 문제였다. 군주제를 뒤집어 엎은지 얼마 되지 않아 공화제를 설립했는데 이런 대립이 생기다니 의아하지 않을 수 없다. 법률적인 측면에서 공화국 체제 하에 중국은 공화제가 적합하지 않고 군주제로 돌아가야 한다는 주장도 있었다. 청나라 정부에 있어 군주제를 뒤엎고 공화국을 수립하는 것은 반역이나 다름없었다. 당시 중화민국 정부에 있어서 중화민국을 뒤엎고 군주제를 수립하는 것도 반역이나 다름없었다. 정부당국에서 허용할 수 없는 문제이다. 하지만, 청 황실 복벽을 부추기는 주장에 약간의 경고만 하고 상징적으로 복벽을 부추긴 쏭위런(宋育仁, 1857~1931)에게 영문을 알 수 없는 처분[10]을 내리는 것 외에 기타 복벽의 주장과 행동, 특히 원세개袁世

---

9   『一年以来政局之真相』, 见『远生遗著』卷一, 第87页.

10   여론의 압박 하에 원세개는 전체 국면을 망칠까 걱정하여 "청나라 황실을 돌려주겠다."고 선동한 복벽파 인물이자 당시 국사관 협수직을 맡고 있던 쏭위런(宋育仁)을 처벌, 명분은

凱의 제제와 관련하여 여론을 조성한 주장과 행동에 대해서는 관대하게 처리하였다. 복벽파들이 제시한 공화제와 군주제의 논쟁은 비록 정치적인 문제이긴 하지만 중국 국정에 대한 인식과 중국인의 사상 관념의 일부 문제가 언급됐다. 따라서 이런 논쟁은 훗날 신문화 운동의 발전과 크게 연관이 있으므로 논의할 필요가 있다.

사상 문화 측면에서 이 논쟁은 중요하기 때문에 복벽파가 청황실의 복벽을 주장하는지 아니면 원세개가 황제가 되는 것을 주장하는지에 대해서는 구분하지 않겠다. 이 논쟁은 학리적으로 이렇다 할 이론을 수립하지는 못하였다. 그래서 깊이 있는 이론적 논의는 진행하지 않고 논쟁 쌍방의 국정에 대한 인식과 정치적 성향을 통해 표현된 사상과 문화 관념을 반영하는 것만 다루기로 하겠다.

이 논쟁은 주로 다음 몇 가지 주요 문제와 관련이 있다.

중화민국 초기의 정치적 혼란과 사회 기풍의 문란은 공화제로 인해 야기된 것인가?

논쟁 쌍방은 모두 혼란한 당시의 정치 상황에 불만을 가졌지만 혼란한 정국을 초래하게 된 원인에 대해서는 상반되는 입장이었다. 복벽론자들은 군주제를 뒤엎고 공화제를 실행하였기 때문에 혼란스러운 정치 국면을 초래하였다고 목소리를 높였다. 강유위康有爲가 가장 대표적인 인물이다. 그는 다음과 같이 말하였다. "최근 중국은 전국이 들짐승이 날뛰는 모습이다. 중국의 정치교화 풍습이 시비득실에 관계없이 모두 제거하고 없애버린다(今中國近歲以來, 舉國狂狂, 搶攘發狂, 舉中國之政治

"황당한 언론으로 정신을 문란시켰기에 본적으로 추방하며 지방관이 관찰하도록 함." 하지만 쑹위런 본인에게는 "본적으로 돌아가 휴양", 경비 3천 위안을 지급, 지방관으로 복직해 월 300위안의 휴양비를 지급함.

근대 중국의 문화적 전환에 대한 연구

教化風俗, 不問是非得失, 皆革而去之)", "평등이 성행하고 하극상이 빈번하다. 자유가 보편화되고 자식도 자립하고 부녀자들은 쉽게 이혼한다(平等盛行, 屬官脅其長上, 兵卒脅其將校. 自由成風, 子皆自立, 婦易離異)", "4억 인구는 고난의 생활에 극도로 고통스러워 한다. 농공상 장인과 상인들은 일자리를 잃고, 학교가 무너지고 도적이 횡행해 대중들을 폭행하고 백성들의 피를 빨아먹는다."[11] 강유위는 처참한 사회의 모습을 묘사하면서 공화제를 실행하였기 때문에 이런 현상이 초래됐다고 주장하였다. 그는 "현재 천하를 호령하는 자는 공화제를 꼭 회복해야 하고 중화민국은 약법으로 다스려야 한다고……그러나 약법은 4억 대중이 아닌 17독군督軍의 대표가 제정한 것이다. 국회가 이미 개회하였는데 민당은 약법을 가지고 정부와 투쟁하고 폭민暴民이 전제하는 모습이 다시 나타났다. 폭민과 군인은 서로 바꾸어 가며 권력을 쟁탈한다. 아래로는 폭도와 폭도들의 전쟁이고, 위로는 군대 장교와 군인이 서로 쟁탈하고, 내부적으로는 총통과 총리의 쟁탈이다. 대중들만 불쌍하다. 나라가 나라의 모습이 아니다."[12]라고 말하였다. 원세개袁世凱의 정치고문인 미국인 굿노우(Frank Johnson Goodnow, 1859~1939)와 주안회籌安會를 발기한 양두楊度 등은 공화제의 실행이 혼잡한 판국을 초래한 근본 원인이라고 주장하였다. 양두는 "오늘은 잘 생각하지 않고 모든 것을 함부로 바꾸었기 때문에 강국으로 발전하는 것은 희망이 없고 부유한 나라로 발전하는 것도 희망이 없으며 입헌 나라로 발전하는 것도 희망이 없다. 결국에는 나라가 망할 것이다. …… 이것은 공화제의 폐단이다! 중국인들은 실제적인

---

11   『中國顚危誤在全法歐美而盡棄國粹說』, 見 『康有爲政論集』(下), 中華書局, 1981, pp.890~891.

12   『與徐世昌書』, 同上書, p.992.

것보다 헛된 명성을 좋아한다. 신해혁명은 나라를 꼭 공화국으로 만들어야 된다고 하나 중국은 이때부터 구원할 수 없게 되었다."[13]고 주장하였다.

복벽을 반대하는 사람들은 공화제를 실시해서라기보다 공화제를 실행하지 못하였기 때문에 혼란스러운 정치 판국을 초래하였다고 주장하면서 구세력이 말썽을 일으켜 이런 판국을 초래하였다고 지적하였다. 양계초는 "최근 중국의 풍기 문란은 20~30%의 완벽하지 못한 새로운 학설을 주장하는 자들과 70~80%의 쉽게 변하지 않는 구세력 때문이다. 요즘 사람들은 걸핏하면 자유 평등의 그릇된 이론이 사람들의 마음속에 가득 차 천하를 이끌어서 짐승의 경지에 빠졌다. 각종 공문과 통고만 난발하고 탁상공론을 일삼아서 뭇사람을 방향을 잃게 되었다. …… 오늘날 문란한 풍기는 20년 전부터 시작됐다. 중요한 위치의 사람들이 보통 사람들의 약점을 이용하여 권력과 부귀로 세상을 다스리며 염치없는 일을 하고 자신들의 통제를 받게 한다. 사회는 더 이상 절개를 숭상하지 않고 유혹과 협박 앞에서 무너진다. 탐욕스럽고 간사함을 부추기는 논조를 중요하게 여기고 사람들은 이를 신조로 받들며 소인배들이 판치고 있다. 이런 경망스럽고 거만한 행위는 풍속에 큰 영향을 미쳐서 사람들은 부러워하고 서로 모방하는 것이 날로 번져간다. 풍속이 크게 파괴되는 것은 이로 말미암은 것이다. …… 자유와 평등을 빌어 도덕을 문란하게 하는 사람들은 사회를 좌지우지 할 수 있는 힘이 없는 소수의 젊은이뿐이다. 소위 사대부라고 하는 위에 있는 자들은 입만 열면 공자, 예교(禮敎, 예법과 도덕)를 논하는데 사실상 이들이 풍기를 문란하게 만

13　『君憲救國論』(上), 見『近代稗海』第3輯, 四川人民出版社, 1985, p.131.

든 원흉이다.”[14]라고 주장하였다. 양계초의 평가는 보다 객관적이고 공정하다. 장스자오(章士釗, 1831~1973)도 중화민국 초기 혼잡한 정치 판국과 문란한 사회 풍기는 공화제 때문이 아니라며 중화민국을 수립한 후, 공화제는 실험의 기회조차 없었다고 지적하였다. 그는 “공화제의 잘못을 주장한 가장 우력한 의견은 공화제는 이미 실험을 거쳤고 중국에 적합하지 않다는 것이다. 그런데 실험은 언제 어디서 했는가? 계축지역(癸丑之役; 2차 혁명) 전인가? 그때 당시 공화제를 반대하는 역량들이 선동하여 정치적 분쟁을 일어났는데 공화제에 대한 실험은 진행되지 못했다. 계축지역 후인가? 그 때의 정치에는 공화제의 뜻이 조금이라도 포함되지 않았다. 어린이에게 거짓말하지 않듯이 공화제가 실험을 거쳤다고 한 것은 사실이 아니다.”[15]라고 하였다. 결론적으로 군주제 복벽을 반대하는 이들은 중화민국 초기의 문란한 현상을 공화제에 책임을 돌리는 것이 공평하지 않음을 잘 알고 있었다.

두 번째 논쟁 포인트는 공화제가 중국 국정에 부합하는지 여부이다.

복벽론자들은 공화제가 근본적으로 중국 실정에 적합하지 않는다고 주장하였다. 그들은 중국 국민들은 수준이 낮아 정치적 역량이 없다고 생각하였다. 굿노우는 “수천 년간 중국은 군주 독재의 정치를 답습했고 학교가 적고 대다수 백성들은 지식수준이 높지 않고 정부의 정치운용은 일반인들이 알 길이 없으며 정치를 연구할 능력도 없다. 4년 전 전제제에서 공화제로 바뀌었는데 이는 너무 급작스러운 변화로 좋

---

14   『復古思潮平議』, 『飮冰室合集·文集之三十三』, pp.70~71.
15   『共和平議』, 『章士釗全集』 第3卷, 文匯出版社, 2000, p.471.

은 결과를 낳기 힘들다."[16]라고 하면서 "중국은 공화제보다 군주제가 적합하고 이는 의심할 여지가 없다."라고 말하였다.[17] 양두楊度도 동일한 주장을 밝혔다. 그는 "공화제 정치는 대다수 백성들이 일반적인 상식 지식이 있어야 한다. …… 중국의 수준은 이런 정도에 이르지 못한다? 대다수 백성들이 공화제가 무엇인지조차 모르고, 법률, 자유 평등이 무엇인지는 더더욱 알 리가 없다. 갑자기 전제 군주제에서 벗어나 공화제를 도입하여 앞으로는 자기 자신을 제재할 사람이 없다고 함부로 행동해도 된다고 생각한다. …… 그리하여 나라에서 하루의 평안도 찾지 못하게 될 것이다."[18]라고 말하였다. 그들은 공화제를 방해하고 나라의 혼란한 국면을 초래한 원인이 국민들의 수준 부족이라고 생각하였다. 장스자오章士釗는 백성들의 수준이 못미친다는 점에 대해 반박할 때 의미 있는 관점을 제시하였다. 그는 "이상적인 입헌정치는 초기에 일반 백성들의 지혜를 기반으로 하지 말고 일부 엘리트들이 수립하고 구성하여 서로 관찰하고 서로 토론하고 연구하며 서로 검토하고 보완해야 한다."[19]라고 밝혔다. 세계적으로 많은 나라가 헌정 초기에는 이러한 이론을 근거로 제한적인 선거 방법을 채택하였다. 그렇지만 백성들의 수준 부족을 핑계로 입헌정치를 실행하지 않는 것은 근거가 없다.

군주제 복벽을 주장하는 사람들은 공화제를 실행하여 정기적으로 총통(대통령)을 선출하면 선출할 때마다 혼란을 야기할 것이라고 강조하였다. 굿노우는 공화제를 실행하면 "세습이 아니기 때문에 대총통

---

16   『共和與君主論』, 轉引自『近代稗海』第3輯, 四川人民出版社, 1985, p.127.

17   同上書, p.128.

18   『君憲救國論』(上), 轉引自『近代稗海』第3輯, p.133.

19   『共和平議』, 見『章士釗全集』第3卷, p.460.

계승의 문제는 잘 해결될 수 없다. 그 결과 군정부의 독단적인 행동으로 이어질 것이다. 이런 제도를 실행하면 평안한 날이 있겠나? 태평한 날과 분란의 시기가 반복될 것이다. 서로 저항하고 서로 정권을 쟁탈하려고 하여 화란을 막을 수 없다."[20]고 주장하였다. 양두楊度는 심지어 중국의 정치적 현실에 대해 원세개袁世凱는 그 뒤의 어느 누구와도 비교할 수 없을 정도로 나라의 안위를 생각한다면서 원세개가 돌아간 다음에 정권을 찬탈하려는 동란이 반드시 일어날 것이라고 주장하였다. "대총통의 명의는 경쟁을 해야 하고 군주의 명의는 경쟁이 없다. 대총통을 경쟁하는 것은 죄악이 아니고 군주를 경쟁하면 대역죄이다. 누가 감히 시도하겠는가? 군주 하나만을 정하는 효과가 더 좋을 것 같다. 왜냐하면 공화제 하에서 선거할 때 모두가 대통령 되려고 서로 경쟁해 모두가 혼란에 빠져버리기 때문이다. 군주가 왕위를 계승할 때 군주 자리를 경쟁하려는 사람이 없어 전체가 모두 혼란에 빠지는 일은 없다[21]고 하였다. 군주제 복벽을 주장하는 사람들은 이 점을 강조하여 군주의 명의는 정해져 있고 계승도 정해져 있으므로 큰 혼란을 초래하지 않고 공화제의 총통은 계승자가 정해져 있지 않아 총통 자리를 두고 소란을 초래할 것이라고 주장하였다.

양계초는 굿노우와 양두의 주장에 반박하며 총통을 새로 선출하는 것이 소란을 초래할지 여부를 결정하는 근본적인 조건은 우선 총통이 재위하는 시기 "공덕 위신孔德威信이 사후에도 영향을 미치는가", 그 다음으로 "그 당시에 야심가, 폭군 같은 인물이 있는지? 그런 인물이 많

---

20   『共和與君主論』, 轉引自『近代稗海』第3輯, p.126.

21   『君憲救國論』, 轉引自『近代稗海』第3輯, p.143.

은지? 반대 의견을 제시하기에 충분한지?"라고 지적하였다. 하지만 이런 조건은 군주제의 왕위를 계승할 때 파동을 일으키는지 여부에 똑같이 작용된다. 양계초는 "역대 제왕가문이 정권을 장악한 일화를 살펴보면 제왕의 시신이 사당에 있음에도 불구하고 무기를 들고 궁궐에 쳐 들어오는 이가 얼마나 많은가? 따라서 국가의 안위와 소란을 다스리는 것이 그 안에 있지 헌법 법전 형식의 공화나 군주에 있지 않다."라고 하였다.[22] 장스자오章士釗는 승계로 확정하니 군주제가 공화제보다 더 우수한 장점이라는 굿노우의 설법은 "무의미한 표현"이라고 지적하였다.[23] 군주제와 공화제의 실시는 이론과 이상이 아닌 당시 사회의 형세와 실정에 의해 결정된다. 양계초의 주장처럼 "어떤 종류의 국체라 하더라도 모두 소란을 다스릴 수 있고 소란을 일으킬 수도 있다. 소란을 다스리는 근본은 국체가 아닌 정법조문에 있다."[24] 군주제의 복벽을 주장하는 사람들이 공화국의 국체하에 군주제로 복귀하려는 것은 실질적으로 근본을 오도誤導하는 것이다.

양두楊度는 중국이 공화제 하에서는 입헌 가능성이 없고 입헌을 하려면 군주제를 재건해야 한다는 괴상한 이론을 내놓았다. 그는 "중국의 공화제는 전제제가 아니면 통치할 수 없다. 바꿔 말하면 중국의 공화제는 입헌으로 해결할 수 있는 것이 아니다. 입헌은 공화제로 통치할 수 없기에 공화제는 입헌으로 결정할 수 없다."라고 주장하였다.[25] 이 이론은 논리적으로 옳지 않다. 양계초는 공화국 국체 하에서 입헌을 할 수

---

22 『異哉所謂國體問題者』, 『飮冰室合集·全集之三十三』, pp.91~92.
23 『帝政駁議』, 『章士釗全集』第3卷, p.565.
24 『異哉所謂國體問題者』, 『飮冰室合集·全集之三十三』, p.93.
25 『君憲救國論』, 轉引自 『近代稗海』第3輯, p.133.

근대 중국의 문화적 전환에 대한 연구

없고 "꼭 군주를 이용하여 배치해야 한다而必須行曲以假途於君主"는 것을 이해할 수 없다면서 "중국에서 입헌할 수 없는 원인은 지리적 조건, 권력자의 심리, 사람들의 습관과 능력 등 여러 가지가 있다. 하지만 이런 원인은 공화제를 실행했기 때문에 처음 생긴 것이 아니고 공화제를 실행한다고 해서 없어지지도 않는다."라고 지적하였다. 따라서 입헌제도의 실행 여부는 국체의 변화와는 아무런 연관이 없다. 그는 또 중국에서 입헌을 하려면 현행 약법을 존중해야 한다고 하면서 "글자 하나하나 실행해야 한다字字求其實行"라고 부언하는 한편 "갖은 방법을 동원해 국민이 정치에 접근할 수 있는 기회를 마련해 주어야 하고 이들의 능력과 지식을 덮어 감추지 말고 이들의 능력을 제한하여 의욕을 떨어뜨리지 말아야 하며 이들이 절개를 지키게 해야 한다. 이러한 조치를 몇 년 실행하면 그 효과가 분명히 나타날 것이다. 이런 조치를 실시 유지하지 않고 현행 국체가 문제가 있다고 지적하는 것은 주자가 말한 것처럼 노는 저을 줄 모르면서 강이 구불구불하다고 원망하는 셈이다."라고 말하였다.[26] 장스자오章士釗는 헌정이 "이런 조치로 실행되면 민주주의를 설립할 때는 실행하지 않고 군주제가 설립되길 기다렸다가 실행하려고 하는가"라고 지적하였다.[27]

공화제와 군주제에 대한 쟁론은 공화제가 군주제를 대체한 지 불과 4년 만에 시작되었다. 이 사실은 중국이 개혁과 건설을 진행하는 정치적 궤도에 오르려면 아직도 갈 길이 멀었음을 의미한다. 후세 중국인들이 늘 고민한 문제가 바로 이를 위해 기반을 마련하고 길을 개척하는

26 『異哉所謂國體問題者』, 見『飮冰室合集·全集之三十三』, pp.90~91.
27 『共和平議』, 見『章士釗全集』第3卷, p.476.

것이었다. 일부 선각자들은 사상 문화 측면에서 접근하여 중국의 개혁과 건설사업에 기반을 마련하는 방법을 선택하였다.

유교孔敎에 관한 논쟁

정치가 궤도에 오르지 못하고 혼란한 현상들이 빈번히 생겨나자 사람들은 이를 비관하고 실망을 금치 못하였다. 일부 사람들은 문란한 정치 판국의 원인은 도덕적인 타락에서 비롯되었고, 도덕적인 타락의 원인은 종교신앙이 없기 때문이라면서 종교를 수립하는 것이 급선무라고 주장하였다. 란궁우(藍公武, 1887~1957)는 글에서 "현재 중국을 다스리려면 우선 현재의 사회를 다스려야 하고 현재의 사회를 다스리려면 종교 외에는 다른 방법이 없다. 종교를 선양하면 중국 백성들의 사상이 순결해지고 의지가 강해진다. 사상이 순결하고 의지가 강해지면 악습을 없앨 수 있고 풍속 교화가 진실해지고 법제가 완비되고 정치도 개선되며 문화가 발전하게 되고 국력도 강해질 것이다."라고 밝혔다.[28] 그는 중국을 건설하는데 가장 적합한 종교는 유교뿐이며, 기독교, 불교, 도교, 이슬람교 등 다른 종교는 중국에 보급하기 적합하지 않다고 주장하였다. 란궁우藍公武는 청나라 말기 유명한 개혁가로 일반적인 보수주의자와는 달랐다. 중화민국 초기 사상계가 혼란했던 시기에는 사상가를 단순히 진보와 보수 혹은 혁명파와 반동파로 구분하기 힘들기 때문에 더 구체적인 분석이 필요하다.

란궁우藍公武의 주장은 강유위康有爲나 천환장(陳煥章, 1880~1933)의 주장과 비슷하다. 강유위는 청나라 말기 유신운동 때 유교를 국교로 정

---

28   『宗敎建設論』, 『庸言』1卷6期, 1913年2月16日出版.

해야 한다고 주장하였다. 당시에는 물론 구국강국의 목표를 위해 백성들을 정신적으로 한 곳에 모아 개혁 운동을 추진하기 위해서였다. 신해혁명辛亥革命 때는 강유위의 군주 입헌의 방식에 따라 진행할 수 없었다. 중화민국 초기 정치는 혼란스러웠고 백성들은 실망에 빠졌으며 학계에도 비관적인 목소리가 허다하였다. 강유위는 이런 국면을 초래하게 된 것은 국민들이 자신의 주장을 따르지 않았기 때문이라면서[29] 출구는 자신의 말대로 유교를 국교로 정하는 길밖에 없다고 주장하였다.

공자를 높이 받드는 존공尊孔 사상이 중국에서 유구한 역사를 가지고 있음은 모두 다 아는 사실이다. 하지만, 근대에 와서 유교를 국교로 정하려는 주장이 나오게 된 것은 정통 사상을 보존하려는 사상도 있는 한편 서양 사상의 영향에 저항하려는 의도도 있었다. 공자 학설의 핵심내용은 두 가지이다. 하나는 득군행도得君行道의 치국론이고, 다른 하나는 군자인격君子人格의 도덕론으로 양자는 긴밀하게 연결되어 있다. 중화민국이 건국되어 황제가 없으니 극소수의 군주제 복벽을 추구하는 사람 외에는 공자학설의 첫 부분에 대해 언급하는 사람이 없었다. 하지만 도덕론을 추구하는 사람은 여전히 많았다. 청나라 말기에 유교를 제창하는 사람들이 군주 입헌의 목적과 연관이 있다고 한다면, 중화민국 초기에 유교를 제창하는 사람들은 대다수가 도덕을 기반으로 나라를 구원하고 종교를 기반으로 나라를 구원하기 위한 것이었다. 일시적으로 나라를 구원하는 출구를 찾지 못하는 상황에서 정치적 혼란과 풍속이 각박해진 원인을 인심이 예전 같지 않고 도덕이 타락한 탓으로 돌렸다. 이에 도덕적인 측면에 입각해 나라를 구원하려고 하였다. 종교는 도

---

29   康有為曾撰一文『不幸而言中, 不聽則國亡』, 見『康南海文集』.

덕을 진작하는데 중요한 역할을 하는데 이는 동서고금을 막론하고 이미 증명된 것이다. 이에 따라 종교 구국론이나 유교 구국론이 한때 성행하기도 하였다.

1912년부터 존공론, 즉, 유교를 일으켜야 한다는 목소리가 점차 커지면서 산둥 공도회孔道會, 산시山西 종성회宗聖會, 베이징 공사孔社, 칭다오靑島 존공문사尊孔文社, 양저우揚州 존공숭도회尊孔崇道會, 전장鎭江 존공회尊孔會, 광둥廣東 공성회孔聖會 등 전국에 수많은 유교 단체가 설립되었다. 이중에서 영향력이 가장 큰 단체는 10월 7일 상하이에서 설립된 공교회孔敎會였다. 공교회를 설립한 주요 인물들을 살펴보자.

선쩡즈(沈曾植, 1850~1922), 저장浙江 자싱嘉興 출신. 광서光緖 경진진사庚辰進士로 형부주사刑部主事, 안후이제학사安徽提學使, 서리안후이순무署理安徽巡撫 등 직을 지냈다. 유명한 서원 몇 곳에서 강의를 하기도 한 학문적 조예가 깊은 사람이다. 중화민국이 설립된 후, 청나라 망국의 백성으로 자청하였고 장쉰張勳의 복벽운동에 참여하기도 하였다.

양정분(梁鼎芬, 1859~1919), 광둥廣東 판위番禺 출신. 광서光緖 경진진사 庚辰進士로 후베이안찰사湖北按察使, 포정사布政司 직을 담당하였다. 몇몇 서원의 책임자를 지냈고 학문적 조예가 깊었다. 중화민국이 설립된 후, 양정분도 청나라 망국의 백성으로 자청하였고 한동안 부의溥儀의 사부로 있었으며 장쉰張勳의 복벽운동에 참여하였다.

천환장(陳煥章, 1881~1933), 광둥廣東 가오야오高要 출신. 청나라 말기 최후의 진사進士. 1907년에 미국으로 유학을 갔으며 1911년 논문 「공문이재학孔門理財學」으로 콜롬비아 대학교 박사학위를 받은 후 귀국하였다. 유학기간에 유학孔學을 추존推尊하는 교회敎會를 설립하였으며 귀국 후에도 유교를 존경하고 추대하는 활동에 힘썼다. 공교회公敎會가 만들어진 후, 『공교회잡지孔敎會雜志』를 창간하고 총편집장을 맡았다. 이 잡지는 강유위康有爲의 『불인不忍』과 함께 유교의 선양에 가장 영향력이 있는 간행물이었다. 천환장은 강유위의 가르침을 받았고 1913년 9월 취푸曲阜에서 공교회 전국대회를 소집할 때 자신의 스승인 강유위를 회장으로 추대하였다. 또한, 국회에 유교를 국교로 정해야 한다는 연명 상소를 올리기도 하였다. 1917년부터 공교회 회장을 맡았다. 공교회는 정통 보수파 세력 외에도 서양 교육을 받고 유학까지 다녀온 새로운 인물들이 가세하면서 영향력을 가지게 되었다.

　당시 유교를 옹호하는 사람들은 유교를 선전하는 언론이 많았다. 이와 반대로 유교를 반대하는 사람들의 언론도 적지 않았다. 몇 가지 요약해 보면 다음과 같다.

(1) 국교 설립 및 유교를 국교로 정하는 문제

　강유위는 "한 나라가 설립되어 생존 발전할 수 있는 것은 근본적인 종교의 지지가 있고 이것이 백성들의 생활에 녹아들도록 하여 모든 사람들의 마음 속에 뿌리를 내리고 백성들이 이를 행동의 표준으로 삼아 그 종교에 따라 행동하기 때문이다. 이렇게 되면 천하를 다스릴 수 있는데 이런 것들은 정부의 힘으로만 밀고 나갈 수는 없다."고 하였다.[30] 나라를 다스릴 때 백성들의 몸과 종교신앙을 통제해야만 백성들의 마음을 사로잡을 수 있다. 이에 종교 정책의 제창과 번영은 강대한 나라를 만들 수 있고 종교정책이 낙후하면 나라도 낙후하게 된다. 이에 따라 강유위는 국가의 종교를 세워야 한다고 주장하였다. 그는 "다른 나라의

30　『孔敎會序』(一), 見『康有爲政論集』(下), 中華書局, 1981, p.733.

헌법을 참고해 보면 백성들에게 신앙의 자유를 주는 한편 자국의 국교를 정하여 국교에 대한 존경과 숭배를 표현하였다."[31]라고 지적하였다. 강유위는 전 세계 각 나라의 헌법에 신앙의 자유를 주는 한편 나라의 종교를 특별하게 규정하였다고 하였는데 이는 터무니없는 말이다. 하지만 이 부분에서 우리는 국교를 정하려는 강유위의 조급한 마음을 엿볼 수 있다. 그는 "현 시점에서 백성들의 마음을 구원하고 풍속을 미화하려면 하루 빨리 국교를 정해야 한다."[32]라고 강조하였다.

　　앞에서 언급한 란궁우藍公武는 "나라를 세우는 근본은 종교에 있다."라는 주장을 제기했는데 그 뜻은 곧 국교를 설립해야 한다는 주장과 비슷하다. 천환장陳煥章은 중국이 수 천년 동안 유교를 국교로 여겼으나 지금 국교를 분명하게 정해야 하는 것은 중화민국 시기에 들어선 후, 한 가지 문제도 제대로 진행하지 않고 한 가지 폐단도 제거하지 못한 상황에서 유교 폐지에 급급해 혼란한 정치를 초래하였고 관리들의 품성이 타락하였기 때문이라고 주장하였다. 혼란한 정치와 타락한 관리들을 제대로 세우려면 권위적으로 유교를 국교로 회복해야 한다. 천환장이 앞장서서 작성한 「공교회청원서孔教會請願書」에서는 "나라를 세우는 근본은 도덕에 있고, 도덕의 정확함은 종교에 따라 결정된다."라고 하였다. 이 글에서는 중국은 하夏, 상商, 주周 시대부터 국교가 있었다고 밝혔다. 공자는 "요순임금의 정신을 계승하고 문왕과 무왕의 법도를 본받았다(祖述堯舜, 憲章文武)". 한무제漢武帝 때에는 백가百家를 배척하여 유교가 가장 중요한 자리를 차지하였다. 이에 "우리 나라는 오래 전부

31　『致國會議員書』, 同上書, p.960.

32　『以孔教為國教配天議』, 同上書, p.846.

터 유교를 국교로 정하였다." 또한 "공화국은 도덕을 정신으로 하고 중국의 도덕은 유교에서 왔으며 …… 이에 중국은 여전히 유교를 국교로 해야 한다(共和國以道德為精神, 而中國之道德, 源本孔教 …… 故中國當仍奉孔教為國教)"라고 주장하였다. 청원서 마지막에 "우리나라가 국체를 바꾼 지 얼마 되지 않았다. 다양한 언론은 혼란하고 복잡하며 종교의 자유를 거의 종교 훼손의 자유로 오해한다. 그리하여 파괴자는 발광하고 보수자는 두려워 하며 백성들은 당혹해 하고 나라의 근본이 흔들리고 있다. 지금은 새로운 헌법을 수립하는 시기이기에 유교를 우리나라의 국교로 정하는 것을 조문으로 명시해야 한다. 그렇게 되면 사람들 마음에는 판단 표준이 생기고 정치와 법률도 시행 효력이 생긴다."[33]라고 밝혔다. 주의해야 할 점은 당시 원세개袁世凱의 정치고문이었던 일본인 아리가 나가오(有賀 長雄, ありが ながお, 1860-1921)가 「헌법에 유교를 국교로 명시해야 한다憲法須規定明文以孔教為國家風教之大本」는 글을 천환장에게 보내 『공교회잡지公教會雜誌』에 게재하도록 하면서 중국에서 입헌하려면 유교를 국교로 정해야 한다고 특별히 강조한 것이다.

여기에 두 가지 요점이 있다. 하나는 국교를 꼭 설립해야 한다는 것이고, 다른 하나는 반드시 유교를 국교로 정해야 한다는 것이다. 후자를 주장하는 사람이 더 많았다. 강유위는 "중국의 모든 문명은 유교와 관련이 있다."[34], "수천 년 동안 모든 풍습의 근본은 …… 모두 유교에 있다."[35]라고 밝혔다. 다른 종교는 비교할 수가 없다.

---

33   見『民國經世文編』第39冊『宗教』, pp.48, 49, 51.
34   "(中國一切文明皆與孔教相系相因)."『孔教會序』(二), 見『康有為政論集』(下), p.738.
35   "(數千年人心風俗之本, …… 皆在孔教中)."『複教育部書』, 同上書, p.864.

그는 또 "우리 나라가 필요한 신은 어디에 있는가? 불교의 설법은 세밀하고 정교하지만 구애받지 않으며 대부분 세상 밖의 말이다. 죄와 복으로 사람들의 믿음을 이끌어 내는데 티베트에서만 통하고 중국인에게 통하기 힘들다. 기독교의 경우, 하느님을 숭배하고 타인을 사랑하고 마음의 수련, 죄를 뉘우치는 것을 강조하는데 이는 유럽인에게나 통한다. 하느님만 숭배하고 조상을 숭배하지 말라고 하면 중국인이 제사의 예법을 폐기하고 이런 신조를 따르겠는가? 불가능하다. 우리들에겐 우리의 정신을 유지하는 교주가 있는데 그가 바로 공자님이다. 우리 나라 4억 인구는 그를 숭배하고 사랑하며 믿으며 그의 말에 복종하며 그가 맡긴 일을 하고 그의 발전을 이해하여 영혼과 육체적으로 의지하며 국민의 정신이 의지할 곳이 있어 언행이 혼란스럽고 황당하지 않다. 우리가 그와 같은 사람이 되며 그의 도덕관을 표준으로 하면 국민의 정신은 훼손되지 않고 나라의 이미지도 세워질 것이다. 그 다음, 유럽과 미국 등 나라의 물질 수준에 도달하고 이런 나라의 정치적 방침을 학습하고 이용하면 나라가 망하지 않고 이에 따라 나라가 더 강대해 질 수 있다."[36]라고 말하였다. 강유위는 유교가 중국에 가장 적합하고 유교를 국교로 정하면 나라를 보호할 수 있고 강대하게 할 수 있다고 여겼다. 반면 천환장陳煥章은 현재 중국의 정국은 "소문이 무성한 국면이고 치욕스러운 국면이며 서로 싸우고 다투는 국면이고 사기횡포가 많은 국면이며 뇌물횡령의 국면이며 폭동이 빈번하게 발생하는 국면이고 나라가 분열하는 국면이다(造謠之局也, 訞詈之局也, 鬪毆之局也, 棍騙之局也, 賄賂之局也, 暴亂之局也, 暗殺之局也, 分裂之局也)."라고 주장하면서 이런 국면을 초래

36   『中國學會報題詞』, 同上書, p.800.

근대 중국의 문화적 전환에 대한 연구

하게 된 것은 도덕적 타락 때문이고, 이런 국면을 해소하려면 우선 도덕부터 일으켜 세워야 한다고 주장하였다. 그는 "중국의 도덕은 공자로부터 왔고 공자는 중국 도덕의 조상이다. …… 유교를 떠나 도덕을 논하는 것은 도덕이 아니고 오로지 권력의 쟁탈뿐이다. 권력에 상관이 없으면 오입질, 도박, 놀음으로 타락될 뿐이다. 이것이 오늘날 정치 판국이 타락한 원인이다.", "유교를 제창하면 소문이 무성하고 치욕스러우며 서로 싸우고 다투며 사기횡포, 뇌물횡령, 폭동, 나라가 분열하는 등 등의 국면을 모두 해소할 수 있다."[37]라고 말하면서 조속히 유교를 국교로 정해야 한다고 주장하였다.

결론적으로 국교의 설립을 옹호하는 세력은 중화민국 초기의 혼란한 정치, 도덕 타락, 사회 위기, 나라가 곧 망하려는 국면에 직면해 국가 종교를 설립하는 방법에 기대어 약화된 민심을 만회하고 고유의 도덕을 회복해야만 정치에 희망이 있다고 생각하였다. 한편 유교만이 그러한 국가 종교로서의 자격을 갖추고 있다고 주장하였다. 하지만 강유위康有爲과 천환장陳煥章 등의 주장은 강렬한 반대에 부딪혔다.

유교를 국교로 정해야 한다는 시끌벅적한 언론이 주도적인 여론인 듯하였으나 반대 여론이 오히려 더 이치에 맞고 설득력이 있었다. 쉬스잉(許世英, 1873~1964)은 『공교회청원서』에 맞서 「유교를 국교로 정하는 것을 반대한다反對孔教為國教呈」에서 "공자의 도리와 공자의 학설을 존경하지만 공자의 도리와 유학을 국교로 정해서는 안 된다.(尊孔子之道, 尊孔子之學, 則可也; 以孔道孔學為國教則不可也)"라고 하였다. 그는 국교를 정하면 대외 관계에서 시비가 붙기 쉽다고 주장하였다. 이는 유럽에

---

37   『論廢棄孔教與政局之關係』,『民國經世文編』第39冊『宗教』, pp.39, 40, 42.

서 발생한 수차례의 종교전쟁을 교훈으로 삼을 수 있다. 또한, 내부적으로도 국교를 정하는 것은 공화정신에 위배된다고 말하였다. "우리나라의 국체는 공화국으로 본래 5대 민족으로 구성된다. 종교에 대해 말하자면 몽고족은 라마喇嘛를 믿고 회족은 이슬람교를 믿으며 티베트족은 홍교紅敎와 황교黃敎를 믿으며 한족과 만주족은 분명한 종교는 없으나 대다수가 불교를 믿으면서 평화롭게 생활해 왔다. 유교와 불교 간에 가끔씩 논쟁이 있었지만 그 파장이 크지 않아 각 민족은 자기 민족의 종교를 믿으면서 신앙이 다르다고 하여 해를 끼치지는 않았다. 이는 중국의 가장 큰 특징이며 전 세계도 부러워하는 부분이다. 작금에 과학이 발전하면서 미신이 점차 쇠퇴되어 자유 이념이 사람들의 마음 속에 뿌리를 내려 종교의 영향력도 쇠퇴하고 있다. 이런 시기에 국교를 발전시켜 각 민족의 신앙을 바꾸어야 한다."라고 하면서 국교를 정하는 것으로 인해 "민심이 흩어而致人心之離析"지고 심지어 "나라가 분열致土地之分崩"되는 것을 우려하였다. 쉬스잉이 대외적으로 종교 전쟁의 발발을 우려한 것은 기우일 수도 있지만 대내적으로 민족간의 갈등을 유발할 가능성은 매우 컸다. 쉬스잉은 유교를 국교로 정하는 것에 반대하는 다른 이유도 제시하였다. 국교를 정하면 "종규가 있어야 하고 성당이 있어야 하며 교주가 있어야 한다. 신도들이 많아지면 국교의 세력이 커져 안정과 단결에 영향을 주며 정치에도 영향을 미친다. 우선 사회적인 혼란을 초래하며 최종적으로 나라에 영향을 미친다. 이는 마치 서리를 밟으며 얼음이 어는 날을 생각하면 곧 그날이 오는 것과 같은 이치다. 로마 제국이 멸망한 역사의 전철을 밟는 것을 견딜 수 있겠는가."[38]라며 정곡을 찔렀다.

---

38   『民國經世文編』第39冊『宗敎』, pp.58, 59.

혹자는『공교회청원서公敎會請願書』에 맞서 참의원과 중의원에 상서를 올려 종교의 자유를 주장하면서 국교를 정하지 말자고 하였다. 기본적으로 위에서 밝힌 쉬스잉의 주장과 비슷하였다. "종파가 통일되지 않은 나라는 사람들마다 각자 행동 양식이 있고 가정마다 각자의 전통적인 가풍이 있다. 아버지도 아들을 강압할 수 없고 형도 동생을 강압할 수 없다. 종파 간에 교의가 다르지만 처음에는 서로 간에 원한이 없다. 국교를 정하지 않으면 종파들은 각자 평화적으로 발전한다. 국교를 정하면 종파 간의 질투와 분쟁을 일으킬 수 있다.", 중국은 "종교의 전통이 워낙 복잡하고 혼잡하여 체제가 통일되지 않는다. …… 많은 종파가 발전하고 있는 시기에 갑자기 자신이 신봉하는 종교가 아닌 다른 한 종교를 국교로 정하게 되면" 스스로 분란을 만드는 길이라고 밝혔다. 그는 억지로 국교를 정하는 것의 단점으로 다음 4가지를 꼽았다.

(1) 종교 갈등을 초래한다.
(2) 5대 민족의 화합에 영향을 준다.
(3) 중화민국의 약법(『중화민국 임시약법』 및 후에 원세개 때 개정한 『중화민국 약법』에서 "중화민국은 인종, 계급, 종교의 차별 없이 평등하다."라고 밝힌 명문이 있다)을 위반한다.
(4) 정치적 통일을 가로막는다.[39]

이런 4가지 단점이 있으니 유교를 국교로 정하는 것은 적합하지

39 　艾知命,『上國務院暨參眾兩院信教自由不立國教請願書』, 見『民國經世文編』第39冊『宗敎』, pp.59~60.

않음을 명백히 알 수 있다. 주목할 만한 것은 미국인 선교사 에드워드(Edward Waite Thwing, 1868~1943, (중국명: 정의화丁義華)도 유교를 국교로 정하는 것에 반대하는 글을 썼다는 점이다. 그는 가장 큰 이유로 종교적 화를 일으킬 수 있다는 점을 꼽으면서 중국은 극단적인 종교자유의 나라로 종교의 화가 발생한 적이 없고 이는 외국이 가장 부러워하는 점이기도 하다고 말하였다. 그는 평화로운 세상에서 이유없이 종교 분쟁을 일으키려고 한다면서 "참으로 울지도 웃지도 못하는 상황이다(斯真令人欲哭不得, 欲笑不能者矣)"라고 지적하였다.[40]

위에서 언급한 논쟁은 정치적, 사회적인 측면에서 고려한 것이다. 사상 측면에서 앞서가는 사람들은 계몽적 의미에서 유교를 국교로 정하는 것을 반대하였다.

천두슈(陳獨秀, 1879~1942)는 여러 편의 글을 발표해 유교를 국교로 정하는 문제를 강하게 반대하였다. 그는 먼저 당시 혼잡한 정치 국면에 대해 "과도적 시기에 나타난 일시적인 현상이며 전제주의의 잔여 세력이 초래한 것으로 공화제 자체의 문제가 아니다.", "입으로는 공화제를 실행해야 한다고 하면서 머릿속으로는 전제제를 생각하고 있으니 혼잡한 정치 판국을 초래할 수밖에 없다."고 말하였다.[41] 중화민국 초기의 정치적 혼란을 전제주의의 잔여 세력 때문이라고 비난한 것은 문제의 본질을 꿰뚫은 것이었다. 이에 양계초도 명확하고 구체적인 논술로 사회 도덕의 기풍 문란은 70~80%가 "쉽게 변하지 않은 낡은 세력 때문"이라고 말하였다. 또 높은 자리에서 "입만 열면 공자요, 유교요" 하는 사대부들이야 말로 "풍기를 문란하게 만든 장본인이다."라고 비판하였다. 중

---

40   丁義華, 『教禍其將發現於中國乎』, 同上書, pp.61~63.

41   "(口共和而腦專制, 此政象之所以不寧也)." 『答常乃悳(古文與孔教)』, 『新青年』 2卷6號.

화민국의 정치가 많은 사람들의 기대에 미치지 못하고 있는데 그 폐단은 새로운 제도 자체 때문이 아니라 "실행하는 사람의 문제行之非其道非其人."라면서 그러므로 이 일에 힘쓰는 이들은 새로운 제도를 폐기하는 것이 아니라 개선 방법을 찾아야 한다고 주장하였다.[42]

천두슈陳獨秀와 양계초의 평론은 근본적으로 종교가 세상을 구원하고 유교가 민심을 살린다는 주장의 전제 조건 자체가 틀렸음을 지적하였다.

천두슈는 유교를 국교로 정하는 문제에 대해 민주공화제의 근본적인 정신 측면에서 반박하였다. 공화국의 가장 근본적인 정신은 자유와 평등이라고 말하였다. "기타 종교를 무시하고 유교만 섬기는 것은 종교와 신앙의 자유를 침해하는 것이 아닌가(今蔑視他宗, 獨尊一孔, 豈非侵害宗教信仰自由乎)?"라고 하면서 "소위 종교와 신앙의 자유란 모든 사람들이 자유롭게 종교를 선택할 수 있고 나라의 동등한 대우를 받아야 하며 무시당하지 말아야 한다."고 강조하였다. 만약 유교를 국교로 정하면 기타 종교를 무시하는 격이 된다. 이뿐만 아니라 정치적인 측면에서도 불평등한 문제를 초래한다. "유교를 국교로 정하면 총통 선출법, 관리 임용법 등 측면에서 이교도異教徒들이 선출되지 못하는 조항이 추가된다. 그렇지 않을 경우, 이교도가 총통 관직에 오르면 유교를 따르지 않으면 불법이 되고 유교를 따르면 반역자가 되니 좋은 점이 하나도 없다."라고 지적하였다.

천두슈陳獨秀는 또 공자의 도道의 근본은 예법과 도덕에 관한 것이며 예법과 도덕의 근본은 삼강三綱이라고 하였다. 삼강은 군위신강君爲

---

42   『復古思潮平議』, 見『飮冰室合集·文集之三十三』, pp.70~73.

臣綱, 부위자강父爲子綱, 부위부강夫爲婦綱으로 군신은 임금에 충성해야 하고 자식은 부모에 효도를 해야 하며 아내는 남편을 따르는 것이다. 이는 "편파적인 의무이고 불평등한 도덕이며 계급 존비의 제도이다(皆片面之義務, 不平等之道德, 階級尊卑之制度)"라고 하면서 공화국의 자유 평등 정신에 위배된다고 강력하게 지적하였다.[43] 천두슈는 현대사회는 개인 독립주의이며 개개인의 인격이 독립적이고 개인의 재산도 독립적인데 공자의 도는 계급 존비주의로 편파적인 의무를 강조하므로 공자의 예법은 현대생활에 적합하지 않고 유교를 강제로 국교로 정하는 것은 시대적으로 용납할 수 없다고 주장하였다.[44]

유교를 국교로 정해야 한다는 주장이 표면적으로는 거세게 일어났지만 사회 전체적으로 봤을 땐 극소수에 불과하였다. 그들은 헌법에서 이 조항을 규정해야 한다는 요구를 수락하지 않았다고 주장하였다. 비록 일부 사람들의 요구 하에 '천단헌초天壇憲草'에 "공자의 도리로 몸을 다스린다."라는 문구를 추가하였지만 이와 함께 중화민국은 인종, 계급, 종교의 구별없이 모두 평등하며 중화민국 인민은 종교와 신앙의 자유가 있다고 밝혔다.

(2) 공자의 학설이 종교인지 여부의 문제

공자의 학설을 종교로 간주할 수 있는지 여부에 대해 의견이 분분하였다. 유교를 국교로 정하자고 제안하니 자연적으로 이 문제를 회피할 수가 없었다. 일반적으로 종교는 두 가지 뚜렷한 특징이 있다. 하

---

43   『憲法與孔敎』, 見『新靑年』2卷3號.

44   『孔子之道與現代生活』, 『新靑年』2卷4號.

나는 인간을 초월하는 다른 세상을 설정한다는 것이고, 다른 하나는 신도와 비신도 사이에 뚜렷한 경계가 있고 신도는 신앙 과정에서 성직자와 일정한 부속 관계를 맺는 등 조직체계가 있다는 것이다. 공자와 그의 학설은 이러한 특징을 갖추지 않았기 때문에 중국에서 공자와 공자의 도孔道의 영향은 매우 깊으나 대다수 사람들은 이를 종교로 간주하지 않았다.

유교를 국교로 정하자고 주장하는 이들은 이 부분에 대해 많은 글을 썼으나 만족할 만한 논증은 없다.

강유위는 이 문제에서 유교를 옹호하는 파벌의 난처한 입장을 가장 잘 표현하였다.

중화민국 전에 강유위는 공자가 피안세계彼岸世界를 인정하였다는 것을 증명하려고 노력하였다. 예를 들면 『논어주論語注』에서 "아침에 도를 알면 저녁에 죽어도 여한이 없다(朝聞道, 夕死可矣)"는 구절을 설명할 때 "소위 도라는 것은 자연과 인간 사이의 도리다.『주역周易』에서 언급한 바와 같이 자연 만사의 시작을 알면 끝도 알 수 있으므로 인간의 생사나 귀신 같은 것도 알 수 있다.(道者, 天人之道,『易』所謂原始要終, 故知死生之說, 鬼神之狀)"라고 하였다. 또한, 인간의 생사는 밤낮의 순환과 같다. 밤낮이 순환 변화해야만 빛을 보게 된다, 낮의 끝이 바로 밤의 시작이고 밤의 끝이 낮의 시작이다. 그러므로 밤과 낮의 구분이 없는 것이다. 사람은 신명을 순수한 경지에 기르면 항상 정신을 맑게 차릴 수 있다. 그러므로 아침에 도를 깨달으면 저녁에 오입할 수 있다. 이상과 같이 공자는 인간의 영혼 및 생사의 도리를 아주 깊이 있고 간략하며 정갈하고 오묘한 언어로 설명하였는데 후세의 유생들이 이런 것을 알지 못해서 아쉬울 따름이다. 이런 것을 아는 사람이 많이 없어서 사람들은 불교의 말씀인 줄 알고 공자는 인간의 생사와 영혼을 언급하지 않는 다고 한다. 이는 유생들이 농사일을 한다는 것보다 더 큰 오류이다."라 고 하였다.[45] 공자가 학문을 꾸준히 닦는 것을 설명한 구절을 영혼이 삶 과 죽음을 연결하는 도리로 설명했으니 그 얼마나 억지스럽고 황당한 가? 또한 "우리가 인간을 섬기는 일도 다 못하는데, 어떻게 귀신을 섬기 겠느냐?(未能事人, 焉能事鬼)", "삶이 무엇인지도 모르는데, 어떻게 죽음 에 대해서까지 알 수 있겠느냐?(未知生, 焉知死)"를 설명할 때 강유위는 더 기묘한 해석을 내놓았다. "『주역』에서는 사물의 시작과 끝을 알아야 생과 사를 알 수 있다고 설명한다. 정기가 만물을 생성하고 영혼이 변화 를 만드는 것을 알아야 귀신의 모습과 어떤 일을 하는 것을 알 수 있다. 또한, 낮과 밤이 교체하는 도리를 알아야 사물의 인과 관계를 이해할 수 있다. 낮과 밤이 교체하는 것을 이해해야 생사의 순환을 언급할 수 있고 여기서 죽은 사람이 어디에서 다시 태어나는 지, 사람이 죽으면 귀신이 된 후, 다시 사람으로 태어나는 등 이 모든 것은 윤회이다. …… 공자는 윤회 순환의 도리를 매우 세부적으로 설명했고 오묘한 언어가 세상을 초월하였다. 공자가 사람이 죽은 후를 논의하지 않는다는 설법은 우둔 한 생각이다."[46]

강유위는 이렇듯 공자를 귀신을 믿고 윤회를 믿으며 다른 세상을 믿는 사람으로 만들었을 뿐만 아니라 공자를 신과 같은 존재로 설명하 였다. "공자는 하늘과 교류할 수 있기에 영혼의 정기와 정신세계가 존 재한다. 가끔씩 사람 몸에 접근하면 이를 받아들이고 그의 교화를 받아

---

45   萬木草堂本『論語注』卷四, p.4.

46   同上書.

들여야 한다."고 말하였다.[47]

　　강유위의 이러한 생각은 물론 믿기가 어렵다. 그는 또 다른 의견을 내놓아 공자의 가르침과 기타 종교와의 구별을 강조했고 공자는 신의 도가 아닌 사람의 도를 가르쳤다고 강조하였다. 그는 "'도'로 교화하는 종교는 많다. 신의 도로 교화하거나 사람의 도로 교화하거나 사람과 신을 모두 교화한다."[48], "공자의 도는 천명天命을 근본으로 하고 귀신의 도리도 알고 있지만 사람을 가르칠 때는 인도人道로만 교화한다."[49]라고 지적하였다. 또한, "공자는 민의를 위해 일했고 고대에 수많은 신과 종교를 제거하였다. …… 중국은 인도처럼 하루 종일 사찰에서 귀신을 모시는 것이 아니라 인도人道를 추구하는데 이 부분이 공자의 위대한 업적이다."라고 하였다.[50] 이 부분은 앞의 주장과 판이하게 다르다.

　　유교가 조직체계가 없다는 점에 대해 강유위는 아무런 거리낌없이 이 부분이 매우 아쉽다고 하였다. 그는 "모든 종파는 교의 도덕을 견지하고 더 발전해가도록 교를 믿고, 신봉하며 전도하는 사람이 있다. 유교만이 …… 교를 믿고 신봉하며 전도하는 사람이 없다."라고 밝혔다.[51] 이에 무술년에 올린 「교안법률을 상정하고 과거문체를 개정하며 마을에 문묘를 증설하는 것에 관한 상소문(請商定教案法律, 厘正科舉文體, 聽天下鄉邑增設文廟折)」과 중화민국 초기에 작성한 「중화구국론中華救國論」에서 각각 2가지 공교회의 '교계제教階制'를 설계하였다. 전자는 연성공衍

47　万木草堂本『论语注』卷九, p.11.

48　『義大利遊記』, 『歐洲十一國遊記(一)』, 湖南人民出版社, 1980, p.71.

49　『孔教會序一』, 見『康有為政論集』(下), p.732.

50　萬木草堂本『論語注』卷六, p.10.

51　『孔教會序一』, 『康有為政論集』(下), p.733.

聖公을 총리로 하고 학문이 높은 자를 독판督辦, 회판會辦으로 공개 선출하며 성省과 현縣에 분회판分會辦을 설치하였다. 후자는 향鄕에 강사講師를 설치하고 현縣에 교유敎諭를 설치하며 부府에 종사宗師를 설치하고 성省에 대종사大宗師를 설치하며 나라에는 교무원총장을 설치하자고 제안했다. 강유위의 국교에 대한 꿈은 이루어지지 않았고 교회 성직의 2가지 교계제도도 무용지물이 되었다.

공자의 도가 종교인지 여부에 관련된 문제에서 제법 학자적 기풍을 갖추었던 장둥쑨(張東蓀, 1886~1973)은 장문의 글에서 자신의 견해를 피력하였다. 그는 유교가 종교인지의 문제에 대해 "가장 풀기 힘든 것은 유교 자체가 아니라 종교의 정의이다(其難解之處不在孔敎, 而在宗敎之定義)"라고 주장하였다.[52] 그는 칸트(Immanuel Kant, 1724~1804)를 비롯한 학자 9명의 서로 다른 학설을 인용하여 논증한 후 일치된 결론을 내릴 수는 없으나 종교에 필요한 공통 성질은 알 수 있다고 하였다. 장둥쑨의 견해에 따르면 이러한 공통된 성질은 네 가지, 즉 신, 신앙, 도덕과 풍습, 문화이다. 그는 이 네 가지 항목을 들어 유교를 비판하였다. "첫 번째 신에 대해서는 공자가 밝힌 하늘과 천도가 이에 해당된다. …… 두 번째 소위 신앙자는 기타 종교와는 다르나 맹자로부터 다른 것을 극히 배척하였다 …… 이로써 유교가 다른 신앙을 배척함을 알 수 있다. 세 번째로는 도덕인데 공자가 일생 동안 설명한 도덕 교훈은 수천 년 동안 중국에서 나라를 세우는 도덕의 근본이다. …… 네 번째 문화는 더 말할 필요가 없다. 중국 수천 년의 문화는 거의 모두가 유교 문화다. 이는 가장 식별하기 쉬운 부분이다. 이에 유교가 종교일 뿐만 아니라 중국과 큰 연관이

---

52   『余之孔敎觀』, 『民國經世文編』第39冊 『宗敎』, p.6.

있다."[53] 여기서 눈여겨 보아야 할 점은 장둥쑨은 유교를 종교로 인정하려 하였고 유교가 사람의 마음을 구원하는 역할이 있으나 유교를 강제적으로 국교로 정하는 것은 아니라고 여겼다는 점이다. 그는 "요즘 일부 사람들은 하늘에 제사를 지내듯이 공자를 모셔야 한다면서 유교를 국교로 정해야 한다고 국회에 제안하고 있다. 이는 공자의 명예를 빛내는데 도움이 되지 않는다. 뱀을 그리는 데 다리를 그려 넣는 것처럼 일을 망치는 격이다. 바람직하지 않다."고 지적하였다.[54]

장둥쑨이 유교를 강제적으로 국교로 정하는 것에 찬성하지 않고 공자의 도리가 종교라고 논증한 그의 의견은 강유위 등에 별로 도움이 못되었다.

유교를 반대하는 사람들은 유교의 종교 자격을 부정한다. 쉬스잉許世英은 "공자의 도孔道와 종교의 원리는 서로 일치하지 않는다. 세상의 풍습을 계승하면서 모든 것을 유교로 한다. 그 해석을 들여다보면 유교는 교육이지 종교가 아니다."고 하였다.[55] 아이즈밍(艾知命, 생졸미상)은 "공자는 종교가가 아닌 교육가이고 정치가이다(孔子爲敎育家, 爲政治家, 非宗敎家)."라고 하면서 다음과 같이 말하였다. 유교를 국교로 하려는 사람들은 "현재의 국면을 제대로 판단하지 못할 뿐만 아니라 공자가 왜 공자인지, 종교가 왜 종교인지도 모르는 사람들이다(非惟昧乎今之大局, 抑不知孔之所以爲孔, 且並不知敎之所以爲敎矣)."라고 언급하였다. "종교는 인과응보를 중심으로 한다. 하지만 공자 …… 거의 이런 도리로 세인들

---

53   同上書, p.7.

54   同上書, p.9.

55   『反対孔敎為国敎呈』, 『民国经世文编』第39册『宗敎』, p.59.

에게 가르침을 주지 않는다. 종교는 사람이 죽은 후의 일들을 논의하지만 공자는 자로子路의 질문에 살아있는 것도 잘 모르는데 어떻게 죽음을 알겠느냐고 답하였다. 종교는 기도를 많이 하는데 공자는 병에 걸려도 기도를 하지 않는다고 한다. 종교는 정치를 언급하지 않고 정부의 일에 간섭하지 않지만 공자는 정치와 군주에 대한 학설이 과반수를 차지한다. 이런 점으로 미루어보아 공자는 종교를 설립하려는 사람이 아니기에 종교가도 아니다."[56] 천두슈陳獨秀도 공자의 도가 종교임을 인정하지 않았다. 그는 "'공교孔敎' 이 두 글자는 명사라고 볼 수 없다. …… 유교학파는 도덕으로 민심을 사고 육예六藝로 사람들을 가르친다. 공자는 유학자이다. 그의 생전이나 사후의 유학은 모두 그를 중심으로 한다. 그는 사람들에게 공부와 실천을 많이 하며, 자신의 위치를 알고 견지하며 신의를 지키고 생사를 언급하지 않으며 귀신을 이야기하지 말아야 한다고 가르쳤다. 유생들은 노나라의 군주를 위해 일하고 자신의 몸을 보전하고 입신立身해야 한다고 하였다. 지금의 종교에서 말하는 것과 비슷한 부분이 하나도 없다. '공교'는 남북조 때의 유교, 불교, 도교 삼교의 논쟁에서 유래하였다. 즉, 도가의 노자든지 유가의 공자든지 이들 모두 교주가 아니다. 이들이 제시한 사상의 실제도 종교가처럼 교도들을 모으기 위해 제시한 학설이 아니다."라고 지적하였다.[57] 유명한 교육가 채원배(蔡元培, 1868~1940)도 공자는 종교가가 아니고 유학은 종교가 아니라고 지적하였다. 그는 "공자의 학설은 교육이나 정치와 도덕에 관한 것이다. 전통 습관에 순종하고 자신의 학설을 통일하고자 예로부터 종교

---

56   『上國務院暨參眾兩院信敎自由不立國敎請願書』, 同上書, p.60.
57   『再論孔敎問題』, 『新靑年』2卷5號.

와 같은 예절제도를 폐기하는 것을 제창하지 않았다. 이는 그의 본의가 아니다. 계로季路가 귀신을 어떻게 모시는지를 묻자 그는 "사람도 제대로 모시지 못했는데 어찌 귀신을 모시겠는가"라고 하였고 죽음에 관한 것을 묻자 "살아있는 것도 모르는데 죽음을 어찌 알겠는가"라고 대답하였다. 이는 공자가 종교와 선을 그었음을 의미한다. 또한, 종교가 만들어지려면 신의 예언을 전달하는 교주가 있어야 하고 종교에서 설립한 의식이 있어야 하며 다른 종파를 공격하는 것을 유일한 의무로 정해야 한다. 공자는 이렇게 하였는가? 공자는 공자이고 종교는 종교이다. 공자와 종교는 아무런 연관이 없다. '공교孔敎' 두 글자가 명사로 성립되겠는가?"라고 하였다. 이에 그의 결론은 "종교는 종교이고 공자는 공자이며 국가는 국가다, 각자의 범위가 있어 함께 논할 수 없다(宗敎是宗敎, 孔子是孔子, 國家是國家, 各有範圍, 不能並作一談)"이었다.[58]

유학의 도는 종교가 아니라는 것에 대해 많은 사람들이 공감대를 형성하였다. 이 또한 유교를 국교로 정한다는 주장이 지지를 받지 못하고 결실을 맺지 못한 중요한 원인 중 하나이기도 하다.

신구도덕에 관한 논쟁

중화민국 초기 낡은 통치 질서가 파괴되고 새로운 통치 질서가 확립되지 않은 무질서한 정치 판국에서 사람들의 행동을 구속할 수 있는 대다수의 도덕 규범은 이미 본래의 효력을 잃게 되어 도덕이 타락되었다. 이런 상황에 대해서 대다수 사람들은 부정하지 않았다. 그러나 그 원인을 어떻게 해석하고 해결방법을 어떻게 찾는가에 대해 서로 의견

---

58   『在信敎自由會之演說』, 『蔡元培全集』第二卷, 浙江敎育出版社, 1997, pp.494~493.

이 엇갈렸다.

강유위는 「중국의 위기는 고유문화의 국수를 포기하고 구미를 따르기 때문이다中國顚危誤在全法歐美而盡棄國粹說」라는 글에서 사회의 좋지 않은 현상을 평등이나 자유로 인한 것으로 설명하였다. 「중화구국론中華救國論」에서 공화제도를 설립한 후부터 "나라의 모든 낡은 풍습과 낡은 전통은 좋은 것과 나쁜 것에 관계없이 하나도 남김없이 파괴됐다. 백성들은 준수해야 할 규정이 사라졌고 종교에도 교의를 수립할 도덕적 근본이 없어졌으며 사람들은 신을 두려워하지 않고 교주를 존중하지도, 웃어른을 존경하지도 않고, 규율과 윤리 예법은 쓰레기로 간주한다. 옛날에 법률제도와 도덕규범이 없어도 예의와 풍속의 구속은 받는다. 하지만 지금 사람들을 구속할 수 있는 모든 것이 제거되었다. 가는 곳마다 잔혹하고 횡포하며 흉악무도하여 서로 쟁탈하는 욕심을 제멋대로 드러내고 있다."고 지적하였다.[59] 도리로서 사리의 옳고 그름을 판단하고 법을 준수하고 기강과 도덕을 바로 세우는 것을 회복하려면 강유위의 주장에 따라 유교를 국교로 정해야만 하였다.

유교를 국교로 정해야 한다고 주장한 또 다른 인물 장얼톈(張爾田, 1874~1945)은 중화민국이 수립된 후의 사회도덕 상황에 대해 불만이 컸다. "신문에는 매일 슬픈 일들만 가득하다. 부자간에 예의가 없고 친구들은 서로 이용하며 부부는 자신의 남편이나 부인을 버리고 다른 상대와 만나 자유롭게 야합한다. 규방에서 하루 종일 사랑이 아닌 수단을 이야기한다. 의지할 곳 없는 사람들은 늘 괴롭힘을 당하고 노약자를 보살필 사람도 없다. 심지어 어떤 사람들은 모든 사람들이 임금이어서 총수

---

59   同上書, p.713.

를 선출할 필요가 없고 사람들이 다 선생님이어서 교장선생님을 선출할 필요가 없으며 사람마다 관리여서 설치할, 위아래를 구분할 필요가 없다고 한다. 법률을 관리하는 사람에게 뇌물을 주어 자신의 목적을 달성하고 군대를 관리하는 사람을 유인하여 자신을 위해 일을 하도록 하며 당파를 조직하여 자신의 이익을 챙기며 요란스러운 행동을 통해 즐거움을 만끽한다."[60] 아무튼 엉망진창이었다. 유교를 신봉해야 만이 구제할 수 있다. 그는 입국의 근본은 법률과 도덕이고 법률로 다스리지 못하는 부분을 도덕이 다스려야 한다고 주장하였다. 이에 도덕은 법률보다 범위가 더 크다. 사람이 도덕의 범위에 있을 수 있는 것은 하나는 신앙 때문이고, 다른 하나는 공경하기 때문이다. 중국에서 수천 년간 믿고 경외하는 것은 모두 공자의 도이다. 이에 그는 "지금 시대에 도덕을 논의하고 이에 따른 신앙과 경외심을 높이려면 유교 외에는 없다."[61]라고 지적하였다.

이로 보아 유교를 숭상하는 사람들은 중화민국 이래로 세상이 문란해지고 도덕이 추락한 주요 원인은 공화민주제도 하에 공자의 예법을 폐기하고 자유평등을 제창하였기 때문이고, 이를 해결하는 방법은 유교를 국교로 정해 사람들이 이를 송상하게 만드는 것이다.

이외에 온건 보수주의자들은 공자의 도를 존중하고 전통 도덕을 중요시하였지만 중화민국 초기의 사회 도덕 상황에 대해서는 객관적으로 평가하였다. 란궁우藍公武의 경우, 당시 도덕의 추락을 고유한 도덕 권위의 추락으로 판단하였다. 고유의 도덕 권위의 추락은 외부세력

---

60 『與人論昌明孔教以強固道德書』, 見『民國經世文編』第39冊『宗教』, p.58.
61 『與人論昌明孔教以強固道德書』, 『民國經世文編』第39冊『宗教』, p.57.

의 침략, 국내에서 일어난 수 차례의 혁명, 물질문명의 발달, 사회생활의 어려움 등 다양한 원인이 있다. 도덕 권위에 대해 제시한 방안은 천도天道와 공자 도리의 신앙을 회복하는 것이었다.[62] 장둥쑨張東蓀은 법률적인 측면에서 도덕 추락의 원인을 설명하였다. 청나라 말기부터 새로 편제한 법률은 대다수가 로마법을 따랐거나, 어떤 것은 아예 일본법을 그대로 베껴 중국 실정에 맞지 않아 효력이 발생하기 힘들다. 중국 실정에 따라 추가해야 할 법률조항은 포함되지 않았다. 법을 실행하는 분야에서 다양한 원인, 다양한 상황이 있다. 집행하기 힘든 경우나 철저히 집행 하지 못하는 경우, 혹은 집행을 제대로 못하는 경우나 집행하고 나서 부정적인 영향이 나타나는 경우 등이 있다. 그 결과 법률이 완비되지 못하고 나라의 실정에 부합되지 않으며 제대로 집행도 되지 않으니 질서를 유지하고 도덕을 지키는 역할을 제대로 할 수 없다.[63] 이러한 주장은 일리가 없는 것은 아니지만 법률이 완비된다고 해서 도덕이 덩달아 좋아지는 것도 아니다. 또한, 어떻게 법률을 완비하여 실제로 효력을 발생하도록 만드는 가에 대해서도 명확한 답안을 제시하지 못하였다.

또한 일부 사람들은 시대는 변화하고 있는데 기존의 도덕 조항은 형식적인 면에서 새로운 시대의 발전에 적응하지 못하여 도덕이 타락하게 되었다고 생각하였다. 일리가 없는 것은 아니지만 이런 주장을 하는 이들은 "예수, 공자, 무함마드, 석가모니"가 다른 도덕 조항을 만들면 문제를 해결할 수 있다고 말하였다.[64] 『민덕보民德報』는 「발간사發刊詞」

---

62   『中國道德之權威』, 『庸言』第1卷第3, 5期.

63   『道德墮落之原因』, 同上書, 第1卷第12期.

64   方南崗: 『予之國民道德救濟策』, 見 『民國經世文編』第40冊 『道德』, p.20.

에서 낡은 세력의 낡은 도덕으로 회복해야 한다는 주장에도 찬성하지 않고, 새로운 세력들이 서양식의 새로운 도덕을 부추기는 것도 찬성하지 않으며 인도주의의 근본인 박애, 평등, 자유를 제창한다고 주장하였다.[65]

천두슈(陳獨秀, 1879~1942) 등 혁명을 강하게 주장하는 세력은 강유위康有爲와 대립하였다.

도덕의 근본 정신은 구체적인 덕목에 차이가 있을 뿐 고금동서의 차이는 없다. 많은 사람들이 이 부분을 인정하였다. 천두슈와 강유위 등 보수주의자 사이의 논쟁점도 주로 구체적인 도덕 덕목에 있다. 강유위 등은 평등과 자유를 가장 혐오했으나, 천두슈 등은 평등과 자유를 가장 제창하였다. 천두슈가 『경고청년敬告靑年』에서 제시한 6대주의의 첫 번째는 평등과 자유를 출발점과 목표점으로 꼽았다. 그는 "자주와 자유의 인격을 완비한다完其自主自由之人格", "모든 행동, 권리, 신앙은 각자가 지닌 고유의 지혜와 능력에 의해 결정된다. 맹목적으로 타인을 따를 이유가 없다."라고 강조하였다.[66] 기타 조항은 엄밀히 따지면 구체적인 도덕 덕목은 아니지만 평등과 자유의 새로운 도덕을 실행함에 있어 꼭 갖추어야 할 조건이다. 「우리들의 최후의 각오吾人最後之覺悟」에서 윤리적 깨달음을 언급할 때 천두슈는 공화입헌제 하에서 "독립, 평등, 자유를 원칙으로 하며, 삼강오륜三綱五倫의 계급제도와는 절대로 공존하지 않는다."라고 지적하였다.[67] 『신청년新靑年』에서 천두슈는 신도덕의 핵심

---

65   闕名:『民德報發刊詞』, 見『民國經世文編』第40冊『道德』, pp.34~36.

66   『靑年杂志』1卷1号.

67   見『靑年杂志』1卷6号.

은 "내부적으로는 개성적인 발전을 지향하고 외부적으로는 단체에 기여한다."는 것이라고 그 뜻을 풀이하였다.[68] 천두슈의 목표는 구舊삼강오륜, 즉 존비尊卑 계급제도를 핵심으로 하는 구도덕을 폐기하고 개인의 독립자주적인 것을 핵심으로 하는 평등 자유의 신新도덕을 구축하려는 것이 분명하였다.

당시에 새로운 도덕을 알거나 새로운 도덕을 제창하고 발양하는 사람들이 많이 있다. 예를 들면, 일찍 혁명 운동에 참가하고 유럽에 몇 년 유학하였으며 중화민국 초기에 첫 교육부 장관직을 맡은 채원배蔡元培가 그 중 한 사람이었다. 중화민국 초기 사회개량회社會改良會를 설립할 때 "공중도덕을 숭상하고 인권을 존중하면 귀천에 상관없이 모두 평등하며 거만한 사람이 없고 아부하는 사람도 없을 것이다. 사상이 자유로우면 모든 일을 과감하게 진행할 것이다. 법률 범위에 있지 않거나 자신의 세력 범위에 있다고 함부로 해서는 안 된다. 이는 공화 사상의 요소이며 모든 사람들이 스스로 격려해야 하는 부분이다."[69]라고 제시하였다. 그것의 의미는 평등과 자유를 핵심으로 하는 신도덕이었다. 가오이한(高一涵, 1885~1968)은 「공화국가와 청년의 자각共和國家與青年之自覺」에서 신구도덕을 비교하면서 "현대의 도덕을 예전의 도덕과 비교하면 고대의 도덕은 보수적이지만 현대의 도덕은 진취적임을 알 수 있다. 고대의 도덕은 사회적 전통에 얽매이지만 현대의 도덕은 개개인의 양심에 따른다. 고대의 도덕은 습관을 위배하였는지 여부에 따라 선악을 판단하지만 현대의 도덕은 천성을 위배하였는지 여부에 따라 시비를 가

---

68   "(內圖個性之發展, 外圖貢獻於其群)." 見『新青年』2卷1号.

69   『社會改良會宣言』,『蔡元培全集』第2卷, 浙江教育出版社, 1997, p.20.

린다. 고대의 도덕은 선왕의 업적을 노래하고 예로부터 내려온 예법을 학습하지만 현대의 도덕은 진리를 계발해 후세에 모범을 보일 것을 제창한다. 고대 사람은 본성을 극도로 억제하는 것을 노련이라고 하며 현대 사람은 인성을 최대한 발양하는 것은 수양이라고 한다. 이는 과거와 현대의 도덕이 서로 상반된 것임을 설명하는 대목이다."[70]라고 하였다. 가오이한高一涵의 설명은 천두슈가 발표한 이른바 '6대주의'설과 기본적으로 상통한다. 유명한 기자 황원용(黃遠庸, 1885~1915)도 신구도덕의 근본적의 차이점을 지적하였다. 그는 "새로운 사상을 지닌 사람들은 과거 수천 년간 신성불가침의 도덕습관과 사회제도를 비판하고 연구하는 것은 인간이 갖추어야 할 개개인의 자유 의지를 믿기 때문이다. …… 하지만 낡은 사상을 지닌 사람들은 인류가 이런 자유를 가지는 것을 인정하지 않다고 생각한다."라고 지적하였다.[71] 황원용黃遠庸 역시 신 도덕의 가장 중요한 핵심내용, 즉 개인 의지의 자유를 주장하였다.

위의 내용을 살펴보면 신도덕과 구도덕의 논쟁핵심은 사람의 가치를 어떻게 확실하게 규정하는가 하는 문제임을 알 수 있다. 이는 공화민주제도에 대해 어떤 태도를 지니고 있는 것과 긴밀한 연관이 있다. 신도덕을 제창하는 것은 공화민주제도를 유지하고 옹호하는 것인 반면 구도덕을 제창하는 것은 고의든 아니든 간에 실제로 낡은 전제제도를 복벽하거나 혹은 공화민주제도를 유명무실한 것으로 만들려고 한 것이다. 신도덕을 제창하는 사람은 공화민주제도의 심각한 위기를 눈치채고 구원의 출구를 찾고 있었으나 그 출구를 제대로 파악하지는 못하였다.

---

70   『青年雑志』1卷1号.

71   『新舊思想之衝突』, 『遠生遺著』卷一, 商務印書館, 1984年影印本, pp.159~160.

제6장

신문화 운동의 발흥

중화민국이 설립된 후, 일부 선각자들은 연이은 정치적 혼란과 사상계의 혼돈 속에서 반성하기 시작하였다. 청나라 말기부터 수많은 사람들이 목숨을 잃고 피를 흘렸으나 정권이 이름만 바뀌고 새로운 사회제도를 만들어내지는 못하였다. 나라의 내우외환은 더 심해졌다. 1915년 봄, 중국을 침략하려는 음모를 꾸미고 있던 일본 제국주의는 중국에"21개조 요구"를 제출하였다. 이 소식이 퍼지자 전국민이 분노하였다. 이것이 오히려 중국 선각자들이 더 각오를 다지게 하는 도화선이 되었다. 현재 정부에 더 이상 기댈 수 없었고, 현재 정치에 더 이상 기댈 수 없었다. 나라의 독립을 유지하고 강해지려면 백성들의 힘을 빌려야 하였다. 청나라 말기 입헌운동과 혁명 운동은 민주제도의 수립을 목표로 하였다. 하지만, 백성들이 각성하지 못하였기에 중국 사회에 민주제도의 기반을 마련하지 못하였으며 이로써 정권의 이름만 바뀌었을 뿐 민주제도는 갈 길이 멀었다. 천두슈(陳獨秀, 1879~1942)는 "공화국 체제에서 전제정치의 고통을 받고 있다."[1]라고 지적하였다. 이에 선각자들은 점차 사람들의 이데올로기를 바꾸고 사람마다 사람으로써, 국민으로써 갖추어야 할 책임과 권리가 있다는 인식을 심어줘야 한다는 공감대를 형성하였다. 과거의 갖은 전제와 종법과 가족의 속박에서 해방하여야 한다. 모든 사람들은 자신이 주인이고 자신이 책임을 다하고 자신이 권리를 찾아야 한다. 이렇게 해야만 새로운 사회, 새로운 제도적 기반을 마련할 수 있다. 이러한 공감대를 기반으로 일부 선각자들은 사상 문화에서 시작하여 다른 사람에게 가르침을 주는 큰 사업을 시작하였다. 청나라 말기부터 선각자들은 이미 서양의 새로운 사상 문화를 소개하고 중국의

---

1   "(吾人於共和國體之下, 備受專制政治之苦)." 『吾人最後之覺悟』, 見『靑年雜誌』1卷6號.

낡은 전통을 비판하는 일을 했으며 이러한 새로운 사상 문화의 계몽작업에 기반을 마련하였다. 게다가 해외에서 교육을 받은 많은 엘리트들이 이 작업에 뛰어 들었다. 이에 따라 중국 근대사에서 가장 오래 지속되고 규모와 영향력이 가장 크며 근대 중국 문화 전환의 주축이 된 신문화 운동이 일어났다.

1. 선각자의 반성

원세개(袁世凱, 1859~1916)의 복벽 해프닝이 한창 진행되고 있을 때 유명한 기자인 황원용(黃遠庸, 1885~1915)은 서양문화가 중국으로 도입된 이후 지금까지 신구사상의 충돌은 이미 최고조에 달하였다고 지적하였다. "만약 과거였더라면 제도를 설립하거나 실행하는 측면에서 투쟁할 것이지만 지금은 사상 투쟁으로 바뀌었다. 마치 두 군대가 서로 공격하면서 서서히 상대방의 근거지로 접근하는 것과 같다. 승부가 곧 가려질 것이다." 그는 사상은 모든 문제의 근원으로 사상문제의 해결에서 출발해야만 다른 문제를 하나씩 해결할 수 있다고 여겼다. 그는 당시 중국의 새로운 사상과 낡은 사상 충돌의 근본 핵심을 날카롭게 지적하였다. "신구사상의 충돌은 단지 다음의 몇 가지 문제이다. 첫째는 낡은 사상은 유일한 한 명의 통치자를 섬기고 언행에 조심하고 규율을 지킨다. 새로운 사상은 권위를 의심하고 진리를 찾는다. 둘째, 새로운 사상을 추구하는 자들이 과거 몇천 년 동안 신성불가침의 도덕 습관과 사회제도를 비판하고 연구하는 것은 인류가 각자의 자유 의지가 있어야 된다고 믿기 때문이다. 마음에 들지 않는 부분에 대해서는 전 세계 사람들이 잘못되었다고 하는 일을 한다고 해도 복종하지 않고 인정하지 않을 것이다. 하지만, 낡은 사상을 추구하는 자들은 인류에게는 이런 자유가 있어서는 안 된다고 지적한다. 셋째, 새로운 사상을 추구하는 자들이 인류에게 이런 자유가 있다는 것을 확신하는 것은 개인적으로 각성하고 개인의 해방을 추구하며 인류에게는 자기 독립적인 인격이 있어야 한다고 생각하기 때문이다. 인격이란, 자신에 대한 인식, 즉 인류 자체는 절대적인 가치와 독립적인 목적이 있어야 한다는 것이다. 이에 반해 낡은 사상을 추구하는 사람들은 사람을 기계로 보고 사람을 이용할 수 있는 것으로 생각한다. 스스로를 다른 사람의 밑에서 일하는 사람으로 생각하기에 노예 근성은 어찌 보면 당연한 것이며 나라가 멸망해도 슬퍼할 필요가 없다고 생각한다. 넷째, 새로운 사상을 추구하는 자는 스스로의 자유를 추구하고 나라에 백성들도 자유가 있어야 한다고 생각한다. 사회적으로 자신들의 사랑을 단절할 수 없고 나라에서도 자신들의 사랑을 단절할 수 없다고 생각하기 때문이다. 이에 반해 구사상을 추구하는 자는 과거의 습관 형식의 울타리에 갇혀 사랑이 무엇인지를 모른다."[2] 황씨는 이미 새로운 사상의 핵심은 사람을 중요시하고 사람의 가치관을 중요시한다는 것을 인식하고 개인의 독립적인 인격과 자유의지를 강조하였다. 독립과 자유의지를 강조하면 개인의 가치를 충분히 인정할 것이라고 생각하였다.

양계초는 청나라 말기 이래 정치 개혁과 혁명을 겪은 산증인이었다. 1915년 초 원세개의 복벽 쇼가 아직 공개되지 않았을 무렵에 더 이

---

2   『新舊思想之衝突』, 見 『遠生遺著』卷一, 商務印書館, 1984年影印本, pp.154~155, 159~160.

상 정치를 논하지 않고 사회문제와 사람의 문제에 관심을 가지겠다고 밝힌 바 있다. 그는 이미 "정치의 기반은 사회政治之基礎恒在社會"임을 알게 되었고, 사회 문제의 근본은 사람의 문제임을 인식하였다. 이에 그는 "생각을 하고 또 해보니 큰 사명이 있다는 것을 느꼈다. 나도 사람으로써 사람들과 함께 사람이 왜 사람인지를 함께 논의할 것이다. 중국 국민으로서 중국 국민들과 함께 국민이 왜 국민인지를 상의할 것이다."라고 하였다.[3] 양계초는 모든 정력을 사람의 사상을 바꾸고 국민의 소양을 높이는 계몽 작업에 바쳤다. 천두슈(陳獨秀, 1879~1942)도 청나라 말기 개혁과 혁명의 산증인으로 이런 개혁과 혁명이 큰 성과가 없음을 반성하고 사상 문화의 개혁에서 출발하기로 마음먹고 『신청년新靑年』을 창간하였다. 원세개의 전제제의 꿈이 수포로 돌아간 후, 일부 사람들은 낙관적인 태도를 보였다. 천두슈는 사람들이 앞으로 다시는 전제제가 발생하지 않고 공화국의 국체國體가 안정을 찾았다고 생각하지만 자신은 그렇게 생각하지 않는다면서 중국 국민들은 "머리 속에 온통 봉건군주시대의 낡은 사상으로 가득차 있고 구미사회의 문명제도는 아예 없다. 말 한마디, 행동 하나에 군주전제의 냄새가 가득하다."라고 지적하였다.[4] 이에 "공화제도를 공고히 하려면 국민의 머리 속에 공화제도를 반대하는 낡은 사상을 깨끗이 지워 버려야 한다."라고 밝혔다.[5] 이런 작업을 하려면 대대적인 사상 계몽 운동을 진행해야만 했다.

후에 신문화 운동에 천두슈陳獨秀와 나란히 이름을 올린 호적은

---

3   『吾今後所以報國者』, 『飮冰室合集·文集之三十三』, pp.53~54.

4   『舊思想與國體問題』, 見 『新靑年』3卷3號.

5   同上書.

미국에서 유학할 때 중국 국내가 혼란한 정치와 제제 복벽의 비참한 국면에 직면해 있다는 소식을 들었다. 그는 다른 사람들처럼 회의를 소집하여 규탄하거나 귀국 항의를 선언하지는 않았고 그는 학자로써 더 큰 사명이 있다고 생각하였다. 친구에게 보낸 편지에서 그는 "나 호적은 다른 사람들에게 봉건군주제에 의해 마음과 정신이 흔들려서는 안 된다고 권고하고 있다. 외국이 침입해 나라가 멸망해도 상관없다. 나라가 멸망하지 않을 자본이 있으면 멸망하지 않는다. 만약 이런 자본이 없으면 우리같은 사람이 아무리 떠들어도 나라의 멸망을 막지 못할 것이다. 그렇다면 마음을 먹고 근본에서 출발하여 나라가 멸망하지 않는 요소들을 만들어야 한다. 지금 이런 일을 하려면 인재를 양성해야 하고, 인재 양성은 교육에 의존한다. 나는 다른 것을 바라지는 않는다. 귀국 후에 말과 글로 백년지대사라고 생각하는 사회교육사업에 투신하는 것 외에 다른 소망은 없다."라고 썼다.[6] 1917년 여름, 호적이 학업을 마치고 귀국하는 길에 장쉰張勳의 복벽운동이 발생하였다. 이에 그는 나라를 구원하려면 반드시 교육과 사상 문화부터 시작해야 한다고 더 굳게 믿게 되고 "20년 동안 정치를 논하지 않겠다고 결심하고 사상 문화 측면에서 중국에 혁신의 기반을 마련하겠다."[7]라고 다짐하였다.

리다자오(李大釗, 1889~1927)도 청나라 말기 개혁과 혁명 운동에 참가하였다. 중화민국 초기 몇 년 동안 그도 더 이상 혼란한 정치활동에 참여하는 것에 관심을 가지지 않고 국민, 특히 젊은이들의 사상 관념과 정신세계를 바꾸는데 희망을 걸었다. "오늘날 중국은 이미 궁지에 달하였다. 하지만 한 가닥 희망이 있어 국민들이 절망하지 않고 노력을 포기

6   『胡適留學日記』第三冊, 商務印書館, 1947, pp.832~833.

7   『我的歧路』, 見『胡適文存』二集卷三, 亞東圖書館, 1925年第2版, p.96.

하지 않도록 해야 한다. 최근에 우리는 공민정신公民精神을 제창하고 있다. 공민정신의 건강하고 완강함은 국민들이 의기를 분발하도록 할 수 있다. 인류의 행동은 환경과 기회의 제한을 받으므로 인류가 바꿀 수는 없다. 하지만, 인류는 환경과 기회의 형성에 참여할 수 있다. 이에 국민들은 소극적인 숙명설(Determinus)에 빠져 노력하고 발전하는 정신을 포기하지 말아야 한다. 우리들은 사람의 자유 의지(Theory of free will)를 발휘하고 노력 분투하며 적극적으로 발전하여 우리들의 소망과 꿈을 이룰 수 있도록 우리들의 환경과 기회를 바꾸어야 한다."[8]면서 사람들이 정신세계를 바꾸고 앞으로 나아갈 용기를 가지며 나쁜 사회 환경을 개선하고 새로운 사회환경을 마련할 것을 촉구하였다. 다른 글에서 그는 고무적인 어구로 "지금은 세상을 다시 만드는 시점이고 중국을 재건하는 시점임을 알아야 한다. 유가의 시대와 같이 앞으로 나아가는 사상을 깨달아야 하고 불교의 참회하는 공덕을 견지해야 하며 기독교의 부활의 교의를 따라야 하고 우리들의 면모를 일신하고 우리들의 마음을 깨끗하게 하는 것으로 먼저 자기 자신을 다시 만들어야 한다. 죄악을 짓는 자신을 포기하고 떳떳한 자신을 맞이해야 한다. 부패한 자신을 버리고 활발한 자신을 맞이해야 한다. 늙은 자신을 버리고 젊은 자신을 맞이해야 한다. 전제적인 자신을 버리고 입헌적인 자신을 맞이해야 한다. 이로써 다시 만들어진 자신이 중국의 새로운 체제를 재건하는 것에 적응하도록 해야 하며 재건한 중국은 재건한 세상의 새로운 흐름에 적응해야 해야 한다."라면서[9] 낡은 것을 버리고 새로운 것을 지향하는 이상을 중

8 　『厭世心與自覺心』,『李大釗文集』第一卷, 人民出版社, 1999, p.140.

9 　『民彝與政治』, 同上書, p.165.

국의 젊은이들에게 내걸었다. 『새벽종의 사명晨鐘之使命』에서 "중국 자체는 운명이 없다. 젊은이의 운명이야말로 운명이다. 「새벽종」 자체도 사명이 없고 젊은이의 사명이야말로 사명이다. 젊은이가 죽지 않으면 중국도 멸망하지 않는다. 「새벽종」의 소리는 젊은이의 목소리이다. 나라에 젊은이가 없으면 안되고 젊은이들은 각성하지 않으면 안된다. 젊은 중화의 나라가 창조될 수 있는지 여부는 젊은이들의 각성 여부에 달려있다. 젊은이들의 각성 여부는 「새벽종晨鐘」이 힘차게 울리는지 여부에 달려있다."라고 지적하였다.[10] 리다자오李大釗는 천두슈陳獨秀와 마찬가지로 국민을 일깨우려면 먼저 젊은이들을 일깨워야 하고 국민의 사상 관념을 바꾸려면 먼저 젊은이들의 사상 관념을 바꾸어야 한다고 생각하였다.

루쉰(魯迅, 1881~1936)은 모두가 잘 아는 신문화 운동의 대부이다. 루쉰도 위에서 언급한 운동가들의 생각과 같은 동기를 가지고 신문화 운동에 참여하였다. 첫 문집의 자서自序에서 그는 일본에서 유학할 때 영화 한 편을 보고 큰 자극을 받았다고 하면서 "우매한 국민은 몸이 건강하고 튼튼해도 아무런 의미없이 대중들에게 징벌을 보여주는 대상이자 구경꾼일 뿐이다. 병으로 죽어도 불행하지 않다. 이에 가장 먼저 해야 할 일은 이들의 정신세계를 바꾸는 것이다."[11]라고 지적하였다. "가장 먼저 해야할 일은 바로 이들의 정신세계를 바꾸는 것이다第一要著是在改變他們的精神"라는 견해는 다른 선각자들의 생각과 같다.

천두슈陳獨秀와 함께 『신청년新靑年』 잡지를 편집했던 가오이한(高

---

10   同上書, p.169.

11   『魯迅全集』第1卷, 人民文學出版社, 1981, p.417.

一涵, 1885~1968)은 천두슈의 고향 친구로 일본 유학시절 법률과 정치를 공부한 학문에 조예가 깊은 학자였다. 『신청년』 초창기에 그는 많은 글을 발표해 영향력이 컸다. 천두슈는 『신청년』 창간호(당시에는 『청년잡지』라 했고 2권부터 『신청년』이라 함)에 젊은이들을 상대로 직접 대화하는 「경고청년敬告靑年」이라는 글을 썼는데 이는 사실 발간사나 마찬가지였다. 가오이한도 직접 젊은이들을 상대로 쓴 「공화국가와 청년의 자각共和國家與靑年之自覺」을 발표하였다. 글의 첫마디에 공화국의 근본은 국민 여론을 기본으로 한다고 분명하게 설명하였다. 이에 공화시대의 국민으로 태어나 "첫 번째로 해야 할 일은 자유의지로 국민의 뜻을 이루고 나라의 정치를 이끌어가는 것을 선행해야 한다(其第一天職則在本自由意誌造成國民總意, 為引導國政之先馳)"라고 하였다. 국민들이 여론을 조성하는 능력을 갖추도록 하려면 진정한 공화국의 정신을 발산하도록 해야 한다. 하지만 중국 백성들이 전제제도에서 받은 영향력이 너무 깊어 그는 젊은이들에게 희망을 걸었다. 그는 "우리나라 국민들의 덕지德知를 개선하려면 환골탈태하도록 해야 하고 전제시대에 남은 악영향을 제거해야 한다. 그렇지 않으면 희망이 없다. 악영향이 적은 젊은이들만 자각이 있다. 이에 청춘들에게 충고하는 것이다."[12]라고 하였다. 고씨는 이 글을 연속 3회 게재하였다. 3기 출판 때는 마침 원세개가 복벽해 등극할 무렵이었는데 당시 가오이한은 일본에 있었다. 그는 격분하면서 "지금이 어떤 시대인데 이런 변태적인 일이 발생한다는 말인가? 참으로 무서운 일이다. 우리나라를 돌이켜 보니 역시 마찬가지로 내전이 빈번했고 여기저기서 동란이 일어났다. …… 살아있는 송장같은 사람들을 지나치게

---

12   『靑年杂志』1卷1号.

질책할 필요는 없다. 우리같은 적극적인 젊은이들이 스스로를 나라의 주인공으로 생각하지만 나라의 주인 직책을 제대로 다하지 못하고 있다. 이런 것을 자포자기라고 한다. 지금은 우리들이 자포자기할 때가 절대 아니다. 지금의 혁신은 국체가 우수한지 여부의 문제뿐만 아니라 나라 존망이 걸린 절대절명의 임무이다. 앞으로 방관자가 되더라도 지금은 절대 수수방관하면 안 된다. 다른 사람들은 책임을 면제하지만 우리들은 책임을 미룰 수 없다. 이것은 바로 제가 잔소리에도 불구하고 거듭 당부하고 충고하는 취지다."라고 하였다.[13] 젊은이들이 각성하길 바라는 마음이 조급하였다. 후에 『비군사주의非君師主義』에서 더 깊은 뜻을 밝혔다. "중국혁명(신해혁명)은 공화사상이 아닌 종족種族사상에서 시작되었다. 그래서 황제가 퇴위하였으나 사람들 마음 속에는 여전히 황제가 남아있다. 중화민국이 수립된 후, 총통은 황제를 모방하였다. 황제는 하늘에 제사를 지내니 총통도 하늘에 제사를 지내고 황제가 유교를 공경하니 총통도 유교를 공경한다. 황제가 나오면 바닥에 황토를 까는데 총통이 나오니 역시 바닥에 황토를 깐다. 황제가 정심正心하니 총통도 정심한다. 황제가 천지군친사天地君親師 등 다양한 직책을 한 몸에 맡고 있으니 총통도 천지군친사 등 다양한 직책을 한 몸에 맡고 있다. 이는 제도의 혁명만 이루어졌고 사상이 혁명되지 않았음을 보여주는 증거이다." 문제의 핵심을 꼬집은 대목이다. 신해혁명은 공화국이란 허울만 바꾸었을 뿐 국민들의 사상은 여전히 전제시대에 머물러 있었다. 이 때문에 정치적 혼란이 계속되었고 황당한 복벽운동도 발생한 것이다. 공화제도가 제대로 뿌리를 내리려면 사상혁명을 더 힘차게 추진해야

---

13   『青年杂志』1卷3号.

하였다.

당시 이미 대다수 선각자들이나 냉철하게 시대를 관찰한 사람이라면 사상혁명을 진행해야 하는 것에 대해 기본적인 공감대를 형성하였다고 할 수 있다. 쑨중산과 같은 직업 혁명가도 비슷한 생각을 가졌다. "중국 인구 4억 명 중 공화의 의미를 제대로 깨닫고 공화사상을 갖춘 사람은 많지 않다. 공화사상을 이해하지 못하고 공화사상이 없는 사람은 공화제도를 반대한다. 이들의 생각을 돌려놓으려면 힘을 쓰기보다는 생각을 바꿔놓으면 된다. 반대하는 사람들이 공화사상을 받아들이고 이를 반대하지 않게 하려면 이들을 동화시켜야 한다."[14]라고 하였다. 국민들을 상대로 사상계몽운동을 해야 한다는 뜻이다. 신문화 운동에 적극 동조하지 않는 일부 사람들도 객관적인 측면에서 사상개혁의 필요성을 느꼈다. 예를 들면 훼이저우徽州에서 교직에 있는 후진제(胡晉接, 1879~1934, 신문화 운동이 한창 진행된 후, 그가 관리하는 중학교에서 학생들은 진압하고 신문화 운동을 반대하였다)은 『신청년』 편집장 천두슈에게 편지를 보내 "모든 일이 실패한 최대 원인은 사상이 바뀌지 않았기 때문이다."[15]라고 지적하였다.

위에서 설명한 자료들은 당시 중국의 선각자들이 공화국의 허울만 있어서는 안된다는 것을 인식하고 있었음을 설명한다. 중국이 전제주의가 팽배하고 낙후하고 부패한 상태로부터 민주적이고 부강한 길로 발전하려면 대다수 국민들의 머리속에 남아 있는 악영향을 제거하고 민주 공화주의 사상을 심어 민주 공화제도에 든든한 기반을 마련해야

14 『在滬歡迎從軍華僑大會上的演說』, 『孫中山全集』第三卷, 中華書局, 1984, p.374.

15 『新青年』3卷3號 『通信』.

한다.[16]

위에서 설명한 자료들을 살펴보면 이런 선각자들은 일반인, 특히 젊은이들을 상대로 이를 추진해야 한다는 것에 공감하고 있음을 알 수 있다. 이들 중 대다수는 개인의 자유 의지를 고취시키는 것을 사람들의 사상을 바꾸는 핵심으로 삼았다.

목표가 분명하고 가는 길도 명확해 사상계몽을 주제로 하는 신문화 운동이 당연한 일이 되었다.

2. 신문화 운동의 발흥

과거 오랫동안 많은 사람들은 신문화 운동의 시작 시기를 『신청년新青年』이 창간된 1915년으로 정하였는데 이는 타당하지 못한 생각이다. 『청년잡지』 창간 당시 원세개(袁世凱, 1859~1916)의 복벽이 아직 공개되지 않았고 반대 목소리가 최고조에 달하지 않았다. 잡지 초창기에 발표된 글들은 대다수가 선각자들이 과거에 대해 반성하는 단계에 머물러 대다수 사람들의 마음을 잡고 공감대를 형성할 만한 접점을 찾지 못하였다. 이에 잡지의 사회적 영향은 그리 크지 않았다. 천두슈(陳獨秀, 1879~1942)는 『신청년』 제2권 제2호의 「통신通信」 칼럼에서 독자의 편지에 "잡지가 창간된 지 1년이 다 되어가는데 젊은이들의 여론을 일으키기에 부족한 것을 형용할 수 없다(仆無狀, 執筆本誌幾一載, 不足動青年毫末之

---

16   耿雲志, 『五四新文化運動再認識』, 載『中國社會科學』1989年第3期, 收入『耿雲志文集』, pp.163~190, 上海辭書出版社, 2005.

觀聽"고 답장하였다. 아직 어떤 형식과 의미에서의 운동이 형성되지 않았음을 의미하는 대목이다. 신문화 운동은 문화혁명으로부터 시작되었다. 앞에서 언급했던 유명한 기자 황원용(黃遠庸, 1885~1915)은 『갑인甲寅』 잡지 편집장 장스자오(章士釗, 1881~1973)에게 보내는 편지에 "오늘날 정치를 논의할 때 어디서부터 시작해야 할지를 모르겠다. …… 근본적으로 구제하려면 웅대한 포부로 신문화를 제창하는 것에서부터 시작해야 한다. 종합하면 우리 세대의 사조가 현대 시대의 사조와 어떻게 하면 맞물려 각성하도록 촉구하는 가이다. 중요한 의미는 일반인과 교류하는 것이며 법률은 이해하기 쉬워야 하고 통속적인 문화 예술을 보급해야 한다."[17]라고 썼다. 루쉰魯迅은 국민의 생각을 일깨우기 위해 의학을 포기하고 문학에 종사하게 된 계기를 회고하면서 사람들의 정신세계를 바꾸는 것에 가장 유리한 것으로 "당시 문예를 최고로 꼽았다. 그래서 문예 운동을 제창하기로 하였다."[18]라고 밝혔다.

황원용黃遠庸의 예언처럼 "신문학을 제창하는 것에서부터 시작해야 한다.", "이해하기 쉽고 통속적인 문화 예술을 보급해야 한다."고 지적할 때 가장 먼저 문학 혁명을 외친 선구자이자 전체 신문화 운동의 주요 지도자인 호적은 당시 미국에서 유학하면서 이미 문학 혁명을 진행해야 하는 문제를 고민하고 있었다. 호적은 자신의 문학을 실천하면서 문학 혁명을 진행해야 한다는 자각적인 인식을 하게 되었다. 그는 청나라 말기 『경업순보競業旬報』의 편집장을 맡고 있을 때 이미 백화문으로 글을 쓰는 등 백화문에 능숙하였다. 미국에서 유학한 후, 미국 문학의

---

17   『遠生遺著』卷四, p.189.
18   『吶喊自序』, 『魯迅全集』第1卷, p.417.

영향을 받으면서 중국의 말과 글의 차이로 인한 불편함과 불합리성을 느끼게 되었다. 1915년 여름, 처음으로 고문을 "절반은 죽은 문자乃是半死的文字"라고 하면서 백화문은 살아있는 문자라는 견해를 내놓았다.[19] 사회 인생을 벗어난 사람들이 절반은 죽은 고문으로 쓴 문학은 내용이 없는 빈 깡통 같은 문장이었다. 호적은 이를 "표현이 내용을 초월한다文勝質"라고 지적하였다.[20] 표현만 화려하고 내용이 없는 문학은 대중과 아무런 연관이 없다. 또한, 호적은 청나라 말기 이미 백화문을 제창하는 사람이 있었으나 이들은 홍보물을 대중들에게 보여주어 정치적으로 대중을 동원하기 위한 것이라는 것을 느꼈다. 문학, 특히 산문, 시 등은 문인들만의 것으로 대중들과 아무런 상관이 없었다. 호적은 "오늘날 문학은 소수 사람들의 사유재산이 아니라 많은 사람들에게 보급할 수 있는 것이어야 한다."라고 지적하였다.[21] "표현이 내용을 초월"하는 폐단을 막고(현실주의 문학을 제창) 대중들에게 문학을 보급하기 위해서 그는 백화문으로 문언문을 대체해야 하고 모든 문학에서 백화문을 이용해야 한다고 지적하였다. 메이광디梅光迪에게 보낸 시에서 '문학 혁명'의 구호를 명확하게 제시하였다.

"매 선생, 스스로를 너무 얕보지 마시오. 중국의 문학은 이미 오랫동안 답보 상태로 백 년 동안 문학을 다시 일으킨 사람이 없소. 새로운 사상의 추세는 막을 수 없소. 문학 혁명을 할 시기입니다. 우리들은 수수방관하지 않을 것이오. 뜻을 같이하는 사람과 함께 혁명을 위해 앞

---

19   『胡適留學日記』第三冊, 商務印書館, 1947, pp.759~760.

20   同上書, p.844.

21   同上書, 第四冊, p.956.

길을 밝히고 앞을 가로 막는 악귀들을 제거하여 새로운 시대를 맞이할 것입니다. 이로서 나라에 보답하는 것을 경박하다고 생각하지 않소. 하늘을 진압하는 것도 이런 기세와 결심 때문입니다."[22] 이 시를 통해 호적은 이미 문학 혁명에 대해 자각적으로 인식했음을 알 수 있다. 이 시는 1915년 9월에 쓴 것이었다. 1916년 2~3월 사이에 중국문학사에 대한 연구를 통해 그는 중국 문학의 진화 역사는 "문자형식(도구)의 역사이며 '살아 있는 문학'이 '죽은 문학'을 대체하는 역사이다. 문학의 생명은 한 시대에서 살아있는 도구로 한 시대의 감정과 이상을 표현한다. 도구가 이미 굳었다면 새로운 것, 살아있는 것으로 바꾸어야 한다. 이것이 바로 문학 혁명이다."[23]라는 결론을 내렸다. 호적의 문학 혁명 관념은 친구들과 논의하고 토론하는 과정을 통해 점차 생성되었음을 알 수 있다.[24] 이 관념에서 가장 기본적인 세 가지가 있다. 하나는 "표현이 내용을 초월"하는 폐단을 막고 현실주의를 제창한 것, 다른 하나는 대다수 국민들에게 문학을 보급하는 평민주의를 제창한 것, 마지막으로 중국문학 역사에 대한 연구를 근거로 역사 진화의 문학 개념을 제시한 것이다. 이는 호적이 문학 혁명을 제창한 가장 기본적인 이론적 근거이다. 그 해 8월에 친구 주징눙(朱經農, 1887~1951)에게 보내는 편지에서 그가 문학 혁명을 시작하는 8가지 주장을 정리하였다. 또한, 『신청년』의 편집장 천

---

22   同上書, 第三册, pp.784~785.

23   『逼上梁山』는 최초에 『東方杂志』第31卷 第1期(1934年 1月 1日)에 실였다. 『中国新文学大系·建设理论集』에도 수록. 『胡適自傳』, 黃山書社, 1986, p.111 재인용.

24   호적이 유학기간 친구들과 문학 혁명 문제를 논의 변론하는 상황에 관하여 졸문 『胡適與梅光迪—從他們的爭論看文學革命的時代意義』, 載中華書局創立八十周年紀念論文集 『中華文化的過去現在與未來』, 中華書局, 1992年. 『耿雲志文集』에도 수록, 上海辭書出版社, 2005, pp.414~443.

두슈陳獨秀에게 보내는 편지에서 이 8가지 주장을 다시 한번 언급하였다.[25] 편지를 받고 흥분한 천두슈는 호적에게 보내는 회신에서 이러한 주장을 글로 만들어 달라고 부탁했다. 그 후 문학 혁명의 시작을 알린 「문학개량추의文學改良芻議」가 『신청년』 2권 5호(1917년 1월)에 발표되었다. 천두슈는 자신의 느낌을 그대로 살려 『신청년』 2권 6호에 「문학 혁명으론文學革命論」을 발표하였다. 호적의 글이 교사가 수업 중에 문학 혁명의 도리와 방법을 하나씩 차근차근 설명하는 것과 같다면 천두슈의 글은 현장에서 지휘하는 격문과 같았다. 문학 혁명은 극소수의 사람들이 논의하고 준비하는 것에서 점점 더 많은 사람들의 관심을 받고 다양한 형식으로 뛰어들 수 있는 운동으로 발전하였다.

호적과 천두슈陳獨秀의 글은 발표된 지 얼마 지나지 않아 일부 학자들의 주목을 받았다. 가장 먼저 호응한 사람은 첸쉬안퉁(錢玄同, 1887~1939)이다. 그는 『신청년』 2권 6호 「통신通信」에서 호적의 글을 극도로 찬양했다. 이후에 류반눙(劉半農, 1891~1934)을 비롯한 교수들도 문학 혁명에 대한 논의에 참여하였다. 독자들도 『신청년』에 자신들의 의견을 밝히는 편지를 보냈다. 이중에는 학자, 교사, 학생(해외 유학생 포함),

---

25 8대 주장: 첫째 전고를 인용하지 않음, 둘째 진부한 어투를 사용하지 않음, 셋째 시문에서 대구를 하지 않음(문장에서 짝을 맞추지 않고 시는 율을 폐지), 넷째 속어를 쓰는 것을 피하지 않음(백화문으로 시를 쓰는 것을 피하지 않음), 다섯째 문법의 구조를 추구, 여섯째 병이 없이 신음하지 않음, 일곱째 고인을 모방하지 않고 어구에 자기 자신을 표현, 여덟째 말과 글에 구체적인 내용이 있어야 함. 후에 『문학개량추의』에서 이 8개 주장은 순서가 약간 바뀌고 내용을 조절함. 호적이 제시한 '8불(八不)' 주장은 미국의 인상파 시인의 6대 주장에서 인용하였다고 하는 평가도 있음. 이는 순전히 측추임. 호적이 영국과 미국 문학의 영향을 받지 않았다고 할 수는 없음. 하지만 호적의 문학 혁명에 대한 8대 주장이 인상파 시인의 것을 표절하였다는 것은 근거는 없음. 즉, 호적이 인상파 시인과 만났는지 여부에 관계없이 자신의 문학 실천과 친구들과의 협상 논의를 거쳐 자신만의 '8불' 주장을 제시함.

근대 중국의 문화적 전환에 대한 연구

사회인사. 심지어 일부 정치 활동가, 예컨대 이쫑쿠이(易宗夔, 1874~1925) 등도 있었다. 증의曾毅라고 밝힌 한 독자는 장문의 편지에서 천두슈陳獨秀과 호적이 문학 혁명을 제창하는 것에 대해 "매우 기쁘다. 중국문학은 썩은 지 오래 됐다. 당신과 같은 위대한 이론으로 낡은 것을 씻어내고 분발하여 단조로운 상황을 바꾸어 버리니 우리들의 정신세계는 새롭다(竊不禁大喜. 中國文學壞濫久矣, 得足下之偉論, 沖蕩而振刷之, 一掃黃茅白葦之習, 使吾人精神界若頓換一新天地)."라고 하면서 현재 중국은 정치, 도법, 학술, 문학 등에서 "현대 시대에 생존하기에 적합하지 않다不適於現世界之生存."라고 지적하였다. 개혁을 단행하고 새로운 체계를 시작하여 정치적으로 더 이상 성과를 낼 수 없기에 "또한 유전적인 타성惰性 버릇의 방해가阻於種種遺傳之惰性 있어서" 그렇기 때문에 희망이 없다. 오직 문학만이 "국내외 유명한 선배들과 함께 제창하면 10년 안에 동란을 없애는 효과를 볼 수 있을 것이다. 이는 또한 새로운 정치의 진화에 도움이 될 것이다. 한유(韓愈, 768~824)가 한 말처럼 그 공이 우禹임금에 못지 않다(誠得海內外名宿相與提倡, 不出十年, 必可奏廓清之功; 即亦資之以助新政治之進化. 真韓愈氏所雲, 其功不在禹下也)."라고 하였다.[26] 이염당李鎌鐺은 호적에게 보낸 편지에서 "오늘날 우리 나라가 부강해지려면 과학과 교육을 보급해야 한다. 과학과 교육을 보급하려면 문학부터 개량하는 것이 첫 번째 임무이다.", "문학을 개량하는 것은 나라의 대업이고 길이 전해야 하는 대사이다."라고 썼다.[27] 두 사람의 소회는 문학 혁명에서 시작하여 신문화 운동을 인도하겠다는 선각자들의 판단이 매우 정확했음을 보여준다.

26   『新青年』3卷2號『通信』.
27   同上書.

문학 혁명에 대한 논의에 참여한 사람들은 호적이 제시한 문제를 중심으로 각자 의견을 내놓고 깊이 논의하였다. 고전주의를 철저하게 폐지하는 것에서부터 현실주의를 어떻게 실현할 것인지, 그리고 백화문의 기본 조건과 요구사항에서 백화문의 시 창작까지, 주음자모注音字母에서 문장부호까지, 국어 문법에서 한자의 가로 정렬까지, 역사적인 백화문 소설에 대한 평가에서 새로운 백화문 소설의 제창까지, 낡은 희극에서부터 새로운 희극의 번역과 창작까지, 한자의 존폐 문제에서 병음문자의 타당성까지 등을 논의하였다. 일정 시기 동안 마음 속으로 문학 혁명을 반대한 사람들이 자신의 의견을 거의 공개적으로 발표하지 않자 문학 혁명을 제창하고 추진한 열성분자들은 고독감을 느끼지 않을 수 없었다. 1917년 1월 『신청년』 2권 5호에 호적의 「문화개량추의文化改良芻議」가 발표된 후에 고문가 린수(林紓, 1852~1924)가 2월 8일에 『민국일보民國日報』에 「고문폐지가 적합하지 않은 것을 논함論古文之不宜廢」이라는 글을 게재했는데 이는 문학 혁명을 공개적으로 반대하는 문장이라고 볼 수 있다. 하지만 이 문장은 500자에 불과했고 고문의 "폐지가 적합하지 않은 도리를 알고 있지만 그 이유를 설명 못한다."면서 "나라가 망하지 않았으나 문자가 먼저 망하였다(國未亡而文字已先之.)"라고만 한탄하였다. 이런 반대 목소리는 힘이 너무 약하였다.

1918년 3월에 출판된 『신청년』 4권 3호에서 문학 혁명 사상 가장 급진적인 대가 첸쉬안퉁(錢玄同, 1887~1939)은 '왕경헌王敬軒'이라는 가명으로 문학 혁명을 결사 반대하는 입장에서 『신청년』 편집자들에게 편지를 보내어 문학 혁명을 공격하는 주장을 폈다. 이에 맞서 문학 혁명의 또 다른 대가인 류반눙劉半農은 장문으로 더 매섭게 반박하였다. 외부인들은 '극중극'의 연출을 처음에는 잘 모르는 상황이었다. 『신청년』 권

근대 중국의 문화적 전환에 대한 연구

내圈內에 있는 호적은 마땅치 않다고 생각하였다. 그는 반대파를 포용하는 자세로 그들이 반대 의견을 발표하도록 해야 한다고 주장하였다. 이리하여 논의가 점점 더 깊이 진행되어 문학 혁명 이론과 실천이 더 성숙해지도록 추진할 수 있었다. 전통극의 개혁을 논의할 때 반대파인 장허우짜이(張厚載, 1895~1947)가 『신청년』에 글을 발표할 것을 요청하였다. 이에 첸쉬안퉁은 그와 결별하겠다고 소리를 높였다. 물론 사실은 그렇지 않다. 『신청년』 내부에서 어떤 이견이 있었든지 간에 왕경헌의 글과 류반눙劉半農의 글은 사회적 영향을 확대하는 역할을 하였다. 채 1년도 안 되는 기간동안 문학 혁명을 찬성하는 자들과 반대하는 자들은 간행물을 창간하고 자신들의 주장을 발표하였다. 베이징대 학생들이 창간한 『신조新潮』는 1919년 1월에 출판되었는데 이들은 문학 혁명 운동을 지원하는 가장 유력한 신예 부대이다. 푸쓰녠(傅斯年, 1896~1950), 뤄자룬(羅家倫, 1897~1969), 위핑보(俞平伯, 1900~1990) 등은 신문학의 설립에 중요한 기여를 하였다.[28] 고문파古文派에 대한 비평은 종종 이들의 스승보다 더 강력하였고, 그들은 신문학을 창조하는 측면에서도 천부적인 재능을 발휘하였다.

　　『신조』 창간 2개월 후, 주로 베이징대학의 일부 보수적인 교사를

---

[28]　푸쓰녠(傅斯年)의 문학 혁명에 관한 글로는 『戲劇改良各面觀』, 『再論戲劇改良』(『新青年』5卷4号); 『怎样做白話文?』, 『中國文学史分期之研究』, 『中國文藝界之病根』(『新潮』1卷2号); 『漢語改用倂音文字的初步談』(『新潮』1卷3号); 『白話文學与心理的改換』(『新潮』1卷5号) 등이 있다. 羅家倫의 문학 혁명에 관한 글은 주로 『今日中國之小說界』(『新潮』1卷1號); 『什麼是文學？』(『新潮』1卷2號); 『駁胡先驌君的 "中國文學改良論"』(『新潮』1卷5號); 『近代中國文學思想之變遷』(『新潮』2卷5號) 等. 俞平伯關於文學革命的文章主要有 『白話詩的三大條件』(『新青年』6卷3號『通信』); 『社會上對於新詩的各種心理觀』(『新潮』2卷1號); 『詩的自由和普遍』(『新潮』3卷1號) 등이 있다. 그리고 그들은 『新青年』와 『新潮』에 白話詩를 많이 발표했음.

포함한 문학 혁명을 반대하는 반대파들은 『국고國故』라는 간행물을 창간하였다. 주요 인물은 류스페이(劉師培, 1884~1919), 황칸(黃侃, 1886~1935), 린쑨(林損, 1890~1940) 등이다. 이 간행물은 불과 4회 만에 폐간됐다. 이들의 사상과 글은 신문학 집단에 대항하기에 역부족이었다. 첫째, 사상과 논리적인 훈련이 아예 없거나 적은 편이어서 이치를 정확하고 철저하게 설명할 수 없었다. 린수林紓는 "나는 그 도리를 잘 알고 있지만 그 까닭을 설명할 수 없다(吾識其理, 乃不能道其所以然)"라고 하였다. 둘째, 이들의 글은 진부한 표현을 많이 쓰고 상투적이며 전고典故를 많이 넣어 읽기 힘들고 해답을 구하기 힘들었다. 셋째, 이들은 전조前朝에 충성을 지키는 신하와 늙은이의 쇠퇴한 분위기를 풍겨 호소력이 없었다. 반면 신문학 진영은 개개인 모두가 용맹하고 왕성하며 자신감이 넘쳐 글마다 호소력이 짙었다. 또한, 이들은 사상훈련도 상당히 진행한 것으로 생각이 참신하며 민첩하고 투철하게 도리를 설명하였다. 이들은 글을 잘 쓰는 고수들이다. 천두슈陳獨秀, 호적, 루쉰魯迅 등은 일찍이 청나라 말기부터 혁명 혹은 개혁을 선전하는 신문, 간행물에 호소력과 감동이 넘치며 감개무량한 글을 많이 발표하였다. 신조사新潮社의 사람들은 이들의 글을 읽으면서 성장하였다. 정신적인 면, 사상적인 면, 글을 쓰는 면에서 이들은 자신들의 스승에 뒤지지 않았다. 이에 따라 베이징대학을 주된 각축장으로 진행된 신구문학의 투쟁에서 승패는 이미 예상되었다.

신문화 운동 발흥의 또 다른 출발점은 사상도덕 혁명의 문제이다. 앞에서 이미 신구도덕의 논쟁을 언급하였다. 도덕이란 인류의 정신을 통합 정리하고 행동을 규범화하는 것으로 인류 사회생활의 모든 측면에 침투되어 있다. 사회가 변하면 도덕도 변화하기 마련이다. 사회생활에 침투되기에 낡은 도덕을 버리고 새로운 도덕을 구축하는 것은 장

근대 중국의 문화적 전환에 대한 연구

기적이고 복잡한 과정이다. 중화민국 초기 사회정치가 무질서하여 도덕도 무질서하였다. 하지만 낡은 도덕이 사람들의 마음 속에 뿌리 박혀 있고 사회생활의 다양한 측면에 침투되어 있기에 낡은 도덕의 영향력은 여전히 매우 컸다. 『신청년』 3권 1호에 '회산일민淮山逸民'이라는 이름으로 보낸 편지 한 통이 실렸다. 편지에는 젊은이들의 타락한 현상을 설명하면서 "학생들도 이러한데 유추해 보면 다른 각 분야도 마찬가지다(以吾學生界尚且如是; 以此類推, 其他各界, 亦必如是)"라면서 "그 이유를 미루어 보면 사회에 타락한 사람이 많기 때문이다. 이는 사람마다 오래되어 굳어진 좋지 않은 버릇이 있기 때문이다(推原其故, 社會所以呈此墮落之現象者, 殆皆由於各個人之有惰性)"라고 지적하였다. 이런 버릇은 어디에서 왔는가? 신체와 지식의 원인 외에 낡은 도덕의 속박에서 벗어나지 못한 것이 가장 큰 원인이다. 그는 "그 원인을 찾아보면 그들이 있는 곳 주변이 모두 낡은 도덕 윤리 사회로 한 가지 일을 시작도 하기 전에 그 주변의 사람들이 이는 성인의 말씀을 위배하는 것이라고 알려줄 것이다. 고통스러운 일은 끊임없이 나타난다. 뜻을 품은 사람이라 할지라도 영향을 받고 실패하지 않을 수 없다. 이런 것이 오래 쌓이다 보면 낙심하게 되고 마치 마른 고목처럼 될 것이다. 타성은 이렇게 생겨난다."라고 하였다. 이에 그는 앞으로 "사회에 쓸모 있는 사람이 되기 위해 우선 낡은 도덕 윤리의 장애를 제거해야 한다."라고 주장하였다.[29] 하지만 그는 "도덕은 야만에서 절반 정도 개화한 시대의 명사이다道德乃野蠻半開化時代之名詞"라고 하면서 법치시대는 도덕이 필요없다고 지적하였다. 물론 잘못된 생각이다. 천두슈陳獨秀는 답장에서 이 문제를 명확하게 짚었

---

29   『新青年』3卷1號『通信』.

다. 그는 "도덕은 인류의 가장 높은 정신적 역할이고 집단 이익을 유지하는 최대의 이기利器다. 진화의 흐름에 따라 도덕은 개혁이나 혁신할수 있으나 근본적으로 취소하면 안 된다."고 강조하였다. 또한 "도덕은 변화하지 않는 것이 아니라 사회의 변천, 시대의 흐름에 따라 진화한다.이에 고대의 도덕은 오늘날에 적용될 수 없다."라고 하였다.[30] 천두슈는「우리들의 최후의 각오吾人最後之覺悟」에서 "윤리사상은 정치에 영향을준다. 모든 나라가 동일하다. 중국은 더욱 그러하다. 유가의 삼강지설은우리 윤리 정치의 시작이다. …… 삼강의 근본은 계급제도이다. 소위 명교나 예교는 이런 존비사상을 옹호하고 귀천의 제도를 옹호한다."라고밝혔다. 이는 공화민주제도에서 자유, 평등, 박애를 추구하는 정신과는서로 어울리지 않는다. 이에 공화민주제도를 도입하고 공화민주제를확립하려면 수천 년간 중국을 통치하고 유생의 삼강을 핵심으로 하는낡은 윤리 도덕을 제거해야 한다. 그는 이러한 인식을 "우리 나라 인민들의 최후의 각오 중 최후의 각오다吾人最後覺悟之最後覺悟"라고 지적하였다.[31] 천두슈陳獨秀의 주장에 따라 민주공화제에 적응하는 새로운 도덕은 자유, 평등, 박애를 주요 내용으로 해야 한다. 사람들이 자유, 평등,박애의 정신을 갖추도록 하려면 우선 먼저 사람들을 구속하고 유생의삼강을 핵심으로 하는 낡은 도덕의 속박에서 벗어나야 한다. 혹자는 공자의 군군신신君君臣臣, 부부자자父父子子는 두 가지 측면을 언급하였다고 하였다. 즉, 임금은 임금다워야 하고 신하는 신하다워야 한다. "군주는 신하에게 예절을 갖추고 신하는 군주에게 충성을 다해야 한다(君使臣

---

30   同上書.
31   『陳獨秀文章選編』(上)三聯書店, 1984, pp.108~109.

以禮, 臣事君以忠).” 또한, 아비는 자애로워야 하고 자식은 효를 다해야 한다. 한 측면은 권리만 있지 의무는 없고 다른 측면은 의무만 있고 권리가 없는 것을 주장하는 것은 아니다.[32] 이런 주장을 단순히 공자의 학설로만 살펴보면 도리가 없는 것은 아니다. 하지만, 사회 실제적으로 살펴볼 때 권력과 이익은 모두 군주와 아비의 손에 있다. 이에 따라 사실상 신하는 군주의 통제를 받고 자식은 아비의 통제를 받기 마련이다. “군자가 신하에게 죽으라고 하면 죽을 수밖에 없다(君要臣死, 臣不得不死)”, “틀린 자식은 있어도 틀린 부모는 없다(有不是的子女, 無不是的父母)”라는 사실과 관계가 있는 것이다. 부부의 도리도 마찬가지이다. 남편은 ‘칠거지악七出’을 이유로 이혼을 요구할 수 있지만 아내는 이혼을 요구할 수 없다. 이는 남편이 권력을 가지고 있기 때문이다.

　　제4장에서 청나라 말기 선각자들이 삼강을 핵심으로 하는 낡은 도덕을 비판하였다고 언급한 적이 있다. 제5장에서 신구사상의 갈등을 언급할 때도 선각자의 낡은 도덕에 대한 비판을 설명한 적이 있다. 신문학 운동을 유발한 핵심 의제로 낡은 도덕을 비판하고 새로운 도덕을 제창하는 것이 전보다 더 광범위하고 더 깊이 있게 진행되었다. 낡은 도덕을 비판하는 것은 전제주의 정치와의 긴밀한 연결성을 폭로하는 것에 중점을 두었고 새로운 도덕을 제창하는 것은 개인적인 해방, 개성의 해방 측면에 중점을 두었다.

　　호적이 “쓰촨四川에서 맨손으로 유가와 맞서 싸운 영웅”이라고 불렀던 우위(吳虞, 1872~1949)는 글에서 유가에 따르면 낡은 도덕의 핵심은 효孝라고 지적하였다. 그는 “공자의 학설을 구체적으로 연구해 보면 효

---

32 見常乃憇: 『我之孔道觀』, 『新靑年』3卷1號 『讀者論壇』.

제6장 신문화 운동의 발흥　　　　　　　　　　　　　　　373

가 모든 행동의 근본이다. 공자의 가르침은 모두 효를 출발점으로 한다. …… 사람은 관리가 되기 전에 집에서 부모를 모시는 것을 효라 하고 관직에 취임한 후 조정에서 군주를 모시는 것을 효라 한다. …… 부모를 모시는 것에서 더 발전해 군주를 모시게 되면 충순忠順이라고 한다."라고 밝혔다. "효에는 많은 것이 포함되어 있다. 가족제도와 전제정치는 뗄래야 뗄 수 없는 관계이며 하나하나 분석할 수 없다." 이에 따라 그는 유가의 "효제孝悌"는 "2천 년 동안 전제정치와 가족제도를 연결한 근본으로 흔들리지 않는다."라고 하였다.[33] 우위吳虞는 2000년 동안 이어져 내려온 유가가 제창하고 왕권에서 추진하며 가정에서 실행한 낡은 도덕과 군주전제제도의 내부 연결을 확실하게 드러냈다. 우위의 글은 젊은 남녀에게 큰 충격을 주었다. 낡은 도덕 때문에 가장 큰 피해를 받은 이들은 젊은이와 여성이다. 젊은 남녀의 경우, 낡은 도덕의 피해 중 가장 직접적으로 느낀 것은 가족제도였다. 천두슈陳獨秀는 푸구이신傅桂馨에게 보내는 편지에서 낡은 도덕은 노예의 도덕이라고 지적하였다. "문제점은 존비를 차별하고 아래 사람들이 일방적인 의무를 부담하는 것이다. 군자가 신하를 괴롭히고 아비가 자식을 괴롭히고 시어머니가 며느리를 괴롭히며 남편이 아내를 괴롭히고 주인이 노예를 괴롭히고 윗사람이 아랫사람을 괴롭힌다. 사회적으로 온갖 비도덕적이고 갖은 죄악을 저지른 자들은 이를 당연한 권리라고 생각한다. 피해자들은 노예 도덕 하에 이를 위반할 수 없다. 약자는 원한을 품은 채 한평생을 보내고 강자는 도리에 어긋나는 짓을 일삼는다."[34] 분명한 것은

---

33   『家族制度為專制主義之根據論』, 『吳虞集』, 四川人民出版社, 1985, pp.62~63.

34   『新青年』3卷1號 『通信』.

일부 사람들이 다른 일부 사람들의 도덕을 압박한 것이다. 이러한 도덕 하에 많은 젊은이들은 "가장의 위엄에 억압되었고 가정의 울타리에서 멍청하게 일생을 보낸다(被家長的威嚴所壓制, 昏昏噩噩地終老於家庭四壁之內)", "꿈을 이루려고 하는 젊은이들이 가족제도의 학대를 받았다(有多少不甘碌碌, 力圖有所作爲的靑年, 遭受家族制度的摧殘)"라고 하였다.[35] 푸쓰녠傅斯年은 『만악지원萬惡之源』에서 낡은 가정제도를 비판하였다. 이런 가정제도의 가장 큰 폐단은 사람의 개성을 파괴하여 자신의 개성에 따라 자연스럽게 발전하지 못하도록 하였다고 지적하였다.[36] 『신청년』에서 발표한 많은 글과 편지들에서 낡은 가정제도를 비평하였다. 『신청년』 3권 4호에서 게재한 쑨밍치孫鳴琪의 「개량한 가정과 국가의 밀접한 관계改良家庭與國家有密切之關系」, 5권 6호에서 게재한 장야오샹(張耀翔, 1893~1964)의 「우리 나라 부모의 독단적인 행동을 논함論吾國父母之專橫」, 6권 4호에서 게재한 샤다오장夏道漳의 「중국 가정제도 개혁담中國家庭制度改革談」 등이다. 낡은 가정제도에서 여성들의 처지는 더 비참하였다. 송나라 이학자理學者가 "굶어 죽으면 죽었지 정조를 잃지 말아야 한다(餓死事小, 失節事極大)"는 황당무계한 논리를 내놓은 후, 역대 조정에서 심심풀이로 함께 지내는 문인들이 절개를 지켜야 한다고 높이 외치면서 남편이 죽으면 여성들도 함께 죽고 심지어 죽은 남성과 결혼하도록 했으며 재가하면 절개를 잃은 것으로 간주하였다. 이 모든 것은 살인의 이론과 같다. 소위 절개 관념의 속박과 영향 하에 수많은 무고한 여성들이 고통받았다. 또한, 여성들을 무시했으며 여자 아이를 출산하면

---

35   耿雲志, 『再談五四時期的"反傳統"問題』, 載 『中華文史論叢』第61輯, 上海古籍出版社, 2000, p.62.

36   『新潮』1卷1號.

대가 끊어진다고 여겨 여성들은 상속 권한도 없었다. 이에 따라 자손이 계승하는 불합리적인 제도와 첩을 들이는 아주 나쁜 풍습도 있었다. 가정에서는 시어머니와 며느리가 다투고, 동서 간에 반목하며 정실과 첩이 다투는 등 부패하고 추악한 현상이 종종 발생하였다. 이런 가정 환경에서 소위 도덕은 허울뿐이었다. 여성 문제에 대한 논의는 사회적인 관심을 받았다. 『신청년』1권부터 여성들이 관련된 글을 게재하였다. 2권 5호부터 여성 독자들이 자신들의 마음을 표현한 편지를 보내왔다.[37] 이후 이런 글들이 점점 더 많아졌다. 2권 6호에는 여성 두 명이 여성 문제를 다룬 글을 게재했고, 3권 1호, 3호, 5호, 6호에는 여성과 혼인 문제를 다룬 글이 게재되었으며 4권, 5권, 6권 등에서도 여성의 정조 문제를 논의하였다. 이런 문장은 다양한 측면에서 낡은 혼인제도의 부패함, 인간의 도리와 어긋나는 점을 지적했으며 여성 정조는 여성한테만 부여된 일방적인 도리로 인지상정에 어긋난다고 지적하였다. 이에 따라 여성해방을 강조하고 낡은 혼인제도, 낡은 절개 사상을 비판하는 여론이 들끓었다.

　　신문화 제창자들은 낡은 도덕의 일방성을 폭로하는 한편 낡은 도덕의 위선과 비인도주의를 비판하였다. 루쉰魯迅은 도덕은 보편성, 타당성, 유익성을 갖춰야 한다고 지적하였다. 하지만 낡은 도덕의 경우, 모든 사람이 '효'와 '정조' 등을 실천할 수 있거나 달가워하는 것이 아니고, 실행을 한다고 할지라도 실행자에겐 무모한 희생이 되고 다른 사람에게나 사회에는 실질적인 이익이 없으므로 이는 "거짓 도덕을 제창하고 진실된 인간성을 무시하였다(提倡虛僞道德, 蔑視了眞的人情)."라고 말하

37　　『新靑年』2卷5號, '白＋華' 서명의 편지.

였다.[38]

낡은 도덕의 가장 큰 폐단은 사람들의 마음을 구속하고 개성을 말살하며 보수주의를 키우고 진보주의 기세를 억누르는 것에 있다 이에 천두슈陳獨秀는 낡은 도덕을 비판하고 없애야 하는 이유는 "문명 발전의 걸림돌文明改進之大阻力"이기 때문이라고 지적[39]하면서 낡은 도덕을 비판하여 개성을 해방하는 문제, 즉 개성주의를 제창하는 문제를 제시하였다.

개성주의는 기본적으로 자유의 범주에 포함된 문제이다. 하지만 개성주의는 자유의 범주에서 가장 핵심적이고 가장 깊이 있는 문제이다. 개성주의를 제창하는 것은 외부에서 가하는 속박에서 사람이 해방되는 것을 주장하는 것이다. 개인의 자유의지를 충분히 존중하고 개인의 독립과 자립을 존중한다. 천두슈는 "독립자주의 인격에서 모든 행동, 모든 권리, 모든 신앙은 각자의 지혜에 따르고 맹목적으로 다른 사람의 도리를 따르지 않는다."라고 하였다.[40] 리다자오李大釗는 중국의 낡은 전통에서 "개성을 존중하지 않는 권위와 세력不尊重個性之權威與勢力"은 "개인을 큰 집단의 불완전한 부분으로 간주하고 그 존재 가치도 집단에 의해 말살되었다."라고 지적하였다.[41] 호적은 "사회 최대의 죄악은 개인의 개성을 좌절시키고 발전하지 못하도록 하는 것이다."라고 하였다.[42] 오직 개성이 자유롭게 발전해야만 진정으로 독립적인 개인이 될 수 있

38 『我們現在怎樣做父親』,『魯迅全集』第1卷, 人民文學出版社, 1981, p.138.

39 『答俞頌華』,『新青年』3卷6號『通信』.

40 『敬告靑年』,『靑年雜誌』1卷1號.

41 『東西文明根本之異點』,『李大釗文集』第2卷, 人民出版社, 1999, p.205.

42 『易蔔生主義』,『胡適文存』卷4, 亞東圖書館, 1925年第8版, p.34.

다. 사회는 이런 독립적인 개인이 많아야만 그 사회가 선량한 사회가 된다. "선량한 사회는 서로 의존하고 '자립'하지 못하는 현재의 남녀가 만들 수 있는 것이 아니다."[43]라고 하였다. 푸쓰녠(傅斯年, 1896~1950)은 "'선'은 '개성'에서 온다. …… '개성'을 발전시키지 못하면 '선'도 죽은 것이고 몰인정한 것이다. 죽고 몰인정한 것은 영원히 '선'이 될 수 없다. 이에 '개성'을 말살하는 것은 '선'을 뒤엎을 뿐이다."라고 하였다.[44] 가오이한高一涵은 "우리 나라 수천 년의 문명이 정체된 원인은 개인주의가 발달하지 못했기 때문이다."라고 하면서 나라가 발전하려면 "개인의 가치를 존중해야 한다."라고 더욱 더 분명하게 지적하였다.[45]

신문화 운동의 제창자들이 개성주의를 매우 적극적으로 찬양하니 수많은 젊은 남녀들이 감동을 받고 고무되었다. 그들은 점차 깨우치기 시작해 낡은 전통과 낡은 도덕의 속박을 참지 않고 독립과 자주, 개인 의지의 자유를 요구하였다. 이에 따라 많은 젊은이들이 가정의 속박에서 벗어나 스스로 배움의 길을 찾고 자신이 좋아하는 일을 하기 시작하였다. 정략결혼에 반대하여 가출하거나 가족과 가장의 요구에 반대하고 정략결혼에 굴하지 않고 자살하거나 정략결혼에서 벗어나기 위해 고향을 떠나거나 가정의 속박을 참지 못하고 부모, 가정과 사이를 끊은 경우까지 있었다. 수많은 젊은이들이 낡은 가정과 가족 그리고 종족 세력의 구속에서 벗어나 새로운 사회적 요소를 형성하였다. 이들은 학교에 모이거나 다양한 사회 공익 사업 기관에 모이거나 배움의 길에서 서

---

43   『美國的婦人』,『胡適文存』卷4, p.61.

44   『萬惡之源』, 見『新潮』1卷1號.

45   『國家非人生之歸宿論』,『靑年雜誌』1卷4號.

로 돕는 집단을 결성하였다. 이들은 사회에서 가장 활약하는 세력으로 발전하였다. 신문화 사상의 영향을 받고 스스로 능동적으로 움직이는 이들은 거리낌이 없고 보수적이지 않으며 가장 능동적인 진보 정신을 가졌다. 물론 경험 부족으로 일부 부정적인 현상도 나타나 구세력들에게 공격의 빌미를 제공한 경우도 있었다.

낡은 가정제도는 낡은 사회의 근본적인 기반이고 낡은 예법, 낡은 도덕이 설립되는 기반이다. 낡은 가정제도에 대한 비판, 낡은 가정제도를 유지하는 낡은 예법과 낡은 도덕에 대한 비판은 낡은 사회의 기반을 흔들었다. 이는 보수파들의 불안감을 초래할 수밖에 없었다.

3. 신구 문화의 충돌

천두슈(陳獨秀, 1879~1942)와 호적은 이쭝쿠이(易宗夔, 1874~1925)에게 연명으로 답장한 『통신通信』에서 낡은 문학, 낡은 정치, 낡은 윤리는 한 가족이라고 지적하였다.[46] 신문화 운동의 지도자와 장수들은 전방위적인 작전을 펼쳤다. 투지만만하게 문학 혁명을 진행하는 한편 사상 도덕 혁명까지 진행하면서 수많은 청년 남녀들의 감회를 자아내어 낡은 도덕, 낡은 윤리의 속박에서 벗어나도록 했으며 낡은 가정과 낡은 사회의 질서를 뒤흔들었다. 낡은 문화를 고수하는 사람들은 자신들이 입신양명해 온 기반이 동요하고 있음을 느꼈다. 신구 문화의 충돌이 불가피한 상황이었다.

---

46   『新青年』5卷4號.

구세력은 이미 오래전부터 신문학 운동을 성가시다고 생각했으나 반대의 목소리가 흩어져 미약했을 뿐이다. 1919년부터 구세력이 신문화 운동을 반대하는 활동들이 격화되었다. 이때 군벌의 통제를 받고 있던 북양정부北洋政府는 "'급진주의'를 금지하라(取締'過激主義')"는 명령을 내렸다. 이는 구세력의 용기를 북돋운 셈이었다. 1919년 1월 7일 『첸쉬안퉁일기錢玄同日記』에는 이렇게 쓰여 있다. "'문과 정돈' 사안에 대해 채원배蔡元培 선생의 뜻은 그들이 (베이징대학에서 천두슈를 반대하는 파벌) 좋은 태도를 가지고 상의하면 지난 겨울에 제정된 대학개혁 계획을 실행하여 천두슈의 학장 직무를 폐지하고 일반교수로 초빙할 것인데 이들이 비열한 수단으로 그를 사퇴하도록 명령을 내리면 최근 몇 년 동안 교육의 상황과 사퇴 이유를 영어, 불어, 독어 등으로 작성하여 전 세계에 알릴 것이다. 그때가 되면 최근 몇 년 동안 교육사업에서 직면한 문제와 사퇴한 이유를 영어, 불어, 독어 등으로 작성하여 전 세계에 선포할 것이다. 내 생각에는 괜찮은 방법이다."[47] 이 일기는 정부 교육 당국이 새로운 문화를 북돋우는 베이징대에 불만을 가졌으며 이런 상황을 정돈하려는 설이 있었음을 의미한다. 주요 목표는 천두슈 등이었다. 비록 직접적인 방식으로 이 계략이 성사되지는 못했으나 후에 천두슈는 거대한 압박 하에 베이징대를 떠날 수 밖에 없었다. 분명한 것은 이와 연관이 있다는 점이다.

앞에서 언급한 고문가 린수林紓가 1917년에 발표한 「고문폐지가 적합하지 않은 것을 논함論古文之不宜廢」의 반대 목소리는 미약한 수준이었다. 이 무렵 그는 신문화 운동과 그 선구자들을 공격하는 두 편의

---

47   『錢玄同日記』(影印本)第4卷, 福建教育出版社, 2002, pp.1716~1717.

은유적 소설을 잇달아 발표하였다. 소설 『형생荊生』[48]은 3명의 소년(천두슈, 호적, 첸쉬안퉁을 비유)이 문학 혁명에 대해 열띤 의론을 벌이고 공자와 낡은 도덕을 부정하는 등의 문제를 다루었다. 한창 흥미진진하게 의론을 벌이는 사이에 옆에서 이 모든것을 귀찮게 듣고 있던 포부가 큰 남자(쉬수정(徐樹錚, 1880~1925)을 비유)가 성큼 다가와 이들을 죽도록 때리자 이들이 줄행랑을 놓는다고 표현하였다. 다른 소설 『요몽妖夢』[49]에서는 백화학당白話學堂이라는 곳에서 교장 원서공元緒公, 교무장 전항田恒, 부교무장 진이세秦二世(채원배, 천두슈, 호적을 비유)의 이야기를 다루었다. 교무장 2명이 백화문을 제창하고 윤상倫常을 비판하였는데 교장은 이를 제지하지 않을 뿐 아니라 칭찬까지 한다. 하루는 요괴가 나타나 설명도 듣지 않고 세 사람을 통째로 삼켜버리자 세 사람이 더러운 인분으로 변하였다는 이야기이다. 소설 두 편에서 신문화 운동과 그 지도자들에 대한 공격은 극에 달하였다. 독자들은 작가의 의도를 바로 간파하였다. 린수林紓 등 세력의 은유적인 공격이 일시적인 것이 아니라 의도와 기대를 담고 있음을 알았다. 리다자오李大釗는 「신구사상의 격전新舊思潮之激戰」에서 "낡은 사람那些舊人"들은 "당당하게 새로운 것과 도리적으로 대항堂皇正大的立在道理上來和新的對抗"할 힘이 없어 "도리 외의 힘으로 싹 트기 시작하는 생각을 제거하려고 한다(想用道理以外的勢力, 來鏟除這一剛萌動的新機)"고 지적하였다. 이들은 "포부가 큰 장부에게 의존하여 막강한 세력(想抱著那位偉丈夫的大腿, 拿強暴的勢力)"으로 이들이 반대하는 사

---

48   發表於1919年2月17日上海『新申報』.

49   發表於1919年3月19~23日上海『新申報』.

람들을 제압하려고 하였다.[50] 린수林紓는 신문화 운동과 지도자들을 제압하기 위해 베이징대학 총장 채원배에게 편지를 보내는 등 사회적으로 명망이 높은 사람들을 통해 압력을 행사하였다. 편지에서 베이징대에서 새로운 것을 주장하는 교수들이 "가정을 배반하고 도덕과 윤리를 위배하는 것을 논의叛親蔑倫之論"하는 것을 제창하고 "공자와 맹자를 뒤집어 엎고 윤상을 제거한다(覆孔孟, 鏟倫常)"고 하였으며 "고서를 폐기하고 지역 방언을 문자로 시행한다(盡廢古書, 行用土語為文字)" 등의 내용이 포함됐다. "행위가 매우 악랄하고 포악하다人頭畜鳴"고 직접적으로 멸시하였다. 그는 학교는 이를 제지해야 하고 그렇지 않으면 "지위와 권력을 빌어 괴상한 교육을 실시한 것이다憑位分勢力而施趨怪走奇之教育."라고 말하였다. 또 채원배에게 "신경 써서 세속을 지켜야 한다(留意, 以守常為是)", "국민을 위해 그 발전 방향을 바로 잡아야 한다為國民端其趨向"라고 권고하였다.[51] 이 편지가 신문에서 공개되자 큰 반향을 불러일으켰다. 린수가 뒤에서 중상모략을 한 후, 공개적으로 도전장을 내민 상황을 보면 린수는 그리 호락호락한 인물이 아니다. 당시 "신문에는 참의원 장위안치(張元奇, 1862~1922) 등은 푸쩡샹(傅增湘, 1872~1949)을 만나 베이징대의 신조운동에 간여할 것을 요청하였다. 그렇지 않을 경우, 참의원은 탄핵하겠다는 내용을 게재하였다."[52] 당시 보수파들이 채원배를 가해할 것이라는 소문까지 돌았다.[53] 각종 조짐들로 미뤄 볼 때 이런 소문

50　『每周評論』第12號.

51　此信原載1919年3月18日『公言報』, 轉見於『新潮』1卷4號.

52　1919년 4월 1일 『申報』 참고, 이 글에서는 『每週評論』제17호, 『晨報』에서 게재한 『보수파 경고(警告守舊党)』 글을 인용.

53　『申報』, 1919年4月1日.

이 아예 근거 없는 것은 아니다. 정부당국에서 채원배의 베이징대 총장 직을 해지하고 천두슈陳獨秀, 호적, 첸쉬안퉁錢玄同, 류반눙劉半農 등 신문화 운동의 주요 지도자를 베이징에서 추방하겠다는 소문이 널리 알려졌다. 당시, 베이징대와 천두슈, 호적 등을 공격하는 비정규 신문이나 전단지가 많았다. 천두슈를 인신공격하는 등 악랄한 소문까지 퍼뜨렸다. 예를 들면 천두슈와 베이징대의 모 학생이 같은 기생에 빠졌는데 천두슈가 이를 알고 화가 난 나머지 그 기생의 아랫도리를 다쳤다는 소문 등이다. 뿐만 아니라 천두슈와 호적에게 익명의 협박 편지까지 보냈다. "대머리 천두슈와 터무니없는 호적 패거리들은 잘 들어라. 너희들이 이단으로 사람을 미혹하는 것이 황건군이나 백련교보다 더 악렬하다. 반역하고 멸시하며 서양의 것으로 신성한 것을 훼손하고 제멋대로 굴고 흉악한 위세를 떨치면서 스스로 잘났다고 생각한다. 사람과 신도 너희들을 증오하고 하늘과 땅이 너희들을 용서치 않을 것이다. 너희들의 생명은 작은 폭탄의 가치도 안된다. 어떤 사람은 헛된 돈을 써서, 너희들을 제거하여 개 우리에 가둘 것이다. 너희들은 소란을 피우나 사람들이 질책하는 일을 하고 있지만 견문이 없는 것이어서 죽이는 것은 아깝다. 권력이 내 손에 없으니 너희들이 조심하거라. 염라대왕을 만나 교육 좀 당해 봐야 정신차리지."[54] 겉으로 보면 막돼먹은 사람이 쓴 것 같지만 자세히 살펴보면 학문과 시사정치에 관심이 있는 사람이 쓴 것임을 알 수 있다. 당국과 보수파와 긴밀하게 연관된 사람이 쓴 내용임이 틀림없다. 이는 정부당국과 보수파들이 신문화 운동과 그 지도자들을 얼마나 증

54   耿雲志:『蔡元培與胡適』, 1988年紀念蔡元培誕辰120周年國際學術討論會論文, 載于 『論蔡元培』, 旅遊出版社, 1989年出版. 後收入『耿雲志文集』, 見該書 第394頁, 上海辭書出版社, 2005.

오하고 있는지를 잘 알 수 있고 속 시원하게 이들을 제거하려는 감정도 반영하였다. 또한, 당시 베이징정부 당국과 보수파가 베이징대와 총장 그리고 신파新派 교수들에게 얼마나 큰 압력을 가하고 있는지를 알 수 있다.

3월 18일, 채원배는 자신이 린수에게 보낸 답장을 『공언보公言報』에 발표하였다. 온화한 말투였으나 신문화 운동을 지지하는 태도는 매우 명확하였다. 먼저 "공자와 맹자를 뒤엎고 윤상을 제거한다(覆孔孟, 鏟倫常).", "고서를 폐기하고 지역 방언을 문자로 시행한다(盡廢古書, 行用土語爲文字)."라는 것은 사실이 아닌 모략이라고 하면서 반박하였다. 그 다음 정정당당하게 학교를 운영하는 원칙을 정중하게 밝혔다. 첫째로 대학은 "학설에 대해 전 세계 대학교의 관례를 본받고 '사상자유'의 원칙을 준수하며 모든 것을 두루 포용해야 한다. …… 어떤 학파든지 이치가 있고 근거가 있어서 자연적으로 도태되지 않은 것들은 서로 반대해도 자유롭게 발전할 수 있도록 해야 한다.", 둘째로 "교사는 교육을 위주로 해야 하고 학교에서는 첫 번째 주장을 위배하지 않는 선에서 강의해야 한다. 학교 밖에서는 자유롭게 말하고 행동할 수 있고 학교 입장에서는 이에 대해 참견하지 않으며 교사를 대신하여 책임을 지지도 않는다." 이런 원칙이 있기에 베이징대학에는 복벽을 주장하는 교사도 있고 언행에 신중치 못한 교사도 있었다. 전문 지식이나 기능을 갖추고 교육에 최선을 다하며 "학생들을 유도하여 학생들과 타락하지 않는並不誘學生而與之墮落" 교사이면 모두 허용할 수 있다.[55] 채원배가 밝힌 두 가지의

---

55 『공신보』및 임금남군에게 답함(致『公言報』並答林琴南君函)』. 이 글에서는 『5·4운동 문선(五四運動文選)』 224쪽 내용 참고(三聯書店, 1959). 浙江教育出版社는 1997년에 출판한 『채원배 전집(蔡元培全集)』에서 그 제목을 「임금남의 문책을 답함(答林琴南的詰難)」

근대 중국의 문화적 전환에 대한 연구

원칙은 모두 신문화의 전파에 유리하게 작용하였다. 두 번째 원칙의 경우, 대학교 교사의 언행과 대학교 자체를 구별하므로 대학을 보호하려는 미미한 의도도 있었다.

4월 31일 베이징대는 린수가 『신서보新申報』에서 신문화 운동과 그 지도자를 공격하는 소설을 발표하는데 협조하고 베이징대 교수를 헐뜯은 학생 장허우짜이張厚載를 퇴학시켰다. 이는 부당한 수단으로 신문화 운동을 반대한 사람에게 처벌한 셈이다. 그 전후에 『신보晨報』, 『국민공보國民公報』, 『베이징신보北京新報』, 『순천시보順天時報』, 『민치일보民治日報』, 『민복보民福報』, 『베이징익세보北京益世報』, 『민국일기民國日報』, 『시사신보時事新報』, 『신주일보神州日報』, 『유일일보唯一日報』(베이징), 『중화신보中華新報』(상하이), 『신민보新民報』(베이징), 『천보川報』(청두成都), 『저장교육주보浙江教育周報』 등 많은 신문사들은 린수 등 사람들을 비평하고 질책하는 글을 발표하였다. 천두슈陳獨秀와 리다자오李大釗가 창간한 『매주평론每週評論』에서는 신구 문화 충돌에 대한 평론을 2회에 거쳐 특집으로 발표하기도 하였다.[56] 이런 글들은 주로 학술적인 독립을 강조하고 사상자유를 주장하며 전제주의 및 모든 부정당한 수단으로 신사상, 신문화, 신교육을 제압하는 것을 반대하였다. 또 보수파에 반격을 가하는 한편 신문화 운동을 성원하였다.

비록 여론의 관심과 사회적인 성원이 있었으나 채원배蔡元培와 베이징대 그리고 신문화 운동의 지도자들이 받은 압력은 매우 컸다. 당시 가장 큰 공격을 받은 사람은 천두슈陳獨秀였다. 이는 그가 사회적으로

으로 수정, 적합하지 않음.

56　『每週評論』1919年4月13日 第17號, 4月27日 第19號.

인정받는 신문화 운동의 주요 지도자이기도 했고, 개인적인 언행이 신중하지 못했기 때문이기도 하였다. 이는 보수파가 가장 공격하기 쉬운 아킬레스건이었다. 베이징대학 내부적으로도 천두슈가 지나치게 극단적이라고 생각하였다. 게다가 베이징대 교수 중에는 지방주의 세력의 흔적이 남아있었다. 장쑤江蘇이나 저장浙江 출신 교수들은 자체적으로 파벌을 형성하였다. 당시 베이징 의학전문대학 총장을 맡은 탕얼허(湯爾和, 1878~1940)가 핵심인물이었다. 그는 계획과 권모술수에 능하고 신중하여 채원배 등도 탕얼허의 의견을 자주 듣는 편이었다. 베이징대학은 1919년 3월 1일에 평의회를 통해 문과와 이과 통합 교무처를 설치하고 그해 여름방학부터 실행하기로 의결하였다. 이는 문과와 이과 학장의 직위를 취소한다는 것을 의미한다. 이런 조치가 천두슈를 겨냥한 것인지는 알 수가 없다. 하지만 얼마 후에 이 조치를 미리 실행하기로 결정하면서 천두슈를 겨냥한 것임이 드러난다. 기록에 의하면 3월 26일 밤에 채원배는 비공식 간담회를 개최하였는데 이 자리에서 탕얼허가 앞장서서 천두슈를 신랄하게 비판하였다. 탕얼허는 당시에 "모군(천두슈를 가리킴-인용자)을 반대하는 이유는 그가 학교 학생과 함께 한 기생에 빠져 질투한 나머지 기생의 아랫도리를 손상시켜 화를 풀었다. 이런 소문이 돌고 있으니 대학 교수로서 어떻게 그럴 수가 있는가"[57]라고 자술하고 천두슈가 학교에서 떠나야 한다고 강력하게 주장하였다. 이로써 당시 일부 사람들이 대학교의 압력을 해소하기 위해 천두슈의 사퇴를 원하고 있음을 설명하였다. 탕얼허 등 사람들의 선동 하에 당시 진덕회進德會 발기인이자 진행자였던 채원배도 천두슈가 베이징대를 떠나도록

---

57   見湯爾和致胡適的信, 耿雲志編『胡適遺稿及秘藏書信』第36冊, 黃山書社, 1994, p.509.

결정을 내리는 수밖에 없었다. 이에 대해 호적만 탐탁치 않게 여겼다. 몇 년 후, 호적은 탕얼허의 일기에서 관련 내용을 읽은 후에도 여전히 내키지 않아 하였다.[58]

천두슈가 베이징대학을 떠난 것은 일시적으로 보수파의 베이징대와 신문화 운동에 대한 공격을 어느 정도 해소시키긴 하였지만 이들이 신문화 운동과 그 지도자들에 대해 적대시하는 것은 여전하였다. 5·4운동의 발발은 그들에게 더 매서운 보복의 기회를 마련하였다. 5·4운동은 학생들의 애국 운동이다. 몇 년 동안 신문화의 교육을 받고 민주, 자유, 평등을 갈망하는 청년들은 부패한 북양정부가 대외적으로 굴욕당하고 타협하는 모습에 분노하였다. 파리강화회의에서 중국 산둥 영토 주권이 박탈당하였다는 소식을 접한 베이징의 학생 수천 명이 자발적으로 시위를 조직해 산둥 주권의 상실에 책임이 있는 장쭝샹(章宗祥, 1879~1962)을 호되게 두들겨 패고, 차오루린(曹汝霖, 1877~1966)의 집에 불을 질렀다. 베이징당국의 학생 진압은 학생들의 분노를 더 키웠고 각계 애국지사들의 학생들에 대한 동정심을 이끌어냈다. 학생들이 수업을 거부하고 거리에 나가 연설하고 전단지를 배포하고, 단체를 조직하고 각 지역에 연락을 하면서 전국 규모의 애국 항의 운동으로 번졌다. 정부의 보수파와 사회의 보수파는 이런 국면을 초래한 것에 대한 직접적인 책임이 베이징대학과 신문화 운동의 지도자들에게 있다고 지적하였다.

5·4운동이 시작된 당일 저녁, 베이징정부 내각 총리 첸넝쉰(錢能訓, 1869~1924)은 학생 운동에 어떻게 대체할 것인가를 논의하고자 사택에서 긴급회의를 소집하였다. 베이징대학을 당장 해산하자는 의견도 있

---

58   見胡適致湯爾和的三封信, 同上書, 第20冊, pp.104~116.

었다. 이에 푸쩡샹傅增湘 교육총장은 자신의 직책을 내걸고 반대하였는데 얼마 지나지 않아 어쩔 수 없이 사직해야 하였다. 베이징대 채원배 총장은 그전에 이미 사직하고 베이징을 떠났다. 학생들의 항의와 각 지역의 성원은 점점 더 커져갔다. 5월 4일 당일 체포된 학생들은 석방되었으나 6월 3일, 베이징 학생들은 정부당국에서 차오루린曹汝霖, 장쭝샹章宗祥, 루쭝위(陸宗輿, 1876~1941)를 파면하라는 요구를 들어주지 않고 이들의 매국행위를 변명하고 꾸미는 것에 반대하자 20여 개 학교의 학생들이 수업을 거부하고 시위에 나섰다. 이에 정부에서는 천 명에 가까운 학생들을 체포하였다. 이런 사태가 발생한 것이 직접적으로는 정치적인 원인 때문이었으나 이는 신구 문화의 충돌이 격화된데 따른 필연적인 반영이며 보수파와 반동세력의 신문화 운동에 대한 보복행위의 연장선으로 풀이할 수 있다. 보수파들은 여전히 베이징대학을 해산시키려는 음모를 가지고 있었다. 채원배가 사직하고 베이징을 떠날 때 정부당국에서는 만류하지 않았다. 나라의 주권을 팔아먹은 책임이 있는 차오루린, 장쭝샹, 루쭝위가 압박에 못 이겨 사직하려고 할 때 쉬스창(徐世昌, 1855~1933) 총통이 재차 만류한 것과 대조되는 대목이다. 얼마 후에 정부에서는 후런위안(胡仁源, 1883~1942)을 베이징대 총장으로 임명하였다. 이에 베이징대 학생들과 교사들이 반대한 것은 당연한 일이다.

채원배가 학교를 떠나고 후런위안이 학교에서 거절당하는 상황에서 임시적으로 학교에 남아있는 사람이 있었으나 당시 동란 속에서 많은 것을 진행할 수는 없는 상황이었다. 베이징대학은 불안정적인 국면에 처하였다. 신문화 운동에 관심이 있는 사람이나 베이징대학에 관심이 있는 사람들이나 불안하기는 모두 마찬가지였다. 5월 7일 천두슈陳獨秀는 호적(당시 상하이에 있었음)에게 보낸 편지에서 5·4운동 당일에 발

근대 중국의 문화적 전환에 대한 연구

생한 상황을 간략하게 보고한 후, "아직 대학이 해산되지는 않았다. 하지만 일부 사람은 사회에서 본분을 지키지 않는 사람들이 자신들을 난처하게 만든다고 하여 그들은 점차 언론에서 실행하는 단계까지 들어서고 있다. 정당 방위를 위해서 방법을 강구해야 할 것 같다."고 하면서 "학생 30여 명이 체포되었다. 대학을 정돈하고 일간지 두 개와 주간지 하나를 처리하는 것은 예상한 일이다."라고 덧붙였다.[59] 5월 22일 황옌페이(黃炎培, 1878~1965), 장명린(蔣夢麟, 1886~1964)은 호적에게 보낸 편지에서 대학의 운명을 언급하였다. 이때 호적은 베이징대 교무사업을 유지하는 사람 중 한 명이었다. 편지에는 채원배가 학생들을 조치하지 않는다는 조건으로 이미 복직을 허락하였다고 설명하였다. 다른 문제가 없으면 대학은 아마 원상 복귀될 것이다. 하지만 그들은 여러 가지 준비를 하였다. 첫 번째 방안은 "뜻을 같이 하는 사람들이 않고 채원배 총장을 복직시키는 것이다. 그리고 난징대학의 설립에 최선을 다하고 …… 난징대학이 설립되면 베이징 신파가 남쪽으로 이전하고 베이징대학은 구파에게 남겨준다. …… 10년, 20년 후에 우열을 비교한다."이고, 두 번째 방안은 "베이징대학이 불행하게도 해산되면 남쪽에서 기관을 조직하고 편역국과 대학교 1학년과 2학년을 설립하여 다시 시작한다."이다. 마지막으로 "앞으로의 근거지를 위해 난징대학을 꼭 설립해야 한다. 이는 모두 알다시피 베이징에는 아직도 풍파가 있을 것이기 때문이다."라고 하였다.[60] 이틀 후, 장명린은 호적에게 또 편지를 띄워 단도직입적으로 "선생님은 베이징대학이 보존될 수 있을 거라고 생각하는가? 제가

---

59 호적은 4월말 상해를 방문하여 중국으로 방문하러 온 듀이를 만남, 5월 7일 북경에 돌아가지 않음. 인용문은 『호적 유고 및 비밀 서신(胡適遺稿及秘藏書信)』 35권, 567~568쪽 참고.
60 『胡適遺稿及秘藏書信』第37冊, pp.29~33.

볼 때 아쉬운 대로 참고 견디면 보전할 수 있을 것 같네 …… 만약 베이징대학이 보존될 수 없다면 미리 편지를 보내주세요. 우리는 선생님들이 상하이에 내려올 수 있도록 미리 준비할게요"라고 썼다.[61] 당시 상하이에서 『시사신보時事新報』의 편집장을 맡고 있던 장둥쑨張東蓀도 호적에게 편지를 보내 자신도 베이징대학과 신문화 운동의 변고에 대응하는 협상에 참여하였다고 밝히면서 호적에게 베이징에서는 이번 운동에 대해 어떤 계획을 가지고 있으며 교육의 측면에서 베이징대학은 어떤 계획이 있는지를 물었다.[62] 이런 자료들을 통해 당시 베이징대학과 신문화 운동이 매우 심각한 상황이었음을 엿볼 수 있다.[63]

모두 알다시피 베이징대학은 보존되었다. 장멍린이 먼저 베이징에서 교무사업을 대행한 후 채원배가 1919년 9월에 다시 베이징대학 총장으로 복직하였다. 베이징대학은 여전히 신문화 운동의 중심이었다. 신문화 운동은 한바탕 파동을 겪고 정치 운동의 힘을 빌어 급속도로 전국에 퍼졌다. 다른 지역에서도 신구 문화가 격렬하게 충돌하였다. 저장浙江과 후난湖南을 예로 들어 이 문제를 살펴보자.

저장浙江은 남송시대부터 문화교육이 흥성한 지역이었다. 청나라 말기부터 문화를 숭상하고 중시하는 사회 풍조가 더 강해졌다. 신문화 운동 중, 베이징대학에서 가장 활발하게 움직인 교수진 중 상당수가 저장浙江 출신이었다. 채원배 총장 외에도 천한장(陳漢章, 1864~1938), 천다

---

61 同上書, 第39冊, pp.417~419.

62 同上書, 第34冊, pp.218~219.

63 후에 호적을 대규모 비판하는 운동에서 일부 사람들은 전혀 근거 없이 호적이 신문화 운동과 북경대학을 파괴하기 위해 비밀리에 북경대학을 남쪽으로 이전하려고 한다고 함. 필자는 전문 글을 써 해당 사건을 정정했음. 「5·4운동 후, 소위 북경대학 남방 이전에 관한 문제(五四後所謂北大南遷的問題)」, 『團結報』 1988년 1월 5일 게재.

치(陳大齊, 1886~1983), 마쉬룬(馬敍倫, 1885~1970), 주시쭈(朱希祖, 1879~1944), 쳰쉬안퉁錢玄同, 저우쭤런(周作人, 1885~1967), 마위짜오(馬裕藻, 1878~1945), 선젠스(沈兼士, 1887~1947), 선인모(沈尹默, 1883~1971), 마인추(馬寅初, 1882~1982) 등이 있다. 베이징대학에서 공부를 하는 저장 출신 학생들도 많았다. 신문화 운동의 중심에 영향력이 있는 저장浙江 출신 인물들이 이렇게 많이 있었으니 저장 지역에서 큰 영향을 받아 신구 문화의 격렬한 충돌이 발생한 것은 당연한 일이라 하겠다.

　　저장浙江 지역에서 신문화 운동에 참여한 사람들은 당시 상황을 이렇게 회상하였다. 5·4운동이 발생한 후, 베이징 학생들이 저장浙江 항저우杭州에 내려옴으로써 현지에서 신문화 운동에 호응하는 청년들은 신문화 운동의 중심과 직접적으로 연결되었다. 또한, 저장 제1사범학교는 진보인사 징헝이(經亨頤, 1877~1938)의 지도 하에 총장의 '4대 금강四大金剛'이라 불린 천왕다오(陳望道, 1891~1977), 샤몐쭌(夏丏尊, 1886~1946), 류다바이(劉大白, 1886~1932), 이차구(李次九, 1870~1953) 등 새로운 사상을 가진 교사를 영입하였다. 신문화를 옹호하는 총장과 교사가 있으니 학생들도 자연스레 따라가기 마련이었다. 일부 학생들은 학교에 신서新書판매점을 설치하였고 『신청년』, 『매주평론』, 『신조』 등 간행물은 이 곳에서 전파됐다. 저장 제1중학교와 저장 갑종공업전문학교는 제1사범학교와 비슷한 위치에 있는 학교였다. 제1중학교의 학생 처멍지(查猛濟, 1902~1966), 롼이청(阮毅成, 1905~1988)과 공업전문학교의 선나이시(沈乃熙, 1900~1995; 沈端先, 하연夏衍), 니웨이슝(倪維熊, 1900~1970) 등은 1919년 10월에 간행물 『쌍십雙十』을 창간하였다. 『선언宣言』은 "'신사조新思潮'를 전파하는 것에 최선을 다하는 한편 지도자 위치에 있는 보수파에게 간절하게 권고하여 점차 새로운 사상으로 낡은 것을 대체하도록 하겠다."라고 밝혔다.[64] 2회 발행된 후, 제1사범학교 학생 스춘퉁(施存統, 1898~1970), 푸빈란(傅彬然, 1899~1878) 등이 가입하였을 뿐만 아니라 종문宗文중학교의 학생 3명이 가입하여 총 28명으로 늘어났다. 참여하는 사람이 많아지자 『쌍십』을 『저장신조浙江新潮』로 개명하기로 결정하였다. 해당 간행물에서 선언한 4대 취지를 통해 청년들이 신사조의 영향을 얼마나 깊이 받았는지를 알 수 있다. 첫째는 '인류 생활의 행복과 진화 추구謀人類生活的幸福和進化', 둘째는 '사회개조改造社會', 셋째는 '근로자의 자각과 연합 촉진促進勞動者的自覺和聯合' 넷째는 '현재의 학생, 노동계에 대한 조사, 비평, 지도(對於現在的學生界, 勞動界加以調査, 批評和指導)'였다.[65] 해당 간행물의 제2기에 발표된 스춘퉁의 『비효非孝』는 큰 반향을 일으켰다. 유감스럽게도 이 글의 원문은 찾을 수가 없다. 하지만 스춘퉁이 10개월 후에 발표한 회고 글에서 『비효』의 대략적인 의미를 엿볼 수 있었다. 스춘퉁은 1919년 10월 모친이 위중하다는 소식을 듣고 급히 집으로 돌아갔다고 술회하였다. 집에 도착해서 보니 모친의 생활을 보살펴 주는 사람도 없고 진료도 받지 못해 매우 비참한 처지였다. 모친이 치료를 받아야 된다고 부친께 말씀드리자 부친은 도리어 모친의 수의를 만들고 장례를 치러야 하니 돈을 아껴야 한다고 하였다. '효도'에 따르면 아버님의 명을 거역할 수 없고 마찬가지로 '효도'에 따르면 모친의 병을 치료하고 보살펴 드려야 하였다. 진퇴양난인 셈이다. 어쩔 수 없이 마음을 굳게 먹고 학교로 돌아갔다. 그는 이 일로 큰 충격을 받았다. 극렬한 모순과 고통 속에서 그는 몇 가지를 깨달았다. "첫째, 사유재산은 모든 죄

64　『浙江之文化運動』, 原載 『時事新報』 1919年10月27日, 轉引自 『五四時期的社團』 第3卷, 三聯書店, 1979, p.128.

65　『發刊詞』, 『浙江新潮』 第1期, 『五四時期的社團』 第3卷, pp.124~126 재인용.

악의 근원이다. 공산주의 세상이었으면 공공 병원이 있기에 모친이 병을 앓아도 병원에서 치료를 받을 수 있어 죽기 전까지도 무슨 병인지 모르는 지경에는 이르지 않을 것이고 작은 병이 큰 병으로 악화되지도 않을 것이며 보살펴줄 사람조차 없는 고통도 없을 것이다. 둘째, 가정제도는 명분주의를 이용하여 많은 죄악을 초래하였다. 만약 부친과 내가 명분 관계가 아니었다면 모친의 일을 자유롭게 처리할 수 있었을 것이다. 부친은 명분을 내세워 내가 아무것도 하지 못하도록 중간에서 방해만 한다. 셋째, '효'는 인성을 해치는 노예 도덕이다. 이런 도덕의 속박이 없으면 부친의 이런 부당한 행동에 격하게 반항했을 것이다. 하지만 평소에는 부모와 자녀 간에 행복했을 것이다. 넷째, 부모와 자녀의 관계가 없으면 모든 사람이 친애하고 생로병사에도 언제든지 보살피는 사람이 있어 멀리서 지내는 가족들이 급하게 돌아가지 않아도 된다."[66] 이런 각오가 『비효』에서 구현되었음을 미루어 짐작할 수 있다. 또한, 『비효』에서는 "인류는 자유, 평등, 박애, 상조해야 한다. '효'의 도덕은 이것과 일치하지 않는다. 이에 우리는 '효'를 반대해야 한다."라는 관념이 드러난다.[67] '효'가 낡은 도덕의 핵심이라는 것은 이미 여러 번 지적한 바 있다. 스춘퉁은 저장浙江에서 낡은 도덕의 핵심을 최초로 공격한 사람이었다. 『비효』의 발표는 보수파 세력의 거센 반대를 불러왔다.

저장浙江의 교육과 문화계는 원래부터 좀 답답한 분위기였다. 5·4운동 후에 저장교육회 회장이자 저장 제1사범학교 총장인 징헝이經亨頤는 학생들에게 새로운 책과 신문을 읽는 것을 허용하고 백화문을

66　『22년 동안의 자신을 돌아봄(回頭看二十二年來的我)』, 『민국일보·각성(民國日報·覺悟)』 1920년 9월 23일 게재, 『5·4시기의 사단(五四時期的社團)』 3권 135쪽 인용.

67　同上書, 136쪽.

교재로 선택했으며 학생들의 자치권도 허용하는 등 교내에서 가장 먼저 개혁을 단행하였다. 이는 저장성 정부당국과 의회, 기타 학교 책임자 중에서 보수파 세력의 질시와 불만을 일으켰다.『비효』의 발표는 그들에게 보복의 좋은 기회를 마련해 주었다. 우선 저장성 경찰청은『저장신조浙江新潮』의 출판, 발행, 우편으로 전송하는 것을 금지하였다. 다음, 저장성 독군督軍인 루융샹(盧永祥, 1867~1933), 성장인 치야오산(齊耀珊, 1865~1946)에게 제1사범학교를 조사할 것을 명령하였다. 또한, 베이징의 대통령, 국무원 및 내정부와 교육부에 보고하였다. 이들이 정한 죄명은 "사회개조, 가정혁명을 주장하고 노동을 신성한 것으로 여기며 충효를 죄악으로 삼는다(主張社會改造, 家庭革命, 以勞動為神聖, 以忠孝為罪惡)"였다. 주목해야 할 점은 이를 빌미로 "조사를 해 보니 이런 황당무계한 논리가 저장성에서 시작된 것은 아니다. 전국에서 높이 평가하는 베이징대학에는『신조新潮』잡지가 판을 치고 있고, 이밖에도『신사회新社會』,『해방과 개조解放與改造』,『소년중국少年中國』등 잡지와 상하이『시사신보』는 사회를 개조하고 낡은 도덕을 뒤엎는 것을 기치로 하고 있다."라고 비판하였다는 점이다.[68] 국무원은 이에 대해 각 성省에 비밀전보를 보내 이런 상황을 예의주시할 것을 당부하였다. 비슷한 상황이 적발되면 바로 조치할 것을 명령하였다. 저장성 교육당국은 징헝이가 사퇴하도록 압력을 가하였다. 징헝이는 굴복하지 않았다. 당국이 징헝이를 제1사범대학에서 다른 곳으로 인사발령을 내리자 스춘퉁 등 몇몇 주요 학생들은 항저우를 떠날 수밖에 없었다. 그 후, 스춘퉁은 다이지타오(戴季

---

68   見『盧永祥致大總統等密電』, 轉引自『五四時期的社團』第3卷, p.142.

陶, 1891~1949)의 도움을 받아 일본으로 갔다.[69] 『비효』가 일으킨 풍파는
당시 신구 문화와 신구사상 도덕의 충돌을 전형적으로 반영하였다.

후난 지역의 경우, 무술유신운동과 신해혁명의 시련을 거친 지식
인 특히 젊은 지식인들이 항상 신문화 운동의 앞장에 서 있다. 5·4운동
전에 창사長沙에는 이미 일부 청년들이 활발하게 움직이고 있었다. 제1
사범학교에서 교사로 있던 양창지(楊昌濟, 1871~1920)가 베이징대학에 교
수로 재직하면서 신문화의 중심에 몸담자 사상 공부에 열심인 그의 학
생들은 일찍부터 『신청년』 등 간행물을 접하기 시작하였다. 이들의 사
상은 급속히 변화하기 시작해 1918년 4월 신민학회新民學會를 창립하
였다. 학회의 핵심인물은 마오쩌둥(毛澤東, 1893~1976)이었다. 학회의 취
지는 "학술을 혁신하고 품행을 갈고 닦으며 인심풍습을 개량하자(革新
學術, 砥礪品行, 改良人心風俗)"이었다.[70] 마오쩌둥의 「신민학회회무보고新
民學會會務報告」1호는 마오쩌둥 등의 더욱 더 급진적인 주장이 있었으
나 많은 사람들이 찬성하지 않아 포함시키지 않았다고 하였다. 신민학
회의 활동은 후난 지역에서 큰 영향을 일으켰다. 우선 그들이 프랑스
로 가서 일하면서 공부를 하도록 청년들을 조직하고 호소한 것이 큰 성
공을 거두었다. 프랑스 유학은 많은 혁명가를 배출하였다. 그 다음으로
는 5·4운동 후반에 반일反日과 반군벌反軍伐의 대중애국운동을 추진하
고 지도하는 것에 적극적으로 참여하였다. 셋째는 간행물을 창간하고
문화서사文化書社를 조직하였다. 『신청년』 보도에 의하면 5·4운동 후,
창사長沙에 많은 새로운 간행물이 창간되었다고 한다. 『상강평론湘江評

---

69   石川禎浩 著, 袁廣泉 譯, 『中國共產黨成立史』, 中國社會科學出版社, 2006, p.286.
70   『新民學會會務報告』第1號, 轉引自 『五四時期的社團』第1卷, p.575.

論』,『신호남新湖南』,『여계종女界鐘』,『악록주간嶽麓周刊』,『명덕주간明德周刊』,『체육주간體育周刊』 등이다.[71] 이 가운데서 마오쩌둥이 편집장을 맡은『상강평론』의 영향력이 가장 컸다. 당시『매주평론』의 편집장을 맡고 있던 호적은 이렇게 소개하였다. "『상강평론』의 장점은 평론이다.『상강평론』의 제2, 3, 4회에 게재된「민중의 대연합」은 식견이 넓고 통쾌하게 의론을 펼쳐 현재에도 중요한 자료가 되는 글이다. 또한 후난의 신운동을 설명한 "저장대사술평浙江大事述評" 칼럼은 우리들로 하여금 무한한 낙관을 느끼게 하였다. 무인武人이 통치하는 지역에서 이런 좋은 '형제'가 배출되다니 뜻밖의 기쁨이다."[72] 마오쩌둥은『민중의대연합民衆的大聯合』에서 사회를 개조하는 "근본적인 방법은 민중이 연합하는 것이다(根本的一個方法, 就是民衆的大聯合)"라고 지적하였다. 또한 그는 "역사적으로 모든 운동은 사람들의 연합에 의해 발생하였다. 큰 운동일수록 큰 연합이 필요"함을 알았다.[73] 그는 농민들은 연합해야 하고 학생과 교사도 연합해야 하며 부녀들도 연합해야 하고 각계 대중들도 연합하여 전국적인 대연합을 이루어야 된다고 호소하였다. 이 글을 통해 우리는 마오쩌둥이 이미 10월혁명의 영향을 받았음을 알 수 있다.『상강평론』의 의론은 통치당국의 두려움과 경계심을 일으켜 5회 출판된 후 간행물이 금지당하였다. 1920년 여름에 신민학회는 이미 문화서사를 조직하였다. 이때 이미 10월혁명을 잘 알고 있었다.『문화서사 발기發起

---

71 見『新青年』7卷1期『社會調査·長沙社會面面觀』.

72 胡適:『介紹新出版物:『建設』,『湘江評論』,『星期日』』, 見『每週評論』第36號(1919年8月24日).

73 "(歷史上的運動, 不論是哪一種, 無不是出於一些人的聯合; 較大的運動必有較大的聯合)."『民衆的大聯合』(一),『湘江評論』第2號.

文化書社』에 관한 보도에서 진정한 신문화는 러시아에서 이제 막 시작되었다고 지적하였다. 문화서사를 시작하게 된 이유에 대해 이들은 "새로운 사상이 없기에 새로운 문화가 없고 새로운 연구가 없기에 새로운 사상이 없으며 새로운 자료가 없기에 새로운 연구가 없다고 생각한다. 지금 후난 사람들은 배보다 머리가 더 기아에 허덕이고 있다. 청년들은 특히 더 이런 먹을 것이 필요하다. 문화서사는 청년과 전체 후난 지역민들이 새로운 연구를 하는 자료로 쓸 수 있도록 가장 빠르고 가장 간편한 방법으로 중외 최신 서적과 잡지를 소개하길 원하였다. 이로써 새로운 사상, 새로운 문화의 생성을 이끌 수도 있을 것이다. 이는 우리가 가장 바라고 기도하는 일이기도 하다."[74] 문화서사의 활동은 큰 성과를 거둔 동시에 큰 영향을 미쳤다. 「문화서사 제1차 영업보고」에 의하면 9월 9일 영업을 개시하고부터 10월 20일까지 총 42일 동안 164권의 서적과 45권의 잡지, 3종의 일간지日報를 판매한 것으로 나타났다. 이중에서 『신청년』 8권 1호는 165부, 『노동계』 1~9호는 각각 130부, 일간지는 『시사신보』가 가장 많은 65부가 판매됐다. 서적의 경우, 『루소정치이상羅素政治理想』이 30부, 호적의 『상시집嘗試集』이 40부 판매되었다. 2차 영업보고에는 『신청년』이 2천 부, 『노동계』가 5천 부, 일간지의 경우 여전히 『시사신보』가 가장 많은 75부 판매된 것으로 집계됐다. 서적의 경우, 『마르크스자본론입문馬格斯資本論入門』 200부, 『듀이5대강연杜威五大講演』 220부, 『중국철학사대강中國哲學史大綱』 80부, 『상시집嘗試集』 140부, 『백화서신白話書信』 180부가 판매되었다.[75] 이상의 판매통계를

---

74   『發起文化書社』, 原載長沙 『大公報』 1920年7月31日, 轉引自 『五四時期的社團』 第1卷, pp.44~45.

75   『五四時期的社團』 第1卷, pp.53~54, 62~64.

통해 당시 독자들의 심리적 동향을 엿볼 수 있다. 넷째, 장징야오(張敬堯, 1881~1933)를 몰아내는 운동을 추진하여 성공하였다. 장징야오는 베이징 정부의 환계皖系 군벌 중 일원으로 1918년 3월에 후난을 통치하기 시작하면서부터 나쁜 일을 저질러 사람들의 원망을 샀다. 1919년 8월 장징야오는 『상강평론』을 금지하라는 명령을 내리는 한편 후난성 학생연합회를 해체시켰다. 당시 마오쩌둥 등은 장징야오를 제거하는 문제를 고민하였다. 12월 막 복구된 후난성학연學聯이 2차 일본 제품 소각시위를 소집하자 장징야오는 무력으로 진압하라는 명령을 내렸고, 이는 후난 사람들의 분노를 폭발시켰다. 마오쩌둥과 신민학회 일부 회원들은 장징야오를 몰아내는 운동에 적극적으로 동참하고 이끌었다. 우선 먼저 대규모로 수업을 거부하고 대표를 선발하여 베이징, 광저우, 상하이 등 지역과 연락하여 각 지역의 지원을 이끌어냈다. 1920년 6월 각계 규탄과 직계군벌, 그리고 후난군의 협공 하에 장징야오는 끝내 후난에서 쫓겨났다.

신문화 운동에서 신구 문화의 충돌은 급격하게 정치적으로 표출되었는데 이는 후난 지역의 특징으로 볼 수 있다. 또 다른 특징은 여성 해방의 문제에서 반영되었다.

1919년 11월 장사의 한 젊은 여성 자오우전趙五貞이 부모의 정략 결혼에 반대하며 신부맞이 가마에서 자살하는 사건이 발생하였다. 이 사건은 사회적으로도 큰 반향을 일으켰다. 장사 『대공보大公報』, 『여계종女界鍾』 등 신문은 많은 글에서 이 사건을 다루면서 낡은 혼인제도, 낡은 윤리 도덕 심지어 낡은 사회에 대해 맹렬한 비평을 가하였다. 마오쩌둥은 이 사건에 대해 9편의 글을 발표하였다. 그는 "이 사건의 배후에는 부패한 혼인제도, 암담한 사회제도, 독립적이지 못한 의지, 자유롭

지 않은 연애가 있다."라고 지적하였다. 자오우전을 죽인 죄악적인 제도
는 수많은 여성들을 죽일 수 있고 심지어 남성들도 죽일 수 있다. 이에
이 비극을 "사회의 모든 죄악社會萬惡"이라고 귀납하였다.[76] 『여계종』의
한 문장에는 자오우전이 "자유롭지 않으면 죽기보다 못하다(不自由, 毋
寧死)"라는 고귀한 정신을 표현하였다고 지적하였다. 1920년 봄, 창사長
沙에 사는 리신수李欣淑이라는 여성이 정략 결혼에 항의하며 가출하는
사건이 또 발생하였다. 이씨가 정략 결혼할 미혼부가 병으로 죽자 그녀
의 부모는 그녀에게 '까막과부望门寡'가 될 것을 강요하였다. 그 후에 경
제적으로 손해를 볼 것 같다고 생각한 이들은 딸을 돈 많은 집에 시집
보내려고 강요하였다. 이씨가 굴복하지 않고 가출하여 베이징으로 도
망쳤다. 당시 여론은 이런 이씨의 행동을 높이 평가하였다. "작년에 죽
음을 택한 조씨는 소극적인 방법으로 늙은이의 헛된 꿈에만 영향을 주
었을 뿐 청년들의 모범이 될 수 없다. …… 지금 가출한 리신수 여사는
불굴의 정신으로 분투하는 생활을 선택해 가정의 습관과 교육의 울타
리를 뛰어 넘었다. 그녀에게는 확실하게 새로운 사상이 있고 세상을 사
랑하는 인생관이 있으며 적극적인 방법과 실천하는 용기가 있다. 그녀
의 영향은 …… 신청년 측면에서 우리들에게 큰 교훈을 준다. 조씨의 영
향력보다 더 크고 더 중요하며 더 절실하다."[77] 조씨의 죽음은 일종의
항의로 세상 사람들을 깨우치는 역할을 하였다. 하지만 사람들에게 출
구를 제시하지는 않았다. 이씨의 행동도 항의이지만 그녀는 사람들에

---

76 毛澤東, 『""社會萬惡"與趙女士』, 原載長沙 『大公報』 1919年11月21日, 轉引自中華全國
    婦女聯合會編: 『中國婦女運動史』, 春秋出版社, 1989, p.104.
77 『李欣淑女士出走後所發生的影響』, 長沙 『大公報』 1920年2月28日, 轉引自 『中國婦女
    運動史』, p.105.

게 분투하고 자유를 쟁취하라는 길을 알려주었다. 이씨의 시범적인 의미는 매우 크다. 베이징에 도착한 그녀는 고향 사람인 리진후이(黎錦暉, 1891~1967)의 도움을 받았다. 리진후이는 공부를 하길 원하는 그녀를 위해 호적을 찾아가 도움을 청하였다. 호적은 이씨에게 도움을 주겠다고 대답하였다. 이씨가 호적에게 보낸 편지에서 "이번에 가출하게 된 원인 중 하나는 부모가 결혼을 강요하였기 때문이고, 다른 하나는『신청년』 잡지 5권을 본 후, 저는 저의 환경이 만족스럽지 않았습니다."라고 하면서 눈병이 나서 당분간 입학할 수 없다고 하였다. 그녀는 자신에게 돈을 주면서 우선 병을 고치라고 한 리진후이에게 감동하였다. "우연히 만난 사람인데 부모처럼 보살펴 주었다. 과거의 낡은 도덕에는 없는 부분이고, 할 수 있는 사람이 있어도 하지 않을 것이다. 이는 새로운 사상의 상부상조 정신이며 이런 좋은 시기에 만난 나는 불행 중 다행이다."라고 밝혔다.[78]

또 다른 사례가 있다. 후난에는 이쭝쿠이易宗夔라고 하는 매우 유명한 정치 활동가가 있었다. 그는 국회의원이었기에 베이징에서 거주하였다. 막내 딸 이췬셴易群仙은 젊은 나이였다. 새로운 사조의 영향을 받았기 때문에 가정생활이 자유롭지 못하다고 느꼈으나 새로운 사상에 대해 잘 알지 못했고 방황하던 차에 가출하였다. 처음에는 서로 돕고 공부하는 공독호조단工讀互助團의 생활에 참여하였다. 공독호조단 활동이 성공하지 못하자 자신의 견해가 없던 이 소녀는 더 방황하게 됐다. 가족과의 사이가 더 악화되고 혼자 밖에서 생활하면서 많은 소문들이 난무하여 한동안 정신적인 충격을 받기도 하였다. 리진후이와 호적은 이 소

---

78   『胡適遺稿及秘藏書信』第28卷, pp.214~215.

녀에게 많은 도움을 주었다.[79] 이췬셴은 조씨와 이씨와의 경우와는 달랐다. 조씨는 죽음으로 낡은 문화와 낡은 도덕에 항의했고, 이씨는 가출로 낡은 문화와 낡은 도덕에 항의하면서 자유를 쟁취하였다. 이췬셴의 경우, 신구 문화와 신구도덕의 충돌 속에서 죽음이라는 소극적인 항의는 하기 싫고 적극적으로 실행 가능한 새로운 방법도 강구하지 못한 상황이었다. 그녀의 정신적인 방황은 이런 충돌의 반영이자 이런 충돌로 인한 대가이기도 하다.

4. 신문화 운동의 사회적 기초

호적은 1925년 우창武昌대학에서 「신문학 운동의 의미新文學運動之意義」를 강연할 때 "신문학 운동은 한 사람이 제창하는 것도 아니고 최근 8년 동안 제창한 것도 아니다. 신문학 운동은 역사적인 운동이다. 우리 소수의 사람들은 이런 추세를 인정하고 일반인이 이를 이해하도록 도움을 줄 뿐이다. …… 신문학 운동은 근거없이 발생한 것도 아니고 소수의 사람들이 만들어낸 것도 아니다."고 말하였다.[80] 여기서 말하는 것은 문학 혁명운동이다. 신문화 운동도 마찬가지로 역사적이고 사회적인 토대가 있다.

신문화 운동의 역사적인 기원에 대해서는 앞에서 다루었으므로

---

79   『胡適遺稿及秘藏書信』第29卷, 「易宗夔致胡適的信」, pp.390~392;「易群仙致胡適的信」,
      pp.393~400. 第38卷,「趙世炎致胡適的信」, pp.462~472;第39卷,「黎錦暉致胡適的信」,
      pp.546~553.「陸鼎恒致胡適的信」, pp.556~559.

80   『胡適全集』第12卷, pp.83~84.

여기서는 신문화 운동의 사회적 토대에 대해 중점적으로 논의하기로
하겠다.

사회적 토대를 논의하려면 당시의 경제발전 상황을 짚고 넘어갈
필요가 있다. 이것은 경제발전 상황이 모든 사회활동의 기반이기 때문
이다.

현대 일반적인 경제학자들은 중화민국 건국 후 10년은 중국 경제,
특히 산업경제가 급성장한 시기라는데 이견이 없고, 어떤 사람은 '황금
시기'라고도 한다. 통계에 따르면 1921년 6월 농상부農商部에 등록된 근
대 기업은 794곳, 자본총액은 3억 2182만 위안으로 중화민국 건국 전에
비해 각각 1배, 2배 증가하였다.[81] 근대 학자의 연구에 의하면 국내 민족
자본 산업교통기업의 자본액은 1913년에 2억 8741만 위안, 1920년에
는 5억 7977만 위안으로 7년 동안 1배 증가한 것으로 나타났다.[82] 근대
산업기업 발전의 직접적인 결과는 도시의 발전과 농촌인구의 도시 이
주이다. 도시로 이주한 사람들은 상업에 종사하거나 기술직에 종사하
거나 기타 사회사업에 종사하였다. 기술직의 경우, 일부에서는 1913년
중국 공업 근로자를 50~60만 명으로 추정하였고,[83] 117만 명으로 추정
하는 통계도 있다.[84] 후자의 통계 추정이 약간 높게 나타났다. 1919년 즈
음에 근로자 규모가 급증하였다. 그 규모에 대한 통계도 다양하였다. 류
리카이(劉立凱, 1916~1991)와 왕전(王眞, 1908~1993)은 1919년 중국 산업 근
로자 수를 약 260만 명으로 추정했고, 장쭝런張宗仁은 190만 명으로 추

81   『五四愛國運動檔案資料』, 中國社會科學出版社, 1980, pp.2~11.

82   許滌新, 吳承明, 『中國資本主義發展史』第1卷, 人民出版社, 1999, pp.1046~1047.

83   汪敬虞, 『中國近代工業史資料』第2輯「序言」, pp.38~39.

84   中華全國總工會中國工運史研究室編, 『關於解放前中國產業工人人數發展變化的初步

정했으며, 프랑스인 세노는 149만 명으로 추정하였다.[85] 도시 근로자 규모가 증가되었다는 것만 알 수 있을 뿐 기타 상업 종사자와 다른 사업 종사자에 대한 통계는 찾지 못하였다. 하지만 그 규모는 크게 증가했을 것으로 추정된다. 도시 인구의 급성장은 다양한 서비스 사업과 문화 교육 사업의 발전을 촉진하기 마련이다. 도시인구와 농촌인구의 생활방식이 크게 다르기 때문이다. 도시인은 물질생활과 정신생활의 수요를 포함하여 다양한 수요가 있다. 도시생활 특히 연해지역, 하천 지역, 주요 교통노선이 있는 도시에 생활하는 사람들은 외부와 긴밀하게 연결되어 있어 새로운 사물, 새로운 사상, 새로운 관념을 받아들이기 쉽다. 도시에는 다양한 매개체와 전파 경로가 이들의 수요를 만족시킨다.

중화민국 설립 후 10년간 교육사업이 크게 발전하였다. 중화민국 원년 293만 명이었던 전국 각 학교의 학생수는 1920년을 전후로 518만 명으로 늘어난 것으로 집계됐다.[86] 당시 초등교육이 특히 빠르게 발전하였다. 1912년 86,300곳이었던 초등학교가 1915년에는 129,400곳으로 늘어났다. 초등학교 학생은 1913년에 279만 명이었고, 1919년에는 484만 명으로 늘어났다.[87] 위안시타오(袁希濤, 1866~1930)의 통계에 의하면 1915~1916년 411만 명이었던 초등학교 재학생이 1919~1920년에는 572만 명으로 늘었다.[88] 신문화 운동에서 신사조의 영향을 받고 다양

估計』(未刊稿), 轉引自劉明逵編: 『中國工人階級歷史狀況』第1卷第1冊, 中共中央黨校出版社, 1985, p.89.

85   劉明逵編, 『中國工人階級歷史狀況』第1卷第1冊, pp.89~112.

86   舒新城, 『中國近代教育史資料』上冊, 人民教育出版社, 1961, pp.366~367.

87   同上書, p.368, 383.

88   袁希濤, 『五十年來中國之初等教育』, 申報館: 『最近之五十年』, 上海書店, 1987年影印本.

한 형식으로 운동에 참여한 사람들은 대다수가 중등 이상 교육을 받은 사람들이었다. 중등과 대학교 교육 발전의 상황을 살펴보자. 한 통계에서 1915년 중학생은 69,770명(여학생 948명)에 그쳤다.[89] 또 다른 통계에 의하면 1918~1920년 중학생 수는[90] 1배 가까이 증가한 132,432명으로 늘어났다. 이에 비해 대학교 교육은 많이 뒤쳐진 편으로 1921년 전문대 이상 학교의 학생 수는 25,948명에 그쳤다.[91]

위에서 언급한 숫자는 재학생 수이다. 청나라 말기부터 중등 이상 교육을 받은 사람까지 감안하면 신문화 운동 기간 중등 이상 교육을 받은 사람은 총 수십 만 명 이상으로 집계됐다. 이들 중 대다수가 새로운 사상의 영향을 받아들이고 신문화 운동을 동정하고 지원한 것임을 추측할 수 있다. 4억 인구 중에서 수십 만 명이니 소수라고 할 수 있으나 이러한 수십만 명의 절대다수가 사회적인 추세를 이끌어가는 연해지역, 하천지역, 주요 교통노선이 지나는 도시에 집중되어 있다는 점을 감안하면 이들이 발휘할 수 있는 역할은 결코 무시할 수 없다.

지식분자로 불리는 수십만 명 중 일부는 유학경험이 있거나 외국을 견학하고 방문한 경험이 있던 사람이다. 이들은 교육계, 신문출판계, 금융계, 실업계 혹은 기타 사회 사업 부서에 종사하였다. 이들 중 일부는 신문화의 각 분야에서 지도자 역할을 하였다.

신문화 운동이 단기간에 이렇게 큰 진전을 거둘 수 있었던 것은 청나라 말기의 혁명이 개혁 운동과 밀접한 연관이 있기 때문이다. 혁명

---

89   廖世承, 『五十年來中國之中學教育』, 同上書.

90   舒新城, 『中國近代教育史資料』上冊, p.377.

91   郭秉文: 『五十年來中國之高等教育』, 見申報館: 『最近之五十年』, 上海書店1987年影印本. 이 글에서 데이터는 곽병문이 제공한 전문대 이상 학교 학생 숫자를 합계한 것임.

과 개혁 운동이 신사상이나 신학설의 소개, 전제주의 낡은 전통에 대한 비판, '사학혁명史學革命', '소설혁명小說革命', '시계혁명詩界革命'과 백화문의 기본적인 제창 등 신문화의 성장을 위해 보편적인 사회적 기반과 문화 축적을 했을 뿐만 아니라 혁명과 개혁 운동의 여러 지도자 거의가 신문화 운동의 적극적인 동정자同情者와 지원자가 되었다.

먼저 개혁파를 살펴보자.

무술변법이실패한 후, 양계초는 개혁 운동의 가장 중요한 대표주자가 되었다. 양계초가 청나라 말기 사상계몽 운동에서 막대한 역할을 발휘했음은 모두가 아는 사실이다. 신문화 운동의 지도자들 중 대다수가 그의 영향을 받았다. 이에 이들은 양계초를 신문화 운동의 선구자로 인정하였다. 신문화의 발흥은 그와 직접적인 관계가 있다고 해도 과언이 아니다. 양계초 본인도 신문화를 적극 지원하였고, 백화문白話文, 백화로 쓴 새로운 시白話新詩를 특히 좋아하였다. 호적의 『상시집嘗試集』을 읽은 후, 그는 "이런 감탄과 기쁨은 처음 느껴본다(歡喜贊嘆, 得未曾有)"라고 밝혔다.[92] 그는 새로운 사상, 새로운 도덕에 대한 제창에 대해서도 약간은 주저하는 심정을 밝혔지만 전체적으로 동정하고 지지하였다. 그와 그의 지인들이 창간한 잡지 『해방과 개조解放與改造』는 신문화의 중요한 기지로 간주되었다. 많은 청년들은 이 잡지와 『신청년』 등 간행물을 신문화를 고취하고, 신사상이나 신도덕을 제창하는 정신적인 양식으로 삼았다. 양계초가 『해방과 개조』를 위해 확정한 취지에서 "세계의 사조를 소개介紹世界思潮한다."라고 강조했고 사상적인 통일을 반

---

92   「梁啓超致胡適的信」, 『胡適遺稿及秘藏書信』第33冊, p.15.

대하였다.[93] 이는 신문화 운동 지도자의 주장과 일치한다. 이 시기의 개성주의에 대한 강조[94], 중서문화 결합으로 중국의 신문화를 창조해야 한다는 주장[95]은 신문화 운동 지도자들의 주장과 비슷하거나 일치한다.

양계초의 뒤를 이어 오랫동안 개혁 운동에 종사한 장둥쑨張東蓀은 『해방과 개조解放與改造』의 주필이자 『시사신보時事新報』의 주필이었다. 이런 간행물과 신문은 신문화 운동의 중요한 여론 기관이었다. 장둥쑨 본인도 호적이나 천두슈陳獨秀가 지도하는 신문화 운동을 동정하고 지원을 아끼지 않았다. 앞에서 언급했듯이 5·4운동 후, 베이징대학이 큰 풍파를 겪을 무렵 장둥쑨은 호적에 많은 관심을 가지고 편지를 보낸 적도 있었다. 그는 장멍린張蒙麟, 황옌페이黃炎培 등과 함께 베이징대학의 신파新派 교수들에게 도움을 주는 계획에도 참여하였다.

양계초의 추종자인 란궁우(藍公武, 1887~1957)도 개혁 운동에 참여하였다. 그가 주재하는 『국민공보國民公報』는 신문화 운동을 가장 먼저 성원한 신문 중 하나였다. 그는 『신청년』이 야기한 다양한 논의에도 참여하였는데 그의 견해는 『신청년』 주필들과 다소 차이가 있었으나 신문화를 수용하는 태도만은 명확하였다.

베이징 『신보晨報』는 청나라 말기 입헌운동에서 활약한 개혁파가 창간한 신문으로 신문화 운동에서 적극적인 역할을 하였다. 이는 리다자오李大釗의 참여와 연관이 있다.[96] 1912년 2월, 해당 신문은 특집란을

---

93   『解放與改造發刊詞』, 『飮冰室合集·文集之三十五』, p.19, p.21.

94   耿雲志, 『關於近代思想史上的幾個問題·關於個性主義』, 鄭大華, 鄒小站編: 『思想家與近代中國思想』, 社會科學文獻出版社, 2005, p.15.

95   耿雲志, 『五四後梁啟超關於中國文化建設的思考』, 『廣東社會科學』, 2004年第1期.

96   리다자오(李大釗)는 청나라 말기에 입헌파에서 주최한 국회청원운동에 적극적으로 참여

크게 개혁하였는데 개혁 후의 『신보부간晨報副刊』은 신문화 운동의 신예로 부상하였다.

무술유신 시기에 활약한 장위안지(張元濟, 1867~1959), 가오멍단(高夢旦, 1870~1936), 왕멍쩌우(汪孟鄒, 1878~1953) 등도 확고하게 개혁정신을 유지하였다. 장위안지와 가오멍단이 경영한 상무인서관商務印書館과 왕멍쩌우汪孟鄒가 경영한 아동도서관亞東圖書館은 신문화 운동을 지원하는 중요한 출판기관이었다. 호적과 천두슈陳獨秀 등이 쓴 대다수 저술은 이 두 출판사에서 인쇄하고 발행되었다.

혁명당을 살펴보자. 쑨중산을 필두로 하는 동맹회 혁명당원은 중화민국이 설립된 후, 국민당으로 개편하였고 2차 혁명 후에는 중화혁명당으로 개편했으며 1919년에 다시 중국국민당으로 개편하였는데 편의상 혁명당으로 통칭한다.

쑨중산은 1차 호법운동護法運動 실패 후, 혁명활동에 대해 반성하였다. 한창 흥행했던 신문화 운동과 러시아 10월 혁명의 승리는 그에게 영향을 주었고 그는 사상개혁의 역할을 중요시하기 시작하였다. 쑨중산은 본인이 직접 『손문학설孫文學說』의 집필을 시작하였는데 책에서 언급한 '심리건설心理建設'은 사람들의 사상을 바꾸기 위한 노력이다. 그 자신도 이 부분의 내용을 중요하게 여겨 특별하게 호적에게 평론과 소개를 부탁하기도 하였다. 호적은 『매주평론』 31호에 「손문학설의 내용과 평론孫文學說之內容及評論」을 발표해 『손문학설』을 지지하면서 실천가들은 계획과 이상을 실행하기 위해 사상적 저항력을 해소해야 한다는 것이 이 책의 요지라고 밝혔다. 쑨중산은 신문화 운동에 대해

하여 입헌파 인사들과 깊은 관계를 맺음.

서도 큰 관심을 가졌다. 그는 랴오중카이(廖仲愷, 1877~1925)에게 백화문의 추진을 위해 호적이 하루 빨리 국어 문법을 편찬해야 한다는 말을 호적에게 전해달라고 부탁하기도 하였다. 또한 혁명파 사람들에게 『성기평론星期評論』, 『건설建設』 등의 잡지를 창간하라고 지시하였다. 이 두 잡지도 신문화 운동에서 특색이 있는 간행물이다. 이외에 혁명당원들이 주관하는 『민국일보民國日報』도 1919년 6월부터 특별판副刊 『각오覺悟』를 창간하였다. 『민국일보』는 『신보晨報』의 특별판과 『시사신보時事新報』의 특별판 『학등學燈』과 함께 신문화 운동의 '3대 특별판'으로 불렸다. 이중에서도 『각오』가 가장 오래 지속됐다. 혁명당 사람 외에 신문화 운동의 지도자와 핵심 인물들도 위의 두 잡지와 특별판 『각오』에 많은 글을 발표하였다.

1920년 1월 29일 쑨중산은 「해외국민당 동지들에게 보내는 편지致海外國民黨同誌函」에서 "베이징대학 학생들이 5·4운동을 일으킨 후, 일반 애국청년들이 혁신적인 사상으로 앞으로의 혁신 사업을 위해 준비하였다. 이에 따라 활발하게 발언하였는데 국내 각계 언론도 마찬가지였다. 새로운 출판물이 열정적인 청년들의 손에서 만들어지고 다양하게 생겨나면서 사회적으로 큰 영향을 미쳤다. 악질적인 괴뢰 정부도 이들을 건드릴 수는 없었다. 이런 신문화 운동은 오늘날 중국의 사상계에 큰 변화를 일으켰다. …… 앞으로 계속 확대되면 그 영향력은 더 크고 더 오래갈 것임을 믿어 의심치 않는다. 우리 당이 혁명의 성공을 이루려면 반드시 사상의 변화에 의존해야 한다. 병법 '공심攻心'을 '혁심革心'이라고 하는 것도 이런 이유 때문이다. 이에 이런 신문화 운동은 가장 가치 있는 일이다."라고 지적하였다.[97] 쑨중산과 혁명당원들의 신문화 운동에 대한 인식을 집중적으로 반영한 셈이다. 이런 인식은 이들이 신문화 운동을 지원하는 원인이기도 하였다.

상술한 내용으로 보아 교육을 받았거나 교육을 받고 있는 청년, 교육계와 신문 출판계 그리고 기타 사회 문화 사업에서 힘쓴 신지식분자와 청나라 말기부터 혁명과 개혁 운동에 참여한 선각자들은 신문화 운동의 가장 주된 사회적 기초이자 가장 주된 지원 역량이었음을 알 수 있다.

---

97   『孫中山全集』第5卷, 中華書局, 1985, pp.209~210.

제7장

신문화 운동의
실적과 주요 관념

신문화 운동은 객관적인 사회수요가 있고 광범위한 사회지원 역량을 보유하였기에 걸림돌을 없애고 신속하게 발전할 수 있었다. 5·4애국운동의 발발도 신문화 운동의 발전을 촉진하여 다양한 분야에서 큰 성과를 거두었다. 신문화 운동은 청나라 말기부터의 문화 발전을 축적한 기반 위에 현대적인 중요한 이데올로기를 육성하고 발전시켰다. 신문화 운동의 실적과 새로운 이데올로기는 중국의 문화 부흥, 현대 중국의 새로운 문화 구축, 그리고 새로운 길을 개척하는 기반을 마련하였다. 100년이 지난 지금에는, 이 시기의 역사를 되돌아보면 중화민족이 폐쇄된 중세기에서 개방된 현대화로 향하는 과정에서 신문화 운동은 중추적인 역할을 했음을 발견할 수 있다.

1. 5·4운동의 거대한 추진력으로 작용한 신문화 운동

신문화 운동이 광범위하게 추진되면서 신구 문화의 충돌이 날로 치열해질 무렵 5·4애국운동이 발발하였다. 5·4 애국운동의 원인과 발생 상황은 모두 알고 있으므로 부가적인 설명은 생략하고, 5·4애국운동과 신문화 운동의 밀접한 연관성에 대해 설명하겠다.

1919년 4월말과 5월 초 파리강화회의에서 중국 외교 실패 소식이 잇달아 전해짐에 따라 민간 성격의 국민외교협회가 5월 3일 오후에 회의를 한 후 5월 7일을 '국치기념일'로 정하고 중앙공원에서 국민대회를 개최하여 위기 대처 방법을 논의하였다. 신문화 운동의 중심인 베이징대학 학생들은 외교 위기 소식을 들은 후 바로 행동에 들어갔다. 5월 2일 일부 학생들은 국민 잡지사의 회의에서 이튿날 저녁 베이징대학 학

근대 중국의 문화적 전환에 대한 연구

생들이 베이징의 13개 중등 이상 학교의 학생대표집회에 연락해 외교 위기에 대응할 방법을 논의하기로 결정하였다. 5월 3일 저녁 회의는 슬픔과 분노로 가득찬 대중 동원 대회가 되었다. 회의에서는 5월 4일 오후에 시위운동을 하고 외국 대사관에 항의하는 한편 중국 국민들의 입장을 밝히는 편지를 보내기로 하였다. 5월 4일에 발생한 일에 대해서는 모두 알고 있으므로 더 이상 언급하지 않겠다. 국민외교협회에서 5월 7일에 국민대회를 개최하기로 결정했는데 베이징대학 학생들이 5월 4일에 미리 움직인 이유는 무엇일까? 이는 신문화 운동에 자극을 받은 청년학생들이 사회 그 어떤 다른 계층보다 역사적인 능동성을 갖추었기 때문이다.

5·4운동의 발발과 연관성이 깊은 인물들을 살펴보자.

파리강화회의에서 중국 외교가 실패하였다는 소식은 민간 경로를 통해 베이징에 전달되었는데 이를 전달한 이는 다름아닌 신문화 운동을 동정하고 지원하며 신문화 운동의 선구자로 인정받은 양계초였다. 이 소식을 베이징의 신문에 실은 사람은 양씨의 추종자인 린창민(林長民, 1876~1925)이다. 이 소식을 베이징대학 학생들에게 직접 알린 이는 신문화 운동의 '수호신'으로 불린 채원배蔡元培 베이징대 총장이다. 5·4운동을 직접적으로 기획하고 참여한 사람은 신문화 운동 지도자의 가르침을 받은 베이징대학 학생들이었다. 주요 인물은 푸쓰녠傅斯年, 뤄자룬羅家倫, 돤시펑(段錫朋, 1896~1948), 황르쿠이(黃日葵, 1898~1930), 쉬더헝(許德珩, 1890~1990), 리황(李璜, 1895~1991), 멍서우춘(孟壽椿, 1896~?), 장궈타오(張國燾, 1897~1979) 등이다. 푸쓰녠, 뤄자룬, 돤시펑은 신조사新潮社의 핵심이었고 황르쿠이, 쉬더헝, 리황은 소년중국학회少年中國學會 초기의 열성분자였으며, 멍서우춘과 장궈타오는 국민잡지사國民雜誌社의 초기

멤버였다. 이들은 모두 베이징대학(大學)의 학생들이었다. 또 베이징고등사범 대학교의 학생들도 활동을 기획하고 적극적으로 참여하였다. 이 학교에도 신문화 운동에서 육성되고 발전된 단체 동언사(同言社, 후에 공학회工學會로 개명)가 있다. 이로써 5·4애국운동의 핵심과 주요 역량은 신문화의 영향을 받은 청년 학생들이자 신문화 운동의 중심에서 활약한 젊은 엘리트들이었음을 알 수 있다.

5·4운동이 발발한 후, 전국에 그 영향력을 전파하고 각 지역의 학생, 상인, 시민, 노동자와 농민을 동원한 이들도 주로 신문화 운동에서 활약한 젊은 학생들이었다.

5·4운동의 발발은 신문화 운동이 발전한 결과임을 알 수 있고 신문화 운동이 없었더라면 5·4학생 애국운동도 없었을 것이다.

하지만 5·4운동의 발발은 역으로 신문화 운동의 추진력이 되었다. 엄청난 추진력을 설명하기 위해서 우선 5·4운동의 규모와 성격을 설명할 필요가 있다.

5·4운동은 애국 운동이며, 구호와 목표는 "대외적으로 강권에 대항하고 대내적으로 민족반역자를 제거하자"였다. 대외적으로는 제국주의에 반대해 국가 주권을 유지하는 것이고, 대내적으로는 북양군벌 정부에 반대하여 국민의 민주 의지를 표현하는 것이었다. 신문화 운동은 원래 국민을 일깨우기 위해 그리고 민주 정치와 국가의 강성强盛을 위해 기반을 마련하는 것이었다. 신문화 운동과 5·4운동은 실질적으로 긴밀하게 연관되고 일치한다.

애국주의는 근대 중국의 모든 진보 역사운동의 원동력이다. 역사 활동이 점점 더 깊이 있게 진행됨에 따라 대중의 각오도 점점 더 단단해졌으며 운동에 참여하는 사람들도 점점 더 많아졌다. 5·4애국운동은 역사상 그 어떤 대중애국운동보다 규모가 컸다. 청나라 말기부터 진행된 양교洋敎 반대 운동, 국가 이권 회수 등 매번 발생한 대중애국운동은 일부 지역에서 일부 계층의 대중들이 모종의 구체적인 목표를 겨냥하여 진행하였다. 이런 운동은 동일한 시기에 발생했지만 이들은 각자 독립적이고 각자의 주장대로 진행됐다. 5·4운동은 이와 달랐다. 5·4운동은 전국적으로 다양한 계층의 대중들이 동일한 목표를 겨냥하여 연합해 단행하였다. 큰 규모와 동일한 목표, 통일된 절차는 사상 유례가 없는 수준이었다. 이런 이유로 인해 5·4운동의 위력도 전례 없이 컸기 때문에 북양군벌 정부는 파리강화회의에서 서명을 하지 못했고 매국노인 차오루린, 장쭝샹, 루쭝위 등을 파면할 수밖에 없었다.

규모가 크고 위력이 막강하여 구체적인 투쟁 목표 면에서도 승리를 거두었다. 이런 운동이 대중에게 주는 고무적인 역할과 진작 효과는 가히 짐작할 수 있다.

신문화 운동의 중심에 있던 베이징 학생들은 5·4운동 발발 후 그 열정이 최고조에 달해 여러 단체를 결성하여 다양한 활동에 종사하였다. 반제국주의, 반군벌 투쟁을 선전하고 운동을 조직하는 것 외에 신문화 운동을 적극적으로 추진하여 평민 교육을 펼치고 야학을 설립하고 새로운 신문과 간행물을 창간하였으며 공장 근로자들에도 신문화 운동을 알렸다. 이와 동시에 베이징학생연합회는 각 지역에 많은 대표들을 파견하고 그들과 연락하면서 각 지역의 반제국주의, 반군벌 정치투쟁과 각 지역의 신문화 운동을 추진하였다.

5·4운동 전에 신문화 운동은 접근 지역이나 계층적인 측면에서 한계가 있었다. 지역적으로는 베이징이나 상하이 등 큰 도시 몇 곳에만 한정되었고 계층적으로는 주로 교육계의 청년학생들과 일부 교사, 일부

신문출판계의 지식분자, 그리고 정치계 일부 개혁자와 혁명지사에게 국한되었다. 5·4운동 후, 신문화 운동은 전국의 크고 작은 도시는 물론 시골 향진鄕鎭까지 전파되었으며, 다양한 분야에서 어느 정도 지식이 있고 책과 신문을 읽을 수 있는 청년 남녀와 일부 성인들에게 영향을 미쳤다. 마치 큰 바위가 물속으로 떨어지면서 일으킨 파도처럼 일파만파로 퍼져나갔다.

앞장에서 언급한 신구 문화의 치열한 투쟁은 대부분 5·4운동 후에 발생하였다. 이는 5·4운동이 신문화 운동의 거대한 추진력이 되었음을 입증하는 대목이다. 5·4운동 후, 각 지역에서 일어난 신문화 운동의 발전 상황으로도 이 점을 설명할 수 있다.

5·4운동 얼마 후, 유창武昌에서 신성사新聲社와 호조사互助社를 창립한 윈다이잉(惲代英, 1895~1931)은 호적에게 보낸 편지에서 "이 시기에 학생들의 '새로움'과 '움직임'이 예전보다 더 활발하였다."고 썼다.[1] '새로움'이란 사상의 변화로 새로운 사상과 새로운 이데올로기가 생겨났음을 의미한다. '움직임'이란 적극적으로 행동하고 하고 싶은 대로 한다는 것을 의미하는 것이다. 가령 단체를 결성해 참여하여 자발적인 활동을 진행하거나 신문이나 간행물의 창간에 참여하는 등이다. 정차오린(鄭超麟, 1901~1998)은 5·4운동이 일어난 해에 갓 19살이었다면서 그 시절을 회상하였다. 정차오린이 생활했던 장핑현漳平縣은 비교적 폐쇄적인 지역이었다. 하지만 5·4운동 후 2개월간 청년학생들에게는 확연한 변화가 나타났다. "2개월간 변화는 아주 뚜렷하였다. 예를 들면 평소에 활동에 참여하지 않던 학생들도 적극적으로 참여하였고 평소에 말수가 적

---

[1] "(此間同學能夠'新', 能夠'動'的, 比較以前多得很了)." 耿雲志, 『胡適遺稿及秘藏書信』第36冊, 黃山書社, 1994, p.525.

　　　　　　　　　　근대 중국의 문화적 전환에 대한 연구

던 학생들도 서로 활발하게 의견을 주고받았으며 신문구독실은 늘 사람으로 붐벼 시사 지식이 보편화되었다. 중요한 것은 학생들이 직접 주재하는 학생회가 만들어졌다는 점이다."[2]

　5·4운동이 일어난 그 해 10월쯤 호적은 우즈후이(吳稚暉, 1965~1953)의 요청으로 탕산공업전문학교唐山工業專門學校를 방문하여 참관하고 강연하였다.[3] 호적과 같은 신문화 운동의 지도자가 직접 탕산唐山을 찾은 것이 이 지역에 끼친 영향력은 실로 컸다. 그 후, 탕산공업전문학교 학생들은 호적에게 교내외 상황을 알리는 편지를 보내기도 하였다. 주음자모注音字母 학교를 20여 곳 설립했고 주음자모 전파회도 만들었다고 편지에 썼다. 이들이 평민들을 대상으로 창간한『구국보救國報』는 다른 지역까지 전파되었고 이들이 설립한 "각계연합회"에는 근로자와 일부 신사들까지 참여하였다. 이들은 시사時事적인 일에 대응하는 것뿐만 아니라 '지방자치기관'을 설립하는 것에 목표를 두었다. 신문화 운동의 중심으로서 인쇄국을 설립하려고도 하였다. 산업계와 농촌에 대해서도 큰 관심을 가졌다. 이들의 핵심조직은 학교 내부의 '인사人社'였는데 이 조직은 자체 간행물인『신보주간新報週刊』이 있었다. 이런 상황을 볼 때 5·4운동의 영향을 받고 신문화 운동에서 각성한 학생들은 사회 개선에 대해 더 큰 각오와 열정을 가지고 있었다. 각계의 반응도 상당히 적극적이었다. 편지에는 '공당工党'이 있다고 언급하였는데 이 '공당'은 어떤 조직의 이름이 아닌 근로자의 조직을 통틀어 가리키는 것이다. 학생들은 자체 활동을 통해 "우리 학생들의 창조력과 분투력은 결코 미약

2　『鄭超麟回憶錄』(上), 東方出版社, 2004, p.161.

3　호적이 당산(唐山)을 방문하여 강연한 사건이 34년 후, 그가 쓴『우즈후이 선생 추념(追念 吳稚暉先生)』에서 언급.『自由中國』第10卷第1期 참조.

하지 않다고 느꼈다."라고 하였다.[4] 탕산공업전문학교 학생들의 상황은 5·4운동 후 중등 이상 학교의 기본적인 상황을 반영한 대표적인 사례로 볼 수 있다.

5·4운동 후, 각 지역의 신문화 운동은 주로 각성한 청년들이 창립한 단체조직에 의존하여 발전하였는데 이런 조직들이 우후죽순처럼 생겨났다. 이 방면에서의 구체적인 상황은 다음 절에서 다시 설명하겠다. 장멍린蔣蒙麟의 말을 인용해 5·4운동 후 각 지역의 신문화 운동 추진 상황을 살펴보자. 장멍인은 당시 상황의 증인으로 그의 표현은 권위성을 가지고 있다. 그는 『서조西潮』에서 "베이징대학에서 발생한 사건의 영향은 매우 깊고도 크다. 옛 도시 베이징의 잔잔한 물에 투하된 지식의 돌의 여파는 전국 방방곡곡으로 퍼져나갈 것이다. 심지어 각 지역의 중학교도 베이징대학의 조직제도의 전례를 좇아 사상의 자유를 제창하면서 여학생을 모집하기 시작하였다. 베이징대학이 시작한 모든 운동, 진보적인 신문, 잡지와 정당에 모든 사람이 호응하였다."라고 설명하였다.[5]

2. 신문화 운동의 실적

신문화 운동은 5·4운동의 추진력에 힘입어 전국적으로 급속히 발전하여 빠르게 실적을 거두었다.

4   「李中襄, 許元熙致胡適的信」, 『胡適遺稿及秘藏書信』第28冊, pp.131~147.
5   『西潮』, 臺北大學書局, 1993年再版本, p.130.

(1) 문학 혁명의 실적

사람들은 문학 혁명운동을 백화문 운동이라고 불렀다. 이는 운동 초기, 상당한 시간을 문언문과 백화문을 중심으로 논의를 하였기 때문이다. 또한, 백화문이 문언문을 대체한 것이 중국 문화사에 있어 매우 큰 사건이기도 하기 때문이다. 따라서 사람들이 백화문 운동이라 하는 것도 틀린 표현은 아니지만 이 또한 단편적이고 부정확하다. 문학 혁명 운동은 두 가지 측면을 포함하는데 하나는 백화문으로 문언문을 대체하여 통일된 백화문-국어를 만든 것이고, 다른 하나는 진부한 문언문 문학을 타파하고 현실적인 백화 신문학을 만들어낸 것이다. 호적이『문학개량추의文學改良芻議』에서 제창한 "문장 혹은 말을 할 때 구체적인 내용이 있어야 한다須言之有物", "고인을 모방하지 않는다不模仿古人", "병이 없으면서 신음하지 말아야 한다不作無病之呻吟", "글을 쓸 때 과거의 진부한 표현과 상투적인 논조를 이용하지 않는다務去濫調套語" 등은 현실주의 시문학 건설에 관한 주장들이다. 1여 년 후, 그는 「건설적인 문학 혁명으론建設的文學革命論」을 발표하여 현실주의 신문학 건설의 주장을 전면적으로 논술하였다. 8개월 후, 저우쮀런周作人은『사람의 문학人的文學』에서 문학의 현실주의 정신을 더 강조하였다. 그러므로 문학 혁명운동을 편파적으로 백화문 운동으로 단순화해서는 안 된다.

하지만 문학 혁명운동이 백화문 국어를 완벽하게 갖추는 큰 성공을 거두었음은 부인할 수 없다.

앞에서 언급했듯이 청나라 말에 대중들이 쉽게 글을 배우고 공부하도록 하기 위해 병음자모拼音字母, 한자 간소화, 직접적으로 백화문을 제창하는 등의 방법을 강구하기 시작하였다. 중화민국이 시작된 후, '독음통일회讀音統一會', '국어통일준비회國語統一籌備會', '국어연구회國

語研究會' 등 정부 및 준정부, 민간기구에서 관련 운동을 진행하였다. 이런 운동은 국어운동國語運動이라 불렸다. 이들이 말하는 국어國語란 모두가 기본적으로 인정하는 베이징지역의 백화를 기초로 한 소위 관화官話이다. 하지만, 이 국어운동은 한동안 답보 상태에 처해있었다. 근본적인 원인은 제창자들이 잘못된 관념과 심리 상태를 가지고 있었기 때문이다. 즉, 이들이 제창하는 것들은 우매한 하위계층만을 위한 것이었으므로 그들 자신가 그리고 그들과 같은 상위계층의 사람들은 이런 것들을 하찮게 여겼다. 그들은 자신이 제창하는 것들로 과거의 문언문과 과거의 한자를 대체할 생각이 아예 없었던 것이다. 이런 이중적인 생각과 방법이 성공을 거둘리가 만무하였다. 신문화 운동은 문언문은 죽은 언어이고 백화문이야 말로 살아있는 언어이며, 살아있는 언어를 이용해야만이 살아있는 사람들이 쉽게 이용할 수 있고, 살아있는 언어만이 살아있는 문학을 창조할 수 있다고 주장하였다. 이에 따라 백화문으로 문언문을 대체하는 것은 모든 문학을 창조하는 이기利器로 발전하였다. 호적은 "문학 혁명에서 가장 휘황한 선언"이라 불리는 「건설적인 문학 혁명론建設的文學革命論」에서 단도직입적으로 "국어의 문학, 문학의 국어(國語的文學, 文學的國語)"를 언급하였다. "우리가 제창하는 문학 혁명은 중국을 위하여 국어의 문학을 창조하는 것이다. 국어의 문학이 있어야만 문학의 국어가 있다. 문학의 국어가 있어야만이 우리의 국어가 진정한 국어가 되는 것이다. 국어에 문학이 없으면 생명이 없고 가치가 없으며 창조할 수 없고 발전시킬 수 없다."[6]고 하였다. 이 글의 영향력은 대단하였다. 이는 문학 혁명 운동과 국어운동이 긴밀하게 연결되었음

---

6   胡適: 『建設的文學革命論』, 『胡適文存』卷一, 亞東圖書館, 1925年第八版, p.174.

을 의미한다. 호적의 표현대로 "반죽음이 된 국어운동을 살렸다把當日 那半死不活的國語運動救活了."[7] 여금희黎錦熙는 "2가지 추세가 하나로 묶 였다雙潮合一"고 표현하였다.[8] 2가지 추세가 하나로 묶인 결과는 백화국 어의 추진을 가속화하였다. 또한, 5·4운동의 발발과 함께 수많은 청년 학생들이 자신들의 사상을 알리거나 대중들에게 홍보하기 위해 백화문 으로 된 연설, 백화문으로 된 전단지, 백화문으로 된 간행물, 소책자 등 을 만들었다. 호적, 뤄자룬羅家倫, 여금희黎錦熙는 1919년 한 해에만 전 국에 새로 나온 백화문 간행물이 400여 종에 달하였다고 추산하였다.[9] 베이징의 공덕학교에서는 국어교재를 백화문으로 자체 편집하였고, 장 쑤성江蘇省에서도 백화문 교재를 편집하기 시작하였다. 1920년 1월, 교 육부에서는 전국 각 지역의 국민학교에서 먼저 1, 2학년의 국문을 백화 문으로 바꾸라고 지시하였다. 이후, 1922년 후에는 국민학교의 모든 교 재는 백화문 국어를 채택해야 한다고 지시하였다. 문학 혁명은 백화문 으로 문언문을 대체하고 전국적으로 백화문 국어를 통일하는 측면에서 큰 성공을 이루었다.

중국은 수천 년 동안 문어체와 구어체를 분리하여 사용하였다. 이 는 상위계층 문화와 하위계층 문화를 단절시켜 문화의 혁신체제를 발

---

7   胡適:『中國新文學大系·建設理論集導言』,『中國新文學大系·建設理論集』, 上海良友圖 書印刷公司, 1935, p.24.

8   黎錦熙,『國語運動史綱』,『民國叢書』影印本, p.71.

9   주책종(周策縱)은『5·4운동사(五四運動史)』라는 책에서 장멍린(蔣夢麟)의 추정을 인용하 여 그해 출판한 주보가 350종, 듀이는 300여 종이 있다고 하여, 총 650여 종일 것으로 추정. 주씨는 1917년~1921년 사이 전국에 신규 출판한 간행물 1000종 이상(岳麓書社가 1999년 에 출판한 중역본『5·4운동사』261쪽 참고)일 것으로 추정. 하지만 백화문 신문 간행물을 한정하지 않음. 백화문 신문 간행물만 볼 때, 호적 등 당시 그 역사를 함께 한 사람들의 추정 이 가장 정확할 것으로 보임.

전시키고, 충분하게 역할을 할 수 있도록 하는 것을 가로막았다. 문자와 언어는 사람들이 사고하고 말하고 글을 쓰고 책을 쓰는 도구이며 인류의 모든 정신 생산의 도구이다. 도구가 부실하면 정신 생산에도 영향을 주기 마련이다. 이와 반대로 도구가 개선되면 정신 생산의 진보와 발전을 이루어낸다. 백화 국어의 성행은 교육을 조금 받은 청년이라도 책을 읽고 신문을 보고 연설을 하고 편지를 쓰며 작문도 할 수 있게 하므로 이들의 정신 해방, 창조력의 증대에 매우 중요하다. 이들을 통해 일반 노동자, 농민들이 글을 배우고 책을 보며 신문을 보는 것을 돕고, 과거에 교육, 문화와 아예 단절된 생활을 했던 많은 사람들을 일깨우고 동원하면 전체 민족의 부흥에 큰 공헌을 할 것이다. 그래서 20년 전에 필자는 문학 혁명운동으로 비롯된 백화 국어의 완벽한 성립은 중국 민족에 매우 큰 의미를 지닌다고 말한 바 있다.

백화 신문학 건설의 측면에서 문학 혁명운동 또한 고무적인 발전을 거두었다.

문학 혁명을 가장 먼저 제창한 호적은 스스로 제창하는 마음은 있으나 창조적인 면에서는 무력하다고 시인하였다. 그는 「건설적인 문학혁명론建設的文學革命論」에서 신문학 창조의 이론과 방법에 대한 많은 중요한 견해를 제시하였다. 하지만 정작 본인이 창작한 작품은 신시新詩, 단편소설 2편, 단막극 1편뿐이었다. 신문학 창조를 가장 먼저 실천한 이는 루쉰(魯迅, 1881~1936)이었다. 호적은 신문학 창조에서 "가장 큰 성적을 거둔 사람은 루쉰이다. 루쉰의 소설은 4년 전의 『광인일기狂人日記』부터 최근의 『아Q정전阿Q正傳』까지 많지는 않지만 모두 다 좋은 작품들이다."라고 밝혔다.[10] 『중국신문학대계·소설2집(中國新文學大系·小說二集)』 서언에서 루쉰은 "1918년 5월부터 「광인일기」, 「공을기孔乙己」, 「약藥」 등의 작품을 연달아 발표했는데 이는 『문학 혁명』의 실천이라 볼 수 있다."라고 말하였다.[11]

하지만 호적이나 루쉰은 당시 문학창작의 측면에서 이룬 성과에 대해 신중한 태도를 보였다. 호적은 신시新詩의 창작은 "성공궤도에 올랐다고 볼 수 있다可以算是上了成功的路", "단편소설도 점차 생겨나기 시작하였다短篇小說也漸漸成立了", "백화산문은 많은 진보를 이루었다白話散文很進步了", "연극과 장편소설의 성적이 가장 저조하다戲劇與長篇小說的成績最壞"라고 언급하였다.[12] 루쉰魯迅은 초기 몇 편의 소설이 독자들에게 큰 반향을 일으켰을 때 그 이유를 외국 소설이 많이 소개되지 않았기 때문이라고 지적하였다. 그 말의 의미는 이런 것들이 이미 외국 작가의 작품에 많이 표현되었음을 의미한다.[13] 마오둔(茅盾, 1896~1982)은 문학 혁명 초기의 소설 창작에 대해 문학 혁명이 시작된 첫 해에는 "'신문학'의 창작소설이 없었다(還沒有'新文學'的創作小說出現)"라고 지적하였다. 다음해 루쉰의 『광인일기』 외에 "주목을 받을만한 작가가 나타나지 않았다也還沒有第二個同樣惹人註意的作家." 3년째에 들어서 『신조新潮』가 발간된 후, "소설 창작을 '시도'하는 사람이 많아졌다. 하지만 왕징시(汪敬熙, 1899~1968) 등 몇 사람에 지나지 않았다(小說創作的'嘗試者'漸漸多了, 然而亦不過汪敬熙等三數人)." 4년째에 "『소설월보小說月報』는 매월 창작소설

---

10   『五十年來中國之文學』, 『胡適文存』二集卷二, p.169.

11   『中國新文學大系·小說二集』『導言』, p.1.

12   『五十年來中國之文學』, 『胡適文存』二集卷二, pp.169~170.

13   「導言」, 『中國新文學大系·小說二集』, pp.1~2.

을 투고받았다.", "많아봤자 10여 편 정도인데 대부분 작품이 유치하여 발표할 수 없었다." 마오둔矛盾은 5년째에 들어선 1922년부터 1925년 4년 동안은 "청년 문학단체와 소형 문예 정기간행물이 큰 발전을 이룬 시대였다是靑年的文學團體和小型的文藝定期刊蓬勃滋生的時代"라고 말하였다. 이 과정에서 "문학단체와 간행물은 100개 정도였다(文學團體及刊物, 不下一百余)."[14] 이에 마오둔은 문학 혁명이 시작된 초기 5년은 창작계가 "매우 외로운"시기였고 그 후 5년은 "보편적이고 전국적인 문학 활동이 시작됐다一個普遍的全國的文學的活動開始來到"라고 밝혔다.[15] 『중국신문학대계·소설3집』의 편집자인 정보치(鄭伯奇, 1895~1979)도 이 판단에 동의하였다.[16] 하지만 소설은 여전히 단편소설이 위주였고 중장편 소설은 1925년에서야 점차 나타나기 시작하였다. 그렇다손 치더라도 신소설은 일반인들의 실제 생활을 반영하였기 때문에 "사람의 문학人的文學"이라 할 수 있다. 또한, 예술적 기법 측면에서 볼 때 과거의 '견책소설譴責小說'에 비해서는 많이 발전하였다. 물론 비방을 일삼는 '흑막소설黑幕小說'은 더 말할 나위가 없었다.

백화 신시新詩의 성공은 중요하게 다룰 필요가 있다. 호적이 문학 혁명을 준비하는 과정에서 봉착한 가장 큰 걸림돌은 시 분야였다. 문학 혁명을 반대하는 사람들은 소설과 다양한 응용문은 백화문으로 쓸 수 있지만 시는 백화문으로 절대 쓸 수 없다는 입장이었다. 이에 호적은 많은 공을 들여 백화 신시를 시도하였다. 『신청년』도 신문학 창작 측면에

---

14   『中國新文學大系·小說一集』의 「導言」, p.1, 5.

15   『中國新文學大系·小說一集』의 「導言」, pp.4~5.

16   『中國新文學大系·小說三集』의 「導言」, pp.2~3.

서 가장 먼저 백화 신시를 제창하였다. 2권 6호부터 신시를 발표하기 시작했고 그 후 매 회 신시가 포함됐다. 소설의 경우, 4권 5호부터 루쉰의 『광인일기』를 발표하였다. 개인의 신시집은 1920년에 이미 발표된 적이 있지만 개인 소설집은 1923년에야 발표되었다. 신시의 성공은 백화문으로 신시를 창작하지 못한다는 편견을 깼고, 구시의 격률과 각운의 엄격한 제한을 벗어나 자유체의 백화 신시를 만들게 되었다. 이런 신시는 현실의 풍경을 표현하고 진솔한 감정을 표현하기에 구시보다 훨씬 더 편리하였다. 이것이 신시가 시가 분야에서 구시를 대신하고 시가 창작의 주류를 이룬 근본 원인이다.

산문은 조금 늦게 발전하였다. 저우쭤런은 "신문학에서 백화 산문은 쉽게 성공했으나 시작은 늦은 편이다."라고 지적하였다.[17] 그는 중국 고대 문인학자 사이에서 비슷한 산문 문장이 발달했었다고 하면서 산문의 분위기가 이미 조성되었다고 여겼다. "현대 산문은 신문학에서 외국의 영향을 가장 적게 받았다. 문학 혁명이라고 하기보다는 문예부흥의 산물이다."라고 덧붙였다.[18] 5·4운동 이후, 백화문 보급이 시급했기 때문에 백화산문집이 많이 나왔고 모두 베스트셀러였다. 호적은 백화 산문의 성공은 "'미문美文'은 백화문을 쓸 수 없다'라는 미신을 철저히 타파하였다."라고 지적하였다.[19]

앞에서 언급한 것처럼 호적은 1922년의 글에서 연극과 장편소설의 성적이 가장 저조하였다고 밝혔는데 이는 사실이다. 1920년대 중반

---

17 『中國新文學大系·散文一集』의 『導言』, p.6.

18 同上書, p.7.

19 "(徹底打破那'美文不能用白話'的迷信)." 胡適, 『五十年來中國之文學』, 『胡適文存』二集卷二, p.170.

이후가 되어서야 장편소설과 연극작품이 나오기 시작하였다. 아영(阿英, 1900~1977)이 쓴 『중국신문학대계·사료색인집(中國新文學大系·史料索引集)』이 이를 증명한다.

1920년대 중반 중국 신문학 문단에는 상당히 많은 작가와 시인이 배출됐다. 1930년대에 와서 그들 중 일부는 이미 유명한 작가와 시인으로 인정받았다. 이는 물론 문학 혁명 운동의 성과이다.

(2) 교육개혁의 초보적인 성공과 신교육이 성숙단계에 이르렀다

신문화 운동의 흐름 속에서 신교육 사상이 전해졌다. 청나라 말기부터 십여 년 동안 신식교육을 진행하였지만 주로 학제(초·중·고 3단계로 나눔), 커리큘럼 설치 등에서 일본이나 서양의 교육 형식만 따랐을 뿐 신교육의 사상과 정신에 대한 이해는 매우 적었다. 따라서 이를 받아들이고 실행하는 것은 더 말할 필요가 없을 정도이다. 신문화 운동의 추진에 힘입어 세계적인 신교육 사상이 소개되고 연구 흡수되었는데 새로 도입된 신교육 사상 가운데 실험주의와 자유주의 교육사상의 영향이 가장 컸다. 특히 존 듀이(John Dewey, 1859~1952)를 대표로 하는 실험주의 교육사상 영향력이 가장 컸다. 이는 당연한 일이다. 첫째는 실험주의 교육사상에는 자유주의 사상이 내포되어 있기 때문이고, 둘째는 실험주의 교육사상이 교육과 사회의 소통, 학생과 사회의 소통을 가장 중요시하기 때문이다. 간단히 말하면 교육과 생활은 하나가 되어야 한다. 또 실험주의 교육사상은 학생의 능동성 계발과 개성의 발전을 가장 중요하게 생각하였다. 이런 교육사상은 신문화 운동의 정신과 가장 잘 조화를 이룰 수 있었기에 개성이 넘치는 청년 남녀들의 환영을 받았다. 셋째는 신문화 운동이 고조에 이르렀을 때 실험주의 대가인 존 듀이가 중국을 방문하여 2년간 머물면서 11개 성省에서 100여 차례 강연을 하였고, 이 강연록이 전파되면서 큰 영향을 미쳤기 때문이다. 넷째는 존 듀이의 3대 수제자인 호적, 장멍린蔣蒙麟, 타오즈싱(陶知行, 1891~1946) 때문이다. 당시 이들은 모두 교육계에 몸담고 있었고 모두가 사회적으로 명망이 높았다. 이런 4가지 이유가 있어서 실험주의 교육사상이 가장 큰 영향력을 행사한 것은 전혀 이상한 일이 아니다.

신교육 사상의 도입은 우선 과거 중요하게 여겼던 교육 취지에 충격을 던져 주었다. 청나라 말기에는 충군忠君이나 존공尊孔 등의 교육 취지를 받들었다. 중화민국이 수립된 후 이런 교육취지는 자연스럽게 폐지되었다. 중화민국 초기에 교육 취지를 확립하기 위해 긴 시간 동안의 논의가 있었다. 교육부에서 발표한 교육 취지[20]는 교육 실천에서 중요시되지 못하였고, 소위 교육 취지는 본래부터 형식적인 문장에 불과하였다. 1919년 10월 전국교육회연합회에서 끝내 폐지됐다. 이에 교육 실천 과정에서 실제 역할을 발휘하는 것은 교육자와 교사가 자신이 느낀 교육 사상에 따라 구체적인 사회환경 속에서 지식을 전달하고 인격을 양성하는 교육이었다. 형식적인 문장의 교육 취지는 기본적으로 아무런 역할을 발휘하지 못하였다.

신교육사상의 유행은 교육방법의 혁신으로 이어졌다. 과거의 기본적인 교육방법은 교사가 설명하고 학생들이 듣는 방식이었다. 학생들은 교사가 설명한 내용을 기억하였다가 시험에 응시하였다. 시험에

---

20 그 취지에서는 "도덕 교육을 중시하고 실제이익으로 교육하며 군국민교육을 부차적으로 진행하며 또한 미감교육으로 도덕을 완성한다(注重道德教育, 以實利教育, 軍國民教育輔之, 更以美感教育完成其道德)"라고 밝힘, 於述勝, 『中國教育制度通史』第七卷, 山東教育出版社, 2000, p.36.

합격하면 공부도 끝나는 식이었다. 새로운 교육방법은 학생들의 능동성을 발휘하는 것을 강조하기에 수업시간에 토론을 하는 등 자기계발식의 교수법을 채택하였는데 이는 학생들의 지능계발에 매우 유익하다. 호적은 실험주의의 교육방법을 설명할 때 피교육자의 "지능적인 개성智能的個性"을 양성해야 한다고 강조하였다. 소위 "지능적인 개성"이란 "독립적으로 사고하고 독립적으로 관찰하며 독립적으로 판단하는 능력이다."[21] 이로 보아 신교육 사상과 신교육 방법은 새로운 세대의 청년을 양성하는 역할을 했음을 알 수 있다.

신교육은 남녀평등의 교육을 추진하는 것을 중요시하고 여성 교육 제창에 최선을 다하였다. 중국 근대의 여성 교육은 청나라 말기에 시작하여 중화민국에 들어선 후 발전하였다. 하지만 여성교육은 초등학교와 중등학교에만 한정되었고 여학생 수도 매우 적었으며 남녀공학이 허용되지 않거나 같은 학교라 해도 같은 반에 편성하지 않았다. 신문화운동은 여성 해방을 추켜세우고 남녀평등을 제창하였으며 여성교육의 발전과 진보를 추진하였다. 1918년 교육부는 전국교육회연합회에서 결의한 '여성교육추진안請推廣女子教育案'을 하달하였다. 1922년 교육부는 「전국공사립 초등학교에 여학생이 없는 현수 분성표全國公私立初等教育無女生縣數分省表」가 포함된 교육통계 자료를 발표하였는데[22] 이러한 조사통계에서 여성교육을 추진하려는 의지를 엿볼 수 있다.

신교육 사상을 실행하면서 교육체제, 교육관리와 교육방법의 개혁 등 측면에서 베이징대학은 솔선수범하였다. 베이징대학은 신문학

---

21   胡適, 『實驗主義』, 『胡適文存』第2卷, 亞東圖書館, 1925年第八版, p.144.

22   舒新城, 『中國近代教育史資料』(上), 人民教育出版社, 1962, p.382.

운동의 발원지이기에 이는 당연한 일이다. 채원배蔡元培는 베이징대학 총장을 맡은 후, 신사상과 건전한 학문을 갖춘 인재를 베이징대학에 영입하였다. 이는 '모든 것을 두루 포함兼容並包'하는 것과 '사상자유思想自由'의 원칙을 실행하는 것에 매우 중요한 것이었다. 이는 그가 베이징대학을 '입신양명과 부귀영달의 사다리'로 여기는 진부한 인식을 바꾸어 심오한 학문 연구의 전당으로 바꾸는 목표를 실현하게 만들었다.

채원배蔡元培는 민주정신이 강한 사람이었다. 그는 베이징대학 개혁에서 관료주의가 팽배한 관리체제를 민주정신이 충만한 관리체제로 바꾸었다. 베이징대학의 최고 권력기관과 입법기관으로 평의회評議會를 설립하였다. 평의회 평의원은 교수 5명 중 1명을 선발하는 형식으로 교수들이 서로 선발하고 총장이 의장을 맡았다. 평의회에서 표결할 때 일반적으로 의장은 투표하지 않고 다수의결로 채택하였다. 투표 결과 찬성표와 반대표가 동일할 경우 의장이 결정권을 행사하였다. 또 행정회의를 학교의 행정기관으로 설립하였다. 구성원은 학교 위원회의 위원장과 교무장, 총무장으로 구성되고 교장이 의장을 맡았다. 위원회는 조직위원회, 예산위원회, 감사위원회, 초빙위원회, 입학시험위원회, 도서위원회, 서무위원회, 계기위원회, 출판위원회, 학생자치위원회, 신입생지도위원회와 임시 설립한 다양한 전문 위원회가 포함되었다. 1919년 문과와 이과의 학장제도를 폐지해 경계를 없애고 '문文'을 '계(系, 학과)'로 바꾸었으며 총 13개 학과를 설치하였다. 각 과에는 교수회가 있고 교수회에서 학과장을 선발하였다.[23]

학년제를 선택과목제로 바꾼 것도 또 다른 중요한 개혁이다. 선택

---

23   『北京大學史料』第二卷之一, 大學之組織部分 참조.

과목제의 주요내용은 학생이 필수과목 외에 자신이 관심 있는 과목을 자유롭게 선택할 수 있다는 것이다. 필수과목 혹은 선택과목에 관계없이 일정한 이수시간이 있는데 이것으로 학점을 산정하였다. 학생들이 규정된 학점을 이수하면 졸업할 수 있었다. 이는 학생들의 학습능동성을 이끌어내는데 유리하게 작용하였다. 이런 개혁을 단행하는 한편 또 연구소를 설립하기 시작하였다. 이로써 베이징대학은 단순한 교육기관에서 연구형 대학으로 탈바꿈하였고 세계 선진 대학교육과도 어깨를 견주게 되었다. 상술한 두 가지 개혁은 모두 호적이 먼저 제시했고, 채원배가 동의하여 실행한 것이다. 베이징대학은 1917년 12월에 철학연구소를 설립하였는데 호적이 연구소 소장을 맡았다.

민주정신을 고양하고 연구정신을 제창하는 분위기 속에서 베이징대 학생들은 자치가 가장 먼저 발전했고 가장 잘 구현되었다. 5·4운동 후, 학생회의 조직은 큰 역할을 하였고 다른 학생단체들도 하나 둘씩 만들어지면서 다양한 활동을 펼쳤다. 학술활동 측면에서도 학생들의 능동적인 정신이 잘 드러났다. 1917년 하반기부터 베이징대학에서는 다양한 학회, 연구회, 독서회가 만들어졌는데 이러한 단체들은 보통 교사와 고학년 학생들이 함께 활동하였다. 이중에서 적극적으로 활동하고 영향력이 있는 연구회는 철학연구회, 신문학연구회, 화법연구회와 늦게 설립되었으나 영향력이 큰 마르크스학설연구회가 있었고, 이외에도 체육회, 진덕회進德會 등이 있었다. 이외에 학생저축은행, 소비공사 등은 학생들이 자발적으로 조직하였다. 신조사, 국민잡지사와 공학호조단, 평민교육강연단 등의 사회적 역할은 익히 아는 바와 같다.

여성 해방은 신문화 운동의 중요한 내용 중 하나이다. 베이징대학의 다양한 개혁 가운데서 개교 후 처음으로 여학생을 모집하여 새로운 기풍을 마련한 것의 역할은 무시할 수 없다. 1919년 간쑤甘肅 쉰후아循化 출신의 여성인 덩춘란(鄧春蘭, 1898~1982)은 신사조의 영향을 받고 채원배 베이징대 총장에게 베이징대에 입학하고 싶다는 편지를 보냈다. 다음해에는 장쑤江蘇 출신 여성인 왕란王蘭이 타오멍허(陶孟和, 1887~1960) 베이징대 교무장에게 베이징대 철학과에서 청강하고 싶다는 편지를 보냈다. 대학에서 여학생을 모집하는 문제를 두고 신문에서는 이론이 분분하였다. 채원배는 공개적으로 "교육부 규정에는 대학생은 남성만으로 제한한다는 규정이 없다. …… 내년 베이징대학 학생 모집 시에 수준이 부합되는 여학생도 응시할 수 있다. 합격하면 입학할 수 있다."라고 밝혔다.[24] 호적도 대학교에서 여학생을 모집하는 것에 찬성한다고 밝히면서 대학교에서 여학생을 모집하는 절차와 방법을 제시하였다. 첫째, 대학에서 여교수를 채용한다. 둘째 일정한 수준을 갖춘 여학생을 모집하여 청강하도록 한다. 셋째, 여성 중등교육과 고등교육이 연결되도록 기존 여성 교육을 개혁한다.[25] 채원배와 호적을 비롯한 관련 인사의 주장과 여론의 지지에 힘입어 1920년부터 덩춘란과 왕란 등 9명의 여학생이 베이징대학에 입학해 철학과, 국문과, 영문과에서 청강하면서 중국 여성들이 고등교육의 기회를 누리는 효시를 열었다.

중등교육의 발전과 개혁과정에서 이 시기의 뚜렷한 특징은 직업교육과 여성교육을 특히 중요시한 것이다. 1918년 10월에 열린 전국중등학교 교장회의에서 내린 중요한 결의 가운데 여성 교육에 관련된 내용은 3가지였다. 1919년 교육부는 각 지역이 현지 사정에 따라 학습 과

---

24   徐彦之,『北京大學男女共校記』,『少年中國』1卷7期.
25   胡適,『大學開女禁的問題』,『少年中國』第1卷第4期.

목을 증감할 수 있다고 허용하는 공문을 보냈다.[26] 이런 조치는 교육의 발전에 적극적인 역할을 하였다.

앞에서 언급한 국어교육의 보편적인 추진은 중국 근대 보통교육에서 가장 획기적인 의미가 있는 개혁이다. 이것은 교육의 보급, 평민교육의 진보와 발전에 큰 추진력으로 작용해 중등교육의 발전에 많은 보탬이 되었다.

신문화 운동이 신교육의 발전에 가장 큰 영향을 준 것은 1922년 신학제의 확립이라 할 수 있다.

청나라 말기 교육사업이 흥행하기 시작한 후 중국의 학교교육은 거의 일본의 양식을 모방하였다. 정의精意를 얻지 못한 것과 나라의 실정에 긴밀하게 연결될 수 없었기 때문에 좋은 결과를 얻지 못하였다. 중화민국 초기에 확립한 학제가 그 예이다. 1915년에 근대 풍조가 비교적 앞섰던 후난성 교육회는 구학제의 폐단을 비판하면서 중국 실정에 맞는 합리적인 새로운 학제를 제정할 것을 요구하였다. 그는 구학제의 폐단을 다음 몇 가지로 꼽았다. △중학교와 소학교가 단일하여 사회와 국민의 수요에 적응하지 못한다. △소학교를 중학교의 예비단계로 간주하고 중학교를 대학교의 예비단계로 간주하여 중학교와 소학교의 독립적인 지위를 말살하는 등 교육사상이 잘못되었다. △학교교육은 학생들의 실제 생활능력을 양성하는 것에 충분한 주의를 기울이지 못하였다. △교육 단계별로 연결되지 않는다. △단계별 교육 연한 설정이 합리적이지 않아 어떤 것은 지나치게 길고 어떤 것은 지나치게 짧다. 후난

26　廖世承: 『五十年來中國之中學教育』, 載申報館: 『最近之五十年』, 上海書店, 1987年影印本.

성교육회의 의견은 각계각층의 폭넓은 중시를 받았고 교육당국은 지역별 교육회에서 자세히 논의하여 수정 의견을 제시할 것을 결정하였다. 1921년 전국 교육회연합회 제7차회의에서 각 성省 대표는 모두가 비교적 만족하는 광둥성 교육회의 학제개혁의안을 기반으로 「신학제체제 초안新學制系統草案」으로 수정하였다. 전국 교육계가 해당 안건에 대해 깊이 있는 논의를 진행하여 다음 전국교육회연합회에서 신학제에 대한 안을 최종 결정하기로 하였다.

　　1922년 9월 교육부는 베이징에서 각 성 교육회 대표, 교육청 대표, 대학 전문대 이상 총장과 특별 초청 전문가들과 함께 학제 논의 회의를 개최하여 전년도의 「신학제체계초안」을 더 수정하였다. 그 해 10월 산둥山東 지난濟南에서 학제 체계의 제정을 마무리하기 위해 제8회 전국교육회연합회를 개최하였다. 대회의 의뢰를 받아 호적이 기안한 학제안은 7대 원칙을 마련하였다. 첫째, 사회 진보의 수요에 맞춘다. 둘째, 평면 교육 정신을 발휘한다. 셋째, 개성적인 발전을 추구한다. 넷째, 국민 경제력에 주의한다. 다섯째, 생활교육에 주의한다. 여섯째, 교육 보급이 쉽게 한다. 일곱째, 지방에 융통성을 부여한다. 학제 체계는 6세 이하 어린이는 유치원 교육을 받고 6세부터 소학교 교육을 받으며 소학교 4년과 고급 소학교 2년 2개 단계로 나뉘었다. 중등교육도 2개 단계로 나뉘며 중학교 3년 고등학교 3년이다. 중등교육은 직업교육과 사범교육이 포함되고 직업교육은 초급(중학교) 직업교육과 고급(고등학교) 직업교육을 포함한다. 사범학교는 고등학교 단계이다. 대학교육은 대학과 전문대를 포함하고 대학은 4-6년이고 전문대는 2-3년이다.

　　이 학제안은 대회를 통해 채택되어 그 해 11월 1일에 대총통명령으로 발표되어 시행되었다. 이 학제체제는 1922년에 최종 결정되고 발표되었는데 그 해가 임술년이었기 때문에 역사적으로 '임술학제壬戌學制'라고도 한다.

새로운 학제는 7대 지도원칙이나 구체적인 내용 측면에서 실험주의 교육사상의 영향을 깊이 받았다. 7대 원칙의 1, 2, 3, 5항은 실험주의 교육정신을 가장 분명하게 표현하였다. 일반교육(초급교육과 중급교육)의 '6·3·3'제는 실험주의가 유행하는 미국 대다수 주州의 학제시스템과 일치한다. 하지만 해당 학제가 미국의 모델을 그대로 모방하였다고 인정할 이유는 없다. 첫째, 해당 학제 체제는 청나라 말기부터 신교육의 발전 경험을 종합하여 만든 것으로 각계 관련 인사와 교육전문가의 의견을 받아들여 여러 차례 논의와 수정을 거쳐 만들어졌다. 둘째, 해당 학제안을 제정하는 과정에서 호적 등 미국 유학파 학자들이 중요한 역할을 하긴 했지만 이들은 실제교육 사업에 오래 종사하여 그들이 배운 이론과 교육 실천을 긴밀하게 접목시켰다. 이에 '무술학제'는 외국의 선진 교육사상과 경험을 흡수해 중국의 실정과 청나라 말기부터 수십 간의 신교육의 실천을 접목하여 얻은 결과이다. 이 학제는 발표되어 시행된 후, 1950년대 초기까지 적용되었다. 이 또한 이 학제가 중국 교육의 실정에 부합되는 우수한 학제임을 입증하는 대목이다.

'무술학제'의 제정과 시행은 중국 신교육이 성숙해 가고 있음을 의미한다.

(3) 청년들의 각성과 사회와의 접목

앞에서 언급했듯이 5·4운동의 발발은 신문화 운동의 발전 결과, 즉 청년들이 각성한 결과이다. 5·4운동은 신문화 운동을 크게 발전시켰을 뿐만 아니라 전국의 많은 청년 학생들의 각성을 이끌어냈다. 청년들의 각성은 2개 측면에서 나타났다. 하나는 '개인'에 대한 각성, 즉 자주적 인격과 개성의 자유를 추구하게 되었다. 다른 하나는 사회, 국가, 민족의 사명에 대한 자각이다. 후자는 5·4운동에서 충분하게 구현되었다. 전자는 청년들이 창간한 간행물과 발표한 글 그리고 이들이 주고받은 편지에서 명확하게 알 수 있다.

푸쓰녠(傅斯年, 1896~1950)은 신문화 운동에서 배출된 신청년의 대표이다. 그는 「신조발간지취서新潮發刊旨趣書」에서 4가지 방면의 책임을 제시하였다. 첫째, "'외롭게 존재'하는 중국을 세계문화와 연결한다(導引此'塊然獨存'之中國同沿於世界文化之流).", 둘째, 사회를 개조한다. 셋째, 민족의 덕성을 위해 학술연구를 한다. 넷째, "답습한 과학사상을 제거하고 현재 과학사상을 발전시킨다. 주관적인 독단사상을 제거하고 객관적인 의혹사상을 발전시킨다. 현재의 사회인이 아닌 미래의 사회인을 위한다. 사회가 이겨내는 인격이 아닌 사회를 이겨내는 인격을 만든다."[27] 이 4대 책임은 앞에서 언급한 두 가지 측면을 반영하였다.

또 다른 대표적인 청년 뤄자룬羅家倫은 「1년 동안 학생 운동의 성공과 실패 그리고 앞으로의 방침一年來我們學生運動底成功失敗和將來應取的方針」에서 5·4운동의 자극을 받은 후 "모든 사람들은 과거의 방법을 적용할 수 없고 새로운 형식을 창조하여 새로운 것을 찾아야 한다고 생각하는 추세가 청년 세계에 널리 퍼졌다."라고 말하였다. 청년 학생들은 "자신의 개성을 최대한 표현하려고 하였다."[28] 그는 청년 각성의 두 번째 측면의 의미를 분명하게 표현하였다.

27　『傅斯年全集』第1卷, 湖南教育出版社, pp.80~81.

28　『新潮』第2卷第2號.

당시 활약한 청년들의 편지 왕래에서 각성이 나타난 예들을 많이 찾아볼 수 있다. 정제화丁濟華라는 청년이 호적에게 보내는 편지에서 "새로운 추세가 꿈틀대는 요충지에서 지금 '진정으로 자유롭고 행복한 길'을 찾을 수밖에 없습니다(處此新潮流鼓蕩的要沖, 不得不另覓一個'到真正自由幸福之路)."라고 하면서 많은 문제에 대해 가르침을 청하였다. 가장 중요한 3가지 질문은 다음과 같다. 첫째, 어떤 책을 읽고 어떤 신문과 간행물을 구독하는 것이 가장 적합한가, 어떤 외국어를 선택해야 하는가. 둘째, 지속적으로 진보하고 발전하려면 어떤 조건을 갖추어야 하는가. 셋째, 일하면서 배우는 초등학교를 설립하고 싶은데, 어떤 교재가 적합한가.[29] 이 편지는 각성한 청년들이 새로운 지식을 갈망하고 진보를 지향하는 다급한 심정, 그리고 사회를 위해 무엇인가를 하고 싶어하는 강렬한 소원을 반영하였다. 귀양의 링티안凌倜庵이라는 청년이 호적에게 보낸 편지에서 자신은 "구이양貴阳에서 자신의 인격을 존중하는 청년으로 비록 스스로의 능력이 얼마나 될지 모르겠으나 미력한 힘이나마 보태어 선생님들의 뚜렷한 기치를 따라 발전하여 죄악이 난무하는 사회를 정복하는 사람이 되고 싶다."라고 썼다. 또 그가 몸담고 있는 다더達德 초등학교의 일부 교사와 학생들은 '교육실업참관단教育實業參觀團'을 베이징에 파견하여 존 듀이와 호적을 만났다고 언급하였다. 자신은 건강 문제로 같이 동행하지 못하였으나 참관단이 돌아와서 설명한 상황을 들어보고 너무 흥분되었다고 전하면서 이들은 많은 난관을 이겨내고 중학부를 설치하였다고 밝혔다.[30]

29   耿雲志,『胡適遺稿及秘藏書信』第23卷, pp.304~305.
30   同上書, 第31卷, pp.456~463.

앞에서 언급했듯이 각성한 청년들은 한편으론 새로운 인생을 추구하고 자신의 인격을 중요시하며 앞날을 위해 노력하여 자신의 가치를 이루려고 했고, 다른 한편으론 사회를 개조하여 새로운 사회를 만들려고 하였다. 후베이湖北 청년 윈다이잉惲代英은 1919년 5월쯤 호적에게 보낸 첫 편지에서 "이 기간에 새롭게 태어나고 활발하게 움직이는 학생들이 전에 비해 많아졌다. 앞으로 더 많아지기를 기대한다."라고 썼다.[31] 점점 더 많은 청년들이 각성했고 이들은 하나같이 사회를 개조하려는 간절한 마음을 가지고 있었다. 다른 편지에서 윈다이잉은 현재 학생들은 아직 힘이 미약함을 알고 있었고, 이들의 "근성과 단점根性同缺點"을 잘 알고 있다고 하면서 "서로 격려하면서 앞으로 나아가며 일을 한다. 일을 하는 것은 일을 하는 방법을 배우는 것이다. …… 선량한 사람들은 일을 할 것이라고 믿는다. 이는 중국을 구하고 세상을 구하는 유일한 방법이다."라고 지적하였다.[32] 그는 일을 하는 것을 통해 능력을 높이고 세력을 키울 수 있다고 생각하였다. 이에 이들은 호조사互助社를 설립하고 『신성新聲』잡지를 창간하였다. 『신성』을 『신청년』 잡지사에 보낼 때 편지 한 통도 함께 동봉하였다. 편지에서 "우리들은 혼잡한 세상에서 살아왔다. 『신청년』 잡지를 본 후, 어두컴컴한 곳에서 서광의 빛을 본 듯 점차 각성하게 되었다. …… 우리는 각성을 하였으나 우리의 많은 친구들이 아직도 암흑 지옥에서 생활하고 있는 것을 보니 가엽기 그지없다. 이에 우리는 '어리석음을 헤아리지 않고' '사람들을 각성시켜 자각'하는 사업을 하기로 큰 마음을 먹고 『신성』을 창간하였다. '사람

---

31   同上書, 第36卷, p.525.
32   同上書, pp.531~532.

들을 각성시키는' 일까지는 감당하기 어렵지만 이 일만은 최선을 다해 책임져야 한다고 생각한다. 우리가 『신청년』을 통해 각성하였으니 어찌 이기적으로 우리만 각성하고 다른 사람들이 각성하지 않도록 내버려 두겠는가! 또한, 우리는 이 바른 길을 얻었으나 이 길로 나아가지 못하였다. 우리가 『신성』을 창간한 것은 우리들이 바른 길로 나아갈 수 있도록 다른 사람의 인도를 받고자 하는 것이고 다른 한편으로는 다른 사람들도 우리와 함께 이 바른 길로 나아갈 것을 희망하는 것이다. 이것이 『신성』을 창간한 본의本意이다."라고 말하였다.[33]

신민학회新民學會의 주요 멤버이자 젊은 시절 마오쩌둥의 가장 중요한 전우인 차이허썬(蔡和森, 1895~1931)은 마오쩌둥에게 보낸 편지에서 "우리들의 궁극적인 목적은 세상의 속박을 무너뜨리고 자유의 인격, 자유의 지위, 자유의 공적을 만들어가는 것이다. …… 그 다음에야 발전한다고 할 수 있다."라고 말하였다.[34] 여기서는 앞에서 언급한 청년 각성의 두 가지 의미를 모두 표현하였다.

당시의 신문이나 간행물에는 전국 각지 청년들이 급속도로 각성하고 있는 실제 상황을 반영한 기록들이 많다. 『신청년』에 게재된 「창사 사회면면관長沙社會面面觀」이라는 글을 한번 살펴보자. 이 문장의 세 번째 부분은 창사長沙 신문화 운동의 상황을 기록하였다. 작가는 "창사는 5·4운동의 선동으로 '새로운 추세'를 향해 나아가는 일반인이 적지 않았다. 또한, 최근 몇 년 동안 군벌에 짓밟혀 창사의 아름다웠던 곳들은 생기라고는 찾아볼 수가 없다. 지식이 있는 사람들-학교 교사와 학생-

---

33   『新青年』第6卷 第3號〈通信〉칼럼 참고.

34   『五四時期的社團』第1卷, p.17.

은 모두가 가슴 아파하면서 '사회개조', '사상개혁', '부녀해방', '민족자결' 등의 문제를 하루 속히 해결해야 된다고 여기고 있다."라고 말하였다. 그는 또 창사의 사회단체와 이들 단체가 창간한 10여 종의 간행물을 소개하였다. 창사의 상황은 전국 대다수 지역의 상황을 어느 정도 반영한다.[35]

　　새로운 세대 청년들의 각성에서 청년 여성들의 각성은 신문화 운동 시기 가장 두드러졌다. 특히, 5·4운동 후 여학생, 여성 청년이 사회에 진출해 다양한 활동에 적극적으로 참여하는 현상이 보편화 되었다. 텐진의 각오사覺悟社는 이러한 추세를 가장 잘 대표하는 단체이다. 각오사의 사원 21명 중 여성이 11명으로 절반 이상을 차지하였다.[36] 이중의 몇몇 여성 멤버들은 매우 활발하게 활동하였다.

　　여성 청년의 경우, 스스로 해방을 구하는 가장 큰 문제는 세 가지가 있었다. 첫째는 혼인문제, 둘째는 교육문제, 셋째는 경제문제이다. 당시의 간행물은 거의 위 세 가지 문제를 중심으로 부녀의 해방 문제를 토론하였다. 호적, 루쉰魯迅, 리다자오李大釗, 타오멍허陶孟和 등은 여성의 해방 문제를 다룬 글을 발표하였다. 혼인과 교육 문제는 당시 더 절실한 문제였다. 앞에서 신구 문화의 충돌을 언급할 때 여성해방에 관한 사례를 소개한 적이 있다. 다음은 여성 각성의 몇 가지 사례를 소개해 보겠다.

　　텐진 각오사에 장쓰징張嗣婧이라는 멤버(각오사 멤버는 사내 번호가 있음, 장쓰징은 37번인 관계로 중문 37의 발음과 같은 산치衫弃라고도 함)가 혼인문제로 사망한다. 각오사는 특별 선언을 발표하였다. "혼인문제는 현재 수많

35　　『新青年』第6卷 第3號.
36　　『五四時期的社团』第2卷, p.305.

은 남녀 청년들이 원만하게 해결되길 바라는 문제이다. 이들 대다수는 고집스러운 가장의 압박 하에 노력의 기회마저 잃고 부모가 정해준 상대와 결혼하게 되는데 극히 열악한 결과를 초래하는 경우가 많다. …… 산치의 경우는 좋은 본보기이다. 우리는 이 교훈을 잘 이해해 많은 여성 청년들의 본보기로 삼아야 한다.", "사랑하는 우리 적극적인 여성 청년들이여, 부모와 시부모와 당신들의 남편과 다른 가족들의 노여움을 사는 것을 두려워하지 마라! 현재 환경에서 생존하기 힘들다고 생각하면 용감하게 헤어져야 한다. 사회에는 당신들을 동정하고 도움을 주려고 하는 사람들이 많다. 하루 빨리 이들의 손을 잡길 바란다."[37] 이 선언은 각성한 청년 남녀들이 특히 여성 청년들이 부녀의 자유권리를 짓누르는 사회현상에 대해 사회적인 간여 및 제재를 실시할 것을 보여주었다.

또 다른 사례는 리차오李超의 죽음이다. 리차오는 교육의 권리를 쟁취하기 위해 많은 걸림돌과 고난을 이겨내고 베이징여자고등사범학교에 입학하였다. 하지만 몸이 허약한데다 장기적인 정신적 압박과 고통을 이겨내지 못하고 불행하게 사망하였다. 리차오가 죽은 후, 그녀의 광시廣西 고향사람들 중 몇몇 열성적인 사람들이 그녀의 사적에 감동하였다. 『국민공보國民公報』와 『민치일보民治日報』에 그녀의 사적과 불행하게 죽은 소식이 발표되자 사회 인사들이 동정을 표하였다. 그녀의 동향인 쑤자룽蘇甲榮이 자발적으로 앞장서서 모든 일을 도맡았다. 먼저 신문에 리차오를 위해 추도회를 열 것이라는 소식을 내보냈다. 그 다음 호적에게 리차오를 위한 전기를 써서 배포해 달라고 부탁하였다. 또 호적에게 여자고등사범학교 교장인 마오옌원(毛彦文, 1898~1999)이 추도회 회

---

37   『五四時期的社團』第2卷, p.322.

장을 맡을 수 있도록 상의해 달라고 부탁했고 채원배 총장과 호적에게
도 추도회에 참석해 연설을 발표해 달라고 부탁하였다. 쑤자룽의 모든
계획은 그대로 진행됐다. 그는 호적에게 보낸 편지에 "추도회를 준비하
게 된 것에는 개인(리차오를 의미함)을 표창하기 위한 것이 아니라 여성해
방의 시위운동을 하기 위한 것이다."라고 썼다.[38] 그의 목적은 거의 달성
된 셈이다.

　신문화 운동으로 일어난 여성 해방의 시대적 흐름 속에서 일부 청
년 여성들은 신여성을 어떻게 이해하였을까? 'Miss N. U. Mao'라는 여
성이 호적에게 보낸 편지에는 그녀가 이해하는 신여성이란, "20세기 새
로운 시대의 흐름에 참여하고 4,000년 노리갯감인 이름을 버리고 평
생 남성의 하녀로 있는 것이 아니라 나라의 평등한 행복을 누리는 것이
다."라고 하면서 신여성의 몇 가지 요소를 제시하였다. "첫째는 서양의
여성들처럼 고상한 의지와 취향을 가지고 충분한 학식으로 자립할 수
있어야 한다(자립이란 독신주의가 아니라 재주와 능력으로 사회에 유용한 사람이 되
자는 의미-원주原注). 둘째는 세계의 흐름을 알아야 한다. 셋째는 우리나라
에 어떤 책임이 있어야 하는지를 알아야 한다."[39] 청년 여성의 각오도 자
신과 사회, 나라 심지어 세계의 의식에 대한 두 가지 측면을 표현하였다.

　종합하면 신문화 운동으로 각성한 청년들은 자아해방의 의식이
있고 새로운 인격의 자각이 있었다. 동시에 적극적으로 사회에 참여해
뜻하는 바대로 사회를 개조하려고 하였다. 이런 사람들이 점점 더 많아
졌고 활동 범위도 점점 더 넓어졌다. 단체의 결합, 단체의 활동은 이들

38　『胡適遺稿及秘藏書信』第41卷, p.511.

39　同上書, 第24卷, pp.648~649.

이 '자아 각성'을 하는 데에 필수적인 형식이다.

신민학회는 『회무보고(제1호)』에서 그 조직의 경과를 설명할 때 그들이 2~3년간 논의한 끝에 "동지들을 모아 새로운 환경을 조성하여 공동으로 활동하자(集合同誌, 創造新環境, 爲共同的活動)."라는 결론을 얻었다고 전하였다. 이들은 "갑자기 정적인 생활과 외로운 생활의 잘못을 느끼고 새로운 생활과 단체를 지향해야 한다는 것을 느꼈다." 이것이 바로 그들이 "학회를 발기한 이유이다."[40] 각성한 청년들은 자신을 충족시키고 자신을 향상해야 할뿐만 아니라 사회를 개조하는 사업에도 뛰어들어야 한다. 독립된 개인은 방법이 없고 단체를 결성해야만이 "공동으로 활동할 수 있다爲共同的活動.

단체결성은 신문화 운동 시기가 아닌 청나라 말기부터 나타나기 시작하였다. 하지만 조금만 더 살펴보면 신문화 운동 시기의 사회단체와 청나라 말기의 사회단체는 분명한 구별점이 있음을 알 수 있다. 첫째, 청나라 말기의 사회단체는 일반적으로 구체적인 목표가 있다. 예를 들면 권리회수운동에서 결성된 단체는 어떠한 권리를 회수하기 위한 목적으로 결성되었다. 입헌운동에서 결성된 단체는 입헌을 추진하기 위한 것이 목적이었다. 신문화 운동 시기의 사회단체는 달랐다. 이들 중 대다수는 큰 목표를 가지고 있었다. 예를 들면 사람의 마음을 변화시키고 사회를 개조하며 세상을 개조하는 등이다. 예를 들어 살펴보자.

신민학회는 "본 학회는 학술을 혁신하고 품행을 갈고 닦으며 사람들의 풍습을 개량하는 것을 취지로 한다."고 밝혔다.[41] 학회 공동 목적을

---

40   『新民學會會務 報告』(第1號), 『5·4時期的社團』第1卷, p.575.

41   『新民學會會務報告』第1號, 『五四時期的社團』第1卷, p.575.

논의하는 회의에서 마오쩌둥은 "중국과 세계를 개조해야 한다."고 주장하였다.[42]

서광사(曙光社, 베이징학생단체)는 『선언』에서 "현재 생활에 안주하지 않고 다른 새로운 생활을 창조하고 싶다. 현재 사회에 만족하지 않고 새로운 사회를 창조하고 싶다. …… 이에 우리는 과학적인 연구와 양심적인 주장에 근거하여 국민들의 각오를 일깨우고 국민들의 혁신 운동을 고무할 것이다."고 밝혔다.[43]

각사(覺社, 베이징의 학생단체)는 "우리 단체의 취지는 '상부상조하는 정신으로 학술을 연구하고 진리사회를 실현하는 운동을 하자'이다."고 밝혔다.[44]

개조사(改造社, 장시江西 남창南昌의 청년 단체)는 아예 "사회 개조를 단체의 취지로 한다以改造社會爲宗旨"고 선포하였다.[45]

공진사(共進社, 베이징 주재 산시 청년 단체)는 "문화를 제창하고 사회를 개진한다(提倡文化, 改進社會)"를 취지로 정한다고 선포하였다.[46]

공독호조단工讀互助團도 단체조직의 동기에 대해 "빈곤한 학생들을 위해 삶의 길을 마련하자"와 "사회를 위해 기반을 마련하자"라고 밝혔다.[47]

'사회 개진' 혹은 '사회 개조'의 목표는 막연하고 공허한 느낌이 있

---

42   "(應為'改造中國與世界')."『新民學會會務報告』第2號, p.590.

43   『五四時期的社團』第3卷, p.50.

44   同上書, p.15.

45   同上書, p.250.

46   同上書, p.321.

47   王光祈, 『城市中的新生活』, 『五四時期的社團』第2卷, p.370.

다. 하지만 당시 선각자들이 청나라 말기 이래 정치 개혁과 혁명의 결과를 반성하고, 사회의 개조 없이 정치제도 변혁의 목적에 직접 도달할 수 없다는 것을 인식했음을 감안해야 한다. 양계초는 과거 20년 동안 국체와 제도의 개혁을 추구하였으나 그 결과는 중화민국에 들어서면서부터 계속 무질서하고 혼란하였다고 지적하였다. 그는 "20년 동안의 과정을 살펴보고 나서 정치의 기초는 사회에 있다는 것을 실감하였다."고 말하였다.[48] 또한, "우리가 의존하는 사회, 우리가 몸 담고 있는 이 곳에서 앞으로 얼마나 많은 대형 사건이 발생할지 모른다. 이런 중대한 사건의 영향 하에 중국은 앞으로 얼마나 발전할 희망이 있는지 모른다. 아직 희망이 남아있고 중국이 멸망하지 않았을 때 우리 당대인은 중국을 구원하는 기회를 잡아야 한다. 우리 당대인은 게으르지 않고 태만하지 않으며 조급하지 않고 맹목적으로 시대의 조류를 따르지 않으면 우리가 발붙이고 의지하는 곳을 찾을 수 있으며 우리가 발붙일 곳이 있으면 나라도 생존할 수 있다."고 언급하였다.[49]

　　신문화 운동에서 배출된 청년 대표자 푸쓰녠傅斯年은 사회 개조 문제에 대해 깊이 있는 견해를 가지고 있었다. 그는 중국은 2,000년 동안 종법사회에 머물러 있었고 사실상 "대중은 있고 사회는 없었다(有群衆, 無社會)."면서 전제제도는 "국민들의 책임감을 거의 다 소모하였다把國民的責任心幾乎消磨盡了."고 말하였다. 사람들은 공익성이 없고 단체적인 공공생활의 훈련이 없다. 이런 사회는 조직이 없어 활동력이 없다. 이런 사회는 생기가 없고 활력이 없으며 진보하기 힘들다. 이런 정체된

48　　『吾今後所以報國者』,『飲冰室合集·文集之三十三』, p.53.

49　　『大中華髮刊辭』, p.90.

사회를 개조하여 조직적인 활동력을 되찾아 푸쓰녠이 제시한 '유기체적인사회有機體的社會'로 만들려면 '사회적인 결합社會的結合'를 입각하여 활동력 있는 단체를 결성해야 한다.[50] 진보적인 사람들은 관심을 정치제도의 개혁에서 사회의 개조로 돌렸다. 이는 신문화 운동의 가장 중요한 내부적인 메커니즘이다. 사람들의 이 부분에 대한 사고의 깊이는 서로 다르지만 이 점을 어느 정도 인식한 것은 틀림없다. 이 점을 이해해야만 신문화 운동에서 우후죽순처럼 생겨난 단체조직을 이해할 수 있고 이런 단체의 대다수가 사회개조의 목표를 제시한 것을 이해할 수 있다. 이로서 우리는 신문화 운동을 통해 결성된 사회단체는 청나라 말기의 사회단체보다 사상적 의미와 사회적 의미 면에서 한걸음 전진했음을 알 수 있다.

이 시기의 사회단체와 청나라 말기 사회단체의 다른 점은 "개인의 자각個人的自覺"을 중요시한다는 점이다. 소위 '개인의 자각'에는 두 가지 측면이 있다. 하나는 단체조직이 대외적인 목표나 대외적인 자극으로 급하게 결성된 것뿐만 아니라 개인의 각오를 기반으로 결성되었다는 것이다. 신민학회, 소년중국 등 많은 단체는 1년, 심지어 더 오랜 시간의 논의와 준비를 거쳐 결성됐다. 다른 하나는 단체에 가입하는 개인은 개인의 독립적 인격을 중요시하고 개성을 말살하는 것을 단체 활동의 조건으로 하지 않았다. 신민학회 1차 보고서에서 단체의 준비 과정에 대해 언급할 때 이들은 "개인과 전인류의 생활을 어떻게 향상시킬 것인가", "특히 '자신의 생활 향상'의 문제를 느꼈다."에 주목하였다고

---

50   耿雲志,『傅斯年對五四運動的反思 —— 從傅斯年致袁同禮的信談起』,『歷史硏究』2004年第5期.

하였다.[51] 소년학회(베이징의 학생단체)는 자신들의 취지를 "개성과 지능을 발전시키고 현실의 학술을 연구하며 진취적인 정신으로 소년을 양성한다."라고 밝혔다.[52] 그 핵심은 지능과 개성을 발전시키는 것으로 이 점은 매우 명확하고 뚜렷하였다. 청년학회(허난의 학생단체)의 취지도 "개성의 본능을 발전시키고 진현한 학문을 연구하며 청년의 진정한 정신을 양성한다."라고 밝혔다.[53]

기타 학회, 단체는 비록 위의 단체처럼 개성 발전의 뜻을 단체의 취지에 명확하게 밝히지 않았지만 개성을 중요시하는 정신은 서로의 편지 왕래나 실제활동에서 표현되었다. 이들 대다수는 자신들이 관심을 가지는 문제에 대해 늘 자유롭게 논의하고 자신의 의견을 발표하였다. 개성을 중요시하는 사상 자유의 흐름은 신문화 운동의 뚜렷한 특징이다. 신문화 운동에서 지도적 지위를 차지하는 『신청년』, 『신조』는 이런 흐름의 인도자였다.

하지만 이와 동시에 전제주의 낡은 도덕의 속박에서 방금 풀려난 젊은이들은 자유와 개성주의를 완벽하게 이해하지 못하고 가끔 극단주의로 발전하여 불합리적인 발언과 행동을 하기도 하였다. 예를 들면 성급하게 가정과 관계를 끊겠다고 선언하거나 자기 아버지를 인정하지 않겠다고 선언하는 이도 있고, 자신의 성씨를 없애겠다고 선언하거나 모든 형식의 조직 기율을 반대한다고 주장하는 이도 있고, 혼인과 가정을 폐지해야 한다고 요구하거나 정부와 나라가 필요하지 않다면서 모

---

51   『新民學會會務報告(第1號)』, 『五四時期的社團』第1卷, p.575.

52   『五四時期的社團』第3卷, p.71.

53   『五四時期的社團』第3卷, p.101.

근대 중국의 문화적 전환에 대한 연구

든 정치를 아예 멸시해야 한다고 선언하는 이도 있었다. 이런 상황은 문화 운동 기간과 그 후에 무정부주의 사상이 성행하게 된 원인을 설명한다. 신문화 운동에서 분발한 청년들은 일정한 기간 동안 무정부주의의 영향을 받았다. 이는 2,000년 동안 축적된 전제주의로 인한 반작용이었다.

신문화 운동 중 얼마나 많은 사회단체가 결성되었는지에 대한 믿을 만한 통계는 없다. 하지만 두 가지 만은 확정할 수 있다. 하나는 청나라 말기 중화민국 초기 사회단체의 수를 훨씬 능가한다는 것이고, 다른 하나는 대다수가 청년단체라는 것이다. 청나라 말기 사회단체를 논의할 때 중국의 사회 조건에서 사회단체는 대다수가 오래 지속될 수 없었다고 지적한 바 있다. 주요원인은 단체의 멤버 대다수가 안정적인 사회적 지위가 없고 안정적이고 충족한 경제적 지원이 없었기 때문이다. 이런 상황은 신문화 운동 시기에서도 근본적인 변화가 없었다. 이에 이 시기의 사회단체들도 금방 생겨났다 사라지는 경우가 허다하였다. 특히 청년학생 단체는 졸업을 하거나 해외 유학으로 인해 해산되었다. 일부는 경비 부족으로 활동을 중단해야 하였다. 또 단체 내부의 의견 충돌로 인해 단체가 와해되는 경우도 있었다.

그렇지만 앞에서 분석했듯이 이 시기 사회단체의 사회개조를 목표로 하는 것과 개성의 발전을 강조하는 것, 이 두 가지 특징 만으로도 청나라 말기의 사회단체를 훨씬 능가할 수 있고 사회에 어느 정도의 영향을 줄 수 있었다. 예를 들면 평민 교육의 발전, 일부 공업과 농업 대중들의 사회 동원, 일정한 정도로 사람들의 관념과 사회 풍습을 바꾸는 등이다. 이런 단체의 활동은 많은 지도자들을 단련시켰다. 이들은 훗날 중국의 다양한 정치 운동(혁명 운동 포함)과 사회적 운동을 지도하는 핵심 역량으로 성장하였다. 이런 점에서 20세기 중국의 발전은 신문화 운동(5·4

운동 포함)과 직결된다고 할 수 있다.

3. 신문화의 주요 관념

신문화 운동을 연구하는 저서들은 하나같이 신문화 운동의 주요 관념은 과학과 민주라고 주장하였는데, 천두슈(陳獨秀, 1879~1942)의 말을 인용하면 덕德선생(데모크라시)과 새賽선생(사이언스)이었다. 물론 이 말이 틀린 것은 아니다. 그렇지만 신문화 운동 당시의 문헌을 자세히 살펴보면 이 말은 지나치게 개괄적임을 발견할 수 있다. 사실상 관념으로나 구호로서 민주가 신문화 운동 시기에 도입되어 성행한 것은 아니다. 청나라 말기부터 이 관념이나 구호는 이미 상당히 보편화되어 있었다. 하지만 당시 사람들의 민주에 대한 이해는 주로 국체와 제도 측면에 입각한 것이다. 혁명당원들은 먼저 제제를 없애라고 요구했고, 입헌파는 우선 국회를 구성하고 책임 내각제를 실행하여 황제의 권리를 국민이 선출한 대표에게 이전해야 한다고 주장하였다. 신해혁명 후, 중화민국이 건립되고 나서 사람들은 황제는 없어졌으나 황제의 권리는 국민들의 손에 이전되지 않았음을 발견하였다. 과거 황제의 권력은 군벌, 정객들이 서로 쟁탈하는 공이 되어버렸다. 이에 선각자들은 평민들이 아직 각성하지 못했고 민주는 빈 구호일 뿐으로 군벌 정객이 사리사욕을 채우기 위해 권리를 쟁탈할 때 임시로 내건 기치에 불과해 중국사회에 민주를 실행하기 위해서는 평민 대중을 일깨워야 한다는 것을 깨달았다. 민주, 자유에 대해 깊이 이해한 지식인 지도자들은 평민을 일깨우는 것 외에도 개성주의를 적극 제창해야 한다면서 사람들 머릿속에 남은 전제주의의 독을 철저히 없애고 사람들 머릿속에 남은 노예주의를 철저히 제거하여 주인으로 자처하도록 일깨우지 않으면 민주를 실행할 수 없다고 지적하였다. 이에, 신문화 운동의 주요 관념으로 민주를 개괄적으로 제창하는 것이 아닌 민주를 평민주의와 개성주의의 두 가지 관념으로 세분화하고 더 깊이 있게 나누었다.

이에 평민주의, 개성주의, 과학적인 태도와 개방적인 문화관념에 대해 중점적으로 논의하기로 한다.

(1) 평민주의

평민주의는 일종의 정치관념으로 청나라 말기부터 제시되었다. 일례로 일본 유학생이 창간한 『강소江蘇』, 『하남河南』 등 간행물에서는 평민주의 정치를 선전하는 글을 게재하였다.[54] 하지만 보편적으로 유행하는 사조로 자리잡은 것은 신문화 운동 시기였다. 앞에서 언급했듯이 신문화 운동이 발생하게 된 계기는 사람들이 과거 혁명과 개혁의 실패는 평민들의 각성이 없었고 깨어나지 못했음을 깨달았기 때문이다. 중국의 문제를 해결하려면 대다수 평민들이 일어나도록 해야 하였다. 신문화 운동의 예언자 혹은 선구자로 불린 황원용(黃遠庸, 1885~1915)은 『갑인甲寅』 편집자에게 보낸 편지에서 "종합하면 우리 세대의 사조를 어떻

---

54 『장쑤(江蘇)』제5기에는 「신정부의 건설(新政府之建設)」이라는 글을 실었는데 '평민정치'는 "한 나라의 주권은 평민들이 가지고 있고, 모든 정무는 여론이 결정하며, 정치의 주인은 나라의 평민이고, 정치의 목적은 대다수 평민들이 행복해지도록 하는 것이며, 정치의 책략은 평민의 뜻을 따른다.'고 주장함(『辛亥革命前十年間時論選集』第1卷(下), p.584). 『하남(河南)』 4기 「국회를 개설할 것을 요구한 감위(對於要求開設國會者之感謂)」, '평민적 국가'를 주장하고 국가와 평민의 관계를 중점적으로 논의하여, 서로 의존하고 서로 보전해야 한다고 강조. (『辛亥革命前十年間時論選集』第3卷, p.277)

게 하면 현대 사상의 흐름과 잘 맞물리게 하여 국민들을 일깨우는가 하는 것이다. 중요한 것은, 일반인과 소통해야 하고, 통속적인 문화 예술로 세상에 보급하는 방법이어야 한다.”고 하였다.[55] 이 중 ‘일반인’은 평민을 가리킨다. 그 의미는 앞으로의 운동은 많은 평민들을 상대로 해야만 효력이 있다는 것이다. 호적도 문학 혁명을 준비할 무렵 “나는 지금에 와서 문학은 소수 문인의 사유재산이 아닌 대다수의 국민들에게 보급해야 한다고 생각한다 “고 말하였다.[56] 소위 ‘대다수 국민들’이란 평민을 뜻한다.

평민의 의미는 너무 복잡하지 않아야 한다. 이는 세 가지 측면에서 이해할 수 있다. 첫째는 귀족을 상대로, 둘째는 사회 상위계층을 상대로, 셋째는 정부 관리를 상대로 이해해야 한다. 신문화 운동의 대다수 상황에서 앞의 두 가지 의미에서 평민이라는 단어를 사용하였다. 때문에 신문화 운동이 일어난 후, 평민 정치를 주장하는 사람들이 바라는 것은 하층 민중들이 각성하여 나라의 정치에 참여하는 것이었다. 이는 러시아 10월 혁명의 영향을 크게 받은 것으로 보인다. 당시 10월 혁명에 관련된 논의 중, 이번 혁명이 과거의 혁명과 다른 점은 진정한 평민 대중의 혁명이라는 점에 주목하였다. 리다자오李大釗의 「서민의 승리庶民的勝利」, 뤄자룬의 「금일의 세계 신조今日之世界新潮」 등에서도 10월 혁명은 진정한 평민 혁명이라고 강조하였다. 앞으로의 혁명은 모두 러시아의 평민 혁명이어야 한다. 천두슈陳獨秀도 “민중 운동民眾運動”, “진정한 민주 정치야 말로 정권을 인민 대중들에게 분배할 것이라고 믿는다

---

55 “綜之, 當使吾輩思潮如何能與現代思潮相接觸而促其猛省; 而其要義, 須與一般之人生出交涉; 法須以淺近文藝普遍四周.” 『甲寅』第1卷, 第10號.

56 “(吾以為文學在今日不當為少數文人之私產, 而當以能普及大多數之國人為一大能事).” 『胡適留学日记』, 商務印書館, 1947, p.956.

(相信真的民主政治, 必會把政權分配到人民全體)."라고 말하였다.[57]

신문화 운동에서 평민주의는 정치범위를 초월한 더 넓은 의미를 내포하며, 경제의 평민주의, 교육의 평민주의, 문학의 평민주의 등을 포함한다. 따라서 우리는 신문화 운동 시기에 평민주의는 가장 중요한 관념 중 하나이고 강대한 사회적 사조思潮라고 말하는 것이다. 평민교육강연단平民教育講演團, 평민교육사平民教育社, 평민주간사平民周刊社, 평민협사平民協社, 민중사民眾社 등 많은 사회단체가 평민주의를 기치로 내걸었다.

평민교육강연단에서 단체 발족의 원인에 대해 선서할 때 "학교교육은 재력가들의 자제를 위한 것이고 빈곤한 자제들은 생계 때문에 중도에 학업을 포기하여 평민교육을 받지 못하고 있다. 이런 것을 바로잡지 않으면 국민들의 지식이 크게 차이가 나고 사회 불평등 현상이 나타나 공화국 국체의 근본이 흔들릴 것이다. …… 따라서 우리 나라 평민들은 글자를 아는 사람이 적고 인쇄물, 출판물을 읽을 수 있는 사람이 소수에 불과해 교육을 평등하게 보급하려면 강연을 할 수밖에 없다."고 지적하였다.[58] 따라서 이 단체는 취지를 "평민들의 지식을 증진하고 평민들의 자각성을 일깨운다."라고 정하였다.[59] 평민교육사가 창간한 『평민교육平民教育』은 그 발간사에서 "평민정치의 목적은 모든 사람이 행복해지도록 하는 것이고 평민교육의 목적은 모든 사람이 어떻게 하는 것이 진정한 행복인지를 알게 하고 행복을 추구하는 방법을 알게 하는

---

57 『新青年宣言』, 『新青年』第7卷, 第1號.

58 『北京大學平民教育講演團徵集團員啟』, 『五四時期的社團』第2卷, p.135.

59 "(增進平民智識, 喚起平民之自覺心)." 『北京大學平民教育講演團簡章』, 同上書, p.136.

것이다."라고 지적하였다.[60] 평민주간사는 『평민』의 「발간사」에서 사회를 개조함에 있어서 "가장 좋은 방법은 평민들에게 많은 학문을 소개하여 사람들이 인생의 관념과 상부상조의 원리를 이해하도록 하는 것이다. 그때가 되면 죄악의 사회가 자연히 파괴되고 합리적인 조직이 생겨날 것이다."라고 밝혔다.[61] 「푸단 '평민'주간의 책임(復旦〈平民〉周刊的責任)」이라는 글에서 그들은 "큰 책임을 지는 것은 평민 지식을 일반 국민들에게 주입하여 이들이 세상의 흐름을 알고 나라의 사상과 자유평등의 관념을 알도록 하는 것이다. 또한, 이들이 스스로 자신이 국민의 일원임을 알도록 하고 나라와 밀접한 연관이 있으며 나라의 일에 대해 응당 져야 할 책임을 가지며 더 이상 꿈속에 머무르지 말아야 한다. 또한, 자각적인 결심, 분투의 정신을 양성하는 것이다."라고 하였다.[62] 이런 내용은 당시 많은 사람들이 평민에 주목하고 있음을 반영한다. 평민을 단체의 이름이나 슬로건으로 하지 않아도 평민주의의 주장을 찬성하였다. 예를 들면 국민잡지사는 『조직대강』에서 "국민상식 주입灌輸國民常識", "국민 신지식 주입灌输国民新知识"을 취지로 한다고 강조하였다.[63] 유명한 기자 겸 신문학자인 소표평邵飄萍은 『국민』 잡지에 보낸 글에서 "언론계에서 늘 중국을 구원하는 근본은 국민의 자각에 있다고 주장하였다."고 지적하였다.[64] 이들이 주목하는 "국민"은 물론 일반 평민의 국민이다. 이 때문에 독자들은 이들에게 "모든 국민들이 읽기 편한一般

---

60 『五四時期的社團』第3卷, p.6.

61 〈五四時期的社團〉第4卷, p.14.

62 同上書, p.15.

63 『五四時期的社團』第2卷, p.17, 19.

64 同上書, p.29.

근대 중국의 문화적 전환에 대한 연구

國民所能共讀", "가장 쉬운 문자以最淺近之文字"를 이용할 것을 요구하였다.[65]

앞에서 언급한 당산공업전문학교의 학생들은 5·4운동 후에 『구국救國』이라는 간행물을 창간하였다. 그들은 "당산 현지 평민들에게 보여주기 위한 것이다唐山本地的平民"라고 명확하게 밝혔다.[66] 일부 사람들은 이미 평민의 생계문제에 주목하였다는 점에 유의해야 한다. 평민들을 일깨우고 평민들이 각성하도록 하며 그들에게 지식을 주입하기 위해서는 우선 평민들이 생존할 수 있는 조건이 있어야 한다. 따라서 평민의 생계문제는 가장 먼저 해결해야 할 문제이다. 1918년 난징南京에서는 평민생계사平民生計社가 결성되었다. 『정관』에는 "민생의 문제를 연구하고 구하기 위해 뜻을 같이 하는 사람들이 이 조직을 발족하였다."고 명시하였다. 이들의 목표는 "(1) 다양한 사업을 진흥시킨다. (2) 평민 생활을 증진시킨다. (3) 사회교육을 제창한 것이다."[67] 평민생계사가 어떤 사업을 했고 어떤 실적을 거두었는지는 알 수가 없지만 우리는 이를 통해 신문화 운동에서 평민 문제에 대한 관심이 어느 정도였고 평민주의 사조가 어느 정도 확장되었는지를 알 수 있다. 당시 사람들이 말한 것처럼 모든 이목이 "'평민의 생활'에 집중되었다."[68]

평민주의 사조의 열풍은 5·4운동 후 중국의 정치발전과 큰 연관이 있다. 평민주의 사조의 인도 하에 많은 지식분자와 청년들은 공업과 농업에 종사하는 대중들과 접촉해 결합하게 되었다. 사조 자체가 이런 방

---

65   同上書, p.30.

66   『李中襄, 許元熙致胡適的信』, 『胡適遺稿及秘藏書信』第8卷, p.134.

67   『新青年』第5卷 第5號.

68   「高语罕致胡適的信」, 『胡適遺稿及秘藏書信』第31卷, p.341.

향을 인도하였다. 한편으로 5·4 및 그 이후의 애국 운동에서 노동자 농민 대중의 힘을 보게 하는 것도 있고, 다른 한편으로 러시아 10월 혁명의 시사도 있다. 천두슈陳獨秀는 5·4운동 후 산둥 문제와 국민의 각성에 대해 "근본적인 구제 방법은 '평민이 정부를 정복'하는 것이다."고 지적하였다.[69] 이 중에서 평민이란 학계, 상회, 농민단체와 근로자단체를 포함한다. 노동자 농민 대중들이 무대위로 올라섰고, 선진분자들이 이 계층을 중요시하는 것은 5·4운동 후 나타난 매우 중요한 사실이다.

마오쩌둥은 「'상강평론'의 창간 선언(「湘江評論」 創刊宣言)」에서 "많은 개혁은 한마디로 '강권에서 자유'를 얻은 것이다. 강권에 대항하는 근본주의는 '평민주의'이다."라고 하면서 많은 강권은 "평민주의의 목소리를 빌어 타도해야 한다."[70]고 지적하였다. 평민주의를 중요시하고 깊이 깨닫게 되면서 일부 지식분자들은 중국혁명의 출구는 노동자 농민 대중들에게 있다는 것을 깨달았다. 리다자오는 1921년 3월에 발표한 글에서 중국의 정치와 사회를 개혁하려면 필히 대중의 힘에 의존해야 하고 대중의 힘에 의존하려면 단체 훈련을 통해서만이 충분하게 표현될 수 있음을 명확하게 느꼈다고 적었다. 대중의 운동과 단체의 훈련은 "서로 이용하고 서로 발전한다(是相待為用, 相隨俱進的)", "따라서, 한 단체를 시급하게 결성해야 한다. 이 단체는 정객이 결성한 정당도 아니고 중산계층의 민주당도 아니며 평민과 근로자의 정당, 즉 사회주의 단체여야 한다."[71] 리다자오의 이러한 표현은 중국 공산당의 탄생을 예시

69   "(根本救濟的方法, 只有'平民征服政府')." 『山東問題與國民覺悟』, 『每週評論』第23號.

70   『毛澤東早期文稿』, 湖南出版社, 1990, p.293.

71   『團體的訓練與革新的事業』, 『李大釗文集』第4卷, pp.78~79.

했고 중국 공산당의 성격도 예시하였다. 이로 보아 신문화 운동으로 높아진 평민주의 열기는 중국 공산당의 탄생에 중요한 사상을 인도하는 역할을 했음을 알 수 있다.[72]

(2) 개성주의

개성주의와 개인주의는 실질적으로 같은 말이다. 서양 사상가는 개인주의라는 표현을 더 보편적으로 쓴다. 중국에서 개인주의는 늘 악명이 자자하였다. 따라서 신문화 운동의 선구자와 지도자들은 대다수가 개성주의라는 표현을 쓴다. 호적은 개인주의는 두 가지가 있다고 하면서 하나는 "거짓 개인주의, 즉 개인중심주의(Egoism)"이고, 다른 하나는 "진정한 개인주의, 즉 개성주의이다(Individuality)"라고 하였다.[73] 호적이 이렇게 구분한 것은 개성주의와 개인주의를 엄격하게 구분하기 위해서이다. 여기서 논의하는 신문화 운동의 주요 관념인 개성주의는 지나치게 이기적인 개인중심주의와 완전히 다른 개인주의, 즉 개성주의이다.

개성 선양의 문제는 청나라 말기부터 제기되기 시작하였다(제4장 참고). 하지만 그때 당시 국내외 환경과 사상가의 주관 조건이 제한적이어서 개성과 개인의 자유에 대해 제창하기 시작했을 뿐이다. '개성주의' 개념은 언급되지 않은 상황이었다. 개성과 개인주의의 의미에 대해서는 최소 세 가지 부분을 명확하게 설명하지 못하였다.

(1) 개성, 개인자유의 본질적 의미에 대한 정의가 완전하지 못하고

---

72 朱志敏,『五四民主觀念研究』之第七章 참조, 北京師範大學出版社, 1996.
73 『非個人主義的新生活』,『胡適文存』卷四, p.174.

명확하지 못하였다. 엄복은 '존아存我', '혈구絜矩'로 개인의 자유를 해석하였다. 양계초, 담사동은 '독립'과 '자주'로 개인의 자유를 해석하였다. 상술한 해석이 전반적이고 명확하다고는 할 수 없다.

(2) 개인의 자유와 국가 민족의 자유 간의 관계를 제대로 설명하지 못하였다. 당시 중국은 외환으로 인해 거의 멸망에 이르렀기 때문에 나라의 독립, 즉 나라의 자유를 쟁취하는 것이 가장 시급한 임무가 되었다. 하지만 사람들이 낡은 강상명교綱常名敎의 속박에만 머물러 있다면 노예의 도덕만 있게 되고 전체 민족은 힘이 없게 된다. 따라서 개인의 자유를 제창하고 개인의 힘을 해방시켜야 하였다. 두 가지가 어떤 관계가 있는지에 대해서는 명확하게 설명할 수 있는 사람이 없다. 당시 가장 영향력이 있는 계몽 사상가 양계초도 늘 모순과 곤혹에 빠졌다.

(3) 개인의 자유, 개성주의와 민주정치간의 관계에 대해 제대로 설명하지 못하였다. 이 부분은 앞에서 언급한 두 번째 내용과 연관이 있다. 양계초가 이 문제에 대해 모순과 곤혹을 느꼈다면 다른 사람들은 두 말할 나위가 없다.

신문화 운동이 급속 발전한 최대의 신예부대는 청년이다. 청년을 고무시키고 흥분시킨 최대의 사상 동력은 개성주의이다. 중국에서 개성을 가장 가깝게 가장 심하게 속박한 것은 낡은 가정, 가정윤리제도였다. 따라서, 당시 낡은 윤리 도덕을 비판하고 낡은 가정, 가족제도의 속박을 타파하는 것은 개성을 해방하는 가장 기본적이고 가장 직접적인 표현이었다.

개성주의의 제창은 당시 두 가지 측면의 문제를 제기하였다. 하나는 교육과 계몽의 의미상에서 제기한 것이고, 다른 하나는 개인과 나라, 사회, 민족의 관계에서 제기한 것이다. 후자의 경우, 민주 정치가 어떻

근대 중국의 문화적 전환에 대한 연구

게 실행되는지에 관한 문제와 직접 연관된다.

우선 첫 번째 측면을 살펴보자.

교육계 지도자인 채원배蔡元培의 경우, 신구 교육의 근본적인 차이점에 대해 "교육사업에 종사하는 사람은 전통적인 교육방법을 고수하기보다는 자연적인 방법을 지향하는 것이 더 낫다. 학생들이 통일된 표준을 준수하도록 하기보다는 학생 개성을 발전시키는 것이 더 낫다."고 말하였다.[74] 교육적인 측면에서 계급제도를 폐지할 것을 주장하고 "그렇다면 "개인이 각종 속박에서 해방되어 자유롭게 발전할 수 있다."고 하였다.[75]

신문화 운동의 지도자 천두슈陳獨秀는 동서문화의 근본적인 차이점에 대해 "서양 민족은 예로부터 지금까지 철저한 개인주의 민족이다. …… 모든 윤리, 도덕, 정치, 법률, 사회가 지향하는 모든 것과 나라가 추구하는 모든 것은 개인주의 권리와 행복을 옹호한다.", "동양민족은 …… 종법사회로 가족을 중심으로 하고 개인적으로 권리가 없고 가족은 가장의 명령에 따른다. …… 국가조직도 가족과 같다.", "종법제도의 나쁜 결과는 4가지가 있다. 하나는 개인의 독립, 자존적인 인격을 파괴하고 다른 하나는 개인 의사의 자유를 가로 막으며 셋째는 법률적인 평등 권리를 박탈(가령 나이가 많은 사람, 지위가 낮거나 나이가 어린 사람 등 신분이나 계급이 다른 사람이 같은 죄를 저지르면 법률 책임과 적용되는 처벌 결과도 다름)하고, 한번 의존성이 생기면 개인의 생산력에 손상을 입힌다."고 지적하였다. 천두슈는 이런 4가지 폐단을 제거하려면 "개인중심주의로 가족중심주

---

74 『新教育與舊教育之歧點』, 『蔡元培全集』 第3卷, 浙江教育出版社, 1997, p.338.

75 『戰後之中國教育問題』, 同上書, pp.689~690.

의를 바꿔야 한다."라고 주장하였다.[76]

리다자오는 동서문명의 차이점에 대해서도 "동양인은 자신의 희생을 인생의 본분이라 생각하고 서양인은 자신의 만족을 인생의 본분이라고 생각한다. 따라서 동양의 도덕은 개성을 말살하는 것을 유지하고 서양의 도덕은 개인 해방의 운동이다."라면서 이에 따라 동양인은 "개인의 권위와 세력을 존중하지 않는다. …… 개인을 큰 집단 중 불완전한 부분으로 간주하고 생존가치는 집단에 매몰되었다."고 지적하였다.[77] 유명한 교육가 장멍린도 교육의 주요 문제는 "인류의 가치를 증진하는 것이다增進人類之價値"라고 하였다. 그는 "인류의 가치를 언급하려면 먼저 개인의 가치를 이야기해야 한다. 개인의 가치를 모르면 인류의 가치도 모른다(欲言人類之價値, 當先言個人之價値. 不知個人之價値者, 不知人類之價値也)"라고 하면서 "오늘의 문명 선진국의 사회는 개인이 사회를 이룬것이다. 개인으로 이루어진 사회의 기초는 강건한 개인에 있다(今日文明先進國之社會, 由個人結合之社會也 …… 由個人結合之社會, 其基礎在強健之個人)", 따라서 "새로운 교육의 효력은 개인의 가치를 존중해야 한다(新敎育之效力, 卽在尊重個人之價値)"라고 하였다. "개인의 천성이 발전할수록 가치도 더 높아진다. 한 사회에서 개인의 가치가 높을수록 문명이 더 진보한다. 문명을 증진하는 방법으로 교육을 꼽을 경우, 개인을 존중하는 것으로부터 시작해야 한다."[78] 또 다른 글에서 장멍린蔣蒙麟은 "문화교육에 대해 개성주의를 언급해야 한다. 개성을 발전시키고 특별한

---

76   "(以個人本位主義, 易家族本位主義)."『東西民族根本思想之差異』,『靑年』1卷 4號.

77   『東西文明根本之差異』,『李大釗文集』第2卷, p.204, 205.

78   『個人之價値與敎育之關係』,『蔣夢麟學術文化隨筆』, 中國靑年出版社, 2001, p.5, 6, 7.

재능을 양성해야만 문화가 발전할 수 있다(對文化教育而言, 曰個性主義. 發展個性, 養成特才, 則文化得以發達)"라고 하면서 "우리 나라의 문화는 선진국에 비해 부족함이 많다. 우리가 따라가려면 특별한 인재를 양성해야 한다. 특별한 인재를 양성하려면 개성을 발전시켜야 한다"고 강조하였다.[79] 결론적으로 현대문명사회는 개성을 존중하고 개성을 발전시키는 기초 위에 구축해야 한다.

신문화 운동의 주요 지도자인 호적은 1918년 5월에 『신청년』에 개성주의를 선양하는 대표적인 문헌이자 '개성해방의 선언'으로 불린 「입센주의易葡生主義」라는 글을 게재하였다. 이 글에서 호적은 개성주의를 전반적으로 명확하게 해석하였다. "사회 최대의 죄악은 개인의 개성이 제대로 자유롭게 발전하지 못하도록 제어하는 것이다."라고 하였다.[80] 그 이유는 "개인의 개성이 소멸되고 자유 독립의 정신이 없으면 사회자체도 생기가 없어 진보하지 못할 것이다."라고 설명하였다.[81] "사회와 나라에 자유 독립적인 인격이 없으면 술에 누룩이 없는 격이고 빵에 효모가 없는 격이며 사람의 몸에 머리가 없는 격으로 이런 사회와 나라는 개선, 진보의 희망이 없다."[82] 따라서 사회가 지속적으로 진보하려면 개인의 개성을 반드시 보호하여 자유롭게 발전하도록 해야 하며 자유 독립적인 인격을 양성해야 한다. 이런 인격이 있어야만 솔직한 발언을 할 수 있고 사회를 비평할 수 있으며 사회의 각종 혼잡한 현상과 투쟁할 수 있다. 이로써 사회의 진보를 추진할 수 있는 것이다. 호적은 개

---

79   『個性主義與個人主義』, 同上書, p.45.
80   『易葡生主義』, 『胡適文存』卷四, p.34.
81   同上書, p.24.
82   同上書, p.36.

성주의를 현대의 사회와 나라가 건전하게 발전할 수 있는 필수 조건으로 간주하였다. 이 글에서 호적은 개인주의를 명확하고 완전하게 설명하였다. 개성주의는 "첫째, 개인이 자유 의지가 있어야 한다. 둘째, 개인이 책임질 수 있어야 한다."라고 지적하였다.[83] 이 두 가지는 밀접한 연관이 있다. 개인이 자유 의지가 없으면 노예와 마찬가지이다. 또한, 한 사람이 자유 의지만 있고 함부로 행동하며 자신의 행동에 책임을 지지 않으면 노예와 마찬가지이다. 노예는 독립된 인격이 없기에 자신의 행동에 책임을 지지 않아도 되기 때문이다. 호적은 개성주의의 이런 정의에 대해 개인 자유 의지의 절대적 필요성을 언급하는 한편 개인은 자신의 사상, 언론, 행동에 책임을 져야 한다고 지적하였다. 이로써 개성주의와 중국인들이 전통적으로 이해하는 소위 개인주의(지나치게 이기적이고 욕망이 넘치는 것)와 완전하게 구분하였다. 호적의 정의는 엄복, 양계초 등의 견해보다 훨씬 더 전면적이고 명확하다. 전면적이고 명확한 정의가 뒷받침해주면 보수주의자의 공격과 모독에 대항할 수 있고 각성한 청년들이 조심하고 악습을 방지할 수 있다.

　　신문화 운동에서 선각자들은 개성주의를 제창하는 한편 개인과 국가 민족의 관계 즉, 개성주의와 민주정치의 관계를 설명하는 것에 주의하였다. 천두슈陳獨秀는 "나라의 이익, 사회의 이익이 개인 이익과 충돌할 경우, 개인의 이익을 견지하는 것을 근본으로 해야 한다."라고 주장하였다.[84] 따라서 "국민정치가 구현될지 여부는 다수의 국민이 정치 자각을 주인의 능동적인 지위에 놓는가를 유일한 근본 조건으로 해야

83　　同上書, p.35.
84　　『東西民族根本思想之差異』, 『靑年』1卷 4號.

한다."라고 덧붙였다.[85]

정치학인 가오이한(高一涵, 1885~1968)은 이를 구체적으로 설명하였다. "최근 유럽은 개인주의가 유행하고 있다. 비록 이미 흐름으로 자리 잡았으나 많은 폐단을 막지는 못한다. 하지만 유럽 문명이 계속 발전할 수 있었던 것은 개인이 자신의 발전을 중요시하고 최선을 다해 자신의 재능을 발휘하여 자신의 인생 귀속을 찾았기 때문이다. 나라와 사회의 가치는 많은 개인의 가치를 기반으로 누적된 것이다. 우리 나라의 문명이 답보 상태인 원인은 개인주의가 발달하지 못하였기 때문이다. 상위계층 통치자는 국가주의의 기치를 높이 들고 백성들을 기만하며 백성들은 가족주의의 울타리에서 벗어나지 못하였다. 국민들은 나라의 흥망성쇠에 관심이 없고 나라에 대한 충성도와 애국심도 날로 줄어든다. 최종적으로 나라, 사회와 개인은 국가주의의 해를 입게 된다." 또한, "사회는 수많은 사람들로 구성됐다. 개인은 사회의 일원이고 사회는 개인이 모여 이루어졌기에 개인의 이익을 추구하지 않으면 사회는 발전하기 힘들다."라고 말하였다. 개인주의는 사회 발달의 기초인 셈이다. "공화국의 모든 국민이 기대하고 희망하는 것은 나라가 아니라 나라에 의존하여 스스로에게 좋은 귀속을 찾아 놓는 것이다. 나라는 국민들이 자신의 기대를 만족하기 위해 설립한 것이다. 나라는 사람이 만든 산물로 개인의 이익을 보호하기 위해 모든 사람들이 자신의 노력을 통해 자신의 천성을 발전시켜 완벽한 인생을 만들어 가는 것이다. 본질적으로 볼 때 나라가 있고 개인이 있는 것이 아니라 먼저 개인이 있고 다음에 나라가 있다. 개인의 이익을 위해 나라를 창조한 사례는 매우 많다. 하

---

85   『吾人最後之覺悟』, 『靑年』1卷 6號.

지만 나라의 이익을 위해 개인을 창조한 것은 들어 본 적이 없다."[86] 그는 다른 글에서 "이러하기 때문에 사람이 나라를 위해 태어난 것이 아니라 나라는 사람을 위해 설립된 것이다. 나라를 떠나 사람은 여전히 사람이지만 사람이 떠나면 나라를 운운할 필요성이 없다. 인민은 주인이고 나라는 사업일 뿐이다. 사업은 주인에게 이용되지 않은 것이 어디 있으랴"라고 하였다.[87] 개인과 나라의 관계에 대해 어떤 것이 먼저고 어떤 것이 중요한지에 대해 고씨는 매우 명확하게 설명하였다. 이는 과거 중국인의 견해와 다르다. 호적은 이 문제를 더 날카롭게 지적하였다. 그는 지금 어떤 사람은 당신들에게 '개인의 자유를 희생하여 나라의 자유를 추구하라'고 하지만 나는 당신들에게 '당신들의 자유를 쟁취하는 것이 야 말로 나라의 자유를 쟁취하는 것이다! 자신의 인격을 쟁취하는 것이 나라의 인격을 쟁취하는 것이다! 자유 평등의 나라는 노예가 만들어 지는 것이 아니다!'고 말할 것이다."고 하였다.[88]

위의 내용을 살펴보면 신문화 운동에서 개성주의를 제창하는 것은 민주의 목표를 추구하는 것과 긴밀한 연관이 있다. 천두슈陳獨秀, 호적, 가오이한高一涵 등은 개성주의가 없고 개인의 해방이 없고 개인 가치를 충분하게 승인하지 않으면 진정한 민주제도를 실행할 수 없다고 지적하였다. 따라서 어떤 민주제도를 설계하는 것이 아니라 민주의 인식을 더 깊이 하였다는 점에서 신문화 운동이 민주에 대한 관념에서 기여한 부분이다. 그 이후부터 개인의 가치, 개인의 지위, 개인의 권리를

86   『共和國家與青年之自覺』, 『青年』1卷 2號.

87   『國家非人生之歸宿論』, 『青年』1卷 4號.

88   『介紹我自己的思想』, 『胡適論學近著』第一集, 商務印書館, 1935, p.635.

버리고 개괄적으로 민주를 이야기할 경우, 무지가 아니면 의도적으로 사람을 속이는 것이다.

(3) 과학정신

최근에 신문화 운동을 비판하고 부정하는 경향이 있는데 그 주요한 판단 중 하나는 신문화 운동이 중국 고유의 전통을 부정하였다는 것이고, 다른 하나는 과학주의를 맹신하는 것이다. 전자에 대해서 필자는 1989년에 발표한 「5·4신문화 운동에 대한 재인식五四新文化運動再認識」(『중국사회과학』 1989년 제3기)에서 비평하였다. 신문화 운동의 주요 지도자(호적, 천두슈陳獨秀, 리다자오李大釗, 루쉰魯迅 등)들은 전통을 전적으로 부정하지 않았다. 일부 사람들의 극단적인 언론이 신문화 운동의 주류를 대표할 수는 없다. 일부 청년의 과격한 언론과 행동은 신문화 운동을 평가하는 근거로 이용할 수 없다. 이 글에서는 더 이상 중복하지 않겠다. 후자의 경우, 간략하게 필자의 생각을 설명하겠다. 우선 신문화의 제창자들은 어느 누구도 '과학주의' 구호를 제시하지는 않았다. '과학주의'라는 말은 신문화 운동을 비평하는 사람들이 이들에게 붙인 것이다. 신문화 운동의 제창자 본인들은 어떻게 설명하는지 살펴보자.

천두슈는 『청년』 잡지의 창간호에서 과학과 인권을 함께 중시科學與人權並重 해야 한다.”라고 하면서 과학은 현대 국가 건설에 대한 중요한 의미를 강조하였다. “객관적인 현상을 종합하여 주관적인 이성으로 해석하고 서로 모순되지 않는 것(科學者何？ 吾人對於事物之概念, 綜合客觀之現象, 訴之主觀之理性而不矛盾之謂也)”이라고 하였다.”라고 하였다. 그가 내린 정의가 썩 훌륭한 편은 아니다. 그는 단지 다른 사람들이 쉽게 이해할 수 있도록 과학과 상상을 비교 예시했던 것 같다. “상상이란, 객관을 초월하는 현상, 주관적인 이성을 포기하고 근거 없이 지어내고 가정을 하지만 실증이 없고 인간의 지혜로 이유를 설명하지 못하며 그 법칙을 설명하지 못하는 것이다(想象者何? 既超脫客觀之現象, 復拋棄主觀之理性, 憑空構造, 有假定而無實證, 不可以人間已有之智靈, 明其理由, 道其法則者也)"라고 지적하였다. 이렇게 비교해보니 천두슈가 이해하는 과학이란 이성적인 것을 활용하여 객관적인 실제환경에서 도출한 실증의 지식임을 알 수 있다. 그는 이런 실증의 지식이야말로 사람들이 직면한 갖가지 문제들을 해결하는데 도움을 줄 수 있다고 강조하였다. 과거 중국인들은 과학을 중요시하지 않고 음양·오행·풍수 등을 믿어 농업·공업·상업·의학 등이 발달되지 못하였다. "상식적이지 않은 사고, 이유 없는 신앙을 근본적으로 해결하려면 과학밖에 없다."라고 하였다.[89] 이는 그가 과학이 사람들에게 허위적인 미신을 제거하는 것에 도움을 준다고 판단하였음을 의미한다.

몇 년 후, 천두슈陳獨秀는 과학에 대해 한층 깊이 해석하였다. "과학은 광의의 정의와 협의의 정의가 있다. 협의의 과학은 자연과학이고 광의의 과학은 사회과학이다. 사회과학은 자연과학을 연구하는 방법으로 사회학, 윤리학, 역사학, 법률학, 경제학 등 모든 사회 인간사의 학문에 이용할 수 있다. 자연과학의 방법으로 연구하고 설명하는 것은 모두 과학이라 할 수 있으며, 이는 과학의 가장 큰 효용이다." 그는 청나라 말기 이래 중국인의 과학에 대한 협의적인 이해에 대해 "중국인은 자연과학 외의 학문에도 과학의 권위가 있음을 잘 모른다. 자연과학 외의 학문도 과학의 세례를 받고 있음을 잘 모른다. 서양에서 자연과학 외에 동

---

89   『敬告靑年』, 『靑年』1卷 1號.

양에 도입할 수 있는 문화가 있다는 것을 모른다. 중국의 학문은 과학의 세례를 받을 필요성이 있다는 것을 모른다."라고 지적하였다. 따라서 "과거의 잘못을 개선하고 자연과학을 제창해야 할 뿐만 아니라 모든 학문(전통학문도 포함)을 연구, 설명할 때 과학적인 방법을 엄수해야 하며 이렇게 해야만이 캄캄하고 엉망진창인 망상과 허튼 소리를 없앨 수 있다."라고 언급하였다.[90]

　　자연과학의 방법으로 모든 학문을 연구해야 한다고 주장한 점은 과학주의의 의미를 지녔음을 의미한다. 하지만 학문이라고 하는 것은 과학적인 방법으로 연구하지 않고 사실 여부를 불문하고 실증을 추구하지 않고 터무니없이 생각하는 태도를 제창해야 하는가? 신문화 운동이 과학주의를 맹신한다고 비평하는 자들은 신문화를 제창하는 자들이 현사회에서 모든 문제는 과학적인 방법으로 해결해야 하고 해결할 수 있을 것이라고 생각한다고 그는 지적하였다. 사실상 이렇게 언급한 사람은 없다. 단지 과학적인 방법으로 우리들이 직면한 문제를 해결해야 한다고 언급했을 뿐이다. 인류 문명 진보의 역사는 사실 인류가 자신의 부단한 발달과 진보적인 이성을 활용하여 자신의 실증지식을 점차 확충시켜 자신이 직면한 문제를 해결한 역사이다. 우리는 지금까지도 이 역사가 끝이 있는지 혹은 끝이 어디에 있는지를 알 수 없다. 따라서 실증 지식을 취득하는 수단으로 과학이 어떤 점에서 끝을 봐야 한다고 독단적으로 설명할 수 없다. 많은 분야에서 아직 만족할 만한 과학적인 해답이 없는 것을 인정할 수 밖에 없다. 하지만 이런 분야의 문제들을 과학적으로 영원히 해결할 수 없다고 말할 수도 없다. 인위적으로 일부 분

90　　『新文化運動是什麼』,『新青年』7卷 5號.

야의 몇몇 문제를 과학적인 금기 구역으로 정하고 과학이 여기서 멈추어야 한다고 하는 것도 도리가 아니다. 이는 마치 청나라 말기 일부인들의 서양 문화는 물질생활 분야에만 활용할 수 있고 정신적인 분야에서는 서양 문화를 무조건 배척해야 한다는 주장처럼 이치가 없고 근거가 없다.

신문화를 제창하는 사람들이 당시에 가장 많이 언급한 내용은 자연과학이 아니다. 청나라 말기부터 자연과학이 사회발전의 진보에 거대한 역할을 발휘하고 있다는 것을 느끼기 시작하였다. 신문화 운동 시기에 이르러 사람들이 가장 주목하는 것은 자연과학과 같은 실증을 중시하고 실험을 중시하는 정신과 방법을 다른 학문에 대한 연구에 활용하고 기타 문제의 해결에 어떻게 보급하는가 하는 것이었다. 호적이 반복적으로 강조한 것은 바로 이런 의미이다. 그는 과학 역사상 과학정신, 과학적인 태도와 과학적인 방법은 그 어떤 과학적인 성취보다 더 기본적인 중요성이 있다고 생각하였다. 그는 "과학정신은 사실을 추구하고 진리를 추구하기 위한 것이다. 과학적인 태도는 편견과 감정을 버리고 사실만 인정하고 증거만 따른다. 과학적인 방법은 '과감한 가설, 조심스러운 실증'이다. 증거가 없으면 단정을 지을 수 없고 증거가 부족하면 가설해야 하고 독단적이지 말아야 한다. 실증을 거쳐야 정론이라고 할 수 있다."고 말하였다.[91] 소위 '과학주의'를 비평하는 사람들은 자연과학을 근본으로 발전한 보편적인 의미를 가진 과학정신, 과학적인 태도와 과학적인 방법을 인정하려 들지 않았다. 이는 매우 편협한 의견이다. 철학 소양을 갖춘 과학자들은 과학정신, 과학적인 태도와 과학적인 방법

---

91   『介紹我自己的思想』,『胡適論學近著』第一集, p.645.

의 객관적인 존재와 보편적인 의미를 부정하지 않는다.

　　예를 들면 중국의 유명한 화학자이자 중국 최초의 과학사단 '과학
사科學社' 창시자인 린훙쥐안(任鴻雋, 1886~1961)은 월간 잡지『과학科學』
에서 과학정신의 문제를 전문적으로 논의한 적이 있다. 린훙쥐안은 우
선 과학의 중요성은 과학의 성과에 있는 것도 아니고 과학의 방법에 있
는 것도 아닌 과학정신에 있다고 강조하였다. "과학정신이란? 진리를
추구하는 것이다. …… 진리란 어디에나 존재하는 것이다. 과학자가 알
고 있는 것은 사실을 기반으로 하고 실험으로 조사하고 추리로 표현하
며 증거로 결정하고 이미 알고 있는 내용과 선인들의 말에 따르지 않는
다. 이미 알고 있는 내용과 선인들의 말이 진리에 위배되면 어떻게 해서
든지 그런 내용에 맞서는 것이 과학정신이다." 이 뜻은 기성교육을 개
의치 않고 사람들의 말을 개의치 않으며 오직 사실과 진리만을 존중한
다는 것이다. 임씨는 이런 과학정신이 자연과학에만 한정되는 것이 아
니라고 밝혔다. 그는 실험의 학문이 흥행되면서 과학의 근본이 확립되
었다고 지적하였다. "근대 서양의 과학자들은 이들의 지혜를 활용하여
광범위한 연구를 진행하였으며 과거 사람들의 이론을 더 완비하였다.
이로써 복잡한 사물들이 질서정연한 과학 이론으로 표현됐다. 이런 과
학이론은 실업 과정에서 보급되어 근대 시기에 공업과 상업의 다양한
발명 창조로 이어졌다. 이런 과학이론이 정치 생활에 보급되어 사회 변
혁을 촉진하였다. 이런 과학이론이 사람들 마음 속에 자리를 잡아 사람
들의 사상을 바꾸었다. 이런 과학이론이 사람들의 물질 생활에 활용되
면서 생활의 질이 대폭 향상되었다. 따라서 과학이 근대 서양 문화의 근

원이라고 하는 것은 결코 지나치지 않는다."[92] 그는 "과학적인 방법을 다른 사상 학문에 주입하는 것"에 찬성하였다.[93]

그는 「과학과 근세문화科學與近世文化」라는 강연에서 그 뜻을 더욱 명확하게 설명하였다. "과학의 정신은 진리를 추구하는 것이다. 진리의 역할은 인류가 아름다운 방향으로 나아가는 것을 인도하는 것이다. …… 과학이 인생태도에 미치는 영향은 합리적인 것을 요구하는 것이다. 이성으로 자연의 오묘함을 발명하고 인생의 행동을 인도하고 인류의 관계를 규정한 것은 근세문화의 특징이자 과학의 가장 큰 기여와 가치이다."[94] 20세기 가장 위대한 과학자 아인슈타인(Albert Einstein, 1879~1955)의 말을 인용하여 설명하면 보편적인 의미의 과학정신, 과학적인 태도와 과학적인 방법을 인생의 여러 분야에 보급하는 것이 과학 본연의 사명이고 인류가 이성을 완전화하는 필연적인 요구이다. 아인슈타인은 "세계가 본질적으로 질서 있고 인식할 수 있다는 신념은 모든 과학작업의 기초이다.", "모든 과학작업은 이성적인 간섭이 아예 필요 없는 것을 제외하고 모두가 세계의 합리성과 인식 가능성의 견고한 신념에서 출발한 것이다."[95] 그의 과학에 대한 이해는 세계는 인식할 수 있다는 전제에 기반하여 과학은 우리가 이 세계를 알도록 인도하는 도구, 경로, 방법이다. 그는 과학을 통해 인식할 수 없는 세계의 특정 분야를

---

92 『과학정신론(科學精神論)』, 『과학(科學)』 2권 1기 게재, 변홍업 등이 편찬한 『임홍전 문존-과학 구국의 꿈(任鴻雋文存 —— 科學救國之夢)』 70, 68쪽 인용. 上海科技教育出版社, 2002.

93 『科學方法講義』, 原載於 『科學』 第4卷第11期, 同上書 재인용, p.202.

94 『科學與近世文化』, 原載 『科學』 第7卷第7期, 同上書 재인용, p.280.

95 『論科學』, 『走近愛因斯坦』, 遼寧教育出版社, 2005, p.149.

어느 누구도 사전에 규정할 수 있다고 생각하지 않았다. 세계의 합리성과 인식 가능한 신앙 그리고 과학으로 이 세상을 인식할 수 있다는 신념은 자신의 종교로 생각하였다. 이런 점은 앞에서 언급한 호적의 사상과 매우 흡사하다. 소위 과학주의를 비평하는 자들은 과학은 신앙문제를 절대로 해결할 수 없다고 생각하였다. 하지만 아인슈타인은 과학이 이 세상을 인식한다는 신념을 자신의 종교로 간주하였다. 호적도 자신의 소위 과학의 인생관을 자신의 종교로 간주하였다. 그는 "과학의 인생관은 과학적인 정신, 태도, 방법으로 인생 문제에 대처하는 것"이라고 생각하였다.[96] 이런 과학적인 인생관을 자연주의 인생관이라고도 하였다. "자연주의 인생관에는 아름다움이 없는 것이 아니고 시적인 것, 도덕의 책임도 없는 것이 아니며 '지혜 창조'의 기회를 충분히 활용하지 않는 것도 아니다." 이는 과학과 인생관에 대한 문제를 논의할 때 결론적으로 설명한 내용이다. 『나의 신앙我的信仰』이라는 자술서에서도 이 구절로 마무리하였다. 이런 과학의 인생관 혹은 자연주의 인생관은 호적에게 아인슈타인과 마찬가지로 종교와 흡사한 의미가 있음을 나타낸다. 천두슈陳獨秀도 "과학으로 종교를 대체하자余主張以科學代宗教"라고 명확하게 언급한 바 있다. 그는 "앞으로 인류의 진화는 오늘에 시작한 과학이 점차 발달하여 인위적인 법칙을 개선하고 자연법칙과 동등한 효력이 있도록 한 후 우주인생이 진정으로 부합되는 것이다. 이는 우리의 최종 목적이다."라고 믿었다.[97]

　　소위 '과학주의'를 비평하는 자들은 과학이 인생관의 문제를 해결

96　『胡適的日記』1922年3月25日, 『胡適的日記』(手稿影印本)第2冊, 臺灣遠流出版事業股份有限公司, 1989.

97　『再論孔教問題』, 『新靑年』2卷 5號.

할 수 없다고 생각하였다. 하지만 호적, 천두슈 그리고 대다수 과학자들은 과학적인 신앙을 인생관으로 꼽았다. 신비주의를 용납하는 인생관에 대해 과학적인 입장에서 합리적으로 해석할 수 있다. 독일 철학자 포이어바흐(Feuerbach, 1804~1872)는 신이 사람을 창조한 것이 아니라 사람이 신을 창조했고, 인간이 실제 신의 존재를 알거나 혹은 신이 자신의 실제 문제를 해결할 수 있어서 신을 믿는 것이 아니라 사람들의 마음이 신이 필요하기 때문이라고 말하였다.

신문화를 제창하는 사람들이 과학의 존엄과 권위를 수호한 것은 과학이 문명의 진화 과정에서 발휘한 위대한 역할, 그리고 중국사회가 장기적으로 미신과 독단으로 휩싸인 것을 충분하게 이해했기 때문이다. 과학정신, 과학적인 태도와 과학적인 방법은 땅에 뿌리박고 싹을 틔우기 쉽지 않았다. 따라서, 과학과 인생관의 논쟁은 어찌되었든 간에 과학과 무단武斷, 미신 및 신비주의 투쟁의 의미를 부정하기 어려웠다.

(4) 개방적인 문화 관념

신문화 운동 시기 문화 문제에 관한 논쟁은 늘 동서양 문화를 비교하는 주제 하에 진행됐다. 많은 사람들의 글은 동서양 문화의 같은 점과 다른 점에 초점을 맞췄다. 이는 표면적인 현상으로 보인다. 사실상, 1차대전의 배경 하에서 중국의 개혁을 위해 사상 문화적 기초의 양성을 근본 동기로 한 신문화 운동은 문화 세계화의 각오를 출발점으로 한 것이다.

천두슈陳獨秀는 『청년』 창간호에서 「경고청년敬告靑年」이라는 글을 게재하였다. 이 글에서 6대주의를 제시했는데 이중 제4조는 "세계적인 것이지 쇄국적인 것이 아니다世界的而非鎖國的"이었다. 그는 "오늘날 시대에 쇄국은 혼자의 힘으로 할 수 없을 뿐만 아니라 세계의 흐름과도 위배된다. 세계에는 많은 나라가 있는데 나라와 나라는 긴밀하게 연결되어 있다. 한 나라가 아무리 부강할지라도 외부의 형세를 고려하지 않고 쇄국할 수 없다. 많은 나라의 제도와 문물이 형식이 같을 필요는 없지만 자기 나라가 멸망하지 않도록 하려면 모든 나라가 준수해야 할 공동원칙과 정신은 점점 더 일치해야 한다. 이는 역사적 흐름이어서 위배할 수 없다. 이런 상황에서 특수한 역사나 국가 사정을 핑계로 세계의 흐름에 대항하는 것은 쇄국의 다른 버전으로 볼 수밖에 없으며 세계에 대한 이해와 지식이 부족하다는 것을 의미한다. 한 나라의 국민으로써, 세계의 지식을 파악하지 못한다면 이 나라는 세계에서 어떻게 존립할 수 있겠는가?"라고 하였다.[98] 여기서 그는 자신의 세계화에 대한 인식을 분명하게 표현하였다. 그 후 서양의 문화를 도입하고 학습할 것을 주장하는 「불란서인과 근세문명法蘭西人與近世文明」, 「동서민족 근본사상의 차이東西民族根本思想之差異」 등의 글을 발표하였다. 세계화의 입장을 명확하게 견지하고 개방된 문화 관념을 견지하는 천두슈도 물론 보수적인 국수주의 태도를 반대하였다. "국수론자는 3개의 파벌이 있다. 하나는 유럽의 지식이 중국 성인의 도道보다 못하다고 여기는 것이다. 이 파벌이 가장 우매하다. 다른 하나는 중국의 학술을 우선 공부해야 하고, 중국의 학술을 배우지 않고 다른 나라의 것을 배울 필요가 없다고 주장한다. 나머지 파벌은 유럽의 학문은 중국에 모두 다 있다고 주장한다."[99] 이런 국수론자는 고서古書로 서학西學을 억지로 끌어내어 가짜를 진짜

---

98   『靑年』1卷1號.

99   『學術與國粹』, 『新靑年』4卷 4號 『隨感錄(一)』.

로 여기게 하는魚目混珠 격으로 문화 개혁과 진보에 가장 불리하다.

호적이 유학을 마치고 귀국하기 전에 쓴 박사논문의 「도론導論」은 그의 개방적인 문화관념을 가장 잘 표현한다. "우리 중국사람은 얼핏 보기에 우리의 고유문화와 완전히 다른 새로운 세상에서 어떻게 태연 자약 할 수 있을 것인가? 영광스러운 역사를 가지고 있고 자신이 찬란 한 문화를 창조한 민족은 새로운 문화에서 절대 자유롭지 못할 것이다. 만약 그 새로운 문화가 외국에서 도입된 것이고 민족 생존의 외재적인 수요가 강제로 요구된다면 이런 자유롭지 못한 것도 자연스러운 것이 며 합리적인 것이다. 조직적인 형식이 아닌 갑자기 대체하는 형식으로 새로운 문화를 받아들여서 낡은 문화가 소멸된 결과를 초래하면 이는 인류 전체에 중대한 손해이다. 따라서, 진정한 문제는 우리가 가장 효과 적인 방식으로 현대문화를 어떻게 받아들여 우리의 고유문화와 일치, 조화, 지속적으로 발전시킬 수 있는가 하는 것이다."[100] 중국 문화가 세 계문화와 조화를 이루고 일치하고 지속적으로 발전하려면 세계화를 기 반으로 한 안목, 개방적인 문화 관념이 신문화 운동의 가장 기본적인 관 념이다. 개방적인 문화관념은 세 가지 점에 유의해야 한다. 첫째, 청나 라 말기 진보주의자와는 다르다. 이들 대다수는 세계문화에 대해 주관 적인 수요에 입각하여 자신이 인정하는 학습할 수 있는 것과 학습해야 하는 내용을 선택하였다. 그 결과 더 근본적인 것을 버렸고 선택한 것도 제대로 학습하지 못하였다. 새로운 개방적인 문화 관념은 중국 문화를 세계 문화의 일부분으로 간주해 이를 세계문화와 전면적으로 부딪치게 해 서로 조화를 이루도록 하는 것이다. 둘째, 중국인은 자신이 찬란한

---

100   胡適, 『先秦名學史』, 學林出版社, 1983, pp.7~8.

민족문화를 창조했고 특별한 가치가 있음을 인정하였다. 세계의 새로운 문화를 받아들이는 과정에서 자체 문화의 특별한 가치를 잃어서는 안 된다. 셋째, 세계의 신문화를 흡수하는 한편 자체 문화의 가치도 잃지 않으려면 자각적이고 이성적인 태도가 필요하다. '조직적인 흡수의 형식'을 채택하여 세계 신문화를 마주할 때 지나치게 자유롭지 못하거나 곤혹스러운 국면을 피한다.

　　루쉰(魯迅, 1881~1936)은 청나라 말기에 개방적인 문화관념을 표명하였다. 1908년 「문화편지론文化偏至論」에서 "명철한 사람은 세계의 대세에 통달해 그중의 세밀한 부분을 파악하여 가치 없는 부분을 버리고 정수를 취하여 본국에 활용하고 이들을 모아 조화를 이루게 해야 한다. 외부적으로는 세계의 흐름에 뒤떨어지지 않고 내부적으로는 본국의 특색을 잃지 말아야 한다. 오늘날 선진적인 생각으로 중국 과거의 휘황한 역사를 재조명하여 새로운 사상 종파를 개척한다. 이로써 인생의 의미는 더 깊이 있고 국민들의 자아 인식도 깨어날 것이다. 모든 사람들의 개성이 일깨워져 모래처럼 흩어졌던 나라가 진정한 사람으로 구성된 나라가 될 것이다."고 하였다.[101] 신문화 운동 시기에 접어들면서 루쉰魯迅의 문화 관념은 자연적으로 더 자각적이고 이성적으로 발전하였다. 넓은 인도주의 사상을 기반으로 "같은 인류로서 서로 이해하지 못하는 정도까지는 아니다. 하지만, 시대와 나라의 습관과 선입견으로 사람들의 마음을 감출 수 있다. 따라서 다른 사람의 마음을 늘 헤아릴 수 없다. 다행히 지금은 그런 시기가 아니어서 고려할 필요는 없을 것 같다."고

101　『魯迅全集』第1卷, 人民文學出版社, 1981, p.56.

하였다.[102] 루쉰은 20세기에 들어서 최소 문화분야에서 인류는 더 이상 서로 장벽이 있어서는 안되고 개방된 문화관념을 확립하여 서로 소통하고 장점을 취하고 단점을 보완해 함께 진보하고 발전해야 한다고 여겼다. 중국인은 전통적으로 폐쇄적인 심리가 강한 것에 비추어 훗날 루쉰은 세계 다른 민족의 문화를 참고하고 공부하여 자신의 문화를 충실하게 하자는 '나래주의拿來主義'를 주장하였다. 그는 자신의 주장을 실천하기 위해 외국 문학을 번역하여 소개하는 일에 몰두했다.

여러 나라에서 유학했던 채원배는 세계주의 포부를 가지고 있었다. "오늘날 시대는 세계 대융합의 시대가 아닌가? 과거에 우리나라 사람들은 우리 나라가 천하라고 생각했고 서양인은 유럽을 세계라고 생각하였다. 오늘날 이런 현상은 이미 융합되어 우리 나라 사람들은 세계에는 서양 문명이 있음을 알게 되었고 서양인은 비록 중국의 국력이 미약하고 풍습도 특수하여 중국을 깔보고 있으나 중국도 세계의 일부분임을 인정하지 않을 수 없다. …… 세계의 융합은 나라를 단위로 진행되는 것이 아니라 국제 간의 교섭으로 진행된다. 이 방면에서 우리 나라 사람들은 자신이 가정, 민족 혹은 국가의 일원임을 잊지 말아야 한다. 다른 방면에서 이런 관계들에 얽매이지 않아야 한다. 모든 인류가 세계의 일원이므로 세계와 협력하고 세계의 문화를 증진해야 한다. 이는 오늘날 학식이 있는 지식인들이 공인한 것이다."[103] 이는 그가 1914년에 한 말이다. 채원배는 베이징대학 총장을 맡은 후, 포용적인 문화 정신을 기반으로 전국 과학학술을 지도하는 위치에서 개방된 문화 관념을 제

---

102 『域外小說集·序』, 『魯迅全集』第10卷, p.163.

103 『學風』雜誌發刊詞, 『蔡元培全集』, 第2卷, 浙江教育出版社, 1997, pp.289~290.

창하는 일에 최선을 다하였다. 그의 제창과 지도 하에 베이징대학은 동서문화를 융합하는 사상 문화의 중심으로 자리잡았다. 1921년에 미국을 방문하여 워싱턴 조지타운 대학에서 「동서문화의 결합東西文化結合」을 연설할 때 "역사를 돌이켜 보면 서로 다른 문화가 접촉했을 때 반드시 새로운 문화를 만들어낸다. …… 동양의 여러 나라에서 서양 문화를 도입하여 최근 100년 동안 최선을 다하고 있다. 예를 들면, 일본, 태국에서는 서양문화가 매우 넓게 전파되고 있다. 중국은 땅이 넓고 사람이 많은 데다 4,000년이 넘는 낡은 문화가 가로막고 있어 서양문화의 도입은 아직 보급화되지 않고 있다. 하지만, 현재 많은 지역에서는 신식 학교를 설립하고 해마다 유럽에 유학생들을 파견하고 구미 학자들의 저서를 번역하는 등 노력을 하고 있다. 10년 혹은 20년 후, 전국민이 구미 문화를 접촉할 수 있을 것으로 생각한다."라고 하면서 구미 사람들도 동양의 문화에 점점 더 관심을 가지고 이를 참고하고 있다고 덧붙였다. 또 "문예부흥 시대에 아랍과 중국의 영향을 크게 받았다. 근대에 와서 몇몇 유명한 사상가 중 동양 철학의 영향을 받지 않은 사람이 거의 없다."고 지적하였다. 이 외에도 강연 중에 당시 유명한 독일 철학자 루돌프 크리스토프 오이켄(Rudolf Christoph Eucken, 1846~1926)이 존 듀이(John Dewey, 1859~1952), 러셀(Bertrand Russell, 1872~1970) 등을 본받아서 중국을 방문하고자 했으나 일흔이 넘은데다 아내가 말리는 바람에 그만두고 장쥔리張君勱에게 『중국인의 윤리학中國人的倫理學』을 번역해 달라고 부탁한 것을 언급하였다. 프랑스 교육자 폴 팽르베(Paul Painleve, 1863~1933)는 파리대학에서 중국 학원을 설립하고 중국 학술에 조예가 깊은 학자를 교수로 임명하였다. 영국 사회학자 웰스(Herbert George Wells, 1866~1946)와 채원배는 중국과 영국에서 여러 학자를 추천하여 학술 정보를 교류하는 학술통

신사를 발족하자고 상의하였다. 이런 비슷한 사례가 많았다.[104] 채원배는 문화의 세계화는 양방향이라고 지적하였다. 서양 문화를 습득해야 할뿐만 아니라 중국의 문화를 서양에 소개하고 세계에 알려야 한다.

양계초도 이 점을 강조하였다. 『구유심영록歐遊心影錄』에서 그는 "우리 나라는 앞으로 큰 책임이 있다. 이 책임은 바로 서양의 문명으로 우리들의 문명을 확충해야 하고 우리들의 문명으로 서양의 문명을 보완하여 만드는 것"이라고 하였다.[105] 이는 개방적인 문화 관념 문제에서 꼭 필요한 의미이다. 하지만 신문화 운동 시기에 신문화를 제창하는 사람들은 중국인들이 낡은 족쇄에서 벗어나 "낡은 문화의 걸림돌"을 제거하고 세계문화에서 우리보다 선진적인 부분을 겸손하게 학습하고 참조해야 한다는 부분을 더 많이 강조하였다. 이런 개방적인 문화 관념은 인류 문화 성격에 대한 이해를 기반으로 하였다. 호적은 "문화는 민족 생활의 양식이다. 민족 생활의 양식은 근본적으로 대동소이하다. 왜 그럴까? 생활은 생물이 환경에 적응하는 것이고 인류의 생리 구조는 근본적으로 거의 비슷하기 때문이다. 대동소이한 문제에서 해결법도 비슷한 몇 가지가 있다. 이 도리를 '유한한 가능설'이라고 한다."고 언급하였다. 또한, "우리가 역사적인 안목으로 문화를 관찰하니 다양한 민족은 '본래의 생활'을 유지하나 환경이 다르고 문제가 달라 앞으로 나아가는 속도가 달라 선후의 차이가 생기게 된 것이다."라고 말하였다.[106] 유럽 민족은 환경의 관계로 최근 300년 동안 앞서고 있다. 따라서 동양의 민족

104 『蔡元培全集』第4卷, pp.351~353.

105 『飮冰室合集·專集之二十三』, p.35.

106 胡適, 『讀梁漱溟先生的『東西文化及其哲學』』, 『胡適文存』二集卷二, 亞東圖書館, 1925年第2版, p.64, 67.

도 빨리 따라가야 한다. 이는 매우 중요하다. 인류 문화의 동일성이 있어야만 다양한 민족의 문화가 서로 교류하고 서로 보완할 가능성이 있다. 각 민족이 '본래의 생활'을 유지하는 것을 받아들여야만 낙후한 민족들이 선진적인 것을 학습할 수 있다. 이런 관념을 기반으로 신문화를 제창하는 사람들은 서양문화를 번역하고 소개하는 사업에 최선을 다하였다. 중국 문화를 정리 연구하는 일을 하더라도 서양의 이론과 방법을 참고해야 한다고 강조하였다.

신문화 운동이 일어나기 시작한 후, 장멍린蔣夢麟은 호적, 채원배 등에게 편지를 보내 체계적이고 조직적으로 세계의 신문화를 번역해 소개해야 한다고 하면서 당시 가장 실력 있는 상하이 상무인서관商務印書館과 협력하여 "진보의 정신으로 유럽과 서양의 기본 문화를 협력해 도입해야 한다.", "서양 기본 문명의 전서를 출판해야 한다."라고 제안하였다.[107] 이에 호적과 채원배는 전적으로 찬성하였다. 장위안지(張元濟, 1867~1959), 가오멍단(高夢旦, 1870~1936) 등 상무인서관을 맡고 있는 선배들은 이런 서적을 출판하는 것에 관해 "투자를 좀 해야 하긴 하지만 우리 나라의 전도前途를 고려하면 거절할 수 없다."고 답하였다.[108] 얼마 후, 상무인서관과 협의를 맺고 '세계총서사世界叢書社'를 설립하여 뜻을 같이 하는 동지들이 모여 서양 서적을 편역하였다. 근대와 당대 서양의 유명 서적을 위주로 진행하였는데 이중에는 마르크스의 대표작인 『자본론』 등도 있었다. 아쉽게도 세계총서사의 활동 상황과 어떤 책을 출판했는지에 관련된 자료들을 아직 찾지 못하였다. 총서사의 핵심인물

---

107 「蔣夢麟致胡適的信」(約1917年10月28日), 『胡適遺稿及秘藏書信』第39卷, p.403.

108 同上書.

은 채원배蔡元培, 호적, 장멍린蔣夢麟, 타오멍허陶孟和이었고 근거지는 베이징대학이었다는 것 외에 확인된 정보가 없다. 상하이, 난징, 광둥에 지사를 설립하려고 했던 것도 실행여부가 명확하지 않다. 출판표준에는 기본적인 규정이 있었다. 예를 들면 모든 서적은 백화문, 새로운 문장부호, 편집 색인 등을 이용해야 하였다.[109] 당시 서적 번역 사업의 발전을 촉진하기 위해 신문화를 제창하는 사람들은 서양인의 인명, 지명 등의 통일 번역법 문제에 대해서도 특별히 주목해 '역명통일회譯名統一會'를 설립하여 이런 문제를 해결하고자 하였다. 하지만 이런 문제는 해결하기가 쉽지 않아 후에 한자 음역에 원문 주석을 추가하자고 제안한 사람도 있었다. 결론적으로 당시 신문화를 제창한 사람들은 서양문화를 조직적, 체계적으로 번역해 소개하기 위해 많은 노력을 기울였다.

개방적인 문화 관념하에 당시의 교육, 문화기관은 국제학술교류 활동을 개최하고자 적극적으로 기금을 모금하였다. 주로 서양의 유명한 학자를 중국에 초청하여 강의를 하였다. 듀이, 러셀 등 유명한 학자 외에도 많은 학교, 단체들은 서양 학자들을 중국에 초청하여 강의를 진행하였다. 독일의 리하르트 빌헬름(Richard Wilhelm, 1873~1930), 막스 플랑크(Max Planck, 1858~1947), 미국의 마거릿 생어(Margaret Higgins Sanger, 1879~1966), 러시아의 에르쇼프(Ershoff), 일본의 후쿠다 도쿠조(福田 德三, ふくだ とくぞう, 1874~1930) 등 유명한 학자들이 당시 베이징대학을 방문하

---

109 세계총서에 관한 일은 상무인서관에 완전한 기록이 있어야 하는 것이 마땅하나 일본과의 전쟁에서 훼손된 듯함. 이미 출판한 상무인서관의 자료에는 세계총서의 자료가 없음. 북경대학의 기록은 선택적으로 정리하여 이 내용에 관련된 자료 없음. 호적이 남긴 편지에서 그나마 단서를 찾을 수 있음.

여 강연하였다.[110] 여기서 주목해야 할 점은 후쿠다 도쿠조가 마르크스에 관한 주제로 강연한 점이다. 양계초 등이 설립한 강학사講學社도 프랑스의 한스 드리슈(Hans Driesch, 1867~1941), 인도의 라빈드라나드 타고르(Rabindranath Tagore, 1861~1941) 등을 중국에 초청하여 강의하였다. 중국에서 조직적으로 계획하고 학술문화 교류의 수요에서 출발하여 외국 학자를 중국에 초청하여 강의한 것은 신문화 운동으로부터 시작됐다. 이는 개방적인 문화관념의 직접적인 산물이다.

4. 신문화 운동의 강령과 목표

1917년에 문학 혁명 운동이 시작된 후, 사상혁명 운동도 연이어 발생했고 5·4운동의 격동 시기를 거쳐 신문화 운동이 파도처럼 밀려왔다. 장멍린(蔣夢麟, 1886~1964)은 "큰 흐름은 두 가지 원인이 있다. 하나는 학술적인 영향이고 다른 하나는 시대적인 수요이다."라고 말하였다.[111] 또한, 사회가 병에 걸렸기 때문에 사람들이 구원의 방법을 모색하도록 인도하고 이에 따라 새로운 학술과 사상이 생겨났다고 덧붙였다. 사회적으로 새로운 사상과 학술에 대한 강렬한 수요가 있기에 새로운 사상과 학술이 낡은 사상과 학술을 뒤엎는 운동이 형성되었다. 장몽인은 간략하고 명확하게 신문화 운동의 기본의미와 목표를 설명하였다. 하지만 지나치게 간략하다는 느낌이 든다. 천두슈陳獨秀는 신문화 운동의 의

---

110   『北京大學史料』第2卷之三, pp.2312~2315 참고.

111   『新文化的怒潮』,『蔣夢麟學術文化隨筆』, 中國靑年出版社, 2001, p.308.

미와 목표의 문제를 여러 번 언급하였다. 『신청년』죄안의 답변서(『新青年』罪案之答辯書)에서 사람들은 『신청년』에게 많은 죄를 물었다고 하면서 "하지만 그 근본을 거슬러 보면 우리는 본래 죄가 없다. 데모크라시(Democracy)와 사이언스(Science)를 옹호하였기에 큰 죄를 지은 것이다. 데모크라시를 옹호하려면 유교, 예법, 정조, 낡은 윤리, 낡은 정치를 반대할 수밖에 없다. 사이언스를 옹호하려면 낡은 예술, 낡은 종교를 반대할 수밖에 없다. 데모크라시와 사이언스를 옹호하려면 국수주의와 낡은 문학을 반대할 수밖에 없다."고 말하였다.[112] 이는 천두슈가 신문화 운동에 대해 요약한 것으로 볼 수 있다.

호적은 천두슈陳獨秀의 의견이 "지나치게 모호하다還嫌太籠統了一點"라고 지적하였다. 그는 "신사조(신문화 운동을 가리킴-인용자)의 근본적인 의미는 새로운 태도이다. 이런 새로운 태도를 '비판적인 태도'라 할 수 있다."라고 하였다. 니체의 표현을 인용하면 "현 시대는 '모든 가치를 재평가하는 시대이다', '모든 가치의 재평가'는 비판하는 태도의 가장 좋은 설명이다."라고 밝혔다.[113] 이어 호적은 이런 비판적인 태도를 사회 현실에 놓고 "사회, 정치, 종교, 문학의 많은 문제를 논의하는 한편 서양의 새로운 사상, 새로운 학술, 새로운 문학, 새로운 신앙을 소개해야 한다. 전자는 '문제연구'이고 후자는 '학리도입'이다."라고 지적하였다.[114] 호적은 또 이런 비판적인 태도를 낡은 학술에 대해 혹은 낡은 문화에 대해 근본적으로, 정리해야 한다고 주장하였다. 그렇다면 신사조, 신문화

---

112 『新青年』6卷 1號.

113 『新思潮的意義』,『胡適文存』(四), p.152, 153.

114 同上書, p.154.

운동의 목표는 무엇인가? 호적은 "문명 재창조이다是再造文明"고 말하였다. 따라서 호적은 신문화 운동의 완전한 강령과 명확한 목표, 즉, '문제연구, 학리도입, 국고정리, 문명 재창조(研究問題, 輸入學理, 整理國故, 再造文明)'를 제시하였다. 이는 신문화 운동의 지도자 중에서 가장 명확하고 확실하며 개괄적으로 신문화 운동의 강령과 목표를 반영한 표현이다. 그의 표현은 매우 풍부하고 깊이가 있다. 기본적인 의미는 실제상황에서 출발하고 문제연구에 입각해야 한다는 것이다. 현실에서 벗어나 실제 문제에 대한 확실한 이해 없이 개괄적으로 모모某某주의, 모모이론, 모모주장이라고 해 봤자 아무런 결과가 없다. 실제문제의 요점을 인식하고 파악하며 유익한 이론과 학설을 참조하여 문제 해결 방법을 찾아 사회가 건전하게 발전하도록 해야 한다. 문제를 연구하고 타인의 학설, 이론을 참고하는 과정에서 고유의 문화유산을 충분하게 총정리하고 자신의 전진기지를 정확하게 파악해야 한다. 이런 것을 기반으로 해야만 중국의 새로운 문화를 구축할 수 있다.

신문화 운동은 대체적으로 이런 강령과 목표에 따라 발전하여 우리가 앞에서 언급한 것과 아직 언급하지 않은 실적들을 거두었다. 이 강령과 목표에 따라 계속 전진하면 중국의 신문화 건설은 더 우수한 성적을 거둘 수 있을 것이라고 믿는다. 하지만 1920년부터 중국은 국내전쟁과 민족전쟁이 계속 이어지면서 문제연구, 학리도입, 국고정리 작업이 제대로 진행될 수가 없었다. 이에 문명의 재창조는 더 말할 나위가 없다.

제8장

문화 운동에서
정치 운동으로

5·4운동은 신문화 운동이 작용한 결과라고 앞에서 강조하였다. 하지만, 5·4운동이 발발한 후 그 운동은 역으로 신문화 운동에 강렬한 반작용을 일으켰다. 하나는 신문화 운동이 수평으로 더 발전하도록 촉진하였다는 점이고, 다른 하나는 문화 운동이 정치 운동으로 전환하도록 촉진하였다는 점이다.

신문화 운동의 지도자는 각자 다른 정도에서 신문화 운동이 정치를 언급하지 않는다고 주장하였다. 가장 대표적인 인물은 호적이다. 그는 "귀국길에 오른 1917년 7월 배가 요코하마까지 왔을 때 장쉰의 복벽 소식을 들었다. 상하이에 도착한 후 고루孤陋한 출판계, 적막沉寂한 교육계의 현실을 보고 나서 장쉰張勛의 복벽은 극히 자연적이었음을 것을 알게 되었다. 그래서 20년간 정치를 언급하지 않고 중국 정치를 대신해 사상 문화 예술적인 측면에서 혁신적인 기반을 마련해야겠다고 다짐하였다[1]고 말한 바 있다. 천두슈陳獨秀는『청년』창간호에서 "잡지의 취지는 시사 정치를 비평하는 것이 아니라 청년들의 사상을 개조하고 청년들의 수양을 지도하는 것이다."[2]라고 밝혔다. 하지만 천두슈와『신청년』은 이 취지를 엄수하지 않아 잡지 2권부터는 시사정치를 논의하는 글이 가끔씩 게재됐다. 따라서『신청년』3권이 2권보다 못하고, 2권이 1권보다 못한다고 비평하는 독자들도 있었다. 1권은 학설을 위주로 다뤘으나 2, 3권은 시사 논평을 위주로 다뤘다. 또한, "청년들을 깨우치게 하려면 순수한 학설로 기반을 다져야 한다."[3]고 하였다. 천두슈는 "정치가 만능

---

1   『我的歧路』,『胡適文存』第2集, 第3卷, p.96.

2   『通信·答王庸工』,『青年雜誌』1915年 第1卷 1號.

3   『新青年』3卷 5號『通信·顧克剛致記者』.

이라고 생각하지 않는다. 정치는 사회에 무한한 죄악을 가져왔다고 생각한다. 인류 생활은 이 단계를 거쳐야만 하고 현재 이 단계에 있으며 정치는 인류생활의 중요한 구성 부분 중 하나일 수밖에 없다. 진보의 장애물이다. 진화의 근본은 교육, 상업이지 정치가 아니지만 정치가 어느 정도 수준에 있어야만 교육, 상업이 발전할 수 있다. …… 이 잡지의 취지는 시사정치, 청년들의 수양을 비평하는 것이 아니고 정치를 논하는 것도 아니다. 하지만 나라의 존망에 관계된 대사에 어찌 침묵만 지킬 수 있겠는가?"라고 답하였다.[4] 신문화 운동의 예언자 황원용黃遠庸은 『갑인甲寅』편집장 장스자오(章士釗, 1881~1973)에게 보낸 편지에서 정치개조는 이미 어떻게 할 수가 없으니 사상 문화 예술부터 개조해야 한다고 전하였다. 장스자오가 황씨에게 답한 글은 천두슈의 뜻과 매우 비슷하였다. 그는 "신문화를 제창하는 것은 근본적인 구제방법이다. 정치적으로 차이가 있으니 그 수준이 수평 이하가 아니라야 나중에 사회적인 문제를 언급할 수 있다."라고 전하였다.[5]

신문화를 인도하는 선구자들은 정치사회개조의 기반을 마련하려고 문화개조에 뛰어들 준비를 하였다. 이들은 정치에서 완전하게 벗어날 수 없다는 것을 잘 알고 있었다. 호적처럼 20년 동안 정치를 언급하지 않겠다고 다짐한 이들도 5·4운동 후에 정치적인 문제가 점점 압박해오자 더 이상 정치를 논하지 않으면 안 된다는 것을 깨달았다.

---

4   同上書, 『通信·答顧克剛』.
5   章士釗: 『答黃遠庸』, 『甲寅』 1915年 第1卷 第10號.

1. 문제와 주의主義의 논쟁

『신청년』잡지에 시사정치를 논하는 글들이 게재되긴 했으나 기본적인 현실사회의 정치를 언급하지는 않았다. 1918년 12월 천두슈陳獨秀와 리다자오李大釗는 주로 정치적 내용을 담은『매주평론每週評論』을 창간하였다. 당시 호적은 어머니 상을 당해 고향에 가는 바람에 이 일에 참여하지 못하였다. 1919년 5·4운동이 발발한 후 6월에 천두슈가 체포되는 바람에『신청년』은 6개월간 출간되지 못하였다. 이 기간 호적이 부탁을 받고『매주평론』(26호부터)을 맡아 출판하였다. 호적은『매주평론』31호에 유명한 논쟁을 일으킨 글「문제를 많이 연구하고 '주의主義'를 적게 논하자(多研究些問題, 少談些"主義")」를 발표하였다.『국민공보國民公報』의 편집장 란궁우(藍公武, 1887~1957)는 이 글을『국민공보』에 전재한 후 호적과 함께 논의하는 글을 썼다. 호적은『매주평론』제33호에 남씨의 글「문제와 주의」를 전재하였다. 또한, 35호에「문제와 주의 재론再論問題與主義」이라는 제목으로 리다자오가 호적에게 보낸 문제와 주의를 논하는 긴 편지를 실었다. 논의의 글 2편을 발표한 후 호적은「문제와 주의 삼론三論問題與主義」과「문제와 주의 사론四論問題與主義」두 편을 연속 발표하였다.

문제와 주의에 대한 이 논쟁을 과거에는 마르크스주의와 반마르크스주의의 논쟁, 혁명과 반혁명 세력간의 투쟁이라고 간주하였다. 먼저 사실주의에 입각하여 이들이 논의하고 논쟁한 문제 및 각자 관점의 다른 부분을 정리한 후 이 논쟁의 성격과 의미를 분석해 보겠다.

근대 중국의 문화적 전환에 대한 연구

호적이 제시한 문제점은 무엇인가?

호적은 글의 첫머리에 20일 전에 발표한 새로운 간행물『성기평론星期評論』에서 언급했던 "현재 중국의 언론은 중국 사회에서 필요한 것이 무엇인지를 현실적으로 논의하는 것이 아니라 탁상공론에 그치는 것이 큰 문제이다."를 언급하였다. 그는 "언론가의 가장 중요한 임무는 사회의 현실을 세심하게 고찰하는 것이다. 모든 이론, 모든 '주의'는 이런 고찰의 도구이다. 이론을 참고자료로 하면 우리가 고찰하는 상황을 더 쉽게 알 수 있고 그 상황이 어떤 의미가 있고 어떤 방법으로 구원할 수 있는지를 더 쉽게 이해할 수 있다."고 말하였다.[6] 호적의 이런 표현은 본고의 기본 주제를 설명하는 것이다. 호적은 실험주의의 충실한 신도였다. 그는 "모든 가치 있는 사상은 이런 저런 구체적인 문제에서부터 착수한다."[7]라고 확고하게 믿었다. 구체적인 사실을 떠나 구체적인 문제를 구성할 수 없고, 구체적인 문제에 대한 사고를 떠나 사상을 이룰 수 없다. 사상에는 내용이 있어야 하고 이는 구체적인 문제를 떠날 수 없다. 그는 중국 사회에는 많은 문제가 존재하고 모든 문제를 시급하게 해결해야 한다고 주장하였다. 하지만 대다수의 언론가들은 이런 구체적인 사회 문제를 면밀하게 검토하려고 하지 않고 각양각색의 '주의'에 빠져있었다. 그는 "이런 탁상공론적인 '주의'는 매우 위험하다. 뻔뻔한 정객들이 이런 실속 없는 말을 이용하여 사람을 해치는 일들을 하기 쉽다."[8]면서 "주의에만 빠져있고 문제를 연구하지 않으려고 하는 자들은

---

6   『胡適文存』第2卷, pp.147~148.

7   同上書, p.152.

8   同上書, p.149.

어려움을 두려워하고 쉬운 것만 선호하고, 게으르다."[9], "실속 없이 듣기 좋은 주의만 떠벌리는 것은 아주 쉬운 일이다. 길거리 바보도 할 수 있는 일이다. 앵무새나 축음기도 할 수 있는 일이다."[10]라고 지적하였다.

호적은 이론과 주의의 가치를 부정하지 않았다. 하지만 그는 "모든 '주의'는 시대의 추세에 따라 생긴다(凡'主義'都是應時勢而起的)"면서 그때 당시 그 지역에서 생각이 있는 사람들이 사회문제를 관찰하여 고안해낸 구제 방법이라고 강조하였다. 따라서 "처음에 '주의'는 그 시대를 구제하는 구체적인 주장이다. 후에 이런 주장이 전파되면서 전파하는 사람들이 더 간략화 하기 위해 한두 글자로 이런 구체적인 주장을 대표했기에 '어떤 어떤 주의'라고 하였다. 주장이 주의가 됐고 구체적인 계획이 추상적인 명사로 바뀌었다."[11] 주의가 추상적인 명사로 바뀌었는데도 주의가 형성된 역사를 연구하지 않고 원래의 구체적인 주장을 이해하지 않으며 오직 이런 주의가 어떻게 좋고 어떻게 아름답다고만 생각하면 좋은 결과를 낳을 수 없다. 호적은 모든 주의, 모든 이론을 연구 작업의 도구와 참고자료로만 이용해야 한다고 지적하였다. 이런 도구와 참고자료는 구체적인 사실과 그 의미를 더 정확하게 이해하고 해결방법을 더 쉽게 찾을 수 있도록 도움을 줄 수 있다. 하지만 호적은 "'주의'의 문제점은 사람들이 만병을 고칠 수 있는 '근본 해결책'을 찾았다는 만족감에 도취해 구체적인 문제의 해결법을 연구하려고 노력하지 않은데 있다."[12]라고 지적하였다.

---

9   同上書 p.152.

10   同上書, p.148.

11   同上書, pp.149~150.

12   同上書, p.153.

호적이 제시한 문제점을 간략하게 정리해 보면 당시 언론계는 면밀하게 구체적인 사회문제를 연구하고 조사하려고 하지 않아 탁상공론의 학설과 주의가 난무한 문제 혹은 위험이 존재하였다는 것이다. 이런 경향은 뻔뻔스러운 정객들에게 이용될 위험이 있고 문제를 연구하지 않고 주의와 이론에만 빠져 게을러 질 수 있다. 주의가 한 사회를 구원하는 주장으로 추상적인 명사로 이용되지 말아야 한다. 학설, 주의는 연구의 도구와 참고자료로만 이용해야 하고 만병을 고치는 '근본 해결책'으로 여겨서는 안 된다. 이것이 바로 호적이 제기한 문제점이다.

란궁우藍公武, 리다자오가 제시한 다른 의견

란궁우는 호적의 글이 "실제적인 문제를 지나치게 중요시하고 주의 이론의 효과를 무시했고, 목이 멜까 봐서 식사를 끊는 '인열폐식因咽廢食'의 잘못을 범하였다."[13]라고 지적하였다. 남씨는 자신의 주장을 구체적으로 설명하면서 호적과 다른 몇 가지 의견을 내놓았다. 첫째, 많은 사람들에게 문제를 인식시키려면 반드시 일부 사람들이 반성하고 우선 먼저 문제의 의미를 이해하고 다시 많은 사람들에게 선전하고 치켜세워야 한다. 선전하고 치켜세우는 도리가 바로 주의이다. 남씨는 "문제가 맨 처음에 나타났을 때 먼저 추상적이 된 다음에 구체적으로 바뀐다."[14]고 하였다. 즉, 소수의 사람들이 문제의 의미를 인식한 후 이것을 주의로 바꾸어 선전한다. 주의가 전파되면 대다수 사람들이 구체적인 문제를 인식하게 된다. 이는 남씨의 매우 특별한 생각이다. 둘째, 문제는 구

---

13   『胡適文存』권2 부록 『藍誌先生『問題與主義』』참조, p.154.
14   『胡適文存』권2, 부록 『藍誌先生『問題與主義』』참조, p.159.

체적일 뿐만 아니라 추상적인 것도 있다. 그는 프랑스 혁명의 목표인 자유, 평등, 박애와 중국 신해혁명의 목표 중 하나인 만주족을 배척한다는 것이 바로 추상적인 것이라고 예를 들어 설명하였다. 셋째, "많은 주의의 가장 중요한 부분은 구체적인 주장이 추상 명사로 바뀌는 것이 아니라 미래의 이상理想에 있다. …… 따라서 이상은 주의의 가장 중요한 부분이다."[15]라고 말하였다. 넷째, 남씨는 "주의는 한가지 일이고 실행하는 방법 또한 한가지 일이다. 비록 연접된 관계가 있으나 분리할 수 없는 부분이다."[16], "주의에 대한 연구와 치켜세우는 것은 문제를 해결하는 가장 중요하고 가장 확실한 첫 걸음이다."[17]고 생각하였다.

　　따라서 호적과 반대로 란궁우는 문제와 비교해 주의는 절대적인 우선성과 중요성이 있다고 지적하였다.

　　리다자오의 글이 란궁우의 글과 다른 점은 그는 "'문제'와 '주의'는 완전히 분리할 수 없는 관계가 있다."고 명확하게 지적하였다는 점에 있다. 하지만 그는 "문제를 해결하려면 방법을 강구하여 사회 대다수 사람들의 공동 문제로 만들어야 한다."면서 그러려면 대다수 사람들이 "우선 같은 경향을 가진 이상주의"를 가지도록 해야 한다. "따라서 우리의 사회운동은 실제문제를 연구하는 것도 좋지만 이상주의도 선전해야 한다. 이는 서로 이용하는 것이고 동시에 진행되며 서로 충돌되지 않는 것이다."[18]라고 강조하였다. 리다자오와 호적의 가장 큰 다른 점은 리다자오는 "나는 볼셰비키(러 Bolsheviki)주의를 논의하는 것을 선호하는

15　　同上書, p.159.

16　　同上書, p.160.

17　　同上書, p.167.

18　　『再論問題與主義』, 『李大釗文集』第3卷, p.1.

편이다."라고 지적한 것이다. 반면 이때 호적은 "민주주의의 정통 사상은 과거의 어리석은 사상과 싸워야 하는 한편 러시아의 볼셰비키의 흐름을 방지해야 한다."고 여겼다.[19] 리다자오와 호적의 또 다른 점은 호적은 사회 문제의 '근본적인 해결방법'이 있다는 것을 부정하였다는 데 있다. 이에 반해 리다자오는 "조직과 생기가 없는 사회에서 모든 기능이 정지되었다면 그 어떤 도구가 있어도 작업할 수 있는 기회조차 없다. 이때 근본적인 해결방법이 있어야만 구체적인 문제를 하나씩 해결할 수 있는 희망이 있다."라고 여겼다.[20] 소위 '근본적인 해결방법'이란 바로 혁명이다. 호적이 '근본적인 해결방법'을 부정하는 것은 혁명을 부정하는 것과 마찬가지이다. 리다자오는 중국의 이런 사회적 조건에서는 반드시 혁명을 해야만 사회의 다양한 문제를 해결할 희망이 있다고 생각하였다.

호적은 란궁우와 리다자오의 비평에 어떻게 반박하였을까?

호적은 란궁우와 리다자오의 글을 『매주평론』 제33호와 35호에 게재하였다. 36호와 37호에 「문제와 주의 삼론三論問題與主義」과 「문제와 주의 사론四論問題與主義」 두 편을 연속 발표하였다. 삼론에서는 남씨와 이씨의 비평에 대해 구체적으로 반박했고, 사론에서는 언론계에서 다양한 주의를 선전할 때 존재하는 단점을 지적하는 한편 주의, 학설을 소개할 때 주의해야 할 몇 가지 문제점을 제시하였다.

호적은 란궁우와 리다자오의 비평에 대해 구체적으로 반박했으나

---

19   同上書, p.4.

20   同上書, p.6.

종합해 보면 가장 중요한 점은 다음 두 가지다.

첫째, 호적은 주의와 실행 방법이 각각 별개이고 주의에 실행 방법이 반드시 포함되는 것이 아니고 실행방법도 꼭 주의로부터도출되는 것이 아니라는 남씨의 주장에 동의하지 않았다. 그는 남씨가 주의와 주의를 실행하는 방법을 분리하면 주의는 실속이 없는 추상적인 것이 된다고 지적하였다. 그는 주의가 처음에는 모두 구체적인 주장이라는 점을 인정하였다. 구체적인 주장을 근거로 한 주의는 실험할 수 있고 실행 가능한 주의이다. 구체적인 주장을 포함하지 않는 주의는 실속 없는 추상 명사로 구체적인 주장을 지닌 주의를 만나면 패배할 수밖에 없다. 호적은 주의와 주의를 실행하는 방법을 분리하고 특별히 주의만 받들면 "목적에만 열중하는 목적열目的熱", "방법을 모르는 방법맹方法盲"을 초래한다고 지적하였다. 이는 인류, 특히 중국인의 큰 잘못이다. 호적은 리다자오의 글도 어느 정도 이런 편견이 존재한다고 지적하였다. 이씨는 "이러저러한 주의를 도구로 이용하고 실제 운동에 이용하면 시간과 장소, 사건의 성격에 맞추어 환경에 적응하는 변화를 일으킬 것이다."라고 밝혔다.[21] 주의에만 치중하고 실행의 방법을 무시한 경향이 있는 것을 보여주는 대목이다.

둘째, 호적은 주의에 포함된 "범위가 넓을수록 더 추상적이다. 추상적일수록 포괄하는 힘이 더 커질 수 있기 때문이다. 포괄하는 힘이 크면 의지하는 사람이 자연적으로 더 많아진다."라는 남씨의 주장에 동의하지 않았다. 호적은 남씨의 이런 주장이 진실성이 있지만 이 부분은 인류의 저열한 근성으로 절대 추앙하지 말아야 한다고 지적하였다. 사람

---

21   同上書, p.3.

들은 어리석기 때문에 일반적으로 추상적이고 듣기 좋은 명사에 미혹되기 쉽다. "어리석고 사리에 밝지 않기에 추상적인 명사에 속아 넘어가 물불을 가리지 않고 모든 것을 바치게 된다. 역사적으로도 많은 간웅 정객들이 사람들에게 이런 저열한 근성이 있다는 것을 알고 듣기 좋은 추상적인 명사로 대중들을 속여 자신들의 권리다툼에 이용하고, 자신들을 위해 희생하도록 하였다."[22] 역사를 연구하는 우리는 호적의 이런 표현이 사실임을 인정하지 않을 수 없다.

호적은 「문제와 주의 사론」에서 이론을 번역하고 소개하는 작업을 어떻게 잘 진행할 것인지를 중점적으로 논의하였다.

호적은 실속 없이 추상적인 것만 논의하는 주의에는 동의하지 않지만 이론과 사상을 도입하는 사업에 대해서는 찬성하였다. 그는 이론을 도입할 때 특히 주의해야 할 점으로 다음 세가지를 꼽았다.

첫째, 이론을 도입할 때 이론이 발생한 시대의 형국을 잘 살펴야한다. 호적은 "생명이 있는 학설은 모두 시대의 산물이다. …… 이런 시대적 상황은 학설이 나타난 중요한 원인이다."고 밝혔다.[23] 마치 의사가 진료할 때 증상에 따라 처방을 하는 것과 마찬가지이다. 증상을 잘 알수록 처방의 실용성을 더 쉽고 분명하게 판단할 수 있다. 이와 마찬가지로 "일종의 주의가 발생한 사회 정치적 상황을 명확하게 알수록 그런 주의의 의미를 더 쉽게 완전하게 알 수 있고 그런 주의의 참고역할도 더 커진다."[24] 이론과 주의를 소개하는 것은 본래 자국의 사회 문제를 해결하

---

22   『三論問題與主義』, 『胡適文存』第2卷, p.189.

23   『三論問題與主義』, 『胡適文存』第2卷, p.191.

24   同上書, p.192.

기 위한 것이다. 어떤 사회적인 문제를 해결하기 위해 이런 이론과 주의를 제시했는지에 관계없이 단지 그 명사를 흠모하는 마인드로 함부로 소개하는 것은 무책임한 행동이다.

둘째, 이론을 도입할 때 도입자의 생애와 그가 받은 학술의 영향을 살펴야 한다. 호적은 "일종의 주의, 일종의 학설은 그 일부분이 시대의 산물이고, 일부분은 제창자 개인의 특별한 성향과 가문의 자연적인 표현이며, 일부분은 제창자 본인이 역사 혹은 동시대 학설의 영향을 받은 결과이다."라고 지적하였다.[25] 호적은 제창자의 상황을 구체적으로 파악하지 않으면 단순히 개인의 우연한 요소를 영원한 가치로 오인하여 속아 넘어갈 수 있다고 하였다.

셋째, 학설을 도입할 때 각종 학설로 이미 발생된 효과를 살펴야 한다. 호적은 "이런 효과는 좋고 나쁜 것에 관계없이 모두가 지극히 중요하고, 모두가 각종 주의의 의미를 가진 진정한 표현이다. 이런 효과를 관찰하면 이런 학설에 내포된 의미를 잘 알 수 있고 각종 학설의 기능과 가치를 잘 이해할 수 있다."고 지적하였다.[26]

호적은 본인이 지적한 세 가지를 통틀어 "역사적인 태도"라면서 "모든 사물 및 제도는 아무런 종적이 없는 고립된 것으로 여기는 것이 아니라 늘 그 전후시말을 찾아내려고 해야 한다. 이런 태도가 바로 역사적인 태도이다."라고 말하였다. 그는 "중국의 학자들이 모든 이론, 모든 주의에 대해 역사적인 태도로 그들을 연구할 수 있길 바란다."고 밝혔다.[27]

25   同上書, p.193~194.

26   同上書, p.195.

27   同上書, p.197.

논쟁의 실질과 의미

과거에 이 논쟁은 '마르크스주의와 반마르크스주의 간의 논쟁', '혁명과 반혁명간의 투쟁'으로 정의되었다. 위에서 설명한 논쟁의 내용에서 이런 성격을 찾아보기는 어렵다. 첫째, 그 당시에 호적, 리다자오, 란궁우는 당시 신문화 진영에 속해 이들의 논쟁이 친구 사이에 서로 의견을 교환하는 것에 그쳤을 뿐 일촉즉발의 적대적인 감정을 찾아볼 수는 없다. 둘째, 그들은 서로 간에 의견이 같고 비슷하며 연결되는 부분이 있음을 인정하였다. 예를 들면 란궁우는 "호적의 글은 주의를 적게 언급하고 문제를 많이 연구하라고 하였는데 아주 잘 지적했다. 우리 언론인은 이 글을 통해 많은 것을 얻었다."[28]고 말하였다. 리다자오는 호적의 글을 읽고 "많은 것을 느꼈다. 일부 내용은 선생(호적을 가리킴-인용자)의 주장을 설명하는 증거가 되기도 하고, 일부는 우리 사회에 대한 고백이기도 하다."[29]라고 하였다. 리다자오는 또 "우리들이 최근에 발표한 언론은 탁상공론이 많고 실제 문제를 언급한 부분이 많지 않다. 앞으로는 실제적인 부분에서 일을 진행할 것을 맹세한다. 이는 선생의 글을 읽고 느낀 점이다."[30]라고 인정하였다. 호적도 남씨, 이씨의 글에 대해 서로 토론하고 서로 영감을 얻었다고 말하였다. 호적은 "지비선생(란궁우)의 논의는 많은 부분에서 나의 원작을 보완할 수 있다."[31]고 말하였다. 남씨, 이씨에 응답하는 「문제와 주의 삼론」에서 호적은 "남지비, 이수상 선생이 논의한 장편의 글에서 나의 뜻을 더 분명하게 설명했고 바로잡

---

28 『胡適文存』第2卷 附錄『(藍誌先生『問題與主義』)』, p.154.

29 李大釗, 『再論問題與主義 』, 『李大釗文集』第3卷, p.1.

30 李大釗, 『再論問題與主義 』, 『李大釗文集』第3卷, pp.2~3.

31 『胡適文存』第2卷 附錄『(藍誌先生『問題與主義』)』, p.154.

아 준 부분에 대해서도 고맙게 생각한다."[32]고 하였다. 호적의 문장이 발표된 후 신문화 운동을 통해 깨우친 청년들에게 긍정적인 반응을 불러일으켰다. 후난의 청년 지도자 마오쩌둥은 가장 먼저 '문제연구회問題研究會'를 발기하였다. 이로 보아 이들의 논쟁이 혁명과 반혁명의 투쟁이라는 점은 아무런 근거가 없음을 알 수 있다.

호적과 리다자오 간에 있었던 논쟁이 마르크스주의와 반마르크스주의 사이의 투쟁이라는 점도 아무런 근거가 없다. 첫째, 호적이 제시한 문제와 주의의 문제는 마르크스주의를 겨냥한 것이 아니다. 그는 「문제를 많이 연구하고 주의를 적게 언급하자(多研究些問題, 少談些主義)」는 글에서 마르크스주의를 한번만 언급하였다. "마르크스의 사회주의와 왕읍당의 사회주의는 서로 다르다."[33] 이는 마르크스주의에 대한 공격으로 볼 수 없다. 둘째, 리다자오는 글에서 '과격주의'와 마르크스의 유물사관을 언급하였다. 하지만 호적은 답변한 글에서 마르크스의 유물사관을 공격하지 않았을 뿐만 아니라 긍정적으로 논술하였다. "유물적인 역사관은 물질문명과 경제조직의 인류 진화 사회사상에서의 중요성을 지적했고 사학적으로 신기원을 열었으며 사회학을 위해 많은 수단을 개척했고 정치학을 위해 많은 활로를 열었다."[34]고 밝혔다. 마르크스의 또 다른 중요한 학설인 계급투쟁 학설을 언급할 때 호적은 긍정적인 의미를 긍정하는 한편 비판적인 의견도 제시하였다. "이런 학설은 '계급의 자각성'을 지나치게 해명하는 한편 무형적으로 계급에 대한 적대심

32　『胡適文存』第2卷, p.177.

33　『胡適文存』第2卷, p.150.

34　胡適, 『三論問題與主義』, 『胡適文存』第2卷, p.195.

을 키울 수 있다. 노동자들이 자본가는 공존할 수 없는 적이라고 생각하도록 하고 자본가들도 노동자들이 적이라고 생각하도록 한다. 이런 적대감의 결과는 사회적으로 서로 도움을 줄 수 있고 사실상 서로 도움을 줘야 하는 양대 세력이 적대 세력이 되면서 많은 구조 방법이 불가능하게 하였으며 역사적으로 없어도 되는 비극을 만들어 낸다."[35] 이 단락은 과거(문화대혁명 시기)의 '대비판'의 안목으로 보면 '공격'의 의미가 좀 있는 것이 확실하다. 하지만 당시의 역사적인 배경에서 출발하여 객관적인 사실로 평가해보면 공격으로 볼 수 없다. 당시 극소수만 마르크스주의를 알고 있었을 뿐 대다수 사람들은 마르크스주의를 잘 알지 못하고 자신과 이해관계가 없는 외국학설로만 간주하였다. 따라서 의식적으로 치켜세우지 않아도 되고 무의식적으로 비방할 필요도 없었다. 호적의 견해는 대다수 자유주의 지식인의 사상을 반영할 뿐이다. 셋째, 당시 마르크스주의를 확실하게 믿는 사회계층이 없고 게다가 마르크스주의 혹은 공산주의 당파라고 할 것까지도 없기에 마르크스주의를 언급하는 문제에서 당파간의 이해 충돌이 없다. 따라서 호적이든 다른 누구든지 마르크스주의에 대해 비평적인 견해를 내놓아도 공격이 아니라 그냥 단순한 비평일 뿐이었다.

그렇다면 이 논쟁은 어떤 의미가 있는가?

거의 3년이 지난 후 호적은 이 논쟁을 유발한 글 「문제를 많이 연구하고 '주의主義'를 적게 논하자」를 본인의 '정론政論의 서론'으로 간주하였다. "1919년 6월 중에 진독수가 구속되어 내가 『매주평론』을 인계 받은 후에야 정치를 언급하지 않으면 안되겠다는 것을 느꼈다. 당시

---

35   同上書, p.196.

안복부安福部가 한창 활발하게 움직였고 상하이의 분장화회分贓和會가 해산되지 않았다. 하지만 국내의 '신新'분자들은 구체적인 정치 문제를 논의하지 않고 무정부주의와 마르크스주의에 빠져 있었다. 더 이상 보고만 있을 수 없었고 참을 수 없었다. 나는 실험주의 신도이기 때문이다. 따라서 정치를 다시 논하려고 맹세하였다. 『매주평론』 제31호에 나의 정치적 서론인 「문제를 많이 연구하고 '주의主義'를 적게 논하자」를 발표하였다."[36]고 말하였다. 호적은 '정론의 서론'을 발표한 후 2년 동안 '정론의 본문'을 쓰지 않았다. 그는 "몸이 안 좋은 관계로 언론 사업에 신경을 쓸 겨를이 없었다忙與病使我不能分出工夫來做輿論的事業."라고 밝혔다.

문제와 주의의 논쟁에는 두 가지 의미가 있다. 첫째는 정치적인 의미이다. 호적이 문제와 주의의 문제점을 제시한 이유는 언론계에서 사회적으로 존재하는 실질적인 문제보다는 추상적인 주의만 논의하는 것에 불만을 가졌기 때문이다. 호적은 실험주의 신도로써 구체적인 사회 문제를 하나씩 해결해야 한다고 주장하였다. 주의와 학설은 실제 문제를 해결하는 도구와 참고 재료로만 이용해야 한다. 하지만 리다자오와 란궁우는 근본적인 해결을 도모하기 위해 주의에 의존하고 대중을 동원해야 한다고 강조하였다. 이들의 주장은 근본적으로 서로 다른 정치적 방향을 대표한다. 하나는 평화 개혁의 방향이고, 다른 하나는 폭력 혁명의 방향이다. 청나라 말기부터 이 두 가지 정치적 방향의 투쟁이 존재하다가 민국 시기부터 점점 더 치열해졌다. 문제와 주의의 논쟁은 향후 중국의 정치적 발전의 추세를 암시하였다.

---

36   胡適, 『我的岐路』, 『胡適文存』 2集 第2卷, pp.96~97.

둘째, 문제와 주의의 논쟁은 중요한 사상사思想史적 의미가 있다. 비록 이 논쟁에 참여한 사람이 많지 않고 발표된 글도 많지 않지만 쌍방에서는 이 두 가지 사상 경향의 절대적인 차이점을 충분히 보여주었다. 호적은 가치 있는 사상은 구체적인 문제에서 입각한다고 생각하였다. 주의와 학설은 구체적인 문제를 해결하는 것에 도움을 주는 도구와 참고자료일 뿐이다. 가장 먼저 문제가 있고 주의와 학설은 문제를 연구하는 과정에 나타난다. 란궁우와 리다자오는 주의와 학설은 사회 대다수 사람들의 공통된 경향과 이상을 대표하므로 구체적인 문제보다 더 중요하다고 생각하였다. 호적은 문제를 해결하는 방법도 문제를 연구하는 과정에서 나타난다고 생각하였다. 하지만 리다자오는 문제를 해결하는 방법은 주의와 학설에서 도출되며 주의와 학설에 포함되어 있다고 생각하였다. 호적은 실험주의자이고 남씨와 이씨는 혁명주의자이다. 이 시기에 리다자오는 어느 면에서 마르크스주의자라고 볼 수 있다. 문제와 주의의 논쟁의 본질은 실험주의와 혁명주의의 논쟁이고, 어느 면에서는 실험주의와 마르크스주의의 논쟁이다. 이에 따라 문제와 주의의 논쟁은 중국 마르크스주의와 실험주의 논쟁의 서막이라고 볼 수 있다.

마지막으로 이 논쟁은 신문화 운동의 지도자들이 정치를 거의 언급하지 않던 것에서 정치를 언급하게 된 시작점이자 문화 운동이 정치 운동으로 전환된 시발점이다.

2. 『신청년』 동인들의 분열

문제와 주의의 논쟁으로 『신청년』 동인 사이의 사상적 차이가 노출되기 시작하였다. 다만 논쟁 당시 『신청년』의 주요책임자인 천두슈(陳獨秀, 1879~1942)는 수감된 관계로 논쟁에 참여하지 못하였다. 천두슈는 1919년 6월 11일 경사京師경찰청에 구속된 후 9월 16일에 보석 출감되기까지 98일 동안 구속되었다. 이 경력은 큰 타격으로 작용됐다. 1919년 천두슈 개인에게 있어 두 가지 일이 타격을 주었다. 하나는 구속되었던 경력이고, 다른 하나는 같은 해 3월 베이징대학 문과학장의 직무에서 해임되어 부득이하게 베이징대학을 떠난 일이다. 본래부터 투철한 혁명정신을 가지고 있던 천두슈는 내우외환이 덮치고 군벌이 날뛰고 정객들이 부정행위를 저지르는 억압된 환경에서 이 두 가지의 이중 타격을 받고 더욱 적극적으로 혁명에 뛰어 들었다. 천두슈가 구속된 후 『신청년』은 일시적으로 중단되었다. 천두슈가 출옥한 후 『신청년』 동인들은 다시 천두슈에게 간행물 편집을 맡기자는 의견을 모았다. 천두슈가 『신청년』 편집 권한을 혼자 맡았던 초기에는 『신청년』의 원래 방침을 계속 이어갈 생각이었다. "정치가 만능이라고 믿지는 않지만 정치는 중요한 공공생활이라는 것을 인정한다."[37] 즉 『신청년』은 앞으로 정치문제를 공개적으로 논의하겠다는 것을 밝힌 성명 외에 다른 측면에서는 과거의 『신청년』 취지를 이어갔다. 7권 1호에서는 정치를 언급한 문장이 매우 적었으나 7권 2호부터 정치를 언급한 문장이 많아지기 시작하였다. 1920년 1월에 천두슈가 상하이로 이전한 후 『신청년』은 상하이에서 편집됐다. 그 후로 천두슈가 정치활동에 바쁜 관계로 혼자서 편집 작업을 완성할 수 없게 되자 그는 『신청년』 편집 작업을 천왕다오陳望道, 리한쥔李漢俊 등 그를 따르는 청년들에게 점차 이관하였다.

---

37   『本志宣言』,『新靑年』7권 1호 참조.

1920년 5월 『신청년』 7권 6호 '5.1 노동자의 날 특집호'에는 거의 정치적 문장만 게재됐다. 8권 1호부터 『신청년』은 완전히 공산주의자의 기관 간행물로 되었다.

이 시기 천두슈의 사상에 나타난 변화를 살펴보자.

천두슈는 1920년 1월에 상하이에 도착한 후 2월~4월 사이에 아동亞東도서관을 거처로 베이징학생연합회 대표 뤄자룬羅家倫, 쉬더헝許德珩, 장궈타오張國燾 등을 만나 주로 마르크스주의, 러시아 혁명, 군벌 등의 문제를 논의하였다. 5월에는 상하이에서 '마르크스주의 연구회'를 설립하는 한편 코민테른(komintern) 대표 그레고리 보이틴스키(G. Voitinsky)의 제안을 받아들여 중국 공산당 조직의 설립을 준비하고 노동자와 농민 정치와 생산협력의 주장을 제시하는 당의 강령을 기안하였다. 당시 상하이에서 초보적으로 공산주의 성향을 갖추고 노동자와 농민 그리고 소련에 관심을 가졌던 다이지타오戴季陶, 리한쥔(李漢俊, 1890~1927), 스춘퉁施存統, 천왕다오陳望道, 위슈쑹(俞秀松, 1899~1939), 리다(李達, 1890~1966), 선쉬안루(沈玄廬, 1883~1928), 자오스옌(趙世炎, 1901~1927) 등이 모두 참여하였다. 8월까지 거의 완성되어 공산당의 임시 중앙국을 설립하고 천두슈를 서기로 선출하였다. 이후 천두슈는 이 신분으로 각 지역을 연락하는 공산당 지부를 설립하였다. 또한, 『신청년』을 공산당의 기관 간행물로 정하였다. 이와 별도로 공산당의 비밀기관 간행물인 이론 월간지 『공산당』을 창간하기로 하였다. 9월 1일에 출판된 『신청년』 8권 1호에 천두슈의 「정치를 논하다談政治」를 게재하였다. 이 문장에서 '노동계급 독재 정치勞動階級專政的' 사상을 분명하게 밝혔는데 이는 천두슈가 자각적으로 마르크스주의 혁명이론을 받아들이고 러시아 혁명의 방향을 자각적으로 옹호했음을 나타낸다. 11월 7일 천두슈는

『공상단』월간지 창간호에서 발표한 「단언短言」에서 "혁명 전쟁의 수단으로 모든 자본계급을 무너뜨려야 한다.", 정권을 쟁탈하고 "노동 독재 정치의 제도勞動專政的制度"를 수립하여 "자본계급이 영원히 발생할 수 없도록 해야 한다."고 분명하게 밝혔다.[38] 이때 천두슈는 이미 마르크스주의자, 공산당의 창시자, 전문 무산계급혁명가라 할 수 있다.

『신청년』동인 중 리다자오만 천두슈의 이런 상황을 알고 있었고 다른 사람들은 잘 알지 못하였다. 하지만 그들은 천두슈가 이미 정치활동으로 급전향해 혁명화 되었음을 느낄 수 있었다. 천두슈, 리다자오 외의 다른 『신청년』동인들은 여전히 큰 변화 없이 문화, 역사, 철학 등의 글을 쓰는 것에 집중해 『신청년』에 철학, 역사, 문화 등의 작품만 제공하였다. 이들과 천두슈 등 공산주의자 사이의 불협화음은 이미 명백한 사실이었다. 게다가 『신청년』이 상하이에서 편집되는 것에 대해 베이징에 있는 동인 중 루쉰(魯迅, 1881~1936) 외에 다른 사람들은 각자의 직업이 있는 관계로 많이 독촉하지 않으면 『신청년』에 위해 적극적으로 글을 쓰지도 않았다. 『신청년』이 상하이로 이전되어 편집된 후 얼마 지나지 않아 천두슈는 앞으로 『신청년』을 어떻게 편집할 것인가, 그리고 본인과 베이징에 있는 동인들과 간에 앞으로 어떻게 협력할 것인가에 대한 문제를 제대로 잘 고려해볼 필요성이 있다고 느꼈다. 1920년 4월 26일, 호적, 리다자오 등 베이징 동인들에게 『신청년』을 계속 출판할 것인지, 잡지와 발행자의 계약을 연장할 것인지, 『신청년』편집장을 어떻게 배정할 것인지, 베이징에 있는 동인들이 교대로 맡을 것인지 아니면 베이징에 있는 동인 한 명이 맡을 것인지, 아니면 상하이에서 천두슈 본

---

38   『陳獨秀文章選編』(中), 三聯書店, 1984년, p.50.

인이 맡을 것인지 등 문제를 의논하는 편지를 보냈다.[39] 아직까지 이 편지에 대한 베이징 동인들의 답장은 찾지 못하였다. 같은 해 12월 16일에 천두슈가 광둥당국의 요청을 받고 광둥으로 떠나기 전에 호적과 가오이한에게 "『신청년』의 색깔이 너무 짙은데 동생인 저는 타당치 않다고 생각한다. 내용을 조금 바꾸길 바랍니다. 앞으로는 철학이나 문학에 치중해야 합니다. 하지만 이렇게 하려면 베이징에 있는 동인들이 글을 많이 써야 합니다. 최근의 내용에 약간 변동이 있는 것도 베이징에 있는 동인들의 글이 너무 적은 탓입니다. 두분 형님께서 베이징 동인들이 글을 보낼 수 있도록 독촉해 주시기 바랍니다."라는 내용의 편지를 보냈다.[40] 천두슈가 이 편지를 보낼 때『신청년』은 이미 8권 4호까지 출판됐다. 앞에서 언급했듯이 8권 1호부터『신청년』은 천두슈를 위시한 공산주의자의 기관 간행물로 바뀌었다. 8권에서 이미 출판된 4권의 주요 내용은 모두 마르크스주의와 러시아 혁명이었고, 베이징 동인들의 문장은 극히 적었다. 외국 정치를 번역하고 소개한 가오이한高一涵, 장웨이츠張慰慈 외에 호적, 저우쭤런, 루쉰, 유복劉復 등의 글은 문학 작품들이었다. 천두슈는 이런 방법이 장기적인 해법이 아님을 눈치채고 혁명 색채가 너무 짙은 현황을 약간 바꾸어 학계에 계속 영향력을 발휘할 수 있기를 희망하였다. 또한,『신청년』을 더 오랫동안 유지할 수 있기를 바랐다. 하지만『신청년』의 "색깔이 너무 짙은" 원인을 베이징의 동인들의 글이 너무 적은 탓으로 돌린 것은 타당하지 않다. 앞에서 언급했듯이 천두슈는 상하이로 이전한 후 사상이 급변하면서 공산주의자로 발

---

39   『胡適遺稿及秘藏書信』35卷 pp.569~570 참조.
40   『陳獨秀文章選編』(中), p.71 참조.

전해 거의 직업 혁명가가 되었다. 이에 따라 『신청년』도 지식인의 동인 간행물에서 마르크스주의와 러시아 혁명을 선전하는 간행물, 공산당의 기관 간행물로 바뀌었다. 이런 상황에서 베이징에 있는 대학교수와 작가 등 동인들은 천두슈와 『신청년』의 이런 큰 변화에 대해 당연하게 적응할 수가 없었다. 호적의 중학교 국어 교육방법을 설명한 문장에 대해서도 천왕다오가 불만을 가지니[41] 베이징에 있는 동인들이 어떻게 문장을 대량 공급할 수 있겠는가? 앞에서 언급한 천두슈의 편지에서 천두슈는 호적, 타오멍허가 연구계(1916년 북경에서 설립된 '헌법연구회'에서 유래된 정치파벌, 낡은 세력을 이용하여 군주입헌으로 중국을 개량하자고 주장한다)와 너무 가깝게 지낸다고 책망하였다.[42] 이는 남방 지역의 근거 없는 소문이다. 따라서 리다자오는 모두가 함께 천두슈에게 편지를 써서 "이 일을 명확히 해야 할" 필요성이 있다고 생각하였다.[43] 호적이 이 편지를 보고 언짢아 했음은 능히 예상할 수 있는 일이다.

호적은 1920년 말 혹은 1921년 초에 천두슈에게 답장을 보냈다. 『신청년』이 색깔이 짙어서 동생도 적당치 않다고 말했지만 이미 기성 사실이 되었다. 지금에 와서 옅게 하려고 해도 쉬운 일이 아니다. 베이징 동인들이 짙은 색깔을 옅게 하려는 노력이 상하이 동인이 더 짙게 하는 수단을 따라 갈 수가 없다(『新青年』'色彩過於鮮明', 兄言'近亦不以爲然'. 但此是已成之事實, 今雖有意抹淡, 似亦非易事. 北京同人抹淡的工夫決趕不上上海同人染濃的手段之神速)."라고 썼다. 이 대목에서 호적의 불쾌함이 고스란히

---

41   唐宝林, 林茂生, 『陈独秀年谱』, 上海人民出版社, 1988, p.143.

42   『陳獨秀文章選編』(中), p.71 참조.

43   리다자오(李大釗)가 호적(胡適)에게 보낸 편지, 『李大釗文集』第5卷 p.299 참조.

드러난다. 이어 그는 베이징 동인의 의견에 따라 세가지 해결안을 제시하였다. 첫째, "『신청년』을 특별한 색깔을 지닌 잡지로 그냥 두고 철학과 문학을 다루는 다른 잡지를 창간한다(聽『新靑年』流爲一種有特別色彩之雜誌, 而另創一個哲學文學的雜誌)." 둘째, 9권 1호부터 『신청년』 편집부를 다시 베이징으로 이전해 베이징 동인들이 성명을 발표하고 학술 사상 예술 문학의 개조에 치중하고 정치는 언급하지 않는다. 셋째, 타오명허는 『신청년』이 이미 우체국으로부터 발송 정지되었으니 아예 일시 중지하는 것이 낫다고 주장한다. 호적은 이렇게 되면 '신청년사'의 영업에 영향을 주기에 앞에 두 가지 방법이 낫다고 생각하였다.[44] 천두슈는 호적이 보낸 이 편지를 받고 뜻밖에 크게 화를 냈다. 그는 첫 번째 방법은 "그 개인에 반대하는 것是反對他個人"이라고 생각하였다. 정치를 언급하지 않는다는 성명에 대해 특히 불만을 표하였다(루쉰도 정치를 언급하지 않겠다고 성명하는 것에 동의하지 않았다). 호적은 1921년 1월 22일에 천두슈에게 답장을 보냈는데 베이징 동인들에게도 보내서 회람하도록 하였다. 편지에서 호적은 천두슈를 반대하지 않고 『신청년』도 반대하지 않는다고 밝혔다. 그는 오직 『신청년』이 "여전히 철학과 문학에 치중仍以趣重哲學文學爲是"하기를 희망하였다. 이를 위해서는 『신청년』을 베이징으로 이전하는 것이 가장 좋은 방법이라고 생각하였다. 다른 잡지를 별도로 창간하는 것과 정치를 언급하지 않겠다고 성명하는 것에 대해서는 취소하기를 원하였다. 호적의 편지에 대한 베이징 동인들의 의견은 다음과 같다.

---

44   『『신청년』 문제에 대한 몇 통의 편지(關於〈新靑年〉問題的幾封信)』, 『中國現代出版史料』
      (甲編), 中華書局, 1954년, p.7 참조.

장웨이츠, 가오이한高一涵은 호적의 의견에 동의한다.

타오멍허, 왕푸우王撫五는 베이징으로 이전하는 것에 동의하고 이전하지 못할 경우 잠시 출판을 중단하며 어쩔 수 없는 상황에서 2개의 잡지로 나누는데 이렇게 되면 『신청년』의 취지인 단결에 영향을 준다고 생각하였다.

리다자오는 첫 번째 방법을 주장하였다. 『신청년』의 취지인 단결에 영향을 주지 않는다면 베이징으로 이전하여 편집하는 것을 반대하지 않았다. 출판정지가 분열보다 더 좋지 않다고 생각하면서 출판정지를 결사 반대하였다. 후에는 베이징으로 이전하여 편집하자는 주장만 고집하였다.

저우쭤런, 루쉰魯迅은 베이징에서 편집하는 것에 찬성하였다. 하지만 『신청년』이 이미 분열 추세였기에 억지로 통일하기가 쉽지 않았으며 첫 번째나 두 번째 방법에 관계없이 결과는 똑같기에 차라리 분열시키고 첫 번째 방법을 택하는 것이 더 낫다고 생각하였다. 그는 "『신청년』이라는 명칭을 굳이 따를 필요가 없다(不必爭『新靑年』這個名目)"라고 덧붙였다.[45]

이 문제에서 첸쉬안퉁이 가장 객관적이었으므로 첸쉬안퉁의 의견을 눈 여겨 볼 필요가 있다. 『신청년』을 두고 천두슈陳獨秀와 호적 등의 의견에 분열이 나타난 것을 알게 된 첸쉬안퉁은 1921년 1월 11일에 루쉰, 저우쭤런 형제에게 "천두슈와 호적이 첨예하게 대립할 줄은 생각지도 못하였다(初不料陳, 胡二公已到短兵相接的時候)"고 하면서 "이 일에 대해 어느 누구의 편도 들고 싶지 않다. 나의 양심을 묻는다면 호적의 주장에

45   同上書, p.10.

가깝다."라고 하였다. 또한, "중보(仲甫; 천두슈의 字)가 호적이 현인계(연구계를 가리킴-인용자) 운동의 영향을 받았고 심지어 베이징대학이 현인들의 손에 들어갔다고 의심하는 것은 너무 과민한 반응이다."라고 덧붙였다.[46] 1월 18일 일기에 "수상(守常; 리다자오의 字)의 편지를 받고 중보와 호적이 의견 대립이 있다는 것을 알게 되었다. 한쪽은 노동과 농민을 소개하는 한편 정치를 언급해야 한다고 주장하였다. 다른 한쪽은 노동과 농민을 반대하고 정치를 언급하지 말아야 한다고 주장한다. 사실은 멍청한 문제일 뿐이다."고 밝혔다.[47] 호적의 편지에 대한 의견에서 첸쉬안퉁이 객관적인 태도를 가졌음을 알 수 있다. "주씨 형제와 마찬가지로 잡지를 분리하는 것이 좋겠다. 서로 다투면 모두가 피해를 보기에 무의미할 뿐만 아니라 대외적으로도 『신청년』 동인들이 '사상통일'을 주장하는 줄 오해하게 만든다. 이는 매우 부끄러운 일이다. 맹화 형님은 출판을 정지하길 바라는데 나는 수상 형님과 마찬가지로 출판을 정지하는 것에 절대 찬성하지 않는다. 중보 형님에 대한 우정은 예나 지금이나 변함이 없다. 하지만 『신청년』 단체는 자유롭게 조직된 것이므로 서로 의견이 맞지 않는다 하더라도 '임시퇴석'으로 해야지 해산을 제기할 수는 없다. 중보 형님에 대한 감정이 좋지 않다고 하더라도 중보 형님이 혼자서 계속 출판해야 하지 우리가 나서서 그에게 출판을 정지하라고 요구할 수는 없는 일이다. 『신청년』의 취지인 단결을 이룰 수 있을지 여부에 대해서는 각 개인의 실제 사상으로 판단하는 것이지 『신청년』이라는

---

46   『錢玄同五四時期言論集』, pp. 215-216 참조, 1998.

47   『錢玄同日記』影印本, 第4卷, 福建教育出版社, 2002, p.1390.

간판에 대해 신경을 많이 안써도 된다."고 하였다.[48]

『신청년』의 분열은 주로 대다수 베이징 동인들이 『신청년』을 철학과 문학의 성격을 유지할 것을 희망하는 것에서 비롯됐음을 알 수 있다. 따라서 이들은 『신청년』을 다시 베이징으로 이전하여 편집하기를 바랐다. 이는 『신청년』이 이미 마르크스주의와 러시아 혁명을 선전하는 중국 공산당 기관 간행물로 바뀐 사실과 모순된다. 이 논쟁에서 호적과 천두슈陳獨秀는 양대 의견의 대표주자였다. 이에 따라 동인들은 이들 두 사람의 모순과 충돌이라고 생각하였다. 사상 충돌의 초점은 첸쉬안퉁이 밝힌 것처럼 "한쪽은 노동과 농민을 주장하고 소개하는 한편 정치를 언급해야 한다고 주장하였다. 다른 한쪽은 노동과 농민을 반대하고 정치를 언급하지 않겠다고 주장하였다(蓋一則主張介紹勞農, 又主張談政; 一則反對勞農, 又主張不談政治)"라고 하였다. 하지만 호적이 정치를 언급하지 않다는 것은 모든 정치를 언급하지 않는 것이 아니라 혁명의 정치, 노동자와 농민의 정치를 언급하지 않다는 것이었다. 호적은 자유, 평등, 개혁을 쟁취하는 정치에는 많은 관심을 가지고 있었다.

1921년 2월 15일, 천두슈는 호적에게 보낸 편지에서 "『신청년』은 이미 출판이 금지됐다. 광둥으로 이전하지 않으면 출판할 수 없다. 베이징으로 이전하는 것도 문제가 되지 않는다. 다른 간행물을 창간하는 것에 동의한다. 중국에 좋은 신문이 너무 적기 때문에 당신들이 만들어내는 신문은 나쁘지 않을 것이다. 하지만 나는 그 신문에 글을 게재할 겨를이 없다. 또한 베이징에서 출판하니 내가 글을 게재하기도 불편하다."

---

48   『關於「新青年」問題的幾封信』,『中國現代出版史料』(甲篇), 中華書局, 1954, p. 11.

고 말하였다.[49] 이로서 『신청년』을 둘러싼 논쟁은 끝이 났다. 첸쉬안퉁과 주씨 형제가 밝혔듯이 『신청년』 동인들 사이의 분열은 어쩔 수 없는 일이었다. 이 분열은 지난번 문제와 주의의 논쟁으로 인한 분열과 마찬가지로 혁명주의와 평화개혁주의 사이의 분열이며, 마르크스주의를 초보적으로 받아들인 지식인과 자유주의 지식인 사이의 사상 측면에서의 분열이다. 차이점이라면 전자는 오로지 사상 측면에서의 분열이고, 후자는 정치와 조직 측면에서의 분열이었다는 점이다. 천두슈는 국내외 타격에도 불구하고 조금도 주저하지 않고 혁명에 뛰어들었고, 호적도 억압된 정치환경으로 인해 우정이 깨지는 위험을 무릅쓰고 친구에게 노동자와 농민주의를 찬성하지 않는다는 입장을 밝혔다. 요컨대 쌍방의 논쟁을 초래하여 분열하게 된 근본원인은 정치문제이다. 4-5년 전에 정치를 언급하지 않고 학술, 문화 예술 측면에서 중국의 개혁을 위해 사상 기초를 다지겠다고 다짐했던 엘리트 지식인들은 이 시기에 이르러 정치문제로 인해 분열되는 파국을 맞았다.

3. 중국 공산당의 탄생

5·4운동이 발발하면서 정치 문제가 대두되었다. 사람들은 중국의 문제를 해결할 수 있는 새로운 방안을 절박하게 고민하고 찾았다. 이때 세계 정세에는 큰 변화가 나타났다. 제1차 세계대전이 초래한 대참사를 겪고 나서 사람들은 서양 자본주의 제도에 의구심을 가지기 시작하였

---

49   『關於〈新青年〉問題的幾封信』, 『中國現代出版史料』(甲編) p.13.

다. 이런 와중에 러시아 혁명은 사람들의 호기심을 불러일으켰다. 정치에 민감한 사람들은 러시아의 새로운 혁명에 관심을 가지고 큰 희망을 품었다. 리다자오는 「전후 세계의 흐름-유혈 사회혁명과 무혈 사회혁명(戰後之世界潮流--有血的社會革命與無血的社會革命)」에서 "세계대전의 화염 속에서 돌연 러시아가 들끓는 시대의 흐름이 나타나 전쟁의 화염을 억눌렀다. …… 이것이 바로 사회혁명의 흐름이다.", "이런 사회 혁명의 흐름은 독일, 러시아에서 시작되었고 중유럽에 퍼졌지만 장래에는 전세계에 퍼질 것이다."라고 하면서 사회 혁명의 흐름은 "오랜 시간 후에 서유럽으로 흘러 들어가거나 혹은 대서양을 넘어 미국까지 넘어가거나 혹은 인도양, 중국해를 지나 일본에까지 영향을 미칠 것이다. 중국은 서북의 육지, 동남쪽 해안에서 이런 기류를 볼 수 있을 것이다."라고 예언하였다.[50] 뤄자룬은 신문화 운동과 5·4운동에서 배출된 청년의 대표인물이라고 할 수 있다. 그는 「오늘 세계의 새로운 흐름今日之世界新潮」이라는 글의 첫머리에 "지금 드높은 기세의 새로운 세력이 동유럽에서 시작되었다. 동유럽에서 갑자기 중유럽으로 전파되었고 중유럽에서 서유럽으로 전파되었으며 서유럽에서 영국 해협을 지나 2대 지류로 나뉠 것이다."라면서 이 2대 지류가 "극동까지 전파되리라는 것을 믿어 의심치 않는다."고 하였다.[51] 뤄자룬은 후에 러시아 혁명의 길에 오르지 않았다. 이는 그의 생각이 신문화 운동이 배출해 낸 청년들의 당시의 일반적인 사상 경향을 반영한다고 할 수 있다.

청나라 말기부터 중국의 선진 지식인은 다양한 구국 방안을 시도

50　『申報』1919년 2월 7, 8, 9일 원문 인용, 『李大釗文集』第2卷 p.270, 272 인용.

51　『新潮』第1卷 1號.

하였으나 성공하지 못하였다(물론 사람들은 모든 방안을 깊이 있게 면밀하게 연구하거나 착실하게 진행한 적이 없음). 사람들이 자본주의 제도에 의구심을 가지고 러시아 혁명에 호기심을 가졌던 시기에 러시아 혁명의 이론과 실제상황을 연구하고 소개하는 것은 자연스러운 것이다.

마르크스주의의 광범위한 전파

마르크스와 그의 학설은 일찍이 청나라 말기에 중문 문헌에 나타나기 시작하였다. 선교사의 간행물과 소책자, 혁명당과 입헌파의 선전 문장에 마르크스와 그의 학설에 대한 간략한 소개가 등장하였다. 당시 극소수의 사람들만 이런 문헌을 접근할 수 있었기 때문에 영향력이 매우 제한적이었다. 5·4 전후 앞에서 언급했던 형세를 기반으로 마르크스주의의 전파가 활발하게 이루어졌다.

5·4시기 옌취안淵泉이라는 필명을 가진 사람이 가장 먼저 마르크스 학설을 소개하였다. 이 사람이 바로 당시 『신보晨報』의 총편집장을 맡고 있었던 진박생陳博生이다. 1919년 4월 1일부터 「신보 칼럼」에 「마르크스의 분투 생애馬克思之奮鬥生涯」, 「마르크스의 유물사관(馬克思的唯物史觀)(원작자: 일본 가와카미 하지메), 「마르크스 자본론 해석馬氏資本論釋義」(원작자: 카우츠키) 등의 글을 발표하면서 마르크스의 일생과 사상을 깊이 있고 체계적으로 소개하였다. 또한, 『동유수감록東遊隨感錄』을 통해 일본 가와카미 하지메가 편집장을 맡은 『사회문제연구社會問題研究』, 사카이 도시히코 등이 편집장을 맡은 『신사회新社會』, 『사회주의 연구社會主義研究』그리고 다카바타케모토유키 등이 편집장을 맡은 『국가 사회주

의國家社會主義』등 간행물의 내용을 소개하였다.[52]

마르크스 학설을 비교적 일찍 소개한 또 다른 사람은 베이징대학 천치슈陳啟修교수이다. 그는 『신청년』 '마르크스주의 연구 특집호'에서 「마르크스의 유물사관과 정조 문제馬克思的唯物史觀與貞操問題」를 발표하여 큰 관심을 받았다. 훗날 그는 '마르크스학설연구회' 지도교수를 맡았다.

이 시기에 남방 국민당인들이 창간한 『민국일보民國日報』, 『건설建設』, 『성기평론星期評論』 그리고 원래 연구계에 속했던 장둥쑨張東蓀이 창간한 『시사신보時事新報』 등의 간행물도 마르크스 학설을 소개하는 글을 적지 않게 게재하였다. 글쓴이에는 국민당인 주집신朱執信, 다이지타오戴季陶, 호한민胡漢民 등 외에도 리다李達, 리한쥔李漢俊 등이 포함됐다. 광저우에서는 양포안楊匏安이 마르크스 학설을 소개하고 선전하였다.

물론 5·4시기 마르크스주의를 소개하는 것에 가장 큰 기여를 한 사람은 리다자오다. 교대로 편집장을 맡아 진행하는 『신청년』 간행물의 6권 5호를 '마르크스주의 연구 특집호'로 제작하였다. 리다자오는 그의 가장 대표적인 문장인 「나의 마르크스주의관我的馬克思主義觀」를 특집호에 게재하였다(6권 6호에 계속). 이 문장은 중국에서 마르크스주의를 초창기에 받아들인 사람 중 이 글의 영향을 받지 않은 사람이 없을 정도로 큰 영향을 일으켰다. 비록 개별적인 착오와 부정확한 부분이 있지만 이 글은 당시 마르크스주의를 전면적이고 체계적이며 깊이 있게 소개하였다. 마르크스주의의 3대 구성부분인 유물사관, 정치경제학, 사회주의를

---

52   唐寶林, 『馬克思主義在中國100年』, 安徽人民出版社, 1997, pp. 86-87.
[日] 石川禎浩, 『中國共産黨成立史』, 中國社會科學出版社, 2006, pp. 6-16.

상세하게 소개했고 이 3가지를 관통하는 것이 그의 계급투쟁 학설이라고 지적하였다. 리다자오는 「나의 마르크스주의관」 후에 마르크스의 유물사관을 집중적으로 소개하고 설명한 「물질 변동과 도덕 변동物質變動與道德變動」, 「경제적으로 중국 근대 사상 변동의 원인 해석由經濟上解釋中國近代思想變動的原因」, 「마르크스의 역사 철학과 리케르트의 역사 철학馬克思的歷史哲學與理愷爾的歷史哲學」, 「유물사관의 현대사학에서의 가치唯物史觀在現代史學上的價值」, 그리고 「유물사관의 현대사회학에서의 가치唯物史觀在現代社會學上的價值」 등 일련의 글을 발표해 마르크스주의의 유물사관을 비중 있게 소개하고 설명하였다. 그는 유물사관이 마르크스 학설의 가장 중요한 이론 기초라고 생각하였다. 국민당인 호한민도 마르크스의 유물사관을 집중적으로 소개하였다.

『신청년』의 '마르크스주의 연구 특집호'에서는 구자오슝顧兆熊의 「마르크스 학설馬克思學說」, 황능상黃淩霜의 「마르크스 학설 비평馬克思學說批評」, 천치슈(陳啟修, 1886~1960)의 「마르크스의 유물사관과 정조 문제馬克思的唯物史觀與貞操問題」, 옌취안淵泉의 「마르크스의 유물사관馬克思的唯物史觀」과 「마르크스의 분투 생애馬克思的奮鬥生涯」(이 두 문장은 전재), 그리고 류빙린劉秉麟의 「마르크스 약전馬克思傳略」도 게재하였다. 『신청년』은 제8권부터 마르크스주의를 선전하고 사회주의를 소개하고 논의하는 글이 점점 더 많아졌다. 또한, 러시아 혁명, 러시아의 정책, 법률 등을 소개하고 연구하는 글을 전문 게재하는 '러시아 연구' 칼럼을 새롭게 만들기도 하였다. 예를 들면, 마르크스주의를 소개하고 선전하는 글에는 리한쥔이 번역한 독일 공산주의 운동의 지도자 베벨(Bevel)의 부녀 문제를 다룬 저술, 전잉(震瀛, 1894~1979)이 번역한 레닌의 민족 자결에 관련된 문장, 리다가 번역한 레닌의 부녀 해방에 관련된 글, 청서워(成舍我, 1898~1991)가 번역한 레닌의 무산계급 정치에 관련된 글, 리다자오와 리다가 마르크스 학설을 소개하는 글 등이 있었다. 러시아 혁명과 러시아의 새로운 정부의 헌법, 법률, 정책과 사회 현황을 소개한 글이 더 많았다. 『신청년』 제8권만 해도 30여 편에 달하였다. 『매주평론』, 『국민』, 『성기평론』, 『건설』 등의 간행물에도 마르크스주의를 선전하고 새로운 러시아를 소개하며 사회주의 등 문제를 논의하는 글들이 대거 등장하였다. 당시 유명하고 영향력이 있는 3대 칼럼인 『신보 칼럼』과 『국민일보』의 칼럼 「각오」, 『시사신보』의 칼럼 「학등」 등에도 마르크스주의, 러시아 혁명과 사회주의 문제를 다룬 글들이 많이 발표됐다. 앞에서 언급했던 공산당 기관 간행물인 『공산당』은 전 지면을 할애해 마르크스주의를 선전하고 사회주의를 논의하며 러시아 혁명을 소개하는 글들로 도배하였다. 이 시기에 이미 마르크스의 원작인 「공산당 선언」, 「고용 노동과 자본」 그리고 카우츠키(Kautsky) 「마르크스 경제학설」의 완역본이 출판됐다. 또 일본인이 번역하고 쓴 마르크스주의 저작도 중문으로 다시 번역돼 출판됐다.

중국 항구가 개방된 후 짧은 시간 내에 사람들이 일종의 사상 흐름에 이렇게 큰 열의를 가지고 수많은 사람들이 수많은 글을 통해 이런 사상 흐름의 다양한 측면을 소개하고 선전하며 논의하여 사회적으로 큰 반향을 일으킨 적이 없다.

이 사실은 다음과 같이 해석할 수 있다.

마르크스주의가 사회적으로 가장 크게 기여한 것은 자본주의에 대한 해석과 비평이며 이로써 마르크스주의의 기본 이론과 기본 방법이 확연히 드러났음을 알아야 한다. 아편전쟁 후 중국인은 자본주의 열강의 약탈과 압박으로 고생하였다. 자본주의 국가를 학습하려고 애쓰는 사람들 중 대다수는 자본주의 열강에 대한 반감을 느끼지 않을 수 없었다. 사회환경에 민감한 대다수의 지식인과 가장 많은 고난을 겪은 대중은 기회가 있을 때마다 자본주의 열강을 반대하는 생각과 감정을 드러냈다. 다만 서양에서 온 이런 괴물에 대해 본질적인 이해가 부족했을 뿐이다. 마르크스 학설은 강한 논리적인 힘으로 사람들이 자본주의의 착취와 약탈의 본질을 이해시켰다. 사람들의 높은 평가와 사랑을 받게 된 이유는 분명하다. 이는 첫째로 알아야 할 내용이다. 둘째, 제1차 세계대전의 대참사를 통해 많은 사람들은 서양 자본주의 제도에 대해 의구심이 생겼다. 마르크스 학설은 자본주의는 반드시 멸망할 것이라고 단정하였다. 비록 사람들이 무조건 믿는다고는 할 수 없지만 사람들이 연구하는 관심을 이끌어냈다. 셋째, 러시아 혁명의 성공은 중국인에게 큰 반향을 불러일으켰다. 200년 동안 중국은 자국과 수천 킬로미터의 국경선으로 연결된 북방의 대국 러시아 때문에 늘 불안하였다. 러시아와 연합할 것인지 아니면 대항할 것인지의 문제를 놓고 청나라 정부의 의사 결정층은 늘 논쟁하였다. 러시아는 청나라 정부가 부패와 서구열강들을 응대하느라 눈코 뜰 새 없이 바쁜 틈을 타 중국에서 가장 많은 면적의 토지와 권력을 약탈하였다. 오랫동안 중국인들이 두려워하고 미워해온 대국이 혁명을 통해 하루 아침에 함락되었다. 새로 설립된 혁명 정부는 중국인들에게 러시아 제국주의 시대에 중국과 맺은 불평등조약과 연대로 취득한 특권을 포기하겠다고 밝혔다. 이는 러시아의 혁명과 혁명 후의 새로운 정부의 정책에 큰 관심을 불러일으킬 수밖에 없었다. 넷째, 청나라 말기부터 중국인은 나라를 구하고 나라를 강하게 만들기 위해 다양한 방안을 시도했으나 모두 실패로 끝났다. 러시아 혁명의 성공은 중국인에게 새로운 희망을 샘솟게 하였다. 5·4운동의 세례를 받은 청년들과 청나라 말기부터 혁명과 개혁을 위해 노력해온 사람들도 러시아 혁명을 학습하려는 소망이 생겼다. 이외에도 중요한 점은 중국인이 예로부터 공산주의를 지향하였다는 점이다. 비록 마르크스의 과학 사회주의와 중국 고대의 것, 그리고 서양 고대의 것이 근대 공상적인 사회주의와 본질적인 차이가 있지만 새로운 공산주의 이론에 대한 지대한 관심을 막지는 못하였다. 중국 전통문화는 서양 자본주의 문화를 배척했지만 서양의 산물인 사회주의는 쉽게 받아들인 점은 중국 근대 사상사와 문화사를 연구하는 사람으로서 주의해야 할 점이다.

5·4 운동부터 중국 공산당의 설립까지 그리 길지 않은 기간 동안 마르크스주의와 러시아 혁명을 선전하는 것이 성행하였다. 하지만 이런 소개와 선전은 단점이 있음을 지적하지 않을 수 없다. 이 시기에는 마르크스, 엥겔스의 원작을 통해 마르크스주의를 소개한 경우가 극히 드물고 거의 대다수가 일본인의 저술을 통해 간접적으로 마르크스주의를 소개하였다. 따라서 마르크스주의를 정확하게 이해하는 것이 힘들 수밖에 없었다. 또한, 마르크스주의는 매우 엄밀한 사상체계이다. 오랫동안 사람들은 마르크스, 엥겔스, 레닌과 카우츠키의 소수의 소책자 개요 번역을 일부분씩만 접했기 때문에 마르크스주의 창시자의 원본 저작을 완벽하게 이해하지 못하였다. 이는 중국의 마르크스주의자의 이론 준비가 선천적인 결함을 가지고 있음을 시사한다.

중국 공산당의 설립

중국 공산당의 설립에 관하여 수많은 우수한 저작에서 깊이 있게 면밀하게 연구하였기에 이들의 논술 내용을 반복할 필요는 없다고 생각한다. 그러나 본고 주제와의 매끄러운 연결을 위해 몇 가지 의견만 추려보겠다.

첫째, 중국 공산당의 설립은 하나의 과정이다.[53] 1921년 7월, 중국 공산당 1차 전국대표대회가 열린 날을 중국 공산당 설립일로 정하였다. 대표적인 날을 선정하여 기념하고 축하하는 날로 하는 것이다. 중국 공산당이 이날 이전에 존재하지 않았다고 할 수 없다. 논리적으로 살펴볼 때 당의 대표대회는 당의 존재를 전제조건으로 해야 하므로 중국 공산당이 존재하지 않는다면 중국 공산당 대표가 있을 수 없고 중국 공산당 대표대회를 개최할 수 없다. 사실상 지역(주로 상하이, 베이징, 광저우, 우한, 제남과 일본 그리고 프랑스)별 공산주의 소조小組가 바로 공산당의 조직이다. 또한, 공산당의 명칭은 1921년 7월 전에 이미 존재했고 사용하였다. 현존하는 「중국 공산당 선언」은 중국 공산당의 첫째 공식 문헌으로 1920년 11월에 작성됐다. 상하이에서 발행한 지하 간행물인 『공산당』 월간지도 이때쯤 창간됐다. 따라서 일각에서는 중국 공산당의 실제 설립 시기를 1920년 11월로 보는 경우도 있다. 물론 이 주장에 절대적으로 찬성할 수는 없다. 왜냐하면 이 선언의 작성과정을 아직까지 분명하게 설명할 수 없기 때문이다. 예를 들면 언제, 어디서 누가 기안했는지, 이중에서 사상 내용은 언제 어떤 형식으로 확정되었는지, 이 초안은 언제 어떤 형식으로 최종 심의에 통과되었는지 등이다. 따라서 중국 공산당의 설립에 관하여 정확한 구체적인 날짜를 확정하기가 어렵다. 상하이 공산주의 소조의 출범(1920년 8월)부터 1921년 7월까지 중국 공산당 제1차 전국대표대회가 개최되기까지를 중국 공산당 설립의 완전한 과정으로 볼 수 있다.

---

53   이시카와요시히로 저, 袁廣泉 역, 『中國共産黨成立史』, pp.201~206 참조.

둘째, 중국 공산당 설립 시기의 초기 당원 중, 지도자와 적극분자 그리고 핵심인력은 모두 신문화 운동의 중요한 인물이었다. 이들은 신문화 운동의 지도자(예를 들면 천두슈, 리다자오)거나 혹은 운동 중에 나타난 청년 지도자와 핵심인력(예를 들면 마오쩌둥毛澤東, 장궈타오張國燾, 뤼장룽(羅章龍, 1896~1995), 덩중샤(鄧中夏, 1894~1933), 취추바이(瞿秋白, 1899~1935), 윈다이잉惲代英, 저우언라이(周恩來, 1898~1976), 장선푸(張申府, 1893~1986), 자오스옌趙世炎, 스춘퉁施存統 등)이다. 따라서 중국 공산당의 설립은 사실상 5·4 신문화 운동과 밀접한 연관이 있다.

셋째, 중국 공산당의 설립은 처음부터 마지막까지 코민테른의 직접적인 도움 하에서 진행됐다. 상하이, 광저우의 공산주의 소조를 설립할 때에도 코민테른에서 파견한 관계자가 참가하였다. 중국 공산당 제1차 전국대표대회도 마찬가지로 코민테른의 관계자가 참여하였다. 이 부분은 모두가 다 아는 사실이기에 상세한 설명은 하지 않겠다.

넷째, 중국 공산당 설립 시기 이론 준비가 미비하였다. 하지만 설립된 후 실천 의지는 매우 높았다. 지역별 공산주의 소조가 설립되기 전에 공산주의자는 이미 노동자와 연결돼 노동자 사이에서 인내심을 가지고 일을 시작하였다. 예를 들면 베이징 공산주의자들은 인력거 노동자 사이에서 사회조사를 진행했고 장신점長辛店 철도 노동자 사이에서 선전을 하였다. 상하이의 천두슈陳獨秀는 상하이선박창고노동자 연합회의 설립에 직접 참여했고 설립 대회에서 연설하였다. 우한의 공산주의자들도 노동자들 사이에서 깊이 있는 조사작업을 단행한 후 조사결과를 공개하였다. 공산주의자들의 노력 끝에 1920년과 1921년 5월 1일 노동자의 날에 상하이, 베이징, 광저우 등 지역의 노동자들은 다양한 기념행사를 개최하였다. 이 시기에 산업노조 조직도 설립됐다. 이런 사실

근대 중국의 문화적 전환에 대한 연구

들은 중국 공산당은 마르크스주의를 초보적으로 받아들인 지식인과 노동자 운동이 서로 접목한 산물임을 설명한다.

다섯째, 중국 공산당 제1차 전국대표대회에서 통과한 공산당 강령에서는 무장투쟁을 통하여 정권을 쟁취하고 계급이 소멸될 때까지 무산계급 정치를 실행하며 자본주의 사유제를 없애야 한다고 규정하였다.[54] 대회는 「현재 실제업무에 관한 결의」를 채택하였다. 이 결의안은 노동자 운동의 조직과 선전을 전개하고 군벌, 관료의 통치를 반대하며 언론, 출판, 집회 등 자유를 쟁취하는 투쟁을 진행해야 한다고 강조하였다. 공산당의 강령과 결의는 높은 실천성과 전투 정신을 충분하게 보여주었다. 당원 대다수가 신문화 운동과 5·4애국운동 중에 실제적인 단련을 거친 사람이었기에 공산당의 강령과 결의는 실제 투쟁 속에서 관철될 것이다.

위의 내용을 통해 중국 공산당의 설립은 중국 정치에 큰 변화를 불러일으킬 것임을 알 수 있다. 이는 새로운 정당으로 원대한 목표가 있고 과학적인 이론 지도가 있으며 엄밀한 조직이 있고 함께 행동하는 구체적인 계획도 있다. 중국 공산당은 구체적인 배경과 국제적인 정신을 갖춘 정당으로 처음부터 국제 무산계급과 연계하였다. 이때 중국은 제1차 세계대전으로 인해 '세계적인 국가(양계초 어록)'로 우뚝 솟았다. 중국 공산당은 중국에서 지도하는 혁명 투쟁 중에 전 세계적인 사회주의 운동과 필연적으로 연계될 것이다. 중국 공산당은 중국 근대에 정당이 나타나기 시작하여 생성된 모든 정당과 달리 노동자 농민 대중과 긴밀하

---

54   『中國共産黨第一個綱領』, 공산국제 중국 공산당 대표팀 기록에서 러시아 문고를 번역한 것. 『中國共産黨中央文件選集』1卷, 中國共産黨中央黨校出版社, 1982, pp.5~7참조.

게 연계하였다. 중국의 역사에서 농민봉기와 민간 비밀결사 조직만이 농민 노동자와 연계하였다. 하지만 이들에게는 자신들의 정치 강령과 과학적인 이론 지도가 없기에 정권을 뒤바꾸는 도구로 이용되거나 비참하게 패망하였다. 이에 반해 중국 공산당은 자체적으로 명확한 정치 강령과 과학적인 이론 지도가 있는 정당으로 러시아 볼셰비키의 성공 경험을 참조하였다. 중국 공산당의 설립과 중국 공산당이 곧 시작할 용맹한 투쟁은 중국 정치에 전례 없는 큰 변화를 초래할 것이다.

4. 국민당의 개편

국민당은 5·4운동 후인 1922년부터 1924년 사이에 개편을 단행하였다. 이는 신문화 운동이 문화 운동에서 정치 운동으로 전환했음을 보여준다. 쑨중산은 신해혁명 이후 국민당의 경험교훈을 총정리하고 반성하는 한편 신문화 운동과 5·4운동에서 시사점을 얻어 국민당의 개편을 단행하기로 결심하였다. 신문화 운동과 5·4운동은 새로운 사상을 갖추고 국민당 혁명 사업에 뜻을 둔 인재들을 배출하였다. 러시아혁명을 본받고 코민테른과 중국 공산당의 도움으로 국민당을 개편하였다.

국민당 개편을 위한 쑨중산의 사상 준비

1차 호법운동護法運動 실패 후 쑨중산은 상하이로 돌아갔다. 그는 몇 년간 여러 번 실패한 교훈을 반성한 결과 주로 국민당 당내 동지들이 자신의 말을 듣지 않아 한 마음으로 단결해 분투할 수 없고, 이런 결과를 초래하게 된 원인은 국민당 당원들이 그의 말이 이상理想적이어

근대 중국의 문화적 전환에 대한 연구

서 이행하기 힘들다고 잘못 판단했기 때문이라고 생각하였다. 쑨중산은 이치는 알지만 실행에 옮기기 어려운 전통적인 잘못을 범하였다고 생각하였다. 따라서 이치는 알지만 실행에 옮기기 어렵다는 설을 지양하고 일을 하기는 쉽지만 그 속의 이치를 알기는 어렵다는 이론을 지향해야 한다고 여겼다. 그는 이것이 가장 기본적인 '심리 건설'이라고 생각하였다. 엄밀하게 따지면 두 이론 모두 편파적이다. 하지만 5·4운동 전후에는 일을 하기는 쉽지만 그 속의 이치를 알기는 어렵다는 설이 현실적인 의미가 있었다. 왜냐하면 이때는 중국인이 새로운 구국의 방법을 절박하게 찾는 시기였기 때문이다. 과거 50년 동안 나라를 구하기 위해 다양한 시도를 했었다. 양무운동 실패, 유신운동 실패, 입헌운동 실패, 신해혁명도 실패하였다. 그때 당시 중국은 여전히 대외적으로 압박을 당하고 대내적으로도 많은 문제에 직면해 있었다. 어떻게 중국을 구할 것인가? 인인지사仁人志士들은 너나 할 것 없이 이 문제를 고민하였다. 신문화 운동도 이로 인해 단행됐다. 쑨중산은 '일을 하기는 쉽지만 그 속의 이치를 알기는 어렵다'는 이론을 제시해 한편으론 당원들의 잘못된 생각을 바로잡아 그의 학설을 믿도록 하여 사상과 의지를 통일함으로써 앞을 향해 분투하도록 하고, 다른 한편으론 자신이 그 전에는 충분하게 느끼지 못했던 것, 즉 새로운 대내외 환경에서 새로운 구국의 방향을 찾았다. 5·4운동 후에 그는 점차 이 점을 인식하였다. 따라서 이 시기 쑨중산의 사상은 신문화 운동과 함께 발전하였다.

쑨중산은 신문화 운동과 5·4운동의 위대한 의미를 예리하게 느꼈다. 5·4운동이 발발한 지 채 한달 반도 되지 않은 1919년 6월 18일, 차이빙뤄蔡冰若에게 보내는 편지에 "몇 개월 동안 전국 학생 운동을 지켜보니 새로운 사상이 이들을 격동시키고 교화시켰다. 따라서 학식을 주입하고 우리 당의 근본을 전국에 알려 국민들이 보편적으로 각오하게 끔 해야 한다. 언젠가 시기가 무르익으면 함께 일어나 옛것을 제거하고 새로운 것을 세우는 것, 이것이 바로 우리 당의 큰 성공"이라고 썼다.[55] 1920년 1월 29일 「해외 국민당 동지들에게 보내는 편지致海外國民黨同誌 函」에서 더 명확하게 자신의 뜻을 전하였다. "베이징대학 학생들이 5·4 운동을 일으킨 후 일반적인 애국 청년들은 앞으로의 혁명사업을 위해 사상을 새롭게 무장하였다. 따라서 활기 넘치는 글을 발표하였다. 국내 각계 여론들도 함께 움직였다. 열정이 넘치는 청년들이 만든 새로운 출 판물이 때에 맞게 출간되어 사회에 큰 영향을 미쳤다. 괴뢰 정부는 이들 과 맞설 수 없다. 이 신문화 운동은 오늘날 우리나라 사상계에 전례 없 는 큰 변화를 일으켰다. …… 이 기세가 계속 높아지면 앞으로 더 원대 한 효과를 이룰 수 있음을 믿어 의심치 않는다. 우리 당이 혁명에서 성 공하려면 사상을 바꿔야 한다. 병법에서 이를 '공심위상攻心爲上', 쉽게 말하면 '마음 혁명'이라고 한 것도 다 이런 이유 때문이다."고 전하였 다.[56] 이런 생각 때문에 5·4운동 후 1개월 만에 당원들에게 『성기평론』 간행물을 출간할 것을 지시했고 2개월 후에는 『건설』 잡지를 출간하였 다. 쑨중산이 이끄는 국민당 당원들이 신문화 운동에 참여한 중요한 언 론기관지는 위에서 언급한 간행물 두 개와 『민국일보』의 칼럼 「각오」이 다. 쑨중산은 혁명당을 잘 건설하는 것이 가장 중요하다는 것을 알고 있 었다. 1920년 5월 16일, 쑨중산은 상하이에서 국민당 현지 당원들에게 진정한 중화민국을 수립하려면 "혁명당을 근본으로 해야 한다. 근본이

55   『孫中山全集』第5卷, p.66.

56   同上書, pp.209~210.

영원히 존재해야 무한한 발전의 희망이 있다(就是要以革命黨為根本, 根本永遠存在, 才能希望無窮的發展)", "당의 사업은 혁명의 근원을 일으키는 사업이므로 혁명이 아직 성공하지 못했을 때는 당을 생명으로 해야 하고, 혁명이 성공한 후에도 당에 의해 유지해야 한다. 때문에 당을 건설하는 것이 그 어떤 사업보다도 중요하다."고 강조하였다.[57] 당을 건설하는 사업이 이처럼 중요하기 때문에 중국을 변화시키려면 당 개조를 먼저 해야 한다. 쑨중산은 소련에 매우 강력한 당이 있었기 때문에 혁명이 빠른 시간 내에 성공을 거둘 수 있었다고 생각하였다. 쑨중산은 러시아혁명을 본보기로 국민당을 개조하려고 마음먹었다. 1921년 12월 하반기 쑨중산은 계림에서 코민테른 대표 헨드리퀴스 마링을 만났다. 헨드리퀴스 마링은 "쑨중산과 함께 대중 운동과 노동자 계급 사이에서 선전해야 하는 필요성 등을 논의하였다."고 말하였다.[58] 러시아혁명은 대중들을 충분하게 동원하였기 때문에 성공하였다. 대중들을 동원하려면 선전을 해야 한다. 이는 혁명당의 근본 사업이다.

1922년 6월에 일어난 진형명陈炯明 사변은 쑨중산에게 큰 충격을 주었다. 사변 후 그는 진우인陳友仁을 통하여 국제공산청년동맹 대표 다린達林에게 "최근에 중국 혁명의 운명에 대해 많은 생각을 하였다. 전에 믿었던 거의 모든 신앙에 대해 실망하였다. 중국 혁명의 유일한 진정한 친구는 소련이라고 굳게 믿는다."[59] 라는 뜻을 전달했다. 이때부터 쑨중산은 중국혁명이 소련을 본받아야 한다는 신념을 가지게 되었다.

---

57   同上書, p.262, 263.

58   『孫中山年譜長編』下卷, p.1413.

59   『孫中山年譜長編』下卷, p.1472.

1923년 10월 9일 소련에서 파견한 고문 보로딘(Borodin)을 광저우에서 접대할 때 "소련은 중국의 본보기이다."라고 말하였다.[60] 일주일 후 당무회의에서 "앞으로 당으로 나라를 다스리려면 소련인을 본보기로 해야 한다."고 밝혔다.[61] 12월 9일 광저우 베이스 캠프에서 "우리 당의 이번 개편은 여전히 소련을 본보기로 해야 한다. 근본적으로 혁명이 성공하려면 당원과 군대가 협동하여 분투해야 한다."고 지적하였다. "오늘날 러시아혁명의 성공을 통해 군대 혁명의 성공은 진정한 성공이 아니고 당원 혁명이 성공해야 진정한 성공을 이룬 것 이다.", "러시아혁명이 6년 만에 성공했는데 우리는 12년이 지나서도 성공하지 못하였다. 무엇 때문인가? 우리 당 조직의 방법이 제대로 되지 않았기 때문이다. 과거에는 본받을 만한 것이 없었고 …… 지금은 소련이 있으니 우리 당이 따라 배워야 한다."고 지적하였다.[62] 러시아혁명의 경험을 이용하고 러시아혁명당의 조직방법을 본보기로 하여 국민당을 개편해야 한다. 즉 개편된 국민당이 혁명을 지도하여 성공을 이루는 것, 이것이 바로 쑨중산의 기본 결론이다.

소련, 코민테른과 중국 공산당의 추동적 역할

러시아 혁명에 성공한 볼셰비키는 대내외적으로 심각한 상황에 직면하였다. 새로운 경제 정책으로 국내 모순을 조율하는 한편 외교환경을 최대한 개선했으며 주변 나라의 혁명 역량을 지원하는 방식으로

---

60   同上書, p.1702.

61   "(今後欲以黨治國, 當效法俄人)." 同上書, p.1707.

62   『孫中山 全集』8卷, p.501, 505.

이런 목표의 실현을 촉진하였다. 소련 당과 정부는 코민테른을 통해 활동하였다. 중국은 소련의 인접 국가 중 가장 큰 나라로 중국의 정치형세에 관심이 많았다. 쑨중산의 사상주장과 그가 지도하는 혁명 운동은 소련의 주목을 받았다. 1920년 10월 31일 치체린(Chicherin) 소련 외교인민위원회 위원은 쑨중산에게 보내는 편지에서 중국 인민이 "제국주의의 세계적인 압박과 투쟁하는 길에 오를 것"을 믿는다면서 "중국이 우리와 우호적으로 협력하는 길을 걸을 수 있길 바란다."고 말하였다.[63] 11월 20일 천두슈陳獨秀의 건의와 추진하에 쑨중산은 상하이에서 코민테른의 사자 그레고리 보이틴스키(G.Voitinsky)와 만남을 가지고 소련의 지원을 받기 위한 문제를 논의하였다. 1921년 6월 14일, 쑨중산은 치체린의 편지를 받고 8월 28일에 답장을 보냈다. 편지는 소비에트의 조직과 군대, 교육의 조직에 큰 관심을 보였다. 이 편지를 매우 중요하게 여긴 레닌은 편지를 읽은 후 치체린에게 쑨중산과 긴밀한 관계를 맺을 것을 지시하였다. 이후 소련과 코민테른의 간행물에 중국의 베이징 정부를 비평하고 쑨중산을 찬양하는 글들이 게재됐다. 12월 하반기 코민테른 대표 헨드리퀴스 마링은 계림에서 쑨중산과 만남을 가지고 긴 시간 동안 깊이 있는 대화를 나누었다. 헨드리퀴스 마링이 모스크바로 돌아간 후 코민테른에 장편의 비망록을 썼고, 1922년 7월에는 코민테른에 중국 문제에 관한 보고서를 보냈다. 보고서에는 쑨중산과 그가 지도하는 국민당을 지원할 것을 명확하게 제기하였다. 이에 따라 코민테른은 중국 공산당이 국민당과 함께 일을 할 수 있도록 본부를 광저우로 이전하고 중국 공산당원이 국민당에 가입할 것을 요구하는 결정을 내렸다.

---

63   『孫中山年譜長編』下卷, p.1305.

8월 17일 중국 공산당은 서호西湖에서 회의를 개최하고 중국 공산당 당원과 사회주의 청년단 단원은 국민당에 가입하라는 코민테른의 의견을 조건부로 받아들이기로 결정하였다. 8월 25일, 쑨중산은 상하이에서 헨드리퀴스 마링을 만났다. 또한, 리다자오를 만나 국민당 개편과 중국 공산당과의 협력 문제에 대해 장시간 깊이 있는 대화를 나눴다. 리다자오는 바로 국민당에 가입하였다. 천두슈陳獨秀, 장궈타오, 장태뢰 등도 국민당에 가입하여 국민당 조직 개편을 촉진하고 국민당과 공산당의 협력을 이끌어 내는 핵심 인물이 되었다. 리다자오가 베이징으로 돌아간 후 쑨중산이 국민당을 개편하는 사상주장을 적극적으로 선전하였다. 9월 4일 천두슈는 상하이에서 개최된 국민당 당무 개진회에 참석하였다. 린쭈한(林祖涵, 1886~1960, 즉, 林伯渠)도 초청되어 참석하였다. 6일, 쑨중산은 천두슈를 국민당 개선 전략을 기획하는 9명의 기안위원회 중 한 명으로 지정하였다.[64]

　　1923년 1월 12일, 코민테른 집행위원회는 국민당은 중국에서 유일하게 중요한 민족혁명집단으로 자유자산계급 민주파와 소자산계급 그리고 지식인과 노동자에 의존한다고 밝힌 「중국 공산당과 국민당 관계에 관한 결의關於中國共産黨與國民黨關系的決議」를 채택하였다. 중국 혁명의 중심임무가 반제국주의, 반봉건주의인 것을 감안하면 이는 노동자 계급의 이익과 관계되지만 노동자 계급이 아직 독립적인 사회역량을 형성하지는 못하였다. 따라서 "국민당과 아직 젊은 중국 공산당과의 협력은 필요한 것이다." "현재 조건에서 중국 공산당이 국민당 내부에 존재하는 것은 적합하다." 결의에서는 공산당의 독립적인 위상 문제

64　居正: 『本黨改進大凡』, 『革命文獻』第8輯, pp.34~35.

도 명확하게 제시하였다.[65] 1월 18일부터 쑨중산과 소련 대표 요페(Ioffe)가 여러 차례 회담을 가진 후 26일에 유명한 「손문·요페공동선언」을 발표하였다. 공동선언에서 공산주의조직과 소비에트제도는 모두 "중국에 인용하지 않는다均不能引用於中國"고 밝히면서 소련이 불평등조약을 포기한다는 주장도 재차 해명했고 중동철도와 외몽고의 문제도 언급하였다. 이 공동선언은 쌍방 관계의 정치적 기반을 확립하였다는 것에 그 의미가 있다. 5월 1일, 일본에 체류중이었던 요페는 쑨중산에게 보낸 편지에 소련정부의 상하이 회담에 대한 답장을 보냈다. 주로 사상정치 준비의 중요성을 강조하고 200만 루블에 달하는 지원금과 소량의 무기를 지원하겠다는 내용이었다. 그는 쑨중산에게 이 일을 비밀에 부쳐줄 것을 당부하였다.[66]

1923년 6월 12일~20일 광저우에서 열린 중국 공산당 제3차 대회에서는 「국민운동과 국민당 문제에 대한 결의안關於國民運動及國民黨問題的決議案」을 채택하였다. 이는 국민당과의 협력과 공산당원이 국민당에 가입하는 것을 확정하는 중요한 결의안이었다.[67]

11월 28일, 코민테른 집행위원회 의장단은 「중국 민족 해방운동과 국민당 문제에 관한 결의關於中國民族解放運動和國民黨問題的決議」를 채택하였다. 결의는 쑨중산을 위시한 군민당 혁명파가 혁명 운동의 기반을 확대하기 위해서는 노동자 대중에 접근해야 하고 광범위한 선전과 조직 업무를 진행해야만 한다는 점을 인식하였다는 내용을 강조하

65   『共産國際, 聯共(布)與中國革命文獻資料 選集』2卷, p.436.
66   同上書, p.414.
67   『中國共産黨 中央文件 選集』第1卷, pp.115~116.

였다. 또한, 국민당이 삼민주의를 재해석할 것을 기대한다고 밝혔다. 결의는 국민당이 노동자 계급의 역량 동원에 더 관심을 가지고 이 계급의 정치 조직인 중국 공산당을 지원할 것을 희망하였다. 아울러 중국 공산당도 "국민당을 전폭적으로 지원全力支持國民黨"할 것을 요구하였다.[68] 이때 소련에서는 고문 보로딘을 파견하였다. 쑨중산의 국민당 개편 작업은 거의 마무리 단계에 들어섰다.

개편의 실현

1922년 9월 4일, 상하이에서 개최된 국민당 당무 개진회의는 국민당 개편 업무의 공식적인 시작으로 볼 수 있다. 처음에는 공산당원 천두슈(陳獨秀, 1879~1942)를 포함하여 53명이 회의에 참석하였다. 후에 공산당원 임조한을 초청하였다. 이 회의에서 주도적 역할을 발휘한 랴오중카이과 호한민 등은 신문화 운동의 적극적인 참여자이다. 1923년 10월 19일, 쑨중산은 전보를 통해 상하이 국민당사무소에 랴오중카이(廖仲愷, 1877~1925), 왕징웨이(汪精衛, 1883~1944), 장지(張繼, 1882~1947), 다이지타오戴季陶, 리다자오李大釗를 국민당 개편 위원으로 위임하였다고 알렸다. 이 다섯 명 중에서 리다자오는 신문화 운동의 주요 지도자 중 한 명이고, 랴오중카이와 다이지타오도 신문화 운동의 적극적인 참여자이며, 왕징웨이와 장지도 신문화 운동의 동정자와 지지자로 볼 수 있다. 이 대목은 국민당 개편과 신문화 운동의 관계를 가장 잘 반영하고, 신문화 운동이 국민당의 개편에 주요한 간부 인물을 제공하였다는 것을 설명한다. 10월 24일 쑨중산은 랴오중카이, 덩쩌루(鄧澤如, 1869~1934)에게 개편

---

68 『共産國際, 聯共(布)與中國革命文獻資料 選集』2卷, pp.547~550.

문제를 논의할 국민당 특별회의를 개최할 것을 위임하였다. 동시에 랴오중카이, 호한민(胡漢民, 1879~1936) 등 9명을 임시 중앙집행위원으로 위임하였다. 이 중에는 공산당원 탄핑산(譚平山, 1886~1956)도 포함됐고 보로딘을 고문으로 위임하였다. 이 조직은 전반 개편업무의 핵심기구였다. 11월 11일, 이 기구에서 기안한 「중국 국민당 개편 선언中國國民黨改組宣言」, 「중국 국민당 강령 초안中國國民黨黨綱草案」, 「중국 국민당 정관 초안中國國民黨章程草案」이 전단지 형식으로 각각 5,000부 인쇄됐다. 11월 25일 창간된 『국민당 주간지國民黨周刊』는 위 문서를 공개하였다. 이 중 「중국 국민당 개편 선언」은 "현재 중국은 정치적으로 불안정하고 경제적으로 파산했고 나라가 와해되는 형세가 이미 나타나 빈곤과 착취 압박 문제가 매우 심각하다. 이런 문제를 해결하려면 반드시 주의가 있고 조직이 있고 훈련된 정치단체에 의존해야 한다. 이들의 역사적인 사명은 대중의 열망에 근거하여 대중을 지도하고 분투하도록 인도하여 정치적인 목표를 달성하는 것이다. …… 우리 당은 당의 근본인 삼민주의를 위해 오랫동안 분투하였다. 비록 중간에 칭호를 바꿨으나 취지는 변하지 않았다. 성공하지 못한 원인은 조직이 준비되지 않았고 훈련을 제대로 진행하지 못했기 때문이다. …… 우리 당은 이런 원인을 알고 용기를 내어 개편 선언을 발표하여 그 필요성을 표현하였다. 먼저 총리가 9명에게 임시 중앙 집행위원회를 조직하여 이 일을 추진할 것을 위임하였다. 국내외 국민당대표대회를 개최하여 논의한다. 국민당 강령 정관은 취지가 뚜렷하고 정책이 현실적으로 가능하며 대중들의 바람에 부합되어야 한다. 조직 훈련의 목적은 상하를 연결하고 그 역할을 발휘하기 위함이다. 진부한 것을 버리고 우수한 것을 남긴다. 우리 당 투쟁의 성공은 이에 달려 있다. 모두가 함께 노력하기를 바란다고 밝혔다.[69] 11월 26일, 쑨중산은 임시중앙집행위원회를 직접 소집하고 군사학교 설립 및 전국대표대회 개최건을 채택하였다.

쑨중산의 지도하에 국민당의 개편은 순조롭게 진행되었다고 할 수 있다. 하지만, 애로 사항이 없었던 것은 아니다. 국민당의 전국대표대회 일정이 거의 확정될 무렵인 11월 29일 국민당 광둥지부의 지부장과 원로 당원 덩쩌루 등 11명이 쑨중산에게 공산당원 천두슈陳獨秀, 탄핑산譚平山 등이 "음모로 우리 당을 해친다謀毁吾黨"고 하면서 이들을 공격하는 글을 보내고 쑨중산에게 "방비하지 않으면 안된다不可不防"고 요구하였다. 쑨중산은 글을 읽은 후 제국주의와 군벌에 대한 잘못된 인식 그리고 선거제도 문제에 대한 잘못된 인식에 주석을 달고 신랄하게 비평하였다. 예를 들면 "자본주의 국가는 우리당을 동정하지 않는다. 오직 소련과 압박을 당한 나라, 압박을 당한 국민에게 동정을 바랄 수 있다."고 하면서 "민권주의는 선거에서 시작된다. 만약 목이 멘다고 먹기를 그만둔다면 자기 스스로 그 주의를 반대한 것이 아닌가(民權主義發端於選擧, 若因噎廢食, 豈不自反其主義乎)" 등이다. 기타 의문에 대해서도 구체적으로 해석하였다.[70] 1924년 1월, 전국대표대회 전에 린썬(林森, 1868~1943), 덩쩌루, 황지루(黃季陸, 1899~1985) 등은 공산당원과 사회주의 청년단원이 개인 자격으로 국민당에 가입하고 국민당과 공산당이 협력하는 것을 반대하는 책략을 기획하였다. 쑨중산이 또 다시 비판하는 바람에 덩쩌루, 린썬 등의 활동은 개편의 진행에 영향을 주지 못하였다.

---

69   『革命文獻』第8輯, p.72.

70   李雲漢, 『中國國民黨史述』第2編, 第5章, 中國國民黨中央委員會黨史委員會, 1994, pp.40~406.

1924년 1월 20일~30일 개최되어 순조롭게 막을 내린 국민당 제1차 전국대표대회는 국민당 개편을 성공적으로 마쳤음을 의미한다.

국민당 전국대표대회의 대표는 총 196명이었고 그중에 중국 공산당 당원은 26명이었다. 대회에 참석한 대표는 총 165명이었고 그중에 중국 공산당 당원은 24명이다. 5명으로 구성된 대회 의장단에는 리다자오도 포함됐다. 선출된 새로운 중앙집협위원회의 정식 위원은 24명이었고 그중에 중국 공산당 당원은 2명이었다. 후보위원은 17명이었고 그중에 중국 공산당 당원은 7명이었다.[71] 대회 구성이나 새로운 중앙집행위원회 구성은 모두 국민당과 공산당 협력의 국면이 이미 형성되었음을 반영하였다. 대회에서 채택된 선언은 대표대회의 가장 큰 성과이자 국민당 개편의 근본 정신을 가장 잘 반영하는 대목이다. 이 선언에서 가장 주목해야 할 점은 삼민주의를 재해석한 부분이다. 민족주의에 대해 "국민당의 민족주의는 2가지 의미가 있다. 하나는 중국 민족이 스스로 해방할 것을 갈망한다. 다른 하나는 중국 국내 민족은 모두 평등하다."고 지적하였다. "민족해방의 투쟁은 대다수 대중들에게 있어 그 목표는 제국주의를 반대하는 것 뿐이다."라고 명확하게 선포하였다. 민권주의에 대해 "간접적인 민권 외에 다시 직접적인 민권을 시행해야 한다."고 강조하였다. 특히, 중요한 것은 "최근 각 나라의 민권제도는 보통 부르주아 계급의 전유물로 평민들을 압박하는 도구로 이용됐다. 국민당의 민권주의는 평민들이 소유하는 것이지 소수인이 소유하는 것이 아니다."라고 지적한 부분이다. 민생주의에 관하여 "국민당의 민생주의의 가장 중요한 원칙은 두 가지이다. 하나는 평균적인 토지권이고 다른

71   『革命文獻』第8輯, pp.92~95, 97.

하나는 자본을 절제하는 것이다."고 지적하였다. 선언은 대중에게 의지하고 농민과 노동자를 지원하는 중요성을 특히 강조하였다. "국민당과 대중들이 밀접하게 접목해야 만 중국 민족이 진정으로 자유를 얻고 독립할 희망이 있다.", "국민혁명의 운동은 전국의 농민, 노동자가 참여해야만 성공할 수 있다."고 지적하였다. 따라서 국민당은 농민, 노동자의 운동에 대해 "그들의 운동을 전폭적으로 지원하고, 그들의 경제조직도 후원하여 점점 더 발달시켜 국민혁명 운동의 실력을 증대해야 한다."고 강조하였다.[72] 쑨중산은 대회에서 진행한 「중국 국민당 선언 취지에 대한 설명關於中國國民黨宣言旨趣之說明」에서 국민당이 제국주의와 봉건주의를 반대해야 하는 혁명 임무를 매우 강조하였다. 그는 "이번에 우리가 선언을 채택한 것은 혁명의 책임을 다시 짊어지기 위한 것이고, 철저한 혁명을 할 계획이기 때문이다. 최종적으로 군벌을 타도하고 압박을 받은 인민들을 해방시키는 것은 대내적인 책임이다. 대외적인 책임은 제국주의를 반대하여 전세계에서 제국주의 압박을 받는 사람들을 연결하여 함께 움직이고 서로 지원하여 전세계에서 압박 받는 사람들을 해방시키는 것이다."라고 말하였다.[73]

개편을 진행하는 과정 중, 특히 개편을 진행한 후 신문화 운동의 영향을 받은 수많은 청년들이 국민당에 가입하였다. 또한 패기가 있고 활동능력이 있는 젊은 공산당원들이 국민당에서 활동하여 국민당 조직의 덩치를 키우고 혁명능력을 크게 강화시켰다.

개편된 국민당은 새롭게 해석된 삼민주의를 지도사상으로 하고

---

72 「中國 國民黨 第1次 全國代表大會 宣言」, 『孫中山 全集』第9卷, p.118, 119, 120, 121.
73 同上書, p.126.

소련과 협력하고 공산당과 협력하며 농민과 노동자를 지원하는 것을 기본 정책으로 하여 국민당과 공산당이 협력하는 조직의 틀 하에서 국민혁명 운동을 추진하여 혁명의 고조기를 맞이하였다.

지식인들의 정치 관심도 상승

5·4운동 후 애국주의 정신이 보편적으로 급상승하였다. 가장 예민한 계층인 지식인들은 대내외 위기 국면에서 각자의 구국 주장을 밝혔다.

연성자치联省自治에 관하여

당시 중국 국내의 가장 큰 문제는 군벌의 혼전과 나라가 통일되지 않은 문제였다. 통일을 하려면 두 가지 방법이 있다. 하나는 정치적인 통일을 모색하는 것이고, 다른 하나는 무력 통일을 모색하는 것이다. 원세개袁世凱가 나라의 정권을 찬탈한 후 계속 통일되지 못한 상태였다. 다양한 방법을 시도했으나 별다른 성과가 없었다. 무력을 통해 통일을 원하는 사람들도 있었으나 이런 역량을 갖춘 군벌이나 정파政派가 없었다. 이런 상황에서 많은 지식인들은 연성자치联省自治를 실행해야 한다는 대체로 비슷한 주장을 내놓았다. 연성자치 사상은 청나라 말기부터 이미 언급되었고 중화민국 후에 발전하였다. 하지만, 5·4운동 후의 1920년~1922년 사이에 가장 많이 논의됐다. 쑨지이孫幾伊, 탕더창唐德昌, 양돤류(楊端六, 1885~1966), 장지롼(張季鸞, 1888~1941), 장타이옌(章太炎, 1869~1936), 딩셰린(丁燮林, 1893~1974), 호적, 리젠눙(李劍農, 1880~1963), 저우겅성(周鯁生, 1889~1971), 우위간(武堉幹, 1898~1990), 주시쭈(朱希祖, 1879~1944) 등 많은 이들이 토론에 참여하였다. 이들의 주장은 제각각이었지만 기본적으로는 거의 일치하였다. 이들의 이론근거는 서양의 연방제도였다. 중국의 당시 상황에서 나라의 통일을 이룰 수 있는 다른 방법은 없다고 생각하였다. 이들은 연성자치의 장점은 중앙 집권을 방지할 뿐만 아니라 군벌의 할거를 방지할 수 있다고 생각하였다. 가장 큰 장점은 대중들의 주목을 이끌어내 정치에 참여시킬 수 있으므로 대중들이 정권을 감독하는 데 유리하고 민주 정치를 이루는 것에도 유리하다고 생각하였다.

지식인들은 정치를 논할 때 이상주의적인 색채가 들어가기 마련이다. 하지만 이들이 군벌의 할거를 반대하고 나라의 통일을 도모하며 민주 정치를 실현하려는 바램만은 합리적이었다. 중국에서 좋은 사상이나 주장이 제시되면 늘 야심가와 정객들에게 이용되었다. 당시 일부 군벌과 이들을 따르는 정객들은 연성자치를 수호한다고 밝혔다. 일부 급진적인 정파는 연성자치의 주장을 분석하지도 않고 부정해 버렸다.[74]

'좋은 정부'의 주장

연합자치 관련 논의에 참가했던 많은 사람들은 줄곧 정치문제에 관심이 있었기에 이런 논의가 지식인의 정치 관심도의 큰 변화를 설명한다고 하기에는 역부족이다. 지식인이 정치를 언급하지 않던 것에서 부득이하게 정치를 언급하지 않으면 안 되는 상황으로 바뀌게 된 것을 가장 잘 반영하는 인물은 호적을 대표로 하는 일부 지식인들이다. 앞에서 설명했듯이 호적은 「문제를 많이 연구하고 '주의主義'를 적게 논하

---

[74]　연합자치의 주장과 비판에 대하여: 1. 高軍 등 『中國現代政治思想評要』第6章 第1節(華夏出版社, 1990년), 2. 耿雲志 등 『西方民主在近代中國』第9章 第2節(中國靑年出版社, 2003년) 참조.

자」를 '정론의 서언'으로 간주하였다. 하지만 호적의 정치를 논한 본문 「우리들의 정치주장我們的政治主張」은 1922년에야 발표됐다. 그 중간에 어떤 과정이 있었는지 살펴보자.

1920년 8월, 호적은 장멍린, 타오멍허, 왕정, 장웨이츠(張慰慈, 1890~1976), 리다자오, 가오이한과 함께 북양정부를 비판하고 기본적인 자유를 요구하는 「자유를 쟁취하는 선언爭自由的宣言」을 발표하였다. 하지만 이는 호적 본인이 시도한 것이 아니었다.

1921년 5월, 호적은 동지들을 모집하여 정치 개혁 활동을 진행해야 할 필요성을 느꼈다. 5월 21일, 그는 왕정(王徵, 1887~?), 딩원장(丁文江, 1887~1936), 장멍린을 초청하여 '노력회努力會'라는 조직을 설립하는 것에 관해 논의하였다. 호적이 정한 4대 원칙 중 하나가 바로 "우리는 최선을 다해 단독으로 혹은 함께 도와 중국 정치의 개선과 사회의 진보를 도모해야 한다."였다. 다른 3가지 원칙은 1. 직업의 진보를 도모한다. 2. 서로 연결하고 서로 도움을 준다. 3. 언제 어디서나 유용한 인재를 지원한다였다. 노력회는 왕윈우(王雲五, 1888~1979), 채원배蔡元培, 린훙쥐안(任鴻雋, 1886~1961), 하오헝저(陳衡哲, 1890~1970), 주징눙(朱經農, 1887~1951) 등의 가입을 받아들였다.[75] 노력회가 정치활동을 진행하려는 의도가 분명하다. 하지만 이들은 노력회의 명의로 그 어떤 공개적인 정치활동도 진행하지 않았다.

노력회는 설립된 지 얼마 지나지 않아 '소형 주간 신문'[76]을 창간하려고 했으나 10개월 후에 『노력努力』이라는 이름으로 발간됐다. 호적은

---

75   耿雲志: 『胡適年譜』, 四川人民出版社, 1989년, pp.95~96.

76   同上書 p.98.

신문의 발간사에 『노력가努力歌』라는 시를 게재하였다. "저항을 두려워 하지 않는다! 무력을 두려워하지 않는다! 노력하지 않는 것만 두렵다! 노력! 노력!(不怕阻力! 不怕武力! 只怕不努力! 努力! 努力)."[77] 이들의 노력 방향에는 본인들의 학술, 교육사업뿐만 아니라 사회 정치활동도 포함 되었다.

호적은 본인의 '문제를 많이 연구하고 주의를 적게 논하자'의 사 상에서 출발하여 사업과 사회정치에 대해서도 '노력'하는 태도를 유 지하였다. 이 시기 그의 정치적 주장을 한마디로 '좋은 정부'를 쟁취하 자는 구호로 정리할 수 있다. 1921년 8월, 호적은 초청을 받고 안후이 안경安慶과 상하이에서 「좋은 정부주의好政府主義」강연을 하였다. 『노 력 주간 신문』 창간 후 제2호에 호적이 기안한 「우리의 정치 주장我們 的政治主張」을 실었다. 이는 분명한 정치적 선언이었다. 채원배를 필두 로 노력회 회원인 호적, 딩원장, 타오멍허, 주징눙, 장웨이츠, 가오이한, 왕정과 비회원인 왕충후이(王寵惠, 1881~1958), 뤄원간(羅文幹, 1888~1941), 탕얼허湯爾和, 타오즈싱陶知行, 왕보추(王伯秋, 1883~1944), 량수밍(梁漱溟, 1893~1988), 리다자오, 쉬바오황(徐寶璜, 1894~1930) 등 16명이 선언에 연명 으로 서명하였다.

이 정치적 선언은 호적의 '좋은 정부' 주장을 전반적이고도 체계 적으로 설명하였다. 그는 "현시점에서 평정심을 찾고 모든 것을 내려놓 고 하나의 목표 '좋은 정부'를 중국 정치를 개혁하는 최저의 요구사항 으로 인정해야 한다. 우리들은 한마음 한 뜻으로 이 공동의 목표를 위해 나라의 악세력과 대항해야 한다고 제시하였다. 호적은 좋은 정부의 표

---

77   『努力週報』創刊號 (1922年5月7日).

준은 첫째 '헌정의 정부', 둘째 '공개된 정부', 셋째 '계획된 정치'를 실행하는 것이라고 지적하였다. 어떻게 하면 이런 좋은 정부가 출범할 수 있을까? 호적은 "오늘 정치 개혁의 첫 걸음은 좋은 사람들이 반드시 분투의 정신을 지녀야 한다는 데 있음을 굳게 믿는 것이다. 사회적으로 우수한 사람들은 스스로를 지키기 위해, 사회와 나라를 지키기 위해 악세력과 분투해야 한다고 말하였다.[78] 선언은 또 남북화해 문제, 군축문제, 관료 감축 문제, 선거제도 문제, 재정 문제 등등 당시의 시국에 대한 구체적인 정치 주장을 제시하였다.

이 선언은 학계의 뜨거운 반응을 불러 일으켰고 많은 사람들이 논의에 참여하였다. 대다수가 찬성하는 입장에서 보완 혹은 논의할 의견을 제시하였다. 이는 지식인들의 정치에 대한 관심도가 급상승했음을 설명하는 대목이다.

호적 등 지식인이 '좋은 정부주의'를 논의할 때 호적, 리다자오 등은 우페이푸(吳佩孚, 1874~1939)를 설득해 쑨중산과 연합시키는 실제 정치활동에 직접 참여하였다. 필자의 「우페이푸와 소련 그리고 베이징 학계吳佩孚與蘇俄及北京知識界」라는 글에서 이미 구체적으로 언급했기에 본고에서는 더 이상 언급하지 않겠다..

당시『노력주보』,『태평양』,『동방잡지』와『신보』,『시사신보』등 간행물에 학계 관계자가 정치를 논하는 글이 많이 게재됐다. 이들은 베이징정부와 관료, 정책을 비판했고, 시국에 대한 그들의 주장을 발표하였다.

5·4운동은 큰 전환점이었다. 한편으로는 문화 운동이 정치 운동

78   『胡適文存』第2輯 卷3, pp.27~33.

으로 전환하는 전환점이었다. 이로부터 사람들의 첫 번째 이슈는 문화 문제가 아닌 정치 문제였다. 전에는 문화가 정치의 기반이었고 문화로 정치를 인도하였다. 이후에는 정치가 모든 것을 결정했고 문화도 정치의 수요에 복종하였다. 이는 중국이 직면한 대내외 심각한 국면에 따른 결과이다. 하지만, 이 또한 장기적으로 범정치적인 경향을 초래하였다. 다른 한편으로는 중국 근대 정치의 전환점이었다. 전에 중국사회에서 발생했던 양무운동, 무술유신운동을 비롯한 정치 운동은 거의 상층사회의 운동이었다. 신해혁명과 입헌운동은 어느 정도 대중성이 있었고 쑨중산은 자신이 지도하는 혁명 운동이 국민운동이기를 바라기도 하였다. 하지만, 운동의 주요역량은 여전히 지식인, 신사紳士와 상인들이었다. 입헌파가 지도한 입헌운동도 마찬가지였다. 5·4운동 후 혁명 운동은 국민의 주체, 수많은 노동자와 대중들이 동원되어 혁명의 주요역량으로 발전하였다. 이때부터 혁명 운동은 진정한 국민의 혁명 혹은 심지어 노동자 농민의 혁명이 되었다. 이로서 문화의 평민화가 비로소 이루어졌다. 하지만 문화 운동이 성숙한 수준까지 이르지 못했기에 노동자와 농민들에게 주입한 내용들이 완전하지 못하였다는 단점도 있다. 예를 들면, 과학이나 민주 같은 관념은 거의 사람들의 입버릇이 되었으나 그 의미를 제대로 아는 이는 극소수에 불과하였다. 오늘날 5·4신문화 운동을 비판하는 사람들 조차도 이에 대해 확실히 아는 이는 많지 않다.

제9장

근대 문화적 전환에서
보수주의의 역할 변화

중국 근대 문화 전환 과정에서 보수주의는 각각의 시기에서 전통을 고수하는 중요한 역할을 하였다. 다만 역사가 발전하면서 이들이 지키고 지킬 수 있는 전통의 범위가 점점 더 축소되었을 뿐이다.

10여 년 전에 필자는 「전통과 미래傳統與未來」라는 글에서 "전통은 한 민족 혹은 한 사회계층이 대대로 계승하는 것이고 그들의 문화 속에 응집되며 사람들의 사상, 행동과 정조情操를 장기적으로 구속하고 규범화하는 것이다."라고 밝힌 바 있다. 또 전통은 안정성과 형식화, 배타성의 세 가지 특징이 있고, 역사에서 전통은 판이하게 다른 두 가지 역할을 한다고 지적하기도 하였다. 즉 "전통은 진보를 지원하는 역량일 수도 있고 타성의 역량일 수도 있다." 가장 중요한 것은 전통에 대한 사람들의 태도이다.[1]

전통은 대대로 생명이 전해지는 과정에서 형성된 것이다. 전통은 민족 혹은 사회계층의 생명과 긴밀하게 연결되어 있어 말살할 수 없고 갑자기 금지할 수도 없다. 하지만 다른 방면에서 전통은 역사적으로 형성된 것이기 때문에 고정불변하지 않을 수도 있다. 때문에 중요한 것은 우리가 전통을 어떻게 다루어야 하는가이다. 중국 근대 문화 전환의 역사를 살펴볼 때 전통을 이용하여 진보 사업을 개척하는 선진분자가 있는가 하면 전통을 지키고 진보와 대항하는 사람도 있다.

보수주의의 뜻은 매우 분명하다. 보수주의는 개방주의에 대응되는 것으로 외래문화를 거부하고 본 민족의 문화를 지킨다. 보수주의는 또 현황을 유지하고 고유의 것을 유지하는 것을 주장한다. 보수주의는 또 폭력 혁명이나 급진적인 개혁 같은 과격주의에 대해서는 온화하고

---

1   拙作『蓼草集』, 中國社會科學出版社, 2000, pp.126~130.

근대 중국의 문화적 전환에 대한 연구

점진적인 개혁을 주장하며 급하고 대폭적으로 현황을 바꾸는 것에는 찬성하지 않는다. 중국 근대사에서 보수주의는 다양한 모습으로 나타났다. 그들의 주장은 각자 다르고 맡은 역할이나 역사적인 역할도 각기 달랐다. 이 점에 대해서는 더 깊이 있는 논의가 필요하다.

1. 양무운동 시기의 보수주의

위원은 "서양의 기술을 배우자師夷長技"라고 제안하고 풍계분은 "서양 학문 채택采西學"을 제창하였다. 이는 당시에 개방주의의 문화 사상인 셈이다. 이들은 양무운동을 일으킨 직접적인 사상 선구자라 할 수 있다. 처음에 중국인은 선박, 대포, 기계 등 쉽게 보이고 잘 알 수 있는 것부터 서양을 따라 배웠다. 이는 수학에까지 영향을 주었다. 1866년 12월과 1867년 1월, 양무운동을 주도한 공친왕 혁흔은 동문관에 천문산학관을 설치할 것을 요구하는 상소를 두 번이나 올렸다. 그 이유는 "서양인들이 기계, 무기를 만들고 항해하고 행군하는 모든 것은 천문학이나 수학에서 비롯되었기 때문"이었다. 상주문에서 밝힌 계획은 다음과 같다. 만족과 한족의 거인舉人 및 은공恩貢 발공拔貢 세공歲貢 부공副貢 우공優貢의 5 공생(贡生, 학교의 추천을 받아 국자감에서 공부하던 사람) 소위 정도正途 출신 5품 이하 경외각관京外各官, 나이가 20세 이상인 학생 중에서 선발하고, 후에는 학생 모집범위를 한림원 편수編修, 검토檢討, 서길사庶吉士 및 진사 출신 5품 이하 경외각관, 나이가 30세 이하인 사람까지 확대한다. 합격된 자는 항상 천문산학관에 머무르면서 공부를 하고 월차 시험, 연차 시험을 실시한다. 서양인을 전문적으로 초빙하여 가르친다. 이는 양무운동의 일종으로 인재를 양성하기 위한 것이며 착실하게 운영할 수 있으면 당연히 유익하다.

상소문이 공개되자 보수파 대신들이 반대하였다. 가장 먼저 이의를 제기한 사람은 산동도山東道 감찰어사 장성조張盛藻였다. 그는 주로 과갑科甲 정도 출신의 사람들이 학습하는 것을 반대하였다. 그는 "과거에 급제한 우수한 인재들이 서양의 기교적인 일(技巧之事, 산업기술)을 배우도록 하고 또 승진을 통하거나 금전으로 유혹하면 명예와 이익을 중요시하고 선비들의 기개를 포기할 것이다. 기개가 없으면 그들이 무슨 공훈이나 업적을 이루기를 바랄 수 있겠는가?"라고 하면서 관을 운영하려면 "흠천감 아문에서 모집한 젊고 똑똑하고 우수한 천문생, 수학생을 관에서 공부하도록 한다. …… 선박, 서양 총기 등은 공부에서 우수한 장인을 선출하여 배우도록 하거나 군영에서 모략이 있는 사람들이 학습하여 새로운 전법을 전수받도록 해야 한다고 지적하면서 과갑 정도 관원들이 이런 것을 배워서는 안 된다고 주장하였다.[2] 조정에서 장씨의 상소문을 반박하였다. 이때 왜인이 혁흔의 주장을 반대하는 상소문을 올렸다. 왜인은 허난 개봉 주방기駐防旗 출신으로 빈곤한 가정에서 자라 우수한 성적으로 관직에 올랐다. 도광 9년(1829)에 진사에 합격하여 한림원 서길사로 임명 받아 서울 안에 사림士林들과 어울리고 서로 절차탁마하면서 학식이 더 발전하였다. 원래는 왕양명의 심학을 공부하다가 베이징으로 온후 오정동(吳廷棟, 1793~1873), 당감(唐鑒, 1778~1861)의 영향을 받아 정주程朱를 숭배하기 시작했고 평생 주자 학문을 받들었으며 도덕을 숭상한다고 자부하면서 점차 사림의 중시를 받아 '도광

---

2   『籌辦夷務始末』(同治朝) 卷47, p.16.

이래 유학의 대가'로 불렸다. 이로부터 그의 벼슬길은 탄탄대로를 걷게 되었고 제사帝師, 한림원 장원掌院 학사를 거쳐 대학사로 호부戶部를 관리하였다. 동문관과의 논쟁이 있을 때부터 왜인은 이미 조정과 민간에서 덕망이 높은 이학 대신이며 사림에서 존경받는 '유학대가'였다. 그가 나서서 논쟁하니 비록 조정에서는 받아들이지 않았지만 사실상 큰 영향을 미쳤다. 학자의 분석에 따르면 혁흔이 상주문에서 제시한 학생 모집조건에 따라 모집 범위 내의 정도正途 인원은 대다수가 1862년~1867년 사이에 공명을 얻은 자들이었다. 이 기간은 바로 왜인이 한림원 장원학사로 있으면서 시험관 혹은 전시殿試 채점관 혹은 조고朝考 채점 대신을 맡고 있던 시기였다. 따라서 응시생들은 거의 모두가 그의 제자라 할 수 있었다. 제자였으니 자연히 그의 영향을 쉽게 받았다. 이와 더불어 왜인이 제사, 대학사 등 직함과 이학 대신, '유학대가'의 명망이 자자했으니 젊은 사자士子들에 대한 영향력이 어떠했을지 가히 짐작이 간다. 이것이 천문산학관을 응시하는 학생들이 매우 적었던 원인이다.[3] 여기서는 왜인이 천문산학관에서 과갑科甲 정도 인원을 모집하는 것을 반대한 사상 주장이 무엇인지를 중점적으로 논의해 보고자 한다. 이렇게 함으로써 이 시기 보수주의자들의 사상과 그 특징을 알 수 있다.

왜인이 혁흔과 조정이 천문산학관을 설치하는 계획을 반대한이유는 다음 두 가지 때문이었다.

첫째, '이하지방(夷夏之防: 중국과 오랑캐 간의 방어)'을 견지해야 한다. 왜인은 "성인과 현인을 공부하는 자들이 오랑캐를 스승으로 삼는以誦

---

3   李細珠, 『晩清保守思想的原型 —— 倭仁硏究』, 社會科學文獻出版社, 2000, pp.174~178.

習詩書者而奉夷爲師"것을 용납하지 못하였다.[4] 여기서 말하는 "성인과 현인을 공부하는 자誦習詩書者"란, 중국 성인과 현인들의 책을 읽는 사자士子로 자연히 천문산학관에서 모집하려는 과갑 정도 인원이 포함된다. 왜인은 "평화 담판한 후부터 민간에는 예수교 등이 성행해 무지한 백성들이 현혹되었다. 성인과 현인들의 책을 읽는 사람만이 이치를 알고 인심을 유지할 수 있다. 이렇게 똑똑하고 우수한 인재들을 추천하여 나라를 위해 비축해야 한다. 변법으로 오랑캐를 배우면 사회의 정기가 더 발전할 수 없고 사악한 세력이 점점 더 많아져 몇 년이 지나면 천하의 백성들이 모두 오랑캐가 될 것이다."라고 생각하였다.[5] 왜인은 중국 성인과 현인들의 책을 읽는 사자는 성도인심聖道人心을 유지하는 기둥이고 중국을 유지하는 중국 민족의 걸출한 인물들이라고 생각하였다. 이런 사람들이 외국인을 스승으로 삼으면"무엇을 배우든지 정통하지 못할 것이다. 정통한다 해도 이들이 다시 조국으로 돌아와 나라를 위해 충성을 다 할 것이라고 안심할 수 있겠는가? 아마 나중에는 서양인들에게 충성할 것이다."고 지적하였다.[6] 또한, 그는 외국인은 우리의 원수라면서 "함풍 10년 정도正道를 위반하고 군사를 일으켜 우리 나라의 서울을 침범하고 우리의 종사를 놀라게 하고 원명원을 불사르고 우리 나라의 백성들을 살해했으니 이는 우리 나라 200년간 전례가 없었던 치욕이

---

4   倭仁, 『奏陳奉夷爲師之害並述自强之道仍須以禮義爲本』, 『籌辦夷務始末』(同治朝) 卷48, p.11.

5   倭仁, 『奏陳學習西洋天文數學爲益甚微延西人敎習正途學士爲害甚大』, 同上書 卷47, pp.24~25.

6   倭仁, 『奏陳奉夷爲師之害並述自强之道仍須以禮義爲本』, 同上書 卷48, p.11.

다. …… 이런 치욕을 어찌 잊을 수 있겠는가"라고 지적하였다.[7] 이외에
도 "서양인은 잔꾀가 많고 교활하다. 오늘날 우리가 그들의 기술을 배
워 그들을 물리치기 위해 그들의 스승을 초빙해 배운다 할지라도 그들
은 겉으로는 가르치고 뒤에는 무슨 음모가 있는지 누가 알겠는가?"라
고 하면서[8] "서양인이 전도하는 것을 들어보면 그들은 우리 같은 선비
가 그들의 교의를 배우지 않는 것을 가장 싫어한다. 정도들에게 이런 것
을 배우라고 하면 제대로 배우지 않고 서양인의 교의에 빠지지 않을까
두렵다."고 지적하였다.[9]

왜인은 외국과 중국은 융합할 수 없으므로 외국인을 꼭 방비해야
한다는 생각을 고집하였다. 정도학사가 외국인을 스승으로 삼으면 중
국의 성인의 도를 따르는 기둥인 인재들이 외국인에게 이용당해 중국
에 해를 끼치고 중국이 최종적으로 외국에 귀속된다고 생각하였다. 그
는 이렇게 하면 외국인을 도와 우리나라를 망하게 하고 우리 민족을 망
하게 하며 우리의 교육을 망치는 것이라고 생각하였다. 이런 이유 때문
에 그는 천문산학관의 설립을 반대하고 외국인이 정도사자들을 가르치
는 것을 반대하였다.

둘째, 그는 나라를 세우는 근본은 기술이 아닌 사람들의 마음에 있
다고 주장하였다. 왜인이 혁흔을 반대하는 첫 상소문은 이런 점을 밝혔
다. 그는 "나라를 다스리려면 권모술수가 아닌 예의를 숭상해야 하고

---

7   倭仁, 『奏陳學習西洋天文數學為益甚微延西人教習正途學士為害甚大』, 同上書 권 47,
     p.24.

8   倭仁, 『奏陳奉夷為師之害並述自強之道仍須以禮義為本』, 同上書, 卷48, p.11.

9   倭仁, 『奏陳學習西洋天文數學為益甚微延西人教習正途學士為害甚大』, 同上書 卷47,
     p.25.

그 근본은 기술이 아닌 사람의 마음에 있다. 오늘날 서양인 기술의 말미를 배우기 위해 서양인을 스승으로 삼는데, 모략이 많은 서양인이 우리를 잘 가르치겠는가? 설령 잘 가르친다고 해도 우리는 한가지 기술만 기질뿐이다. 여태껏 어떤 기술이 쇠퇴한 나라를 살린 경우를 보지 못하였다."라고 지적하였다. 왜인의 이 지적은 어느 정도 이치에 맞다. 혁흔은 "계산과 명확한 이치, 무기를 만드는 방법, 하도낙서河圖洛書의 방법을 제대로 배우고 정통하고 그 오묘함을 얻으면 중국은 자연스럽게 강대해 질 것이다."라고 오해하였다.[10] 이 생각은 너무 단순하다. 모든 나라가 강대해지려면 먼저 좋은 제도가 있어 백성들을 편안하게 해야 한다. 상하 계급에 관계없이 모든 사람들이 한 마음 한 뜻으로 힘을 모아야만 나라가 강대해 질 수 있다. 왜인은 정치제도가 무엇인지 잘 몰라 고대 현인들의 예의범절의 인심人心 설교만 우러러 본받아 다른 것은 본보기로 삼을 가치가 없다고 생각하였다. 그가 말하는 예의범절은 군권전제를 중심으로한공자와 맹자 학설을 핵심으로 하는 삼강오륜의 가르침이고, 그가 말하는 인심이란 전자와 밀접한 연관이 있는 충忠 효孝 인仁 의義 염廉 치恥 등의 도덕 규범이었다. 왜인이 전통 사대부의 본말관本末觀을 극단적으로 추앙하였다는 점은 눈여겨볼 만하다. 가장 대표적인 설법에 의하면 본말론은 근본을 중시하고 말단을 경시하는 것을 강조하는 것이고, 본과 말은 중요한 것과 중요하지 않은 것으로 여기는 것이지 근본만 남기고 말단을 제거하자는 것은 아니다. 하지만, 왜인은 서양인에게 기술의 장점을 배우는 것을 명확하게 반대하였다. 그는 "천문, 산수 등은 학술의 마지막 단계일 뿐이므로 배우지 않아도 국가 대사

---

10   『籌辦夷務始末』(同治朝) 卷46, p.4.

에는 큰 손해가 없다. 스스로 강대해지기 위해서 반드시 이런 것을 배워야 하는 것은 아니다.”라고 지적하였다.[11] 이렇게 보니 천문산학관을 설치하는 일은 부질없는 짓이다. 게다가 정도 인원을 모집하여 서양인을 스승으로 삼는다니 더 나라를 망치는 일 밖에 안 된다.

　　왜인의 입장과 사상주장은 양무운동 시기 보수주의의 전형적인 대표였다. ‘이하 지방夷夏之防’을 이유로 서양 문화를 배척하는 것은 폐쇄주의적인 문화 심리이다. 1850년 초에 위원은 “서양의 기술을 배우는 것”을 주장했고, 1860년 초에 풍계분은 “서양 학문 채택”을 제창하면서 “중국의 윤상倫常의 가르침을 근본으로 하고 여러 나라의 부강한 기술을 보조로 해야 한다(以中國之倫常名教為本, 輔以諸國富強之術)”고 주장하였다. 이런 주장은 전통적인 ‘이하지방’의 관념을 뛰어넘었다. 1867년에 왜인은 ‘이하지방’을 이유로 천문산학관 설치를 반대하였다. 그는 특히 정도 인원을 모집하여 서양인을 스승으로 삼는 것을 반대하였다. 위원, 풍계분에 비해 왜인이 후퇴한 셈이다. 당시 양무운동이 시작된 지 얼마 되지 않았기에 중국인은 서양의 정치·교육제도의 장점을 잘 알지 못하였다. 사람들은 서방국가의 표면적인 일부 강대한 것에서 모방하고 배워야 할 만한 것을 볼 수밖에 없다. 이는 매우 자연적인 것으로 피할 수 없는 인식의 단계이다. 따라서 당시 양무운동을 일으킨 사람들은 당시의 진보적 성향을 대표한다. 왜인이 양무파가 하는 사업을 반대하는 것은 중국의 진보를 가로막는 격이다. 왜인은 아편전쟁 후 연해 항구를 개방한 이래 통치계층에서 최초로 보수주의 사상 주장을 체계적으로 표현한 인물이다.

11　　倭仁:『奏陳立國之道以禮義人心為本天文算學止為末藝』, 同上書, 卷48, p.19.

왜인이 주장한 보수주의의 첫 번째 특징은 여전히 '천조상국天朝上國, 유아독존唯我獨尊'의 마음가짐으로 외국인에 대응하였다는 점이다. 그는 서양인은 역대로 중국에 맞선 오랑캐와 차이가 없다고 생각하고 그들의 문화에 이용할 만한 부분이 있다는 것을 인정하지 않았다. 그는 서양인이 전도하는 종교는 정당한 종교가 아니라고 생각하고 상대편의 종교를 "사악한 기운邪氣"으로 간주했으며, 서양인은 "간사하고 교활하다(機心最重, 狡詐多端)."고 판단했고, 따로 구분하지 않고 모두 "나의 원수吾仇也"라고 하였다. 이는 중국의 고대 사대부가 주변 민족을 대하는 태도와 똑같다.

왜인이 주장한 보수주의의 두 번째 특징은 천하에 공자와 맹자의 가르침만 '정학正學'이고 나라를 다스릴 수 있다고 생각하였다는 점이다. 그는 "성현들은 각종 도리를 이미 깊이있고 절실하게 연구하고 이야기했는데 스스로 강해지는 방법에 대해 어떻게 이를 뛰어넘을 수 있겠는가"라고 하였다.[12] 따라서 그는 스스로 강해지는 방법은 성인과 현인의 예의를 근본으로 해야 한다고 주장하였다. 성인과 현인의 책을 읽어야만 "충성과 신의를 지키는 사람忠信之人", "예의를 지키는 사람禮義之士"이 된다고 그는 생각하였다. 충성과 신의를 지키는 사람, 예의를 계승하는 사람만이 바른 기풍을 발양伸正氣 할 수 있고 사악한 기운을 제거除邪氣 할 수 있으며 사람의 마음을 보호維持人心하고 천하를 다스릴平治天下 수 있다고 생각하였다. 왜인은 중국의 성인과 현인인 공자와 맹자 학설 외에 다른 학문은 하찮은 것으로 생각하고 서양인은 "한 가지 기술 말고는 더 이상 언급할 것이 없다(一藝之末, 何足道)."고 지적하였다.

---

12   倭仁, 『奏陳奉夷為師之害並述自強之道仍須以禮義為本』, 同上書, 卷48, p.12.

왜인은 중국 외에는 고도로 문명적인 민족이 없고 공자와 맹자의 학설 외에는 고등 학문이 없다고 생각하였다. 이는 양무운동 시기 보수주의의 기본적인 사상 특징이다.

하지만 이 시기에 왜인 같은 보수주의자가 특별한 예외는 아니었다. 반대로 왜인은 당시 사회 대다수 사람들의 사상을 반영하였다. 서일사徐一士는 「왜인과 총서동문관倭仁與總署同文館」에서 "청총리각국사무아문에 동문관을 설치하는 것에 관하여(인용자 주: 천문산학관의 설치를 의미함) 사대부 계급은 대다수가 보수적이어서 '오랑캐의 방법으로 화하를 개변하려 한다'는 설이 많다. 대학사이자 황제의 스승으로 많은 사람들의 기대를 한 몸에 받던 왜인이 가장 크게 반대하였다. 황제의 뜻을 거역했으나 많은 사람들이 그에게 경탄하였다."고 밝혔다.[13] 그는 또 『옹동화일기翁同龢日記』 중에 몇 개 기록을 인용하여 설명하였다. 옹씨『일기』 동치 6년 2월 13일에 "동문관 설치는 많은 비난이 있었다. 심지어 '잔꾀가 워낙 많아 동문관을 설치하네, 군사적으로 원대한 계략이 없고 이족을 스승으로 삼도록 유혹하네"라고 쓴 대련까지 붙었다'고 기록하였다.[14] 같은 달 24일에 동문관에 대해 "서울에 많은 소문이 나타났다. 문 앞에 붙이거나 속어로 비웃었다. '어처구니가 없다, 어처구니가 없다. 천주교를 믿도록 가르친다!', 혹은 대구를 만들어 '동일한 것이 없으니 이런 문화가 곧 없어질 것이다', 또는 '공자의 제자, 귀곡 선생'이라고 한다."라 기록하였다.[15] 이는 일반 지식인이 '이하지방'의 관념에서 출발

---

13   徐一士: 『一士類稿壹士談薈』, 書目文獻出版社, 1984, p.380.

14   『翁同龢日記』1卷, 中華書局, 1989, p.519.

15   同上書, p.521.

하여 동문관이 정도사자正途士子를 모집하는 것에 대해 의분하였다는 것을 반영한다. 이런 사상의 심리적 기반은 왜인과 똑같다. 서씨는 이자명李慈銘 의 일기를 다시 인용하여 이씨가 조정에서 양희정이 동문관을 설치해야 한다는 상소문을 반박되고 왜인은 휴가가 끝난 다음 바로 총리아문에 부임하라는 조서를 내린 사실을 목격하고 다음과 같이 기록했다. '자명이 말하기를 함풍 말년에 총리각국사무아문을 설치할 때 예법에 어긋난다고 생각한다. 이번원理藩院 아래에 설치하고 시랑을 두어 총리를 모시도록 해야 하는데 다른 부서를 설치하지 말아야 하였다. 하지만, 다시 나의 의견을 듣는 사람이 없었다. 올해에 동문관을 설치하여 전에 태복경太僕卿 서계사徐繼畬를 제조관으로 하고 한림과 부원 30세 이하 사람들이 공부하도록 하니 중화의 우수한 학도를 오랑캐의 제자로 하는 격이 아니겠는가? 도리를 아는 사람들은 당연히 공부하지 말아야 하는데 많은 사람들이 가는 것이 이해가 안된다? (인용자 주: 이씨가 당시 부모 상을 당해 상황을 잘 알지 못하였다. 사실은 왜인 등 보수 세력의 영향을 받아 신청하는 사람이 많지 않았다.) 학문이 명확하지 않으니 예절을 모두 잃었다. 사대부가 오랑캐의 법을 배우니 화하와 오랑캐를 구분하지 않는 격이 되었다. 삼강오륜이 붕괴되니, 나라의 걱정이다. 정말 말로 형언할 수 없다'라고 썼다. 이씨는 양정희의 상소문이 완벽하지 않고 "서양의 법률을 이용할 수 없고 오랑캐의 마음을 열지 못하며 나라의 정체를 유지하고 사악한 종교邪教 를 반드시 없애야 한다."는 것을 "깊이 있게 설명深切著明 "하지 못하였다고 지적하였다.[16] 당시 이씨는 진사가 아니었지만 그의 학문은 이미 사람들이 잘 알고 있었다. 그의 사상 견해는 일

---

16   『越漫堂 日記』同治 6年7月3日.

반 지식인들의 태도를 반영할 수 있다. 「곽숭도일기郭嵩燾日記」에는 왜인, 장성조와 총리아문이 천문산학관에서 정도 인원을 모집하는 것에 대해 논쟁을 벌인 후 '재경 호난관리의 회의湖南京官會議에서 서양인한테서 따라배운 일부 사람들의 입회를 거절하였다. 각 부서의 관원들도 그들의 보증서를 날인하지 않는다. 산시 사람도 이에 따라 하였다'라고 기록하였다.[17] 이 또한 일반 관리들의 태도를 반영한다.

결론적으로 총리아문에서 천문산학관을 설치하고 정도 인원을 모집하여 관내에서 학습하도록 한 것에 대해 '이하지방夷夏之防'과 '입국의 본말立國之本末'이라는 이유로 이에 대항한 왜인은 광범위한 동정과 지지를 받았다. 이는 당시 서양문화에 배척한 보수주의의 사회적 기반이 존재했음을 의미한다.

2. 무술에서 신해 시기의 보수주의

무술유신운동 중의 보수주의

양무운동의 초반에 왜인을 대표로 하는 보수주의가 양무운동을 상대로 하였다면 이들이 고수하려 했던 것은 양무운동 이전의 고유 상태였다. 그렇다면 유신운동 후에 발생한 보수주의는 이미 양무운동이 아니라 양무운동의 기반 위에 새로 나타난 유신변법운동을 비판하는 것이다. 이 시기의 보수주의자들은 양무운동의 정당성을 인정할 수 있었다. 하지만, 이보다 진일보한 변법에 대해서는 반대하였다. 따라서 이

---

17   『郭嵩燾 日記』同治6年 4月 3日, 湖南人民出版社, 1982年.

들은 왜인을 대표로 하는 근대 원초적 형태의 보수주의와는 달리 변혁의 범위와 정도에 대해 보수주의 태도를 취하는 자들이었다.

무술유신운동이 가장 활발하게 벌어진 지역은 후난성이었다. 후난성에는 매우 활발하게 활동한 유신지사 외에도 대표적인 보수파 대표인물도 있었다. 후난에서 보수파의 유신파에 대한 공격은 그 어느 지역보다도 치열하였다. 이들의 보수주의 사상 언론도 일정한 체계성과 대표성이 있다.

후난 유신운동에서 가장 주목을 받은 곳은 시무학당時務學堂과 남학회南學會, 신문『상학보湘學報』, 『상보湘報』였다. 남학회는 유신지사들이 지역 의회처럼 이용하려고 지방의 유력 인사, 학계 인사들을 모집하여 정기적으로 강의하고 새로운 지식과 이론을 선전하며 시사정치를 의논하는 장소였다. 시무학당은 유신 인재들을 양성하고 훈련하는 장소였다. 신문의 경우, 유신파가 변법을 추진하려고 여론을 조성하는 기관이었다. 강유위, 양계초의 친구와 제자들이 이런 조직에서 주요 역할을 맡았다. 보수파는 이런 조직의 문제를 위주로 유신파에게 반격을 가하였다. 대표적인 인물은 왕선겸(王先謙, 1842~1917), 예더후이(葉德輝, 1864~1927)와 빈봉양賓鳳陽, 쩡롄, 손여(蘇輿, 1874~1917) 등이었다. 이중에서 왕씨와 예씨는 가장 중요한 인물이었으며, 이들의 언론은 당시 후광湖廣 총독인 장지동(張之洞, 1838~1909)의 지지를 받았다.

왕선겸(1842~1917), 장사 출신, 동치 연간의 진사, 한림원 편수翰林院編修와 국자감 좨주國子監祭酒, 장쑤학정江蘇學政 등의 요직을 역임하였다. 또한 윈난, 장시, 저장 등 지역의 향시 시험관, 장사 악록서원嶽麓書院과 성남서원城南書院 원장 직을 지냈고 학식이 매우 넓고 깊으며 저술이 많고 후난 심지어 전국에서도 큰 명망을 얻었다. 그는 후난 양무 사업에 적극적으로 참여했고 심지어 공격의 중요 목표였던 시무학당도 그가 요청하여 개설하였다. 따라서 왕씨는 일반적 의미의 보수분자가 아니었다. 예더후이(1864~1927), 상담湘潭 출신, 광서 연간의 진사, 이부 주사吏部主事를 지냈다. 서양 학문과 서양에 대해 어느 정도 조예가 있었던 그는 "서양에 윤리 도덕이 없다고 말하는 사람들은 식견이 좁은 유생이고 서양 교육이 공자 교육을 능가한다는 인식은 황당한 것이다." 라고 말하였다.[18] 그는 지방 양무운동에도 참여하였다.

　　이들의 시대적 특징과 역사적 역할 등 사상언론을 분석해 보자.

　　왕선겸은 "소위 서양 학자란 현재 전세계가 연결되고 각 나라가 서로 거래하기에 조정은 번역학을 언급하지 않으면 안 된다. 서양인은 공업과 상업으로 나라를 세웠고…… 다른 사람의 물건이 들어오지 못하게 금지할 수 없고 우리 국민이 구입하지 못하게 금지할 수 없다. 공법을 연구해야만 중국은 전환할 희망이 있다. 따라서 광학 전기와 모든 제조 광학 분야에서 개방하여 최선을 다해 기계를 제조해야 한다. 나라에서 서학으로 사람을 인도하고 학습하도록 하는 것은 갖은 고난에서 스스로를 보호하는 계략이다."[19]라고 지적하였다. 따라서 본인도 "중국 공법이 발전하지 못하면 최종적으로 자립할 수 없다고 여겨서 만금을 제조 분야에 투자했다."[20]고 하였다. 예더후이는 "중국에서 스스로 강해지기 위해서 반드시 제조업을 발전시켜야 하는 것은 아니다(中國欲圖自

18　　"(謂西人無倫理者, 淺儒也; 謂西教勝孔教者, 繆種也)."『明教』,『翼教叢編』卷3 인용, p.35, 光緖24年 8月 武昌刻本.

19　　『王祭酒與吳生學兢書』, 同上書, 권 6.

20　　『王祭酒復畢永年書』, 同上書, 卷6, p.6.

強, 斷非振興制造不可)"고 지적하였다.[21] 그 본인도 일부 양무 사업에 참여하였다. 장지동이 양무 사업에 참여했던 것은 다 아는 사실이기에 더 이상 설명하지 않겠다.

이들의 서양 학문에 대한 인식과 태도는 서로 달랐다. 장씨는 진보적이었고 왕씨는 그 다음이고 예씨는 이들에 비해 뒤떨어져 있었다. 장씨는 『권학편勸學篇』의 「서序」에서 "서양의 예藝는 중요하지 않고 서양의 정政은 중요하다(西藝非要, 西政為要)"고 말하였다. 물론 '정政'은 정치 제도를 의미하지 않는다. 하지만 '예藝'에만 한정되지 않고 '예'의 위에 있으며 관리 측면의 학문을 의미하는 것으로 보인다. 서양의 행정과 사회사업의 관리지식을 배우는 것을 중요시해야 한다는 것을 인정한 것인데, 당시 상황에서 이런 마인드는 매우 진보적이다. 『명강明綱』편에서 일정한 정도에서 서양에도 군신, 부자, 부부의 윤리가 있다고 인정하기도 하였다. 물론 소문에 의한 생각일 가능성이 크고 그 목적은 급진적인 서화론자를 비판하기 위한 것이다. 하지만 이런 생각은 중국 사대부들 사이에서도 진보적이었다. 왕선겸은 서양인은 "그 학문을 연구해 보면 공법의 학습방법에 능하다(究其所學, 皆工藝之學也)"고 말하였다. 따라서 "서양의 학문은 크고 작은 것에 관계없이 모두 공법 체계로 보아야 한다."고 지적하였다.[22] 그의 견해가 장지동의 견해보다 넓지 않는 것이 분명하다. 예더후이의 경우, 그의 서학에 대한 인식은 왕선겸보다 더 뒤떨어졌다. "서양 풍속에는 왕과 신하의 윤리가 없기 때문에 백성과 왕의 법도가 없다. 아버지와 아들이 없기 때문에 임금과 신하가 없다. 남

---

21   『葉吏部與俞恪士觀察書』, 同上書, 卷6, p.35.

22   "(西學無論巨細, 止當以工藝統之)." 『復萬伯任』, 同上書, p.21.

편과 아내가 없기 때문에 부자 사이도 없다."고 지적하였다.[23] 또한, 지구상에서 중국과 중국인의 특수한 지위를 힘들게 설명하였다. "아시아는 지구의 동남쪽에 있고 중국은 동남의 중심에 거주한다. 중국에는 없는 것이 없다. 사계절의 순서는 먼저 봄과 여름이고 오행의 위치의 처음은 동남쪽이다. 이는 서양인도 똑같이 생각하는 것으로 중국인만 이렇게 생각하는 것이 아니다. 오색 중에 황색은 토지에 속하고 토지는 중앙에 있다. 서양인은 중국인을 황인종이라 하는데 하늘과 땅이 열릴 초기에 중국인이 중심에 있었다. 서양인은 중국이 잘난 척한다고 생각하지만 무엇 때문에 이런 도리를 알려주지 않는가?"라고 지적하였다.[24] 그는 또 매우 이상한 생각을 가지고 있었다. 서양의 종교는 사실상 중국의 유교, 도교에서 유래하였다고 생각하였다. 그는 "노자의 학설은 처음에는 유학으로 변한 다음에 법학으로 변하였다. 오랑캐에 들어가 부도浮屠가 되었다가 다시 불교로 변화되었다. 불교가 해로워서 오늘의 인도가 있게 된 것이다. 회교, 아라비아교, 천주교, 예수교를 비롯한 서역의 종교는 모두 불교의 지류로서 세계 오대주에 흩어져서 종횡한다."고 하였다.[25]

　　비록 서양 학문에 대한 인식에 차이가 있었지만 이들의 사상 수준은 양무운동과 비슷하였다. 이들이 보수하려고 하는 것은 서양인들이 이룰 수 없는 중국의 전통 보물, 즉 중국에서 수천 년 동안 천상의 계율이라고 받들었던 삼강오륜, 쉽게 설명하면 군주전제와 종법제도이다.

23　『葉吏部與俞恪士觀察書』,『翼教叢編』卷6, p.34.
24　『葉吏部與南學會皮鹿門孝廉書』, 同上書, p.20~21.
25　『明教』,『翼教叢編』卷3, p.32.

장씨, 왕씨, 예씨 등은 민권평등을 강력하게 반대하면서 삼강오륜을 깰 수 없다고 주장하였다. 장지동은 "부자유친, 군신유의, 장유유서, 부부유별, 이는 변혁해서는 안 되는 것이다. 오륜의 중요성은 백행百行의 근본으로 수천 년 동안 이어져 내려왔다는 것은 이견이 없다. 성인이 성인이고, 중국이 중국으로 될 수 있는 이유가 바로 이것이다. 따라서 군위신강을 알면 민권을 주장하지 않는다. 부위자강의 이치를 알면 부자가 같은 죄를 받고 상례를 없애고 제사를 폐기하는 것을 시행하지 않는다. 부위부강의 이치를 알면 남녀가 평등한 권리를 누린다는 주장을 시행하지 않는다."고 하였다.[26] 그는 서양의 의원議院은 "민간에서 여론을 조성하여 사람들의 기분을 만족시키는 것뿐이다. 백성들이 오직 그 억울함을 밝히길 원하지 그 권력을 가지기 위한 것이 아니다(民間可以發公論達眾情而已, 但欲民申其情, 非欲民攬其權)"라고 여겼다. 민권은 서양의 언어를 오역하여 생긴 잘못이라고 주장하였다. 민권을 제창하는 것은 사람들에게 권력을 쟁취하라고 가르치는 것으로 "우매한 민중은 기뻐하고 반란할 것이다. 기강을 따르지 않고 사방에서 동란이 일어난다."면서 "민권설은 백해무익하다."고 주장하였다.[27] 왕선겸은 "삼강오륜은 천고에 변화하지 않는다綱常實千古不易"고 주장하였다. "양계초는 스승인 강유위를 계승하여 평등 공평을 주장하면서 전수하였다. …… 담사동, 당재상唐才常, 번추樊錐, 역내배易鼐輩 등은 이런 기회를 이용하여 사람들을 미혹하였다. 마음속에 정해진 주장이 없고 암암리에 간사한 학설을 이용하는 것도 모른다. 오히려 그것을 실속이 있다고 생각하고 그의 본

26 『勸學編·明綱』, 『內篇』, p.17, 光緒 24年 刻本.
27 『勸學編·正權』, 『內篇』, p.30, 29.

질을 잃었으며 서로 권력에 빌붙어 아부하며 언어에 미혹되어 미친 듯이 날뛴다."[28] 또한, 왕씨는 독특하게 강유위, 양계초는 "평등이라고 하지만 서양은 평등하지 않다. 민권이라 하지만 실제로 자기가 권력을 가지고 있다."고 주장하였다.[29] 뜻인즉, 강유위, 양계초의 민권은 근본이 없고 다른 속셈이 있는 사람을 기만하는 학설이라고 지적하였다. 예더후이는 "하늘을 숭상하고 부모를 공경하며 사람을 사랑하는 이치는 동서양이 똑같다. 오직 충군은 공자 교육을 위해 특별한 의미를 알고 서양 종교는 그렇지 않다."라 전하였다.[30] 강유위, 양계초가 제창하는 민권은 충군의 뜻을 위배하고 유교를 위배하는 것이라고 지적하였다. 찡롄은 강유위를 질책하며 "서양 백성들의 권력 평등 설법에서 공자를 모세라 하고, 스스로를 예수라 하며 중국 교황의 뜻이 있다. 특히 공자를 대성인이라 하고 주인행세를 하여 천하에 보여준다. …… 점차 거짓 권력 지위 그리고 사설이 난무하여 천하에서 군주가 없는 행위를 다스려야 한다."고 지적하였다.[31] 빈봉양賓鳳陽 등도 강유위, 양계초의 민권언론을 중심으로 본인의 스승에게 강유위, 양계초를 검거할 것을 요구하였다. 그는 "명교 삼강오륜 외에 설 자리가 어디 있는가? 충효, 절의 외에도 사람을 가르치는 방법이 있는가? 강유위, 양계초는 민권, 평등이라고 세간을 미혹한다. 권력이 하향 이동하면 누가 나라를 다스리겠는가? 대중들이 자주적이면 군자는 어떻게 하는가? 천하를 이끌어 혼란에 빠

28   『湘紳公呈』,『戊戌變法』(2), p.640.

29   『王祭酒與吳生學兢書』,『翼教叢編』卷6, p.9.

30   "(敬天, 孝親, 愛人之理, 中西所同, 獨忠君為孔教特立之義, 西教不及知也)."『王祭酒與吳生學兢書』,『翼教叢編』卷6, p.34.

31   『應詔上封事』,『戊戌變法』(2), p.492.

진 짓이다."라고 말하였다.[32]

이에 따라 이 시기의 보수주의자들이 가장 주목한 것은 중국의 삼강오륜을 지키는 것이었다. 이들이 강유위, 양계초를 반대하는 주요 원인은 강유위, 양계초가 민권을 제창하고 민권이 성행하면 삼강오륜이 폐지되기 때문이다.

이들은 강유위, 양계초에 대해 두 가지로 판단하였다. 하나는 강유위, 양계초가 선양하는 것은 사실상 서양 문화가 아니라 그들이 다른 속셈으로 만들어낸 내용이라는 것이다. 왕선겸은 "강유위, 양계초가 오늘날 사람을 미혹하는 것은 자신들이 만든 교육이지 서양 교육이 아니다. …… 강유위, 양계초는 서양 교육을 그릇되게 이용해 자신들의 사설邪說을 행하며 백주대낮에 귀신 같이 중국에 큰 해를 끼치고 있다."고 말하였다.[33] 빈봉양은 「왕익오 원장에게 보내는 편지上王益吾院長書」에서 강유위, 양계초에 대해 "이들의 학설을 연구해보니 사실상 서양 학문이 아닌 강유위의 주장이다."라고 지적하였다.[34] 왕씨, 빈씨의 질책은 어느 정도 이치에 맞다. 당시 강유위, 양계초 등은 서양 학문을 잘 알지 못하였다. 이들은 시국이 긴박하여 서양 학문을 그대로 베끼려고 했으며 공자의 학설을 나라를 구하는 변법으로 바꾸었을 뿐이다. 다른 하나는 강유위와 양계초가 서양 학문, 서양 종교에 푹 빠졌다고 판단하였다. 문제文悌는 강유위를 탄핵하는 상소문에 "지금 서양 학문을 배우는 목적은 중국인이 서양 학문을 배워 중국을 위해 쓰도록 하여 중국을 강대하

---

32 『(賓鳳陽等上王益吾院長書』,『戊戌變法』(2), p.638.

33 "康, 梁今日所以惑人, 自為一教, 並非西教. …… 康, 梁謬托西教以行其邪說, 真中國之巨蠹, 不意光天化日之中有此鬼蜮."『王祭酒與吳生學書』,『翼教叢編』卷6, pp.9~10.

34 "(究其所以立說者, 非西學, 實康學耳)."『翼教叢編』卷5, p.5.

게 하는 것이다. 중국의 모든 예법을 폐기하고 소각하여 서양 법으로 대체하는 것이 아니다. 하지만 강유위는 오로지 서양 학문을 위주로 하고 중국에서 수천 년 동안 이어져 내려온 근본원칙을 버리려고 한다. 중국 사람을 부지불식간에 서양 사람으로 변하게 한다.”고 지적하였다.[35] 이런 질책은 ‘대비판大批判’의 느낌이 난다. 또한, 보수주의자들의 강유위, 양계초에 대한 비판이 서로 모순된다는 것도 알 수 있다. 강유위, 양계초가 언급하는 서양 학문은 사실 서양 학문이 아니고 강유위의 학문일 뿐이라고 하면서 다른 한편으로는 강유위, 양계초가 모두 서양 학문을 이용하고 서양 법으로 바꾸자고 주장한다고 지적하였다. 이런 모순은 보수주의자들이 이론적으로 취약하다는 것을 드러낸다.

　　부연 설명을 하자면 당시 보수파의 주장은 확실하게 ‘대비판’적인 말투와 언어의 느낌이 강하다. 예를 들면 소여蘇輿가 번추樊錐에 대해 “가장 먼저 사설을 제시했고 유교를 배신했고 윤상을 없앴고 혹세무민 했으며 읍내인사들을 모두 짐승으로 몰아 죽이려 하였다(首倡邪說, 背叛聖教, 敗滅倫常, 惑世誣民, 直欲邑中人士盡變禽獸而後快)”고 지적하였다. 또한, 「남학분회 정관 조례 반박駁南學分會章程條議」에서 정관은 ‘설치 정관開辦章程’이라 일컫고 설치한 후 새로운 정관으로 바꾸어 ‘대략大略’이라 한 것은 “상세한 내용은 명확하게 말하기가 힘들다고 하여 일단 사람들이 모이게 한 다음에 임의로 수정하고 짐승과 같은 행위를 하며 자기 마음대로 한 것이었다(以細目不好明言也, 一俟會徒既眾, 便於任意更改, 凡一切平等禽獸之行, 惟所欲為)”라고 지적하였다. 또한, 평등을 평론하면서 “사람

35　“(則專主西學, 欲將中國數千年相承大經大法一掃刮絕, 使中國之人默化潛移, 盡為西洋之人).” 『戊戌變法』(2), pp.484~485.

마다 평등하고 권력마다 평등하면 귀하고 천함, 친하고 소원한 관계가 없다. 존비가 없으면 군자가 없고 친숙함과 소원함이 없으면 아버지도 없다. 아버지와 군주가 없으면 형제, 부부, 친구가 어떻게 있겠는가? 고로 평등하지 않아야 되고 평등하면 모든 것이 도리에 어긋나게 되며 죄명까지 보탤 수 있으며 어찌 잘못된 설법에만 그치겠는가?"라고 하였다.[36] 이런 글들은 대비판의 특징을 분명히 나타내고 있다. 즉, 죄명은 있으나 증거는 없고 상대방을 추악하게 묘사하고 작은 일을 무한대로 부풀려 양심에 찔리는 평론을 하는 것을 서슴지 않았다.

이 시기의 보수주의 사상을 살펴보면 기본상 '중체서용中體西用'의 사상 틀 안에 있다. 장지동의 『권학편』에 비록 '중학위체, 서학위용'이라는 말이 언급되지 않았지만 전반적으로 '중체서용'의 정신이 흐르고 있다. 『내편』은 근본이고 『외편』은 통달이라고 하였는데, 근본은 중국 학문의 근본을 세우고 삼강오륜의 근본을 세우는 것이고, 통달은 서양 학문을 배워 이용하는 것이다. 그는 "옛날 사람은 변통할 줄 모르고, 신세대 사람은 근본을 모른다. 변통할 줄 모르면 제도 변화에 대응하는 방법이 없고, 근본을 모르면 명교를 비박菲薄 하는 마음이 생긴다."고 질책하였다.[37] 사상의 실질은 '중체서용'이다. 왕선겸이 강조한 "학당을 설립하는 근본적인 뜻은 중국 학문을 근본으로 하여 서양의 장점을 배우는 것이다."라는 것은 바로 그 뜻이다.[38] 문제文悌는 강유위를 반박하는 상주문에서 "공자, 맹자, 정주, 사사오경, 소학, 성리학 등의 학문을 잘

---

36   『翼教叢編』卷5, pp.1~2.
37   『勸學篇序』.
38   『湘紳公呈』, 『戊戌變法』(2), p.640.

습득시켜 이를 근본으로 하며 사람들이 효제, 충신, 예의, 염치, 강상, 윤기倫紀, 명교, 기개를 잘 알 수 있도록 한 후에 서양의 언어, 문자, 예술을 배워 이용해야 한다."고 하였다.[39] 이 글은 '중체서용'의 의미를 표현하였다. 따라서 무술유신운동 시기 보수파의 문화 관념이 양무운동 초기의 보수파보다 한 걸음 앞섰다고 할 수 있다.

만주족 반대 혁명 고조 중의 국수주의

청나라 정권이 붕괴되기 전의 마지막 몇 년 동안 중국에는 국수주의 경향이 나타났다. 이런 사조는 일본의 국수주의 경향과 어느 정도 관계가 있다. 1902년 황제(黃節, 1873~1935)는 『정예통보政藝通報』에 게재한 「국수보존주의國粹保存主義」에서 "과거 일본의 메이지 유신 시기에는 유럽화주장이 하늘을 찔렀고 활발하게 성행되는 가운데 갑자기 국수 보존주의 반동세력이 나타났다. 그때 일본 국민의 사상은 순수 서양 사상이었다. 어떤 일을 함께 논의할 때 서양 학리를 근거로 추진해야 한다고 주장하는 사람도 있고 역시 서양의 학리를 근거로 반대하는 사람도 있다. 본국 국민들의 정서를 참작하고 이를 근거로 입론한 이들은 없었다. 문부대신 이노우에 가오루井上馨는 국민을 생각해야 한다고 주장하며 미야케 유지로三宅雄次郎, 시가 시게타카誌賀重昻 등도 이에 부합한다. 그들은 서양의 장점을 취하고 자기의 단점을 보완해야 하고 외국의 문물에 지나치게 빠지지 말고 남의 단점만 취하여 자신의 장점도 포기하지 말아야 한다고 강렬하기 주장했다."고 밝혔다.[40] 황씨의 이 글은

---

39   『戊戌變法』(2), p.485.
40   『政藝叢書·壬寅政學文編』卷5.

그와 뜻을 같이 하는 동지들의 사상이 일본 국수주의 경향의 영향을 받았음을 의미한다. 하지만 더 중요한 것은 시국의 발전이 이런 사상을 발생을 초래하였다는 점이다. 당시, 중국은 심각한 민족 위기에 직면하였다. 한편으로는 서구열강들의 침략과 압박이 있었고, 다른 한편으로 일부 사람들은 소수의 만주족 귀족의 전제 압박을 더 이상 참을 수 없었다. 따라서 민족주의를 높이 받들 필요가 있었고 민족을 각성시켜 청나라 정권을 전복하는 혁명을 추진해야 하였다. 황제는 『국수학보서國粹學報敘』에서 "외족 전제의 국체外族專制之國體"와 "외족 전제의 학설外族專制之學說"의 고난을 받고 있다면서 우리 나라를 부흥하고 우리 학문을 부흥시키려면 국수주의를 적극적으로 제창해야 한다고 주장하였다. 그는 "동인同人들은 나라가 세우지 못하고 학문이 망할 것을 가슴 아프게 생각하여 구동존이求同存異의 원칙으로 『국수학보』를 창간하였다."고 밝혔다.[41] 나라를 세우지 못하면 학교가 망한다는 것은 서구열강뿐만 아니라 청나라 정부를 겨냥한 것이다. 그와 그의 동지들은 국수와 국학을 긴밀하게 연결하였다. 이들이 말하는 국학이란, 한 나라가 한 나라로 될 수 있는 국학이다. 국학과 국수는 단순하게 동일한 것으로 간주할 수 없지만 국학은 국수의 정화精華이다. 이들은 "나라에 학문이 있으면 망해도 다시 부활할 수 있지만 학문이 없으면 망하면 영원히 사라진다."고 여겼다.[42] 덩스鄧實, 황제, 마쉬룬馬敘倫, 장타이옌章太炎, 류스페이劉師培 등 당시의 주요 국수주의자들은 모두 청나라를 반대하는 혁명가들이었다. 이들은 말을 꺼리지 않고 적극적으로 국수, 국학의 격동적인 언론으

---

41   『國粹學報』第1年 1期.

42   許守微,『論國粹無阻於歐化』,『國粹學報(國粹學報』第1年 7期.

근대 중국의 문화적 전환에 대한 연구

로 혁명을 추진하였다. 마쉬룬은 이들이 국수주의를 제창하고 『국수학보國粹學報』를 창간한 것은 "사실 이를 통해 청나라를 전복하는 혁명의 사상을 추진"하는 것이었다고 회상하였다.[43] 여기서 짚고 넘어가야 할 점은 국수주의 사상의 흥행은 유럽화歐化가 날로 발전되는 추세를 겨냥하기 위한 것도 있다는 점이다. 황제는 "천하의 사대부는 빠르게 변화하는 시세에 슬퍼한다. 중국의 변화는 고대에 전례가 없는 변화로 중국의 학문은 중국을 구원할 수 없다. 따라서 유럽화歐化에 빠졌고 한 가지 사례를 들어 하나의 폐단을 개혁하였다. 풍습 습관이 서로 달라 동서양 학설을 바탕으로 한 것이 없다."고 하면서 이는 "노예가 되는 것을 배우는 것이다奴隸於人之學."라고 지적하였다.[44] 이런 편파적인 것을 바로잡고 자국의 국학을 수립하는 방법은 국수주의를 적극적으로 제창하는 것이다.

국수주의자들의 주장과 저작을 연구해 본 결과 이들은 형식적으로는 보수주의자지만 실질적으로는 새로운 것을 추구하고 개혁하는 경향이 있다.

먼저 실질적인 내용을 살펴보자.

국수주의를 제창하는 자들은 유학 경험이 있거나 해외에 다녀왔거나 혹은 스승과 친구들의 관계로 서양의 서적을 읽어 봤거나 등 서양의 학문과 서적을 접해 본 이들이었다. 그들은 서양 학문에 빠지는 것을 찬성하지는 않지만 서양 학문을 배척하지도 않았다. 이들은 "국수國粹는 유럽화를 빌어 더 발양할 수 있다. 유럽화를 적대시하여 스스로 방어

---

43   馬敍倫, 『石屋余沈』, 鄭師渠, 『晩淸國粹派文化思想研究』10, 北京師範大學出版社, 1997.

44   『國粹學報敍』, 『國粹學報』第1年 1期.

하는 것이 아니다."라고 생각하였다.[45] 이들은 서양의 학문을 참고하여 중국의 오래된 학문을 재정비해야 한다고 주장하였다. 국수주의자들의 공감대를 형성한 「국수학당을 설립해야 하는 것擬設國粹學堂啓」에서는 "국학의 깊은 이치와 심오한 뜻은 다른 나라의 학문을 참고하여 서로 연결하면 가르치기도 쉽도 효과도 더 좋다."고 밝혔다.[46]

이들의 새로운 것 추구와 혁명의 특징은 중국 전통 구학舊學을 분석 평가하는 측면에서도 나타났다. 일반적인 보수주의자들은 중국 전통의 구학을 분석하지도 않은 채 모두 소중한 것이라고 주장하는 공통된 특징을 가지고 있었다. 하지만 국수주의자들은 달랐다. 이들은 중국 전통 구학을 두 가지로 나눴다. 하나는 역대 통치자들이 떠벌리는 소위 '군학君學'이고 다른 하나는 역대 통치자들이 떠벌리는 소위 '군학君學'이고 다른 하나는 역대 재야 학자들이 연구한 소위 '국학'이다. 덩스鄧實은 "우리가 배운 것은 역대 제왕들이 숭상하는 것으로 이런 학설을 근거로 영令을 공포하여 나라를 다스리는 대도大道와 세상을 다스리는 묘책으로 봉해졌다. …… 국학자는 재야 군자들이 문을 닫고 공부하거나 강의하면서 애국의 열정을 가지고 평생의 사업으로 하여 후세를 기다릴 뿐이다."고 말하였다.[47] 이들은 국학만이 계승 발양할 가치가 있고 군학은 도태되어야 한다고 주장하였다. 실로 혁명적인 생각이 아닐 수 없다.

뿐만 아니라 우리는 공자와 유학이 중국 전통 구학의 주도적 위치

---

45   許守微, 『論國粹無阻於歐化』, 『國粹學報』第1年 1期.

46   『國粹學報』第3年 2期.

47   『國學無用辨』, 『國粹學報』第3年 6期.

를 차지한다는 점을 인정한다. 모든 보수주의자들이 고수하려는 것이 바로 공자와 유학이다. 하지만 국수주의자는 공자를 숭상하는 자들이 아니었다. 이들은 공자와 유학을 분석하고 평가하는 비판적인 태도를 가지고 있었다. 덩스은 "중국은 한나라부터 유교를 가장 존귀한 것으로 정하고 천년 넘게 이어져 내려왔다. 어느 날 갑자기 어느 민족이 새로운 종교를 가지고 중국에 들어왔는데 틀림없이 이상하게 여겼을 것이다. 조금 시간이 지나서 그것으로도 유교 못지 않게 나라를 잘 다스릴 수 있다는 것을 보고 유교 외에 다른 교가 있고 육경 외에 다른 지식도 있어 유교만 존귀하다고 생각하지 않을 것이다"고 말하였다.[48] 또한 그는 공자와 유학만 존귀하게 여기는 것의 폐해를 지적하였다. 예를 들면 공자의 유학 학설은 군주전제제도와 긴밀하게 연결되어 전제 군주의 도구로 이용되었다고 지적하였다. 그러면서 "이런 학설로 백성을 다스려 군주의 조종을 받게 하였다."고 지적하였다.[49] 또한, 공자 유학만 존귀하게 여기면 사상 학술이 정체되고 발전할 수 없다고 지적하였다. 공자 유학만 존귀하다고 하면 "많은 학설이 중국에서 사라진다."고 지적하였다.[50] 뿐만 아니라 공자 유학 학설만을 숭상하고 이를 관학으로 정하면 통치자는 유교에 독존적인 지위를 부여하면서 다른 학설의 존재를 용납 못하고 "공자를 빌어 천하 백성들의 사상 언론을 구속한다."고 지적하였다. 다른 학설이 나타나면 금지하고 공격하며 소각하고 살육하는 등 극악무도한 수단을 다 동원한다. 장타이옌 등은 공자 유학 학설 자체의 폐

---

48   『古學復興論』, 『國粹學報』第1年 9期.

49   黃節, 『孔學君學辨』, 『政藝通報』 1907年 3期.

50   鄧實, 『國學復興論』, 『國粹學報』第1年 9期.

단을 폭로하였다. 『주자학약설諸子學略說』에서 장씨는 유가를 비판하며
"부귀 재산과 녹봉을 중심以富貴利祿為心"으로 하고 "오로지 시대만 따
르며惟在趨時" 소위 "군자는 때에 맞게 늘었다줄었다 해야 한다는 것이
다. 따라서 도덕이나 이상은 기준을 잃게 되고 자기가 편한 대로 진행하
면 된다(君子時中, 時伸時絀, 故道德不必求其是, 理想亦不必求其是, 惟期便於行事
則可矣)"면서 따라서 "유가의 도덕으로는 굳게 참고 견디어 마음이 흔들
리지 않는 자는 없고 명예나 이익만 추구하는 자들이 많다.", "유가의 취
지가 가부可否 간에 정한 것이 많고 그 논의도 모호한 것에 그친다." "유
가의 해로운 점은 사람의 사상을 혼돈하게 하는 것이다."[51]라고 하였다.
이는 청나라 말기 공자와 유학을 비판하는 가장 격렬한 주장으로 국수
주의자가 새로운 것을 추구하고 혁명하는 정신을 보여주었다.

하지만 국수주의자들의 보수주의 측면도 부정할 수 없다. 이들의
보수주의는 주로 형식적인 측면에서 나타났는데 그들은 짙은 민족주의
에 쌓여 있다는 뜻이다. 이들은 국학이 국가 민족의 존망과 연결되어 있
다고 강조하면서 국학, 국수로 국혼을 만들어야 한다고 강조하였다. "국
학은 국혼을 담는 그릇과 같다國學即國魂所存"라고 말하였다. 따라서 "국
학을 보존하는 것이 가장 중요한 일이다."[52] 민족주의는 문화적인 측면
에서 보수주의 특징을 띨 수밖에 없다. 이는 동서고금의 역사에서 증명
되었다. 때문에 비록 국수주의자들이 유럽화를 반대하지 않는다고 하
지만 이들이 유럽화에 대한 근심을 억제하지 못하고 표현할 수밖에 없
다. 앞에서 언급한 황제의 발간사와 비슷한 의의가 있는 『국수학보서』

51　『國粹學報』第2年 8期.
52　許之衡, 『讀國粹學報感言』, 『國粹學報』第1年 6期.

에서 "유럽화에 빠진醉心歐化" 사람들은 "동서양 학설에 의존하지 않는다靡不惟東西之學說是依", 이는 "사람을 노예로 만든 학설이다奴隸於人之學이다."라고 지적하였다. 이런 태도는 그들의 논리에 부합한 것이다. 민족주의를 기본 근거로 하면 우리 민족이 아닌 외래 민족에 경각심을 가질 수밖에 없다. 사실상 국수주의자들은 서양에 대한 이해와 인식이 매우 제한적이었다. 이들은 국학을 보존하고 국수를 보존하는 사명감 하에 구학舊學을 선양하고 구학을 예찬하는 것이 이들의 주요 기조가 되었고 이는또한 이들이 가장 근심하는 부분이었다. 「국수학당을 설립해야 하는 것」이라는 글의 시작에서 현재 많은 사람들이 "옛 것을 숭상하지 않은 것不尙有舊"이라고 하면서 매우 걱정이다. "진나라의 분서갱유焚書坑儒와 몽고(원나라) 의 천유賤儒에도 망하지 않은 것(국학)은 교육이 발달한 오늘 날에 죽은 것이 슬프지 않은가?"라고 탄식하였다.[53] 이는 구학에 대한 소중함과 미련이 매우 깊다는 것을 보여주는 대목이다. 장타이옌은 공자의 유학 학설을 깊이 있게 비판했지만 중국 구학에 정통한 것이 그의 큰 장점이었다. 그는 『원학原學』에서 중국의 장점을 묘사하면서 "세상 사람들이 서양을 닮지 않은 갓을 치욕으로 생각하는데 나는 그것을 영광스럽게 생각한다. 이는 치욕적인 일이 아니다."라고 말하였다.[54] 여기서 국수주의자들의 보수주의적인 내면 세계가 그대로 표현되었다.

국수주의자들은 유럽 르네상스 시기의 사상가와 학자들을 뜻이 같은 사람이라고 하면서 본인들이 하고 있는 일을 중국의 르네상스라

---

53 『國粹學報』第1年 1期.

54 『國粹學報』第6年 4期.

고 생각하였다. 이런 심리는 이해할 수 있다. 하지만, 당시 중국의 경우, 문예부흥을 하기에는 객관적인 조건이나 주관적인 조건이 모두 갖추어지지 않은 상황이었다. 따라서 이들은 시대의 발전과 변화에 맞추어 국수주의를 때로는 격앙된 혁명정신으로 표현하고 때로는 낙오된 보수주의 정서로 표현하였다. 이들 자체가 서양 학문 지식이 미비하여 새로운 이론과 방법의 훈련이 부족한 한편 구학의 정리 측면에서도 충분한 축적이 부족한 상태였다. 따라서 이들이 직접적으로 청나라 정권을 뒤엎는 혁명 투쟁에 참여하여 보여준 진취적이고 혁명적인 정신은 신해혁명의 쇠퇴와 함께 고착화된 보수주의의 형식에 억압되고 심지어 발전을 멈추었다. 결국 지난 날과 옛 것을 그리워하는 심리만 남았다. 이들의 보수주의는 후에 신문화를 반대하는 학형파學衡派에 의해 계승 받았다.

하지만 국수주의가 지키려는 것은 무술 시기 보수주의가 지키려던 것과는 크게 다르다는 것을 분명히 알 수 있다. 후자가 지키려는 것은 소위 삼강오륜이고 가장 중요한 것은 군주전제제도이다. 하지만 국수주의는 군주전제제도를 지키려고 하지 않았을 뿐만 아니라 군주전제제도를 뒤엎으려고 하였다. 이들이 지키려고 했던 것은 무엇일까? 이 문제의 답을 찾으려면 이들이 주장하는 이른바 '국수'가 무엇인지를 알아야 한다.

황제黃節는 "국체에서 발견되고 국가의 범위에서 도입되며 국민의 본질에 숨어있고 독립적인 사상을 갖춘 것이 국수이다. 우아하고 거칠지 않고, 강하고 약하지 않으며, 열려 있고 막혀 있지 않으며, 사람들

근대 중국의 문화적 전환에 대한 연구

이 진화하기 위한 뇌수가 국수이다."라고 하였다.[55] 덩스는 "한 나라가 세워지면 그 나라가 자립할 수 있는 정신이 있다. 이것이 바로 국수이다. 정신이 멸하지 않으면 나라도 멸망하지 않는다."고 지적하였다.[56] 쉬서우웨이許守微는 "국수라는 것은 한 나라의 정신적인 기반이다. 그 학문은 역사를 본받고 정치 및 풍습을 인습하며 사람들의 공통 마음에 이르게 하는 것이다. 이는 사실상 나라를 세우는 원천이다(國粹者, 一國精神之所寄也. 其為學, 本之歷史, 因乎政俗, 齊乎人心之所同, 而實為立國之源泉也)"고 말하였다. 위 내용을 자세하게 읽어보면 다음의 몇 가지 관념이 있다는 것을 알 수 있다. 첫째, 이들이 언급하는 국수는 물론 물질적인 물건이 아니라 정신이다. 둘째, 이런 정신은 오직 한 나라에만 있는 것이다. 소위 "국체에서 발견되고 국가의 범위에서 도입되며 국민의 본질에 숨어 있고 독립적인 사상이 있는 것이다."에서 알 수 있다. 셋째, 이런 정신은 국가 민족을 자립하도록 할 수 있고 이런 정신이 없으면 나라가 멸망하며 이는 나라와 민족의 존망에 연결된다. 넷째, 이런 정신은 전체 나라 민족의 역사에서 응집되고 만들어 진 것이다. 소위 "역사를 본받고 정치 및 풍습을 인습하며 사람들의 공통 마음에 이르게 하는 것이다(本之歷史, 因乎政俗, 齊乎人心之所同)."에서 알 수 있다. 국수주의자가 설명한 이런 한 나라의 국수 정신은 막연하고 추상적이다. 긍정적으로 구체적으로 국수가 무엇인지를 설명하기 어렵다. 하지만, 국수가 무엇이 아닌지는 쉽게 설명할 수 있다. 우선 먼저 국수는 물질적인 물건이 아니다. 다음으로 국수는 국가의 제도가 아니다. 국수주의자는 중국 고유의 군주

---

55   『國粹保存主義』, 『政藝叢書·壬寅政學文編』卷5.

56   『政藝通報』1903年 24期.

전제제도를 분명하게 반대하였다. 따라서 이들이 언급한 국수는 물건, 제도 외의 무엇인가이다. 이로써 국수주의자들이 지키려고 한 것은 단지 중국은 중국이 되는 정신적인 것이었음을 알 수 있다. 이는 무술 시기의 보수주의자보다 진일보한 것이다. 이것이 그들이 이후에 유학생들로 구성된 학형파와 연결될 수 있었던 중요한 원인이다.

3. 신문화 운동 시기의 학형파

신문화 운동 시기에는 다양한 형태의 보수주의가 존재하였다. 예를 들면 린수林紓를 대표로 하는 고문파古文派, 그 후에 나타난 량수밍(梁漱溟, 1893~1988)을 대표로 하는 소위 '동방문화파東方文化派', 또 그 후에 나타난 메이광디(梅光迪, 1890~1945), 우미(吳宓, 1894~1978)을 대표로 하는 학형파이다. 기세가 가장 크고, 오래 지속되었으며 특히 신문화 운동을 반대하는 정도가 가장 큰 유파는 당연히 학형파였다. 따라서 학형파를 주로 분석해 보겠다.

학형파가 어떻게 신문화 운동을 공격했는지 살펴보자.

우선 그들은 신문화를 제창하는 사람들이 전통을 버렸다고 질책하였다. 우미는 "신문화 운동가들은 중국의 전통을 반대하였다."고 하면서 중국 전통문화의 모든 "일반적인 문화 규범도 함께 무너뜨렸다."고 지적하였다. 따라서 "인류의 기본적인 미덕과 고상한 정조를 해쳤다."고 지적하였다.[57] 메이광디은 신문화파를 공격하면서 "그들은 옛

---

57   『中國之舊與新』, 『中國留學生月報』16卷 3期.

날 사람과 고유의 제도를 뒤엎는 것을 근본으로 하고 자국에 문화가 없다고 기만하며 낡은 문학은 죽은 문학이라고 치켜세우면서 난속한 것들로 대중을 현혹하였다."고 지적하였다.[58] 후셴쑤(胡先驌, 1894~1968)은 신문화 제창자를 "과거의 풍습과 예의의 구속에서 벗어나려고 중국에서 수천 년 동안 사회가 유지되고 문화가 보존되는 도덕 기반을 뒤엎었다."고 지적하였다.[59] 이에 정치가 부패하고 인심이 야박하며 나라의 근본이 동요될 수밖에 없다. 이는 신문화 운동이 중국 사회, 정치, 문화의 큰 죄악이라고 하는 것과 같다.

다음으로 학형파는 신문화 운동의 제창자가 서양의 문화를 연구하지도 않고 이해도 부족하며 제창하는 유럽화는 '거짓유럽화僞歐化'라고 질책하였다. 메이광디은 신문화를 제창하는 자들은 "그들이 국민 앞에서 스스로 창조한 것이라고 자랑한 것들은 구미에서 부분적으로 유행하는 학설이거나 이미 십여 년 전에 제기했다가 지금 이미 아무도 언급하지 않은 잘못된 것들이다. …… 마르크스의 사회주의는 이미 오래전부터 경제학자들의 비판과 반박을 받았는데 이들이 성경처럼 숭상한다. 이들이 논하는 정치는 러시아를 추앙했고, 어문학은 근대의 타락파(The Decadent Movement)를 답습한다. 예를 들면 인상파, 신비파, 미래주의파 등은 모두 이에 속한다. 백화시는 자유시(Verslibre)와 미국 근대 형상주의(Imagism)의 찌꺼기로 자유시와 형상주의도 타락파의 2가지 유파이다. 따라서 조상을 잊고 스스로 창조하였다는 것은 중국인을 지나치게 기만한 것이었다. …… 이들은 서구문화로 깊은 연구가 없고 오직 좁고 얕

---

58   『評提倡新文化者』, 『學衡』1期.

59   『中國今日救亡所需之新文化運動』, 『國風』1卷 9期.

은 그릇된 주장을 가져왔다. 이들이 유럽화를 도입한다는 것은 실은 유럽화를 많이 모욕한 것이다."라고 지적하였다.[60] 우미는 이 점에서 공격하면서 "신문화 운동에서 주장하는 것은 실제로 그릇된 설로 정수를 취하지 못했기에 서양 문화의 실체를 대표할 수 없다(彼新文化運動之所主張, 實專取一家之邪說, 於西洋之文化, 未識其涯略, 未取其精髓, 萬不足代表西洋文化全體之眞相)."고 지적하였다. 그는 "주로 서양 근세대의 일부 사상, 일부 문장만 취해 서양에서 이미 찌꺼기라고 생각하는 것을 서양 문화 전체를 대표한다고 하였다(其取材則惟選西洋晩近一家之思想, 一派之文章, 在西洋已視爲糟粕爲毒鴆者, 擧以代表西洋文化之全體)."라면서 "현재 신문화 운동은 외국의 찌꺼기만 중국인에게 주고 있다. 미국의 직업 영화인들이 교화에 영향을 주는 심사가 허용되지 않은 영화도 중국에 보여준다고 한다. 또한, 일부 상인들은 저질 제품, 판매할 수 없는 것을 외국에 판매하여 폭리를 취한다고 한다. 이를 덤핑(dumping)이라 한다. 현재 신문화 운동에서 팔리는 문장, 철학, 미술은 모두 이러하니 어찌 새로운 것이 있겠는가! "라면서 신랄하게 공격하였다.[61] 매씨, 오씨는 '학형파'의 영혼 인물로 지목되었고 신문화를 가장 과격하게 공격하였다. 그들은 신문화 제창자들의 학리는 가장 나쁜 것이고 가장 믿기 힘든 것이라고 모함하였다.

그 다음으로 그들은 신문화가 평민주의를 제창한다고 지적하였다. 메이광디은 "우리 나라에서 최근에 소위 신문화 지도자들은 평민주의를 주장하는데 그들이 신도설교의 생각이 여전히 견고하다. 그의 행

---

60   『評提倡新文化者』,『學衡』1期.

61   吳宓,『論新文化運動』,『學衡』4期.

동과 주장이 서로 다르기 때문에 형식을 자주 바꾸고 세속을 경악하려고 하여 초인超人이나 천재의 이름을 얻었다."고 하면서[62] "오늘날 우리나라의 소위 학자들은 평민주의를 평등하지 않은 학술계에 놓고 고상한 것과 저속한 것을 분리하지 않고 현명한 것과 우매한 것을 얕보고 지식인 계층을 타파하려고 하였다. 따라서 이런 간행물이 잡초나 세균처럼 많고 쉽게 만들어졌다."고 지적하였다.[63] 신문화 파의 총서, 간행물을 잡초와 세균에 비유하며 비방하였다. 매씨는 또 "학술은 소수의 사람들의 것이다. 따라서 서양에서는 지식계층을 지식귀족이라고 한다. 사람은 태어날 때부터 서로 달라 학술적으로 평등할 수가 없다. …… 문화의 진보는 인류를 위해 희생하는 소수의 똑똑하고 특출한 인사들에 달린다. 만일 평범하고 게으른 뭇 사람에 의존하면 소위 진보가 어디 있겠는가"라고 하였다.[64] 따라서 매씨는 모든 사상학설, 모든 문화 현상은 "그 본래의 가치는 모두 소수의 성인들에게 있고 뭇 사람이 즐기거나 숭상하는데 달려있지 않다."고 하였다.[65] 모든 문화의 창조를 극소수 우수한 사람들의 일로 보고 대중과 무관하다고 여겼다. 우미, 후셴쑤도 이런 귀족적인 입장을 유지하면서 평민주의를 강력하게 배척하였다. 물론 메이광디은 "평민주의의 가치는 대중의 수준을 높인 후 똑같이 고상한 문화, 철학, 문화 예술, 과학 등 귀중한 것을 즐기도록 하는 것이고 소수 학자의 수준을 낮추어 더 많은 사람들에게 부합되도록 하는 것이 아니

---

62   『評今人提倡學術之方法』, 『學衡』2期.

63   『論今日吾國學術界之需要』, 『學衡』4期.

64   同上書.

65   『現今西洋人文主義』, 『學衡』8期.

다."라고 하였다.[66] 물론 틀린 말은 아니다. 하지만 이들처럼 최고의 자리인 '상아탑象牙塔' 안에 있으면서 마음속에 아예 대중들이 없고 백성들이 필요한 것도 모르는 사람들이 어찌 "다수의 수준을 높여서 똑같이 고상한 문화, 철학, 문화 예술, 과학 등 귀중한 것을 즐기도록" 할 수 있는가? 때문에 소위 "다수의 수준을 높인다."고 운운하는 것은 빈말에 불과하다.

다음으로 학형파가 신문화를 공격하는 다른 죄명은 이들이 진보를 믿고 추구한다고 하는 것이다. 우미는 "물질과학은 축적하여 형성된 것으로 이것의 발전은 점진적으로 진행되며 오래갈수록 세부적이고, 늦게 진행될수록 더 정밀하다. 하지만 역사, 정치, 작문, 미술 등과 같은 인간 학문은 사회의 환경과 연관되어 있거나 혹은 개인의 재능에 의한 것이기에 이런 학문의 발전은 일정한 자취가 없다. 이에 후생은 꼭 윗자리를 차지할 필요가 없고 늦게 시작한 자는 꼭 앞 사람을 능가할 필요가 없다. 따라서 인간의 학문을 논할 때 각자 연구해야 하며 새로운 것이 좋다고 주장할 수 없다."고 지적하였다.[67] 당시 신문화 제창자들은 역사는 진화한다고 생각하면서 진화주의를 믿었고 인류는 진보를 추구할 요구가 있다고 주장하였다. 신문화를 제창하고 낡은 문화를 비판하기에 사회의 진보를 추진하고 인간의 행복을 증대할 수 있다. 하지만, 학형파는 이와 반대였다. 이들은 진화주의는 아무런 이치가 없고 심지어 사회 타락을 초래하는 원인이라고 주장하였다. 메이광디梅光迪은 호적이 일찍 문학 혁명을 제안할 때부터 호적과 논쟁을 벌였다. 그는 호적이

---

66   『評今人提倡學術之方法』, 『學衡』4期.
67   『評提倡新文化者』, 『學衡』4期.

말한 "인류의 모든 문명은 진화한 것이라고 생각한다以爲人類一切文明皆是進化的."는 것을 비판하였다. 그는 그렇게 생각하지 않았다. "과학과 사회적인 실용지식(예를 들면 Politics Economics)은 진화할 수 있고 미술, 문화와 예술, 도덕은 그렇지 않다(科學與社會上實用智識(如Politics Economics)可以進化, 至於美術, 文藝, 道德則否)"고 주장하였다. 그는 사람들이 진화주의를 믿는 것은 루소의 소위 '낭만주의 운동'의 영향을 받았다고 지적하였다. "그 폐단은 각종 학문을 경쟁시켜 진위, 선악의 구분이 없다(其流弊乃眾流爭長, 毫無真偽善惡之別)", 이에 "가치가 혼잡해지고 표준이 없어지며 천하의 사람들은 장님이 눈먼 말을 타는 것과 같다. 끝내는 결단력을 잃고 지식이 퇴보한다."고 말하였다.[68] 매씨는 진화주의를 믿었기에 인류 문명은 진보하지 않을뿐더러 퇴보하였다고 주장하였다. 1차 세계대전도 진화주의를 믿은 결과라고 독단적으로 주장하였다.

일부 구체적인 학술 문화 분야(예를 들면 문학 혁명)에서 학형파가 신문화을 공격한 주장이 매우 많지만 더 이상 설명하지 않겠다. 위에서 언급한 4가지 측면은 학형파의 신문화에 대한 입장과 태도를 반영한다.

학형파는 신문화가 전통을 버렸다고 공격하였다. 그렇다면 이들은 전통을 어떻게 다루었는가? 이들은 중국 전통이 소멸될 수 없는 가치가 있고 이중에서 가장 핵심은 공자를 대표로 하는 유학이라고 굳게 믿었다. 메이광디은 일찍 "공자의 위대함은 동서고금 제1인이다."라고 주장하였다.[69] 유가 학설은 '군자인격君子人格'을 형성하는 가장 좋은 교재이다. 이런 인식은 그 후에도 변하지 않았다. 우미는 "중국 문

68   『胡適與梅光迪 —— 從他們的爭論看文學革命的時代意義』, 『耿雲志 文集』, 上海辭書出版社, 2005, p.431.

69   『耿雲志 文集』, p.432.

화는 유교를 중심으로 한다(中國文化, 以孔敎爲中樞)"고 주장하였다.[70] 공자와 유학의 기본정신은 예교에 집중적으로 표현되었다. 학형파 중에서 많은 저작을 남긴 류이정(柳詒徵, 1879~1956)은 『국사요의國史要義』에서 "예禮는 우리 나라 수천 년 동안 역사의 핵심이다(禮者, 吾國數千年全史之核心也)"라고 지적하였다.[71] 우미吳宓은 "현재 사회에서 생활하면서 예교의 뜻을 분명하게 하여 보존해야 한다(吾儕居今之世, 頗欲講明禮敎之精意, 而圖保存之)"고 지적하였다. 그는 "예교의 뜻은 세세대대 이어져서 영원히 변하지 않는 것이다(禮敎之精意, 亘萬世而不易者也)"라고 주장하였다. 학형파의 후발주자이자 『학형』 간행물의 주요 기고자 중 한 명인 먀오펑린(繆鳳林, 1899~1959)은 "중국 문화의 근본은 예이다中國文化的根本在禮", "중국 문화의 가장 위대한 업적은 예교의 심오함에 있다."라고 명확하게 주장하였다.[72] 예교의 내용은 일반적으로 언급되는 삼강오륜이다. 신문화 제창자가 가장 많이 비판하는 것이 바로 낡은 예교이다. 이 문제 상에서 쌍방이 정면으로 대립하였다. 우미는 예교의 소소한 일에 구속되는 것이 아니라 예교의 뜻을 보존하고 발양해야 한다고 여러 차례 지적하였다. 하지만 그 본인과 학형파의 다른 사람들은 허심하고 냉정하게 예교의 뜻이 도대체 무엇인지를 연구하고 분석하지 않았다. 따라서 맹목적으로 막연하게 예교를 치켜세우는 것은 사람들이 낡은 예교의 삼강오륜에 구속되어 안주하고 정신적으로 해방하지 못하도록 하는 것이었다.

70　『評提倡新文化者』, 『學衡』 4期.

71　『國史要義·史原第壹』』, p.9.

72　"(中國文化最偉大之成就, 即在其禮敎之邃密)." 『談談禮敎』, 『國風』 1卷 3期.

학형파는 신문화파가 도입한 서양 문화는 가치가 없는 찌꺼기이고, 심지어 독주毒酒라고 지적하였다. 이들은 서양 문화를 도입하는 것은 반대하지 않지만 선택을 중요시해야 한다고 강조하였다. 이들이 어떤 것을 선택하였을까? 그들은 그들 말로 서양 문화에서 가장 폐단이 없는 것을 선택하였다고 하였다. 그것은 바로 그들의 은사 배빗(Irving Babbitt)의 소위 '신인문주의'였다. 이들이 신인문주의를 극단적으로 숭상하는 원인은 다음과 같다. 첫째, 배빗 등 신인문주의자들은 인성은 '이理'와 '욕欲' 두 가지로 나뉜다고 생각하였다. "성실한 사람이 되려면 천성을 그대로 두어 제멋대로 확장하는 것이 아니라 그 천성을 제어하여 절제적으로 균등하게 발전하도록 해야 한다."[73] 이는 중국 이학자들의 "이치로 생각을 제어한다以理制欲"와 "천지 자연의 이치로 사람의 욕망을 소멸한다(存天理, 滅人欲)"와 비슷하다. 둘째, 배빗 등 신인문주의자들은 근대 서양에서 제창하는 과학, 민주, 인권의 주류사상을 '기계주의', '낭만주의'라고 폄하하면서 반박하였다. 이런 사상으로 인하여 사람들의 욕망이 커지고 도덕이 타락하고 심지어 전쟁을 일으켜 서로 죽인다고 지적하였다. 이는 학형파의 제1차 세계대전에 대한 감성 반응과 서로 잘 맞는다. 셋째, 가장 중요한 것은 배빗 등 신인문주의자들은 중국의 공자와 유가 사상을 높이 평가했는데 이는 학형파가 전통을 애틋하게 여기는 것과 잘 맞는다. 배빗 등은 신인문주의는 고대 중서양 문화의 정신을 통합하여 이루는 것이라고 표방하였다. 이들은 서방은 근대 이후 앞에서 언급한 '기계주의'와 '낭만주의'의 영향을 받아 문명이 타락하고 "아시아 고대의 정신문명을 받아서 좋은 약으로 써야 한다."고

---

73   胡先驌 譯, 『白璧德中西人文教育談』, 『學衡』3期.

지적하였다.[74] 배빗은 심지어 "공자의 윤리는 서양 인문주의보다 더 우월하다孔子之道有優於西方之人文主義者"고 주장하였다. 그는 공자와 아리스토텔레스의 학설을 접목하여 '인문적이고 군자적인 국제주의人文的君子的國際主義'를 만들려고 하였다.[75] 앞에서 언급했듯이 메이광디은 공자와 유가 사상의 최고 가치는 '군자인격'을 형성한 것에 있다고 주장하였다. 스승과 제자 사이에 마음이 잘 통하는 것을 보여주는 대목이다. 우미는 스승의 학설을 설명할 때 "배빗 선생님은 종교를 언급하지 않고 규정을 세우지 않으며 신화를 취하지 않고 신비한 도리를 취하지 않으며 불교와도 다르다. …… 석가모니, 예수, 공자, 아리스토텔레스 등 4명의 성인의 설을 통합하였다. 석가모니, 예수의 마음으로 공자, 아리스토텔레스의 덕으로 행동한다."고 말하였다.[76] 학형파 사람들은 중국과 서양의 고대 문명의 정신을 계승하고 통합하여 물질이나 시대, 그리고 국경을 초월하는 보편적인 가치를 지니는 소위 '신문화新文化'를 조성하려고 한다. 하지만 아쉽게도 학형파에서 왕궈웨이(王國維, 1877~1927), 천인커(陳寅恪, 1890~1969), 탕융퉁(湯用彤, 1893~1964), 류이정柳詒徵 등 소수의 전문 정신을 갖춘 학자들이 본인들의 전문 분야에서 중서양 고대 학술에 대해 심도 깊이 연구하여 업적을 쌓은 것 외에 학형파의 영혼 인물로 지목된 메이광디, 우미 등은 논할 만한 구체적인 성과를 내지 못하였다.

과거 좌경 교조주의左傾敎條主義 시대에 학형파의 저술을 반동으로 여겼다는 것은 지나치게 독단적이고 단순한 주장이다. 최근에 와서

---

74 "(亟應取亞洲古昔之精神文明, 以為藥石)." 『白璧德論歐亞兩洲文化』, 『學衡』38期.

75 『白璧德中西人文教育談』, 『學衡』3期.

76 『白璧德論民治與領袖』, 『學衡』32期.

학형파를 연구하는 저작이 꽤 많은데 이중에서 대만대학출판위원회에서 출판한 심송교沈松僑의『학형파와 5·4시기 반신문화 운동學衡派與五四時期的反新文化運動』(1984년)과 베이징사범대학출판사에서 출판한 정스취(鄭師渠, 1946~)의『유럽화와 국수사이-학형파 문화 사상연구(在歐化與國粹之間--學衡派文化思想研究)』(2001)가 가장 중요한 저작으로 꼽힌다. 전자는 학형파의 사상주장을 거의 긍정하고 약간 비판하였다. 후자는 대체적으로 긍정과 비판이 반반씩 섞여 있다. 이들은 학자의 입장에서 학형파의 관련 문헌에 대해 체계적인 연구를 거쳐 결론을 도출하였다. 동일한 사물에 대해 연구를 통해 서로 다른 심지어 상반되는 주장을 도출하는 것은 학술사상과 현재 학술계에서 자주 나타나는 합리적인 일이다. 이는 시대적 환경과 지식을 전수받은 연원, 그리고 과거의 학술에서 축적된 것과 치중점이 서로 다르기 때문이다.

　　필자는 학형파가 신문화 운동을 심하게 반대하는 점에 대해 기본적으로 부정적인 생각을 가지고 있다. 이들의 주장은 모두 성립될 수 없다고 본다. 예를 들면 신문화 제창자가 중국의 모든 전통을 버렸다고 했는데 이 부분에 대해서도 설득력 있는 논증을 제시하지 못하였다. 후에 신문화 운동을 부정하는 사람들도 거의 비슷하였다. 기껏해야 소위 "선장본을 화장실에 버렸다將線裝書都拋到茅廁裏去"는 등 정서적인 주장과 일부 청년들의 과격한 언행뿐이었다. 신문화 운동을 비판하는 근거로 하기에는 너무 가벼운 감이 없지 않다. 신문화 운동의 주요한 지도자이자 영혼 인물로 지목되는 천두슈陳獨秀, 호적, 리다자오, 루쉰魯迅과 신문화 운동의 호법자 채원배 등은 모든 전통을 그만두겠다는 사상 주장을 제시한 적이 없다. 이들은 전통에 대해 비판적인 태도를 보였으나 이는 이성적인 사상가와 학자라면 반드시 지녀야 할 태도이다. 어떤 전통을 지양하고 어떤 전통을 더 발휘해야 하는가 하는 것은 장기적으로 침착하게 논의해야 할 문제이다. 천두슈처럼 "논의할 여지가 있는 것을 용납할 수 없다必不容反對者有討論之余地"는 주장은 물론 취할 수 없다. 때문에 호적은 오랜 벗을 비판할 때 그의 이런 독단적인 태도에 찬성하지 않았다.

또한, 학형파는 신문화 제창자가 도입한 서양의 새로운 학리는 모두 "가치가 없는 것", "독주"라고 하면서 "거짓유럽화"를 하고 있다고 비판하였다. 이 주장은 더 믿을 수 없다. 신문화 제창자가 소개한 서양의 새로운 학리가 중국인에게 계몽적인 의미가 있는지 여부에 관계없이 학형파가 서양의 신인문주의에 전념하는 것이 어찌 '진정한 유럽화'라고 하겠는가? 신문화 제창자가 소개한 실험주의, 사실주의, 개성주의와 과학, 민주 등이 어찌 꼭 '거짓유럽화'라고 하겠는가? 이에 대해 조금이라도 객관적인 입장을 가진 사람이라면 아무도 믿지 않을 것이다.

또한, 학형파는 신문화 제창자가 평민주의를 주장하는 것을 공격하였다. 근대 귀족과 평민 사이의 문화적 차이가 사회의 진보에 유리한지 여부는 논의하지 않는다고 하더라도 이런 차이를 유지하거나 더 격화시키는 것이 꼭 좋은 일이라는 것을 어떤 이유로 믿을 수 있겠는가? 메이광디은 "평민주의의 진리는 다수의 수준을 높여 똑같이 고상한 문화와 인생 중에 가장 소중한 산물인 철학, 문화 예술, 과학 등을 향유하는 것이다. 소수 학자들의 수준을 낮추어 다수에 부합되도록 도모하는 것이 아니다."라고 말하였다.[77] 물론 틀린 말은 아니다. 하지만 사실상 신문화 운동은 새로운 교육, 새로운 문학을 평민 계급에게 보급하였다.

---

77   『論今日吾國學術界之需要』, 『學衡』4期.

따라서 새롭게 성장한 세대의 청년학자들과 새로운 교육을 받은 청년들은 본인들이 입을 열어 강연하고 문장을 쓰는 것은 문학 혁명과 신문화 덕분이라고 고마워하였다. 역으로 볼 때 메이광디 등이 얼마나 많은 사람들이 그들과 "고상한 문화를 같이 향유"하도록 수준을 끌어올렸는가? 실천은 진리를 검증하는 유일한 표준이다. 아름다운 말로는 사실을 대체할 수 없다.

학형파가 진화주의와 진보주의를 비판하는 것이 이치가 없는 것만은 아니다. 신문화를 제창한 사람들 중 일부 사람들은 어떤 시기에 어떤 문제에서 역사적인 진화와 진보를 지나치게 단순하고 지나치게 절대적으로 여겼으며 그 중에 숨어있는 복잡함과 굴곡성을 보지 못하였다. 그렇다고 복고를 주장하거나 고대 문화를 지나치게 찬양하고 근대 이후 문화적으로 이룬 진보를 부정하지는 말아야 한다.

학형파의 가장 큰 단점은 언행불일치다. 앞에 언급한 왕씨, 진씨, 탕씨, 류씨 등 전문지식을 지닌 학자 외에 매씨, 오씨를 대표로 신문화 운동을 맹렬하게 공격하는 사람들은 도리를 지나치게 거창하게 설명하였지만 식견이 좁다. 글과 말은 잘 하지만 도량이 넓지 않다. 그들의 목표는 크지만 성과는 미미하였다.

메이광디은 "고유의 문화를 개조하고 다른 문화를 받아들이려면 먼저 철저한 연구를 진행해야 하고 명확하게 평가하고 비판해야 하며 적절한 과정을 거쳐 수천 년 중국과 서양을 연결하는 유학자가 중국인을 인도하는 기풍을 만들어야 한다. 이렇게 하여 40~50년이 지나면 뚜렷한 효과가 있을 것이다."라고 하였다.[78] 물론 이런 주장도 틀리지 않

---

78   『評提倡新文化者』, 『學衡』1期.

다. 하지만 매씨 본인은 중국과 서양 학술의 구체적인 분야에서 모두 '철저한 연구'를 진행하였다고 보기 힘들다. 실험주의, 마르크스주의, 문학 사실주의와 루소 등에 대한 편파적인 비난은 '명확한 평가와 비판明确之评判'이라고 보기 힘들다. 그의 이런 평가와 공격이 '적절한 과정을 거쳐至精当之手续' 도출한 결론이라고 보기는 더 힘들다. 우미도 웅대한 희망이 있었다. 그는 "지금 중국의 새로운 문화를 형성하려면 중국과 서양 문명의 정화를 취하고 주조하여 연결해야 한다. 중국의 과거 학술, 도덕교육, 문화 예술, 법령제도를 모두 연구하고 보전해야 하며 발휘해야 한다. 서양 학술, 도덕교육, 문화 예술, 법령제도도 연구하고 받아들이며 번역해 이를 이해하고 수용受用해야 한다. 만약 인력이 제한되어 있으면 주요한 것과 부차적인 것을 구분하고 큰 것과 작은 것을 구분하여 가장 좋은 것을 우선으로 삼아야 한다."고 주장하였다.[79] 이는 중국 신문화를 건설하는 괜찮은 강령의 취지라고 볼 수 있다. 하지만 아쉽게도 앞에서 언급한 왕씨, 진씨, 탕씨, 류씨 등 학자 외에 기타 우미, 메이광디 같은 학형파 사람들은 실제적인 노력을 하지 않았다. 우미는 일생 동안 가장 유망한 시기를 간행물의 편집과 교육 그리고 교학에 썼으니 이해할 만하다. 하지만 메이광디의 경우, 우미의 말대로 그는 "의론에만 능하고 실제 능력이 없다."[80] 이들이 정력을 중서문화의 일부 분야에 대한 구체적인 연구 작업에 투자했더라면 왕씨, 진씨, 탕씨, 류씨 등과 같이 이들이 갖춘 중국과 서양 학술의 기반 하에 실적을 쌓았을 것이다. 아쉽게도 이들은 의론만 선호하고 다른 사람을 공격하는 것만 즐

---

79   『論新文化運動』, 『學衡』4期.

80   『吳宓自編年譜』, 三聯書店, 1995, p.235.

겼으니 자손들도 안타까움을 금할 수 없고, 중국 문화적으로도 참 아쉬운 일이다.

사상, 학술, 문화는 비평과 논쟁이 있어야 진보한다. 마르크스는 역사는 모순을 서술하는 과정에서 정리된 것이고 진리는 변론할수록 더 명확해진다고 말하였다. 하지만, 비평과 변론은 어느 정도 규범이 있어야 하고 평정심으로 설명해야 하며 증거가 있어야 하고 치우친 감정을 과시하지 말아야 하며 공격하거나 폄하하지 말아야 하고 무한대로 부풀리지 말아야 하며 양심에 찔리게 폭로하지 말아야 한다. 학형파에서 일부 사람들은 이런 잘못을 범하였다. 메이광디이는 대표적인 인물이다. 그가 「신문화 제창자를 논함評提倡新文化者」(제1기), 「현대인이 학술을 제창하는 방법을 논함評今人提倡學術之方法」(제2기), 「현재 우리 나라 학술계의 수요를 논함論今日吾國學術界之需要」(제4기) 등『학형』에서 발표한 문장은 연구자들에게 자주 인용하여 학형파 정신의 대표작으로 간주됐다. 하지만, 이 글들은 학자의 예의를 갖추지 못하였다. 욕설도 있고 양심에 찔리는 폭로도 있었다. 예를 들면 "오늘날 우리 나라 학자 …… 정객 기생들이 한 짓과 같다."[81]고 폄하하였다. "이들에게 학습하는 기준과 양심을 알려주는 것은 마치 상인들에게 도덕을 가르치고 기생들에게 정조를 가르치는 것과 같다."[82] 또한 그 사람들은 "문외한과 겉치레만 하는 평범한 사람이다門外漢及浮華妄庸之徒."[83]라며 폄하하였다. 우미 등 다른 사람들도 이렇게 책망하며 폄하하였다. 이들이 표방

---

81   "(今之吾國學者, …… 如政客娼妓之所為)."『評今人提倡學術之方法』,『學衡』2期.

82   "(故語彼等以學問之標準與良知, 猶語商買以道德, 娼妓以貞操也)."『評提倡新文化者』,『學衡』1기.

83   『論今日吾國學術界之需要』,『學衡』4期.

하는 "평정심으로 논하고 폄하하지 않는다(平心而言, 不事漫罵)."[84]와는 거리가 멀다. 뿐만 아니라 메이광디 등은 양심에 찔리는 폭로도 서슴지 않았다. "전제시대에 군주는 공명으로 나라를 다스리고 천하의 백성들도 군주가 즐기는 것을 기준으로 하였다. 민국 이후 공명의 권리는 대중들에게 가지고 있지만 대중들은 지식이 미약할수록 권력도 더 크다. 지금의 소학생과 중학생은 과거의 군주와 같다. 그렇지 않으면 공명한 자들이 어찌 백화문으로 시를 짓고 각종 유행하는 주의를 언급하겠는가."[85]라고 주장하였다. 민국 시기의 소학생과 중학생은 과거 군왕과 같은 공명의 권력을 장악하고 있다고 말하였다. 호적 등이 소학생과 중학생이 공을 세우기 위해 백화문을 제창한다고 한 것은 극단적으로 양심에 찔리는 폭로가 아닌가? 폄하를 습관처럼 하고 양심에 찔리는 폭로를 서슴지 않게 하는 것은 '대비판' 운동의 대표적인 특징이다. 메이광디의 『신문화 제창자를 논함』을 읽어보면 고대에서 죄를 묻는 격문 같다. 특히 문화혁명 시기의 대자보를 읽는 것 같은 느낌을 준다. 그는 신문화 운동 제창자에게 4대 죄목을 열거하였다. "첫째, 그들은 사상가가 아니고 괴변가이다(彼等非思想家, 乃詭辯家也).", "둘째, 그들은 창조자가 아니고 모방가이다(彼等非創造家, 乃模仿家也).", "셋째, 그들은 학문가가 아니고 공명을 쫓는 사람들이다(彼等非學問家, 乃功名之士也).", "넷째, 그들은 교육가가 아니고 정객이다(彼等非教育家, 乃政客也)." 죄명만 있고 죄증이 없으며 온통 규탄과 욕설로 도배되었으면서 아무런 구체적인 분석이 없다. 다른 많은 장점은 무시하고 한 가지 결점만으로 사람을 공격하고 걸핏

---

84   『弁言』, 『學衡』1期.

85   『評提倡新文化者』, 『學衡』1期.

하면 욕설을 퍼부으며 양심에 찔리는 폭로를 하는 것이 중국 유가의 가장 나쁜 전통이다(물론 유가는 많은 장점이 있으나 단점도 부정할 수 없다). 맹자가 그 시작이고, 공자와 맹자의 진정한 계승자라고 하는 사람들이 이를 계승했고, 남은 독은 '문화혁명' 중에 타올라 들불로 번졌다. 중국인들이 현대 문명을 이루려면 상대방을 존중할 줄 알아야 하고 경쟁자와 게임의 룰을 지키며 냉정하게 문제를 논의해야 한다.

모든 민족의 문화는 소멸할 수 없는 정신이 존재한다. 학형파가 중국 문화의 기본 정신을 유지해야 한다고 강조한 것은 이치에 맞다. 하지만 이런 기본정신을 구체적으로 분석해야 한다. 단, 막연하고 추상적으로 제창하고 선동하여 새 복고나 숭고崇古의 분위기를 조성하여 새로운 문화 성장을 억압하지는 말아야 한다. 학형파의 보수 정도는 소극적인 역할이 있지만 문화의 발전은 항상 진취와 보수의 상호작용 중에서 전진한다. 여기서는 학형파를 전반적으로 평가하는 것이 아니라 근대 중국 문화의 전환 과정 중 보수주의 계파 중에서 학형파의 역할 특징에 주목한다.

학형파의 가장 큰 특징은 서양의 학문을 무기로 신문화 운동과 대항하였다는 점이다. 이는 과거의 보수주의자와 분명히 다르다. 근대 중국 사상 문화의 보수주의자는 역대로 모종 정도에서 서양 문화를 배척하거나 신중하게 선택하는 태도를 취하였다. 오직 학형파만이 오로지 서양 학파의 학설로 중국 전통을 지키려고 하였다. 이는 서양의 문화를 배척하는 것은 근본적으로 이미 불가능했음을 나타낸다. 세계화의 추세는 이미 걷잡을 수 없어 완전히 도태되든지 아니면 세계화의 추세에 부응해야 하였다. 중국의 보수주의자들도 이런 세계화의 흐름을 비켜가지 못하였다. 이들은 서양의 신인문주의에서 공통된 정신적 낙원과 공통 언어를 찾았다. 이들은 서양의 유명한 사상가와 학자들도 보수 전통을 주장하는데 당신들이 서양을 배운다고 주장하지 않았는가? 라면서 전통을 지켜야 한다고 말하였다. 그렇지 않으면 당신들은 '거짓유럽화'가 아닌가? 보수주의자의 본의는 서양의 무기를 이용하여 신문화 운동의 발전을 가로막으려 하였다. 하지만, 이런 서양의 무기는 서양에서 지나치게 팽창한 근대의 것을 가로 막기 위한 것이었다. 이는 중국에서 기본상 성장하지 않았고 대다수 중국인이 갈망하는 것들이다. 따라서 학형파들의 희망은 물거품이 되었다

다음으로는 근대 중국 문화 보수주의자 역할 전환의 발자취 및 문화사적 의미를 좀 검토해 보겠다.

첫째, 보수주의자들은 처음에 극단적으로 서양의 문화를 배척하는 등 외세를 배척하였다. 아편전쟁 후 20년쯤 점차 '서양의 기술을 배우자師夷長技'는 양무운동이 일어났다. 이 과정에서 배운 것은 기물과 공법에 그쳤다. 사대부 중에서 개방적인 안목을 가진 사람들이 점차 서양인의 사물을 받아들이기 시작하였다. 하지만 중국의 정치·종교제도, 윤리 도덕은 서양을 훨씬 능가한다고 생각하면서 조금이나마 잃는 것을 허용하지 않았다. 사람들은 이를 '중체서용中體西用'이라불렀다. 이 시기에 보수주의자들이 많았고 이들이 지키려는 중국의 체제는 중국 고유의 군주전제제도와 삼강오륜이었다. 1890년대부터 1900년대 초반에 대내외 환경의 압박하에 개혁파와 혁명파가 생겨났다. 이들은 나라를 구하려면 강해져야 하고 강해지려면 부패한 군주전제제도를 폐지해야 하고 입헌의 근대 민주제도를 설립해야 한다는 것을 깊이 자각하고 있었다(개혁파는 폭력 혁명을 희망하지 않았고 평화개혁을 통해 군주 입헌을 이룰 것을 희망. 혁명파는 폭력 혁명을 통해 청나라 군주전제제도를 뒤엎고 민주공화제도를 설

립할 것을 주장). 이때부터 민국 초기까지 일반 보수주의자(많이 줄어듦)는 이미 군주전제제도를 더 이상 유지할 수 없다는 것을 깨닫고 중국 고유의 윤리 도덕과 대대로 내려온 학설 사상 등 순수한 정신문화를 고수하려고 하였다. 청나라 말기 국수주의자, 민국 초기 존공尊孔주의자와 신문화 운동 초기의 일부 보수주의자들은 모두 이 부류에 속한다. 학형파는 큰 범위에서 여전히 이 부류에 속한다. 하지만 특별한 점은 이들은 일반 낡은 도덕과 낡은 사상학설의 보수에만 그치지 않고 중서 문화가 자고이래로 긴밀히 연결되고 공통된 기본정신을 제창하는 것에 힘을 쏟았다는 데 있다. 보수주의자가 배척하는 서양 문화와 이들이 지키려는 중국 문화의 범위가 갈수록 줄어들었음을 알 수 있다. 더 이상 물러설 곳이 없는 상황에서 서양에서 새롭게 나타난 보수주의의 특별한 유파에서 생명의 끈을 찾았다.

둘째, 흥미로운 것은 신문화 제창자의 이론 근거 중 하나는 중국과 서양 문화가 본질적으로 서로 연결되었다는 것을 인정한 점이다. 서양 문화는 대내외의 환경적 요인으로 인하여 근대 이후 중국보다 몇 걸음 앞섰기에 중국인들이 빨리 따라잡아야 한다고 그들은 생각하였다. 학형파는 서양은 외골수로 앞으로 달렸기에 결국 큰 문제가 생겼다고 강조하였다. 지금 이들은 이미 반성하고 고대의 문화 정신세계로 돌아가려고 한다. 한편 고대의 문화정신은 중국과 서양이 서로 연결되어 있다. 중국이 서양을 따라 배우려면 서양의 신인문주의를 따라 배워야 하고 중국 고대의 문화 정신세계와 서로 상통하는 서양의 문화를 배워야 한다. 따라서 2개 파의 논쟁은 과거 진보와 보수 사이에서 중국과 서양 문화를 두고 진행한 논쟁과는 다르다. 서양 문화를 배울 것인지의 여부가 아니라 어떤 서양 학설의 인도를 받을 것인가 하는 문제이다. 즉, 중국과 서양의 문화를 연결하는 것은 이미 물을 필요가 없다. 이는 중국 문화의 세계화가 불가피하다는 것을 의미한다.

셋째, 한 민족의 문화 정신이 도대체 무엇인지를 제대로 설명하기가 쉽지 않고, 중국과 서양의 공통된 문화 정신이 도대체 무엇인지는 더 설명하기 쉽지 않다. 억지로 설명하면 추상적이고 막연하기 마련이다. 추상적이고 막연하며 무력하기에 사람을 설득할 수 없다. 하지만, 민족 문화가 각자 특별한 정신이 있다는 것은 부정할 수 없다. 이런 정신은 문자 전적典籍에만 존재하는 것이 아니다. 문자 전적은 이런 정신이 남긴 기호, 흔적일 뿐이다. 진정한 민족 문화 정신은 수많은 대중들의 생활 실천 속에 존재한다. 호적과 훗날 '본위문화'의 제창자가 논쟁할 때 호적은 진정한 문화 본위는 "수많은 인민이다就是那無數無數的人民."라고 지적하였다. 그의 이런 주장은 '문화본위'를 설명하는 교수와 '문화정신'을 설명하는 학형파보다 훨씬 실제적이고 현명하다. 그렇기 때문에 문화 문제, 특히 문화 전통 문제를 언급할 때 수많은 인민 대중을 절대 잊을 수 없다. 중국 대륙 외의 유가 문화권에서 유가 문화 중 진정으로 아름답고 빛을 발하는 부분을 잘 보존하였다는 것을 보면서 깊이 반성해야 하지 않겠는가? 대중이 가장 필요한 것은 안정적인 생활이다. 대중의 안정적인 생활에서만 아름다운 전통을 잘 보호할 수 있다. 이 대목에서 학형파 견해에서 가장 중요시해야 할 점은 그들이 치열한 변혁을 반대하였다는 점이라는 것을 더 분명히 알 수 있다. 이 문제에서 이들은 이들의 공격을 가장 많이 받았던 신문화의 제창자인 호적과도 이견이 없었다. 호적은 본인의 박사 논문에서 영광스러운 역사가 있고 자신들이 찬란한 문화를 창조하였다고 여기는 민족은 새로운 문화 속에서 절대 자유롭지 않을 것이라고 주장하였다. 그 새로운 문화가 외국에서 도

근대 중국의 문화적 전환에 대한 연구

입된 것이고, 민족 생존의 외부적인 수요 때문에 강요당하였다면 이런 자유롭지 않은 것이 완전히 자연스러운 것이고 합리적인 것이라고 주장하였다. 조직적으로 신문화를 받아들이는 것이 아니라 갑자기 교체하는 방식으로 인하여 낡은 문화가 소실된다면 이는 인류 전체의 큰 손실임이 분명하다. 따라서 진정한 문제는 우리가 어떻게 하면 가장 효과적인 방식으로 현대 문화를 받아들여 우리들의 고유문화와 일치시키고 조율시켜 지속적으로 발전시킬 수 있는가 하는 것이다. 서로 다른 점은 호적이 추구한 것은 현대의 새로운 문화이고 학형파가 애써 추구하려고 한 것은 중국과 서양의 고전문화라는 점이다.

위 내용에서 우리는 문화의 문제에서 지나치게 과격한 태도를 가장 주의해야 한다는 것을 알 수 있다. 지나치게 급진적인 혁신이나 지나치게 과격한 보수는 대다수의 민중을 벗어나 좋은 결과를 얻기가 힘들다.

제10장

정치 변혁과 문화 전환

청나라 말기부터 중국 사회는 근대 전환기로 들어섰다. 무술유신부터 시작해 민국 시기에 이르기까지 정치제도의 변혁은 가장 절박한 바램이 되었다. 따라서 정치 혁명과 개혁은 사회 비상시국에서 가장 중심적인 화두가 되었다. 이 시기의 문화 전환을 연구하다 보면 곳곳에서 정치 변혁과 관계된 문제에 부딪치게 되므로 이들 사이의 관계를 이론적으로 설명하는 것이 필요하다.

1. 정치와 문화의 의미 확정

정치와 문화의 관계를 이해하려면 먼저 정치와 문화에 대해 명확하게 정의를 내려야 한다. 하지만 유감스럽게도 정치나 문화 모두 공인된 권위적인 정의가 현재까지 없는 실정이므로 정치 변혁과 문화 전환의 관계에 대한 견해를 제시하기 위해 대가들의 견해를 종합하여 정치와 문화에 대한 정의를 나름대로 제시해 보겠다.

『중국대백과전서·정치학권(中國大百科全書·政治學卷)』은 정치에 대해 이렇게 설명하였다. 정치는 '상부구조에서 각 권력 주체가 자신의 이익을 보호하는 특정한 행위 및 이에 따라 구성된 특정 관계이다. 인류역사가 일정한 시기까지 발전하여 생성된 중요한 사회적 현상으로 계급사회에서는 주로 계급 사이의 투쟁으로 표현된다. 착취계급이 계급으로서 소멸된 후에는 주로 인민 내부 관계를 조율하고 공공사업을 관리하는 것으로 표현된다. 정치는 사회생활의 모든 분야에 중대한 영향과 역할이 있다'면서 이어서 '이 사회현상은 매우 복잡하다. 모든 시대의 정치학자와 정치가들은 다양한 차원과 다양한 치중점에서 논술했으나 공인된 정확한 정의가 없다'고 설명하였다.[1] 이 책은 서양 학자의 정치에 관한 일부 정의의 대체적인 뜻을 소개하면서 '정치는 나라의 활동으로 나라를 관리하고 권리를 쟁취하며 권리를 보존하는 행위이다', '정치는 권력투쟁으로 인간관계의 권력 현상이다', '정치는 공공사무나 자원을 과정에 개인의 의지와 이익을 표현하는 활동이다. 정치의 목적은 정책을 수립하는 것으로 공공사무를 처리하는 것이다', '정치는 정책을 수립하고 실행하는 과정이다', '정치는 사회이익 관계이고 사회가치에 대한 권위적인 분배이다.'[2] 등 여러 가지 설법을 열거하였다. 이 책에서는 또 '모든 계급투쟁은 정치투쟁이다', '정치는 경제의 집중적인 표현이다', '정치는 계급간의 투쟁이다', '정치는 나라의 일에 참여하고 나라에 방향을 정해주며 나라의 활동 형식, 임무와 내용을 확정하는 것이다.'[3] 등 마르크스주의 창시자의 논술도 인용하였다.

위에서 설명한 정의를 살펴보면 한편으로는 이 책의 편집자가 설명하듯이 역대 정치학자와 정치가는 다양한 각도와 다양한 치중점에서 정치에 대해 다양하게 정의했고 모든 사람들이 공인하는 유일한 권위적인 정의는 아직 없다. 다른 한편으로는 다양한 정의를 통해 이런 정의에 일부 공통요소가 있음을 알 수 있다. 첫째, 사회행위주체가 언급된다는 점이다. 즉, 각 계급, 계층, 단체, 집단과 개인 그리고 이들의 권력과 이익이다. 『정치과학』의 저자가 지적하듯이 "권리는 정치의 가장 주요한 구성부분이다."[4] 둘째, 나라의 일과 떨어질 수 없다. 나라 일에 참

---

1   『中國大百科全書·政治學卷』, 中國大百科全書出版社, 1992, p.481.

2   同上書, p.482.

3   同上書, p.482.

4   Michael G. Roskin 等, 林震 等 譯, 『政治科學』 14, 華夏出版社, 2001, p.14.

여하는 것을 통해 본 계급, 계층, 단체, 집단과 개인의 권력과 이익을 쟁취하고 보호한다. 셋째, 국가는 일정한 기구를 통해 정책을 수립하고 실행하여 권력과 이익의 분배를 조율한다. 이에 따라 대체적으로 위 요소를 포함한 정의를 내릴 수 있다. 정치란, 사회 각 계급, 계층, 단체, 집단과 개인이 일에 참여하는 것을 통해 자신의 권력과 이익을 쟁취하고 보호하기 위해 진행한 활동 및 나라에서 정책을 수립하고 실행하여 권력과 이익의 분배를 조율하는 과정이다.

문화의 정의는 더 복잡하고 일치된 결론을 내릴 수 없다. 이 책의 시작에서 이미 문화 전환을 연구할 때 좁은 의미의 문화 정의를 채택해야 한다고 성명하였다. 넓은 의미에서 문화란, 인류가 창조한 물질 자산과 정신 자산의 총합이다. 좁은 의미의 문화란, 인류가 창조한 정신적 자산이다. 좀 더 넓게 설명하면 문화는 인류가 자연을 바꾸어 생활자료를 얻고 생존조건을 개선하는 과정에서, 그리고 사회 생활의 진보를 추구하는 과정에서 얻은 정신적 제품(예를 들면 기술, 과학, 정치, 법률, 군사, 예술 등)과 이 과정에서 형성된 신앙, 도덕, 풍습 습관 등이다.

위에서 설명한 문화 정의에 따르면 정치는 문화의 범주에 속한다. 따라서 정치 변혁과 문화 전환의 관계를 논의할 때 문화의 범주는 물론 더 좁다. 이 글에서 문화는 경제, 정치, 군사에 상대적인 것으로 기술, 과학, 예술, 신앙, 도덕, 풍습 습관 등을 포함한다. 정치에 상대적인 것이기에 정치 등과 동일한 차원에 있다는 것을 잘 알 수 있다. 원칙적으로 말하면 문화와 정치의 관계는 상호 연동되는 관계로 서로 결정하고 결정되는 관계는 아니고 주된 것과 종속적인 것의 관계도 아니다. 하지만 정치는 경제의 집중된 표현이고 권력과 이익의 분배 문제에 직접적으로 연관된 것이기에 사회생활에서 큰 영향과 역할이 있다. 따라서 기타 정

근대 중국의 문화적 전환에 대한 연구

신문화에 모종의 비대칭적인 역할과 영향을 발생시킬 수 있다.

여기서 설명해야 하는 것은 우리가 언급한 정치 변혁은 폭력 혁명과 평화 개혁을 포함한다는 점이다. 근대 중국은 폭력 혁명과 평화 개혁을 통해 모종 형식의 근대 민주제도(군주입헌 혹은 민주공화)로 군주전제제도를 대체하였다. 여기서 언급한 문화 전환은 폐쇄되고 대일통大一統적인 중앙 집권의 군주전제제도와 관계되며 공자와 유학을 최고로 정하고 개성을 심각하게 억압한 고대 문화에서부터, 개방적이고 모종 형식의 근대 민주제도와 연결되며 최고의 권위를 부정하고 개성적인 발전을 격려하는 근대 문화로의 전환이다. 이 두 개의 변혁(정치 변혁과 문화 전환) 과정은 그 방향이 일치하고 함께 움직이며 양자 사이에 서로 상호작용의 관계가 존재한다.

2. 정치적 각성이 가져온 새로운 문화 추세

중국인이 자각적으로 정치 변혁의 의식이 생긴 것은 유신운동의 시작, 즉 1895년 전후이다. 당시 유신파의 강유위, 양계초 등은 정치제도의 개혁에 주목하고 문화 변혁의 문제를 별도로 고려하지 않았다. 이들의 주장 중에 문화 문제가 언급된다고 해도 정치 변혁의 필요 차원에서 출발하였다. 1900년대 초반 혁명 운동과 입헌운동이 활발하게 진행될 때에야 사람들은 새로운 정치제도를 수립하려면 사람들의 사상 관념부터 바꿔야 하고 낡은 풍속 습관을 고치는 문화 변혁을 단행해야 한다는 것을 느꼈다. 당시 사람들은 여전히 정치 변혁의 수요에서 출발하여 문제를 고려하였다. 신해혁명이 청나라 정권을 뒤엎고 중화민국을 설립한 후 구세력이 커지고 민주 역량이 미약하여 "민주 국체 하에서 인민들이 전제제도의 고난을 겪었다." 이때에야 사람들은 사람들의 사상 관념을 바꾸고 새로운 문화를 창조해야만 민주제도가 필요한 사회적 사상 기반을 마련할 수 있다는 것을 깨달았다. 천두슈陳獨秀는 이를 "우리나라 사람의 최후의 각오吾人最後之覺悟"라고 설명하였다.

이로써 근대 중국에서 사람들은 먼저 정치적 각성이 있은 후에야 문화적 각성이 있었음을 알 수 있다. 하지만 정치적 각성은 일정한 정도에서 문화적 변화를 추진한다. 반대로 문화적 각성은 정치적 각성이 제도적인 측면에서 구체화되도록 사상 기반을 마련할 수 있다.

근대 중국인의 정치 각성

근대 중국인은 민족위기와 국내 정치위기의 이중 압박하에서 정치를 깨닫기 시작하였다. 아편전쟁 후 중국은 영토를 할양하여 배상하도록 강요받고 항구를 개방한 이후에도 제국주의 열강들의 침략과 약탈, 압박을 많이 받았다. 하루가 멀다 하고 국토가 줄어들고 주권이 점점 더 약화되는 상황에서 사람들은 매일 나라가 망해가는 느낌이 들어 다양한 형식으로 반항하고 항쟁하였다. 조직적으로 침략전쟁을 반대하고 자발적으로 침략전쟁을 반대하고 종교운동을 반대하는 등이었다. 서양의 기술을 배우자는師夷長技 소위 '양무운동'도 이런 항쟁 중의 하나였다. 하지만 이 모든 것은 정치적 각성으로 볼 수 없고 오직 민족 자위의 본능적인 반응이라고 밖에 할 수 없다. 정치적 각성으로 볼 수 없는 이유는 첫째, 당시 사람들은 열강들이 강성하게 된 이유와 도리를 알지 못했고, 둘째, 중국이 쇠약한 근본적인 원인이 무엇인지를 깨닫지 못했기 때문이다. 1890년대 전에 극소수의 중국인만 서양 국가들이 강성하게 된 근원은 정치제도에 있음을 발견했고 중국의 정치 종교 정신은 서양과 상반되기에 강한 것과 마주치면 패배한다는 것도 암시하였다.[5] 1890년대 후에 일부 선각자들은 중국이 패망하지 않으려면 정치제도를 개혁해야 한다는 것을 깨달았다. 정관잉, 왕도, 마건충(馬建忠, 1845~1900), 진치(陳熾, ?~1900) 심지어 조정의 주요 관리인 장수성(張樹聲, 1824~1884), 최국인(崔國因, 1831~?)도 서양을 모방하여 의원제도를 설립하자는 사상 주장을 제기하였다.[6] 무술유신운동의 세례를 받은 후 중국에서 진보적인 지식인과 일부 관료, 지방 세력가는 개혁과 혁명의 정치 소용돌이에 휘말렸고 적어도 혁명 혹은 개혁에 대해 동정하고 찬성하는 태도를 표하였다. 1903년 후 혁명 운동은 점차 고조에 달하였다. 1904년 후 입헌 운동도 점차 고조기에 들어섰다. 혁명이든, 입헌이든 모종 형식의 민주 정치제도로 군주전제제도를 대체하고 근대적인 민족국가를 세워야 한다. 이는 근대 중국인의 정치적 각성의 본질이다. 혁명당의 경우, 쑨중산의 삼민주의를 대표로 꼽을 수 있다. 쑨중산의 삼민주의와 에이브러햄 링컨의 민유民有, 민치民治, 민향民享은 정신적인 측면에서 동일하다. 입헌파의 경우, 양계초의 사상을 대표로 꼽을 수 있다. 양계초의 인민주권 사상과 국회와 책임정부의 주장은 근대 군주 입헌의 정치적 요구사항을 명확하게 보여주었다. 두 사람의 사상 실질은 인민들이 국가 주권의 담당자가 되도록 하는 것이었다. 아쉬운 점은 쑨중산의 삼민주의를 이해하고 받아들인 중국인이 매우 적었다는 것이다. 양계초의 사상 운

---

5   곽숭도는 광서 2~3년 사이 즉 1877~1878년에 영국의 성숙한 정치·교육제도, 의회 정치, 정당정치, 완비한 법제 등에 대한 많은 인식을 갖게 되었음. 『곽숭도 일기』 광서 2년 11월 8일, 광서 3년 11월 18일, 20일, 12월 18일 등 내용 참조.

6   본서 제3장 제5절 참조.

명도 비슷하다. 따라서 비록 혁명당과 입헌파가 일시적인 연합을 통해 청나라 정부를 뒤엎고 중화민국을 설립하는 목적을 달성했으나 중국에서 민주제도를 실행할 수 있는 능력을 갖추지 못하였다.

하지만 우리는 정치적 각성이 일정 정도에서 문화적 변동을 추진했음을 알 수 있다. 유신운동 시기 인재의 수요를 위해 과거제도를 개혁하고 신학당을 설립하며 간행물을 발행하고 새로운 사상과 관념을 선전할 것을 강력하게 주장하였다. 대견한 점은 이때 이미 백화문으로 대중들이 정치 변혁에 참여하도록 선전해야 한다고 제시한 사람이 있었고, 전족纏足을 푸는 것에서부터 착수하여 여성을 해방시키는 작업을 시작한 사람이 있었다는 점이다. 이런 상황에 비추어 보아 사람들은 무술유신운동은 중요한 사상계몽운동이고 이는 일부 측면에서 근대 문화가 초보적으로 싹트도록 하였다고 공인하였다. 그 후에 혁명 운동과 입헌운동은 고조기에 들어섰고 군자에 충성하고 유교를 숭상하는 전통이 크게 흔들렸다(제4장 참조). 또한, 혁명당이든지 입헌파든지 모두 최대한 많은 대중이 자신들의 운동에 참여하도록 이끌어야 하였다. 이를 위해 이들은 선전과 교육운동에 더 적극적으로 뛰어들었다. 더 많은 사람들이 더 많은 힘을 보태어 신문이나 간행물을 창간하고 학당을 설립하고 유학遊學을 제창하며 유망한 청년들이 해외에 유학하도록 후원하였다. 팡한치方漢奇 등이 편찬한 『중국 신문사업 편년사中國新聞事業編年史』에 첨부한 「간행물 명칭 색인報刊名索引」을 검색하면 청나라 말기에 혁명과 개혁을 치켜세우는 목적으로 창간한 백화문 간행물만 190종 정도에 달한 것을 알 수 있다.[7] 과거제도를 폐지하고 새로운 교육사업이 급성장

7   본서 제6장 제2절 참조.

하였다. 청나라 말기 새로운 학당에서 교육을 받은 학생은 200~300만 정도 될 것으로 추정된다.[8] 간행물의 증가와 새로운 교육의 발전에 따라 새로운 지식, 새로운 사상, 새로운 관념의 전파가 확대되었다. 점점 더 많은 사람들이 자유, 평등, 박애, 민주, 공화 및 자치, 입헌, 헌정 등 새로운 관념을 알게 되었다. 여성 해방과 남녀평등 사상은 더 이상 신기한 것이 아니었다. 낡은 풍속과 습관을 고치는 운동도 점점 더 활발하게 진행됐다. 심지어 근대 문화의 핵심관념인 세계화와 개성주의도 싹트기 시작하였다. 이 모든 것은 당시 활발하게 진행된 혁명, 개혁 운동과 밀접한 연관이 있었다. 하지만 이런 이유로 인해 문화 각성이 넓지 못하고 깊지 못하였다. 넓지 못하다는 것은 주로 파급 측면이 매우 제한적이라는 것을 의미한다. 깊지 못하다는 것은 주로 언급되는 새로운 사상, 새로운 관념 등이 초보적인 수준에 머물러 있고 그 시작을 인용했을 뿐이라는 것이다.

이 시기의 새로운 사상, 새로운 관념 등이 깊지 못하고 허술한 것에 대해 양계초는 본인의 저작인 『청대학술개론淸代學術槪論』에서 신랄하게 비판하였다. 그는 아편전쟁 후부터 무술변법까지의 시기는 '학문이 메마른學問饑荒' 시대였다면서 "강유위康有爲, 양계초, 담사동 등은 '학문이 메마른' 환경 속에서 심사숙고하여 '중국도 서구도 아니고 곧 중국적이며 서구적'인 새로운 학파를 구성하려고 했으나 이미 시대에서 받아들이지 않았다. 물론 구사상이 뿌리깊었고 외래의 새로운 사상이 출처가 깊지 않고 쉽게 고갈되기에 당연히 부족하다."고 지적하였

---

8   본서 제5장 제1절 참조.

다.[9] 무술정변 후부터 신해혁명의 일정한 시기까지 양씨는 최소 세 가지 단점을 지적하였다. 첫째, 새로운 사상의 도입은 비록 활발하게 진행되었지만 "소위 '양계초 식'의 도입은 조직이 없고 선택이 없으며 사물의 본말을 갖추지 않았고 파별이 불분명하고 숫자만 많았음에도 불구하고 사회적으로 환영을 받았다. 마치 재해지역에 오래 처해 있는 사람들은 풀뿌리, 나무껍질, 부패된 고기까지도 크게 입을 벌리고 먹는것 같다. 소화할 수 있는지, 질병에 걸릴 수 있는지 여부를 상관하지 않는다."고 지적하였다.[10] 둘째, 새로운 사상의 도입 운동에 서양 유학생(엄복만 예외)이 참여하지 않았기에 "운동의 원동력 및 그 중견 세력은 서양 언어를 모르는 문화인이다. 능력이 제한되어 답습, 파쇄, 막연함, 얄팍함, 오류 등을 피할 수 없다. 따라서 20년 넘게 운동이 진행되어도 탄탄한 기초를 마련하지 못하였다."고 지적하였다.[11] 셋째, 당시 사람들은 학문 독립의 사상이 없어 비열한 사람은 재산과 녹봉을 위해 새로운 학문을 출세의 수단으로 이용했고 일부 사람들은 이런 학문을 실용의 목적으로만 응용하였다. 따라서 양계초는 청나라 말기 광서제, 선통제 시기에 신학 운동은 "새로운 사상 계몽의 이름은 쉽게 인정할 수 없었다(並新思想啓蒙之名, 亦未敢輕許也)"고 지적하였다.[12] 양계초는 그 시대를 겪은 사람으로서 청나라 말기 신학운동의 가장 주요한 대표인물이다. 양계초 본인은 이런 결론을 내린 것은 믿음직하다. 쑨중산도 중화민국 후에 이와 비슷하게 반성하였다. "중국 인구가 4억 명인데 공화의 의미를 제대로

---

9   『飮冰室合集·專集 34』, p.71.

10   同上書, p.71.

11   同上書, p.72.

12   同上書. p.72.

이해하고 공화의 사상을 가지고 있는 사람들이 많지 않다."[13] 많지 않을 뿐만 아니라 원세개袁世凱가 복벽 할 때 쑨중산은 한층 더 깊이 "대중들이 우매하고 사설에 현혹되고 의리를 구분하지 못하며 의지할 곳이 없기에 원씨의 세력이 유지될 수 있었다(民衆愚昧, 惑溺邪說, 義理不辨, 向背失所, 袁氏勢位賴以得保)"고 지적하였다. [14]쑨중산은 심지어 "중국인은 지식 수준이 부족하여 …… 미국 흑인 노예와 외래 인민의 지식보다도 낮다."고 지적하였다.[15]

필자는 「혁명당과 입헌파의 논쟁에서 이들의 민주 사상 준비를 살펴보자從革命黨與立憲派的論爭看他們的民主思想準備」는 글에서 청나라 말기 소위 선각자의 민주의식이 도대체 어느 정도인지에 관한 문제를 전문적으로 연구하였다. 혁명당인은 민주제도가 사람들의 인식에 따라 임의로 이식할 수 있는 것이라고 생각할 정도로 유치하였다. 이들은 일종의 제도로서 민주는 필요한 사회적 기반이 마련되어야 구축될 수 있다는 것을 알지 못하였다. 양계초를 대표로 하는 입헌파는 민주적인 정치제도를 어느 정도 연구했고 당시 중국에 민주적인 정치제도를 수립하기 힘들다는 것을 알았다. 특히 폭력 혁명의 방법으로는 더 힘들다는 것을 알았다. 하지만 민주적인 정치제도가 각 나라에서 성장하는 출발점과 적용되는 형식이 다르다는 것을 알지 못하였다.

정치 각성의 시기이고 정치가 문화의 흐름을 주도하는 시기였음에도 불구하고 엘리트들의 가장 주요한 정치관념이 이 정도였으니 다

---

13 『在滬歡迎從軍華僑大會上的演說』,『孫中山 全集』第3卷, 中華書局, 1984, p.374.

14 『致中華會館董事函』, 王耿雄,『孫中山集 外集』, 上海人民出版社, 1990, p.373.

15 『建國方略·心理建設』,『孫中山全集』第6卷, p.209.

른 것은 논할 필요도 없다. 교육의 경우, 비록 신학당이 있다고 하지만 양계초는 "당시 학당 주인은 명예와 녹봉으로 대중들을 유혹하고 학교 는 과거를 변형한 것이고 신학은 변질된 팔고문이며 학생 10명 중 8~9 명은 동기가 불순하고 출세의 수단으로 이용하다 시간이 지나면 포기 하였다."고 지적하였다.[16] 양씨의 주장이 과장된 면이 없진 않지만 청나 라 말기 후에 소위 신교육자는 대다수가 일본을 모방하고 대다수의 모 방하는 자는 일본 교육에 대해 아는 게 별로 없었으며 본질적인 의미를 파악하지 못하였다. 중화민국 초기에 중국 국정에 부합되는 교육제도 와 교육내용이 형성되지 못하였다. 게다가 글자를 아는 정도의 최저 교 육 목표의 경우, 4억 중국인에서 200~300만 청소년만 새로운 학당의 교 육을 받았으니 그 성과가 얼마나 제한적이었는지 알 수 있다. 또한, 근 대 매체 사업인 간행물의 경우, 팡한치方漢奇 등이 편찬한 『중국 신문 사 업 편년사』의 부록 「신문명 색인」 대략적인 통계에 의하면 1911년까 지 청나라 말기에 창간한 신문은 1,500종에 달하였다. 1912년~1919년 에 창간한 간행물은 1,300여종을 기록했고 청나라 말기부터 1917년까 지 백화 간행물은 190종을 기록하였다. 즉, 청나라 말기부터 중화민국 초기의 80년 동안 전국적으로 발행된 간행물은 2,800여 종류에 그쳤다. 이중에서 수명이 가장 길었던 『신보』는 신문화 운동이 발발할 때까지 역사가 40년 밖에 되지 않았다. 수명이 짧은 신문은 몇 달 만에 폐지됐 고 심지어 1회만 출판하고 정간된 간행물도 있었다. 발행량이 가장 많 을 때도 몇 만부에 그쳤고 적게는 백여 부에 불과하였다. 인구의 절대다 수를 차지하는 농민과 도시 하층민은 이런 간행물과 아예 거리가 멀었

16   『飮冰室合集·專集 34』, p.72.

다. 따라서 새로운 지식, 새로운 사상, 새로운 관념은 대다수의 대중들 사이에 침투되기 힘들었다. 때문에 중국 사회의 방대한 계층에서 사상, 문화는 큰 변화를 이루지 못하였다. 대다수의 사람들은 대다수의 상황에서 무사평안을 위해 부처님에게 기도했고 재부를 얻기 위해 재물신에게 기도했으며 시험을 보기 위해 공자에게 기도하였다. 날씨가 가물면 신에게 비를 내려 줄 것을 빌었고 홍수가 나면 용왕에게 기도하였다. 세상이 혼잡하니 황제가 나타날 것을 바랐다. 관혼상제나 일상 왕래의 경우 대다수도 어른들의 관습에 따라 진행하였다. 때문에 루쉰魯迅의 많은 소설은 여전히 암흑의 낡은 전통 속에 갇혀있는 민국 초기 중국사회를 반영하였다. 호적은 7년간의 미국 유학을 마치고 귀국한 후 보고 들은 것에 대해 "7년 동안 보지 못했던 중국은 여전히 7년 전의 모습 그대로였다."고 탄식하였다.[17]

따라서 정치 각성으로 인한 문화 변동은 매우 제한적이고 표면적이며 천박했음을 알 수 있다.

근대 중국인의 문화적 각성

앞에서 이미 정치적 각성의 상징은 정치제도 개혁의 필요성과 개혁의 방향을 인식하는 것이라고 언급하였다. 즉, 서양과 비슷한 민주제도(민주 입헌과 군주 입헌 포함)로 군주전제제도를 대체하는 것이다. 그렇다면 문화 각성의 상징은 무엇인가? 중국인은 언제부터 문화를 깨달았는가? 혹은 중국인은 어떻게 정치적 각성에서 문화적 각성으로 발전했는가?

본서 제6장에서 이미 언급한바 있지만 이 장에서 좀 더 깊이 논의

---

17   『歸國雜感』, 『胡適文存』卷4, p.1.

해 보겠다.

청나라 말기의 마지막 십 수년간 사람들이 혁명과 개혁을 위해 낡은 군주전제제도를 뒤엎거나 개혁하여 일종의 민주제도를 수립하기 위해 가슴 뜨겁게 분투할 때 그들은 이미 중국을 구원할 수 있는 방법을 찾았다고 생각하였다. 쑨중산과 그의 전우들은 부패한 전제제도의 청나라 정부를 뒤엎고 민주공화국을 수립하면 중국 인민은 자유, 평등의 탄탄대로를 걸을 수 있으리라고 믿어 의심치 않았다. 황화강黃花崗 열사의 유서는 지금 읽어도 여전히 감동적이다. 그들은 선혈과 목숨으로 바꾼 공화국은 후대들이 행복하게 생활할 수 있는 근본 보장이라고 믿었다. 입헌파는 혁명당인보다 좀 더 실제적이었다. 하지만 이들도 군주전제제도를 군주입헌제도로 개혁하면 비록 모든 문제를 해결할 수 없지만 다시 피를 흘리는 유혈사태와 동란을 방지할 수 있고 사회 모순을 조율하기 위해 효율적인 정치체계를 확립할 수 있다고 생각하였다.

하지만 신해혁명 후 얼마 지나지 않아 이상주의적인 혁명당인이나 실제적인 입헌파 모두 실망하였다. 특히, 몇 년 동안의 혼란과 2차례 복벽을 거친 후 이들은 각기 다른 정도에서 반성하기 시작하였다. 쑨중산은 혁명에 성공하지 못한 이유는 대다수 당인들이 본인의 주장을 실행하기 힘든 희망으로 보고 아예 실행하지 않았기 때문이라고 반성하였다. 쑨중산은 이런 상황을 "도리를 알기는 쉽지만 실행하기는 어려움知易行難"이 있는 낡은 심리가 작용하였다고 정리하였다. 따라서 그는 "일을 하기는 쉽지만 그 속의 이치를 알기는 어렵다知難行易"는 생각을 주입하는 것에서부터 시작하려고 했고 이를 '심리건설心理建設'이라고 하였다.[18] 동맹회원 류야쯔柳亞子는 혁명 시기 사람들은 청나라 만주족 반대하는 민족주의만 알고 민권주의에 대해 알지 못하였다고 생각하였다. 민생주의에 대해서는 더 어리둥절하였다.[19] 쑨중산의 또 다른 전우 전동田桐은 진정한 공화 민주가 실현되지 못한 것은 자치 정신이 민주 공화의 실질이라는 것을 알지 못했기 때문이라고 생각하였다.[20] 일반적으로 원래의 혁명당인의 반성은 대다수가 정치적 측면에 머물러 있었다. 쑨중산은 한 걸음 더 나아가 심리건설의 의미에서 문제를 제시하였다. 하지만 여전히 정치에 관심을 가졌다.

양계초는 사상 측면에서까지 반성하였다. 1915년 초, 원세개의 복벽이 아직 완전하게 공개되지 않았을 때 양씨는 이미 정치에서 물러나 사상건설에 돌입하겠다고 밝히고 "나는 사람이 어떻게 사람으로 되는 것…… 국민들이 어떻게 국민으로 되는 것을 연구하겠다."고 말하였다.[21] 그는 사람이 무엇 때문에 사람인지의 도리를 설명하려고 하였다. 즉, 사람의 가치를 밝히려고 하였다. 사실, 문화는 원래 인화人化이다. 우리가 언급하는 문화의 전환은 사실은 인간의 전환으로 고대의 사람이 근대의 사람으로 전환하는 과정이다. 이 전환은 실제로 사람의 가치를 다시 이해하고 재확립하는 것이다. 양계초는 이런 심층적으로 함축된 의미를 완전하게 밝히지 못하였다. 하지만 그의 명제에는 이런 함축된 의미가 포함된 것은 분명하다. 이런 함축된 의미를 명확하게 밝힌 것은 황원용(黃遠庸, 1885~1915)과 천두슈陳獨秀이다. 이 두 사람은 비록 쑨중산,

18   『孫中山全集』第6卷, pp.157~159.

19   『柳亞子選集』下卷, 人民出版社, 1989, p.1030.

20   『辛亥革命與20世紀的中國』, 中央文獻出版社, 2002, pp.1592~1593.

21   『吾今後所以報國者』, 『飮冰室合集·文集 33』, p.54.

양계초보다 젊었지만 청나라 말기의 혁명과 개혁 운동에 모두 참여했고 민국 초기의 정치적의 무질서함과 사상계의 혼잡함을 직접 겪었다. 따라서 이들의 반성은 매우 진실하고 깊이가 있었다.

중화민국 초기의 유명한 기자였던 황원용은 중국인의 신구사상의 충돌이 이미 전례 없는 중요한 전환점에 도달하였다고 가장 먼저 지적하였다. 그는 새로운 사상의 가장 중요한 핵심은 인간 자체가 절대적인 가치가 있다는 것을 인정한 것이라고 강조하였다. 이런 가치를 깨달으려면 개인의 자유의지, 독립된 인격, 즉 개인이 스스로 해방되는 것을 요구한다. 이는 사람들의 마음을 구속하는 낡은 사상, 폐쇄적이고 고루하며 인간을 기계, 노예로 간주하는 것과는 완전히 다르다. 뒤의 경계에 있는 사람을 앞의 경계로 전환하면 전체 사회와 문화의 큰 전환을 필연코 초래할 것이다. 황원용의 안목과 학식은 신문화 운동의 에도 못지않다.

천두슈(陳獨秀, 1879~1942)는 청나라 말기의 혁명당이다. 하지만 그는 동맹회에는 참가하지 않았다. 어쩌면 그는 당시에 이미 동맹회에 대해 비판적인 생각을 가졌을지도 모른다. 때문에 중화민국 이후 그는 정치적 각성에서 문화적 각성으로 신속하게 전환하였다. 그가 창간한 간행물『청년』은 무한히 깊은 마음이 있다. 간행물의 발간사인「경고청년敬告靑年」시작 제1조에서 '자주적이고 노예적이지 않은 것自主的而非奴隸的'이라고 밝히면서 위에서 언급한 황원용의 사상을 담았다. 그는 근대에 인권이 나타나면서부터 사람을 노예로 대하거나 스스로를 노예로 대하는 것을 더 이상 참을 수 없다고 말하였다. 따라서 근대 유럽의 역사를 '해방의 역사'라 불렀다. 천두슈는 해방의 의미에 대해 "해방이란 노예의 구속에서 벗어나고 완전하게 자주적이고 자유로운 인격을 형성시킨 것이다. …… 독립적이고 자주적인 인격 위에서 모든 행실, 모든 권리, 모든 신앙은 각자 고유의 지능에 따르고 맹목적으로 타인을 따르지 않는다."고 말하였다.[22]

어떤 사람이 있으면 어떤 문화가 있다. 노예시대의 사람은 노예시대의 문화를 창조할 수밖에 없고 봉건시대의 사람은 봉건시대의 문화밖에 창조할 수 없다. 근대의 사람만이 근대의 문화를 창조할 수 있다. 중화민국이 설립된 후 계속 혼란스럽고 복고, 복벽이 발생하게 된 원인은 사람들의 머릿속에 낡은 사상이 뿌리깊게 도사리고 있었기 때문이다. 따라서 사회 문화는 전제시대의 낡은 문화와 별반 차이가 없다. 공화국을 유지하고 공고하게 하려면 사람들 머릿속에 있는 공화국를 반대하는 사상을 없애고 공화 민주를 옹호하는 새로운 사상으로 대체해야 한다. 사람들의 사상이 변해야 사회 문화의 분위기도 변한다. 따라서 문화적 각성은 사람 자체의 가치에 대한 인식을 기반으로 개인의 자유의지를 확립하는 것이다. 이것이 문화 각성의 가장 주요한 상징이다.

문화적 각성의 또 다른 중요한 상징은 개방된 문화 관념이다.

중국의 대문이 열강들의 대포에 의해 열린 후 중국인은 어쩔 수 없이 서양 세계와 거래하게 됐다. 오랫동안 이 거래는 경제무역, 군사, 외교 등 분야에 국한되었다. 특히 사대부 계층은 서양의 문화를 똑바로 보지 않았다. 최초에는 아예 배척했고 이어서는 '서양의 기술을 배우는 것師夷長技'과 '중체서용中體西用' 설이 나타났다. 아예 배척한 것은 폐쇄적이고 고루하다. '서양의 기술을 배우는 것師夷長技'에서 '중체서용'은 절반은 개방적이고 절반은 폐쇄적인 것이다. 절반은 개방적이고 절반

---

22   『陳獨秀 文章 選編』(上), 三聯書店, 1984, p.74.

은 폐쇄적인 문화 관념은 대다수의 중국인, 특히 사대부 계층에서 5·4 신문화 운동 발발 전까지 주류적인 위치를 차지하였다.

선각자들이 사람들의 사상 문화 관념이 변화되지 않으면 민주제도도 뿌리를 내릴 곳이 없다는 것을 인식했을 때 이들의 각성은 문화적 각성 차원으로 들어섰다. 이는 중국에서 경제무역, 군사, 외교 심지어 정치적 분야에서 대외적으로 개방할 뿐만 아니라 문화 분야에서도 대외 개방하여 교류를 한다는 것을 의미한다. 이는 개방적인 문화관념을 형성하기 시작하였다.

황원용(黃遠庸, 1885~1915)은 신구사상의 충돌이 전례 없는 상황에 까지 치달았다고 지적하였다. 그가 지적한 새로운 사상은 서양에서 도입된 새로운 사상이다. 천두슈陳獨秀는 『경고청년』에서 '세계적이고 비쇄국적인世界的而非鎖國的' 것이 바로 그의 개방된 문화관념을 명확하게 표현한 것이라고 강조하였다. 이 글과 함께 발표된 「불란서인과 근세 문명法蘭西人與近世文明」에서 서양의 근세기 문명을 흠모하고 중국인이 이런 문화를 접촉해 세계문명과 함께 하려는 소망을 표현하였다. 신문화 운동에서 천두슈와 함께 유명한 호적은 1917년 4월에 쓴 박사 논문의 서문에서 "신중국이 반드시 직시해야 하는 더 크고 더 근본적인 문제 (新中國必須正視的, 更大的, 更根本的問題)"는 "우리 중국인이 우리의 고유문화와 서로 다른 새로운 세계에서 어떻게 태연자약할 것인가? …… 어떠한 효율적인 방식으로 현대 문화를 받아들여 우리의 고유문화와 일치시키고 조율하여 지속적으로 발전시켜 나갈 수 있는가"라고 지적하였다.[23] 호적이 이 글에서 제시한 것은 매우 중대한 문제이다. 즉, 중국

---

23   『先秦名學史』, 學林出版社, 1983, p.8.

이 대외적으로 전면 개방한 상태에서 중국 문화와 세계의 새로운 문화 사이의 관계를 어떻게 잘 처리하고 현대문화를 제대로 받아들이는 한편 중국 문화와 세계의 새로운 문화를 잘 조율하여 지속적으로 발전시켜 나갈 것인가의 문제이다. 이 글에서는 외래 문화에 대해 하나도 경계하고 두려워하지 않았고 경솔하게 서양 문화로 고유문화를 대체하려는 맹목적인 생각도 없었다. 세계의 새로운 문화를 담담하게 대하고 중국 문화와 세계의 새로운 문화가 접목하는 경로를 신중하게 탐색하였다. 청나라 말기 서양 문화를 도입하면서부터 가장 개방적으로 표현한 문화 심리 상태이자 가장 이성적인 문화 심리 상태이기도 하다. 그러기에 신문화 운동에서 호적만이 '문제를 연구하고 학리를 도입하며 고대의 문화유산과 학술을 정리하여 문명을 재창조하자(研究問題, 輸入學理, 整理國故, 再造文明)'는 완벽하고 합리적이며 선견지명이 있는 중국의 새로운 문화를 건설하는 강령을 내놓았다.

「중국 신문화의 원류 및 그 추세中國新文化的源流及其趨向」와 「세계화와 개성주의-현대화의 두 가지 중요한 추세」라는 글에서 현대 신문화의 본질적인 특성 문제를 깊이 있게 논의하였다.[24] 이 문제는 현재 우리가 논의하는 문화 각성의 문제와 밀접한 연관이 있다. 현대 신문화의 본질적인 특징이 세계화와 개성주의기 때문에 문화 각성은 이 두 가지 측면에서 특히 두드러지게 표현된다. 앞에서 언급한 황원용黃遠庸, 천두슈陳獨秀, 호적 등의 이 두 가지 측면에 관한 논술은 신문화 운동이 흥성하기 전에 최초의 각오에 그쳤다. 신문화 운동이 활발하게 진행된 후 문

---

24   「中國 新文化的源流及其趨向」는 『歷史 研究』 1994년 제2기에 발표. 「世界化與 個性主義 -現代化的兩個重要趨勢」는 『中國 社會科學院 學術委員會 集刊』 1기에 발표. 社會科學文獻出版社, 2005.

화 각성이 이 두 가지 측면에서 나타난 표현이 좀 더 알차고 다양하며 깊이가 있다.

　　예를 들면 개인 가치, 자유 의지, 인격 독립, 개성 해방 등은 신문화 운동에서 하나의 개념에 통합적으로 응집되어 개성주의라 부르고 개성주의에 대해 명확하게 합리적인 정의를 내렸다. 서양에서도 통상적으로 개인주의라는 개념으로 이런 의미를 표현하였다. 하지만 중국 문헌에서 개인주의는 부정적인 의미로 이용됐다. 따라서 신문화 운동의 지도자들은 대다수가 개성주의를 이용하여 개인의 가치, 개인 의지 자유, 인격 독립, 개성 해방 등 의미를 표현하였다. 호적은 개인주의는 두 가지가 있다고 언급하였다. 하나는 '거짓 개인주의=이기주의(Egoism)', 다른 하나는 '진정한 개인주의-개성주의(Individuality)'이다.[25] 호적은 개성주의에 대해 간단명료하게 정의하였다. 그는 개인의 개성을 발전시키려면 "첫째, 개인이 자유 의지가 있어야 한다. 둘째, 개인은 책임감이 있어야 한다."라고 지적하였다.[26] 호적의 이런 정의는 첫째, 개인 의지 자유의 절대 필요성을 강조하였다. 개인이 자유 의지가 없으면 노예와 마찬가지이다. 노예는 '말할 줄 아는 도구会说话的工具'에 불과하여 자유의지가 없다. 둘째, 개인이 자유의지가 있기에 개인은 자신의 발언과 행동에 완전하게 책임져야 한다고 강조하였다. 한 사람이 자신의 발언과 행위에 대해 완전하게 책임지지 않으면 노예와 차이가 없다. 개성주의에 대해 이렇게 정의하면 개성주의와 중국인이 습관적으로 이해하는 지나치게 이기적인 개인주의와 구분할 수 있다.

25　　『非個人主義的新生活』,『胡適文存』卷4, p.174.

26　　『易卜生主義』,『胡適文存』卷4, p.35.

신문화 운동에서 사람들은 두 가지 측면에서 개성주의의 기능과 의미를 설명하였다. 하나는 가장 보편적이고 가장 일반적인 사회적 의미에서 개성주의의 의미를 표현하였다. 개인의 가치가 충분하게 확립되어야 만이 개인의 개성과 능력이 충분하게 표현되며 전체 사회가 활력이 있고 국가와 민족이 발전 진보할 수 있다. 다른 하나는 개성주의와 민주정치의 관계 측면에서 개성주의의 중요한 의미를 표현하였다. 국가는 개인이 모여 이루어진 것이고 개인이 없으면 국가도 없고 국가는 개개인의 권리를 보호하기 위해 설치한 것이며 개인을 위해 나라를 형성한 것이 아니라고 깊이 있게 설명하였다. 개개인의 권리가 보장되어야만 국가의 권력은 더 공고해질 수 있다. 개성주의의 두 가지 차원의 의미에 대해 제7장 제4절에서 이미 충분하게 논의했으니 더 이상 중복하지 않겠다.

　　신문화 운동은 근대 중국에서 개방적인 문화 관념을 가장 명확하게 표현한 시기였고 중국인의 문화적 각성이 새로운 수준에 올라갔음을 보여주는 상징이다. 신문화 운동의 지도자들은 모두 세계주의 성향이 있다. 이들은 모두 매우 개방적인 문화 관념을 가지고 있다. 호적과 천두슈는 이미 사람들이 잘 알고 있다. 루쉰魯迅은 일찍 청나라 말기에 세계화에 대한 문화적 주장을 표현하였다[27]. 신문화 운동 후 그는 서양 문화를 가장 적극적으로 번역하고 소개한 사람 중 한 명이다. 그는 "같은 인간으로 서로 이해하지 못할 정도까지는 아니다."고 지적하였다.[28] 이는 인류 문화 동일성과 가까운 인식이다.

27　「文化偏至論」,『河南』第 7號 (1908년 8월) 게재,『魯迅 全集』第1卷, p.56. 人民文學出版社, 1981.

28　「域外小說集序」,『魯迅 全集』第10卷, p.163.

채원배는 포부가 크고 학식이 풍부한 세계주의자였다. 베이징대학 총장을 맡은 후 자신의 개방된 문화관념을 바탕으로 '모든 것을 두루 포함하다兼容並包'를 적극적으로 제창하였다. 양계초는 이 시기에 더 성숙한 세계화의 개방적인 문화관념을 가지고 있었다. 이 시기 개방된 문화 관념에 대한 논의를 살펴보면 다음의 몇 가지에 주목해야 한다.

(1) 인류 문화 동일성의 이론을 제시하였다. 호적은 량수밍梁漱溟의 주관주의의 동서 문화관을 비평할 때 "문화는 민족 생활의 방법이다. 민족생활의 방법은 큰 차이가 없다. 왜 그럴까? 생활은 오직 생물이 환경에 적응하는 것으로 인류의 생리 구조는 근본적으로 비슷하기 때문이다. 때문에 비슷한 문제 하에 해결하는 방법도 비슷하다. 이 도리는 '유한한 가능설'이라고 한다."고 지적하였다. 이 인류 문화의 동일성 이론에 근거하여 호적은 한층 더 깊이 "역사적인 안목으로 문화를 살펴보면 다양한 민족이 '본래의 길에서 생활'하는 것을 볼 수 있다. 쉬운 환경과 어려운 환경이 있고 늦거나 빠른 문제가 있기에 가는 길의 속도도 늦거나 빠르다. 도착할 때도 선후가 서로 다르다."고 설명하면서[29] 인류 문화 동일성의 이론을 제시하였는데 이는 매우 중요하다. 인류 문화는 본질적으로 동일성이 있다고 인정해야만 전세계 민족의 문화가 서로 교류하고 서로 받아들일 수 있고, 모든 배척주의와 폐쇄주의 문화관념을 근본적으로 제거할 수 있다.

(2) 그들은 다양한 문화가 서로 접촉하고 서로 교류해야만 문화의 진보와 갱신을 촉진할 수 있다고 믿었다. 채원배는 미국 워싱턴 조지타

---

29   『讀梁漱溟先生的〈東西文化及其哲學〉』, 『胡適文存』第2集 卷2, p.64, 67.

운 대학에서 「동서 문화 결합東西文化結合」이란 제목으로 연설할 때 역사적으로 예를 들면 르네상스 시기, 서양문화가 아랍과 중국 문화의 영향을 받은 것은 이미 다 아는 사실이라고 지적하였다. 근대에 와서 동양의 각 민족들은 열심히 서양 문화를 거울로 삼고 공부하고 있다. 현재 서양의 많은 사상가들은 "동양 철학의 영향을 받지 않은 자가 거의 없다."고 지적하였다.[30] 이질적인 문화가 결합해 새로운 문화를 형성하는 것도 매우 중요한 관념이다. 호적은 중국이 인도 불교 문화를 받아들여 송대 이학의 흥행을 촉진하였다고 여러 차례 언급하였다. 서양 근대 문화를 받아들이면 중국 신문화의 탄생을 촉진할 것이라고 확신하였다.

(3) 개방적인 문화 관념하에 문화의 교류는 일방적인 것이 아니라 상호작용하는 것이다. 양계초는 "서양의 문명으로 우리들의 문명을 확장하고 우리들의 문명으로 서양의 문명을 보완하며 이 두 문명이 합쳐 새로운 문명을 형성하도록 해야 한다."고 주장하였다. 그 다음 이 새로운 문명으로 세계에 기여하고 인류와 함께 이 새로운 문명의 성과를 누린다.

당시 교육문화 지도자 위치에 있는 사상가와 학자들이 개방된 문화관념을 꿋꿋하게 주도했기에 이들은 최선을 다해 몸소 동서 문화 교류 사업을 촉진하였다. 예를 들면 유명한 서양 학자를 중국에 초청하여 학술 강연을 하도록 했고(듀이, 러셀, 한스 드리슈(Hans Driesch) 적극적으로 조직을 구성하여 서양의 명작을 번역했으며(채원배, 호적, 장명린은 '세계종사서'를 구성하여 체계적으로 세계 각 나라의 문화 명작을 체계적으로 번역하려고 준비

---

30   『蔡元培 全集』第4卷, pp.351~353.

함), 학자를 해외에 파견하고 각종 경로를 개척하여 유학생을 추가로 파견하였다.

이 시기에서 주목해야 할 또 다른 현상은 일부 사람들이 에스페란토어를 제창하였다는 점이다. 이들 중에는 첸쉬안퉁錢玄同, 취성바이(區聲白, 1892~1945), 황링쒕黃淩霜, 쑨궈장(孫國璋, 1930~) 등이 있다. 천두슈, 루쉰, 저우쭤런도 이에 공감하였다. 이들의 이유는 중국인이 이용하는 한문漢文은 이미 적용할 수 없기에 '한문의 대체물'로 다른 문자를 연구해야 한다는 것이었다.[31] 에스페란토어는 문법이 완전하고 간단하며 배우기 쉬워[32] 마침 이 필요에 부합하였다. 이들은 "에스페란토어는 앞으로 인류 공용 언어가 될 것이다世界語為將來人類公用之語言", "세계가 진화되어 20세기에 들어섰으며 대동의 시기가 곧 도래할 것이다(世界進化, 已至20世紀, 去大同開幕之日已不遠)", 에스페란토어를 추진하면 "세계주의 사업世界主義之事業"에 도움이 된다고 굳게 믿었다.[33] 따라서 에스페란토어를 제창하는 일에 발 벗고 나섰다. 그들은 에스페란토어를 추진하는 것을 중국의 세계화를 추진하는 지름길로 간주하였다. 이런 생각 자체가 정확한지 여부를 떠나 특별한 측면에서 이 시기 중국의 일부 문화계 걸출한 인물들이 세계화에 대한 기대와 열정을 반영하였다.[34] 이는 물론

---

31 錢玄同, 『致孫國璋』, 『新青年』4卷 4號「通信」.

32 T.M Cheng 『致新青年記者』, 『新青年』2卷3號「通信」.

33 『錢玄同致陳獨秀』, 『新青年』3卷 4號「通信」.

34 사실상, 에스페란토어를 제창하는 주장은 당시 많은 비평을 받았음. 이 중에서 陶孟和, 朱我農의 비평이 가장 논거가 있음. 에스페란토어는 인위적으로 만든 문자로 '사사로이 제조된 부호'라고 할 수 있음. 민족생활, 역사적 기반이 없고 국민성이 없기 때문에 생명력이 없어 사상 감정을 표현하지 못함. 특히, 에스페란토어와 세계주의는 아예 다른 것으로 혼동하지 말아야 함. 세계 대동은 이익이 같은 것을 의미하지 모든 것이 동일함을 의미하지 않음. (『新青年』3卷 6號 및 5卷 4號의「通信」)

개방된 문화 관념의 표현으로 볼 수 있다.

3. 문화 각성이 정치에 미친 영향

앞에서 우리는 정치적 각성이 어느 정도의 문화적 각성을 추진한 다고 설명하였다. 지금부터는 문화적 각성이 정치에 미치는 역효과를 살펴보겠다. 청나라 말기부터 중화민국까지의 정치 변혁과 발전 과정 을 자세하게 살펴보면 5·4신문화 운동은 일종의 분계선이다. 이전에 중 국인의 민주 정치에 대한 추구는 주로 참정권과 정부에 대한 감독권에 집중되어 있었다. 쑨중산을 대표로 하는 혁명당인은 "평민 혁명으로 국 민 정부를 수립하고 모든 국민은 평등한 참정권이 있다."고 강조하였 다.[35] 양계초를 대표로 하는 입헌파는 역량을 집중하고 대중들을 동원하 여 국회와 책임 정부 제도를 수립할 것을 요구하였다. 국회를 수립하는 핵심은 인민의 참정 문제를 해결하는 것이다. 책임 정부를 강조하는 것 은 감독권을 실현하는 문제이다. 양계초는 중국의 정세에 근거하여 인 민 선거로 선출된 국회가 정부에 대한 감독권한이 입법권보다 더 중요 하다고 특히 강조하였다.[36] 쑨중산과 양계초는 청나라 말기 선진적인 중 국인의 가장 기본적인 정치의식을 대표하였다. 중화민국 초기에 송교 인은 의회를 민주 정치를 쟁취하는 중심으로 삼았는데 이는 인민들의 참정권과 정부의 감독권의 문제를 해결하기 위해서였다. 송교인은 이

---

35   『中國同盟會革命方略』,『孫中山 全集』1卷, p.297.

36   梁啓超,『中國國會制度私議』(『政論』『國風報』에 게재,『飮冰室合集·文集 24』에 인용),
      『論請願國會當與請願政府並行』(『國風報』7期에 게재,『飮冰室合集·文集 23』에 인용).

를 위해 자신의 목숨을 희생하였다. 이로써 참정권과 정부에 대한 감독권은 민주정치의 가장 기본적인 요소임을 알 수 있다. 민주 정치의 가장 주요한 내용은 3가지이다. 첫째는 선거이다. 선거는 인민이 참정권을 실현하는 가장 기본적인 방법이다. 둘째는 권력 제약이다. 이는 정부의 감독권한을 실행하는 필요한 제도적 메커니즘이다. 셋째는 인민 개인의 권리 보장이다. 이는 모든 민주 정치가 필요한 내용이고 모든 민주제도의 최후의 마지노선이다. 한 나라의 인민들이 가장 기본적인 자유 권리도 보장받지 못하면 그 나라는 절대 민주적인 나라가 될 수 있다. 신문화 운동 전에 중국인은 민주를 쟁취하는 투쟁에서 주로 첫째와 둘째 문제에 관심을 가졌다. 신문화 운동 후에 개인의 권리, 즉 인권 문제에 점차 주목하기 시작하였다. 개인 자유, 개성 해방 등은 청나라 말기에 살짝 언급된 정도였다. 엄복이 1895년에 지적한 서양의 자유는 중국의 자기 마음을 미루어 다른 사람의 마음을 헤아리는 '혈구絜矩'와 비슷했고 그 주요 의미는 '존아存我'였으나 이를 이해하는 사람은 극히 드물었다. 『신민총보新民叢報』 시기 양계초는 자유를 선양했지만 그 후에 개인의 자유보다 나라의 자유와 민족의 자유를 강조하였다. 신문화 운동 시기에 이르러서야 개인의 자유, 개성 해방, 독립 자주 등이 중요하게 부각됐다. 신문화 운동의 세례를 받은 후 거의 모든 청년세대가 개성 해방의 주장에 감동하였다. 그들은 개인 자유의 진정한 의미를 정확하게 이해하지는 못했지만 개인의 자유에 대한 갈망과 욕구는 앞 세대보다 더 강하였다. 5·4시기에서부터 항일전쟁 시기까지 사람들의 자유를 쟁취하기 위한 투쟁은 개인의 자유와 기본 인권의 내용이 더 두드러졌다. 이것이 바로 신문화 운동이 형성한 문화 각성이 초래한 중국 정치의 새로운 추세이다.

근대 중국의 문화적 전환에 대한 연구

1920년 8월, 신문화 운동의 몇몇 지도자 호적, 장멍린, 타오멍허, 장웨이츠, 리다자오, 가오이한, 왕정은 「자유를 쟁취하는 선언爭自由的宣言」을 공동 발표하였다. 이들은 "최근 몇 년 동안 군벌정당이 감히 횡행하는 것은 국민들이 자유 사상과 자유 비판의 정신이 부족하기 때문이다. 인민과 사회 생존의 명맥인 일부 몇 가지의 기본적인 최소한의 자유를 인정하고 이에 따라 정중하게 제출한다. 전국 동포가 함께 일어나 쟁취하자"고 밝혔다. 그들이 제출한 몇 가지 기본적이고 최소한의 자유에는 신체, 가택, 언론, 저작, 집회, 단체 결성, 서신의 비밀유지, 거주지 이전과 재산 영업 등이다. 그들은 이중에서 언론자유, 출판자유, 집회결사의 자유와 서신의 비밀유지 등 4개 항목은 가장 중요하고 가장 기본적인 자유권력이라고 특별히 지적하였다. 가장 기본적인 자유 권력을 보장하기 위해 현행 '치안경찰조례治安警察條例', '출판법出版法', '신문조례報紙條例', '예계조례預戒條例' 등 개인의 자유를 해치는 법률을 폐지할 것을 요구하였다. 정부당국과 군경 등이 개인의 자유를 침해하지 않도록 '인신보호법人身保護法'을 작성할 것을 요구하였다. 이는 북양군벌을 상대로 제출한 요구사항이다. 비록 실현할 수는 없지만 이중에서 우리는 문화 각성으로 인한 정치적 변화를 알 수 있다.

1920년대 말 국민당은 북양정부를 대체하여 1당 전제 통치를 구축하였다. 이때 민주 자유를 우러러 신앙하는 인사들은 국민당의 1당 전제에 대해 인권을 보호할 것을 요구하였다. 호적은 또 한번 이 운동의 지도자가 되었다.

1929년 5월, 호적은 『신월新月』 2권 2호에서 「인권과 약법人權與約法」을 발표하였다. 글은 "각종 정부기관 혹은 정부와 당부의 명의를 빌어 인민의 신체 자유와 재산을 침해한다."고 국민당을 비난하였다. 또

많은 실례를 들어 국민당인과 군정기관이 권력을 남용하여 무고한 사람을 박해하고 인민들은 억울하지만 꾹 참을 수밖에 없으며 신고할 곳이 없는 비통한 상황을 지적하면서 "약법을 하루 빨리 수립하여 법치 기반을 확보해야 한다.", "약법을 하루 빨리 수립하여 인권을 보장해야 한다."고 호소하였다.

호적의 문장은 큰 방향을 불러일으켰다. 뤄룽지(羅隆基, 1896~1965)는 「인권을 논하다論人權」, 「언론 자유를 압박하는 자를 고발함告壓迫言論自由者」 등의 글을 발표했고 량스추(梁實秋, 1903~1987)는 「사상 통일을 논하다論思想統一」를 발표하여 국민당의 1당전제를 비난하고 가장 기본적인 인권을 보장할 것을 요구하였다. 뤄룽지는 「인권을 논하다」에서 인권에 대한 35가지 요구사항을 제시했고 「언론 자유를 압박하는 자를 고발함」에서 언론 자유의 중요성을 특별히 강조하였다. 그는 "사실상 언론 자유를 압박하는 위험은 언론 자유의 위험보다 더 위험하다."고 지적하였다. 동서고금을 막론하고 자신의 권력을 공고히 하기 위해 안하무인으로 언론 자유를 억압한 수많은 전제주의자들은 모두 결국엔 와해됐다.[37] 언론 자유는 수많은 자유 인권 중에서 가장 중요한 자유 권력임이 분명하다. 따라서 전제를 반대하는 투쟁은 늘 이 문제에서 가장 치열하였다. 인권 보장을 쟁취하고 언론 자유를 쟁취하는 투쟁이었기에 호적은 국민당 어용 학자들의 집단 공격을 받았고 국민당 정부 교육부의 엄격한 경고를 받았다. 얼마 지나지 않아 그는 중국 공학公學 총장 직에서 물러날 수밖에 없었다. 뤄룽지는 한때 구속되기까지 하였다.

항일전쟁 시기, 국민당은 국력을 모아 항쟁한다는 명목으로 1당

---

37   『新月』2卷, 6, 7號 合本 참조.

전제 체제를 계속 유지하였다. 심지어 '하나의 당, 하나의 주의, 한 명의 지도자'의 독재주의를 추켜세웠다. 민주를 수호하는 당파와 각계 인사들은 민주 개방과 언론 자유 개방의 요구를 수차례 제시했지만 국민당 당국은 이를 모두 거절하였다. 1939년에 일어난 1차 헌정운동이 실패한 후 1943년 9월에서야 국민 참정회 3기 2차회의 기간 중간당파에서 제시한 제2차 헌정운동, 인권문제, 특히 언론 자유와 인신 자유 문제가 가장 큰 주목을 받았다. 이 참정회가 폐막된 후 언론 자유 개방과 인신 자유 보장을 중심으로 중간 당파의 민주 인사를 주체로 다양한 활동을 진행하였다. 예를 들면 『헌정 월간憲政月刊』을 창간하여 대대적으로 선전했고 장쥔리(張君勵, 1887~1969), 황옌페이(黃炎培, 1878~1965), 타오멍허陶孟和도 문장을 발표하고 강연하여 언론 자유를 개방하고 인신자유를 보장할 것을 호소하였다. 또한, 신문 검열과 서적 검열 방법의 개선을 요구하는 제안을 제시했고 직권을 남용하여 체포하는 방법을 정돈하고 하루 빨리 재판법을 실행할 것을 요구하였다. 언론 자유의 개방과 인신 자유의 보장을 중심으로 하는 2차 헌정운동은 5·4운동 이후 민주 운동의 새로운 추세를 이었고 신문화 운동이 중국 정치에 주는 깊은 영향을 반영하였다.

신문화 운동이 정치에 중대한 영향을 미쳤다는 또 다른 분명한 증거는 평민주의가 발휘한 큰 역할이다.

평민주의 사상 관념은 청나라 말기에 나타났으나 강력한 사회 사상으로 발전한 것은 5·4 신문화 운동 시기였다. 신문화 운동이 발생하게 된 원인은 대중들을 일깨우는 수요를 바탕으로 했기 때문이다. 당시 신 문화를 제창하는 지도자들은 긴박한 마음으로 효율적인 경로를 찾고 효율적인 방법을 채택하여 가장 기본적인 근대 사상 관념을 일반

대중들에게 주입하였다. 황원용(黃遠庸, 1885~1915)은 이른바 '현대 사상 …… 일반인과 교섭(現代思潮 …… 與一般之人生出交涉)'[38], 호적은 소위 '대다수의 국민들에게 보급普及於大多數之國人'[39], 천두슈陳獨秀가 희망하는 '대다수의 국민多數之國民'의 '최후의 각오最後之覺悟'[40] 모두는 주의력을 평민에게 집중시켰다. 백화문의 제창 이용, 평민 교육의 진행, 평민사단의 조직[41] 등은 이들이 평민주의 사상을 실천했음을 나타낸다. 수많은 청년 학생들이 이 실천 운동에 참여하였을 뿐만 아니라 많은 대학 교수들도 몸소 실천하였다. 이로써 민주주의를 추진하는 사상이 날로 높아졌다. 이 시기의 평민주의는 이미 정치 측면을 벗어나 경제의 평민주의, 교육의 평민주의 심지어 문학 예술의 평민주의 등을 포함하였다.

신문화 운동이 추진하는 평민주의 사상과 청나라 말기 후 평민주의의 다른 점은 모호하게 일반 대중에게 알리는 것에 머물러 있는 것이 아니라 최대 많은 다수의 노동자 농민들에게 직접 설명한 점이었다. 5·4운동이 발생한지 얼마 되지 않아 탕산唐山에 위치한 공업전문학교의 학생들이 조직돼 주변 농촌의 대중들에게 선전하였다.[42] 그 후 청년

---

38 黃遠庸이 『甲寅』 편집자에게 보낸 편지, 『甲寅 雜誌』第1卷 10號.

39 『胡適留學日記』, 商務印書館, 1947, p.956.

40 『陳獨秀 文章 選編』(上), 三聯書店, 1984, p.107.

41 당시 평민주의를 취지로 하는 사단이 많았음. 예를 들면 평민교육강연단(平民教育講演團), 평민 교육사(平民教育社), 평민 주간사(平民周刊社), 평민 협사(平民協社), 민중사(民眾社) 등. 평민주의를 선전하는 주요내용의 간행물도 매우 많음. 예를 들면 『신생활 통속 주간(新生活通俗周刊)』, 『평민 교육(平民教育)』, 『신 여성(新婦女)』, 『호남통속보(湖南通俗報)』, 『평민(平民)』, 『평민 도보(平民導報)』 등. 특히, 노동자와 농민 대중들을 직접 상대로 하는 간행물도 많았음. 예를 들면 『노동계(勞動界)』, 『노동 주간(勞動周刊)』, 『노동자 주간지(工人周刊)』, 『노동 주보(勞動周報)』, 『취농(醒農)』 등.

42 리중샹(李中襄, 1896~1958), 쉬위안치(許元啓, 1889~1972)가 호적에게 보낸 편지, 『胡適遺稿及秘藏書信』에 게재, 第8卷 p.134.

지식인이 농촌, 공장에 직접 가서 농민, 노동자들과 접촉하여 이들 사이에서 선전하거나 혹은 평민 교육을 진행하거나 혹은 사회적 조사를 진행하여 차츰 사회적 기풍을 형성하였다. 1920년 톈진 각오사覺悟社 저우언라이周恩來 등은 베이징의 일부 청년단체의 대표와 함께 리다자오의 참여 하에 '민간 속으로 들어가기到民間去'를 취지로 하는 『선언宣言』과 『약장約章』을 작성하였다 이는 5·4 신문화 운동의 세례를 받아 새롭게 태어난 청년들이 대중, 특히 노동자 그리고 농민 대중들과 서로 연결해야 함을 깨달았음을 보여준다. 이는 역사적 의미가 크다. 지식인과 노동자 그리고 농민들이 서로 결합한 것이 중국처럼 낙후된 나라에서 일으킨 사회적 효과는 매우 컸다. 이런 결합을 통해 지식분자와 노동자 그리고 농민 대중이 새로운 사회적 역량으로 개조되기 때문이다. 대중을 벗어나 세상살이를 잘 모르고 실천력이 없던 선비들이 대중의 조직자와 지도자가 되었다. 지식이 없어 우매하고 미신에 빠져있으며 세상사에 관심이 없던 수많은 사람들이 지식이 있고 각오가 있으며 정치활동에 참여하는 것을 원하는 대중으로 변하였다. 이런 결합은 사회를 뒤흔드는 역량을 생성할 것이다. 5·4 운동 이후 초보적으로 공산주의 사상을 갖춘 지식분자들이 노동자 사이에서 대량의 선전과 조직작업을 하여 중국 공산당의 설립을 위해 조건을 마련하였다. 중국 공산당의 설립은 중국의 이후의 수많은 변화를 초래한 기본원인임이 분명하다. 1920년대 초, 국민당의 개편도 평민주의 사상의 추진과 분명한 관계가 있다. 국민당이 개편한 후 노동자와 농민 운동을 중시한 것이 바로 그 증거다. 즉, 평민주의 사상이 고조되지 않으면 그 후 국민 혁명 시기에 기세가 웅장한 노동자운동이나 농민운동도, 국민 혁명의 신속한 발전도 없었을 것이다.

평민주의 사상의 고조와 노동자 농민 운동의 성행은 첫째는 5·4 애국운동 중에서 수많은 노동자와 농민 대중들 자신의 각오와 역량을 표현한 것이고, 둘째는 지식인들이 러시아 10월 혁명의 영향을 받아 중국도 러시아의 길을 걸어야 혁명이 성공할 수 있다고 생각했기 때문이다. 리다자오가 10월 혁명을 소개한 글「서민의 승리庶民的勝利」와 나가룬이 쓴「오늘의 세계 사조今日之世界思潮」에서 장래의 혁명은 러시아식의 혁명이고 진정한 평민 혁명이라고 지적하였다. 신문화의 선두에 있는 지식인들이 러시아 10월 혁명의 성공은 노동자와 농민 대중들의 각오와 투쟁에 의한 것임을 깨달았다는 것을 보여주는 대목이다. 따라서 평민주의는 신문화 운동의 승화에 따라 이후 중국의 정치 운동과 혁명 운동이 뚜렷한 대중 운동의 특징을 띠도록 하였다.

이후 10여 년 동안, 대중 운동은 중국 정치 활동의 중요한 수단이 되었다. 이는 중국의 정치 발전에 상당히 긍정적인 역할을 발휘하였다. 하지만 일부 상황에서 대중운동을 지나치게 숭배했기에 적지 않은 부정적인 영향이 발생한 것도 숨길 수 없는 사실이다.

정치와 문화 사이의 관계는 복잡하다. 여기서는 양자 간에 상호 촉진하는 관계에 대해서만 논의하였다. 역사적 사실은 정치적 각오 혹은 정치적 변혁은 문화의 변동을 추진할 수 있음을 설명하였다. 역으로 문화적 각성 혹은 문화 운동도 정치에 일부 중대한 영향을 줄 수 있다. 하지만 근대 중국의 국내외 환경으로 인하여 중국인이 직면한 역사적 선택은 정치적 문제의 중요성과 기타 문제를 초월하는 긴박성이 있도록 하였다. 정치적 문제를 해결하지 않으면 다른 문제를 합리적으로 해결할 수 없다. 신문화 운동이 흥행된 후 일부 지식인들은 이미 이 점을 인식하였다. 장스자오(章士釗, 1881~1973)는 황원용黃遠庸에게 보낸 답장에서 "신문화를 제창하는 것은 근본적인 구제 방법이다. 정치적으로 차이가 있으니 그 수준이 수평선 이하이지 않아야 사회적인 문제를 언급할 수 있다."고 썼다.[43] 천두슈陳獨秀는 간행물 『청년』 창간 초기에 "정치 시국을 비평하는 것은 취지가 아니다(批評時政, 非其旨也)"고 썼다.[44] 하지만 1년 여 시간이 지난 후 그는 "이 단체 진화의 근본은 교육, 실업에 있고 정치에 있지 않다. 하지만, 정치가 어느 정도 발전해야만이 교육, 상업도 발전의 여지가 있다."는 것을 인식하였다.[45] 후에 량수밍(梁漱溟, 1893~1988)도 정치가 방법이 없으면 문화도 방법이 없다고 지적하였다. 정말 직설적인 이야기다. 정치가 이미 안정적인 궤도에 진입하면 노예 시대든지 봉건 시대든지 아니면 자본주의 시대든지 문화는 휘황찬란한 발전기를 거치게 된다. 그렇지 않고 정치가 안정적인 궤도에 진입하지 못하면 문화는 건전한 발전의 기회를 얻기 힘들다. 이는 동서고금의 역사가 증명해 낸 불변의 규칙이다.

근대 중국 정치가 직면한 기본과제는 독립과 민주를 실현하는 것이다. 독립을 실현하려면 제국주의를 반대해야 하고 민주를 실현하려면 전제주의를 반대해야 하는 제국주의와 전제주의를 반대하는 2대 과제는 상호 연결된 것이다. 근대 중국 문화가 직면한 과제는 앞에서 언급했듯이 거의 폐쇄적이고 중앙 집권의 군주전제제도와 연결되어 있고 공자와 유교를 숭상하며 개성을 심각하게 억압한 고대 문화에서 개방적이고 근대 민주제도에 적응해 황제의 권위를 부정하고 개성의 발전

---

43   『甲寅』第1卷 10號.

44   『靑年』創刊號「通信」.

45   『新靑年』第3卷5號「通信」.

을 장려하는 근대 문화로 전환한 것이다. 중국 고대 문화에 근대 문화를 자생시킬 수 있는 요소가 아예 없는 것은 아니었다. 하지만, 오랫동안 전제주의 정치와 긴밀하게 연결된 주류 문화의 억압하에 외부 요소로 자극하지 않으면 성장하기 힘들고 낡은 주류문화를 새로운 주류문화로 대체하는 것은 더 말할 수 없다. 하지만 외부 자극 요소는 바로 중국을 침략한 제국주의의 서방 세계이다. 이는 문화 전환의 어려움을 가중시켰다. 5천년의 문명발전 역사를 가지고 있는 민족은 내부 변화의 축적이 부족한 상황에서 피해와 모욕을 준 서구열강의 문화에 갑자기 직면하게 되어 여유롭게 문제를 사고하고 해결하기 힘들다. 따라서 정치적으로 독립과 민주를 실현하는 것은 중국 문화 근대 전환을 이루는 매우 중요한 조건이다. 즉, 정치적으로 방법이 있어야 문화적으로도 방법이 있다. 이는 또 근대 중국의 사회 전환과 문화 전환 과정에서 정치가 부인할 수 없는 주도적인 역할이 있음을 결정하였다. 이는 적극적인 의미도 있고 부정적인 영향도 있다. 부정적인 영향은 학술과 사상, 문화 분야에서 장기적으로 존재하는 극복하기 힘든 범정치화의 경향이다.

근대 중국의 문화적 전환에 대한 연구

맺음말

본서의 주요 취지는 근대 중국 문화 전환의 대략적인 발자취를 설명하고 문화 전환의 내부 근거와 외부 조건을 밝히는 것이라고 서언에서 언급한 바 있다. 명청교체기부터 아편전쟁 전 300년 동안 중국 전통 문화의 내부적인 변화에 대해 이미 개괄적으로 설명하였다. 시간적으로는 신문화 운동까지 설명하였다. 전자는 근대 중국 문화 전환의 내부적인 기반을 설명하기 위한 것으로 많은 해석이 필요하지 않다. 후자는 서언에서 설명한 바 있다. 기본적으로 고려한 내용은 다음과 같다. 첫째, 아편전쟁부터 신문화 운동까지 근대 중국인의 민족 각성은 상대적으로 완전한 과정을 거쳤다. 이 점에 대해 학술계는 이미 높은 공감대를 형성하였다. 둘째, 신문화 운동은 가장 기본적인 측면에서 중국의 근대적 발전에 방향을 개척하였다. 예를 들면, 개방적인 문화 관념을 제창했고, 과학적인 정신과 방법을 전파했으며, 자유와 민주의 구체화를 강조하고 이를 개성 해방과 밀접하게 접목시키는 등이다. 중국 문화는 기본적으로 신문화 운동이 정해진 방향에 따라 앞으로 나아가고 있었다. 따라서 비록 중국의 문화 전환이 여전히 진행 중에 있지만 아편전쟁에서 신문화 운동까지 근대 중국 문화 전환은 상대적으로 완전한 부분이다. 따라서 본서의 결론에서는 중국 문화 전환 과정에서의 주요 문제점에 대해 간략하게 설명하겠다.

1. 근대 문화 전환의 곤혹

현재 많은 사람들이 중국 문화의 근대 전환이 명나라 말기부터 시작되었다고 강조한다. 하지만 이들 대다수는 청나라가 정권을 찬탈하여 강력한 중앙 집권의 군주 전제제도를 구축하면서부터 이 전환 과정이 끊겼음을 인정한다. 이는 중국 문화의 근대 전환의 연속적인 과정은 아편전쟁 후부터 시작되었음을 인정하는 것과 마찬가지이다. 명나라 말기에 중국 문화의 근대 전환이 시작되었는지 여부에 관한 문제를 깊이 논의할 필요는 없다. 여기서는 아편전쟁에서부터 신문화 운동까지 중국인, 특히 지식계층이 문화 전환 문제에서 맞닥뜨린 곤혹에 대해 반성하고 논의해 보기로 하겠다.

첫째는 중국과 서양의 문제이다.

중국은 독립적이고 연속적인 5천 년의 문명 발전사를 가지고 있으며 그 문화의 축적이 매우 풍부하고 수천 년간 진정한 도전을 받지 않았다. 중국인이 시각적으로 볼 수 있는 지역적 범위에서 다른 민족의 문화 정도는 중국보다 낮다. 중국 지식인은 산처럼 많이 쌓인 문화 전적典籍에 모든 전력을 쏟으면서 중화권 외에 다른 고급문화가 있고 중국과 견줄 수 있는 고급문화를 가진 민족이 있다는 것은 상상도 하지 못하였다. 이런 신념은 깰 수 없을 정도로 견고하였다. 아편전쟁 후 중국은 서구열강들의 침략을 받고 영토를 할양하여 배상하고 갖은 모욕을 당하였다. 이런 상황에서도 절대다수의 사대부들은 다른 민족보다 못하다는 것을 인정하지 않았다. 서양인의 외모, 언어, 행동은 모두 다른 종류라고 생각하였다. 중국인의 생각과 사전에서는 다른 종류는 오랑캐뿐이다. 고대 그리스 철학자 프로타고라스는 "사람은 만물의 척도"라고

근대 중국의 문화적 전환에 대한 연구

말하였다. 모든 계층에서 상대적으로 안정된 단체는 그들 자신을 그들 이외의 사물을 관찰하는 척도로 삼았다. 다른 척도가 없기 때문에 이렇게 하는 것은 극히 자연적이다. 중국인 고유의 관념에서 자기 민족 외의 민족은 모두 오랑캐이니 낯선 서양 민족도 오랑캐일 것이다. 게다가 서구열강들은 마약을 강매하고 토지를 약탈하며 대중을 학살하니, 오랑캐와 비슷하였다. 쉽게 흔들리지 않는 이런 관념은 오랫동안 해소하기 힘들다.

위원의 '서양의 기술을 배우는 것師夷長技'과 풍계분의 '서양 학문 채택采西學'은 서구열강들의 문화에 대한 극히 표면적인 인식일 뿐이다. 이에 따라 발생한 양무운동은 대다수 지식인의 인정을 받지 못하고 늘 공격을 받고 모욕을 당하였다. 중국 지식인은 '중화 문화로 중화 이외의 민족에 영향을 준다用夏變夷'여야지 '중화 이외 민족의 문화로 중화 민족에 영향을 준다用夷變夏'는 것은 있을 수 없다는 생각도 쉽게 흔들리지 않았다. 양무운동이 실패하기 전까지 양무는 지식인의 보편적인 인정을 받은 것이 아니라 사실상 허용되었을 뿐이다. 허용된 이유는 전통 사대부가 봤을 때 공법의 학문과 '사악하고 음험한 기교'는 서양에서 약간 우월성이 있으나 중화문명이 예교禮敎 측면에서의 우월성에 별 영향을 주지 못한다고 생각했기 때문이다. 강유위, 양계초 등은 제도 변혁을 주장할 때 강력하게 반대하였다. 그 이유는 조상들의 제도를 바꿀 수 없고 예교의 근본 원칙을 위배하지 말아야 한다고 생각했기 때문이다. 하지만 열강 등이 토지를 분할하고 조계를 만들고 세관과 영사 재판권을 주재하는 등 조상들의 제도는 이미 완전히 파괴되었다. 8국연합군이 베이징을 침략하고 황제와 태후가 궁지에 몰려 도망갔으니 예교의 근본 원칙을 어찌 더 이상 언급하겠는가? 하지만 중국인이 자국에서 중화문명이 다른 나라와 민족보다 우월하다는 것을 대다수 지식인들은 여전히 의심치 않았다. 때문에 입헌운동과 개혁 운동을 거쳐 군주제가 전복되고 민주공화국이 설립되었지만 여전히 많은 지식인 심지어 왕궈웨이王國維, 나진옥羅振玉, 선쩡즈沈曾植 등 학문이 있는 사람들은 여전히 개혁과 혁명이 중화 문명의 전통을 훼손하기에 청나라 유민遺民이 될지언정 변발을 자르고 옷을 바꿔입고 공화국의 국민이 되려고 하지 않았다. 1940년대 필자의 출생지인 가난하고 외진 문화가 발달하지 않은 요하遼河 강가에 자리 잡은 100가구 미만의 작은 마을에도 죽을 때까지 긴 머리를 자르지 않으려는 늙은 동생童生을 본적이 있다.

중화민국이 설립된 후 필요한 사회적 기반이 미비하고 필요한 지원역량이 부족하여 공화파는 정권을 지배하지 못하였다. 낡은 세력에도 파별이 서로 달라 낡은 제도로 복귀하는 것도 실패하였다. 따라서 전체 사회는 무질서한 상태가 지속되었다. 이때 중국 문화를 보호한다고 자칭하는 사람들이 나서서 모든 문제는 서양의 제도를 모방했기 때문이라고 주장하였다. 중국은 자고로 공자와 맹자의 학설에 의존했고 조상들의 유풍을 따랐고 예 의 충 신을 중시하였다. 무질서한 사회의 질서와 도덕 적으로 타락된 곤경을 해소하려면 서양의 제도를 지양하고 공자와 맹자 학설을 지향해야 하며 중국 고유의 전통으로 돌아와야 한다고 지적하였다. 이들은 공맹의 도孔孟之道에 따라 진행하면 중국의 모든 상황이 나아질 것이라고 단언하였다. 과거의 실패는 공자와 맹자의 도가 세간의 변화에 맞설 수 없는 것이 아니라 사람들이 공자와 맹자의 학설을 제대로 알지 못했기 때문이라고 생각하였다. 그러나 서양의 학문을 참고하고 학습하는 것을 주장하는 사람들은 이런 시국에서 모든 문제가 나타난 원인은 서양의 학문을 모방해서가 아니라 사람들이 진정

근대 중국의 문화적 전환에 대한 연구

한 서양 학문과 서양의 법도를 제대로 알지 못했기 때문이라고 지적하였다.

양측의 견해는 모두 도리가 있다. 하지만, 전자는 공자와 맹자의 학설을 고도로 이상화理想化하였다. 사실, 공자와 맹자의 학설은 지나치게 이상화된 특징이 있다. 대개 공자와 맹자의 학설에서 나라를 다스리고 천하를 평정한 자들은 모두 이상理想에 속한다. 이상을 실현하는 방법, 수단, 경로는 아예 언급하지 않거나 혹은 실제적이지 않고 막연하게 설명한다. 때문에 공자와 맹자의 학설을 제대로 실행하는 것은 거의 불가능하다. 따라서 역대 태평시대에는 한두 명의 현명한 군주가 공자와 맹자의 학설 이상에 근거하여 국정과 민심을 시찰하고 선정을 베풀고 백성들이 각자 능력을 발휘하도록 하여 한 시대의 태평을 보장하였다. 대다수 상황에서 통치자들은 공자와 맹자의 인 의 충 신 등의 설법으로 천하의 우민들을 기만했고 자기의 도적적인 행위를 감추었을 뿐이다.

공자와 맹자의 학설은 긍정적인 측면에서 가장 큰 가치는 군자 인격을 만드는 것에 도움을 주는 것이었다. 수천 년 동안 이 학설은 사람들이 숭상하는 가장 큰 이유는 실實은 상대방이 아닌 자기 본인한테 있는 것이다. 하지만, 몸을 다스리고 덕을 쌓는 것은 인생에서 의식衣食을 제외하고 가장 중요한 일이다. 따라서 공자와 맹자의 학설은 인생에 주는 영향이 가장 크다. 이에 모든 문화가 발전하는 중요한 시기에 전통 사상 관념은 공자와 맹자의 학설을 가지고 새로운 관념에 맞서서 큰 걸림돌이 되었다. 시대적인 도전은 국가 민족의 운명에 연관된다. 이런 측면에서 사람들은 전통과 공자, 맹자의 학설에서 직접적으로 유용한 답안을 찾기 어렵기에 어쩔 수 없이 '서양에게 진리를 찾는다'. 게다가 공자와 맹자의 학설에 군자인격을 만드는 것에 유익한 내용이 존재하지만 종법윤리의 내용도 내포되어 있어 사람의 개성을 구속한다. 따라서 시대의 흐름에 가장 예민한 청년 중 대다수가 공자와 맹자의 학설을 핵심내용으로 하는 전통 도덕을 존경하고 믿으려 하지 않았다. 청년들은 세계관이 확정되지 않아 쉽게 극단적이어서 동란의 사회에서 법에 어긋나는 행동을 쉽게 저지를 수 있기에 전통과 공자, 맹자를 수호하는 자들이 공격하는 구실이 더 되기 쉬웠다.

서양의 법도를 모방할 것을 주장하는 사람들의 견해도 이치가 있다. 중화민국 시기까지만 해도 중국인이 서양에 대한, 특히 서양 문화에 대한 이해가 제한적이었다. 근대에 와서 중국인이 서양에 대한 이해, 서양 문화에 대한 이해는 다음 몇 가지 루트에만 의존하였다. 1. 중국에 온 서양인으로 외교관, 상인, 전도사와 소수의 교육계, 신문계, 금융계, 세관 등 분야에서 종사하는 사람 등이 포함된다. 이런 사람들과 접근할 수 있는 중국인은 극히 드물었다. 2. 중국에서 해외로 파견된 사람으로 외국 주재 대사관과 영사관이나 외국 주재 사업기관에 종사하는 사람, 유학생과 방문 교육자 등이다. 이들 중 대다수는 소재국 대중들의 생활에 깊이 침투하여 그곳의 문화를 깊이 있게 이해하지 못하였다. 이들은 국내 일반 대중들에게 외국의 문화를 구두 혹은 글로 체계적으로 소개하지 못하였다. 3. 신문 간행물. 청나라 말기부터 신문 간행물은 중국 근대 미디어 시스템의 주요 방식으로 자리잡았다. 방송사업은 늦게 시작되었고 보편적이지 않았다. 간행물 중 일부는 외국의 소식, 사건, 인물과 지역별 특색을 소개하였다. 당연히 매우 표면적이고 토막난 내용이며 잘못된 내용도 있었다. 4. 서적 번역. 청나라 말기부터 민국시대까지 번역한 외국 서적은 주로 과학, 기술, 정치와 법률, 문학 예술, 고등학교 교재, 소수의 학술 서적이다. 나라가 늘 동란의 시대에 있었기에 서적 번

근대 중국의 문화적 전환에 대한 연구

역 사업은 체계적으로 계획되지 못하고 혹은 급한 수요 대비하거나 혹은 상업적 이익 혹은 기타 우연한 원인 때문에 진행됐다. 체계적이지 않은 번역 소개는 자연스럽게 좋은 효과를 얻지 못하였다. 따라서 근대 중국은 개방한지 100년이 지나도 지식계층을 포함한 중국인들은 서양 문화에 대한 이해가 여전히 부족하였다. 매번 문화 관련 논쟁은 서양 문화를 반대하는 사람들이 서양 문화에 대해 잘 모를 뿐만 아니라 서양을 배우는 사람들이라도 서양문화를 제대로 알지 못했음을 보여준다.

중국과 서양의 문화 문제는 간단하게 차이를 비교하는 문제가 아니고 누가 낫고 누가 더 못한지의 문제는 더욱 아니다. 중요한 것은 다양한 문화의 접촉, 교류 중에서 인류 문화의 동일성을 인식하고 인류 문화 발전의 큰 흐름을 인식하여 문화적 자각을 일으키는 것이다. 문화에 접근하고 교류하는 과정에서 외부적인 강제성이 없으면 모든 우수한 것을 상실할 염려가 없다. 문화는 문자 전적이 아니라 문화 기록, 구두 전설, 실물 실적, 개인과 단체의 행위, 풍습 습관 등을 포함한 모든 것이다. 이런 것들은 특수한 상황에서 특히 거대한 외부적 강제적인 힘이 발생하면 한시적이거나 국부적으로 비틀거리거나 침몰할 수는 있지만 완전하게 상실되거나 완전하게 대체되지는 않는다. 중국인이 서양 문화를 접한 후 장기적으로 문화적 마음가짐을 제대로 해결할 수 없고, 침착하게, 냉정하게 정확하게 이 문제를 해결할 수 없었던 이유는 장기적으로 폐쇄되어 서양 문화에 대한 이해가 부족하였을 뿐만 아니라 주로 낡은 제도가 폐지되고 새로운 제도가 설립되지 않아 정치적으로 정상적인 궤도에 진입하지 못하여 문화 사업에 뜻을 둔 이들이 일관적이고 체계적으로 조직적으로 문화의 정리와 건설 사업에 종사하지 못하였기 때문이다. 문화 문제에 대한 논쟁이 발생하면 늘 냉정하게 논의할 수 없거나 혹은 급진적이거나 보수적이어서 정치판에 끌려들어가 정객들에게 이용당하였다. 이것이 바로 중국인이 장기적으로 곤혹을 해소하지 못한 중요한 원인이다.

두 번째 중대한 곤혹은 고금의 문제이다.

앞에서 언급했듯이 중국 문화는 5천년간 이어져 내려오면서 풍부하게 많은 것을 축적하였다. 이는 큰 장점이다. 하지만 정확하게 인식하지 않으면 짐이 될 수도 있다. 서양의 도전, 현대사회의 도전에 직면하여 국가가 빈약하고 민족이 모욕당할 때 중국인은 늘 조상들의 영예와 휘황찬란했던 역사를 과시하며 스스로를 위로하였다. 이는 도리어 민족적인 진취심을 마비시켰고 현대화의 진보를 지체시켰다. 가장 염려스러운 것은 일부 완고한 보수적인 문인들과 일부 정객들이 모여 지난날의 휘황찬란한 역사를 그리워하는 마음을 이용하여 사람들을 뒤로 돌아보게 인도하고 복구復舊, 복고復古를 대대적으로 선전하였다는 점이다. 이는 사람들이 보는 것과 듣는 것을 혼란스럽게 하여 정확한 발전의 방향을 찾는 것을 방해하였다.

본래 민족 문화의 발전 과정에서 과거와 오늘의 문제, 즉 사람들이 흔히 말하는 전통과 현대의 문제에 자주 부딪히게 된다. 이 문제는 중국에서 오래되고, 크고, 어려운 문제이며 수많은 지식인들이 스스로를 초월하지 못하는 문제이다. 이는 첫 번째 문제와 밀접한 연관이 있다. 오랜 관념의 속박에서 벗어나지 못하는 지식인은 서구열강의 침략이 없고 서양 문화의 혼란이 없으면 중국인이 자신들의 전통에서 매우 편안하게 생활할 수 있다고 생각하였다. 따라서 문화의 출구는 서양의 문화를 최대한 배척하는 것이고 설령 일부 장점을 따라 배울 수 밖에 없어도 이 범위를 최대한으로 줄여야 한다고 생각하였다. 또한, 고유한 전통을

근대 중국의 문화적 전환에 대한 연구

휘손하지 않고 최대한 유지해야 한다. 물론 이는 과거로 현재를 능가하는 사상이다. 이런 사상이 문제를 해결할 수 없는 것은 뻔한 일이다. 하지만, 중국 사회, 중국 문화가 새로운 건전한 발전 궤도에 진입하지 않고 대다수 사람들이 새로운 사회, 새로운 문화의 서광에 접근하지 않는 한 이런 사상은 여전히 많은 사람들이 옹호할 것이다. 사람들은 행진할 때 넘을 수 없는 장애물에 부딪히면 늘 기로에서 방황하면서 후퇴하여 원래의 자리로 돌아가고 싶어 한다. 모험정신이 있는 소수의 사람만이 장애물을 넘을 수 있는 방법과 출구를 찾아 용감하게 전진한다. 중국처럼 토지가 넓고 인구가 많으며 문화 전통이 오래된 민족을 전체 동원하여 모험 정신을 가지고 새로운 출구를 모색한다는 것은 쉬운 일이 아니다. 모험 정신이란 쉽게 말해 창조적인 정신, 혁신적인 정신이다. 방대한 민족이 습관적으로 생존하고 있는 전통 속에서 빠져 나와 새로운 생활을 시도하는 것은 물론 쉬운 일이 아니다.

객관적으로 또 다른 강력한 힘이 사람들의 오늘이 과거보다 못하다는 심리를 강화하였다. 즉, 외부적으로 열강들의 침략과 압박을 받고 내부적으로 서로 싸우고 어지럽고 소란하며 게다가 재난과 질병으로 백성들이 도탄에 빠졌다. 이런 사회 현실 속에서 사람들은 미래의 희망을 볼 수 없기에 뒤로 돌아보는 것 외에, 조상의 명예로 스스로를 위로하는 것 외에 어떤 것으로 중국의 문화에 대한 최소한의 자신감을 가질 수 있었겠는가? 중국의 고유문화와 서방 문화에 대해 깊이 이해하는 사람만이 과거와 현재 문제의 곤혹에 빠지지 않고 전통에 대해 비판하고 반성하며 서양 문화에 대해 개방적인 안목과 마음가짐을 가질 수 있을 것이다. 중국에서 이런 사람들은 매우 드물다. 또한, 이런 사람들은 늘 민족 허무주의 심지어 맹목적으로 외국의 것을 숭배하는 사람이라고 평가받는다. 따라서 과거와 현재 문화의 곤혹에서 더 벗어나기가 어렵다.

이로서 근대 중국 문화 전환 과정에서 중국인이 해소할 수 없는 가장 중요한 두 가지 곤혹을 설명하였다. 이 외에도 다른 여러 가지 곤혹이 있었지만 위에 내용에 비해서는 부차적인 내용이었다. 다음으로 우리가 비교적으로 잘 아는 부분을 간략하게 이야기하자.

물질문화와 정신문화의 관계에 관한 곤혹.

중국은 전통적으로 인문, 사람의 정신 생활을 가장 중요시한다. 소위 "사람은 만물의 영장이다人是萬物之靈", '사람은 정신세계가 있기에 귀하다人貴有精神." 전통적인 사대부들은 물질 생활을 정신 생활과 똑같이 중요하게 생각하거나 심지어 정신 생활보다 더 중요시한다면 사람이 아니고 "짐승과 같다."고 생각하였다. 3장에서 하나의 진실한 이야기를 언급한 적이 있다. 즉, 한 외국인이 외국 군함에 중국 관원을 초청하여 참관을 시킨 후 이 관원이 느낀 소감이다. 그는 중국인이 중요시 하는 것은 이런 공법, 기술이 아니라 글에 있다고 말하였다. 이중에서 글이란 단순하게 협의의 글을 쓰는 문장이 아니라 정신문화 생활을 의미하다. 왜인이 동문관에 천문산학관을 설치하는 것을 반대하는 논쟁, 무술 시기 변법 개혁에 관한 논쟁, 중화민국 초기 도덕문제에 관한 논쟁, 신문화 운동 시기 동서양 문화와 신구 문화의 논쟁 심지어 1920~1930년대 문화 논쟁에서 보수파들은 공통된 논점이 하나 있다. 즉, 중국 문화의 정신적인 내용이 논의의 여지가 없이 다른 민족보다 훨씬 높다는 것이다. 많은 사람들은 중국의 문명은 정신문명이고 서양의 문명은 물질문명뿐이라고 한다. 뜻인즉 중국의 문화는 정신을 중요시하는 문화이고, 서양의 문화는 물질을 중요시하는 문화라는 것이다.

문화적인 측면에서 보수적인 입장을 가진 중국인들의 이런 견해가 이유가 없는 것은 아니다. 진나라에서 대일통적인 군주전제제도를 확립하면서부터 공식적으로 인정된 유가儒家를 중심으로 하는 주류 문화는 정신문화의 중요성을 강조하였다. 또한, 일반적으로 사람의 정신생활의 중요 의미를 적절하게 강조하고 정신문화의 중요성도 적절하게 강조하는 것이 잘못된 것만은 아니다. 하지만 정신문화가 물질문화 없이 존재한다고 생각할 수 없다. 사실, 유가에서도 이 두 가지는 완전하게 분리되지 않았고, 공자도 "부유한 후 가르쳐라富而後教之"고 하였다. 물질문화의 발전은 정신문화의 발전에 필요한 기반을 마련했고 이는 현대인의 일반적인 상식이다. 하지만 청나라 말기와 민국 시기에는 많은 중국인이 이 점을 인정하려고 하지 않았다. 이들은 침략과 압박을 받고 모욕을 당하여 나라가 장기적으로 정치적 혼란에 빠지고 백성들이 도탄에 빠졌을 때에도 중국의 정신문화가 서양보다 우월하다는 검증을 거치지 않은 생각으로 스스로를 위로하면서 자신들의 눈을 가로막고 현실의 심각한 도전을 피하였다. 이런 관념과 이런 마음 가짐은 서양과 세계의 새로운 문화를 정확하게 이해하는 것에 걸림돌로 작용했고 중국의 전통문화를 정확하게 이해하여 개혁하고 창조하는 자각심에도 영향을 주었다.

　　곤혹적인 문제를 살펴보는 것은 근대 중국 문화 전환에서 사람들이 혹은 대다수 사람들이 풀지 못하는 '마음 속의 응어리'를 살펴보는 것이다. 이런 '응어리'가 존재하고 쉽게 풀리지 않는 가장 중요한 원인은 사회 현실에 있었다. 다음은 사회 현실의 문제를 살펴보기로 하자.

2. 사회 조건의 제약

본서에서 문화의 전환 문제를 논의할 때 언급한 문화는 일반적으로 정신 현상의 문화라고 여러 차례 설명하였다. 이 문화는 일정한 사회 조건을 기반으로 해야 한다는 점을 언급할 필요가 없다. 이런 사회 조건에는 물질 조건과 제도적인 조건 및 사람들의 기본 소양 조건 등이 포함된다.

제도적인 조건이란, 사회제도와 체제 구조 등의 요소이다. 이 내용은 설명하지 않아도 주지하는 사실이다. 근대 중국은 장기적으로 전쟁과 동란에 빠져 모든 사회사업이 연속적으로 발전하는 것이 거의 불가능하였다. 이것이 바로 앞에서 언급한 낡은 제도가 폐지되고 새로운 제도가 확립되지 않고 사회를 안정적으로 유지할 수 있는 제도 부재로 사회가 무질서한 상황에 빠진 것이다. 이는 문화의 전환, 특히 새로운 문화 건설에 매우 불리하게 작용한다. 이 점은 더 이상 설명할 필요가 없다. 물질조건과 사람들의 소양 조건을 좀 더 세부적으로 살펴보자.

물질 조건의 경우, 근대 문화는 근대의 경제기초를 기반으로 하였다. 일정한 발전 정도가 없는 근대 경제는 근대 문화를 발전시킬 수 없고 기껏해야 일부 개별적인 명확하지 않은 근대적인 관념만 생성할 수 있을 뿐이다. 장기적으로 살펴보면 근대 문화의 발전 정도는 근대 경제의 발전 정도와 서로 상응한다. 혹은 경제의 근대 전환을 실현하기 전에 일반적으로 문화의 근대 전환도 실현하기 힘들다.

중국 근대 경제의 발생에 대해 일반적인 학자들은 양무운동, 즉 1860년대부터 시작되었다고 주장한다. 60년의 발전을 거쳐 1920년대까지 경제사학자는 외국 자본, 관료 자본과 민족 자본을 포함하여 근대 경제총생산액이 전체 국민경제에서 8%[1]미만을 차지한다고 추정하였다. 이는 국민경제의 90% 이상은 여전히 구식 농업과 수공업이었음을 설명한다. 이런 경제기반 위에서는 전통문화에서 근대 문화로의 전환을 실현할 수 없다. 전국 대다수의 사람들은 여전히 소농경제에서 생존하고 여전히 가족 혹은 가정을 위주로 하는 생산단위이며 가정, 가족, 향토는 이들의 안목을 크게 제한했고 전통적인 종법 관념을 계속 지지하고 확고하게 하였다. 이런 상황에서 이들에게 근대의 새로운 문화 관념을 받아들이라고 하는 것은 극히 힘들고 근본적으로 불가능하다. 이것이 장기적으로 근대 신문화가 주로 연해, 강가와 근대 교통이 도달할 수 있는 좁은 지역 범위에 국한된 근본 원인이다.

　　미약한 근대 경제가 낡은 경제의 망망대해 속에 존재하기에 겉으로 볼 때 선진 도시가 낙후된 농촌을 이끄는 것 같지만 사실은 농촌이 큰 견인력으로 도시에 영향을 주었다. 도시의 자산가는 대다수가 농촌에 뿌리를 두고 있다. 비록 경제적으로 농촌과 이탈하였다고 할지라도 한 두 세대의 시간이 지났을 뿐으로 이들의 사상 관념, 이들의 행위 습관은 여전히 농촌의 영향에서 벗어나지 못하였다. 이들의 경영이념, 관리방식, 업계 내외의 교류방식에서 이런 영향의 흔적을 찾아볼 수 있다.[2]게다가 외국 제국주의와 국내 전제 통치자의 이중압박으로 인하여 중국의 근대 민족경제는 크게 발전할 수 없었다. 도시의 노동자는 농민

1　許滌新, 吳承明, 『中國 資本主義 發展史』第2卷, 人民出版社, 1990, p.1051.

2　중국 근대 기업의 선구자 유명한 실업가 장건(張謇), 그의 사업은 그가 죽은 후 점차 몰락. 사업을 계승할 아들 장효약(張孝若)은 장년에 불행하게 사망. 장건의 생전 친구 유원(劉垣)은 장씨 사업의 비극은 낡은 가족주의의 영향을 완전하게 벗어나지 못하였기 때문이라고 지적. (『劉垣致胡適的信』, 『胡適 遺稿及秘藏書信』第39卷, 黃山書社, 1994, pp.571~573).

의 겉옷을 벗은 지 얼마 되지 않은 농민이었고, 중국에서 진정한 노동자는 찾아보기 힘들었다. 비록 농민과는 다르지만 농민의 생각과 습관을 완전하게 벗어버리기 힘들었다. 사회 구조적으로 살펴볼 때 자산가와 노동자는 근대화의 주요 역량이다. 이 역량은 중국에서 수가 적고 전통 사상 관념의 구속을 받았다. 그들이 근대 새로운 문화를 창조하는 과정에서 발휘하는 역량이 제한을 받을 수밖에 없다. 사실상, 근대 중국에서 새로운 문화를 창조하는 역량은 장기적으로 일부 지식인이 맡았다. 지식인들은 예민한 사상을 가지고 있고 시야가 넓으며 주로 교육, 위생, 법률, 간행물 등 분야에서 종사하면서 많은 사회계층에 영향을 줄 수 있다. 하지만, 지식인은 독립성이 부족한 안정적이지 못한 사회계층으로 이들의 사업은 안정적이고 지속적으로 발전하기 힘들었다. 게다가 대내외적 반동 세력이 서로 들볶고 전쟁, 동란이 끊임없는 사회 조건에서 이들의 사업은 더 힘들 수밖에 없었다. 호적, 장명린 등이 서양의 학술 문화 경전을 번역하고 소개하며 중국 역사 전적을 정리하려는 사업을 중도에 그만둘 수밖에 없었던 것이 이를 증명한다.

국민 소양을 살펴보자. 국민 소양에는 다양한 내용이 내포되어 있어 전반적으로 이 문제를 논의하기 힘들다. 교육수준 측면에서만 이 문제를 논의해 보겠다. 국민 소양에 영향을 주는 가장 기본적은 것은 초등교육이다. 중국에서 장기적인 분투 목표는 초급교육을 보급하는 것으로 일반 국민에게는 중등 이상의 교육을 언급조차 할 수 없었다. 그렇다면 근대 이후 중국의 초등교육의 발전상황은 어떠했을까?

이 책 제5장에서 청나라 말기 중국 교육 발전 상황을 언급한 적이 있다. 『1차 중국 교육연감第一次中國敎育年鑑』 기록에 의하면 1909년까지 전국 소학생(초등학생) 재학생수는 153만 2,746명에 그쳤다. 4억 인구

근대 중국의 문화적 전환에 대한 연구

를 가진 나라에서 이 숫자는 얼마나 적은 숫자인지는 더 말할 필요가 없다. 민국 시기, 1930년 교육부 통계에 의하면 그 해 초등 소학생 재학생수는 914만 5,822명이고, 고등 소학생 재학생수는 139만 6,704명으로 모두 1054만 2,526명으로 나타났다. 4억5천만 인구를 가진 나라에서 이 숫자는 매우 적은 숫자이다. 그 해 소학교 졸업생수를 보면 당시 전국에서 초등 교육을 받은 사람이 대략적으로 어느 정도인지를 알 수 있다. 1930년 초등 소학교 졸업생은 271만 2,383명이고, 고등 소학교 졸업생은 76만 3,677명이며 합계는 347만 6,060명이다.[3] 청나라 말기까지 신식 교육을 받은 사람은 약 200~300만 정도일 것으로 추정된다. 민국 시기 초등교육 성장률이 2%라고 가정할 때 1930년 숫자를 추정해 보면 1930년에 교육을 받은 사람(중등, 고등 교육을 받은 사람은 자연히 초등 교육도 받았을 것임)은 총5540만 2,726명 일 것이다. 정확하지 않은 추측으로 더 높게 추측했을 가능성이 높지만 격차가 그리 크지는 않을 것이다. 이 숫자에 청나라 말기 숫자를 더하면 5천7, 8백만이다. 여기서 이 기간에 사망하고 외지로 빠져나간 사람을 빼면 5천5백만 정도일 것이다. 총 인구를 4억5천만으로 계산하면 12.2%를 차지한다. 위 교육부의 통계에 참조할 만한 숫자가 있으니 소개하겠다. 이 책에는 「중국 초등교육과 각 국 비교표」가 있다. 이 도표에 의하면 1930년, 중국에서 1만명당 초등교육을 받은 사람은 236명에 불과하고 캐나다는 2,082명, 미국은 1,768명, 일본은 1,582명, 영국은 1,580명으로 나타났다.[4] 선진국에 비해 6.7~8.8배 정도 차이가 난다. 국민의 소양은 다양한 요소에 의해 결

---

3   教育部普通教育司,『全國 初等教育 統計』, 1933, p.21.

4   同上書, 34.

정되지만 교육수준은 이중에서 가장 기본적이고 가장 중요한 요소임은 인정하지 않을 수 없다.

교육을 받은 국민이 적고 그 수준이 낮아 사회 상층문화와 하층문화 사이의 격차가 깊고 크기에 선진 문화를 전파하는 것에 불리하게 작용하였다. 게다가 중국 사회의 전파 매체가 본래 상대적으로 낙후하고 교통이 뒤떨어져(1920년까지 전국 철도 길이 1만 km에 불과, 당시 중국의 토지 면적과 비슷한 미국의 경우 10여 만 km) 문화가 순조롭게 갱신될 수 없었다.

근대 문화에서 가장 중요한 특징은 문화의 평민화이다. 평민화의 근본 의미는 사회적으로 문화 제품을 보유하고 향수하는 것에 큰 차이가 없다는 것이다. 예를 들면 영화 보기, 음악 듣기 등은 선진국에서 상대적으로 빈곤한 계층일지라도 사치에 속하지 않는다. 하지만 청나라 말기 민국 초기의 중국에서 빈곤한 하층 대중들에게는 지나친 바램이었다. 오직 명절 혹은 향촌 묘회廟會, 행사 때에나 지방극과 서커스 공연을 감상하는 것이 이들의 문화생활의 전부였다. 물질문화 제품을 보유하고 즐기는 것 차이는 더 뚜렷하게 나타났다. 관료, 부호 가문의 의복·식사·주거·생활은 빈곤 대중들과 하늘과 땅 차이였다.

문화적인 차이는 내외 모순으로 인한 혁명 형세에서 상층문화와 하층문화를 첨예하게 대립시켜 사람들 마음 속에 반동 통치 계급의 문화와 혁명에서 압박 받은 인민 대중 문화 사이의 대립과 투쟁을 형성하였다. 혁명-주로 폭력 혁명을 의미-은 자연 발전 과정의 중단이다. 혁명에 머물러 있는 문화도 마찬가지다. 문화의 갱신, 문화의 전환은 새로운 것이 어느 정도 누적되어야 실현할 수 있다. 자연 발전 과정이 중단된 상황에서 이 필요한 축적 과정을 완성하기 힘들다. 혁명가와 혁명의 사상가는 정의감에 불타 혁명 투쟁에 참여하는 과정에서 혁명이 이 과정,

근대 중국의 문화적 전환에 대한 연구

즉 문화의 전환을 가속화할 것이라고 생각한다. 하지만, 동서고금의 역사는 사실상 그렇지 않았음을 증명하였다. 모든 폭력혁명은 정권문제를 중심으로 진행된다. 비록 혁명 중에서 일부 문화의 변화를 일으키기도 하지만 이런 변화는 정권을 찬탈하는 수요에 의해 진행된다. 문화의 근대화, 현대화를 이루려면 혁명 후 미처 진행하지 못하거나 혁명 과정에서 진행할 수 없었던 사업, 즉 새로운 문화를 착실하게 축적하고 발전시키는 사업에 착수해야 한다. 과거 대다수 사람들이 이 이치를 이해하지 못하였다면 장기적인 '계속 혁명'이 좌절되고 30년 동안의 개혁개방을 거친 후 냉정하게 문제를 사고하는 사람이라면 매우 분명할 것이다.

한 사회에 상층문화와 하층문화 혹은 엘리트문화와 대중문화의 차이가 존재하는 것은 지극히 자연스럽고 정상적이다. 문제는 양자 사이에서 선순환적인 관계를 구축하는 것이다. 평화적으로 발전하고 화합된 사회 조건에서 활발하게 움직이는 하층문화에는 늘 주의할 만한 새로운 것이 생성된다. 상층문화에서 이를 흡수하여 상층문화를 더 풍부하게 하고 발전시킨다. 반대로 상층문화를 풍부하게 발전시킨 후 하층문화의 향상에 영향을 준다. 중국의 근대사에서 이런 선순환 관계는 첨예하게 대립되는 내외 모순과 투쟁으로 중단되기 일쑤였다. 물론 혁명 진영 내부 혹은 반동 진영 내부에는 모종 형식의 상층문화와 하층문화의 상호작용 관계가 존재하기도 하였다. 하지만, 전체 민족, 전체 사회에서 이런 선순환 관계는 불완전적이며 심지어 중단되기도 했다. 1980년대부터 중국 사회에서 이런 상층문화와 하층문화, 엘리트문화와 대중문화 사이에 선순환 관계가 점차 형성되기 시작하였다. 개혁개방 조건에서 중국 문화의 근대 전환 혹은 문화의 현대화는 과거 그 어느 때보다 더 순조롭게 발전할 것이다.

3. 중국 신문화의 원류 및 추세

근대 중국의 문화 전환은 아편 전쟁 후에 시작되어 무술에서 신해혁명, 신문화 운동 시기를 거쳐 신문화가 점차 큰 규모를 형성하였다. 중국의 문화 전환은 피동적으로 서양 문화에 반응하는 과정이고 중국 근대의 신문화는 서양화의 결과라고 오해하는 사람이 있다. 물론 이는 잘못된 주장이다. 문화 전환의 가장 기본적인 의미는 문화가 자기의 전진과 발전 방향을 바꾸어 자기의 성격과 표현형식을 바꾸는 것에 있다. 이런 변화는 자체적인 기반에서 발생한 변화이고 완전히 피동적이거나 다른 문화에 의해 대체된 것은 아니다. 서구열강의 침략이 초래한 자극 작용을 부인할 필요가 없고 서양 문화가 중국 고유의 문화에 준 활성화 역할을 말살할 필요도 없다. 하지만 문화의 전환은 중국 문화의 고유한 것이 새로운 문화 생명의 기반이 되어야 한다. 그렇지 않을 경우, 아무리 큰 외부의 자극도 새로운 문화를 근거 없이 생성할 수 없다. 따라서 문화의 전환은 내부적인 기반이 있어야 한다. 전통문화의 일부 비주류 요소와 전통문화 내부의 변동은 근대 문화 전환에 내부적인 조건을 축적할 수 있다. 이론적으로 살펴볼 때 이런 내부적인 조건이 어느 정도 축적되면 문화 전환을 촉진할 수 있다. 하지만 중국의 역사적 사실은 이런 축적이 아직 자리 잡기도 전에 서양 침략자가 봉쇄된 나라의 문을 열었고 중국인이 과거에 보지도 못했던 도전적인 새로운 문화가 나타난 것이었다. 대다수 사람들이 적대시하고 저항하고 배척하는 상황에서 소수의 선각자들은 본래 전통문화의 비주류에 속해 있거나 혹은 이단적인 사상의 영향을 받아 서양 문화의 도전에 대응하고 개혁을 제창하며 새로운 문화의 창조를 시도하여 낡은 전통의 울타리에서 벗어나 문화 발전의 새로운 방향을 개척하였다. 대외 저항이 실패한데다 내부적으로 지극히 부패하여 점점 더 많은 사람들이 옛 길을 더 이상 걸을 수 없고 다른 새로운 길을 선택해야 함을 느꼈다. 이것이 문화 전환을 발생시킨 역사적 조건이다. 교조주의 태도로 내부적 원인과 외부적 원인 중 어느 것이 중요하고 중요하지 않은지를 논하는 것은 큰 의미가 없다. 여기서는 더 근본적인 도리가 역할을 발휘한다. 즉, 인류는 반드시 자신의 생존조건과 일치해야 하는데 생존조건을 바꾸어 자신에 적응해야 하거나 혹은 스스로 바꾸어 새로운 생존조건에 적응해야 한다는 것이다. 당시 중국에서 자본주의가 창조하는 새로운 세상을 바꿀 수 없기에 자신이 이 자본주의의 새로운 세상에 적응하도록 만들어야 한다. 이런 큰 흐름은 당시 선두자리에 있었던 중국인이 중국이 수천 년 동안 전례 없던 변화의 시국에 직면했음을 느끼게 하였다.

이 책에서 근대 문화 전환의 대략적인 발자취를 서술할 때 시기별로 선각자가 전통 자원을 활용하여 새로운 사상 관념과 새로운 문화의 전파를 추진하였다는 것을 언급한 바 있다. 이 점은 신문화 운동 시기에도 마찬가지로 매우 분명하게 나타났다. 필자 십여 년 전의 한 글에서 "신문화 운동의 사상이 첨예하게 대립할 때 호적, 루쉰魯迅, 저우쭤런 등은 전통에서 스스로를 보호하고 반격하는 힘을 이끌어냈다. 이들은 진나라부터 청나라 사실을 직면하여 독립적인 사고를 하려는 사람을 같은 방향으로 끌어내고 모든 '이단'을 발굴하는 것에 힘을 모았다." 또한 "그 시대의 사상, 학술계의 새로운 인물의 저작이나 언론을 통하여 대체적으로 다음 몇 가지 주요한 비정통적인 것이 이런 사람의 사상에 영향을 주었음을 알 수 있다. 1. 선진 시기의 비유학파 2. 『시경』이후의 민가, 민요와 모든 백화문 형태의 작품 3. 위진 시기 세속에 구애되지 않는 인물들의 정조 4. 왕충에서 강유위, 장타이옌의 권위를 미신하지 않는 의심과 비판의 태도 5. 『묵경』에서 효험을 중시하는 것에서 왕충의 '질허망疾虛妄', 고염무, 안원의 숭실증崇實證, 실용을 중요시한 것에서 청나라 중기 이후 경세치용의 사상 부활 6. 왕망, 왕안석, 장거정에서 무술 시기 강유위, 양계초, 담사동 등 개혁가의 사상과 활동 등이다."[5] 물론 더 많은 비주류와 이단 사상이 있어 신문화 운동을 추진하는 역할을 하였다. 예를 들면 양주의 '위아爲我', 이지李贄의 자유사상 추구 등이다. 심지어 유가 사상에서 전에 주의하지 않았던 분야 또는 유가 사상의 재해석 등도 포함된다.

이 점을 강조하는 것은 이 점이 중대한 이론 의미와 실천 의미가 있기 때문이다. 문화의 전환은 하룻밤에 이루어지는 것이 아니다. 한 문화가 갑자기 다른 문화로 바뀌는 것은 갑자기 한 문화가 다른 문화를 대체하는 것이 아니라 문화 내부의 변화 과정에서 축적한 것을 바탕으로 외부 문화의 자극을 받고 많은 유익한 성분을 흡수하여 생성된 새로운 문화이다. 이런 변화가 얼마나 크고 얼마나 깊은지에 관계없이 이는 낡은 문화가 축적하여 발생한 것이고 낡은 문화 중에서 모든 유용한 것은 절대 상실할 수 없다. 지난 오랫동안 일부 사람들은 아름다운 전통을 잃었다는 이유로 전통에 대한 비판적 반성을 거부했고 외부 문화를 받아들이는 것에도 대항했으나 이는 이론적으로 근거가 없다. 이런 거부와 대항은 두 가지 상황을 기반하여 나타난 것 같다. 하나는 이들의 실제 이익은 과거의 질서와 긴밀한 관계가 있다. 다른 하나는 이들은 대중들과 이탈하여 이들 마음 속에 있는 전통은 과거 서적에서 본 내용들에

---

5   耿雲志, 『中國新文化的源流及其趨向』, 『歷史研究』, 1994年 第2期.

불과하다. 진정한 생명력이 있는 민족 문화 전통은 무너뜨릴 수도, 닳아해질 수도 없는 민족 문화 전통으로 수천만 대중들의 현실 생활 속에서형성된 문화 심리와 가장 기본적인 행위 규범에 녹아있다. 문화가 아무리 바뀌더라도 중국인이 외국인이 될 수 없다. 따라서 문화 전환 문제에서 개방적인 문화의 마음가짐이 있어야 하고 우리에게 유익한 외부 문화를 겸허하게 받아들여야 한다. 아울러 국민대중을 기반으로 한 입장에서 강한 민족 자신감을 세워야 한다. 위대한 민족의 문화는 피할 수없는 전환을 거친 후 더 생기를 발할 것이다.

따라서 중국 신문화의 미래 발전 문제를 논하지 않을 수 없다. 필자는 현대 세상에서 문화의 발전 진보는 기본적으로 세계화와 개성화의 두 가지 방향으로 발전한다고 생각한다.

세계화는 개방적인 문화 마음가짐으로 중화문화와 세계문화의 관계를 처리한다. 마르크스는 자본주의의 진보성을 논할 때 자본주의가초래한 세계화의 큰 흐름을 강조하였다. 공산주의는 자본주의가 가져다준 모든 진보를 기반으로 계속 전진하거나 불합리적인 폐단을 제거하였다. 예를 들면 국내 계급압박과 세계 범위에서의 민족압박을 제거하고 세계화의 궤도에서 외부 세계와 단절하고 쇄국 상태로 되돌아가는 것이 절대 아니다. 문화의 폐쇄주의는 문화의 발전과 진보에 불리하다. 이성을 가진 사람들은 이 점을 인정한다. 중국 근대부터의 문화 발전을 돌이켜 보면 모든 중요한 문화적 진보는 외부 문화를 참조하고 받아들이는 것과 연관되어 있음을 알 수 있다. 예를 들면 문화의 발전 진보와 가장 큰 관계가 있는 교육, 간행물의 출판 등 사업, 기타 문학 예술, 분야별 과학의 현대 기초의 확립은 모두 서양 문화의 참조와 흡수와 연관이 있다. 물론 이 과정에 우여곡절도 있고 실수도 있지만 이는 필히 거쳐야 하는 과정이다. 외래문화를 인식하고 참조하고 흡수하는 과정이 시종일관 순조로울 것을 희망하는 것은 불가능하다. 중국 공산당이 마르크스주의를 학습하고 활용하는 과정에서도 많은 우여곡절과 실수가 있었고 어떤 실수는 매우 심각한 것이었다. 중국 근대사를 돌이켜보면 자각적으로 개방정책을 실행할 때 우리의 사회와 문화의 진보는 조금 빠르게 진행됐다. 이와 반대의 경우는 천천히 진행됐다. 예를 들면 아편전쟁 후부터 경자사변까지 60년간 중국의 근대 문화 사업이 매우 늦게 발전한 것은 모두가 다 아는 사실이다. 11장에서 양계초의 말을 인용하여 이 점을 설명하였다. 하지만 1905년에 청나라 정부에서 서양을 본떠 입헌을 하려고 한 후 6~7년 동안 사회와 문화의 진보는 과거 60년보다 더 컸다. 1차세계대전의 관계로 인해 중국은 더 자각적으로 세계 사무에 참여하여 더 개방된 추세를 조성했고 이로서 더 위대한 신문화 운동이 발생했고 신문화 운동은 역으로 사회의 개방을 촉진시켰다. 근대 중국 역사상 가장 개방된 형세가 문화의 전례 없는 진보를 촉진하였다. 오늘날 편견이 없는 사람들은 모두 중국 근대 문화는 다양한 측면에서 신문화 운동에 의해 새로운 길을 개척했음을 인정한다. 1950년대 전후 오랜 시간 동안 전쟁과 동란 그리고 제국주의의 봉쇄 등 원인으로 인하여 중국은 폐쇄와 반폐쇄 상태였기 때문에 사회와 문화의 진보가 상대적으로 늦게 진행됐다. 10년 동란(문화대혁명)이 끝나고 개방 정책을 실행한 후 30년 동안 이룬 진보는 과거 100년 동안 이룬 진보보다 더 크다. 이는 개방과 문화 진보와의 관계를 증명하는 확실한 실례이다.

개방적인 문화 마음가짐이 있어야만 문화의 세계화에 대해 완전하게 인식할 수 있다. 중국 문화를 세계 문화의 일부분으로 보고 세계 문화에서 우리에게 유익한 성분을 섭취하여 우리의 문화를 풍부하게 하고 발전시키는 한편 우리의 우수한 문화를 세계에 기여하여 세계 문화의 발전을 촉진해야 한다. 따라서 문화의 세계화는 각 나라와 각 민족의 문화를 이탈하여 소위 별도의 '세계 문화'를 형성하는 것이 아니다. 어느 한 민족의 문화로 각 나라 각 민족의 문화를 대체하여 소위 '세계 문화'를 형성하는 것은 더더욱 아니다. 문화의 세계화는 세계 각 나라 각 민족의 문화가 서로 교류하고 서로 연결하여 장점을 취하여 각자의 문화를 발전시키는 동시에 또 각자의 장점을 기여하여 세계 문화의 진보를 촉진하는 것이다. 과거 오랫동안 세계문화의 개념이 없었고 마음속에는 중국 문화와 서양 문화의 첨예한 대립만 있었으며 '이하지방夷夏之防'의 '응어리'가 풀리지 않았고 중국과 서양 문화의 곤혹도 해소되지 않았다. 따라서 중국 문화와 세계 문화의 관계에 대해 정확한 인식이 부족하고 충분한 자각과 자신감이 부족하였다. 개혁개방이 심화되고 중국 현대화 사업이 발전함에 따라 중국인은 이 점에 대해 더 분명하게 깨달을 것이다. 이에 따라 중국 문화는 전반 세계 문화의 발전 과정에서 더 큰 역할을 발휘할 것이다.

다음은 개성화에 대해 살펴보자.

소위 개성화란 사람을 해방시키고 사람의 개성을 해방시키며 개개인의 창조정신, 창조력을 해방시키는 것이다. 문화 전환의 뜻을 해석할 때 중국 문화를 대일통적인 군주전제제도와 종법제도에 적응한 폐쇄적이고 개성을 구속하는 중세기 문화에서부터 민주제도에 적응하고 개방되며 개성을 존중하는 근대 문화로 전환해야 한다고 언급하였다. 이중에서 중요한 것은 '개성 구속'에서 '개성 존중'으로 변화하였다는 점이다. '개성 존중', '개성 해방'은 근대 중국에서 근본적인 의미가 있는 중대한 문제이다. 중국은 2천년 동안의 통일된 중앙 집권 군주전제제도와 이와 긴밀한 연관이 있는 종법제도를 지속했기에 사람들의 개성을 말살하고 억제했으며 개성을 표현하는 모든 사상, 언론, 행위를 '이단'으로 보고 대역죄로 보며 무조건 제거하려고 하였다. 개성을 존중하려면 개인의 사상, 언론의 자유를 허용해야 하고 타인의 자유를 훼손하지 않는 상황에서 자유롭게 행동하는 권리가 있어야 한다. 이렇게 되면 통일된 중앙 집권의 군주전제제도는 존재할 수 없다. 이런 제도 하에 '하늘 아래 왕의 땅이 아닌 곳이 없고, 이 땅의 사람 중 왕의 신하가 아닌 자가 없다(普天之下, 莫非王土; 率土之濱, 莫非王臣)'. 이런 제도 하에 왕이 신하를 죽으라고 하면 신하는 죽을 수밖에 없었고 백성들은 더 말할 나위가 없었다. 때문에 왕권 하에서 신하와 백성들의 개성 자유란 있을 수 없다. 귀족하에서 백성의 개성 자유도 있을 수 없다. 이런 제도가 2천년 동안 지속되면서 이에 부합되는 완전한 예법·명교제도를 형성하였다. 모든 사람은 태어나면 삼강오륜, 삼종사덕三從四德 등 인륜 규범을 배웠다. 이런 예의, 명교, 삼강오륜은 그물과 같아 사람이 태어나면 바로 이 그물 안에서 자유롭게 행동하거나 자유롭게 생각할 수 없다. 양계초가 말한 것처럼 중국인이 태어나서부터 사람이라는 틀 안에서 사람이 되어 그 틀을 이탈하면 제대로 설 수 없다. 따라서 사람들은 태어나서부터 조심하면서 뛰어넘으려고 하지 않았다. 이런 사회 조건에서 사람들의 능동성과 창조성을 어떻게 발휘할 수 것인가? 한 사람의 능동성과 창조성을 억압한 사회에서 어찌 생기가 있고 순조롭게 발전하도록 할 수 있겠는가? 고대에 현명한 왕이 나타나면 일시적인 '태평성세'가 있을 수 있으나 봉건사회 말기에는 이런 현상도 더 이상 나타나지 않았다. 때문에 근대부터 선각자들은 개성 해방을 원하였다. 엄복은 '존아存我'로 서양의 개인주의를 소개했고 양계초는 '신민新民'으로 개성을 소생하도록

근대 중국의 문화적 전환에 대한 연구

했으며 신문화 운동 시기에는 호적 등이 개성주의를 제창하였다. 이로서 개성, 개인이 중국인의 머릿속에서 합법적인 자리를 찾았다.

문화 보수주의자로 불린 량수밍(梁漱溟, 1893~1988)이 "중국 문화의 가장 큰 단점은 개인이 발견되지 않았다는 것이다."라고 한 말은 감탄할 만하다. 신문화 운동의 가장 큰 공로는 개인을 발견하고 개성주의와 개성해방의 개념을 중국 문화에 도입하고 더 많은 사람들의 머릿속에 심어 넣었다는 점이다.

신문화 운동은 개성주의 문제에서 3가지 중요한 기여를 하였다. 첫째, 개성주의에 대해 명확하게 정의하였다. 하나는 반드시 개인의 의지 자유가 있어야 한다는 것이고 다른 하나는 개인이 책임을 져야 한다는 점이다. 전자는 모든 노예주의와 선을 그었고, 후자는 모든 자아 방종, 하고 싶은 대로 하는 사리사욕과 선을 그었다. 분명한 개념이 있는 것과 없는 것은 다르다. 명확한 개념이 있으면 개성주의는 정당한 의미가 있게 되고 전제주의와 직접적인 이해관계가 있는 사람을 제외하고, 사상이 극단적으로 완고한 사람을 제외하여 사람들은 개성주의의 관념을 받아들일 수 있거나 혹은 동정하는 태도 혹은 최소 중립적인 태도를 취할 수 있다. 둘째, 개인의 자유와 국가의 자유, 민족의 자유의 정확한 관계를 명확하게 하였다. 엄복, 양계초는 중국 초기의 자유 관념의 가장 중요한 계몽자와 선전자이다. 하지만 이들은 개인 자유와 국가의 자유, 민족의 자유의 관계에서 곤혹에 빠졌다. 이들은 심지어 국가의 자유, 민족의 자유를 위하여 개인의 자유를 포기하고 희생해야 한다고 생각하였다. 이는 분명 잘못된 것이다. 역사는 사람들이 개인의 자유를 포기하여 쟁취한 국가의 자유, 민족의 자유는 새로운 전제주의자에 의해 개인 자유를 억압하는 가장 좋은 이유와 근거가 됨을 증명하였다. 따라서 신문화 운동의 지도자는 개인의 자유를 쟁취하는 것은 국가의 자유를 쟁취하는 것이고, 민족의 자유를 쟁취하는 것으로 양자는 기본적으로 일치한다. 자유로운 인민만이 자유의 국가를 창조할 수 있고, 자유의 국가에서 인민들은 자유로울 것이다. 셋째, 개성주의, 개인의 자유를 민주제도의 실행과 직접적으로 연결시켰다. 개인의 자주, 자립 그리고 개인의 자유를 인정하는 것은 근대 민주국가의 근본적인 기반이다. 개인은 국가의 부속물이 아니고 국가는 모든 공민의 권력과 이익을 보호하는 것을 근본 사명으로 삼아야 한다. 따라서 진정한 민주제도는 개인의 권리를 보장하는 것을 기반으로 한다.[6]

개성주의를 제창하려면 우선 먼저 '개인'을 전제제도와 종법제도의 구속에서 해방시켜야 하고 모든 사람들이 자주적이고 자립적인 사람이 되도록 해야 한다. 따라서 인민, 백성, 대중은 추상적인 것이 아니라 하나하나 진정하고 구체적인 개인으로 구성된 사회 주체이다. 사회 주체를 찾았으니 민주제도는 실제적으로 실행될 수 있다. 이런 조건에서 모든 사람들은 능동적인 정신과 창조적인 재능을 발휘할 수 있는 기회를 가지게 되고, 사회는 생기가 있어 지속적으로 진보할 수 있다. 이런 사회적 조건에서 문화는 진정한 의미에서 근현대의 발전 궤도에 진입하게 된다.

대외적으로는 개방적인 문화 마음가짐을 길러 중국 문화와 세계 문화의 선순환적인 상호작용 관계를 만들고, 대내적으로는 개성을 충분히 해방시켜 모든 사회 구성원의 능동적인 정신과 창조 재능을 발휘

---

6   耿雲志, 『世界化與個性主義 —— 現代化的兩個重要趨勢』, 『中國社會科學院學術委員會集刊』第1期, 社會科學文獻出版社, 2005 및 본서 제7장.

한 것이 근대 중국 신문화 발전의 기본적인 추세이다.

참고문헌 參考文獻

신문 · 정기 간행물 報紙期刊

『申報』影印本.

『萬國公報』影印本.

『强學報時務報』合印本, 中華書局 1991年影印.

『湘報類纂』, 上海中華編譯印書館光緒壬寅版.

『國聞報』

『淸議報』

『新民叢報』

「中國新報」

『時報』

『東方雜誌』

『遊學譯編』

『浙江潮』

『江蘇』

『民報』

『河南』

『競業旬報』

『國粹學報』

『外交報』

『大公報』

『國風報』

『庸言』

『甲寅雜誌』

근대 중국의 문화적 전환에 대한 연구

『新青年』

『新潮』

『每週評論』

『新教育』

『太平洋』

『少年中國』

『解放與改造』

『北京大學日刊』

『晨報副刊』

『民國日報副刊·覺悟』

『時事新報副刊·學燈』

『建設』

『星期評論』

『努力週報』

『傳記文學』, 臺北傳記文學社.

『中國社會科學』

『歷史研究』

『近代史研究』

『近代史資料』

자료집 資料集

『淸文匯』, 北京出版社 1996年.

馮夢龍等『明淸民歌時調集』, 上海古籍出版社 1987年.

『中國近代史資料叢刊·太平天國』, 上海人民出版社 1957年.

『中國近代史資料叢刊·洋務運動』, 上海人民出版社 1961年.

『中國近代史資料叢刊·戊戌變法』, 上海人民出版社 1961年.

『中國近代史資料叢刊·辛亥革命』, 上海人民出版社 1957年.

『中國哲學史資料選集』(近代之部), 中華書局 1959年.

『近代中國對西方及列強認識資料彙編』, 臺北中央研究院近代史研究所 1972~1990年.

『道光朝籌辦夷務始末』, 中華書局 1964年印本.

『鹹豐朝籌辦夷務始末』, 中華書局 1979年印本.

『同治朝籌辦夷務始末』, 故宮博物院 1930年影印本.

阿英編『鴉片戰爭文學集』(上, 下), 古籍出版社 1957年.

阿英編『晚清文學叢鈔·小說戲曲研究卷』, 中華書局 1960年.

蘇輿編『翼教叢編』光緒二十四年武昌刻本.

張枬, 王忍之編『辛亥革命前十年間時論選集』, 三聯書店 1960~1977年.

上海圖書館編『汪康年師友書紮』, 上海古籍出版社 1986~1989年.

『民國經世文編』, 上海經世文社 1914年.

『近代譯書目』, 北京圖書館出版社 2003年影印本.

申報館編『最近之五十年』, 上海書店 1987年影印本.

『第一次中國教育年鑒』, 開明書店 1934年.

舒新城『中國近代教育史資料』人民教育出版社 1962年.

丁守和主編『辛亥革命時期期刊介紹』, 人民出版社 1982~1987年.

丁守和主編『五四時期期刊介紹』, 三聯書店 1959年.

張允侯等編『五四時期的社團』, 三聯書店 1979年.

胡適『中國新文學大系·建設理論集』上海良友圖書印刷公司 1935年.

鄭振鐸『中國新文學大系·文學論爭集』, 上海良友圖書印刷公司 1935年.

阿英編『中國新文學大系·史料索引集』, 上海良友圖書印刷公司 1936年.

丁守和主編『五四運動回憶錄』(上, 下, 續), 中國社會科學出版社 1979年.

陳崧編『五四前後東西文化問題論戰文選』, 中國社會科學出版社 1989年增訂版.

『五四愛國運動檔案資料』, 中國社會科學出版社 1980年.

耿雲志主編『胡適遺稿及秘藏書信』, 黃山書社 1994年.

耿雲志, 歐陽哲生編『胡適書信集』, 北京大學出版社 1996年.

章伯鋒等編『近代稗海』第3輯, 四川人民出版社 1985年.

『北京大學史料』第1卷, 第2卷, 北京大學出版社 1993, 2000年.

張靜廬『中國近代出版史料』, 上雜出版社 1953年.

張靜廬『中國現代出版史料』(甲編), 中華書局 1954年.

朱維錚, 薑義華等編『中國現代思想史資料簡編』(共五卷), 浙江人民出版社 1981~1982年.

耿雲志主編『胡適論爭集』, 中國社會科學出版社 1998年.

『中國近代教育史資料彙編』, 上海教育出版社 1994年.

『中國書院史資料』, 浙江教育出版社 1998年.

張君勱, 丁文江等著『科學與人生觀』, 山東人民出版社 1997年 重印本.

馬芳若編『中國文化建設討論集』上海龍文書店 1935年.

黃修榮主編『共產國際, 聯共(布)與中國革命檔案資料叢書』第1-2卷, 北京圖書館出版社 1997年.

문집 文集

王守仁『傳習錄』,『王文成公全書』(又作『陽明全書』)卷一至卷三, 上海中華書局『四部備要』本(未注明出版年月).

黃宗羲『明夷待訪錄』, 上海中華書局『四部備要』本.

『明史·儒林傳』.

王艮『王心齋全集』, 江蘇教育出版社 2001年.

李贄『焚書』, 北京燕山出版社 1959年.

『藏書』, 北京燕山出版社 1959年.

袁宏道『袁中郎集』, 上海古籍出版社 1981年.

顧炎武『顧亭林詩文集』, 中華書局 1983年 第二版.

『日知錄』(清 黃汝成集釋本), 嶽麓書社 1994年.

王夫之『讀通鑒論』, 中華書局 1975年.

『張子正蒙注』, 中華書局 1975年.

顏元『四存編』, 北京古籍出版社 1957年.

唐甄『潛書』, 北京古籍出版社 1955年.

戴震『戴震全集』, 清華大學出版社 1991-1999年.

段玉裁『經韻樓集』, 1936年來薰閣本.

錢大昕『潛研堂文集』, 『四部叢刊』本.

王念孫, 王引之『高郵王氏遺書』, 江蘇古籍出版社 2000年.

淩廷堪『校禮堂文集』, 中華書局 1998年.

阮元『研經室集』, 中華書局 1993年.

焦循『雕菰樓集』, 蘇州文學山房本.

汪中『新編汪中集』, 廣陵書社 2005年.

龔自珍『龔自珍全集』, 上海人民出版社 1975年.

魏源『海國圖志』,〈魏源全集〉本, 嶽麓書社 2004年.

林則徐『林則徐全集』海峽文藝出版社 2003年.

徐繼畬『瀛環志略』, 積山書局光緖乙未刊本.

方東澍『儀衛軒文集』, 同治七年刻本.

何秋濤『朔方備乘』, 鹹豐九年刻本.

馮桂芬『校邠廬抗議』, "醒獅叢書"本, 中州古籍出版社 1998年.

洪仁玕『資政新編』,〈太平天國〉第二冊, 上海人民出版社 1957年.

曾國藩『曾國藩全集』, 嶽麓書社 1994年.

李鴻章『李文忠公全書』, 商務印書館 1921年影印本.

鄭觀應『盛世危言』, "醒獅叢書"本, 中州古籍出版社, 1998年.

王韜『弢園文錄外編』, "醒獅叢書"本, 中州古籍出版社 1998年.

王韜『弢園尺牘』, 中華書局 1959年.

郭嵩燾『郭嵩燾詩文集』嶽麓書社 1984年.

薛福成『籌洋芻議』, 『自強學齋治平十議』, 文瑞樓光緖丁酉石印本.

馬建忠『適可齋記言』, 同上書.

邵作舟『邵氏危言』, 光緖丙申石印本.

湯壽潛『危言』, 見『蕭山文史資料選輯·湯壽潛史料專輯』, 1993年印.

宋恕『宋恕集』, 中華書局 1993年.

陳熾 『陳熾集』, 中華書局, 1997年.

陳虯 『經世博議』『救時要義』, 『自強學齋治平十議』, 文瑞樓光緒丁酉石印本.

張樹聲 『張靖達公奏議』, 木刻本.

黃遵憲 『日本國志』, 上海圖書集成印書局光緒二十四年.

吳汝倫 『吳汝倫全集』, 黃山書社 2002年.

康有為 『孔子改制考』, 康氏自刊本, 北京 1922年.

『新學偽經考』, 光緒 十七年萬木草堂刊本.

『日本變政考』, 故宮博物院 1988年 影印本.

『長興學記·桂學答問·萬木草堂口說』 合印本(中華書局, 1988).

『康有為政論集』, 中華書局 1981年.

梁啟超 『飲冰室合集』, 中華書局 1989年 影印本.

『飲冰室合集集外文』, 北京大學出版社 2005年.

嚴複 『嚴複集』, 中華書局 1986年.

張之洞 『勸學篇』, 湖北自強學堂光緒二十六年刻本.

譚嗣同 『譚嗣同全集』(增訂本), 中華書局 1981年.

何啟, 胡禮垣 『新政真詮』, 遼寧人民出版社 1994年.

『孫中山全集』 華書局 1981~1986年.

『孫中山集外集』, 上海人民出版社 1990年.

張謇 『張季子九錄』, 中華書局 1931年.

宋教仁 『宋教仁集』, 中華書局 1981年.

章太炎 『章太炎全集』, 上海人民出版社 1982~1986年.

秋瑾 『秋瑾集』, 中華書局 1961年.

王國維 『王國維遺書』, 上海書店 1983年.

黃遠庸 『遠生遺著』, 上海書店 1990年.

章士釗 『章士釗全集』, 文匯出版社 2000年.

蔡元培 『蔡元培全集』, 浙江教育出版社 1997年.

陳獨秀 『陳獨秀文章選編』, 三聯書店 1984年.

胡適 『胡適文存』, 亞東圖書館 1921年.

『胡適文存』二集, 亞東圖書館 1924年.

『胡適文存』三集, 亞東圖書館 1930年.

『胡適論學近著』, 商務印書館 1935年.

李大釗『李大釗文集』人民出版社 1999年.

魯迅『魯迅全集』人民文學出版社 1981年.

周作人『周作人文選』, 上海遠東出版社 1994年.

錢玄同『錢玄同五四時期言論集』, 東方出版中心 1998年.

梁漱溟『梁漱溟全集』, 山東人民出版社 1990~1993年.

傅斯年『傅斯年全集』, 湖南教育出版社 2003年.

杜亞泉『杜亞泉文選』, 華東師範大學出版社 1993年.

蔣夢麟『西潮』, 大孚書局(台南) 1993年 再版本.

蔣夢麟『蔣夢麟學術文化隨筆』, 中國青年出版社 2001年.

陶孟和『孟和文存』, 亞東圖書館 1926年.

吳虞『吳虞集』, 四川人民出版社, 1985年.

梅光迪『梅光迪文錄』, 遼寧教育出版社 2001年.

任鴻雋『任鴻雋文存 ── 科學救國之夢』, 上海科技教育出版社, 上海科學技術出版社 2002年.

일기·일지, 연보, 회고록 日記, 年譜, 回憶錄

容閎『西學東漸記』, 湖南人民出版社 1981年.

郭嵩燾『郭嵩燾日記』湖南人民出版社, 1981-1983年.

薛福成『出使英法義比四國日記』嶽麓書社 1985年『走向世界叢書』本.

張德彝『隨使英俄記』, 嶽麓書社 1986年『走向世界叢書』本.

李慈銘『越縵堂日記』, 上海商務印書館 1920年 影印本.

翁同龢『翁同龢日記』中華書局 1989-1998年.

羅森等『早期日本遊記五種』, 湖南人民出版社, 1983年.

康有為『康有為自編年譜』, 見『戊戌變法』(四).

孫應祥『嚴複年譜』, 福建人民出版社 2003年.

鄭孝胥『鄭孝胥日記』, 中華書局 1993年.

袁英光, 劉寅生『王國維年譜長編』, 天津人民出版社 1996年

孫寶瑄『忘山廬日記』, 上海古籍出版社 1983年.

張樹年主編『張元濟年譜』, 商務印書館 1991年.

張人鳳整理『張元濟日記』, 河北教育出版社 2001年.

張謇『張謇日記』, 江蘇人民出版社 1962年 影印本.

張謇『薔翁自訂年譜』, 影印稿本, 1925年.

丁文江, 趙豐田編『梁啓超年譜長編』, 上海人民出版社 1983年.

齊如山『齊如山回憶錄』, 寶文堂書店 1989年.

陳錫祺主編『孫中山先生年譜長編』中華書局 1991年.

湯志鈞編『章太炎先生年譜長編』, 中華書局 1979年.

胡適『胡適日記全集』, 臺北聯經出版事業股份有限公司 2004年.

胡適『胡適口述自傳』, 臺北傳記文學出版社 1981年.

胡頌平編『胡適之先生年譜長編初稿』聯經出版事業公司 1984年.

錢玄同『錢玄同日記』福建教育出版社 2002年影印本.

吳宓『吳宓日記』(1-10卷), 三聯書店 1998-1999年.

吳宓『吳宓自編年譜』, 三聯書店 1995年.

汪原放『回憶亞東圖書館』, 學林出版社 1983年.

연구 저술 研究著作

馮友蘭『中國哲學史新編』1-6卷, 人民出版社 1989年; 第7卷臺北藍燈文化事業股份有
    限公司 1991年.

侯外廬『中國思想通史』第五卷〈中國早期啟蒙思想史〉, 人民出版社 1956年.

郭湛波『近五十年中國思想史』, 山東人民出版社 1997年.

鄭振鐸『中國俗文學史』, 上海書店 1984年.

王爾敏『中國近代思想史論』, 社會科學文獻出版社 2003年.

王爾敏『中國近代思想史論續集』, 社會科學文獻出版社 2005年.

李澤厚『中國近代思想史論』, 人民出版社 1979年.

李澤厚『中國現代思想史論』, 東方出版社 1987年.

李國祁等『近代中國思想人物論 —— 民族主義』, 臺北時報文化出版事業有限公司 1980年.

張灝等『近代中國思想人物論 —— 晩清思想』, 臺北時報文化出版事業有限公司 1980年.

劉澤華主編『中國政治思想史』, 浙江人民出版社 1996年.

馮天瑜等『中華文化史』(下冊), 上海人民出版社 1990年.

丁偉志, 陳崧『中西體用之間』, 中國社會科學出版社 1995年.

熊月之『西學東漸與晩清社會』, 上海人民出版社 1994年.

『中國近代民主思想史』, 上海人民出版社 1986年.

耿雲志等『西方民主在近代中國』, 中國青年出版社 2003年.

耿雲志『耿雲志文集』, 上海辭書出版社 2005年.

吳雁南等主編『中國近代社會思潮』, 湖南教育出版社 1998年.

龔書鐸『近代中國與文化抉擇』, 北京師範大學出版社 1993年.

朱維錚『走出中世紀』, 上海人民出版社 1987年.

劉志琴等『近代中國社會文化變遷錄』, 浙江人民出版社 1998年.

董光璧主編『中國近現代科學技術史』, 湖南教育出版社 1995年.

蕭萐父, 許蘇民『明清啟蒙學術流變』, 遼寧教育出版社 1995年.

羅爾綱『太平天國史』, 中華書局 1991年.

夏東元『洋務運動史』, 華東師範大學出版社 1992年.

馮自由『革命逸史』, 中華書局 1981年.

李家駒『商務印書館與近代知識文化的傳播』, 商務印書館 2005年.

李新主編『中華民國史』第一編(上, 下), 第二編第一, 二卷, 中華書局 1980, 1981, 1987年.

鐘叔河『走向世界 —— 近代知識份子考察西方的歷史』, 中華書局 1985年.

張朋園『梁啟超與淸季革命』, 臺北中央研究院近代史研究所專刊第11種, 1964年.

張玉法『清季的立憲團體』, 臺北中央研究院近代史研究所專刊第28種, 1971年.

張玉法『清季的革命團體』, 臺北中央研究院近代史研究所專刊第32種, 1975年.

韋政通『中國十九世紀思想史』(下), 臺北東大圖書股份有限公司 1992年.

朱文華『中國近代文學潮流』, 貴州教育出版社 2004年.

於述勝『中國教育制度通史』山東教育出版社 2000年.

陳啟天『近代中國教育史』, 臺北中華書局 1979年.

羅志田『權勢轉移: 近代中國的思想, 社會與學術』, 湖北人民出版社 1999年.

『裂變中的傳承: 20世紀前期的中國文化與學術』, 中華書局 2003年.

桑兵『清末新知識界的社團與活動』, 三聯書店 1995年.

朱英『辛亥革命時期新式商人社團研究』, 中國人民大學出版社 1991年.

葉再生『中國近代現代出版通史』, 華文出版社 2002年.

羅檢秋『近代諸子學與文化思潮』, 中國社會科學出版社 1998年.

方漢奇主編『中國新聞事業編年史』, 福建人民出版社 2000年.

朱志敏『五四民主觀念研究』, 北京師範大學出版社 1996年.

鄒小站『章士釗社會政治思想研究』, 湖南教育出版社 2001年.

尹飛舟『湖南維新運動研究』, 湖南教育出版社 1999年.

周敏之『王照研究』, 湖南人民出版社 2003年.

梁景和『近代中國陋俗文化嬗變研究』, 首都師範大學出版社 1998年.

梁景和『清末國民意識與參政意識研究』, 湖南教育出版社 1999年.

韓信夫, 薑克夫主編『中華民國大事記』, 中國文史出版社 1997年.

中華全國婦女聯合會編『中國婦女運動史』, 春秋出版社 1989年.

鄭匡民『梁啟超啟蒙思想的東學背景』, 上海書店出版社 2003年.

李細珠『張之洞與清末新政研究』, 上海書店出版社 2003年.

鄭師渠『晚清國粹派文化思想研究』, 北京師範大學出版社 1997年.

『在歐化與國粹之間 —— 學衡派文化思想研究』, 北京師範大學出版社 2001年.

殷海光『中國文化之展望』, 臺北文星書店, 1966年.

周策縱『五四運動史』, 嶽麓書社 1999年.

余英時『中國近世宗教倫理與商人精神』, 安徽教育出版社 2001年.

『中國文化與現代變遷』, 臺北三民書局股份有限公司 1992年.

張灝 『幽暗意識與民主傳統』, 臺北聯經出版事業公司 1990年修訂再版.

『梁啓超與中國思想過渡』, 江蘇人民出版社 1995年.

林毓生 『中國意識的危機 —— 五四激烈的反傳統主義』, 貴州人民出版社 1988年.

金耀基 『從傳統到現代』, 中國人民大學出版社 1999年.

卓南生 『中國近代報業發展史』, 中國社會科學出版社 2002年.

沈松僑 『學衡派與五四時期的反新文化運動』, 臺灣大學出版委員會 1984年.

費正清主編 『劍橋中國晚清史』(上, 下), 中國社會科學出版社 1985年.

費正清, 費維愷編 『劍橋中華民國史』, 中國社會科學出版社 1994年.

費正清 『中國: 傳統與變遷』, 世界知識出版社 2002年.

列文森 『儒教中國及其現代命運』, 中國社會科學出版社 2000年.

史華慈 『尋求富強: 嚴復與西方』, 江蘇人民出版社 1996年.

柯文著, 林同奇譯 『在中國發現歷史 —— 中國中心觀在美國的興起』, 中華書局 1989年.

『在傳統與現代性之間 —— 王韜與晚清改革』, 江蘇人民出版社 1994年.

艾爾曼 『從理學到樸學 —— 中華帝國晚期思想與社會變化面面觀』, 江蘇人民出版社 1995年.

微拉·施瓦支 『中國的啓蒙運動 —— 知識份子與五四遺產』, 山西人民出版社 1989年.

王躍等編 『五四: 文化的闡釋與評價 —— 西方學者論五四』, 山西人民出版社 1989年.

近藤邦康 『救亡與傳統 —— 五四思想形成的內在邏輯』, 山西人民出版社 1988年.

石川禎浩 『中國共產黨成立史』, 中國社會科學出版社 2006年.

小野川秀美 『晚清政治思想研究』, 臺北時報文化出版事業有限公司 1982年.

논문집 論文集

『中國近代文化問題』, 中華書局 1989年.

羅榮渠主編 『從"西化"到現代化』, 北京大學出版社 1990年.

丁守和等編 『紀念五四運動六十周年學術討論會論文集』, 中國社會科學出版社 1980年.

근대 중국의 문화적 전환에 대한 연구

『五四運運動與中國文化建設』(上, 下), 社會科學文獻出版社 1989年.

郝斌, 歐陽哲生編『五四運動與二十世紀的中國』, 社會科學文獻出版社 2001年.

周陽山編, 牟宗三等著『中國文化的危機與展望 —— 文化傳統的重建』, 時報文化出版事業有限公司 1984年第二版.

周策縱等『五四與中國』, 臺北時報文化出版事業有限公司 1979年.

汪榮祖編『五四研究論文集』, 臺北聯經出版事業公司 1979年.

張玉法編『中國現代史論集』(第六輯·五四運動) 臺北聯經出版事業公司 1981年.

『中國文化的現代轉型』, 湖北教育出版社 1996年.

『五四: 文化的闡釋與評價 —— 西方學者論五四』, 山西人民出版社 1989年.

옮긴이의 말

　　중국사회과학원 학부위원이며 근대사연구소의 연구원인 경윈쯔 耿雲志 교수의 이 책은 중국문화의 근대적 전환 과정을 여실히 보여준다. 이 책에서 경윈쯔 교수는 충실한 문헌자료를 토대로 철학과 사회학 및 문화학적 이론과 방법으로 아편전쟁에서부터 신문화 운동에 이르기까지 중국의 고대전통문화에서 근대문화로의 발전 궤적과 전환 과정을 체계적으로 서술했다. 또한 이 과정에서 나타난 중요한 사상, 유파 및 논쟁을 정리하고 비판하여 중국문화의 근대적 전환의 내·외부적 조건과 메커니즘을 깊이 있게 밝혔다. 특히 중국문화의 근대적 전환이 중국인들에게 가져온 곤혹, 사고방식이나 가치관의 변화 등에 대해 심도 있게 분석하고 탐구하였다.

　　대다수 한국 사람들은 중국의 근현대문화에 대해 익숙하면서도 낯설고 이해하지 못하는 부분이 많이 있을 것이다. 그 이유는 근대에 와서 중국 문화가 전통문화와 다르게 근대문화로 전환해서 중국 사람들의 사고방식이나 행위양식이 옛날과 많이 달라졌기 때문일 것이다. 중국 전통문화의 영향을 많이 받은 한국 사람들은 이에 대해 생소하기 때문이라고 생각한다. 그러므로 이 책은 한국의 독자 여러분이 중국 문화를 깊이 있게 이해하는데 도움이 될 수 있다고 생각하며 기대한다.

　　경윈쯔 교수는 중국에서 중국근대사를 연구하는 대가로서 선생님의 중요한 저작을 번역할 수 있게 되어 큰 영광으로 생각한다. 선생님의 신임과 기대에 어긋나지 않도록 열심히 번역했다. 3년이란 긴 시간을 번역 작업에 몰두하였는데 이제 마침내 완성하게 되어 참으로 흐뭇

하고 성취감을 느낀다. 그러나 번역자의 역사 지식 부족과 한국어 표현의 한계로 미숙하고 부족한 부분이 많을 것이라 생각해서 독자 여러분의 따뜻한 충고와 기탄없는 지적을 기대한다.

마지막으로 이 책의 번역을 허락해 주신 경원쯔 선생님께 다시 한번 진심으로 감사의 말씀을 드린다. 이 책의 출판을 맡아 주신 역락출판사 이대현 사장님, 이태곤 이사님께 감사드린다. 그리고 이 책의 번역과 감수에 협조해 주신 전북대학교 윤석민 교수님, 안동대학교 이윤화 교수님, 산동관광대학 전용철 교수님, 그리고 저의 동료인 진강려, 종결, 유함함 교수님을 비롯한 많은 분들에게 진심으로 감사드린다.

2019년 5월
중국 산동성 제남에서 李 浩

지은이

경윈쯔 耿雲志

1938년 생

현재 중국사회과학원(中國社會科學院) 문사철학부위원(文史哲學部委員), 근대사연구소(近代史硏究所) 연구원. 중국현대문화학회 회장, 호적(胡適)연구회 회장, 중국근대사상연구센터 이사장, 손중산(孫中山)기금회 이사.

주요 관심 분야는 중국 근대 정치사, 사상사 및 문화사 연구.

주요 저서로는 『호적연구논고(胡適硏究論稿)』, 『호적연보(胡適年譜)』, 『호적신론(胡適新論)』, 『요초집(蓼草集)』, 『요초속집(蓼草續集)』, 『건원쯔문집(耿雲志文集)』, 『근대중국문화전형연구도론(近代中國文化轉型硏究導論)』, 『중화민국사(中華民國史)』(제1권, 공저), 『양계초(梁啓超)』(공저), 『서방민주재근대중국(西方民主在近代中國)』(공저) 등 20여 권이 있다. 그리고 대형 학술자료집인 『중화문화사전(中華文化辭典)』(제1 부주필), 『호적유고 및 비장서신(胡適遺稿及秘藏書信)』(42권, 주필) 등을 편찬한 바가 있다. 그 외 논문 및 글 200여 편을 발표했다.

옮긴이

이 호 李 浩

1966년 생

조선 사리원농업대학 졸업(중국국비유학생). 한국 경희대학교에서 문학박사학위 취득. 현재 중국 산동사범대학교(山東師範大學校) 외국어대학 한국어학과 교수.

주요 저서로는 『한국 전후소설과 중국 신시기소설의 비교연구』, 『경제무역한국어(新編經貿韓國語)』, 『조선-한국 근현대문학사』(공저) 등이 있으며 주요 논문으로 「이데올로기의 대립과 인본주의적 소통」, 「한·중 낭만주의 소설의 비교연구」, 「문화적 차이가 중국진출 한국기업 인적자원관리에 미치는 영향」, 「중국 학생을 위한 한국문학교육 방안」, 「Research on Core Competence of Cultural Industry in Korea」 외 다수.

근대 중국의 문화적 전환에 대한 연구

原題 : 近代中國文化轉型硏究導論

초판1쇄 인쇄 2019년 7월 5일
초판1쇄 발행 2019년 7월 15일

지은이   경윈쯔耿雲志
옮긴이   이 호 李浩
펴낸이   이대현
책임편집   이태곤
편집   권분옥 홍혜정 박윤정 문선희 백초혜
디자인   안혜진 최선주
마케팅   박태훈 안현진

펴낸곳   도서출판 역락
출판등록   1999년 4월 19일 제303-2002-000014호
주소   서울시 서초구 동광로 46길 6-6 문창빌딩 2층 (우06589)
전화   02-3409-2060
팩스   02-3409-2059
홈페이지   www.youkrackbooks.com
이메일   youkrack@hanmail.net

ISBN 979-11-6244-393-4 93300

이 도서의 국립중앙도서관 출판예정도서목록(CIP)은 서지정보유통지원시스템 홈페이지(http://seoji.nl.go.kr)와 국가자료종합
목록 구축시스템(http://kolis-net.nl.go.kr)에서 이용하실 수 있습니다. (CIP제어번호 : CIP2019018670)